HISTOIRE

DE LA

LITTÉRATURE FRANÇAISE

AU XVIIᵉ SIÈCLE

LE PUY-EN-VELAY. — MARCHESSOU FILS, IMPRIMEURS.

HISTOIRE

DE LA

LITTÉRATURE FRANÇAISE

AU XVIIe SIÈCLE

PAR

Adrien DUPUY

AGRÉGÉ DES LETTRES
PROFESSEUR DE RHÉTORIQUE AU LYCÉE LAKANAL

PARIS
ERNEST LEROUX, ÉDITEUR
28, RUE BONAPARTE, 28
—
1892

AVERTISSEMENT

Grâce à la création de l'Enseignement Moderne, l'histoire littéraire ne peut manquer de prendre rapidement une large place dans les programmes de nos Lycées. Pour concourir de notre mieux à en rendre l'étude attrayante et efficace, nous avons écrit une histoire de la littérature française, assez simple pour être comprise sans peine, assez développée pour ne laisser ignorer rien d'utile.

Nous publions aujourd'hui la partie relative au xviie siècle. Le xviiie et le xixe siècles ne tarderont pas à avoir leur tour. Quant aux époques antérieures, nous avouons les avoir provisoirement négligées pour courir au plus important.

En bon vulgarisateur, nous avons mis à profit les travaux des critiques et des historiens, ceux notamment de Sainte-Beuve et de Michelet, auxquels nous reconnaissons devoir beaucoup. Nous en faisons la déclaration une fois pour toutes, et nous nous dispenserons de surcharger notre ouvrage de cet appareil, encore plus fastidieux que scientifique, de citations, de rapprochements, de confrontations, de renvois, si fort en honneur aujourd'hui, mais qui n'est vraiment à sa place que dans les œuvres d'érudition pure.

Ce qu'il faut à notre public, c'est une histoire exacte, suivie, animée, propre à l'intéresser comme à l'instruire. Nous avons essayé de la lui donner. A lui de dire si nous y avons réussi.

Ce 8 Juin 1891.

INTRODUCTION

Sujet, esprit, plan de l'ouvrage. — Coup d'œil d'ensemble sur le XVIIe siècle.

Avant d'aborder notre sujet et de commencer l'histoire littéraire de la France au xviie siècle, nous croyons utile d'entrer dans quelques explications sur l'esprit, la portée, le plan de notre travail, comme aussi de jeter un coup d'œil d'ensemble sur l'époque que nous nous proposons d'apprécier.

Les historiens de la littérature ne se font pas tous la même idée de leur tâche. Les uns la réduisent à l'examen des beaux ouvrages et se montrent volontiers plus curieux de la forme que du fond. Les autres, et nous en sommes, croient devoir passer en revue toutes les manifestations un peu caractéristiques de la pensée. Ce que, pour notre part, nous avons entrepris, c'est moins l'histoire d'un certain nombre d'écrivains connus, que l'histoire de l'esprit français lui-même, considéré et jugé dans le développement et dans les résultats pratiques de son activité. Nous disons les résultats pratiques, car nous en tenons grand compte, sinon dans l'appréciation particulière des œuvres, au moins dans l'appréciation générale et définitive des époques.

On s'étonnera peut-être de nous voir faire une place à l'utile dans un domaine où le beau semble à première vue devoir régner sans partage. Certes, nous n'avons rien de commun avec ces gens qui, en face d'une œuvre purement littéraire, ne savent que répéter : qu'est-ce que cela prouve? ou, à quoi cela sert-il? Nous pensons au contraire que les belles choses sont utiles par le seul fait de leur beauté, qu'elles servent par l'aspect et par le contact, par les sentiments élevés ou délicats qu'elles éveillent, par les idées grandes ou justes qu'elles suggèrent. Mais, si nous sommes les premiers à reconnaître cette utilité intime et latente du beau, il est une autre utilité plus visible que nous réclamons de la littérature. Des œuvres qu'elle offre à notre examen nous faisons deux parts : nous mettons d'un côté les œuvres de pur agrément, à qui nous ne demandons naturellement que d'être agréables; nous rangeons de l'autre tous les ouvrages destinés à instruire, à imprimer aux esprits telle tendance, telle direction, et nous examinons si l'instruction qu'ils distribuent est bonne, si l'influence qu'ils peuvent exercer est utile ou nuisible, orientée vers l'avenir et le progrès, ou asservie à la routine et à l'imitation du passé.

Le but du monde est le développement de l'intelligence selon la raison, l'organisation de la société selon la justice. Nous mesurons le mérite, sinon des écrits eux-mêmes, au moins des âges qui les ont vus naître, non seulement à leur succès dans l'emploi des procédés littéraires, mais, encore et surtout, aux services volontairement rendus à cette noble cause de la raison et de la justice.

La justice n'a pas besoin d'être définie. On sait de reste que, ennemie du privilège et de l'arbitraire, elle poursuit l'établissement de l'égalité, la répartition équitable des charges et des ressources, des droits et des devoirs, qu'elle enseigne et pratique le respect toujours croissant de la personne humaine.

Le mot « raison », au contraire, admet trop de sens différents pour que nous ne disions pas quelle valeur précise nous lui donnons. Ce que nous entendons par ce terme, ce n'est pas seulement notre esprit, replié sur lui-même, systématiquement isolé du monde réel, acharné à poursuivre avec ses propres forces le problème de notre origine et de notre fin. La raison, ainsi définie, c'est la raison pure. Nous n'avons garde d'en médire, quoique sa prétention de vivre sur sa propre substance et de tout tirer de son propre fonds semble fatalement compromettre, je ne dis pas l'étendue, mais la solidité et la sûreté de ses conceptions.

La véritable raison, c'est encore l'esprit humain, mais ouvert à toutes les acquisitions légitimes, enrichi des mille découvertes de la science, décuplant sa force par tous les secours qui peuvent lui venir du dehors, soumettant à son examen tout ce qui intéresse la vie humaine, envisagée en elle-même et non plus dans les états qui la précèdent ou la suivent, souverain d'ailleurs et ne reconnaissant pas d'autorité autre que la sienne. Semblablement, la philosophie dont cette raison est l'âme, ce n'est pas la métaphysique, qui n'en est qu'une dépendance écartée, si même elle en fait partie ; c'est l'étude des vérités déjà dévoilées, la recherche incessante de celles qui restent à dévoiler, non seulement dans l'ordre de l'intelligence et des mœurs, mais dans celui de la science, de la politique, de l'économie sociale. Elle se définit d'un mot : l'amour et la conquête du progrès sous toutes ses formes.

Plus une époque aura contribué à l'établissement et au développement de cette philosophie, plus elle aura de chances de nous paraître heureuse et féconde, plus nous serons tentés de lui reconnaître de grandeur. Tel est notre criterium, dont nous allons faire une première application au xviie siècle, au risque de heurter plus d'un préjugé.

C'est qu'en effet le xviie siècle est proprement une des religions de la France. Sur l'autel que lui a élevé la complaisance de Voltaire nous venons tous, plus ou moins, sacrifier. Habitués par notre éducation à accorder aux lettres une importance capitale et à juger de tout par elles, nous concluons trop facilement des œuvres que ce siècle a produites aux actes qu'il a accomplis, de sa littérature à sa philosophie ou même à sa politique, et nous nous laissons aller à saluer en lui notre âge d'or et le point culminant de notre histoire nationale. C'est cependant une erreur doublée d'une injustice. Pour nous en convaincre, voyons ce que cette période trop vantée a fait pour la justice et pour la raison.

Que la justice ait trouvé son compte avec elle, cela est plus que douteux, même au premier coup d'œil. Une époque qui aboutit à ces deux monstruosités, la Révocation et la Bulle, ne peut guère prétendre au nom de juste.

La raison y a-t-elle été mieux partagée? On serait tenté de le croire si on s'en rapportait aux apparences, aux phrases toutes faites qui attribuent à ce siècle et le culte de la raison et la passion de la vérité. Voyons cependant ce que cachent ces dehors spécieux.

La philosophie bienfaisante et nécessaire que nous venons de définir date de la Renaissance. C'est alors qu'elle commence à poindre ; mais, pendant deux cents ans, elle n'est, au moins en France, qu'une lueur incertaine, vacillante, toujours prête à manquer. Sans doute il se trouve çà et là des mains secourables pour protéger ce maigre feu et pour l'alimenter au besoin. Mais ce n'est qu'au souffle vivifiant du xviiie siècle qu'il se développe en un vaste et inextinguible foyer, d'où rayonnent en tous sens chaleur et lumière. De cette première observation il ressort que le xviie siècle n'a pas été celui de la vraie raison. Et, en effet. Dès le jour de son éclosion, la philosophie nouvelle dut soutenir contre l'Église une lutte longtemps inégale, et où elle risqua plus d'une fois de succomber. L'influence du Concile de Trente pesa lourde et néfaste sur tous les pays catholiques : la pensée fut étouffée du coup en Espagne et en Autriche ; le génie italien fut frappé d'une longue stérilité ; le génie français baissa la tête sous l'orage et attendit des temps meilleurs. C'est pendant le xviie siècle que l'Église a eu chez nous sa plus grande splendeur, son triomphe, d'où il faut nécessairement conclure que la raison n'y a pas eu le sien.

Mais, dira-t-on, ce siècle a été cartésien et par conséquent favorable à la raison. — Cartésien, il l'a été ; mais cela ne prouve rien pour le reste. Car entre les différentes manières d'être cartésien, il a naturellement choisi la plus orthodoxe et la moins raisonnable.

Il y a deux philosophies dans Descartes : d'abord une philosophie générale, en puissance dans la première règle de sa méthode et qui se définit en deux mots : négation de l'autorité, toute-puissance de la raison. Cette philosophie, pour l'appeler de son nom, c'est le rationalisme que Descartes formula en un jour de hardiesse et auquel il doit sa vraie gloire.

Vient ensuite la doctrine particulière du philosophe, doctrine ingénieuse et subtile, mais tronquée et mutilée par une timidité ombrageuse, sans conclusions pratiques, sans application à la vie sociale et dont les spéculations sont maintenues à dessein dans un rapport assez étroit avec la théologie pour que celle-ci puisse les faire siennes.

Ce que le XVIIe siècle a suivi, écouté, admiré dans Descartes, ce n'est pas le père du rationalisme, c'est-à-dire le grand esprit dont procèdent tous les esprits émancipés. C'est le penseur, discret et pusillanime, que nous venons de dire; c'est l'auxiliaire toujours un peu suspect, mais cependant accepté, faute de mieux, et dont s'aidaient les théologiens, un Bossuet, un Fénelon, un Arnauld, un Nicole, pour concilier, disaient-ils, la foi et la raison, en réalité pour imposer silence à leur raison récalcitrante par une apparence de raisonnement. Voilà le Descartes pour lequel ses contemporains ont montré tant d'enthousiasme, celui que Régis enseignait dans les villes du catholique Midi, dans cette intolérante Toulouse, qui venait de brûler Vanini, en attendant qu'elle applaudît à l'assassinat juridique de Calas, celui qui faisait des prosélytes, non seulement dans le clergé, mais dans la noblesse, témoin M. de Vardes et le duc de Luynes, celui dont la comtesse de Grignan et la duchesse du Maine savaient par cœur et récitaient les Principes comme une sorte de catéchisme à l'usage des beaux-esprits.

Mais de cette grande vérité qui fut aux mains de Descartes comme une arme à deux tranchants pour frapper et l'autorité et le doute, de cette proclamation solennelle de la légitimité de la connaissance et de la souveraineté de la raison, le XVIIe siècle ne s'en inquiète pas autrement. Il est avant tout préoccupé de se mettre en mesure avec l'orthodoxie, au prix de toutes les concessions. Il écarte prudemment ou il laisse dans l'ombre les vérités scientifiques dont l'Église pourrait s'alarmer; il affecte de voir dans la philosophie un jeu d'esprit sans conséquence, à moins qu'il n'en fasse la servante de la théologie. C'est sa manière à lui d'honorer la raison. Il apporte à cet objet prétendu de son culte les restes de la foi, les offrandes dont celle-ci n'a pas voulu. Il n'ose soutenir l'éclat de sa beauté mâle et puissante; il ne veut la connaître que sous la forme, ou de la raison pure dans le cartésianisme, ou du sens commun dans la pratique de la vie.

Certes, je suis aussi pénétré que personne de l'importance du sens commun. Je l'estime la qualité première, fondamentale, sans laquelle rien ne vaut ni ne dure; mais, pour indispensable que soit cette qualité, elle ne dispense pas des autres; et, si on a le malheur de s'en tenir à elle, on risque fort de s'éterniser dans la routine. En effet, réduit à lui-même, le sens commun est volontiers étroit et mesquin. Les nouveautés lui déplaisent de prime abord parce qu'elles dérangent sa quiétude, et il ne se fait pas faute de leur imputer des bizarreries et des ridicules qu'elles n'ont pas toujours.

Or, ce n'est pas la vraie raison, mais c'est, à défaut de la raison pure, le sens commun qui règne en maître au xviie siècle. Il s'y exerce sur tous les domaines avec ses avantages et ses défauts. Si on lui doit cet ordre, cette suite dans les développements, cette netteté, cette exactitude dans l'expression qui recommandent les ouvrages du temps, on ne lui doit pas moins les timidités et les banalités de la pensée, trop visibles sous la beauté du style. C'est lui encore qui rogne les ailes aux meilleurs esprits dans l'habitude de la vie et qui fait, par exemple, que dans toute la correspondance de Boileau et de Racine il n'y a pas une idée neuve ou large.

Si de la raison nous passons à la vérité, à cette vérité pour laquelle le xviie siècle aurait ressenti une passion si forte, nous nous trouvons encore en face d'une belle apparence bientôt dissipée. En effet, parmi les prétendus adorateurs du vrai, qui auraient foisonné à cet âge, prenons le plus célèbre de tous, je veux dire Descartes; il a une manière d'aimer la vérité qui n'est pas ordinaire, puisque nous le voyons, en toute circonstance, s'en remettre à l'Église du soin de distinguer le vrai et le faux dans chacun de ses ouvrages. Même pour ce savant, la science ne vient qu'après la foi. Ce seul fait en dirait long, si nous ne savions d'ailleurs que ce n'est pas le vrai qui a fait les délices du xviie siècle, mais tout uniment le vraisemblable. La chose s'explique à merveille par ce que nous avons dit déjà de la vogue du sens commun. Celui-ci n'aime guère la vérité, coupable de le déconcerter trop souvent; mais au vraisemblable il trouve toujours son compte; aussi l'a-t-il fait participer à tous les honneurs dont il était lui-même l'objet. C'est ainsi qu'on peut soutenir que le xviie siècle fait invariablement deux parts des choses, d'un côté celles où *il y a de l'apparence,* de l'autre celles où il *n'y a pas d'apparence,* et qu'il ne s'enquiert pas d'une autre règle pour approuver ou pour condamner. Parmi les choses où il y a de l'apparence, l'orthodoxie est au premier rang; au contraire, il n'y a point d'apparence à contester quoi que ce soit de la tradition. Cette manière de penser se retrouve partout. Nous l'avons signalée chez les philosophes, nous la retrouvons chez les moralistes.

L'étude morale de l'homme a été en grand honneur au XVIIe siècle; elle a provoqué l'émulation des auteurs dramatiques, des moralistes proprement dits, des sermonnaires; et, comme ils y ont tous déployé beaucoup de talent, on a pris l'habitude de dire que jamais la vérité sur l'homme n'a été mieux connue qu'en cet heureux temps, où la vérité régnait sans partage. Or, ici comme ailleurs, partout où l'on prononce vérité, il faut entendre vraisemblance.

A tout prendre, il n'y a pas à cela grand dommage en l'espèce, au moins en ce qui concerne la poésie dramatique. Il convient, en effet, d'applaudir toutes les fois que le poète réussit à nous donner l'illusion de la vie et qu'il met à la scène des personnages vraisemblables, qui semblent respirer, sentir, agir. Ce bonheur est arrivé plus d'une fois à nos poètes du XVIIe siècle, et ils n'en sont que plus admirables.

Mais à côté des poètes qui se contentent de saisir l'homme sur le vif et de l'imiter de leur mieux, il y a les moralistes qui prétendent l'analyser, le juger, le définir, ceux qui voient dans l'humanité ou le triomphe de l'égoïsme, ou un composé monstrueux de grandeur et de bassesse, ou un abîme de perversité.

Il est de mode de considérer ces injures gratuites comme le dernier mot de la science des mœurs. Pauvre science que celle-là! et à qui on reprocherait justement et ses lacunes et son manque d'indépendance. Car la morale se trouve ici dans le même cas que la philosophie. Elle commence par abuser, elle aussi, de la raison pure pour se créer, sans souci de la géographie et de l'histoire, un monde artificiel, où la réalité ne reconnaît pas son image. Elle se flatte de pouvoir définir, a priori et par une intuition infaillible, le fond intime de l'humanité. Non contente de généraliser le particulier et l'accidentel, elle le supprime. Elle déclare l'homme un et identique dans le temps et dans l'espace, et elle prétend le connaître dans la perpétuité de ses passions, de ses sentiments, de ses instincts.

Dans cette prétention tout n'est pas absolument insoutenable ; car il est sûr, en dépit de certaines différences, qu'il y a, au moins chez les hommes de la même race, un fond commun durable et pour ainsi dire permanent : ce fond on peut le saisir à une époque et conclure de cette époque aux autres, sans trop d'inconvénient. Il y a toutefois à cela une condition, c'est que l'observation sera attentive, impartiale, dégagée de tout parti pris. Or ce n'est pas ce qui arrive au xviie siècle, où les moralistes observent à travers le dogme et s'autorisent tous de la doctrine de la chute pour affirmer notre incurable perversité. Il ne faut pas qu'un nombre plus ou moins grand de réflexions ingénieuses ou fortes, d'observations heureuses, de portraits bien tracés, de caractères bien analysés, nous fasse illusion : c'est toujours au vraisemblable, jamais au vrai, que nous avons à faire.

En résumé, qu'il s'agisse de raisonnement ou d'observation, de philosophie ou de morale, ce siècle n'ose jamais s'en fier à lui-même et percer d'un libre regard jusqu'au fond des choses. Il pratique volontiers une logique superficielle qui met partout un air d'ordre, de régularité, de symétrie, propre à faire croire à l'exactitude ou à la profondeur, sans que ces qualités soient pour cela réalisées. On est le plus souvent en présence d'un arrangement spécieux qui est à la force ou à la faiblesse de la pensée, à la vérité ou à la fausseté de l'analyse morale, ce que la toilette est à la beauté ou à la laideur du corps, un déguisement, un trompe-l'œil, plus encore qu'un ornement

Est-ce à dire toutefois qu'il ne soit pas arrivé au xviie siècle de trouver le vrai sur son chemin? Loin de là. Il a entendu, le premier, proclamer deux grand principes, l'un par la bouche de Descartes, l'autre par celle du protestant Jurieu. Le premier de ces principes on le connaît déjà, c'est celui de la souveraineté de la raison ; le deuxième est celui de la souveraineté populaire, logiquement déduit de la théorie du contrat. Mais ces vérités capitales passent inaperçues, ou à peu près, et ce n'est qu'à l'âge suivant qu'on les met à profit.

Faut-il maintenant conclure que le xviie siècle a été absolument stérile pour la saine philosophie. Il serait inexact et injuste de le soutenir. Sans parler des principes que nous venons de dire et qui comptent à son actif, il n'a pas laissé de rendre consciemment ou inconsciemment un certain nombre de services. Il a a toléré la formation de quelques petits groupes de sceptiques et d'épicuriens et permis de la sorte à la tradition de Rabelais et de Montaigne de se transmettre à Voltaire. Il a eu des savants et des métaphysiciens, le plus souvent prêtres catholiques, qui, malgré leur volonté de rester orthodoxes, ont porté plus d'une fois atteinte au dogme par leurs systèmes et leurs découvertes. Il a suscité des dissidents, protestants ou jansénistes, qui ont servi la bonne cause par le seul fait de leur opposition à l'Église établie; il a vu enfin l'Église elle-même pousser les esprits à la révolte par son intolérance extrême et devenir ainsi l'une des causes déterminantes de leur émancipation. Mais rien de cela ne constitue un titre sérieux. Le progrès sur le xvie siècle n'est pas autrement sensible. On ne gagne presque pas de terrain : on se borne à ne pas en perdre et à rester sur ses positions.

On voit donc qu'en dépit des belles et flatteuses formules le xviie siècle ne peut se vanter d'avoir rendu beaucoup de services à la justice et à la raison, ni d'avoir eu un amour bien vif pour la vérité. Enthousiaste du sens commun et du vraisemblable, il regarde plus volontiers le passé que l'avenir. Il constitue pour ainsi dire un temps d'arrêt dans la marche du progrès. Il ne fait guère de découvertes, il se contente de donner une expression artistique aux découvertes de la veille.

On dira peut-être que force était qu'il en fût ainsi, et que la science devait suspendre ses conquêtes pour laisser le champ libre à l'art, ou encore qu'avant de songer à l'avenir, il fallait liquider le passé. Admettons l'objection, sans y regarder de trop près; mais si nous consentons à ne pas faire le procès du siècle pour sa stérilité relative, nous n'admettons pas non plus qu'on l'élève au pinacle, malgré tout ce qui lui manque visiblement Non que sa gloire nous empêche de dormir; et nous ne prendrions certes pas la peine de la contester si, tout exagérée qu'elle est, elle savait être inoffensive. Mais il n'en va pas ainsi. A force d'admirer le siècle en bloc, sans distinctions ni restrictions, on fait de ses auteurs non seulement les maîtres à parler et à écrire de la jeunesse, en quoi on a raison, car ils y ont excellé, mais ses maîtres à penser : on les lui donne pour les meilleurs guides de l'esprit et de la vie, et ici on va certainement trop loin. Il est visible, en effet, que la conception du monde et de l'homme, admise par un Bossuet ou un Pascal, ne convient plus à notre temps, et qu'il y a chez tous les écrivains de cette école, grands ou petits, nombre d'idées contestables ou fausses, et d'autant plus dangereuses qu'elles sont en contradiction avec l'esprit de raison et de justice, en hostilité avec le progrès.

Sans faire porter rigoureusement aux auteurs eux-mêmes la peine d'erreurs, où le temps et le milieu sont bien pour quelque chose, nous ne perdrons pas une occasion, dans le cours de cette histoire, de discuter leurs doctrines, et de montrer en quoi elles pèchent. C'est un devoir que nous remplirons consciencieusement. Mais quand nous aurons signalé les lacunes et les défectuosités du fond, nous n'aurons garde de nous refuser à l'admiration presque toujours justifiée de la forme. C'est qu'en effet, à défaut de portée philosophique, le siècle a une valeur littéraire indiscutable; et si la pensée, à quelques exceptions près, y est restée stationnaire, l'art y a reçu, en revanche, le plus beau développement.

Nos écrivains sans doute ne disent rien de nouveau, mais ils le disent d'une façon nouvelle. Ils vivent communément sur le fond de la double antiquité chrétienne et païenne; mais c'est merveille de voir comme ils diversifient ce fond banal, comme, avec ces matériaux d'emprunt, ils élèvent des constructions imposantes ou légères, d'aspect heureux et d'irréprochables proportions. Certes, si trouver de belles formes aux idées d'autrui était le plus haut emploi de l'intelligence, il faudrait reconnaître à certains d'entre ces auteurs une incomparable supériorité. Mais l'invention ne se laisse pas oublier, et il faut toujours la faire entrer en ligne de compte dans l'originalité et dans la portée de ses pensées.

Après avoir défini le vrai caractère de cette époque, maintenant que l'on connaît et l'esprit qui nous anime et le point de vue d'où part notre appréciation générale, nous abordons notre sujet et nous nous mettons en devoir de raconter l'histoire de la littérature française pendant le XVIIe siècle. La période dont nous traitons dépasse même les limites du siècle de quelques années. Nous la faisons commencer à la promulgation de l'Édit de Nantes pour ne la terminer qu'à la mort de Louis XIV. Ce n'est pas arbitrairement que nous procédons ainsi. L'esprit du xvi° siècle s'éclipse après les guerres de religion, c'est-à-dire à l'Édit de Nantes, pour faire place à un esprit nouveau. D'autre part, le xviii° siècle n'affirme ses tendances qu'après la disparition du grand roi.

Il est à peine besoin de dire que nous ne tomberons pas dans l'erreur, justement reprochée à Voltaire, de faire converger autour de Louis XIV, comme autour de son centre, tout le mouvement intellectuel de ces cent vingt années.

Nous n'adopterons pas davantage la division en deux périodes qui distingue, grosso modo, la littérature sous Richelieu de la littérature sous Louis XIV, attribuant pour trait particulier à l'une l'indépendance dans la grandeur, à l'autre l'ordre dans la grandeur.

Cette division nous paraît être encore trop vague et ne pas accorder assez à l'exactitude historique. Nous n'ignorons certes pas que les époques de l'histoire littéraire ne concordent jamais absolument avec celles de l'histoire politique, et que, en dépit de la chronologie, il faut souvent rattacher tel auteur à une autre génération que la sienne propre, parce que son tour d'esprit le met en avance ou en retard sur ses contemporains. Par exemple, l'existence de Saint-Simon peut se prolonger très avant sous le règne de Louis XV, sans que Saint-Simon appartienne le moins du monde par son caractère, ses idées, ses opinions, à l'âge des Voltaire et des Montesquieu. Il est manifestement du xvii° siècle et plus près de Louis XIII que de Louis XIV. Mais ce qui est vrai d'un auteur déterminé ne l'est pas de tous. En général, l'état politique et social influe à bref délai sur la littérature, quitte à en subir à son tour l'influence avec une égale rapidité. C'est un échange constant d'actions, dont il est indispensable de tenir compte.

Pour répondre à cette nécessité, nous diviserons notre matière comme il suit. Nous traiterons des lettres françaises ou, si l'on aime mieux, de l'esprit français : 1° sous le règne de Henri IV et la régence de Marie de Médicis; 2° sous Richelieu; 3° sous la Fronde. La 4° section sera consacrée à la littérature mondaine sous le règne de Louis XIV jusqu'à la Révocation. La 5° étudiera la littérature ecclésiastique pendant toute la durée du même règne ; la 6ᵉ reviendra à la littérature mondaine et en poursuivra l'examen de la Révocation à la mort du prince.

Notre histoire se composera ainsi de six parties dans lesquelles nous mentionnerons tous les écrivains de quelque notoriété. Nous ne nous en tiendrons pas, comme nous l'avons déjà dit, aux seuls grands noms. A laisser dans l'ombre les auteurs du deuxième rang, il nous semble qu'on risque d'apprécier mal ceux du premier. On leur accorde trop ou trop peu, sans compter que, pour avoir la vue nette d'une époque, il faut l'envisager moins dans ses sommités que dans la moyenne de ses esprits.

HISTOIRE
DE LA LITTÉRATURE FRANCAISE
AU XVIIᵉ SIÈCLE

LIVRE PREMIER

Les lettres en France sous Henri IV et sous Marie de Médicis jusqu'au second et définitif ministère de Richelieu (1598-1624).

CHAPITRE Iᵉʳ

1º Coup d'œil sur la littérature du temps. — Influence personnelle du roi, de la régente ; influence de leur gouvernement. — 2º Considérations sur la prose et la poésie françaises. — 3º Revue de la prose : Œuvres de Henri IV. — La chaire et le barreau ; prosateurs du clergé et de la robe : Duperron, Pasquier, Duvair.

La période où nous entrons va de la promulgation de l'Édit de Nantes, 1598, au second et définitif ministère de Richelieu, 1624. Elle embrasse environ 26 années, pendant lesquelles l'action directe de la personne royale sur la littérature a été presque nulle. Sans doute Henri IV ne craignait pas de répéter que les lettres sont l'ornement d'un règne et la vraie gloire d'un prince. Sans doute Marie de Médicis, devenue régente, laissait espérer aux auteurs une protection qui était dans les traditions de sa propre famille. Mais, de part et d'autre, tout se réduisit, ou peu s'en faut, à des mots.

1º Influence de Henri IV et de Marie de Médicis. — Qu'importe, en effet, que Henri IV ait réformé l'Université de Paris (c'était avant tout une mesure de police); qu'il ait encouragé certains savants, parmi lesquels Casaubon; qu'il ait commandé des vers amoureux à Régnier et accueilli Malherbe à sa cour. C'est trop peu pour qu'on fasse de lui un Auguste ou un Périclès. On peut en dire autant de sa femme, en dépit des rares largesses qu'elle octroya à de rares poètes dont le plus favorisé fut encore Malherbe. En réalité ni l'un ni l'autre n'aimait vraiment les lettres. Leur penchant les portait ailleurs.

L'architecture tenait le premier rang dans leurs préférences communes, témoin la galerie du Louvre et le Luxembourg. Le mari y joignait le goût des arts mécaniques et de l'industrie ; la femme, celui de la peinture. L'un a eu la première idée d'un conservatoire des Arts et Métiers, qu'il eût établi dans sa propre demeure; l'autre a fait retracer son histoire par le pinceau de Rubens. Ils étaient d'ailleurs également incapables de lecture, trouvant à peine, de ci de là, un quart d'heure d'attention à donner aux ouvrages de l'esprit. On peut en conclure qu'ils n'ont exercé aucune influence personnelle sur les écrivains de leur temps. Mais s'ils n'ont pas eu d'action par eux-mêmes, ils n'ont pas laissé d'agir par leur gouvernement, chacun dans un sens différent et avec un efficacité inégale.

Le règne de Henri IV a été bienfaisant à tous les points de vue, même à celui qui nous occupe. Sans parler du calme et de la prospérité matérielle qu'il sut donner à la France, double condition favorable au développement de l'esprit, il nous rendit le service éminent de sauvegarder la dignité du caractère national. Il réussit à écarter de son gouvernement la faiblesse et la corruption inhérentes à celui des Valois. Il établit son autorité sans avoir recours aux pratiques sinistres, au machiavélisme, que les princes contemporains employaient à l'envi. L'assassinat politique lui fut toujours en horreur. Vingt fois menacé lui-même avant d'être frappé, il ne voulut jamais user de représailles. Habile, il le fut, mais sans cesser d'être honnête et sans vouloir employer, à de rares exceptions près, que des gens honnêtes ou réputés tels. Son administration fut morale dans la mesure du possible; elle ne connut pas les équivoques, les hypocrisies, les perfidies, les crimes familiers aux cours de Madrid, de Vienne et de Rome.

C'est déjà un beau titre à la reconnaissance. Henri IV en a accru la valeur par son esprit conciliant, par sa tolérance pour ainsi dire universelle, étendue non seulement aux religions reconnues, mais même, et c'est un point à noter, à ce que nous appellerions aujourd'hui la libre-pensée. Henri IV n'est pas seulement le roi de Duperron et de Duplessis-Mornay, du catholique et du protestant; il est aussi celui de Charron, c'est-à-dire du philosophe qui, dans un ouvrage célèbre, librement et largement répandu en dépit de quelques protestations bruyantes, soutenait que les religions révélées sont des inventions humaines, bonnes pour le petit peuple, et n'ayant droit, de la part des gens éclairés, qu'à un respect extérieur. Il semble que le prince, sous lequel cette doctrine a pu se produire impunément, était fait pour donner à son pays, si son règne se fût prolongé, un peu de cette indépendance que les Provinces-Unies connurent après la persécution des Remontrants, et l'Angleterre, au lendemain de la Révolution de 1688. On est fondé à voir en lui le roi rêvé, pressenti, appelé par notre Rabelais et par tous ceux qui, à l'exemple de ce libre esprit, comptaient sur le pouvoir royal pour émanciper la pensée et la préserver également des entreprises de Rome et de Genève. Grâce à lui, la tolérance eût fini par ne pas choquer la majorité de la nation; et, le pli une fois pris, c'étaient cent ans de gagnés pour la liberté. Ce résultat manqué mérite bien quelques regrets. Plusieurs s'en consolent en disant qu'un peu ou même beaucoup de contrainte était nécessaire dans notre intérêt bien entendu : notre raison n'était pas assez formée, assez mûre pour qu'on la laissât marcher seule; elle avait besoin de se replier sur elle-même, de ramasser et de concentrer sa vigueur, de faire provision de forces : il était bon qu'elle y fût obligée par la crainte de la Bastille, ou même de pis. Autant dire que la meilleure manière d'apprendre à quelqu'un la gymnastique, c'est de lui lier indéfiniment bras et jambes. En dépit de ce beau raisonnement, nous persistons à croire que l'esprit français n'eût rien perdu à être mis hors lisières un siècle plus tôt. Le fanatisme et l'esprit de parti en disposèrent autrement. Henri IV mourut, fort à propos pour le maintien de la prépondérance espagnole en Europe et de la domination intellectuelle de Rome sur notre pays.

En effet, Marie de Médicis ne fut qu'un instrument aux mains du ministère espagnol et du clergé romain. Sans entrer dans le détail de sa politique anti-nationale et des faiblesses criminelles de son gouvernement, on ne peut pas ne pas se rappeler qu'à peine investie du pouvoir, elle afficha sa préférence pour les catholiques, au risque de pousser les protestants à la révolte ; qu'elle voulut imposer à la France, malgré les États et le Parlement, les canons disciplinaires du Concile de Trente ; qu'elle prêta l'oreille aux dénonciations des Garasse et des Mersenne, si bien qu'on vit en peu d'années les sectateurs de Charron menacés et réduits à dissimuler, Théophile persécuté, Vanini brûlé vif. Désormais, le sort en est jeté. La pensée, qui, avec Henri IV, a pu espérer de se mouvoir librement, à la faveur de quelques précautions, retombe et pour longtemps sous le joug. Il ne reste au XVIIe siècle que la ressource d'être un siècle littéraire : il ne sera pas un siècle philosophique.

2° Coup d'œil d'ensemble sur la prose et la poésie françaises. — Il ne faut donc pas s'attendre à trouver, même dans cette première période, beaucoup d'idées nouvelles et hardies. Elle n'est pas mieux partagée sous ce rapport que les périodes suivantes, et elle a, de moins qu'elles, la beauté littéraire. Les écrivains du siècle naissant ne sortent guère du commun et leurs chefs ne s'élèvent pas bien haut, soit en poésie, soit en prose. Ce dernier genre y est même, contre son habitude, en retard sur l'autre. Il reste fidèle aux errements du XVIe siècle, tandis que la poésie cherche à se rajeunir, à se renouveler. Le fait est exceptionnel, il vaut la peine qu'on s'y arrête.

Si nous envisageons l'ensemble de notre littérature, nous voyons dès l'abord que la prose y est plus féconde et mieux venue que la poésie. Comme si nous étions une race peu poétique, que nos organes fussent un peu rebelles à la musique du vers, que notre langue, et par ses tours, et par ses procédés de versification, et par les lacunes de son vocabulaire, vînt encore gêner et restreindre la force de l'inspiration, il semble que notre poésie soit une plante délicate et qui réclame des soins sans cesse renouvelés pour fleurir et pour fructifier. Certes ces soins ne lui ont pas manqué et ils ont fait, dans plus d'un cas, merveilles. Mais toujours est-il que dans l'histoire de notre poésie nous n'entendons parler que de réformes : réforme de Villon, réforme de Marot, réforme de Ronsard, réforme de Malherbe, réforme de Boileau, réforme d'André Chénier, réforme romantique, réforme des Parnassiens, etc. ; c'est une litanie à laquelle chaque génération ajoute un verset. La prose, au contraire, comme un arbre puissant et d'une sève inépuisable, n'a presque jamais, sauf dans la courte période dont nous traitons, cessé de pousser des rejetons vigoureux ; ainsi, nos chroniqueurs se suivent à des distances qui n'ont rien d'excessif ; Rabelais qui vient ensuite est presque le contemporain de Comynes ; Calvin, Amiot font la transition jusqu'à Montaigne ; la dernière édition des Essais coïncide presque avec la publication de la Ménippée ; après quelques années, non de stérilité, mais de production moins heureuse, le mouvement reprend avec Balzac et Descartes, et il ne s'est pas arrêté depuis.

Non seulement la prose a prospéré plus que la poésie, mais combien n'a-t-elle pas aidé aux progrès de la poésie. Nos poètes vraiment français, un Régnier, un Molière, un la Fontaine sont pleins de Rabelais et chez eux résonne presque à chaque vers le retentissant écho de la verve gargantuine. Plus tard, sans Châteaubriand et sa puissante imagination, l'école romantique se fût-elle constituée ?

Toutefois, au commencement du XVIIe siècle, il en fut un peu différemment, et Voltaire n'a, somme toute, commis que la moitié d'une erreur en risquant cette affirmation : « Il y a grande apparence que sans Pierre Corneille le génie des prosateurs ne se fût pas développé. » Mettez Malherbe au lieu de Corneille et la thèse sera soutenable. Non qu'à vrai dire ce génie de la prose eût besoin de se développer, il l'était déjà et de la plus belle façon ; mais il avait besoin de se ressaisir, de se reprendre, de recouvrer son heureuse fécondité. Et cette fois, ce fut la poésie qui lui donna l'exemple par des œuvres d'un goût nouveau, le mit en humeur de produire et lui révéla des procédés, des tours, des artifices dans le bien dire dont il ne s'était pas lui-même avisé.

Puis donc qu'à ce début du XVIIe siècle, c'est la poésie qui prend les devants, tandis que la prose continue pour quelques années à se modeler sur le passé, nous étudierons en premier lieu les prosateurs et, conformément aux indications de l'histoire, nous en finirons avec les survivants du xvi⁰ siècle avant d'aborder les initiateurs du xvii⁰.

3° Revue des Prosateurs. — La faiblesse de la prose dans cette période tient à la qualité et non à la quantité. Car ses représentants sont nombreux et de toute provenance. Ecclésiastiques, magistrats, grands seigneurs, hommes d'État, le roi lui-même, écrivent par goût, autant que par occasion et par besoin, et font concurrence aux auteurs de profession. Nous procéderons à une rapide énumération de ces prosateurs en les rattachant soit à la classe sociale dont ils font partie, soit au genre où ils se sont exercés. Mais nous mettrons à part, en vue d'un examen moins sommaire et nous garderons pour la fin quatre de ces œuvres en prose qui doivent une importance plus grande à la fidélité avec laquelle s'y reflètent les tendances communes ou les divergences du temps.

Œuvres de Henri IV (1553-1610). — A tout seigneur, tout honneur. C'est par le roi que nous commençons. On a de lui, sans parler de quelques chansons plus ou moins authentiques, une douzaine de harangues politiques et militaires et une volumineuse correspondance, où ses plaisirs, ses amours, ses vues et ses préoccupations de chef d'État ont leur place. L'homme s'y montre à côté du prince et se rend sympathique par ses défauts séduisants autant que par ses qualités. C'est même le côté humain et personnel qui constitue l'intérêt vrai de cette collection épistolaire. Les grandes lettres d'affaires n'y sont guère abordables et ne comptent que comme documents. La réflexion n'est pas le fort de Henri IV : quand sa pensée s'arrête longtemps sur un objet sérieux, elle s'alourdit, s'épaissit, s'allonge en phrases hérissées de relatifs et de conjonctions, d'où on a grand peine à la dégager. Mais ses billets rapides, visiblement improvisés, ont une vraie valeur littéraire. Son esprit n'est jamais plus à l'aise que lorsqu'il se voit mesurer le temps et l'espace. En dix lignes, il dit tout ce qu'il a à dire, de la façon la plus piquante et la plus aimable.

La même verve primesautière, la même gaillardise, le même bonheur de saillies éclatent dans les quelques harangues que nous avons de lui. C'est court sans rien de sec, familier sans bassesse, plaisant sans malignité. L'autorité du roi s'y fait sentir, mais tempérée par la bienveillance de l'homme, indulgent et par nature et par expérience et par politique.

On pourrait faire en dix pages un charmant petit recueil des dits et écrits du Béarnais. Le malheur est qu'il faudrait en retrancher la lettre connue sur Plutarque. C'en serait le joyau, si elle était authentique ; mais elle n'est, paraît-il, qu'un diamant faux.

Écrivains du Clergé, chaire et controverse. — Du prince nous passons aux sujets, dont beaucoup ne le valent pas, même la plume à la main, et nous abordons les gens d'Église, et en premier lieu les prédicateurs. Ceux-ci sont en général plus modérés que sous la Ligue, où ils s'étaient donné, comme on sait, de singulières licences. A part quelques enfants terribles contre lesquels il fallut sévir, ils évitent les tirades politiques, naguère obligatoires. Il leur arrive même de reculer, soit lassitude personnelle, soit peur d'ennuyer, devant la prédication du dogme, et, jusqu'à François de Sales, ils prêchent la morale plus en philosophes qu'en ministres du culte. On voit qu'ils ont lu et goûté Charron. L'influence de l'évêque de Genève rendit bientôt au sermon le caractère chrétien qu'il avait à peu près perdu, mais elle n'y introduisit pas le goût, et pour cause. Les orateurs de la chaire continuent à sacrifier à l'érudition. Les citations pédantes, les comparaisons saugrenues jaillissent à flot de leur bouche. Ils parlent latin, ils parlent grec, ils mettent à contribution, dans leur amour de la métaphore, toutes les parties de la science y compris la pharmacopée et tous les règnes de la nature. Avant et après François de Sales, c'est le trait dominant et qu'on retrouve dans Besse, dans Valadier, dans le fade et douceâtre Cotton, devenu à force d'insinuation le confesseur de Henri IV, dans le facétieux et intarissable Camus, dans le fastueux Duperron, dans le tendre François de Sales lui-même. Fenoillet, disciple de ce dernier, est le seul qui se soit un peu dérobé à cette contagion de mauvais goût. Il a mis dans son style quelque chose de cette sagesse que les autres se contentaient de mettre dans leurs opinions politiques. Son oraison funèbre de Henri IV est à peu près raisonnable mais ne lui donne pas rang parmi les grands orateurs. Si d'ailleurs ce titre appartenait à ceux qui ont produit le plus d'effet par leurs discours, c'est à Duperron qu'il reviendrait de préférence à tout autre. Nous allons dire quelques mots de ce prélat célèbre qui a pour nous l'avantage de représenter au vif l'état d'esprit du clergé au sortir de la Ligue, avant le réveil religieux provoqué par l'Introduction à la vie dévote. La génération ecclésiastique dont il est le chef considère volontiers le sacerdoce comme un métier dont on est quitte quand on a célébré les cérémonies, prêché, combattu les hérétiques avec plus ou moins de conviction. Moyennant une régularité extérieure et une orthodoxie de commande, le prêtre est libre de ses idées et de ses actes. Sa conscience n'est pas engagée.

Duperron (1556-1618). — Jacques Davy Duperron, fils d'un ministre protestant, fut célèbre dès sa première enfance par la précocité de son intelligence et de son savoir. Jeune homme, il eut des succès de poète et compta avec Desportes et Bertaut parmi les disciples de Ronsard. Mais la poésie ne lui tenait pas autrement au cœur. Il voulait faire fortune : il abjura à grand bruit et entra dans les ordres. Il eut à la chaire le même bonheur qu'au Parnasse et, grâce à quelques sermons à effet, notamment à son oraison funèbre du chef de la Pléiade, fut considéré comme le premier des prédicateurs. A vrai dire, les jaloux prétendaient que ses convictions n'étaient guère solides, qu'il avait surtout la religion de son intérêt et qu'il n'était au fond qu'un athée ; et ils citaient à l'appui de leur dire ce coup de foudre qui avait frappé une église pendant une de ses prédications et qu'ils feignaient d'interpréter comme une marque de la réprobation céleste à l'égard d'un prêtre indigne. Il se trouva des gens pour croire à cette bourde et l'on raconte que certains curés, pour concilier et le goût des fidèles qui aimaient notre orateur et la préservation de leur église, ne faisaient prêcher Duperron qu'en hiver. Lui-même ne se mettait pas autrement en peine de ces propos, qui n'étaient pas pour le blesser, s'il est vrai qu'après avoir démontré un jour devant Henri III, par raisons péremptoires, l'existence de Dieu, il se soit offert à démontrer séance tenante et par raisons non moins péremptoires la thèse contraire. Politique avant tout, il fut l'un des agents les plus actifs de la conversion de Henri IV et de l'accord heureux qui concilia à ce prince, à défaut du saint-siège encore récalcitrant, la majorité de l'épiscopat français. Une fois accepté, sacré et proclamé par l'Église nationale, le roi pouvait attendre l'absolution du pape ; il préféra la demander et chargea de ce soin l'habile d'Ossat ; mais, pour mieux masquer les démarches de son vrai représentant, il envoya à Rome Duperron dont la faconde bruyante devait détourner et dérouter l'attention de nos adversaires. Cette tactique réussit, et la réconciliation du roi avec le pape eut lieu. Duperron s'en attribua naturellement tout le mérite ; on ne le crut pas à la lettre ; mais on le récompensa du bruit qu'il avait fait à propos en ajoutant à l'évêché dont il était pourvu un titre de cardinal.

Il jouait d'ailleurs, en dépit des médisants, son rôle de soutien de la foi, de rempart de l'orthodoxie. Il provoquait les protestants à des controverses publiques où sa prestesse de langue et sa rouerie lui donnaient facilement le dessus. Le grave Duplessis-Mornay, pour s'être risqué à un tournoi de ce genre, compromit sa réputation de théologien.

Pour se reposer de ces batailles, Duperron relisait Rabelais, dont l'œuvre était pour lui « le livre » sans épithète. Il ne composait plus de vers : les derniers qu'il eût faits étaient en l'honneur de Gabrielle d'Estrées et n'avaient pas nui à son avancement dans l'Église. Mais il s'intéressait à la poésie, à la langue ; il en signalait les faiblesses et les lacunes et demandait qu'on y remédiât. Il s'entourait d'écrivains et de poètes qu'il encourageait, conseillait, recommandait aux grands seigneurs, produisait à la Cour. C'est lui qui fit venir Malherbe à Paris et le mit en lumière. On l'appelait en plaisantant le colonel-général de la littérature. Des titres qu'il a portés celui-là n'est pas le moins valable aux yeux de la postérité.

Sous la régence de Marie de Médicis, Duperron redoubla d'orthodoxie extérieure jusqu'à se faire, par politique, de gallican qu'il avait été jusque là, espagnol et ultra-romain. Aux états de 1614, il demanda, avec plus d'insistance que personne, l'adoption en France de la partie disciplinaire du Concile de Trente et la répression impitoyable de l'incrédulité. Ce zèle était un peu excessif de la part d'un homme qui faisait de Rabelais son bréviaire.

Son rôle historique a préservé son nom de l'oubli contre lequel ne l'auraient certainement défendu ni ses poésies, ni ses traités théologiques, ni ses Ambassades où se lisent des dépêches d'une pompe banale, sans portée ni intérêt. Dans le naufrage de ses œuvres sa physionomie a surnagé : elle reste comme l'image la plus caractéristique de ce clergé médiocrement estimable que les guerres de religion avaient légué à l'Église gallicane.

La robe. — L'Église ne fut pas seule à souffrir de nos discordes civiles : l'autre centre pensant, l'autre foyer intellectuel de la nation à cette époque, je veux dire le barreau, la magistrature, en subit l'atteinte quoiqu'à un moindre degré et en vit baisser son niveau moral.

L'âge d'or de la robe est au milieu du xvie siècle. Étendue et profondeur de savoir, désintéressement, intégrité, force d'âme, dignité austère de la vie, tels sont les traits ordinaires du magistrat de ce temps. Qu'il s'y soit joint quelque pédantisme, la chose importe peu. L'essentiel a été obtenu, puisque la justice a été équitablement rendue et que de belles existences se sont écoulées dans la vertu pour le plus grand honneur du pays. L'épreuve de la Ligue ne fut pas des plus favorables à la magistrature qui y vit fléchir et se démentir plus d'un caractère estimé. La décadence continua sous Henri IV, mais il y avait encore de beaux restes de l'antique prud'homie.

Pierre Pithou était mort, mais son frère François poursuivait les travaux d'érudition entrepris en commun. Étienne Pasquier, qui avait vu six règnes et était destiné à en voir commencer un septième, gardait dans un âge avancé la vigueur de son esprit et la fécondité de sa plume. Le président de Thou composait sa grande histoire. Duvair écrivait ses œuvres morales. Depuis que les Mangot, les d'Espeysses, les Versoris s'étaient tus, que Loysel avait publié en guise de testament son Traité des avocats, le barreau était occupé non sans éclat par les Marion, les Robert, les Dolé, les Arnauld. Enfin la vertu du premier président Achille de Harlay, dominant et illustrant toute la corporation, égalait presque et, en tout cas, rappelait celle du chancelier de l'Hôpital.

L'ensemble est encore imposant ; mais les pertes sont visibles et le seront chaque jour davantage. De ces gens de robe, les seuls qui puissent nous arrêter ici sont, avec les représentants du barreau, Pasquier et Duvair. Nous leur joindrions le président de Thou, s'il n'avait sa place marquée dans un autre chapitre.

Le barreau et ses principaux représentants. — Les orateurs, dont nous avons déjà cité les noms, jouissaient tous d'une réputation étendue et même d'une vraie popularité. On allait les entendre par plaisir d'esprit; on menait à leurs discours les étrangers de distinction. Lorsqu'après la conjuration de Biron, le duc de Savoie vint faire sa paix, Henri IV le régala d'un tournoi oratoire où, à propos d'un boulanger injustement accusé et torturé, Robert et Arnauld firent assaut de faconde et déployèrent toutes les ressources de leur art. On a leurs plaidoyers, et, si on jugeait de leur talent sur cet échantillon, on s'en ferait une médiocre idée. Tout nous y paraît faux, le ton aussi bien que la pensée, et notre raison n'y trouve pas plus son compte que notre goût. Aux beaux endroits, à ceux où les contemporains ont applaudi, nous sommes tentés de bailler ou de rire.

Cette différence tient d'abord à la part excessive que l'art oratoire de cette époque fit à la mode régnante de l'érudition et des citations. Tous les arts sont obligés à des concessions envers la mode; mais c'est affaire aux vraiment grands artistes d'en accorder juste assez pour satisfaire le goût du public sans nuire à la beauté de leur œuvre. Les avocats dont il s'agit méconnurent cette règle et ne surent pas refuser à la mode un sacrifice dangereux pour l'art. Est-ce à dire cependant qu'il faille voir en eux des gens surfaits et sans valeur. Ce serait aller trop loin, et d'ailleurs, en matière d'éloquence, une époque ne se trompe jamais du tout au tout. L'ennui et l'intérêt sont pour l'homme de tous les temps un criterium infaillible. Si donc ces avocats ont intéressé leurs auditeurs au point de passer pour des prodiges d'éloquence, c'est qu'ils avaient au moins la prestance, l'agrément et la force de la voix, la convenance du geste, la facilité de la parole, et ce minimum de saillies et de pathétique indispensable à qui veut parler en public. Mais ces qualités disparaissent toutes ou presque toutes avec celui qui les met en œuvre; il faut d'autres mérites pour fixer l'attention de la postérité. L'orateur qui veut se survivre et ne pas mourir tout entier doit être doublé d'un écrivain, et ce n'est le cas pour aucun de ceux qui nous occupent. Aussi ne faut-il pas s'étonner qu'ils soient à peu près illisibles. On a oublié leurs œuvres et en même temps on a perdu le souvenir des grands procès où ils ont figuré. Il n'y a guère que la fameuse affaire de l'Université de Paris et des Jésuites qui soit encore un peu connue et sans que les discours prononcés de part et d'autre y contribuent en rien. Les Jésuites demandaient à être incorporés à l'Université, avec le droit d'enseigner et de conférer les grades. L'Université rejetait ces nouveaux venus, dangereux pour sa prospérité et d'ailleurs suspects du côté de la morale et du patriotisme. La cause fut portée devant le Parlement en 1565 et plaidée avec éclat par Versoris pour la Société, et par Étienne Pasquier pour l'Université. Ce fut de l'éloquence en pure perte : le Parlement ne voulut pas se prononcer et appointa l'affaire, ce qui valut aux Jésuites d'être tolérés pendant de longues années.

Cependant l'Université n'attendait qu'une occasion de rouvrir le débat. Elle saisit avidement celle de l'attentat de Barrière (1593) et, par la voix d'Arnauld, demanda au Parlement d'interdire et de chasser des instituteurs convaincus de prêcher le régicide. Arnauld prononça une fougueuse invective, mais qui n'eût peut-être pas décidé les juges, si un nouvel attentat, celui de Châtel, n'était venu à point pour emporter la balance en faveur de l'Université.

Les Jésuites furent bannis, mais non pour longtemps. La faiblesse de Henri IV leur rouvrit la porte après quelques années. Il va sans dire qu'ils ne pardonnèrent pas aux avocats de la partie adverse : Pasquier fut assailli et insulté jusqu'au bout par leurs pamphlétaires, notamment par Richeomme et Garasse, contre lesquels il fit d'ailleurs une belle défense. Quant à Arnauld, la haine de la Société poursuivit tous ses descendants jusqu'à la dernière génération. Il est vrai qu'ils furent tous jansénistes et qu'ils peuplèrent Port-Royal ; mais les Jésuites leur en voulurent autant de leur tache originelle que de leurs doctrines.

S'il nous fallait maintenant faire un choix entre les orateurs du temps et accorder à l'un d'eux le prix de l'éloquence, au-dessus de tous ces avocats parisiens, nous mettrions sans hésiter un petit juge de province qui fut grand par le caractère et par le cœur, et à qui son amour du peuple et de la France inspira au besoin le plus noble langage. Je veux parler de l'auvergnat Jean Savaron, qui fut aux états de 1614 le principal orateur du tiers. C'est lui qui, se présentant seul au nom de son ordre devant la noblesse assemblée, osait dire : « Les pensions (la noblesse était seule à en jouir), les pensions sont à ce point que le peuple désespéré pourra bien faire comme ses aïeux les Francs qui brisèrent le joug des Romains. Dieu veuille que je sois faux prophète! mais enfin c'est ce brisement qui a fait la monarchie. » Et il ajoutait à l'adresse du roi : « Sire, soyez le roi très chrétien. Ce ne sont pas des insectes, des vermisseaux qui réclament votre justice et votre miséricorde. C'est votre peuple, ce sont des créatures raisonnables, ce sont les enfants dont vous êtes le père et le tuteur. Prêtez-leur votre main pour les relever de l'oppression... Que diriez-vous, Sire, si vous aviez vu en Guyenne et en Auvergne les hommes paître l'herbe à la manière des bêtes. Cela est tellement véritable que je confisque à votre Majesté mon bien et mes offices, si je suis convaincu de mensonge! » La noblesse se déclara outragée par ces fermes paroles et demanda des excuses. Savaron les refusa résolument et, sans s'inquiéter des suites, il continua pendant la session à élever la voix et à dire la vérité aux puissances.

On a plaisir à saluer au passage cette figure de citoyen et de patriote et à réveiller l'écho d'une parole si généreuse et si hardie. Nous donnerions vraiment tous les discours d'Arnauld et de ses confrères pour ces dix lignes de Savaron.

Étienne Pasquier (1529-1615). — Pasquier n'appartient pas à proprement parler à notre époque. Mais il est mort en 1615 et jusqu'au dernier jour il a écrit. Son ouvrage capital n'a été publié définitivement qu'en 1607 Nous ne pouvons donc pas le passer sous silence. D'ailleurs la rencontre d'un tel homme est une bonne fortune : on n'y renonce pas volontiers.

Si quelque chose peut donner une juste idée de l'activité d'esprit, de la puissance de travail, de la trempe morale des grands magistrats du xvie siècle, c'est bien l'exemple d'Étienne Pasquier. Sa longue existence semble avoir eu pour devise : Nulla dies sine lineâ. A la veille de mourir il écrit encore et sans trop se ressentir des atteintes de l'âge. Notez qu'il resta avocat ou magistrat jusqu'en 1602 et qu'il fit toujours passer les devoirs essentiels de sa profession avant ses travaux littéraires qui n'étaient à ses yeux qu'un agréable accessoire. Sans entrer dans le détail de sa vie, on peut rappeler qu'il fut le meilleur avocat de son temps, bien supérieur à ceux dont nous venons de parler; qu'il donna sous la Ligue de beaux exemples de courage civique et montra, dans l'exercice de sa charge à la Chambre des comptes, une louable indépendance ; enfin que, catholique convaincu, il sut ne pas détester les hérétiques en s'écartant de l'hérésie, et pratiquer une large tolérance, à l'imitation de l'Hôpital. Ce fut un esprit aimable, une vigoureuse intelligence, un noble caractère.

Son œuvre est considérable : mais toute la partie exclusivement littéraire et poétique est sans intérêt. Ses vers latins et français, son *Monophile*, ses *Ordonnances d'amour*, les recueils célèbres de *la Puce* et de *la Main* où il eut tant de part ne se lisent plus.

On peut accorder en passant un souvenir honorable à ses *Plaidoyers* qui ont de la force et de l'ampleur; à son *Exhortation aux princes et seigneurs*, où il prêche la tolérance ; à son *Pourparler du Prince*, où il réfute le système de Machiavel et manifeste ses préférences pour le gouvernement monarchique. Mais ses trois ouvrages capitaux sont les *Lettres*, les *Recherches*, le *Catéchisme des Jésuites*.

Les *Lettres* sont dans le goût de ces correspondances factices que nous a laissées l'antiquité. Les beaux développements qu'elles renferment font déjà penser à Balzac ; et, si le style en est moins brillant, l'intérêt en est au moins plus vif. Dans les vingt-deux livres qui composent le recueil, on trouve la plus grande variété de sujets. Ce sont : 1° des lettres familières qui peignent l'auteur et les siens en traçant un tableau agréable et vrai de la vie privée des magistrats du XVIe siècle; 2° des lettres relatives à la littérature, intéressantes dissertations de philologie et de grammaire, ou curieuse reproduction de la physionomie littéraire du temps ; 3° des lettres politiques et historiques où revit notre histoire, du siège de Metz (1552) à la mort de Henri IV (1610). Les événements, racontés avec exactitude, sont appréciés avec indépendance. Ces lettres sont des mémoires rédigés au jour le jour par un ami de la vérité, d'esprit sage et de sentiments vertueux, attaché au prince sans courtisanerie, à la religion sans intolérance, ennemi des abus, des pilleries, des mauvaises maximes, de celles de Machiavel comme de Mariana, préconisant avant tout la modération et la justice.

C'est encore l'intérêt historique plus vif s'il est possible qui fait la valeur des *Recherches*. Ce grand ouvrage, qui occupa toute la vie de Pasquier, parut de 1560 à 1615; les deux premiers livres en 1560, les cinq suivants en 1607, les deux derniers après la mort de l'auteur. Il n'est guère possible d'en donner une analyse exacte, car ce sont plutôt des mélanges qu'un développement suivi. L'érudition agréable et amusée de Pasquier s'y joue en tous sens et ne se refuse jamais une digression. Cependant il ne perd pas absolument de vue le sujet spécial qu'il s'est assigné : ainsi, dans le premier livre, il se lance dans des recherches aventureuses sur nos origines et essaye de relever les Gaulois, nos bons vieux pères, du mépris que leur témoignent les historiens anciens. Le deuxième livre explique l'origine des grands corps de l'État, Parlement, Chambre des comptes, Pairie, Conseil étroit et privé, etc. Le troisième, consacré à l'Église, épuise la question de l'Église gallicane dans ses rapports avec Rome et fait revivre nos usages liturgiques et nos antiques traditions religieuses. Le quatrième démontre, avec exemples à l'appui, l'action naturelle et réciproque des lois sur les mœurs. Le cinquième et le sixième sont une série d'essais historiques sur Frédégonde et Brunehaut, Jeanne d'Arc, Bayard, la trahison de Bourbon, le royaume de Naples sous la dynastie d'Anjou, les guerres d'Italie. Le septième traite en détail, mais trop élogieusement, de la poésie française; le huitième est relatif à la langue, à ses particularités, à ses ressources, à ses lacunes; le neuvième raconte l'histoire de l'Université de Paris. Augustin Thierry a reproché à cet ouvrage d'être plus ingénieux que savant, trop peu lié, trop capricieux, trop indécis dans ses conclusions. Ce jugement est excessif en ce qu'il demande à Pasquier une suite, un enchaînement qui n'entraient pas dans son dessein et en ce qu'il fait trop bon marché d'une science très réelle malgré quelques erreurs. Il faut se dire que les *Recherches* sont l'ouvrage le plus ancien en date à la fois et le plus important que nous ayions sur l'origine et le fonctionnement des grands établissements civils et religieux, sur les organes gouvernementaux, les lois, les coutumes, le langage et le développement d'esprit de la vieille France.

Le *Catéchisme des Jésuites* mérite aussi notre attention car c'est proprement la première ébauche des Provinciales. Attaqué par la Société, Pasquier riposta par ce pamphlet incisif, plaisant, éloquent, où il perce à jour la politique de ses adversaires. C'est un dialogue en trois livres, inspiré dans sa marche et dans ses procédés de polémique de certains dialogues de Platon. Au premier livre, un jeune Jésuite fait le procès à ses confrères en croyant faire leur apologie. Tout ce qu'il avance se retourne contre lui et il finit par avouer que la pratique des vertus chrétiennes n'est rien pour les Jésuites et qu'il n'y a qu'hypocrisie dans leur fait. Le deuxième livre réduit à néant les diverses apologies de la Société, montrant que ses maximes sont incompatibles avec celles de l'Église gallicane, que ses propres règles lui interdisent l'enseignement, qu'elle soumet ses membres à des vœux abusifs, qu'elle n'apporte que des vues d'intérêt personnel dans l'éducation de la jeunesse. Le troisième livre signale la main des Jésuites dans tous nos troubles politiques, flétrit leur théorie du régicide, le relâchement de leur foi et de leur morale. La conclusion est que, puisque la France en est débarrassée, elle fera bien de ne plus leur ouvrir ses portes. Le livre fut en effet publié au moment où il était question de rappeler la Société expulsée depuis l'attentat de Châtel. Henri IV crut devoir négliger les avertissements de Pasquier; ni lui ni la France ne s'en trouvèrent mieux.

Duvair (1556-1621). — Passer de Pasquier à Duvair, c'est descendre d'un degré. Ici se vérifie ce que nous avons dit de l'abaissement progressif du niveau de la magistrature. De l'homme du xvie siècle à celui du xviie siècle la décadence est visible. L'un n'est que loyauté, fermeté, dignité, désintéressement; l'autre est docile, souple, complaisant. Toutefois quelques critiques ont voulu faire de Duvair un grand homme, aussi bien dans l'ordre de l'action que dans celui de la pensée. Ils n'ont pas craint de le rapprocher tantôt de l'Hôpital et de Richelieu, tantôt de Descartes et de Bossuet. C'est exagération pure et il faut remettre les choses au point.

Pour se faire une juste idée du politique dans Duvair, il n'y a qu'à se rappeler un jugement de Malherbe sur les ministres de Marie de Médicis, également indignes de succéder à Sully et de préparer les voies au grand cardinal; Duvair en était un : « Nous avons eu, dit le vieux poète homme de sens, nous avons eu des ministres qui ont eu du nom dans le monde. Mais combien de fois, avec ma franchise accoutumée, contre l'opinion commune, ai-je dit que je ne les trouvais que fort médiocres, et que, s'ils avaient de la probité, ils n'avaient point du tout de suffisance, ou, s'ils avaient de la suffisance, ils n'avaient point du tout de probité. » Voilà qui est net et des gens mis à leur vraie place. Duvair, manifestement visé ici, car Malherbe le connaissait de longue date et ne pouvait pas ne pas penser à lui en la circonstance, Duvair appartient à la première catégorie : il est de ceux qui ont de la probité sans suffisance, entendez, sans aptitude à exercer le pouvoir. Tant qu'il fut dans un rang inférieur il brilla. Habile avocat, orateur courageux et bien inspiré aux États de 1593 (il y soutint la loi salique et les droits de Henri IV), serviteur utile de la royauté à la tête du Parlement de Provence, il s'éclipsa au premier rang. Son rôle comme garde des Sceaux (de 1616 jusqu'à sa mort avec une courte interruption en 1617) fut des plus médiocres. Il est vrai qu'il était en même temps évêque de Lisieux et que sa vieillesse dévote fit peut-être passer le soin de son diocèse avant celui de la France.

L'écrivain est de la même qualité que l'homme d'État. Il est lui aussi de second ordre. La collection de ses ouvrages est imposante, mais sans intérêt réel. Elle fait bien dans une bibliothèque, mais les profanes ne se hasardent pas deux fois à l'aborder : la première leur suffit. Seuls, les avocats généraux, en quête d'un sujet de discours de rentrée, montrent plus de courage. Ce sont eux surtout qui ont essayé de nous donner certains de ses livres pour des chefs-d'œuvre.

Duvair a écrit : 1° un *Traité de l'éloquence*, suivi d'exemples et de preuves à l'appui qui ne sont autres que la Milonienne et les deux discours pour et contre la Couronne. Ces traductions, comme toutes celles du temps, visent moins à l'exactitude qu'à la pureté du langage; mais, sous ce dernier rapport, elles n'égalent pas le Florus de Coeffeteau. Le traité lui-même n'est pas méprisable : il donne une analyse exacte des causes de l'infériorité du barreau et de la chaire. Les préceptes à suivre sont judicieux; mais le tout est noyé dans un style uniformément pompeux.

2° Le *Traité de la Constance et Consolation ès-calamités publiques,* suite de dialogues où trois interlocuteurs, pendant le siège de Paris (1589), cherchent dans la philosophie un remède à leur patriotique tristesse, sans en trouver un à l'ennui de qui les écoute. Ils sont affublés des noms d'Orphée, de Musée, de Linus, et leurs idées, aussi âgées que ces antiques poètes, s'avancent graves, dignes, honnêtes, mais irrémédiablement banales.

3° La même monotonie se retrouve dans les deux traités moraux de Duvair. Ici toutefois, il y a quelque originalité, non dans les ouvrages eux-mêmes, mais dans l'intention qui a présidé à la composition de l'un d'eux. L'auteur s'était aperçu que plusieurs de ses contemporains n'étaient chrétiens que de nom. Il entreprit de donner à ces incrédules une morale qui pût suppléer à la morale révélée dont ils n'avaient cure, et, dans ce but, il composa la *Philosophie des Stoïques,* suivie d'une traduction du Manuel d'Épictète.

Ce livre eut du succès, car il répondait à un besoin du temps; mais il fut bientôt supplanté par la Sagesse de Charron, qui, détail curieux, lui avait emprunté des idées et même des pages entières. Aujourd'hui on ne lit plus Charron. Comment lirait-on Duvair que ses contemporains avaient déjà délaissé pour Charron plus agréable à leurs yeux? Après avoir donné des règles de conduite aux indévots, Duvair entreprit de remettre sous les yeux des chrétiens dociles les prescriptions de leur croyance et il composa la *Sainte-Philosophie* avec l'intention louable de concilier la foi et la raison.

On chercherait vainement dans tous ces écrits la marque d'une personnalité qui s'affirme. Comme l'a dit Sainte-Beuve : « Tout y est long et connu, connu de toute éternité ou de toute antiquité. On en lirait jusqu'à demain que c'est toujours la même chose. Son style marche drapé dans sa toge; il a, si l'on ose dire, les manchettes et le rabat d'un Cicéron de Parlement, le tout fort empesé. Il satisfait les gens sensés et doctes de son temps; il n'éveille personne, il ne corrige personne, il ne fait rien avancer. Ce n'est pas avec ce procédé, ce tour émoussé et rond, qu'on réforme rien, ni en actions, ni en paroles. » Il n'y a pas de circonstances atténuantes à introduire dans cette sentence sans appel.

CHAPITRE II

La Prose (suite). — Littérature historique : 1º Négociations ; 2º Mémoires ;
3º Histoires particulières et générales.

Nous arrivons à ce qui est la vraie moisson de l'époque, c'est-à-dire aux ouvrages historiques, et, en premier lieu, à ceux où les événements revivent sous la plume de leurs propres acteurs.

De bonne heure l'habitude vient à nos hommes d'État et à nos capitaines de raconter la part qu'ils ont prise à la politique ou à la guerre ; c'est pour eux une manière soit d'occuper agréablement leurs vieux jours, soit de se disculper de reproches plus ou moins mérités, soit d'expliquer les obscurités ou d'excuser les défaillances de leur conduite. De la sorte s'est formée chez nous une bibliothèque de Mémoires, presque tous précieux au point de vue historique et souvent recommandés par des qualités littéraires. Mais, pour que ce second résultat soit obtenu, il faut que l'œuvre ne soit pas de la main d'un rédacteur à gages, mais de celle même de son héros. L'agrément que celui-ci trouve à revenir sur son passé se communique assez fréquemment au récit qu'il en donne. Les choses lui viennent plus facilement, avec le mot propre ; les réflexions se placent au bon endroit et les saillies éclatent à propos. Sous l'abandon d'un style improvisé, on croit parfois percevoir son accent et les éclats de sa parole, sa physionomie, son geste. On entre en communication avec lui : c'est comme si on l'entendait se raconter de vive voix. Mais quand c'est le secrétaire qui raconte, il noie toute individualité dans le flot banal d'un style prétendu correct ou élégant. Passe encore quand il se contente de retoucher et de disposer les documents originaux, comme ce fut le cas pour Sully. Mais s'il rédige d'un bout à l'autre, à moins d'être un Hamilton, il ne réussit qu'à tout gâter.

Nous passerons en revue les plus remarquables de ces œuvres, sans nous mettre en peine de la date de leur première publication : car il en est dans le nombre qui sont restées longtemps inédites. Eussent-elles paru seulement de nos jours, nous ne les en remettrons pas moins à leur vraie place, c'est-à-dire à l'époque dont elles traitent. Voyons d'abord celles qui ont rapport à la diplomatie.

1° Négociations. — Sous Henri IV cet art difficile des relations extérieures n'a guère plus d'un siècle d'existence, ce qui ne l'empêche pas d'avoir déjà une importance capitale. Les négociateurs partagent la gloire réservée jusque-là aux hommes d'État et de guerre. Le public s'intéresse et applaudit à leurs succès. Or, comme leur métier même les força, dès les premiers jours, à écrire tout ce qu'ils faisaient, la tentation vint naturellement, soit à eux, soit à leurs héritiers de perpétuer, par la publication de leurs dépêches, le souvenir de leurs travaux. Beaucoup y ont cédé et c'est ainsi que notre littérature s'est enrichie d'un genre nouveau, inauguré heureusement par le cardinal d'Ossat.

Ossat (1537-1604). — Ce fils de maréchal-ferrant du pays de Foix, mort ambassadeur et cardinal, offre un curieux exemple de ce que peut l'esprit de conduite joint au talent. Valet de chambre-surveillant puis précepteur d'un jeune gentilhomme, professeur à Toulouse, secrétaire de l'illustre Paul de Foix qui nous représentait auprès du pape, il se rompit pendant dix ans au manège de la curie romaine, au point d'y rivaliser de finesse avec les plus fins. Mais son esprit ne s'aiguisa pas aux dépens de son honnêteté : il garda sa prud'homie française au milieu des artifices et des cautèles qu'il déjouait mieux que pas un. Les successeurs de Paul de Foix, Este et Joyeuse, furent trop heureux de le trouver disponible et de l'employer. Il fut ensuite chargé d'affaires sans titre officiel, et finalement nommé ambassadeur. Il eut, en ces deux qualités, à poursuivre des négociations importantes : l'absolution de Henri IV où on lui adjoignit Duperron pour l'ornement; la répudiation de Marguerite de Valois; le mariage de Catherine de Navarre avec le duc de Bar; la revendication de quelques petits territoires sur la Toscane et la Savoie. Il réussit dans toutes et la première lui valut, comme à Duperron, le chapeau de cardinal (1599). Il fut de plus évêque de Rennes et de Bayeux, mais sans résider.

Ses *Lettres* publiées vingt ans après sa mort figurent encore dans les classiques du diplomate. Elles ne manquent pas d'intérêt, même pour les profanes, et Fénelon a pu en louer le style. Elles offrent un mélange heureux de bonhomie et de finesse, mi-gaulois, mi-italien. D'une clarté parfaite, elles précisent les phases, pèsent les chances, expliquent les combinaisons possibles et font prévoir l'avenir de l'affaire engagée; elles attestent à chaque phrase la profonde connaissance que l'auteur avait des hommes et l'art consommé dont il savait jouer d'eux.

Le ton général n'est pas élevé, mais ne cesse jamais d'être convenable : c'est celui d'un sage qui prend tout au sérieux et rien au tragique. Sa langue abondante et souple suffit à tous les besoins, à toutes les finesses de sa pensée. Çà et là quelques expressions vieillies lui prêtent une apparence naïve qui ne manque pas de piquant. En homme qui sait le prix du temps, il s'interdit les digressions et même les citations, si chères cependant à son siècle. Il est fâcheux qu'il n'ait pas su abréger et alléger sa phrase; il ne lui manque que cette qualité pour compter parmi nos bons écrivains.

Jeannin (1540-1622). — C'est aussi le cas du président Jeannin dont les *Négociations* seraient aussi intéressantes qu'instructives si l'embarras du style ne s'opposait trop souvent au plaisir du lecteur. Fils d'un tanneur d'Autun, élève estimé de Cujas, avocat dans sa province et député aux États de Blois, il fut successivement conseiller et président à Dijon. Il devint bientôt l'homme de confiance et le conseil de Mayenne pour qui il fit un voyage en Espagne (1590-1591) et dont il ménagea l'accord avec Henri IV. Ce dernier, charmé des qualités de cet ancien ligueur, si peu fait pour la Ligue, de son ouverture d'esprit, de son entregent, de sa probité, l'employa à négocier la paix de Vervins et celle de Savoie, lui donna une place distinguée dans son conseil et, finalement, se fit représenter par lui en Hollande dans les années décisives de la négociation de la Longue-Trêve. Surintendant après Sully, Jeannin eut la faiblesse de falsifier les états de finances pour rejeter sur Henri IV les dilapidations de Marie de Médicis; mais, malgré tout, il a justifié le bel éloge que Richelieu, un connaisseur, lui a décerné : « Jamais il n'embrassa plus d'affaires qu'il n'en pouvait porter. Jamais il ne flatta son maître. Il s'est toujours plus étudié à servir qu'à plaire. Ce prud'homme était digne d'un siècle moins corrompu que le nôtre, où sa vertu n'a pas été estimée son prix. »

Le rôle qu'il a joué aux Pays-Bas est le principal titre de Jeannin homme d'État et constitue la partie importante de ses *Négociations*. Pour introduire ce pays dans la société politique du XVIIe siècle, car c'est le résultat qu'il a obtenu, Jeannin eut à vaincre des difficultés considérables qui tenaient surtout à ce qu'il fallait endoctriner et gagner successivement chaque membre du gouvernement et des États généraux de Hollande. Il déploya une habileté consommée soit dans les séances des États où il prit souvent la parole avec bonheur, soit dans les conférences privées ou secrètes, et mena à bien cette œuvre importante, non seulement dans l'intérêt de la France, mais dans celui de la nation naissante à laquelle il portait l'affection d'un père.

Les dépêches et discours de Jeannin se recommandent par la justesse et la sûreté des vues. Il est clair, mais il est long et n'a nulle part le trait qui pénètre et qui grave.

Villeroy (1542-1617). — Son collègue Villeroy nous a laissé, lui aussi, une correspondance administrative et politique sur la Ligue et le règne de Henri IV. Ce fondateur d'une dynastie de grands seigneurs, toujours mêlés aux affaires publiques et quelquefois assez malheureusement, est lui-même un personnage peu sympathique. De louches histoires mal expliquées pèsent sur lui. Son commis Lhoste fut pris en flagrant délit de trahison d'État au profit de l'Espagne et il se trouva des gens pour dire que ce misérable n'avait été qu'un instrument aux mains de son patron. Ce fut lui qui, au lendemain de la mort de Henri IV, allant au-devant des désirs de la régente, poussa de toutes ses forces à l'alliance et aux mariages espagnols, autrement dit, à l'abandon de la politique nationale du feu roi.

Sa correspondance le montre cependant un peu plus français de cœur qu'on n'eût dit et même peu éloigné de croire à l'utilité de la tolérance, ce qui est très méritoire de la part d'un ancien ligueur, d'ailleurs habile homme et rompu aux affaires, mais qui a pour nous le grave tort d'en parler sans agrément.

On peut citer après lui Lefèvre de la Boderie qui a raconté, non sans intérêt, ses deux ambassades d'Angleterre (1606 et 1610);

Aubery du Maurier dont la mission en Hollande (1613) a été publiée par son fils dans des Mémoires pour servir à l'histoire des Provinces-Unies ; et enfin, Duplessis-Mornay, théologien, soldat, diplomate de qui nous avons à la fois des négociations et des mémoires et qui nous servira de transition pour passer de l'un à l'autre genre.

Duplessis-Mornay (1549-1623). — Ce vaillant et savant homme, naquit à Buhy dans le Vexin français. De bonne heure calviniste, il voyagea en Italie et en Allemagne, sut échapper à la Saint-Barthélemy, et devint, à partir de 1576, le conseiller et comme le ministre de Henri de Navarre, pour lequel il combat, écrit, négocie, lui servant à la fois, suivant le mot de Lanoue, de Sénèque et de Burrhus. Je sais d'une écritoire faire un capitaine, disait de lui Henri IV, et, de fait, nous voyons Mornay se comporter vaillamment sur vingt champs de bataille. Il remplit de nombreuses missions en Allemagne, en Hollande, en Angleterre ; il administre (ce qui était ou très facile ou très difficile) les finances de son maître ; il trouve le temps de composer une foule d'écrits de circonstance, « apologies, avertissements, mémoires à consulter, discours » où il plaide la cause du protestantisme et dénonce à la France et à l'Europe les projets des Guises et de Philippe II. Cela ne lui suffit pas : il entreprend des controverses morales et dogmatiques et se montre, même en théologie, le soutien du parti protestant. Ses traités de l'Église (1578), de la Vérité de la religion chrétienne (1581) ; son Mystère d'iniquité (histoire de la papauté) ; ses Discours et ses Méditations chrétiennes ; son Eucharistie où il allègue contre la messe cinq mille passages tirés des Pères, expliquent et justifient son surnom de pape des Huguenots. L'abjuration de Henri IV fut critiquée par lui, ce qui lui valut une sorte de disgrâce. Il resta cependant à la cour jusqu'après sa fameuse controverse avec Duperron. Blessé des railleries dont le roi salua sa déconvenue, il se retira dans son château de Saumur. Il resta fidèle pendant la minorité de Louis XIII et ne prit aucune part aux révoltes protestantes. Il en fut récompensé par la perte de son gouvernement qu'une politique trop soupçonneuse crut devoir lui enlever quand même.

Cette injustice le trouva résigné. Il était de longue main aguerri contre le malheur, et aucune épreuve ne pouvait le déconcerter depuis le coup qui avait désolé sa vie en lui ravissant presque en même temps son fils unique et une incomparable épouse. La compagne de Duplessis-Mornay est, avec Mme l'Amirale et la princesse d'Orange, l'honneur des femmes protestantes. Ces trois figures, imposantes et touchantes à la fois, mettent, comme on l'a dit, une sorte de poésie familiale et biblique dans la sombre histoire de nos guerres de religion. Mme Duplessis n'eut qu'une faiblesse en sa vie. Épouse et mère, elle laissa au dernier jour la maternité triompher de ses autres sentiments. La mort de son fils lui brisa le cœur et elle le suivit au tombeau, après avoir consacré à la gloire de son mari des Mémoires dont certaines pages sont d'un pathétique irrésistible. « Il n'y a rien de plus beau dans Plutarque ou dans la Vie des Saints : tout y respire l'amour de la famille, de la patrie, de la religion. » Outre l'admiration et l'attendrissement qu'ils inspirent, ces Mémoires sont utiles à consulter sur l'histoire du parti protestant, notamment pendant les années 1592-93.

Bien que ce bel ouvrage porte son nom, Duplessis n'en est pas l'auteur s'il en est le héros. Sa part de collaboration s'est réduite à fournir la matière mise en œuvre. Mais nous le trouvons tout entier avec ses qualités d'honnête et d'habile homme, dans sa correspondance diplomatique et politique, œuvre d'un publiciste supérieur, capable de résister à la passion dans ses jugements et de percer l'avenir d'un sûr coup d'œil. Le recueil commence à 1579 et il reste excellent jusqu'à l'abjuration de Henri IV. Depuis cette date il semble que l'on y trouve quelque aigreur, quelques traces d'esprit sectaire. Cependant il continue à fournir des détails du plus haut intérêt sur notre situation intérieure et extérieure jusqu'en 1598.

Le style de Duplessis, teinté d'archaïsme et alourdi de constructions laborieuses, n'en est pas moins noble et ferme. Soit dans cette correspondance, soit dans la collection de ses mémoires, discours, etc., on trouve de l'éloquence à la manière antique, où rien n'est donné à la déclamation, où tout repose sur des faits et des textes, où l'argumentation est vigoureuse et la logique entraînante. Ses défauts comme écrivain tiennent plus à son temps qu'à lui-même; mais l'imperfection de ses ouvrages n'enlève rien à la beauté de sa physionomie morale, égale aux plus belles de l'antiquité et qui fait honneur non seulement à son parti, mais à toute la France.

2° Mémoires. — Duplessis-Mornay nous permet de passer naturellement des Négociations aux Mémoires. Il serait trop long d'énumérer tous les écrits de ce dernier genre, parus ou composés sous Henri IV et la régence de Marie de Médicis. Aussi bien qu'y a-t-il d'intéressant à noter, sinon au point de vue purement documentaire, dans les Mémoires de Bouillon rédigés à Sedan en 1610 mais s'arrêtant à 1586; dans ceux d'Angoulême qui racontent la mort de Henri III et l'avènement de Henri IV; dans ceux de Marillac qui exposent la conduite du Parlement en 1592-93; dans ceux de Nevers qui vont de décembre 1588 à janvier 1594; dans le récit militaire de la Curée 1589-1600; dans les Mémoires intimes et historiques du chancelier de Cheverny (1553-1599). Il y a déjà plus à prendre dans les Mémoires du président Groulart et surtout dans ceux de de Thou, ces derniers rédigés par Rigault : ils peignent en traits caractéristiques la vie privée, les habitudes scrupuleuses, les studieux loisirs des magistrats de la bonne époque.

La Force (1558-1652). — Nous trouvons un nouveau type de la vertu protestante dans le sage la Force dont les Mémoires soutiennent, pour l'honnêteté des sentiments mais rien que pour cela, la comparaison avec ceux de Duplessis-Mornay. On y voit un grand seigneur honnête homme, en qui le courtisan n'a corrompu ni le mari ni le père de famille, en qui le calviniste n'a pas tué le citoyen. L'éloge reconnaissant de Henri IV s'y lit à chaque page. Resté protestant lui-même de cœur et de nom, la Force n'en veut pas à son maître d'une abjuration commandée par l'intérêt de la France.

Jean de Saulx-Tavannes (1555-1629). — Il ne faut pas attendre la même sagesse de Jean de Saulx-Tavannes, rédacteur des Mémoires de son père, le maréchal de Tavannes. L'esprit de parti y règne odieux, atroce. Fils d'un des conseillers et exécuteurs de la Saint-Barthélemy, ligueur acharné lui-même, il tient rigueur à Henri IV, même après sa conversion. Il lui refuse le service et ne se rend pas au siège d'Amiens. Mis à la Bastille pour ce fait, il s'évade; et, rentré dans son château de Suilly, afin de tromper les ennuis de la vie privée, il écrit et fait imprimer clandestinement les Mémoires de son père, augmentés de ses réflexions et du récit de ses propres aventures. Bien que l'ouvrage soit mal composé et rempli de digressions, on ne laisse pas d'y rencontrer des passages bien venus, à côté de doctrines abominables, telles que l'apologie de la Saint-Barthélemy et de l'assassinat de Henri III. Le style est ordinairement de qualité médiocre; mais il se relève, sous le coup de la passion, de traits énergiques et de mouvements heureux.

Marguerite de Valois (1552-1615). — La reine Margot, première femme de Henri IV, écrivit à Usson entre 1585 et 1605 ses courts Mémoires, divisés en trois livres. Elle y raconte ses démêlés intimes avec sa mère et ses frères, son voyage en Flandre avec le duc d'Alençon et les fêtes galantes dont elle y fut honorée. L'ouvrage a peu d'importance historique : il renferme, avec les portraits assez effacés de Catherine de Médicis, de Charles IX, de Henri III, de Henri IV, le portrait enjolivé, flatté, méconnaissable de l'héroïne elle-même. Comme le disait Sainte-Beuve, elle a commis trop de péchés d'omission dans son récit, pour qu'on y ajoute grand' foi. Cela n'empêche pas le style d'être délicat, élégant, riche de détails heureux et de nuances, du tour le plus naturel. Quelques pages exquises assurent à la seconde Marguerite de Valois une place à côté de la première parmi nos bons écrivains.

Ces mémoires furent composés pour servir de complément et de correctif à l'article de la reine Margot dans les Dames galantes de Brantôme. Cela nous amène naturellement à introduire ici cet écrivain plus estimable par son talent de narrateur que par sa moralité.

Brantôme (1527-1614). — Pierre de Bourdeille, abbé laïque et seigneur de Brantôme, après avoir été courtisan et soldat se rabattit à n'être qu'un amusant conteur et le peintre fidèle de cette cour licencieuse et spirituelle des Valois où il avait longtemps vécu. Il allait quitter le service de la France pour celui de l'Espagne, plus lucratif, lorsqu'une malencontreuse chute de cheval coupa court à ses projets et le cloua au lit pour plus de trois ans. Cet accident fit naître sa vocation. Il repassa, dans ses insomnies, tout ce qu'il avait vu et entendu à la cour et à l'armée, et fit vœu de l'écrire s'il en réchappait. A peu près rétabli, il se mit en devoir de tenir sa promesse. Il prit bientôt goût à ce travail et finit par se dire que c'était un moyen comme un autre d'arriver à cette réputation dont il était avide. Dès lors il ne vécut que par et pour son œuvre.

Il s'est représenté lui-même, encore coquet et frisé à l'italienne, la perle à l'oreille gauche, écrivant dans sa tourelle les anecdotes du temps, faisant succéder à un volume licencieux *(Dames galantes)* deux volumes de souvenirs militaires *(Grands capitaines français et étrangers),* plus, trois volumes d'anecdotes mêlées où la vertu se marie au libertinage et le dévot coudoie l'assassin.

Brantôme révolterait par son immoralité, s'il en avait lui-même conscience. Mais il est visible qu'il n'y entend pas malice et qu'il ne distingue pas le bien du mal. C'est ainsi qu'il donne la cour des Valois pour une école de toute honnêteté et qu'il prodigue aux héroïnes des aventures les plus scabreuses le titre de grandes et honnêtes Dames.

On en prend son parti à la longue, et d'autant mieux qu'il y a là comme une garantie de véracité : il dit tout ce qu'il sait, ingénument, sans réticence, avec une vivacité, une rondeur, un laisser-aller qui ont bien leur charme. Brantôme est un agréable écrivain qui, chose méritoire chez un vieux courtisan enthousiaste des Espagnols et des Italiens, a su conserver la pureté de sa langue et ne pas donner dans cette manie de parler italien en français, dont Henri Estienne avait essayé de faire justice dans ses dialogues du français italianisé.

Sancy (1546-1629). — Avec ce mondain sans scrupule nous mettrons en pendant un politique aussi peu scrupuleux, celui que d'Aubigné a drapé dans un pamphlet célèbre et qui, pour être moins noir que son portrait, n'en est pas moins un singulier type d'intrigant et de brasseur d'affaires. C'est le sieur de Sancy, d'abord magistrat, puis diplomate, général d'armée improvisé, tour à tour protestant ou catholique suivant l'occasion, mais, à tout prendre, utile serviteur de Henri IV.

Au moment si critique de la mort du dernier Valois, tandis que le Savoyard s'agitait sur nos frontières pour seconder les desseins de l'Espagnol et de la Ligue, Sancy se rend en Suisse, y recrute dix mille mercenaires et arrête les entreprises de notre remuant voisin. Il renforce sa troupe de douze mille Allemands et rejoint Henri IV. Bientôt ces étrangers, faute de solde, veulent se débander; il les garde sous le drapeau pendant trois mois, sans les payer, et permet ainsi à Henri IV de gagner la bataille d'Arques. Il accomplit avec le même bonheur quatre autres missions de recrutement en Suisse et en Allemagne, et une mission politique en Angleterre. Il prêta même de l'argent à l'État, mais il eut le tort de se rembourser de ses mains. Au demeurant, malgré ses versatilités, ses pilleries, ses tours de Scapin, ce fut l'un de ces hommes comme il en faut quelques-uns aux époques troublées, où la bonne cause ne triomphe peut-être que parce qu'elle est servie des plus habiles et des moins scrupuleux. Il nous a raconté lui-même ses petites histoires sous le titre caractéristique de *Discours de l'occurence de ses affaires* (1587-1600). Il est fâcheux que ses allures lestes et déliées n'aient pas passé de sa conduite à son style, volontiers lourd et enchevêtré.

Sully (1560-1641). — Après Sancy, c'est encore un politique que nous rencontrons, mais, celui-là, habile sans ombre de malhonnêteté, infatigable au travail, admirable de patriotisme et, pour tout dire, le meilleur serviteur de Henri IV et l'une des gloires de la France. C'est Sully que je veux dire, et ce sont ses *Économies royales* qui appellent maintenant notre attention.

Maximilien de Béthune, cadet d'une noble famille originaire d'Artois et établie dans l'Ile de France, entra de bonne heure au service de Henri de Navarre. Tout en remplissant auprès de lui à Paris les fonctions de page, il faisait des études assez complètes pour le temps, au moins du côté de l'histoire et des mathématiques. Confident et compagnon de l'évasion de son maître, il le suivit à l'armée (1576), servit d'abord comme fantassin, puis, ayant gagné de quoi se monter, eut une enseigne de cavalerie dans la colonelle de Lavardin. Il s'y démena comme un beau diable, donnant partout de la tête en vrai hanneton, disait le Béarnais. Cependant en vertu de cette maxime que la guerre doit nourrir son homme, Rosny (c'est ainsi qu'il se nommait et il ne prit que plus tard le nom de Sully) Rosny faisait sa main et grapillait un peu partout. Quatre mille écus, gagnés au siège de Cahors, lui permirent de se donner un équipage et des gens et de faire figure à la suite de son maître. Il eut plus d'une aubaine de ce genre, dont il se commença une fortune rapidement accrue par sa bonne administration : il gagna gros, notamment dans des marchés de chevaux, achetés à bon compte en Allemagne et revendus cher en Gascogne. Un riche mariage acheva de le mettre à flot. On voit qu'avant de travailler à la prospérité de la France, Sully s'était rompu aux affaires; et il n'avait rien d'un novice quand il aborda les finances de l'État.

Il resta toujours fidèle à Henri de Navarre, sauf pendant une brouille où il fit mine de s'attacher au duc d'Alençon : mais il revint au premier signe. Il eut de bonne heure, malgré sa jeunesse, un rang honorable dans l'armée, avec une réputation méritée d'artilleur et d'ingénieur. Il fut de toutes les grandes batailles : à Ivry, deux fois démonté et blessé, le mollet emporté d'un coup de lance, la hanche froissée d'une balle de pistolet, la tête et la main ensanglantées par deux estafilades, il fut par surcroît sur le point d'être pourfendu par un gros lourdaud de cavalier auquel il n'échappa qu'en tournant autour d'un arbre aux branches trop basses pour que l'autre pût s'introduire dessous. Le cavalier parti de guerre lasse, Rosny acheta un cheval d'un rôdeur, et se remit à batailler si bien qu'il fit plusieurs prisonniers et se saisit même de l'étendard des ennemis. Après quoi, il rentra triomphalement chez lui pour panser ses blessures.

Ses qualités sérieuses et son dévouement lui valurent la confiance de Henri IV dont il fut, dès les premiers jours du règne, le conseiller écouté, notamment dans l'affaire de l'abjuration. Appelé au conseil des finances, il s'y distingua malgré le mauvais vouloir de ses confrères, et fit éclater aux yeux sa probité en se refusant aux bénéfices que les d'Incarville, les Sancy, sans oublier Cheverny le chancelier, ne se faisaient pas faute d'empocher. Il se mit hors de pair pour l'habileté par l'organisation du service des vivres, des munitions et de la paye au siège d'Amiens. Sa compétence ainsi affirmée, il devint au bout de quelques années surintendant, et, dès qu'il eut la haute main (1598), il rétablit si bien les choses que, à la mort de Henri IV, c'est-à-dire douze ans plus tard, la dette exigible était réduite de cent millions, les revenus publics élevés de vingt-cinq à trente-neuf millions perçus intégralement par l'État. Il devint successivement grand-maître de l'artillerie, grand-voyer de France, surintendant des fortifications et bâtiments. De plus en plus cher à son maître, qui le boudait quelquefois mais ne pouvait se passer de lui, il était chargé d'appointer les querelles trop fréquentes du ménage royal et il s'en acquittait heureusement. Il fut pendant douze ans le bras droit de Henri IV et sa main se retrouve dans toutes les grandes choses de cette heureuse et féconde période.

Toutefois, la dureté de ses manières, le soin jaloux avec lequel il contrôlait et contestait les services d'autrui, lui firent perdre devant le public le mérite de ses propres services. On lui reprochait aussi sa fortune, trop considérable, disait-on, pour un particulier, mais que lui-même trouva longtemps trop modeste, puisqu'il ne voulut pas accepter le titre de duc et pair avant de l'avoir portée au chiffre qu'il s'était assigné. Il était franchement impopulaire, et sa chute fut saluée par les applaudissements des grands et du peuple.

Il se retira dans ses terres où il vécut trente ans, presque jusqu'à la fin du règne de Louis XIII, chagrin, morose, confit dans l'admiration du passé et dans le mépris du présent, unissant dans le même dédain la grande politique de Richelieu et l'administration mesquine ou coupable de la Régence. C'est dans cette solitude qu'il composa ou fit composer ses Mémoires. Ils se présentent à nous sous un aspect pédant pour ne pas dire un peu grotesque. Quoiqu'imprimés à Sully par un imprimeur d'Angers, ils portent la rubrique d'Amstelredam, à l'enseigne des trois vertus couronnées d'amaranthe, et sont donnés comme sortant des presses d'Aleithisnographe de Cléarétimélée et de Graphexecon de Pistariste. Le titre est dans le même goût : oyez plutôt :

« Mémoires des sages et royales économies d'État, domestiques, politiques, militaires de Henri le Grand, l'exemplaire des rois, le prince des vertus, des armes et des lois, le père en effet de ses peuples français — et des servitudes utiles, obéissances, convenables et administrations loyales de Maximilien de Béthune etc, etc, l'un des plus confidents familiers et utiles soldats et serviteurs du grand Mars des Français. Dédiés à la France, à tous les bons soldats, à tous peuples français. »

Les meilleurs sentiments se dégagent de ce titre; mais il est presque impossible de ne pas rire de cet enchevêtrement de mots rébarbatifs.

Ce n'est d'ailleurs pas Sully qui écrit, ce n'est même pas lui qui parle. Semblable à ces rois orientaux qui charmaient leurs insomnies en se faisant lire l'histoire de leur règne, il se fait lire l'histoire de son ministère. Il est assis sous son dais dans sa grande salle. Au pied de son estrade, ses quatre secrétaires, tête nue et debout, lui viennent rappeler tour à tour ce qu'il a fait, d'après les papiers d'État et les notes personnelles qu'il leur a donnés à dépouiller. Cet appareil fastueux, cette lecture qui ressemble à un encensement perpétuel, deviendraient facilement ridicules, si l'intérêt du sujet ne prenait bientôt le dessus et ne faisait oublier les bizarreries et les fautes de goût.

On ne connut d'abord que deux volumes; deux autres s'y joignirent en 1662 par les soins de Jean le Laboureur. L'abbé de l'Écluse en donna, en 1745, une édition abrégée, rajeunie pour le style, dépouillée des pièces justificatives, expurgée de tout ce qui était contraire aux jésuites ou favorable aux protestants et par conséquent peu digne de foi. C'est donc à l'édition originale et à ses quatre volumes qu'il faut se reporter.

Les rédacteurs travaillèrent sur trois recueils : 1° le journal des actions de Sully, fait par lui-même, de l'âge de douze ans jusqu'en 1611; 2° les mémoires d'affaires rédigés par lui durant son ministère, plus un récit historique de 1572 à 1575 inséré presque intégralement dans le livre VI; 3° une immense collection de papiers d'État.

Ils firent avec ces matériaux un document précieux, le plus ample, le plus explicite que l'on puisse avoir pour une période de quarante ans. Malgré quelques critiques de Marbault, secrétaire de Duplessis-Mornay, la véracité des *Économies* est indiscutable. Non seulement le récit est conforme aux autres témoignages contemporains, mais les pièces justificatives y sont exactement reproduites. De ce vaste ensemble historique et de la multitude des événements qu'il renferme se détachent deux biographies, celle de Henri IV avec ses défauts de joueur et de coureur, rachetés par les qualités supérieures de l'homme et du roi; celle de Sully lui-même avec son humeur altière, son caractère âpre, son avidité de richesses bien acquises, mais aussi son dévouement à la chose publique. Çà et là, des scènes intimes pleines de naturel viennent nous retracer au vif les mœurs des grands seigneurs du temps.

Les réflexions qui accompagnent le récit sont en général d'une justesse suffisante. L'esprit de Sully ne s'est pas trop rouillé dans l'oisiveté. Il sait, quoique protestant, rendre justice aux catholiques; il subordonne toujours la religion aux intérêts de l'État; il donne de bonnes leçons de gouvernement et d'administration. Il y a cependant à redire sur certains points : son économie politique, un peu courte, rappelle trop celle de Caton l'Ancien. Il veut établir l'État par prudence, ordre et or, ce qui est bien; mais il ne veut pas entendre parler de crédit, ce qui est mal. Autres erreurs fâcheuses : il ne croit pas à la possibilité d'établir des colonies françaises; il donne en plein dans la chimère d'une fédération des états chrétiens, et, bien qu'il la mette sur le compte de Henri IV, elle a plutôt l'air de n'être qu'une rêverie de sa propre vieillesse.

Quant au style, il faut, pour le juger équitablement, faire la part de ce qui est à Sully et de ce qui est à ses secrétaires. Ceux-ci semblent être surtout responsables de cette pompe et de cette emphase surannée dont nous avons déjà signalé le mauvais effet. Mais tout n'est pas de leur cru. Il y a des endroits où ils se contentent de reproduire les écrits antérieurs de leur maître et l'on y trouve de quoi justifier le mot connu de Henri IV, disant de son ministre : « Il parle et écrit assez bien, d'un style qui plaît assez, pour ce qu'il sent son soldat et son homme d'État. »

Au demeurant, les imperfections de la forme ne sont pas un obstacle aux enseignements de toute nature que renferment les *Économies royales*.

Ce serait ici le moment de faire intervenir d'Aubigné avec ses Mémoires, si sa place n'était plutôt marquée parmi les historiens. Nous passons au duc de Rohan, c'est-à-dire au chef politique et militaire des protestants en France pendant les trois prises d'armes de 1621, 1625, 1626.

Rohan (1579-1638). — Appelé par les circonstances à jouer le rôle, si noblement rempli par Coligny au XVIe siècle, Rohan ne se montra pas trop inférieur à ce grand homme. Il n'en eut, à vrai dire (et le temps ne le comportait guère), ni l'absolu désintéressement, ni la haute et stoïque vertu : mais, comme lui, il fit preuve de réels talents militaires. Vaincu d'avance, il sut retarder et rendre incertaine aux yeux du public l'issue immanquable de la lutte. Il se montra inébranlable aux défaites, comme aux déceptions qui lui venaient de son propre parti. Mais il eut le grave tort, à une époque où cela passait déjà pour une faute, de faire appel à l'étranger et de préférer les intérêts politiques plus encore que religieux du protestantisme aux intérêts de la patrie. Cette tache ternit sa mémoire, et c'est justice ; car, même après sa paix faite avec le roi, il fut plus huguenot que français, et il le montra bien en Valteline. Sa carrière fut arrêtée brusquement par une blessure mortelle qu'il reçut au premier rang de l'armée Weimarienne. On ne peut dire toutefois que ce fut une mort prématurée, car il n'était pas de son temps, étant né quelque cinquante ans trop tard. Par le tour d'esprit et la trempe du caractère, il était du XVIe siècle.

Si la nature l'avait assez mal servi au physique en lui donnant une petite stature, une mine basse et chétive, elle l'avait avantagé du côté de l'esprit. Son intelligence suffisait à ce rôle de chef militaire, d'orateur politique, de négociateur, qu'il avait assumé sans présomption. Il écrivait passablement et parlait bien mais, semble-t-il, en homme d'affaires. Les lettres n'avaient tenu qu'une place secondaire dans son éducation et il y paraissait. C'est à lui qu'il est arrivé d'appeler Cicéron l'auteur des Pandectes. Son goût l'avait porté vers l'histoire, vers les branches des mathématiques qui peuvent être utiles à un capitaine. Après avoir meublé son esprit de notions précises, il voyagea pendant deux années (1601-1602) et visita en détail l'Allemagne, l'Italie, la Hollande et la Grande-Bretagne. Il en revint émancipé, mûr d'esprit, ayant ses préférences bien définies en politique, plein d'admiration pour le gouvernement de Venise ou celui des Pays-Bas. Sa conception d'une république protestante doit remonter à ses années de voyage.

Henri IV qui l'aimait dès sa plus tendre enfance et qui avait sa jeunesse en haute estime le fit duc et pair et le maria à la fille de Sully. Rohan semblait ainsi appelé à devenir le suppléant de son beau-père et l'autre bras du prince dans le gouvernement et aux armées. Seule cette haute fortune pouvait l'empêcher, vu son caractère altier et indépendant, d'entrer en lutte avec la couronne. Mais Henri IV mourut prématurément, Sully fut disgrâcié, les protestants bientôt menacés ou maltraités. Sollicité de se mettre à la tête de ses coreligionnaires, Rohan accepta de devenir le général des Églises : on sait le reste.

Ses ouvrages sont : 1° le récit de ses voyages ; 2° le Parfait Capitaine, commentaire intéressant des Commentaires de César ; 3° l'Intérêt des princes et états de la chrétienté, livre de politique, très goûté dans le temps, et pour nous sans intérêt ; 4° les Mémoires sur la Valteline, probablement rédigés par son secrétaire et factotum le Vénitien Priolo ; 5° ses Mémoires proprement dits qui racontent et essayent de justifier sa conduite, de la mort de Henri IV à la paix d'Alais. C'est son œuvre capitale. Les événements compliqués qu'il expose mettent à la longue de l'obscurité dans son récit ; sa langue, plus saine qu'agréable, tout unie et sans relief, ne remédie pas à cet inconvénient. Si l'on fait la part de ce défaut, aussi imputable au sujet qu'à l'auteur, on loue chez lui la peinture fidèle des intrigues des Bouillon, des Lesdiguières, des Condé, la mesure qu'il sait ordinairement garder dans sa propre apologie, les réflexions judicieuses dont il abonde et qui sont dans le goût de Salluste, mais exprimées avec moins de force.

Certains critiques protestants ont parlé de lui comme d'un grand écrivain. Il ne l'est certes pas dans ses Mémoires. Cependant quelques passages de ses discours, rapportés par lui, donnent à croire qu'il pouvait avoir au besoin comme orateur de la force incisive et de l'éclat. Mais ces qualités n'ont pas passé dans sa prose habituellement froide, longue et décolorée. Il en est chez lui de l'auteur comme du politique et du capitaine. Il reste partout au deuxième plan, inférieur à Sully, dont il suivit mal les exemples, à Richelieu, qu'il eut le malheur d'avoir pour ennemi.

Bassompierre (1579-1646). — Nous passons à un autre adversaire de Richelieu, mais de moindre conséquence, c'est Bassompierre que je veux dire. Issu d'une grande famille lorraine, apparenté aux meilleures maisons de l'Empire, ce seigneur entra sous Henri IV au service de la France et fut l'un des plus brillants courtisans de la période que nous retraçons. Bien vu du roi, mieux vu de la reine régente, aimé des dames pour sa bonne grâce et ses libéralités, sa fortune se brisa au moment où elle semblait le porter au premier rang dans les armes et dans la diplomatie. Des intrigues mal dissimulées lui aliénèrent le cardinal-ministre qui le mit à la Bastille en 1631 et ne l'en laissa jamais sortir. Las d'espérer une libération, toujours promise et toujours remise, Bassompierre écrivit ses Mémoires pour se désennuyer. Il traça le récit vif, animé, coloré même, de sa vie de courtisan, de soldat, de général, de négociateur : ses ambassades en Suisse en sont restées célèbres. Le malheur est qu'on ne puisse le croire de tout; car cet Allemand est plus hâbleur qu'un Gascon et, comme dit Saint-Simon qui l'avait beaucoup lu, il est dégoûtant de vanité. Délivré en 1643, Bassompierre mourut subitement en 1646, à temps, paraît-il, pour sa réputation de viveur et de prodigue, car il était à bout de ressources.

Nous rencontrons maintenant trois hommes qui, à défaut de leurs propres actions, nous ont raconté avec des mérites divers les actions d'autrui, moins auteurs de mémoires que mémorialistes, et d'ailleurs utiles auxiliaires de l'histoire.

L'Estoile (1540-1611). — Le premier et le plus justement connu de ces annalistes est l'Estoile. Ce bourgeois, riche et curieux, use de sa fortune et de ses relations pour se tenir au courant de ce qui se dit ou se fait de remarquable. A l'affût des nouvelles, toujours le premier aux spectacles de la rue, aux audiences, aux sermons, il avait de plus à ses gages (il est vrai qu'il ne le payait pas cher) un informateur, ou, comme nous dirions, un reporter. Il réunit ainsi près de quatre mille pièces manuscrites ou imprimées, et rédigea chaque soir des notes sur les événements du jour, entre lesquels il n'a eu garde d'ailleurs de négliger les détails de sa santé.

De cette masse de documents, dont la plupart se sont conservés, l'Estoile a tiré ses trois *Registres-journaux* qui embrassent une période de trente-sept ans, de mai 1574 à septembre 1611, mais avec une lacune de quatre années.

Le premier journal, rédigé de 1580 à 1595, est celui qui ressemble le plus à une composition historique. Il raconte le règne de Henri III. — Le deuxième raconte Henri IV moins les années

1602-1606. — Le troisième comprend les dix-huit premiers mois de Louis XIII.

Bien que le décousu de ces journaux les rende un peu suspects, ils sont une mine précieuse de renseignements. L'Estoile est d'ailleurs moins badaud qu'on ne l'a dit et ne manque pas à l'occasion de discernement : il a le coup d'œil sûr, et la netteté de sa vision se retrouve dans son style agrémenté parfois de traits assez malins.

Palma-Cayet (1525-1610). — Palma-Cayet est moins personnel que l'Estoile. On a pu le comparer au miroir qui reflète passivement les objets.

Ancien ministre protestant et sous-précepteur de Henri IV, puis prêtre catholique, professeur d'hébreu à Navarre et au Collège Royal, il dut à son érudition et aux singularités de son régime et de son costume de passer pour un peu sorcier. Il est vrai qu'il cherchait la pierre philosophale.

Il avait le titre de Chronologue de Henri IV, et il le prit au sérieux. Sa *Chronologie septenaire,* publiée en 1605, est son début, fort médiocre. Elle va de 1598 à 1604.

La *Novenaire* (1589-1598), donnée en 1608, est un monument considérable par l'abondance des détails et l'exactitude avec laquelle les documents cités sont analysés. Après une introduction sur la Ligue, où l'auteur annonce son dessein arrêté de raconter la guerre faite par la Ligue et l'Espagne à Henri III et à Henri IV, il consacre un livre à chaque année et y insère tout ce qu'il a pu réunir de faits et d'écrits, reproduisant certaines pièces importantes, résumant les autres, de manière à faire connaître tout ce qui est extérieur et public.

Il ne faut lui demander d'ailleurs ni profondeur, ni intelligence vive des événements, ni recherche des causes morales Il dit la vérité, mais il la fait acheter par l'ennui de son récit qu'il poursuit en style d'érudit et d'hébraïsant, et où l'on ne trouve guère à signaler que quelques pages heureuses sur l'enfance de Henri IV.

Le Mercure français (1611-1648). — Cayet eut pour imitateur Richer qui fonda le *Mercure français* (ne pas confondre avec le Mercure galant devenu en 1717 le Mercure de France). Purement historique, ce recueil périodique parut de 1611 à 1648; mais il remonte dans son récit jusqu'à 1605.

Le premier volume, qui allait de 1605 à 1610, fut supprimé par ordre de la régente. Il est, ainsi que les vingt volumes suivants, qui purent circuler en liberté, de la main de Richer. A ces vingt-un volumes Renaudot en ajouta trois. Enfin Malingre compléta la collection en éditant les vingt-cinquième et vingt-sixième volumes. Le *Mercure* est une relation chronologique des principaux événements de France et de l'Étranger, racontés par différents témoins. Çà et là interviennent dans le récit général des épisodes assez intéressants. Le tout constitue un document d'une valeur appréciable.

3° LES HISTORIENS. — Des annalistes comme Richer aux historiens proprement dits le passage est facile, puisque les travaux des uns et des autres sont en somme de même nature. La première génération du XVIIe siècle a plus fait qu'on ne croirait pour l'histoire; elle a fourni quelques représentants estimables à ce genre, qui lui aurait même dû, sans certaines circonstances particulières, un de ses maîtres.

Jean de Serres (1540-1598). — Parlons d'abord des auteurs qui ont écrit sur notre histoire nationale. La tentative de Duhaillan pour donner un corps complet d'histoire de France ne fut reprise par personne. C'est tout au plus si Jean de Serres publia, en 1597, sous le titre d'*Inventaire général,* un abrégé qui va des origines à Charles VI et qui a été continué par Monlyard. Ce livre élémentaire, le seul que nous ayons eu pendant des années, ne justifie guère l'éloge de d'Aubigné qui le nomme éloquent et docte.

Fauchet (1530-1601). — *Les antiquités gauloises et françaises* du président Fauchet, qui vont des origines à Hugues Capet, parurent en trois fois, 1579, 1599, 1607. Elles ne brillent ni par le style ni par la critique; mais elles renferment des documents précieux.

Mathieu (1563-1621). — Le conseiller Mathieu, dont les *Tablettes morales* rivalisaient avec les Quatrains de Pibrac, consacra de nombreux volumes à diverses époques de nos annales. Il se fit l'historien de Saint-Louis, de Louis XI, des Guerres avec l'Espagne, des derniers troubles de la France sous Henri III, de la France de 1515 à 1621, etc.

On a essayé, au commencement de ce siècle, de faire à Mathieu une réputation d'écrivain. On a dû y renoncer. Les romantiques, qui l'admiraient pour quelques phrases imagées et empanachées, furent forcés d'en rabattre après examen et d'avouer le ridicule de ses citations et de ses métaphores, dont voici un échantillon : « les grandeurs, dit-il, servirent à Biron comme à Absalon ses longs cheveux, à le faire pendre ». A une érudition grotesque, compliquée d'une imagination déréglée, Mathieu joint l'ignorance de la véritable histoire. Il ne va pas au fond des choses, il ne connaît ni les relations des partis entre eux ni les relations étrangères. Il est moins curieux des faits que du style, et l'on vient de voir que cette dernière curiosité ne lui a pas réussi.

Legrain (1565-1642). — Le talent d'écrire et le sens critique ne font pas moins défaut à Legrain, ancien gentilhomme servant de Henri IV. Son histoire n'a guère gagné à la précaution louable qu'il prit de résigner tous ses emplois pour écrire avec plus d'indépendance. Son récit n'en est pas plus vif, ni ses vues plus profondes. Cependant il y a dans la *Décade contenant la vie et les gestes de Henri le Grand* un chapitre qui se laisse lire, et qui soutient même la comparaison avec les parties correspondantes des Économies royales. C'est celui où il est traité du gouvernement et de l'administration de Henri IV.

La Popelinière (1541-1608). — Nous passons maintenant à des auteurs plus hardis ou plus ambitieux qui, non contents de raconter leur pays, ont entrepris l'histoire générale de l'Europe. Cette entreprise, d'une utilité réelle, mais d'une difficulté considérable en l'absence de communications fréquentes et intimes entre les différentes nations, fut tentée une première fois par Lancelot de la Popelinière, qui donna en 1581 son *Histoire de France enrichie des plus notables occurences survenues ès provinces de l'Europe de 1550 à ces temps*. On ne lit plus cet écrivain, mais il faut lui reconnaître le mérite d'avoir ouvert la voie : il y fut suivi par de Thou et d'Aubigné.

De Thou (1553-1617). — De Thou est cet historien supérieur à qui nous avons fait tantôt allusion. La seule raison qui s'oppose communément à la reconnaissance de sa valeur, c'est qu'il a écrit en latin. Il l'a fait dans une intention louable, non par une pensée de routine et pour revenir au passé, mais plutôt pour préparer l'unité de langue et d'esprit qu'il souhaitait à l'avenir. Or, ce n'est pas le latin qui devait être ou rester la langue commune ; c'est au français que, dans une certaine mesure, cet honneur était réservé. Il est fâcheux que le patriotisme de l'auteur n'en ait pas eu le pressentiment. Un autre tort qu'il s'est donné et qui accentue le premier c'est d'avoir voulu traduire en latin les noms d'hommes et de fonctions. Il en résulte un carnaval d'expressions toujours obscures, souvent bouffonnes.

Fils du premier président de Thou, neveu du président Augustin de Thou et de l'évêque d'Angers, beau-frère de Achille de Harlay et du chancelier Cheverny, notre historien fut, après les meilleures études de lettres et de droit et un voyage en Italie où il conçut l'idée de son livre, conseiller et président à mortier au parlement de Paris. Il parut avec éclat aux états de 1588, négocia l'accord entre le roi de France et le roi de Navarre, remplit pour Henri IV différentes missions, et enfin prépara et rédigea l'Édit de Nantes. Il fut appelé, sous Marie de Médicis, au conseil des finances, mais écarté de la première présidence du parlement pour ses opinions gallicanes. On prétend qu'il serait mort de cette déconvenue.

Ce fut après vingt ans de travail et de recherches qu'il commença à rédiger son *Histoire*. Elle comprend cent trente-huit livres en cinq volumes in-folio dans l'édition de 1620. Sur les cent trente-huit livres il n'en a publié lui-même que quatre-vingt, dix-huit en 1604, les autres en 1617.

L'œuvre semble commencer à 1544 ; mais le premier livre qui porte cette date n'est qu'une introduction. Le vrai récit part de 1546, c'est-à-dire de la guerre de Charles-Quint contre la ligue de Smalkalde ; il s'arrête à 1609 à la conclusion de la Longue-Trêve. De la sorte, il embrasse la première phase de la lutte politique et religieuse dont la guerre de Trente ans est la seconde phase.

On y trouve : 1° le tableau de la lutte soutenue par la Réforme dans les divers états de l'Occident pour obtenir liberté et droit de bourgeoisie en Europe ; 2° le tableau de la guerre d'indépendance entreprise pour déjouer les projets de monarchie absolue des deux branches de la maison d'Autriche.

Il est fâcheux que ce vaste récit manque de proportions et soit même quelque peu désordonné. On a pu lui reprocher d'être moins une histoire générale qu'un immense recueil d'histoires particulières où les excursions sur des terres lointaines et les retours vers le passé n'interviennent que trop souvent. Ajoutons qu'il y a des redites fastidieuses dans le détail des sièges, négociations et conseils. Mais, à ces défauts près, c'est une grande œuvre.

Il faut d'abord y louer l'impartialité absolue. Ce n'est pas seulement un historien qui parle, c'est un magistrat sur son siège et qui, en son âme et conscience, rend des arrêts. Il s'est préparé à bien juger par l'étude la plus attentive des hommes et des choses; mais, sa conviction une fois établie, rien ne l'en fait dévier, ni les menaces d'une noble famille (Richelieu) ni celles d'une tête couronnée (Jacques Ier) que sa vérité offense. Comme il a d'ailleurs, la connaissance des hommes et la pratique des affaires, il est à l'abri des étonnements naïfs de l'inexpérience et des intolérances d'une vertu casanière. Il a dû à toutes ces qualités d'échapper aux écueils de l'histoire contemporaine et de pouvoir raconter même son temps, sans passion, sans parti pris, avec toute l'indépendance que comporte un patriotisme éclairé. La morale qu'il tire de son *Histoire* peut se résumer ainsi : la rigueur ne prévaut pas contre les droits de la conscience; les guerres d'ambition tournent toujours au détriment de leurs auteurs; depuis la Renaissance, l'intelligence tient tête à la force.

Bien que sa plume faiblisse quelquefois dans une si vaste carrière, de Thou est ordinairement précis dans l'expression. Sa phrase a du nombre et au besoin de la fermeté. Son ton, toujours grave et digne, s'élève à la haute éloquence toutes les fois qu'il exprime les nobles sentiments dont il s'inspirait dans la vie et qu'il a naturellement portés dans son œuvre. Il y a des historiens qui lui sont supérieurs par le génie. Nul ne le dépasse par la conscience et par la beauté du caractère. Nul n'a mieux exercé la magistrature historique.

D'Aubigné (1550-1630). — Nous demanderions vainement à d'Aubigné, qui est la passion même, cette impartialité sereine. Cependant, à défaut de cette qualité de l'historien, il en a possédé d'autres et non les moins estimables. Nous en jugerons bientôt. Mais comme il ne s'est pas tenu à ce seul rôle et qu'il en a joué d'autres encore en littérature, il convient de l'étudier avec quelque détail.

C'est la figure la plus curieuse de la France protestante. Homme de lettres et homme d'épée, comme beaucoup de ses coreligionnaires, il l'est à un degré supérieur et avec plus d'originalité, grâce à certain air chevaleresque et gascon qui n'est qu'à lui.

Enfant précoce jusqu'à traduire, à neuf ans, le Criton et à mériter à douze ans les corrections paternelles pour sa tendance à l'inconduite, il fut laissé à l'abandon par la mort de son père et mena l'existence d'un écolier pauvre et dissipé jusqu'au jour où la guerre civile éclata. Il s'enrôla aussitôt et dès lors on le trouve partout où il y a des coups à recevoir et surtout à donner. Échappé par miracle à la Saint-Barthélemy, il rejoignit à la cour le roi de Navarre, et, sans rien rabattre de son allure indépendante, se fit bien venir des rois Charles IX et Henri III par son talent poétique. Associé à l'évasion du Béarnais, il reprit le cours de ses exploits dont plusieurs tiennent du prodige.

Lorsque Henri IV fut sur le trône, d'Aubigné lui garda rigueur de son abjuration et de ses concessions aux catholiques. Il fit dès lors figure d'opposant et de mécontent. Menacé plus d'une fois et sous Henri IV et sous la Régence, il vit son *Histoire* condamnée au feu en 1620 et dût fuir lui-même en septembre de la même année. Il se retira à Genève, où il trouva bon accueil et passa une vieillesse honorable, troublée seulement par quelques tracasseries dévotes et par la défection de son fils Constant. Il mourut en 1630.

Les goûts littéraires de d'Aubigné sont aussi vifs que ses goûts belliqueux. Il écrit à propos de tout et ne perd pas la moindre occasion. Vers ou prose, tout lui est bon : il manie avec la même aisance les deux instruments du bien dire, mais en virtuose improvisateur plutôt qu'en artiste sûr de lui-même.

Œuvres poétiques. — La poésie avait la vogue à la cour des Valois; tout le monde y versifiait : c'était une contagion. D'Aubigné s'y laissa prendre et composa des vers galants qui lui valurent l'approbation de Charles IX et même un certain renom. Il en fit un recueil, sous le nom de *Printemps d'Aubigné*. Ce recueil s'est perdu et il ne faut pas y avoir grand regret. En dépit de quelques suffrages favorables, Agrippa ne devait guère être fait pour écrire des amourettes. L'énergie de son caractère et de son langage jurait avec les sujets qu'il traitait. Il fallait à son talent une autre matière pour déployer sa force. L'indignation devait être sa muse, elle lui dicta les *Tragiques*.

Ce poème de huit mille vers, qui est avec la Semaine de Dubartas l'effort le plus considérable de la poésie protestante, fut conçu à Castel-Jaloux, où l'auteur, grièvement blessé, dans le délire de la fièvre, en dicta la première ébauche. Il ne la continua pas de longtemps. Mais un jour l'inspiration le ressaisit et il écrivit, dans un ordre sans doute un peu différent de celui auquel il s'est enfin arrêté, les sept livres des *Tragiques*. L'ouvrage courut anonyme vers 1593. La première édition complète est de 1616. On peut le définir une sorte d'épopée lyrico-satirique qui fait penser à Juvénal, à Tacite, à Dante et qui s'inspire certainement des deux premiers en même temps qu'elle déborde de réminiscences bibliques. C'est un sombre tableau des désordres qui affligèrent la Société, l'État, la Religion pendant la dernière moitié du XVIe siècle; des calamités qui en découlèrent; du châtiment infligé dès cette vie aux auteurs de ces désordres, selon les secrets desseins de la Providence; de leur éternelle punition, selon la justice divine.

Ce poème, confus et inégal, est, suivant Sainte-Beuve, « un long sermon puritain divisé au hasard en sept points, incohérent mélange de mythologie, d'allégorie morale, de théologie calviniste où sont entassés pêle-mêle des lambeaux du texte sacré, des propos de corps de garde et d'éternelles répétitions des mêmes horreurs. Cependant de ce fatras monte une inspiration puissante, éclate une sombre verve. L'esprit hébraïque y respire, comme cet esprit de Dieu qui flottait sur le chaos ».

On peut dire de d'Aubigné comme de Dubartas que, si par l'invention et la force il touche parfois au sublime, il retombe aussitôt, faute de raison et de goût. Il semble qu'il se soit aventuré beaucoup en disant à son poème :

> Tu as pour support l'équité
> La vérité pour entreprise
> Pour loyer l'immortalité.

S'il n'avait eu que ses *Tragiques* pour le rendre immortel il serait sans doute mort depuis longtemps. Il a survécu grâce à l'originalité de sa physionomie et aussi à son talent de prosateur.

Pamphlets. — Des pamphlets qu'on lui attribue nous n'en retiendrons que deux : d'abord la *Confession de Sancy* qui dut circuler manuscrite à partir de 1597, mais ne fut publiée qu'en 1693, c'est-à-dire près d'un siècle plus tard. C'est un chef-d'œuvre satirique, dont la partie théologique a pu vieillir, mais dont le reste est toujours vivant. Nous en connaissons déjà le héros, moins taré, somme toute, qu'il n'a plu à d'Aubigné de le peindre; mais, à cette exagération près, le pamphlet est excellent. Il comprend quatre parties : la première ridiculise dans la personne de Sancy les convertis et les tièdes, en même temps que les mignons de Henri III et le convertisseur en titre, le cardinal Duperron. La deuxième assouvit, aux dépens de l'heureux Bellegarde, les rancunes et les mécontentements de l'ambition déçue de l'auteur. La troisième, toute de polémique religieuse, accuse le catholicisme de corrompre la morale et de dégrader les esprits par des croyances puériles et dangereuses. La quatrième peint en noir la cour des Valois et celle de Henri IV.

A part les attaques contre le catholicisme qui ont décidément vieilli, la Confession de Sancy est excellente : il faut venir jusqu'à Pascal pour retrouver la verve railleuse et les traits d'éloquence qui animent tour à tour les bons passages, le talent d'observation qui éclate partout, et l'habileté à mettre en œuvre les côtés faibles et les ridicules de chacun.

Vient ensuite *Le baron de Fœneste*, ingénieuse satire de mœurs qui est, pour les cours de Henri IV et de Louis XIII, ce que Rabelais est pour la cour de François Ier et de Henri II, la Ménippée pour la Ligue. Deux personnages principaux s'y font pendant : l'un, aventurier gascon, mâtiné d'Espagnol : c'est Fœneste ou le baron de l'Apparence; l'autre, bon gentilhomme terrien qui préfère l'Être au Paraître, c'est M. d'Énay.

Les deux premiers livres nous montrent, après les rodomontades de Fœneste, duelliste et guerrier en paroles, mais sage conservateur de sa peau, le manège des courtisans au Louvre, leurs conversations creuses, leur parasitisme : ils se terminent par une discussion théologique où le catholique Fœneste écrase sa propre religion sous le poids de ses bourdes. Au troisième livre, le valet de Fœneste, en l'absence de M. le baron, raconte l'existence de chevalier d'industrie que son patron mène à Paris. Énay, excité par ce récit, se met lui aussi à en dire de bien bonnes, et Fœneste, survenant, lui donne la réplique. Le quatrième livre nous montre Fœneste, revenant fort mal en point d'une expédition où il a fui résolument pour ne pas se commettre avec des manants. Quoique fuyard, il n'a rien perdu de sa superbe. Il vante ses prouesses imaginaires et célèbre l'antiquité de son nom qui se trouve, dit-il, dans la Bible. Cette prétention est le point de départ d'une discussion qui ridiculise les travers et les désordres des gens d'église ainsi que les bizarreries de leur éloquence.

Il faut louer dans cette satire, après les qualités supérieures d'invention et d'exécution qui y sont déployées, la haine de ces mœurs nouvelles contraires au caractère national, de cette souplesse servile, de cette fausseté impudente, apprises par une jeunesse légère à l'école de l'Étranger. C'est la mise en action de cette vérité, peut-être encore vraie, que la France n'est malade aux affaires privées et publiques que de la maladie de paraître.

On a cherché des personnalités dans Fœneste, et l'on y a vu Épernon, Mornay, etc... Il est probable que dans cette satire de mœurs, d'Aubigné a eu tout le monde en vue et personne. Il s'est inspiré de tous les travers qui ont éveillé son attention et il les a répartis dans chacun de ses personnages.

Les quatre parties du pamphlet ont été publiées séparément de 1617 à 1630.

Histoire. — Nous arrivons à d'Aubigné historien. C'est une sorte de vocation qui le poussa vers le genre : Je veux, a-t-il dit de bonne heure,

> Me livrer aux travaux de la pesante histoire.

Il retarda de proche en proche jusqu'à la maturité ; et il fit bien, car l'âge lui donna plus de raison et des connaissances plus étendues, sans amortir toutefois la fougue de son tempérament.

Il s'était préparé à sa tâche par des études et des recherches personnelles. Quoiqu'on l'ait accusé de n'avoir fait que copier la Popelinière et de Thou, il a cependant mis en œuvre des matériaux cherchés et recueillis par lui-même. Sans être curieux comme un Froissart, il ne laissait pas d'aller aux renseignements. Plus d'une fois il lui arriva en voyage de se détourner de sa route pour interroger les témoins de tel ou tel fait. Il entretint des correspondances avec les héritiers des grands capitaines, il fit appel aux souvenirs des soldats de la Réforme et à ceux des Églises. Une fois en possession des documents qui lui permettaient de contrôler et de compléter l'œuvre de ses devanciers, il composa son *Histoire* qui raconte les événements, de la naissance de Henri IV à l'Édit de Nantes, en trois tomes in-folio, successivement parus en 1616, 1618, 1620.

En vertu d'un plan invariable, chaque tome comprend cinq livres. Chaque livre se termine par un traité de paix ou, à tout le moins, par quelque édit ou trêve qui en tient lieu ; et ses derniers chapitres sont inévitablement consacrés aux affaires extérieures de l'Orient, du Midi, de l'Occident, du Septentrion : c'est un ordre immuable

D'Aubigné, par une prétention qui a été renouvelée au commencement de ce siècle, affecte d'exposer et de raconter sans juger, et de laisser parler les événements. A vrai dire, ils ne parlent que trop et dans son sens. Son enthousiasme huguenot déborde sans cesse : réservé sur ses propres prouesses (il ne parle de lui qu'à la troisième personne), il ne tarit pas sur celles de ses compagnons et de son chef, Henri de Navarre. Il pousse l'esprit de parti jusqu'à préférer visiblement la guerre civile à la paix publique, et il ne fait plus aucun cas d'Henri IV après son abjuration.

Il serait superflu, dans ces conditions, de s'attendre à trouver d'Aubigné impartial ; ce qui ne veut pas dire qu'il n'a pas essayé de l'être. Loin de là. Ses efforts en ce sens sont trop bien constatés pour qu'on ne lui en tienne pas compte. Il a su s'élever plus d'une fois à la dignité de l'histoire. Malgré ses habitudes satiriques, il ne descend pas trop souvent aux détails d'alcôve, et il s'excuse de les donner quand ils sont indispensables. Il rencontre, chemin faisant, des traits d'appréciation rapide dont ses successeurs, et notamment Mézeray, ont tiré parti. Il a de belles narrations, et quelques-unes même classiques, telles la Résolution de Coligny, les Scènes de Saint-Cloud, la Conspiration de Biron; mais il se noie dans ses récits de bataille. Si ses discours, imités des anciens, ne sont pas toujours très vraisemblables, ils sont dignes de l'homme éloquent qui avait une réputation d'orateur dans son parti. Enfin les portraits abondent chez lui, enlevés de verve, non sans ressemblance, et assez nombreux pour former une vraie galerie.

Mémoires. — A côté de cette histoire monumentale, se placent les *Mémoires* dont il fut fait seulement deux copies et qui ne furent publiées qu'en 1729. Ils vont de la naissance de l'auteur à l'année même où ils ont été rédigés (1628). Agrippa était alors dans une vieillesse avancée, aux portes du tombeau. Mais il n'avait rien perdu de sa verdeur et de sa gaillardise. Pour un peu l'on croirait qu'il avait rajeuni.

Il se propose de donner une dernière leçon à ses enfants et il leur expose sa propre conduite, comme un modèle à suivre, non sans avouer parfois ses imperfections et s'en glorifier au besoin. Bien qu'il parle à la troisième personne, il se montre d'un bout à l'autre sous les traits d'un grand-père, plus indulgent encore que grondeur.

Les jugements qu'il émet ne sont pas toujours conformes à ceux de sa grande histoire. On a profité de cette contradiction pour lui faire son procès et le comparer au médisant Procope. On a vu dans la rigueur de ses dernières appréciations un parti-pris de dénigrement; on lui a reproché d'être un calomniateur inconscient, un esprit passionné, exalté jusqu'à l'illuminisme, impitoyable non seulement pour le catholicisme mais pour sa patrie. Ce sont là de bien gros mots. Après tout, les divergences et les changements d'opinion s'expliquent par la différence même des œuvres. L'Histoire, naturellement destinée au public, était tenue à une certaine réserve et à quelque modération dans le ton. Les Mémoires, au contraire, étaient purement confidentiels, et l'on sait que l'on ne parle pas toujours de la même façon aux siens et au public.

Il faut cependant convenir qu'Henri IV est un peu trop maltraité dans le dernier écrit de son vieux compagnon. L'intérêt n'y perd rien : on croirait lire un roman de cape et d'épée. On y trouve, en effet, avec un récit peu bienveillant du règne des deux premiers Bourbons et le tableau de la cour et des camps sous les derniers Valois, le récit des mille aventures qui varièrent et éprouvèrent l'existence errante de d'Aubigné.

Sainte-Beuve a dit que notre auteur aurait eu peu à faire pour être un grand écrivain en prose, et qu'il l'eût été naturellement en des temps plus réglés. Le jugement est vrai, et il faut s'y tenir. Il y avait dans d'Aubigné au moins l'étoffe d'un Saint-Simon. Son style a de la naïveté, de la fermeté, de la couleur, du pittoresque, mais la netteté et la correction lui font trop souvent défaut. Tel quel, il n'en reste pas moins une des physionomies les plus curieuses comme l'un des plus abordables écrivains de cette période de transition qui ouvre le XVIIe siècle.

CHAPITRE III

La Prose (fin). — Les quatre ouvrages caractéristiques du temps : 1° la Sagesse ; 2° l'Introduction à la vie dévote ; 3° le Théâtre d'Agriculture ; 4° l'Astrée.

Nous finissons notre revue de la prose par l'examen de quatre ouvrages qui nous semblent emprunter une importance spéciale sinon à leur valeur intrinsèque, au moins aux indications qu'ils donnent sur l'état des esprits et des imaginations.

C'est d'abord au point de vue des croyances religieuses l'Introduction et la Sagesse qui se font en quelque sorte pendant aux deux pôles opposés de la pensée, l'une personnifiant la dévotion, l'autre l'indifférence à la foi.

1° Charron (1541-1603). — Fils d'un libraire de Paris qui eut quelque vingt-cinq enfants, Charron fit de bonnes études et entra d'abord au barreau. Parleur facile et agréable, il y aurait réussi s'il ne s'était rebuté de l'aridité du droit. Il trouva un meilleur emploi de ses qualités dans la prédication et obtint les plus grands succès à Paris et en province. Il gagna de la sorte la confiance de plusieurs évêques qui lui offrirent à l'envi canonicats, théologales, lettres de grand vicaire. Il accepta d'enseigner la théologie à Bazas, d'où il fit de fréquents voyages à Bordeaux pour voir Montaigne, son auteur préféré. Il devint son ami, son disciple confident et eut même part à son héritage. Après avoir publié à Bordeaux son livre de la *Sagesse*, il rentra à Paris, où il se préparait à en donner une nouvelle édition quand il fut emporté par une attaque d'apoplexie.

On a de Charron des ouvrages religieux et philosophiques absolument contradictoires :

D'un côté, le *Traité des trois vérités*, où il prétend démontrer l'existence de Dieu, la supériorité du Christianisme sur les autres religions, la supériorité du Catholicisme sur les différentes sectes chrétiennes et les *Seize discours chrétiens* sur Dieu, la Création, la Rédemption, l'Eucharistie.

De l'autre côté, ce livre de la *Sagesse* où il nie la révélation.

On a donné diverses explications de ce mélange d'orthodoxie et d'incrédulité dans le même personnage. Selon Bayle l'orthodoxie ne serait là que pour la forme, pour déguiser un scepticisme que l'auteur n'aurait osé avouer que dans son dernier ouvrage. Ce scepticisme, d'ailleurs, se révélerait à chaque instant dans l'argumentation où les objections au dogme seraient posées dans toute leur force, tandis que les réfutations, annoncées à grand bruit, seraient au contraire affaiblies et manquées à dessein. Le procédé a été employé plus d'une fois, par Bayle lui-même, et plus tard par les Encyclopédistes; mais je ne crois pas que Charron l'ait adopté. A mon avis, il n'y entendait pas malice et il y allait bonnement. Son principe, hautement proclamé, était que la religion, inutile aux gens éclairés, est nécessaire au peuple pour le contenir et aussi pour le consoler de ses misères : de là, sa conduite. Philosophe et prêtre, il se charge de donner l'enseignement moral à la fois aux habiles et aux ignorants, et il a une doctrine spéciale à l'usage des uns et des autres. C'est, pour l'élite, un enseignement ésotérique où il exprime ses pensées de derrière la tête; pour la foule, un enseignement exotérique, conforme à la tradition, et joignant, au besoin, à l'explication de la morale la défense du dogme contre les protestants. Les *Trois vérités* et les *Discours* répondent à ce second but; la *Sagesse* vise au premier. Ainsi se résout la contradiction, sans dommage pour le caractère de notre auteur qui échappe au reproche, toujours désagréable, de duplicité.

La *Sagesse* parut en 1601 avec le plus grand succès. Il y eut bien des protestations de la Sorbonne, mais, quoiqu'en dise Voltaire, rien qui ressemble à une persécution. La Rochemaillet, avocat en parlement et exécuteur testamentaire de l'auteur, put en donner à Paris une édition nouvelle, 1604, moyennant quelques corrections; et trois ans plus tard, parut une réimpression pure et simple du texte primitif. Ce fait suffit à attester et la faveur du public et la connivence ou la tolérance du pouvoir. On sait d'ailleurs que le président Jeannin, ministre de Henri IV, déclara que cet ouvrage, étant au-dessus de la portée du vulgaire, ne pouvait être nuisible et devait circuler librement. Le gouvernement admettait donc que Charron eût des lecteurs et qu'il fît des prosélytes parmi les gens éclairés.

Il ne pouvait manquer d'en faire, étant donnés l'indifférence et le scepticisme qui étaient en puissance et à l'état latent dans beaucoup d'esprits. On attribue d'ordinaire cette tendance indévote à l'influence des guerres de religion. Sans doute, l'intolérance des sectes a contribué dans une certaine mesure à la développer, mais sa naissance remonte plus haut. Dès la première moitié du xvıe siècle, entre 1540 et 1550, tandis que les uns s'attachaient étroitement aux antiques croyances et que les autres donnaient dans les nouveautés de Luther et de Calvin, un troisième parti s'était formé qui, se désintéressant d'une révélation mal croyable à ses yeux, et se tenant à distance de Genève aussi bien que de Rome, demandait à la religion naturelle la règle de sa conduite. C'est le parti de Rabelais, modestement dissimulé dans l'ombre pendant les années dangereuses, mais relevant la tête avec Montaigne et s'affirmant avec Charron. Voilà la filiation : ces trois hommes sont les chefs de l'école et les deux derniers ne sont, qu'ils le veuillent ou non, que les continuateurs du premier. Sans doute il n'y a pas entre eux identité de doctrine et Montaigne et Charron sont plus sceptiques que Rabelais; mais ce détail importe peu. Le point à retenir c'est que, tout en sauvant les bienséances par une adhésion apparente au culte, ils ne sont au fond ni protestants ni catholiques. Là est le trait commun et dominant de leur caractère.

Mais si Charron est de la même famille spirituelle que Rabelais et Montaigne, il n'est au prix d'eux qu'un disciple ; il reste au-dessous de ces maîtres et comme penseur et comme écrivain. Il n'a guère d'originalité et l'on sait combien il doit d'idées à Montaigne et même à Duvair (mais, avec ce dernier, il n'a fait que plagier le plagiaire des anciens). Tort plus grave! il gâte les passages qu'il emprunte aux Essais par la pesanteur de son style et la monotonie systématique de son exposition. Entre ses mains, les plus jolies fantaisies de son inspirateur s'alourdissent et s'éteignent jusqu'à devenir des banalités. Sceptique jusqu'aux ongles, mais non moins artiste, Montaigne sait approprier l'expression à la pensée et manifester son scepticisme rien que par le tour dubitatif de son style. Charron n'a pas cette habileté, cette convenance suprême; il appuie, il dogmatise, il tombe dans cette contradiction d'affirmer son doute.

S'il offre encore un curieux sujet d'étude, ce n'est pas pour ses mérites, mais parce qu'il représente avec exactitude l'état d'âme des libres-penseurs de son temps.

La *Sagesse* est en trois livres. Le premier roule sur l'homme, ses misères, ses faiblesses, ses passions, la brièveté de sa vie, les différents états, conditions et régimes par où il lui arrive de passer. Le deuxième indique le moyen de s'affranchir de l'opinion, des erreurs, des passions. Le troisième est consacré aux quatre vertus cardinales, prudence, justice, force et tempérance. Sans entrer dans le détail d'une analyse minutieuse, résumons brièvement les idées de notre auteur, sur la nature, la morale, la religion.

Il professe que la nature humaine est à la fois supérieure par l'esprit et inférieure par le physique à celle des animaux En dépit de la supériorité qui est en lui, l'homme ne peut élever sa raison au-dessus d'un certain niveau; il est forcé de s'en tenir aux notions de l'expérience.

La morale de Charron est fondée sur l'équité et le bon sens, naturels en nous; elle supprime les mobiles de l'espérance et de la crainte religieuses, de la loi et de la coutume, de la gloire et de l'émulation. Elle a pour tout point d'appui la raison pratique.

Quant à la religion, notre auteur lui conteste son origine divine. C'est, dit-il, une invention humaine soutenue par des moyens humains et notamment par des miracles supposés. Elle est un frein pour la multitude; mais les classes éclairées doivent lui substituer la religion naturelle fondée sur l'existence de Dieu et de la Providence. Pour ce qui est de l'âme, il met en doute son essence divine, son immatérialité, son immortalité : il appelle ce dernier attribut la chose la plus universellement reçue, la plus utilement crue, la plus faiblement prouvée.

Voilà, à grands traits, ce qu'il y a de plus hardi dans son système et de plus significatif. Il y joint quelques vues particulières louables sur la tolérance, sur la réforme de l'éducation, sur la classification des sciences, sur les principales formes de gouvernement, sur l'influence des climats au physique et au moral.

Le malheur est que tout cela, nous l'avons déjà dit, se présente sous la forme d'une exposition didactique, coupée de divisions et subdivisions, résumée en tableaux synoptiques et mortelle à l'intérêt.

On a prétendu voir dans cet arrangement méthodique du *Traité de la Sagesse* un signe des temps et l'indice des nouvelles exigences de l'esprit, désormais avide d'ordre, de suite, d'enchaînement. C'est plutôt aux usages de la philosophie scolastique qu'à une divination prématurée de l'ordre cartésien qu'il faut attribuer la disposition extérieure du livre de Charron.

Pour moi, tout ce que j'en veux retenir, c'est le fait, à mes yeux capital, que cet ouvrage a pu circuler, malgré les dénonciations et les protestations de la Sorbonne, sans compromettre, à défaut de l'auteur mort aussitôt, ceux qui le rééditèrent à deux reprises sous les yeux même du gouvernement. L'impunité dont jouirent éditeurs et imprimeurs me semble confirmer tout ce que j'ai avancé de la tolérance de Henri IV, en même temps qu'elle jette un jour nouveau sur les tendances que les gens éclairés ne craignaient pas d'avouer, mais qu'ils durent cacher dès les premiers temps de la régence. Si le roi eut vécu quelques années de plus, c'en était peut-être assez pour marquer le pli, et le siècle eut vraisemblablement donné à la philosophie indépendante ce qu'il a donné à la dévotion.

2° François de Sales (1567-1622). — L'homme qui contribua le plus à rengager la France dans les voies de la docilité religieuse fut le Savoisien François de Sales dont la réputation s'est conservée intacte au milieu de tant d'autres, promptes à pâlir et à s'éclipser. Il doit ce privilège au dévouement de l'ordre de filles par lui fondé. Les Visitandines ont voué un culte aussi fidèle que tendre à leur aimable instituteur ; elles ont recueilli les moindres incidents de son existence, les plus insignifiants rogatons de sa plume ; à l'exception de certaines lettres « propres à être serrées dans le cabinet de la charité » tout le reste a été divulgué.

Il n'est rien de tel pour se survivre, à défaut d'un génie supérieur, que de se créer une famille spirituelle. Les prêtres du XVIIe siècle l'ont bien compris. Aussi ont-ils à l'envi fondé ou réformé ordres et congrégations avec le désir tout haut exprimé de servir l'Église, et avec la volonté sous-entendue de se créer un centre d'influence pour la vie, un autel toujours honoré après la mort. Nul n'y a mieux réussi que François de Sales.

Cet évêque qui ouvre la série des écrivains que la Savoie a donnés à la France (ce sont après lui Vaugelas, Saint-Réal, les deux de Maistre et Michaud) appartenait à une des meilleures familles de sa petite patrie. La nature l'avait gratifié d'une figure avenante « aux yeux colombins, aux regards amoureux » qui lui gagnait de prime abord les cœurs. Il fit ses études à Paris et à Padoue chez les Jésuites et fut particulièrement choyé des pères Cotton et Possevin. La Société aurait pu l'attirer chez elle; elle préféra le laisser dans le clergé séculier, comme un instrument plus utile à ses desseins. Ordonné prêtre en 1595 après avoir triomphé de la longue résistance de son père, François de Sales fut nommé coadjuteur, avec succession, de l'évêque d'Annecy, qui s'intitulait encore, en dépit de la réforme et de Calvin, évêque de Genève. Prenant lui aussi ce titre au sérieux, il pénétra plus d'une fois à la dérobée et comme en bonne fortune dans sa prétendue ville épiscopale. Au cours d'une de ces fugues, il eut une entrevue avec le vieux Th. de Bèze qu'il essaya de convertir en lui promettant, avec le paradis, une bonne somme d'argent comptant. Si le patriarche huguenot n'accepta pas, ce fut uniquement, paraît-il, pour ne pas encourir les anathèmes de ses coreligionnaires; il exprima son regret au convertisseur de ne pouvoir revenir ouvertement, comme il y était revenu de cœur, à la foi de sa jeunesse. Nous trouvons ici une de ces misérables inventions, chères aux écrivains dévots : ils n'ont le respect ni du lit d'agonie ni de la tombe. Quand un homme meurt, au vu et su de tous, sans avoir accepté les secours du prêtre qui assiège sa maison, ils colportent sur sa fin les plus répugnantes histoires. Mais si la mort n'a pas eu trop de témoins et qu'une soutane ait paru au chevet du patient, aussitôt ce sont des cris de triomphe : le mourant a démenti en une minute les convictions de toute sa vie, il s'est converti. C'est par une fable analogue que les biographes de notre auteur ont voulu nous faire croire au repentir, à la rétractation invraisemblable de Th. de Bèze.

Cependant devenu évêque après Claude de Granier, François de Sales consacra tous ses soins à propager, avec la connaissance de la religion, la piété, les bonnes mœurs, les bonnes œuvres. Il convertit les protestants du Chablais moitié par persuasion, moitié en exploitant la crainte du bras séculier que l'on voyait s'allonger derrière lui. Il fonda un séminaire d'où sortirent des prêtres réguliers et exacts, mais cependant inférieurs à son idéal. Il se plaignait un jour d'avoir passé des années à en former trois, sans réussir à en faire plus d'un et demi. Il rétablit la règle dans les monastères de son obédience. En un mot, il provoqua en Savoie un véritable réveil religieux.

Il ne s'en tint pas là et le théâtre était trop petit pour son activité débordante. Il étendit son action à la France : il y fit de fréquents voyages, prêcha à Paris et dans les grandes villes, noua de tous côtés de pieuses relations, accepta pénitents et pénitentes, et acheva par sa fine bonhomie et sa spirituelle ingénuité de charmer les âmes, aussitôt attirées vers lui par la séduction de sa physionomie et sa réputation méritée de charité et de vertu.

Il fut chez nous l'initiateur de cette reprise de dévotion qui coïncide avec la régence de Marie de Médicis. Au nombre de ses conquêtes morales de France, se trouvait (et c'est la plus précieuse) la baronne de Chantal, jeune veuve qui renonça non seulement aux plaisirs du monde, mais, résolution plus grave, aux devoirs de la famille pour devenir à Annecy la première supérieure de la Visitation. L'ordre prospéra si bien, grâce à la sagesse du fondateur et au talent d'organisation de sa coopératrice, qu'en moins de quarante ans il eut de nombreuses maisons en France et en Pologne. Fr. de Sales ne vécut pas assez pour voir ce résultat; il put du moins le pressentir et emporter en mourant la certitude de laisser derrière lui quelque chose de plus durable que ses écrits. Ces derniers cependant sont loin d'être méprisables. Sans parler de quelques œuvres oratoires, d'un traité sur la prédication, de ses lettres, il a composé deux ouvrages remarquables : l'*Introduction à la vie dévote* et l'*Amour de Dieu,* ou, si l'on aime mieux, la *Philothée* et le *Théotime.* C'est ainsi qu'il appelle la pénitente et le pénitent qui lui servent d'interlocuteurs dans l'un et dans l'autre, et, sous l'un au moins de ces noms supposés, on reconnaît une personne réelle. Philothée est une dame de Savoie, Mme de Charmoisy.

L'*Amour de Dieu* parut en 1616. C'est un traité de théologie mystique à l'usage des fidèles plus encore que des théologiens. De bons juges y louent l'ordonnance des matières, les définitions ordinairement exactes, la suite lumineuse de la déduction, la précision avec laquelle sont décrits dans les premiers chapitres les divers degrés de l'amour spirituel. Malgré ces qualités, les lecteurs, découragés par la subtilité d'une dévotion transcendante, délaissèrent le *Théotime;* mais ils restèrent fidèles à la *Philothée* parue huit ans avant, en 1608, avec un succès inconcevable. Il s'en fit quarante éditions en moins de quinze ans, et l'on ne compta bientôt plus les conversions et les retours dévots qu'elle provoquait.

Le but de l'auteur est de faire passer *Philothée* du désir d'aimer Dieu au véritable amour de Dieu. Il la conduit d'abord par une série de pieux exercices jusqu'à l'entrée du saint amour : puis il la fait se confondre en Dieu par les sacrements; enfin il la maintient dans cet état d'union avec son créateur et rédempteur par la prière et les bonnes œuvres. C'est proprement un mariage mystique en trois actes : l'inclination aboutissant aux fiançailles, la consommation, la vie conjugale. L'ouvrage se divise en cinq livres : le plus accessible au point de vue littéraire est le troisième où l'on trouve, faite par un moraliste exercé, l'analyse de nos vertus et de nos vices. Les qualités les moins bruyantes (patience, humilité, douceur) y sont déclarées préférables dans la pratique aux qualités plus hautes et plus éclatantes, toujours parentes de l'orgueil. D'un bout à l'autre règne une amabilité souriante, une douceur un peu mielleuse mais pleine de suavité. Jusqu'ici la théologie avait été batailleuse et hargneuse : c'était comme un terrain en broussailles et en fondrières, suspect aux gens du monde. Fr. de Sales le déblaya, l'aplanit, le rendit praticable, répandant ses grâces sur le dogme aussi bien que sur la morale. Il rédigea un manuel de la vie chrétienne dans un langage non seulement intelligible mais attrayant pour tous. Même aujourd'hui, on ne craint pas de le suivre un moment sur le chemin de velours qu'il ouvre vers le paradis : on a plaisir à faire en sa compagnie une courte promenade dans le jardin où il fait gazouiller les oiseaux et les ruisseaux, bourdonner les avettes, s'exhaler le parfum et rayonner l'éclat de mille fleurs.

Des critiques se sont étonnés que l'austère Calvin ait pu vivre à Genève en face de l'admirable paysage que l'on sait sans daigner y arrêter ses regards, à ce point qu'il n'y a pas dans la masse considérable de ses écrits une seule comparaison empruntée à cette nature qui cependant s'offrait à lui dans sa grandeur la plus imposante et la plus riante à la fois. Ce n'est pas à Fr. de Sales qu'on fera jamais le même reproche. Il n'a que trop ouvert les yeux aux attraits de son lac d'Annecy et de ses belles montagnes : il est si plein des charmes du paysage qu'il en déborde, et que pour un peu il en deviendrait fatigant. Si sainte Thérèse est la plus passionnée des mystiques, il en est, lui, le plus fleuri.

Ses fréquents voyages en France n'empêchaient pas Fr. de Sales de tenir à son petit pays. Bien que ses relations avec l'extérieur l'eussent exposé aux soupçons et même à la malveillance de son maître, le duc de Savoie, il ne voulut pas quitter définitivement sa ville épiscopale. Il y établit même, pour en rendre le séjour plus cher à son cœur, une académie gracieusement nommée florimontane, avec un oranger pour emblème, et pour devise fleurie et parfumée : « flores fructusque perennes ». Il mourut jeune encore en 1622, laissant la réputation d'un évêque irréprochable jusqu'à la sainteté, et, ce qui vaut mieux, d'un homme supérieurement bon. Il mérite aussi celle d'un aimable écrivain.

Son pays d'Annecy, qui n'a pas perdu son souvenir, semble être resté longtemps sous son influence spirituelle. Quelque chose de son mysticisme y flottait encore dans l'air quand Mme Guyon y vint, comme à sa vraie patrie, improviser son livre des Torrents en rêvant à l'amour de Dieu.

3° **Olivier de Serres (1539-1619).** — Avec le *Théâtre d'agriculture* nous sortons de la sphère de la religion pour entrer dans le domaine non moins important de l'organisation sociale.

Olivier de Serres, seigneur du Pradel en Vivarais, sans se désintéresser des affaires du temps, religieuses ou politiques, fut avant tout un gentilhomme campagnard, un bon propriétaire rural. Tout ce qu'on sait de sa vie publique, c'est qu'il figura honorablement au siège de Villeneuve, en 1572, et qu'il fut une fois député à Genève pour en ramener un ministre. Mais le meilleur de son temps il le passa sur sa terre, en bon père de famille, améliorant ses cultures, gardant la paix avec ses voisins, rendant la vie douce à ses serviteurs, également indemne, dans son caractère et dans ses mœurs, de la corruption qu'amènent les discordes civiles.

Lorsque l'Édit de Nantes eut pacifié le pays, l'idée vint à cet honnête homme de gagner des prosélytes à l'heureuse vie rustique dont il subissait le charme et il écrivit son *Théâtre d'Agriculture*. Le livre eût été fait sur commande qu'il n'eût pas mieux répondu aux besoins du temps et à la pensée même de Henri IV. On sait que ce prince eût aimé à voir la noblesse résider dans ses terres et exercer sur la population rurale une paternelle influence. Il n'admettait pas qu'elle vînt se ruiner et ruiner le roi en encombrant la cour. S'il n'eut tenu qu'à lui, il se fût formé chez nous, comme en Angleterre, une gentry bientôt assurée de la confiance du peuple, intermédiaire utile entre le trône et la nation et qui eut peut-être empêché la royauté de provoquer, à force d'arbitraire, la révolution où sombra l'ancien régime. Mais ses sages conseils ne furent pas écoutés, et les choses ont pris le cours que l'on a vu. Ce n'est certes pas nous qui nous en plaindrons ; nous remarquons seulement que la noblesse, en cette circonstance, ne comprit pas son intérêt. Cependant il ne manqua pas de gens pour essayer, avec le roi, de le lui faire comprendre. Sully fut du nombre et aussi Olivier de Serres, dont l'ouvrage n'a pas d'autre but.

Ce n'est pas une compilation, faite un peu au hasard, comme la Maison Rustique. C'est une œuvre vécue où l'auteur consigne l'expérience de sa vie patriarcale. Il n'y avance rien qu'il n'ait vu et constaté. Il met de côté les recettes ridicules, les pratiques superstitieuses et fait aux innovations leur juste part : il recommande la culture de la soie, il signale les avantages à tirer du houblon, de la betterave, etc. D'ordinaire le cultivateur est routinier : ce n'est pas, on le voit, le cas du nôtre.

D'ailleurs son *Théâtre*, tout plein des vivifiantes senteurs de la campagne, n'est pas trop rustique dans la forme. Il est fait sur un plan bien conçu et n'impose jamais à l'attention du lecteur une trop grande surcharge de détails. Il se divise en huit lieux ou livres.

Dans le Ier (huit chapitres) le père de famille est instruit du « devoir de mesnager » c'est-à-dire de bien connaître et choisir les terres pour les acquérir et employer selon leur naturel, approprier l'habitation champêtre, et ordonner de la conduite de son ménage.

Le IIe traite, en sept chapitres, du labourage des terres à grains pour avoir des blés de toute sorte.

Le IIIe (quinze chapitres), de la culture de la vigne : avoir des vins de toute espèce, aussi des passerilles et autres gentillesses procédantes des raisins ; ensemble se pourvoir d'autres boissons pour les endroits où la vigne ne peut croître.

Le IVe (seize chapitres), du bétail à quatre pieds, des paturâges pour son vivre, de son entretènement et des commodités qu'on en tire.

Le Ve (16 chapitres) de la conduite du poulailler, du colombier, de la garenne, du parc, de l'étang, du rucher et des vers à soie.

Le VIe (trente chapitres), des jardinages pour avoir des herbes et fruits potagers,... des fruits, des arbres, du safran, du lin, du chanvre, des cloisons ou haies.

Le VIIe (douze chapitres), de l'eau et du bois.

Le VIIIe (sept chapitres), de l'usage des aliments et de l'honneste comportement dans la solitude de la campagne.

Ce vaste sujet est traité dans sa juste étendue avec une suite et une sobriété d'autant plus louables qu'elles sont moins dans les habitudes de l'époque. Les renseignements techniques y sont coupés à l'occasion de préceptes moraux, rendus avec une conviction émue, voisine de l'éloquence. L'auteur croit visiblement et s'intéresse à tout ce qu'il dit : force est, même aux profanes, de s'y intéresser à leur tour et de se prendre à son enthousiasme communicatif.

L'ouvrage complet parut en 1600. A la prière du roi, Olivier en avait détaché et publié à part, dès 1599, le petit *Traité sur la cueillette de la soie*. Le succès fut vif à la cour et dans les provinces. Henri IV y contribua en se faisant lire chaque jour à son dîner les principaux passages. Huit éditions se succédèrent à bref délai et, la faveur publique persistant, il y en eut neuf autres jusqu'à 1675. Puis l'oubli vint et le silence se fit sur Olivier de Serres pour un siècle. Quelques années avant la Révolution il fut remis en lumière par les Sociétés d'Agriculture récemment fondées. Le suffrage de l'Anglais Arthur Young contribua à cette résurrection, ainsi que celui du sage Haller. Le *Théâtre,* a dit ce dernier, est un grand et bel ouvrage, de la main d'un homme d'expérience, ami de la simplicité et ennemi des procédés dispendieux. Depuis, la reconnaissance publique n'a pas perdu de vue la physionomie aimable et respectable du patriarche de notre agriculture, de l'homme qui seconda le mieux les vues de Henri IV et de Sully, et qui fit, en un mot, avec un succès pratique et relativement efficace, ce que Virgile avait fait en son temps, avec un succès purement littéraire, en composant les Géorgiques.

4° Honoré d'Urfé (1568-1625). — C'est au tour d'Honoré d'Urfé de nous renseigner par son *Astrée* sur l'état des imaginations, comme Charron et Fr. de Sales sur les opinions philosophiques et religieuses, comme Olivier de Serres sur certaines tendances sociales. Son ouvrage n'est pas moins caractéristique du temps. Il nous dit, du premier au dernier mot, le besoin de calme et de paix qui hantait les esprits, l'attrait des champs ressaisissant les âmes au lendemain des guerres civiles. Suivant une heureuse remarque de Demogeot, de même que le Théâtre d'Agriculture nous tient lieu de Géorgiques, nous avons en quelque façon nos Bucoliques dans l'*Astrée.*

La pastorale fut partout en honneur au xvi° siècle et dans la première moitié du xvii°, sous les trois formes de l'églogue proprement dite, du drame, du roman.

La vogue commença en Italie et y fut entretenue par le succès du Pastor Fido et de l'Aminta : de là, elle gagna l'Espagne et s'y établit pour longtemps grâce à Garcilaso de la Vega et surtout à Georges de Montemayor. La Diana de ce dernier jouit d'une popularité complète dans toute la péninsule et bientôt, passant les mers et les monts, se fit lire de toute l'Europe lettrée ou galante. Nos Français n'eurent garde de se dérober à cette admiration commune; ils devaient même y céder les premiers, étant donné que l'Espagne exerçait alors et devait longtemps exercer sur eux une complète influence, à la faveur des guerres extérieures où elle nous battit si souvent, des guerres civiles où notre folie la laissa intervenir, et bientôt des mariages espagnols qu'une diplomatie à courte vue fit contracter à nos princes. L'engouement s'étendait à toutes les choses d'outre-Pyrénées, art militaire, politique, dévotion, galanterie, lettres et modes. Un moment refroidi après Fontaine-Française, il se ranima dès la paix de Vervins et lorsque, quelques années plus tard, l'ambassadeur espagnol, l'arrogant D. Pèdre de Tolède, parut à notre cour, il éclipsa tout le monde, le roi compris. Il s'en suivit une recrudescence dans l'imitation qui devint plus servile encore sous Marie de Médicis. Ce pauvre cerveau de femme crut vraiment faire la fortune des enfants de France en les alliant à la maison d'Espagne, objet de sa religieuse adoration. Pendant sa régence la cour s'espagnolisa : le Louvre devint comme la succursale de l'Escurial ou d'Aranjuez. Il y eût identité de modes, de manières, d'attitudes, de jargon. Nos gens du bel air portaient la barbe en pointe, le feutre à longs poils, les rubans aux jambes, la fraise empesée; ils soupiraient à chaque instant des « Jésus-sire », des « il en faut mourir » à la castillane. Les gorges chaudes de d'Aubigné dans son Fœneste n'en corrigèrent pas un et la contagion dura presque jusqu'à la Fronde.

Dans ces conditions, une œuvre aussi populaire en Espagne que la Diana de Montemayor ne pouvait manquer d'être goûtée, vulgarisée, imitée chez nous. Honoré d'Urfé se chargea de l'imitation et s'en tira avec assez de bonheur pour supplanter et faire oublier son modèle.

Son roman pastoral eut un succès incomparable : il fut lu, relu, médité, commenté et pour ainsi dire appris par cœur de la belle société.

D'Urfé était un gentilhomme forézien que les hasards de la vie avaient fixé en Piémont, à la cour presque française des ducs de Savoie. Il commença à publier son *Astrée* en 1610, continua en 1612 et en 1619. Les deux dernières parties, revisées par son secrétaire Baro, ne virent le jour qu'après sa mort, c'est-à-dire après 1625.

Voici, réduite à sa plus simple expression, l'intrigue touffue et feuillue, surchargée et obscurcie de mille incidents, mais dont la séduction fut si vive pour les contemporains.

La scène est sur les bords du Lignon, dans les campagnes sauvages du Forez que le romancier a parées des plus riantes couleurs, au risque d'exposer à de pénibles désillusions les pèlerins qui, sur la foi de ses tableaux, pourraient venir admirer son paradis terrestre. On sait que cette mésaventure arriva à Jean-Jacques.

L'époque de l'action est incertaine. On y parle des Druides en même temps que des Ostrogoths, d'où il faut conclure que l'auteur ne s'est pas autrement embarrassé de la chronologie.

La bergère Astrée et le berger Céladon s'aiment malgré la haine qui divise leurs familles. Un jaloux vient troubler leur amour. Il persuade à Astrée que Céladon est infidèle. Aussitôt la bergère, sans vouloir admettre aucune explication, bannit de sa présence l'amant indigne qui, de désespoir, se jette dans le Lignon. En le voyant disparaître, Astrée s'évanouit, elle tombe elle glisse et les flots se ferment aussi sur elle. Mais la divinité envoie des sauveteurs au secours des deux bergers. Astrée revient à ses moutons. Céladon, recueilli par les Nymphes, a fort à faire pour se défendre de la poursuite amoureuse de Galatée. Il s'y dérobe par la fuite, et, déguisé en bergère, il se glisse, avec la connivence de son protecteur, le grand Druide Adamas, dans l'entourage d'Astrée. Il réussit à passer inaperçu, malgré le courage viril qu'il déploie un jour dans une alerte, et il goûte le plaisir de vivre aux côtés de sa maîtresse, quoique ignoré d'elle. Cependant Astrée, toujours hantée du souvenir de Céladon, évoque sa chère image. Au lieu du fantôme attendu, c'est le berger qui paraît en chair et en os. Cette vue ranime la colère d'Astrée : elle ordonne à Céladon de disparaître en lui reprochant de n'être pas mort. Celui-ci, en amoureux bien appris, se met en quête d'un beau trépas, et il décide d'expirer sous la dent des lions féroces qui gardent la fontaine d'amour. Mais ô surprise ! les lions à sa vue deviennent doux comme des agneaux : pour un peu ils bêleraient. C'est qu'intraitables au mensonge, ils respectent celui qui a respecté la vérité. Or Céladon n'a jamais menti, entendez, menti sérieusement. Il a bien sur la conscience la supercherie de son déguisement, mais ce n'est qu'un mensonge d'amoureux : il ne compte pas.

Cependant Astrée, courant à la mort sur les pas de Céladon,

retrouve son amant sain et sauf. Le grand Druide intervient et fait parler l'oracle. Les deux amoureux s'épousent et les lions de la fontaine d'amour s'immobilisent, pétrifiés dans une pose sagement académique.

Sur cette donnée plus qu'invraisemblable et facilement ridicule d'Urfé a brodé un récit qui fit les délices de nos aïeux pendant de longues générations. En effet, l'*Astrée* amusa les loisirs de Mme de Sévigné, la Fontaine la lut à tout âge, Jean-Jacques lui dut les meilleures joies de son enfance. Il y a là plus que de la mode ; un tel succès auprès de bons juges ne s'explique que par le talent, et d'Urfé en avait beaucoup.

Quant à l'engouement si vif du grand public, il tient aux causes suivantes : la France sortait d'une époque de troubles, de brutalité, pour ne pas dire de barbarie. La peinture de la paix des champs et de l'amour idéal lui parut d'autant plus intéressante qu'elle avait été plus longtemps privée de ces deux biens. Elle se laissa prendre à ce parfum de poésie bucolique exhalé de chaque page de l'*Astrée*. Autre motif de faveur : le livre était plein d'allusions. La belle société fut heureuse de s'y mirer, et les gens du commun d'y trouver une image réputée fidèle de cette belle société.

Puis, c'était un répertoire de conversations galantes, avec les plus belles formules et les sentiments les plus exaltés. Les gens à court d'idées venaient en chercher là. Ils s'y déliaient la langue et se faisaient honneur dans le monde des belles phrases du romancier.

Ainsi, soit que le livre répondît à une tendance des imaginations, soit qu'il satisfît la curiosité, soit qu'il apprît aux lourdauds et aux profanes le langage de l'amour, il réussit à merveille auprès de toutes les parties du public. On s'en éprit tellement que, non content de le lire, on en vint à le mettre en action. Le poète des Yvetaux passait le plus clair de son temps à singer Céladon dans son logis de la rue du Vieux-Colombier. A l'hôtel de Rambouillet et chez la Grande Mademoiselle il n'était pas rare que l'on jouât aux bergers de l'*Astrée*.

En somme, si malgré son talent réel d'Urfé n'a pas été le meilleur écrivain de cette période de trente ans, il en a été du moins le plus applaudi, le plus pratiqué, le plus aimé. C'est une bonne fortune que n'ont pas toujours eue de plus grands que lui. Il est vrai qu'il l'expie aujourd'hui et assez cher, puisqu'il n'est lu que des critiques, forcés par métier de tout lire.

Nous en avons fini avec la prose. Nous passons à la poésie, et grâce à elle nous sortons peu à peu du XVIe siècle, dont la prose gardait encore la marque, pour nous approcher du vrai XVIIe siècle avec Malherbe.

CHAPITRE IV

La poésie : Malherbe, son œuvre, sa réforme, ses disciples, ses adversaires.

Nous avons déjà parlé des vicissitudes de notre poésie et des réformes qu'elle a dû subir à des intervalles plus ou moins rapprochés. Une de ces réformes les plus utiles et les mieux venues est celle de Malherbe.

1° La poésie avant Malherbe. — A prendre les choses à la fin du XVIe siècle, on peut dire que le mouvement inspiré par Ronsard et exécuté par sa Pléiade avait avorté. On sait la noble ambition de cet esprit enthousiaste. La poésie française, telle qu'il la voyait aux mains des Marot et des Saint-Gelais, lui semblait une poésie pour dames, capable seulement de gentillesse, sans force ni élévation : il avait entrepris de la régénérer par l'imitation de l'antiquité et de l'Italie moderne. A nos vieux moules de versification, à nos « espiceries gauloises », il voulait substituer toutes les variétés de la muse antique, en même temps qu'il ennoblirait la langue et l'enrichirait de vocables empruntés aux langues de la Grèce et de l'Italie. Il se mit à l'œuvre avec une ardeur digne d'un meilleur sort. Ses disciples le suivirent, mais de loin. Et comme il avait lui-même plus de feu que de fond, on devine à quel échec aboutit cette entreprise mal calculée.

De tous les genres cultivés, un seul, le sonnet, réussit pleinement, grâce à du Bellay autant qu'à Ronsard lui-même. Mais ni l'ode, ni l'élégie, ni l'églogue, ni l'hymne ne purent encore s'acclimater. Il n'y a d'exception à faire qu'en faveur de l'odelette anacréontique, source pour Ronsard et ses amis d'heureuses inspirations, ressaisies après eux, et peut-être avec plus de bonheur encore, par l'aimable et docte Passerat. Les essais de

Jodelle au théâtre ne comptent pas. Quant à l'épopée, mieux vaut ne rien dire de cette lamentable histoire de la Franciade, annoncée, prônée, célébrée partout, et ne pouvant aller, faute de verve, plus loin que le IV⁰ chant. Ainsi la Pléiade, qui nous promettait une poésie noble et variée, nous manqua de parole. Elle n'échoua pas moins dans sa prétention d'enrichir la langue. Elle y introduisit, en moins grand nombre qu'on ne l'a dit, mais en trop grand nombre encore, des mots mal venus, à l'air rébarbatif, au son baroque, au sens incompréhensible. Le seul effet de ces prétendues richesses fut d'obscurcir les œuvres dont elles voulaient augmenter la valeur et l'éclat. D'ailleurs, à défaut des expressions, l'obscurité serait venue des idées ; car il arrivait souvent aux auteurs de la Pléiade d'emprunter à leurs modèles des pensées mal digérées et qu'ils ne savaient pas rendre intelligibles. C'était là un tort impardonnable, sans compter qu'à se traîner ainsi sur les traces d'autrui ils tournaient le dos à la vraie source de toute poésie, à la personnalité sans laquelle rien ne vaut.

Aussi de ce nombre fabuleux d'écrits, de ces montagnes de vers, Hélicon sur Parnasse, qu'est-il resté en réalité ? Rien que la preuve de l'impuissance des novateurs. Non seulement ils n'ont pas donné à notre poésie cette perfection si hautement promise, mais ils l'ont écartée de la bonne voie. A rester sous leur influence, elle risquait de s'éterniser soit dans les mièvreries et les puérilités de la galanterie avec Desportes, soit dans les bouffissures de la déclamation avec Dubartas, toujours ignorante de cette beauté vraie dont la première condition est le goût.

Heureusement Malherbe vint, il vint enfin et à temps. On en était au point de se demander si la poésie française, après avoir fait ses preuves de finesse, de naïveté, de grâce dans les petits sujets, serait jamais capable d'exprimer en style noble et châtié des idées sérieuses, grandes, élevées ou simplement touchantes. La chose ne paraissait pas autrement évidente. Elle le devint grâce à Malherbe.

On connaît la plaisanterie de Stendhal : La poésie française, disait ce malin personnage, était une jeune personne pauvre et bien née qui avait déjà manqué plusieurs mariages lorsqu'elle consentit à épouser un veuf sur le retour, M. de Malherbe. Oui, mais ce veuf était bien conservé, et il n'y avait pas à craindre avec lui une union stérile comme elle l'eût sans doute été avec tel beau fils de la Pléiade.

1º Malherbe (1555-1628). — Normand de naissance, comme d'ailleurs les trois quarts des poètes du XVIIe siècle, après de bonnes études à Caen, sa ville natale, à Paris et même à Heidelberg, Malherbe refusa d'entrer dans la robe malgré l'exemple et le désir de son père. Il s'attacha au Grand-Prieur qui commandait en Provence, et le suivit dans cet agréable pays dont il goûta tout, le soleil, les primeurs, la gaillardise des habitants et la beauté des habitantes. Il y résida près de vingt ans, s'y maria, et y conserva toujours des relations et des intérêts. Un trait à noter, c'est que ce futur réformateur de la langue française ne fit pas le renchéri, comme plus tard Racine à Uzès, à l'endroit du parler provençal. Racine, au milieu des Languedociens, se compare à Ovide au milieu des Gêtes : « Barbarus hic ego sum », et il a peur d'y gâter son pur français de l'Ile de France. Malherbe n'a pas de ces délicatesses de petit-maître. Il se met à l'unisson de son entourage, entend et goûte le provençal, et rit comme un autre aux propos salés de son ami la Bellaudière.

Son séjour en Provence se partage en deux parties égales (1575-85 et 1595-1605), séparées par une absence d'une dizaine d'années, qu'il consacra, en Normandie et à Paris, soit à régler ses affaires de famille, soit, au besoin, à faire le coup de pistolet contre les huguenots. Ce fut seulement à sa rentrée à Aix (1595), qu'il conçut l'idée de sa réforme et se mit à travailler avec un nouvel idéal sous les yeux. Quelques odes bien venues attirèrent sur lui l'attention. Des Yveteaux et Duperron, ses compatriotes, le vantèrent à Henri IV qui promit de lui faire bon accueil s'il venait se fixer à Paris. Il s'y décida et, laissant sa famille en Provence, il vécut en célibataire à l'hôtel de Bellegarde où il trouva, sur la recommandation du roi, le vivre et le couvert, sans préjudice d'une pension. Il n'en bougea plus sauf pour de rares voyages, écrivant peu, dogmatisant beaucoup, faisant son métier de réformateur.

C'est ainsi qu'il atteignit la vieillesse. Il ne lui restait qu'un fils, et il eut la douleur de le voir tuer en duel et de ne pouvoir le venger. Ce malheur l'accabla : incapable de survivre à l'enfant sur lequel il fondait l'avenir de son nom et de sa maison, il succomba au chagrin plus qu'à l'âge en 1628.

Son caractère. — Pour bien apprécier Malherbe, il faut d'abord connaître son caractère original. Sainte-Beuve l'a rangé dans la même famille spirituelle que Boileau, Duclos, Royer-Collard, avec lesquels il possède en commun l'indépendance d'humeur, le franc parler qui sait tout dire sans blesser les puissances, la repartie qui ferme la bouche aux contradicteurs, la justesse de l'esprit, la sévérité du goût, l'autorité du langage et du caractère. Il y a toutefois un trait par lequel Malherbe diffère, je ne dis pas de Duclos, mais de ces hommes si vertueux, Boileau et Royer-Collard, je veux dire les saillies grivoises de sa conversation et les licences de sa conduite. On risque de le mal connaître si on néglige ce côté de sa physionomie. Les Iris qu'il a chantées ne sont pas des Iris en l'air.

Il n'est pas rare d'entendre comparer certains poètes au cygne, à l'aigle, à l'alouette, au rossignol. La plus juste de ces comparaisons est celle du coq appliquée à Malherbe. Coq il est par tous les instincts de sa nature, par son extérieur sec et nerveux, son verbe clair ou rude, son amour de la dispute, sa tendance à plumer ses adversaires. Le mot le peint au vif. C'est le vieux coq, adroit et matois, comme celui de la Fontaine. Tel il parut en 1605 dans le beau monde de Paris et à la cour, pour y faire la guerre au mauvais langage et au parler gascon. Il n'épargnait personne, ni le roi, ni son patron Bellegarde. On essaya de se moquer de son purisme; il rendit les railleries avec usure et mit les rieurs de son côté; il ridiculisa ceux qui se fâchaient de ses remontrances, si bien qu'il finit par être l'arbitre de la langue, mais un arbitre qui n'attendait pas d'être consulté pour rendre son jugement.

Il était très entouré non seulement par les curieux du bien dire, mais par les amateurs de propos plaisants. Les siens étaient pleins de sens et de sève, d'une saveur piquante et âpre, d'un tour original. On en a retenu quelques uns : « Il n'y a que deux belles choses au monde, les femmes et les roses. — Un poëte n'est pas plus utile à l'État qu'un joueur de quilles. — Lisez les livres imprimés et ne dites rien de ce qu'ils disent. — Comme on lui reprochait de plaider avec son frère :

« A qui voulez-vous que j'en aie? au Grand Turc? — A propos de Caïn et d'Abel : Voyez la belle engeance : ils n'étaient que deux et il fallut que l'un tuât l'autre. Étonnez-vous après cela de nos discordes et de nos guerres. — » Pour compléter le portrait, il faut ajouter que Malherbe avait horreur des guerres civiles, mais à ce point qu'il se fût accommodé du gouvernement le plus tyrannique pourvu qu'il fût fort. Une foi, une loi, un roi était sa devise. Il disait qu'un bon Français ne pouvait être que de la religion du prince et à ce titre il détestait les dissidents. Ses opinions politiques et religieuses étaient en harmonie avec ses convictions littéraires. Il aurait voulu que tous les auteurs obéissent docilement aux règles dont il était l'interprète, comme les sujets aux ordres du roi.

Son œuvre. — Sa carrière poétique se divise en deux périodes. Dans la première il ronsardise ; dans la seconde il ne relève plus que de lui-même et de son propre goût.

Quoi qu'on ait pu dire de la sécheresse, de la maigreur de sa muse, il était né poète, il avait d'instinct et de nature le don de penser en vers. Dès le premier jour il fit ses preuves : ses *Larmes de Saint-Pierre* sont supérieurement versifiées. Ce poème, très admiré en son temps, est l'ouvrage important de sa première période, celui autour duquel vinrent se grouper des pièces de circonstance et quelques odes morales sur des pensées empruntées à Sénèque. Dans tous ces ouvrages le faux goût régnait en maître. Écolier encore docile, Malherbe approuvait de confiance les témérités, les écarts d'imagination des poètes français et italiens et s'évertuait à les égaler.

Mais, vers la quarantaine, il réfléchit à ce qu'il avait jusque là composé ou admiré. Son esprit naturellement juste, son sens critique enfin mûr, son goût dont il ne soupçonnait pas les exigences cachées lui montrèrent la laideur des belles choses dont il s'était engoué. Il prit en pitié et ses modèles et lui-même. Au lieu de garder ce sentiment pour lui, il eut le courage d'en faire part au public; et pour épargner à d'autres un égarement semblable, il s'institua l'apôtre du goût et de la raison.

Il donna lui-même le bon exemple par des œuvres lentement amenées, à force de travail minutieux, au degré où sa critique, la plus sévère de toutes, les jugeait pour ainsi dire irrépochables. Et de fait, elles le sont si on les examine au point de vue étroit qui était le sien, puisque rien n'y choque le bon sens et que tout y est conforme aux régles.

A ses yeux, c'étaient là les qualités maîtresses et qui dispensaient des autres. Notre idéal est, Dieu merci, plus large et plus élevé : aussi trouverons-nous plus d'une chose à blâmer ou à regretter dans son œuvre.

Malherbe s'est exercé presque exclusivement dans la poésie lyrique. Comme sous cette étiquette on a tour à tour rangé les choses les plus diverses, il importe de dire ce que nous appelons de ce nom chez notre auteur.

Pour les anciens Grecs la poésie lyrique est exclusivement la poésie chantée. Subjective ou objective, exprimant les passions d'un homme ou les sentiments d'un peuple entier, exécutée par un seul chanteur ou par un chœur savamment ordonné, du moment qu'elle s'exprime à l'aide du chant, elle est lyrique. A ce compte la vraie poésie lyrique serait chez nous la chanson.

De nos jours, au contraire, on donne le nom de lyrique, sans tenir compte de la forme, d'abord à toute poésie subjective et personnelle; ensuite, à toute œuvre où, même en traitant des sujets généraux et supérieurs à sa propre personnalité, le poète intervient à l'occasion par des élans de lyrisme, c'est-à-dire, par le cri de sa passion soulevée et surexcitée.

Mais au xviie et au xviiie siècle, la poésie lyrique en France n'avait aucun de ces caractères. Elle comprenait tout ce qui était strophes et stances, sans distinction de sujets. En effet, les mêmes idées qui entraient dans une élégie, dans une églogue pouvaient entrer dans une ode; toute la différence venait du mètre et du rhythme : je ne parle pas du ton, plus haut par définition et plus retentissant qu'ailleurs, mais qui, dans la pratique, se maintenait au diapason ordinaire.

On voit qu'il ne faudrait pas, sur la foi d'un mot, comparer Malherbe à Pindare ou à Victor Hugo. Ce serait une erreur et une injustice. Tout au plus, pourrait-on le rapprocher d'Horace à qui il a emprunté, avec de nombreux détails, sa conception de l'ode.

Bien qu'imitées des lyriques intimes de la Grèce, Alcée et

Sapho, les odes d'Horace sont faites pour la lecture et non pour le chant. Composées à loisir par un esprit plus ingénieux qu'ardent, elles essayent de compenser ce qui leur manque du côté de la passion par la variété des sujets, où elles donnent place à la politique, à la morale, à l'amour, à l'ivresse, et aussi par la fréquence des souvenirs mythologiques.

Or, de la variété Malherbe ne s'embarrasse guère et pour cause ; la sécheresse de son esprit lui interdisant les excursions capricieuses et les soudaines envolées, il laisse à Horace l'agréable, le plaisant, et même le voluptueux, faute de pouvoir y atteindre. Il lui emprunte ses développements politiques et moraux et ses réminiscences mythologiques, et c'est avec ces deux éléments, pour ainsi dire invariables, qu'il compose toutes ses odes.

Une poésie ainsi conçue ne peut que manquer d'ampleur ; mais encore vaut-elle mieux a priori que les imitations littérales, décorées par Ronsard du nom d'odes pindariques. Voyons d'ailleurs ce qu'elle est devenue aux mains de Malherbe.

Un premier trait à noter, c'est la sobriété du poète : il tient tout entier dans un mince volume. On sait qu'il travaillait à loisir et le plus lentement possible. Il usait une main de papier à faire une strophe. Vers la fin, quand il avait composé trente-six vers dans son année, il se félicitait d'avoir bien employé son temps. Cette lenteur avait parfois des inconvénients : témoin cette consolation au président de Verdun sur son veuvage et qui trouva le veuf remarié.

Son œuvre est donc courte, mais, comme le remarque Sainte-Beuve, elle ne laisse pas d'être encore trop longue. Il aurait fallu un autre Malherbe pour l'abréger et l'alléger. C'est que dans chaque pièce, à côté de strophes relevées, d'un tour heureux et d'un bel accent, il s'en trouve de froides, de banales, de plates et de prosaïques qui jurent avec les autres et qui n'ont pour tout mérite que la correction du vers et du langage. Par exemple, on connaît les stances à Dupérier sur la mort de sa fille. Telles qu'on les cite ordinairement, elles sont fort belles ; mais on n'en cite que la moitié et ce qu'on laisse dans l'ombre est indigne d'en sortir. On pourrait pratiquer de semblables coupures dans toutes ses odes.

Il ne faut pas, on le sait, lui demander des inspirations hautes et puissantes, ni chercher en lui un chantre soit de la grandeur divine, soit des beautés de la nature, soit du patriotisme, soit de l'art ou même de l'amour. Ce n'est pas un oiseau de haut vol. Il ne sort pas volontiers d'un petit cercle de pensées morales empruntées d'Horace ou de Sénèque : brièveté de la vie, inconstance de la fortune, égalité devant le destin, etc., etc. Il y a cependant un cas où il est original, c'est quand il exprime sa haine du désordre et son amour de la paix publique. Alors il est vraiment inspiré.

Mais pour le reste, il ne se pique pas d'innover. Il met son honneur à exprimer raisonnablement ces idées prises des anciens en un français pur, à l'aide des seuls ornements compatibles soit avec la raison, soit avec l'observation des règles. Tel il fut dès qu'il s'appartint, tel il resta jusqu'au dernier jour, exagérant de plus en plus la fidélité à ses principes. D'ailleurs son talent, maintenu dans ces limites, ne subit aucune atteinte, et par un phénomène assez rare dans notre littérature classique, resta intact ou pour mieux dire fut en progrès jusqu'au bout. La plupart de nos poètes, un Corneille, un Racine, un Boileau ont leur période de fécondité heureuse dans la jeunesse ou dans la force de l'âge. Passé la quarantaine, ils ne produisent plus guère ou subissent une sorte de décadence. Racine s'arrête de composer en 1678, à l'âge de trente-neuf ans, non que son talent soit épuisé, Esther et Athalie prouvent victorieusement le contraire, mais la satiété est venue et le poète tourne le dos au théâtre. Boileau se fait paresseux à peu près au même âge et ne revient à sa muse qu'à des intervalles éloignés et avec un succès inégal. Quant à Corneille qui avait quitté la scène en 1652 et qui y revint en 1659, on peut se demander, d'après les maigres résultats de cette reprise, s'il n'eut pas mieux fait de persister dans sa retraite. Avec Malherbe le contraire arrive. C'est à quarante ans qu'il trouve sa voie et il s'y maintient jusqu'au bout toujours plus maître de ses forces, et comme avec un rajeunissement de sa sève. Son été de la Saint-Martin vaut mieux que son printemps. La meilleure de ses odes est précisément la dernière composée.

Ses pièces les plus dignes d'attention sont dans l'ordre chronologique à partir de 1596 : L'ode sur la Réduction de Marseille, la Consolation à Dupérier, la Bienvenue à Marie de

Médicis, la Prière pour le roi allant en Limousin, le Voyage de Sedan (son morceau préféré), l'ode sur l'Attentat de des Isles qui devait plus tard éveiller, chez la Fontaine, le sens et le goût de la haute poésie, l'ode à M. de Bellegarde, les deux psaumes : « N'espérons plus mon âme ; O sagesse éternelle à qui cet univers » ; la chanson « Ils s'en vont, ces rois de ma vie », l'ode à Marie de Médicis sur les heureux succès de sa régence, et, pour terminer, l'ode à Louis XIII partant pour la Rochelle.

Ces pièces se recommandent presque toutes par la beauté du début. Le poète commence à pleine voix d'un air martial et inspiré : on dirait la fanfare du coq saluant l'aurore. Mais le ton ne se soutient pas, la prose bientôt l'emporte sur la poésie, et c'est au milieu de passages ternes ou même insipides qu'il faut chercher la strophe ou le vers à admirer.

Tel quel, avec ses lacunes et ses platitudes, Malherbe n'en est pas moins un vrai poète et qui a composé quelques-uns des plus beaux vers qui soient dans notre langue. Ce n'est pas un mince mérite, surtout à son époque.

Il a été proprement l'initiateur de la grande poésie parmi nous, je veux dire de la poésie qui à l'élévation des idées joint la beauté de la forme. A ce titre, il est digne des éloges que Boileau lui a décernés, bien qu'on soit tenté parfois de les trouver excessifs.

Réforme de Malherbe. — Nous ne reproduirons pas ici les longs développements de certains critiques qui, assimilant la réforme littéraire de Malherbe à celle qui fut opérée en même temps dans l'administration et le gouvernement, s'en autorisent pour appeler notre poète le Sully de la littérature. La comparaison est peut-être un peu ambitieuse, et Malherbe ne l'eût pas admise lui qui s'estimait, quoique le premier dans sa partie, aussi inutile à l'État qu'un joueur de quilles.

Il n'en est pas moins vrai qu'une réforme était nécessaire : les écrivains les plus attachés à la mémoire de Ronsard, Duperron, Vauquelin de la Fresnaye en tombaient eux mêmes d'accord. Malherbe l'entreprit avec audace, la poursuivit avec persévérance, et, s'il eut un tort, ce fut de trop réussir. En cela, il était bien français, je veux dire radical dans ses vues et au besoin dans sa pratique, prêt à pousser à l'extrême rigueur les conséquences des principes qu'il avait une fois posés. Il a encouru de la sorte le reproche d'avoir mutilé la muse, ou de l'avoir mise au pain sec. Mais, à tout prendre, il n'a pas porté trop loin et jusqu'au point de la rendre irrémédiable la passion d'émonder et d'ébrancher l'arbre de notre poésie. Il l'a peut-être taillé d'un peu près, mais il n'a pas supprimé les bonnes branches, celles qui pouvaient fructifier : il n'a rien du philosophe scythe.

Sa réforme fut double : elle porta sur la langue et sur la poésie.

Pour la langue, il posa en principe que le français du beau monde et des auteurs était corrompu, mélangé de trop de vocables grecs ou latins, italiens ou gascons et que, pour lui rendre sa pureté, il n'y avait qu'à revenir à la source, c'est-à-dire, au parler du petit peuple de Paris ou de l'Ile de France. C'est ce qu'il exprimait à sa manière en disant que les maîtres du bon langage étaient les crocheteurs du port au foin. On comprend à quoi se réduit le précepte : il signifie non qu'il faut parler en crocheteur, jurer, sacrer, et le reste, mais simplement n'employer ni expression ni tour qui ne puisse être entendu des gens du peuple. Après tout, le conseil n'était pas si mauvais ; et s'il paraît un peu étroit, c'est que « aux grands maux les grands remèdes ».

La même réflexion doit être présente à qui veut juger sûrement sa réforme poétique. Il la commença par frapper d'une condamnation absolue ses devanciers, surtout ceux qui avaient l'estime du public. Nul doute qu'il n'ait été beaucoup trop rigoureux : mais c'était la condition même du succès. Il fallait demander trop pour obtenir un peu.

Il s'attaqua d'abord à Desportes et l'annota en censeur impitoyable : on a ses remarques sur ce poète de cour qu'il met véritablement en pièces, sans égard pour ses qualités, cependant visibles, de douceur, d'harmonie, de grâce, de tendresse. Il n'épargna rien pour le décrier dans l'opinion ; il poussa la dureté jusqu'à lui déclarer à lui-même que ses vers ne valaient rien, et cela, en prenant sa part d'un bon dîner auquel Desportes l'avait convié en nombreuse compagnie.

Il fut encore plus sévère pour Ronsard. Il en gardait dans sa chambre un exemplaire dont une grosse moitié était biffée

comme détestable. Quelqu'un ayant eu la malice de lui dire :
« Vous approuvez donc le reste », il prit incontinent la plume et
biffa tout, de peur qu'on ne prétendit que Malherbe avait trouvé
quelque chose à estimer dans Ronsard.

Tout en faisant la guerre aux chefs de l'ancienne école, il
formulait ses règles. On avait abusé de l'imitation des anciens
jusqu'à en faire un plagiat. Il la réduisit à de justes proportions,
enseignant par son exemple soit à prendre chez eux de belles
expressions, des images heureuses, des alliances de mots pour
en faire un emploi nouveau, soit à donner aux pensées empruntées un tour différent et renouvelé.

On avait trop accordé à l'imagination et on l'avait laissé se
perdre dans les nues, quitte à la voir retomber, après chaque
envolée, le nez contre terre. Malherbe la plaça sous la tutelle du
bon sens et lui rogna les ailes, peut-être d'un peu près.

Il mit ensuite un terme aux libertés que des auteurs trop expé-
ditifs prenaient avec la versification. Il interdit l'hiatus et les
cacophonies, proscrivit l'enjambement, rendit la césure obligatoire ainsi que l'emploi des rimes riches et difficiles, interdisant
de faire rimer les termes géographiques, Italie, Thessalie, et les
composés de même famille, montagne, campagne. Il condamna
l'élision, l'abus des inversions, le retour des mêmes consonnan-
ces. On est parti de là pour lui reprocher d'avoir réduit l'art
d'écrire en vers à n'être plus qu'un exercice mécanique, un jeu
de bouts-rimés laborieux, en quoi l'on a eu tort. Il a professé
la superstition des règles parce qu'il savait bien que c'était la
seule manière d'en donner aux autres la religion ou même le
respect. D'ailleurs la plupart des pratiques qu'il recommandait
passèrent dans l'usage; et comme les grands poètes qui ont
suivi n'en ont pas autrement souffert, il est permis de conclure
qu'elles avaient du bon.

En résumé, Malherbe a coupé court à l'abondance stérile des
survivants du xvi⁰ siècle. Il a renouvelé l'art de la poésie en le
rendant difficile; par ses exemples et ses leçons, il a frayé la
voie, et préparé l'avènement de la haute poésie. Ses injustices,
ses exagérations, tous ses torts en un mot, s'effacent derrière ce
résultat.

Il a laissé aussi quelques écrits en prose : des lettres familières, la plupart adressées à son ami Peiresc et qui présentent un intérêt historique assez vif; des lettres d'apparat, ennuyeuses à plaisir; la traduction du XXXIII⁰ livre de Tite-Live et du De beneficiis de Sénèque, qu'il donnait, avec son immodestie accoutumée, pour des chefs-d'œuvre, d'un style bien supérieur à l'élocution travaillée et pompeuse de Balzac.

Nous n'en jugeons pas ainsi et nous trouvons que, à la pureté près, cette prose si estimée de son auteur rappelle encore trop celle du XVI⁰ siècle. Aussi bien Malherbe peut-il se contenter de la part que nous lui avons faite : elle est assez belle.

Sa réforme réussit en définitive; mais ce ne fut pas faute de contradicteurs. Elle en eut de très violents et de très habiles. Elle eut aussi des partisans dévoués qui restèrent groupés autour du vieux maître, malgré ses brusqueries et ses rebuffades.

Disciples de Malherbe. — Parlons d'abord des disciples : ils ne sont ni bien nombreux, ni tous bien illustres, et cela se comprend. Peu de gens se souciaient de subir une tutelle aussi rigoureuse, et les hommes de talent moins que les autres. Aussi le petit cénacle de ces fidèles ne comprit-il jamais plus de sept membres (il n'y avait d'ailleurs que sept chaises dans la chambre du patron). Voici le jugement que Malherbe portait sur quelques-uns de ses élèves. D'Yvrande et de Dumoustier il ne disait rien, sans doute parce qu'ils n'avaient ni vice ni vertu; à Touvant il reconnaissait le mérite de bien faire les vers, à Coulomby celui d'un bon esprit, mais sans vocation poétique. Maynard, excellent versificateur, lui semblait manquer de force; enfin, Racan avait le tort d'être parfois hérétique en poésie. Il n'y a que les deux derniers qui soient dignes d'attention.

Maynard (1582-1646) — Président à Aurillac faute de mieux, après avoir été tour à tour commis de Noailles notre ambassadeur à Rome, secrétaire de la reine Margot, et courtisan mal vu de Richelieu, Maynard courut toute sa vie après la fortune sans l'atteindre. Aussi bien était-il trop replet, trop rebondi, trop voluptueux pour ne pas s'essouffler et se lasser d'une poursuite aussi ardue. Il comptait sur ses vers pour le mener aux honneurs : il dut se contenter d'en faire sa consolation.

Il a écrit des pièces lyriques, pâle reflet de celles de Malherbe, et dont on n'a retenu que les stances à « une belle vieille » et

« à Alcippe ». Il a composé des épigrammes qui, au dire de son maître, étaient à la grecque, sans trait ni pointe. Il a rimé purement d'impures priapées, car il fut un des auteurs du Parnasse satirique.

La qualité dominante de Maynard est sa clarté pour laquelle Voltaire l'a rangé parmi les vrais précurseurs de nos grands poètes classiques. Il avait la passion de la netteté du sens, à ce point qu'il dit un jour à son fils qui s'exprimait confusément : « A cette heure, vous n'êtes pas Mainard. » Il ne reconnaissait plus son sang dans ce parleur obscur.

Pour être plus clair, il avait pris l'habitude d'enfermer un sens complet dans chacun de ses vers On devine, sans autre réflexion, que ce procédé était infaillible pour engendrer la monotonie. Aussi bien ce défaut est-il l'impardonnable rançon de sa clarté tant prisée.

Racan (1589-1670). — Racan au moins est un vrai poète. Neveu de la duchesse de Bellegarde, élevé chez elle comme page, il grandit dans l'intimité de Malherbe qui reconnut sa vocation et se plut à la cultiver. Son maître n'arriva pas, nous l'avons vu, à lui communiquer complètement sa religion des règles et à l'y rendre orthodoxe. Il n'en fit pas non plus un savant, ni même un travailleur. Il réussit toutefois à lui faire produire de belles pièces. Un fait à noter c'est que, Malherbe disparu, Racan livré à lui-même, ne donna presque plus rien. De 1628 à 1670, date de sa propre mort, il ne composa guère que quelques poésies sacrées. Le gros de son œuvre fut mené à bien sous les yeux du réformateur

Racan était bien doué : non qu'il eût de la force, comme disait Malherbe : mais il avait une douceur, une fluidité, une abondance naturelles qui donnent un véritable charme à certaines de ses poésies lyriques et à sa pastorale dramatique des *Bergeries*.

Ce que l'on connaît le mieux de lui, c'est son ode à M. de Termes dont certaines strophes excitèrent la jalousie de son maître, ses stances à Tircis sur la retraite, et quelques passages heureux de sa pastorale. Celle-ci, quoiqu'en forme de drame, n'est pas faite pour la scène. Elle est inspirée de l'Astrée dont elle reproduit l'intrigue principale. Arthémise aime Alcidor et finit par l'épouser après des brouilles qui provoquent une tentative de suicide de la part de l'amant, un essai de claustration religieuse de la part de l'amante, et aussi après une longue résistance du vieux Silène qui cède enfin à la persévérance de sa fille et aux beaux discours de la grande druidesse Philothée. Dans cet imbroglio souvent ennuyeux on trouve çà et là des sentiments tendres exprimés avec bonheur, et quelques descriptions agréables dénotent chez l'auteur un goût de la campagne et une entente de ses beautés qui sont rares au XVIIe siècle. C'est ce dernier mérite qui nous frappe le plus aujourd'hui ; c'est lui encore que nous admirons dans les stances à Tircis, le vrai chef-d'œuvre du poète.

Racan, comme ceux de ses quelques contemporains et successeurs directs, par exemple la Fontaine, qui ont aimé la nature, n'ose guère la chanter de sa propre inspiration. Il la voit par les yeux des anciens, qu'il ne connaissait cependant que par les traductions ; il l'aime avec l'amour de Virgile et d'Horace, en homme qui s'est fait expliquer et qui a retenu le « O fortunatos nimium », et le « Beatus ille qui procul negotiis ». Il se borne en quelque façon à en faire la paraphrase ; mais il sait y mettre une conviction qui lui donne une sorte d'originalité.

A la mort de Malherbe, Racan se retira dans sa terre de Touraine où il vécut obscurément en bon gentilhomme Il n'en sortit que pour quelques séjours à Paris, dont le souvenir s'est conservé dans les anecdotes du temps. On connaît sa visite à Mlle de Gournay et sa réception à l'Académie où il ne put prononcer son remerciement, parce que sa grande levrette en avait mâchonné le manuscrit. Célèbre par ses œuvres et aussi par les singularités de sa nature, par ses naïvetés, ses distractions, son bégaiement qu'un asthme précoce vint exagérer encore, il fut très estimé, peut-être trop, de ses contemporains, témoin cet éloge de Boileau :

>Racan pourrait chanter au défaut d'un Homère,

et les noms que lui donne la Fontaine de « rival d'Horace » et d'« héritier de sa lyre ».

4° Adversaires et dissidents. Querelle de Régnier et de Malherbe. — Le premier adversaire que rencontra Malherbe fut Régnier. On a prétendu que la cause initiale de leur démêlé fut moins leur divergence de vues que le mot grossier de Malherbe à Desportes : « Votre soupe vaut mieux que vos psaumes. » Desportes était le plus riche poète du temps. Régnier était le neveu toujours besogneux de cet oncle à héritage dont il goûtait fort la soupe, pour parler comme Malherbe, et dont il n'avait garde de mépriser les psaumes. Il aurait pris, dit-on, pour lui l'injure de Desportes et, afin de le venger, aurait écrit contre son détracteur.

Il est possible que ç'ait été l'occasion de la querelle ; mais la vraie cause est ailleurs. Sans doute il ne laissait pas d'y avoir entre ces deux adversaires bien des rapports et des points de contact, et l'on pourrait même soutenir qu'ils sont en somme de la même école, celle du bon sens. Ils représentent tous deux cette qualité dominante de notre race, l'un dans le genre sérieux, l'autre dans le genre familier. Mais s'ils se ressemblent en cela, ce sont, en tout le reste, des esprits peu faits pour sympathiser.

Régnier professe sincèrement le respect des auteurs du XVIe siècle ; il ne sépare pas dans son admiration Ronsard de Rabelais, sans se dire que Ronsard ressemble fort au Limosin latiniseur tant moqué par Rabelais. C'est une première différence avec Malherbe, et ce n'est pas la seule. Il se permet lui-même, à la vieille mode, nombre de licences, trop indépendant et trop paresseux à la fois pour reconnaître et pour observer les règles. La tentation devait naturellement lui venir de prendre à partie le réformateur si respectueux de la prosodie et si dédaigneux de la Pléiade. Une raillerie que se permit Malherbe sur une prosopopée de Régnier (la France prenant son vol et venant se jeter éplorée aux genoux de Henri IV) mit le feu aux poudres et inspira la satire du *Critique outré*.

La pièce est dédiée à Nicolas Rapin, l'un des auteurs de la Ménippée, homme de cœur et d'esprit, excellent patriote, mais plutôt poète latin que poète français et naturellement admirateur des anciens et de Ronsard. Cette dédicace était parlante : elle indiquait du premier coup le sens et la portée de la satire qui est d'ailleurs un chef-d'œuvre de verve, de raillerie mordante et de généreuse indignation.

On n'a que l'embarras du choix entre les morceaux à citer, soit que le poëte attaque

> Ces rêveurs, dont la muse insolente
> Censure les plus vieux, etc.,

soit qu'il refuse de

> Parler comme à Saint-Jean parlent les crocheteurs,

soit qu'il raille la stérilité d'esprit de ces novateurs dont tout l'art se réduit

> A proser de la rime et rimer de la prose.

A cette attaque si vigoureuse, Malherbe ne répondit pas, et cette modération est surprenante pour qui connaît son tempérament batailleur. Il est impossible qu'il se soit tu par timidité ou faute d'arguments, étant également incapable d'avoir peur et de rester court. Pour expliquer son silence, il faut donc se rappeler qu'il avait, en dépit de la raillerie plus haut rapportée, beaucoup d'estime pour le talent de Régnier. Il pensait sans doute intérieurement que cet indiscipliné servait à son insu la bonne cause, et s'il ne lui répondit pas, ce fut probablement parce que, général avisé, il ne se souciait pas de tirer sur ses propres troupes.

L'œuvre de Régnier (1573-1613). — Régnier n'a vécu que quarante ans. Cette vie, si courte, le fut par sa faute. Ivrogne et débauché, il subit toutes les conséquences de son double vice, et, faute de pouvoir y résister, il se mit lui-même au tombeau dans la force de l'âge et du talent.

Fils d'une sœur de Desportes et d'un bourgeois de Chartres qui possédait un jeu de paume, rendez-vous des bons vivants du pays, Régnier naquit poète et poète satirique. Dès qu'il sut tenir une plume il se mit à pourtraire en vers les ridicules qu'il avait sous les yeux : tous les habitués du tripot paternel y passèrent. Ses premiers essais coururent dans la ville, y firent scandale et lui valurent, avec une bonne correction, la défense de faire d'autres vers. Autant vouloir arrêter le vent. L'enfant rima de plus belle.

Comme son oncle le poète était un riche bénéficier, on voulut faire de Régnier, qui s'obstinait à être poète lui-aussi, un homme d'Église. Il fut tonsuré en 1582, mais ne prit jamais les ordres majeurs, ce qui ne l'empêcha pas d'être pourvu d'un canonicat à Chartres et ensuite à Rouen, ainsi que d'une pension de 2000 livres sur l'abbaye des Vaux de Cernay. Mais ces bénéfices lui vinrent assez tard, après deux voyages à Rome où il était allé chercher fortune à la suite de nos ambassadeurs et d'où il ne rapporta que des réminiscences poétiques et la plus complète indifférence morale. Comme Panurge il avait vu deux papes, et comme lui encore n'avait guère profité à leur vue. Il prit des mœurs romaines tout ce qui n'était pas incompatible avec le caractère français et il revint, décidé à suivre la bonne loi naturelle et à ne jamais résister à ses passions. Il vécut à Paris, au cabaret, où il écrivit probablement les quelques pièces qui ont immortalisé son nom et qui font de lui non seulement le vrai créateur de la satire en France, mais même le meilleur de nos satiriques.

L'esprit satirique n'a jamais fait défaut à nos Français : il abonde dans les sirventes, les bibles et blasons du moyen âge; les fabliaux en sont imprégnés ainsi que le Roman de Renard, les deux testaments de Villon, les coq-à-l'âne, épîtres et épigrammes de Marot. Rabelais en déborde : on peut dire que son livre est une mine inépuisable de traits plaisants et d'inventions comiques, un réservoir où sont venues se réunir toutes les veines de l'esprit gaulois.

Mais la satire proprement dite, ce discours en vers du genre didactique où sont notés soit les vices des hommes, soit les défauts des écrivains, cette satire, inconnue des Grecs et l'une des rares inventions littéraires de Rome, n'existait pas chez nous avant la Pléiade. Elle s'y introduisit alors avec le « Poète courtisan » de Dubellay, le « Courtisan retiré » de Jean de la Taille, les Discours en vers de Ronsard, véritables satires au nom près.

C'est toutefois à Vauquelin de la Fresnaye que l'on attribue d'ordinaire la naturalisation de la satire en France. En effet, ce poète estimable, après avoir imité les Bucoliques de Virgile dans ses « Idyllies », composa, à l'imitation d'Horace, un art poétique et un recueil de satires; mais il publia ce recueil en 1612, c'est-à-dire, après que Régnier eut donné la plupart de ses pièces. Donc, c'est à ce dernier que la priorité semble revenir. Il pourrait d'ailleurs s'en passer, puisqu'il a, ce qui vaut mieux, la supériorité du génie.

Attiré, dès le premier jour, par sa nature, vers les auteurs plaisants, vers ceux qui ont tracé des images gaies, satiriques, voluptueuses de la vie humaine, Régnier fit de notre Rabelais son livre de chevet, son bréviaire. Il y joignit bientôt les satiriques et les élégiaques latins, Horace, Ovide, Properce. En Italie, il apprit à goûter les Capitoli des poètes bernesques, pièces satiriques et licencieuses émanées d'une école dont le Berni est le chef et dont les principaux membres sont le Caporali, le Mauro, l'Arétin, sans oublier l'évêque della Casa.

Plein de ces auteurs qu'il avait sus par cœur à la première lecture, Régnier se mit à composer des satires où ses réminiscences reparaissaient sous forme de traits ingénieux et d'apparence originale. Il était en ce point de l'école de Malherbe : au lieu de copier servilement, il était discret et réservé; dans l'imitation il gardait sa personnalité.

La satire entre ses mains n'est ni un sermon ni une invective. C'est une peinture de mœurs, enlevée de verve, pleine d'esprit et d'aimable abandon. Ses seize pièces sont une galerie d'originaux que l'on voit saillir du cadre avec un relief extraordinaire : c'est le fanfaron de Gascogne, au feutre empanaché, infatigable narrateur de ses prouesses imaginaires; c'est le médecin en consultation qui veut être payé et feint de ne pas le vouloir; c'est le poète déguenillé et vaniteux qui vague par les rues l'œil farouche et troublé, le nez dans son manteau, prenant les vers à la pipée; c'est Macette à l'œil pénitent, aux maximes commodes, casuiste en jupons, vraie femelle de Tartufe ; c'est l'avocat qui

> Une cornette au col, debout dans un parquet
> A tort et à travers va vendre son caquet;

c'est le pédant à la robe bigarrée de lambeaux de thèse où se lit « Sic argumentabor » ; c'est l'ivrogne dont

> Le nez sert d'*hâc itur* à la Pomme de pin.

Ces figures inoubliables peuplent les satires de Régnier. Sur les seize pièces qui composent son recueil, les plus connues sont : le Critique outré, le Fâcheux, le Souper, Macette, le Mauvais gîte.

On les a qualifiées de conversation aimable, et qui, par leur laisser-aller et leur esprit, rappelleraient Montaigne, sinon par la nature des idées, au moins par l'enjouement de la forme. Ce n'est pas à Montaigne, c'est à Rabelais que Régnier fait naturellement penser. Outre qu'il est nourri des facéties de Gargantua et de Pantagruel, il en a lui-même la verve, la couleur, l'énergie. Il y a entre le prosateur et le poète une parenté visible et, sans parler de la gaîté qui leur est commune, ils ont l'un et l'autre le don de créer des êtres vrais et vivants. Cela est incontestable du père de Panurge et de frère Jean; ce l'est aussi de notre satirique; si nous n'en avions déjà fait la preuve, nous n'aurions qu'à rappeler ce jugement de Boileau : « C'est le poète français qui, du consentement de tout le monde, a le mieux connu, avant Molière, les mœurs et le caractère des hommes. »

A côté de tous ces mérites, les satires de Régnier ont un défaut, rabelaisien lui aussi, qui en rend la lecture peu édifiante; je veux dire l'obscénité et l'indécence.

A cela près, son style est excellent. Il parle la langue populaire, sans y introduire de termes prétentieux, d'allusions pédantes, de métaphores outrées. Il donne le tour le plus heureux à sa pensée, et il a, à chaque instant, de vraies trouvailles d'expression. Il excelle à utiliser les proverbes et les mots pittoresques que le peuple affectionne.

Il écrit un peu au hasard, sans travail ni grande réflexion et la trame de sa phrase n'est pas toujours bien serrée. Mais l'irrégularité naturelle et piquante de son style est un charme de plus dans les sujets familiers qu'il traite. Au lieu d'un auteur, c'est un homme qui se montre dans la sincérité de son ton et de son geste.

Régnier a de plus composé trois épîtres et cinq élégies qu'il intitule zélotypiques, entendez amoureuses. Elles ne se ressentent pas du pédantisme que ce titre rébarbatif semble annoncer. On y trouve l'abandon, le feu, et la tendresse d'un imitateur entendu des élégiaques latins. Il est fâcheux toutefois qu'il les ait composées sur commande, pour le compte de Henri IV qui les destinait soit à Henriette d'Entraigues soit à la princesse de Condé. A vrai dire, il ne faut pas non plus s'exagérer la noirceur de cette complaisance. Malherbe en avait fait autant pour le même prince; et c'est à chanter les mignons de Henri III que Desportes avait gagné pensions et abbayes.

Quoi d'étonnant que Régnier se soit permis une licence que d'autres se permettaient qui étaient plus collets-montés que lui.

Régnier fit école; mais ses imitateurs, comme il arrive d'ordinaire, lui empruntèrent ses défauts sans ses qualités. Ils s'attachèrent à reproduire et à exagérer ses crudités d'expression et l'obscénité de certains de ses tableaux.

Sans parler des satiriques de profession, Dulorens et Courval-Sonnet, il eut pour disciples les auteurs des recueils licencieux « le Parnasse, l'Espadon, le Cabinet satirique », c'est-à-dire les Sigogne, les Berthelot, les d'Esternod, les Fourquevaux, les Maynard. Sa tradition se continua jusqu'à la fin du xviiie siècle par les poètes de cabaret, Saint-Amand, Chapelle, Adam Billaut, Panard, Gallet, Piron, etc. — A côté de cette famille picaresque et avinée, Régnier en a une autre plus sortable : il est à plus d'un égard, il ne faut pas l'oublier, le digne précurseur de Boileau, de la Fontaine, de Molière.

Nous ne nous arrêterons pas à des Yveteaux, le berger grotesque de la rue du Vieux-Colombier, et aux gémissements qu'il poussa sur la captivité d'Apollon enchaîné par Malherbe; nous passerons à Théophile.

Théophile de Viau (1590-1626). — Ce poète trop vanté de son temps et que les efforts de son homonyme Théophile Gautier n'ont pu remettre en lumière, fut tenu de ses contemporains pour un maître, pour l'égal et au besoin le supérieur de Racan et de Malherbe. Il avait pour lui les jeunes seigneurs et les dames. Petit gentilhomme il allait de pair avec les plus grands, grâce à sa réputation. Il faisait les délices des belles sociétés par ses vers galants, des cabarets en vogue par certaines de ses poésies licencieuses et impies. Ces derniers succès le perdirent. Pendant la réaction dévote de la régence, le père Garasse, ce fou malfaisant, s'acharna après Théophile et le dénonça comme l'auteur du Parnasse satirique : or, il se trouvait que Théophile n'y avait aucune part. Mais s'il n'avait pas fait le recueil, il était capable de le faire; c'est le raisonnement dont s'autorisèrent les juges pour le condamner au feu. Heureusement il avait pu prendre la fuite, et ne fut brûlé qu'en effigie. Après s'être caché quelque temps, il crut pouvoir reparaître; il fut aussitôt dénoncé par les dévots, arrêté et plongé dans un cachot, celui même de Ravaillac, où il resta dix mois livré à ses réflexions. Il fut enfin jugé, et, quoique reconnu innocent de la publication qu'on lui avait imputée, condamné au bannissement.

La protection du maréchal de Montmorency lui valut d'être toléré à Paris après quelques mois d'absence. Il y mourut prématurément, victime de l'odieuse persécution qui avait ruiné sa santé sans venir à bout de son énergie morale. Car il faut dire à sa louange que dans toute cette affaire il fut irréprochable de dignité.

Cet homme de cœur aurait pu faire un excellent poète : on a dit qu'il ne lui a manqué pour cela que de se mettre quelque temps à l'école de Malherbe; mais il n'avait garde de s'y résigner. Non qu'il eût mauvaise opinion de son illustre devancier. Il l'admirait au contraire : Je ne veux pas, a-t-il dit quelque part « enlever aux vers de Malherbe le français qu'ils nous ont appris ». Mais il ajoute aussitôt :

« J'aime sa renommée et non pas sa leçon. »

Ce qui revient à dire : Je lis ses vers parce qu'ils sont beaux, mais je suis bien trop indépendant pour m'accommoder de ses conseils.

Doué d'une veine abondante, d'une imagination fertile, Théophile crut n'avoir pas besoin de travailler, de châtier sa forme, d'épurer son goût. Il ne se refusa aucun des écarts qu'il voyait applaudir chez l'Italien et l'Espagnol et, comme eux, il fit fondre les glaces au feu de son haleine, il enchâssa les poissons dans l'argent des ondes; il peignit les chevaux du soleil, la bouche ouverte, ronflant la lumière du monde, et le zéphyr enfermé dans les creux éoliens avec les œillets et les lys ensevelis dans ses poumons.

Sa pièce de *Pyrame et Thisbé* est le triomphe du mauvais goût. On en connaît le plus bel endroit, je veux dire, ce poignard qui rougit de s'être lâchement souillé du sang de son maître.

Il ne faudrait pas cependant prendre Théophile en mépris. Si son Pyrame est trop souvent ridicule, si ses grandes odes sont à la fois emphatiques et vulgaires, il ne laisse pas d'avoir, dans ce que l'on pourrait appeler la poésie intime, de l'aisance, de la grâce, de l'esprit, de la tendresse, et même un sentiment ému des beautés de la campagne.

On a aussi de lui des fragments en prose qui ont de la valeur. Son *Apologie au roi* est d'un ton excellent, presque égale aux Mémoires qui, quarante ans plus tard, illustreront Pellisson. Sa lettre de reproches à l'ingrat Balzac, pour l'avoir abandonné dans le malheur, est vraiment éloquente. Enfin, son *Fragment d'histoire comique* en trente pages a de la verve, des portraits bien venus et des traits de mœurs qui font penser au roman de Scarron.

En somme, le plus grand tort de Théophile ce n'est pas tant d'avoir rejeté la discipline de Malherbe que d'être mort trop tôt, avant l'âge où la raison prend le dessus sur l'imagination. Il avait dans sa riche nature assez de sens pour préférer enfin le beau au spécieux. Il commençait à y venir, témoin ses préfaces où l'on trouve des vues littéraires nouvelles et assez justes. Pour peu qu'il eût eu le temps de la réflexion, il se fût vraisemblablement réformé de lui-même. Il ne l'a pas eu et nous y avons peut-être perdu un grand poète

A Régnier, à Théophile, nous pourrions rattacher quelques-uns de ces poètes buveurs et insouciants que nous avons nommés déjà, si la plupart n'étaient trop insignifiants pour qu'on s'arrête à eux. Le seul Saint-Amand mériterait quelque attention; mais il est plutôt de l'âge suivant. Nous le renvoyons à notre second livre.

En résumé la poésie, dans cette première période, n'a rien produit d'excellent ni même de vraiment bon, à l'exception de Régnier et de Malherbe. Mais, sous l'influence de ce dernier, elle s'est élevée à une correction, à une régularité qui constituent après tout un progrès et qui rendront la tâche plus facile aux poètes de la nouvelle génération.

Nous en avons fini avec les préliminaires de notre sujet. Nous sommes arrivés au terme de la période de transition entre les deux siècles et nous entrons dès maintenant en plein XVIIe siècle, sous les auspices du cardinal de Richelieu

LIVRE SECOND

Les lettres sous le cardinal de Richelieu.

CHAPITRE PREMIER

1º Intervention directe du gouvernement dans la littérature ; — 2º Richelieu, son caractère, ses œuvres ; — 3º Constitution de la société polie : l'hôtel de Rambouillet ; — 4º Premiers progrès de la prose : Balzac et Voiture.

1º Intervention directe du gouvernement dans la littérature. — Dans toute la période que nous venons de parcourir, c'est indirectement, par tolérance ou par répression brutale, que s'est exercée l'action du pouvoir sur les lettres. Nous abordons un nouvel état de choses. Le gouvernement de Richelieu ne s'accommode pas d'une indifférence qui ne se dément que pour châtier. Il lui faut un rôle plus actif, plus efficace.

Comme l'a dit Sainte-Beuve, Richelieu « avait en lui de cette flamme et de cette religion des lettres qu'eurent autrefois et à un si haut degré les Auguste, les Périclès. Avec moins de goût que ces grands hommes, ce qui tenait à son éducation et à un travers de son esprit, il envisageait aussi sainement qu'eux l'importance et la fonction publique de la littérature. Il croyait que les vraiment grandes et belles choses ne seront jamais tenues pour telles qu'autant qu'elles auront été consacrées par les Lettres, dont le génie est l'ornement nécessaire, la plus magnifique et la plus honorable décoration du génie de l'État ». Il ne négligea rien pour assurer à son ministère cette gloire sûre entre toutes.

Jusque là c'étaient les grands seigneurs et les riches magistrats qui avaient fait, plus encore que les rois, office de Mécènes. Richelieu avait pu voir à l'œuvre, de son exil d'Avignon, le plus généreux et le plus méritant de tous, le provençal Peiresc, à qui les sciences naturelles et l'érudition doivent tant de leurs progrès. Il se dit dès lors que cette fonction d'encourager et de récompenser, ce patronage en un mot, ne devait pas être laissé à des particuliers mais faire retour à l'État. C'était, lui semblait-il, comme un vol fait au prince, que cette main-mise de quelques-uns de ses sujets sur les Arts et les Lettres. Dès son arrivée au pouvoir, il prit ses mesures et posa les bases de cette organisation, continuée jusqu'à nous, grâce à laquelle l'État intervient par des directions et des récompenses dans toutes les branches du développement humain.

Cette action du gouvernement sur les choses de l'esprit n'est pas aujourd'hui du goût de tout le monde. Mais ceux-mêmes qui la combattent le plus haut sont forcés de reconnaître qu'elle rendit, au moins au début, des services signalés. Elle activa le progrès littéraire et ne fut en défaut que du côté de la philosophie. Il ne faut pas s'en étonner : l'intolérance par laquelle Marie de Médicis avait remplacé l'indulgence de Henri IV ne pouvait qu'augmenter dans le nouveau système. En effet, les lettres dépendent désormais du gouvernement qui lui dépend de l'Église, et celle-ci n'est pas tendre, comme on sait, aux dissidents, aux incrédules, ou même aux indifférents. Plus on avancera dans le siècle et plus cette tyrannie religieuse se fera lourde. Sous Louis XIV elle finira par devenir écrasante, ce qu'elle n'avait pas été sous les cardinaux-ministres, Richelieu et Mazarin.

Non que Richelieu fût un esprit émancipé : il n'en avait garde; non qu'il eût un respect exagéré de la pensée d'autrui : l'emprisonnement de Saint-Cyran en dit long sur ce point. Mais comme il appréciait les gens de sa robe, il se prémunissait instinctivement contre leurs exigences, et savait au besoin y répondre par un refus. Louis XIV fut moins sage : la passion de l'orthodoxie n'eut pas en lui ce contrepoids utile qui s'appelle la connaissance du clergé et la crainte de ses empiétements. Aussi y eut-il moins de liberté sous son règne à lui, servi par des laïques, que sous Louis XIII et son ministre ecclésiastique. On en trouve la preuve dans ce fait que, en dehors de la philosophie toujours également tenue de court, certains genres littéraires furent mieux vus et plus encouragés sous Richelieu que sous Louis XIV. Par exemple, lorsque la première jeunesse du grand roi fut passée et avec elle le goût des fêtes galantes, le théâtre se vit en butte aux attaques répétées de l'Église. Sans doute, les théâtres ne furent pas fermés et celui de la cour moins que les autres, car il faisait partie du décor habituel de la royauté et il avait sa place dans le protocole et dans l'étiquette ; mais l'art dramatique devint peu à peu suspect, et si le dévot élève de Fénelon eût régné, il eût pu lui arriver pis. Sous Richelieu, au contraire, il était encouragé par tous les moyens. Les évêques, au lieu d'écrire contre la comédie, étaient les premiers à y assister, pour faire plaisir au cardinal. Il y a loin de cette assiduité aux anathèmes qui retentiront dans quelques années.

Mais, libérale ou non, c'est à Richelieu que remonte l'action de l'État sur la littérature. Nous verrons peu à peu, en avançant dans notre sujet, en quel sens et avec quels succès divers s'exerça le patronage de ce grand homme, plus roi que ministre, et qui éclipsa de sa gloire le pâle Louis XIII. Car il ne faut pas s'étonner que nous parlions toujours du serviteur et jamais du maître. Celui-ci n'a d'autre mérite que de maintenir aux affaires, malgré ses répugnances personnelles et dans le seul intérêt de sa tranquillité et de sa réputation, un homme qu'il détestait intimement. Mais, pas plus en littérature qu'en politique, il n'a fait lui-même œuvre personnelle. Ses goûts étaient ailleurs, à la chasse, aux exercices militaires, à ses passe-temps culinaires et musicaux : on sait qu'il jouait du luth et qu'il aimait à manier les casseroles et les poêlons. La lecture ne lui disait rien : il refusait la dédicace des meilleurs ouvrages par indifférence et par avarice. Comme il n'attachait aucun prix à ces sortes d'hommages, il ne se souciait pas de les payer à beaux deniers comptants et il les repoussait. C'est ce qu'il fit pour le Prince de Balzac et même pour le Polyeucte de Corneille. On voit donc que Louis XIII ne compte pas et que c'est au seul Richelieu que nous avons affaire, à Richelieu protecteur du Théâtre et fondateur de l'Académie. Nous l'apprécierons tour à tour à chacun de ces titres ; mais nous allons dire préalablement quelques mots de sa personne et de ses œuvres, car ce fut aussi un écrivain et nullement méprisable.

2° Le caractère et les écrits de Richelieu. — La mémoire de Richelieu n'a pas à se plaindre de notre génération. Sans tomber dans l'exagération laudative des anciens discours académiques, nous avons su nous défendre de l'esprit de dénigrement auquel ont cédé plus d'une fois de prétendus historiens.

Au lieu de le flétrir des noms de despote et de bourreau qu'on lui a souvent décernés, nous comprenons que ses rigueurs ont été avant tout des actes de justice, d'autant plus efficaces qu'ils frappaient plus fort et plus haut, et que toute sa conduite lui a été dictée par la vue nette des exigences de notre situation intérieure et extérieure. Si quelques-uns persistent à l'admirer sans l'aimer, sous prétexte de cette tristesse qui serait attachée à sa gloire, la plupart saluent en lui un puissant et bienfaisant génie, le plus utile et le plus noble artisan de la grandeur nationale.

Qu'importe après cela qu'il ait eu parfois quelque petitesse dans le caractère, qu'il se soit laissé aller à des colères, à des rancunes, à des mouvements haineux, qu'on aimerait mieux sans doute ne pas avoir à lui reprocher. En a-t-il moins sauvé la France d'une honteuse anarchie, écrasé la maison d'Espagne, établi notre prépondérance en Europe? Ces résultats paraissent encore plus beaux, quand on songe que la grande âme qui conçut et exécuta de si hauts desseins était logée dans le corps le plus délabré, toujours menacé de se dissoudre, et dont on peut dire qu'il n'a duré si longtemps que par un prodige d'indomptable volonté.

Notre admiration ne doit pas oublier non plus que Richelieu était homme d'Église et que, sans manquer aux devoirs essentiels du prêtre, il rejeta tous les préjugés ecclésiastiques qui l'eussent gêné dans l'accomplissement de sa tâche. Ses ennemis lui reprochaient, en se signant dévotement, de n'être qu'un cardinal d'État. Ce terme d'intention injurieuse est son plus beau titre aux yeux de la postérité. Si l'on veut bien connaître ce grand homme, il n'y a d'ailleurs qu'à le chercher où il est, où il s'est mis lui-même, je veux dire dans ses ouvrages. Entendez ses ouvrages en prose, car les vers assez nombreux qu'on peut vraisemblablement lui attribuer, sont détestables.

Les écrits de Richelieu forment une masse énorme. Tout y est néanmoins authentique, y compris ce fameux Testament, si longtemps et si inutilement contesté par Voltaire. Sans doute le cardinal n'a pas tout écrit de sa main; mais, il n'a posé la plume que pour dicter. Ses secrétaires ont été uniquement des transcripteurs ou des copistes, auxquels il ne confia jamais, en aucun temps, le soin d'écrire en son nom. Il en avait toujours un sous la main, même la nuit; car il voulait, ne dormant guère, utiliser ses insomnies. Le travail avait donc une part de ses nuits après avoir rempli toutes ses journées : cela suffit à concilier les dimensions extraordinaires de son œuvre écrite avec son activité d'homme d'État. Nous ne dirons rien de ses écrits religieux, sinon que sa théologie se tient en général comme sa politique à l'écart des opinions extrêmes et chimériques : elle se permet d'ailleurs des fautes de diction et de goût, des bévues dans le genre de celle qui prend le grammairien Terentianus Maurus pour une comédie « le Maure de Térence », des bizarreries d'idées et surtout d'expressions qui chez un autre seraient peut-être ridicules ; mais, comme le remarque Michelet, même quand Richelieu dit des sottises, il ne les dit pas comme un sot.

Ses ouvrages politiques et historiques, les seuls qui nous intéressent, sont au nombre de quatre.

1° *Les Mémoires*. — Rédigés de sa main jusqu'en 1624, ils ont continué de l'être sous ses yeux, d'après les documents fournis par lui, journal, instructions, papiers d'État. Ils constituent une œuvre considérable, mais sur laquelle les avis sont partagés. Michelet y voit un déguisement perpétuel de l'auteur et des fluctuations trop bien constatées, dit-il, de sa politique : il leur refuse sa confiance. Henri Martin, au contraire, y trouve un document au moins égal pour l'intérêt et la valeur aux Économies Royales. La vérité est, comme d'habitude, dans l'entredeux, mais infiniment plus près de la seconde opinion que de la première. Quelques détails altérés ou supposés tels ne suffisent pas à infirmer la véracité de ces importants Mémoires. Il faut convenir d'ailleurs que leur mérite réside au fond plus qu'il ne paraît à la surface.

On se perdrait dans les digressions, les relations prolixes, les suites monotones de dépêches, si de temps à autre « n'éclatait un brusque éclair, un trait hardi pour rappeler l'homme d'action et le politique de génie ». Voilà pour le récit. Les portraits sont nombreux et ressemblants. Les réflexions abondent, justes et profondes, ordinairement dignes de leur auteur. La forme n'a pas la simplicité qui conviendrait au genre. Richelieu garde, la plume à la main, un peu de cette emphase que, jeune prédicateur, il avait apprise à l'école de Duperron, ce qui ne l'empêche pas de s'élever à l'occasion, pour peu que le sujet y prête, à la véritable éloquence. La duchesse d'Aiguillon, héritière du cardinal, avait eu l'idée de faire retoucher les Mémoires par quelque homme de lettres, d'Ablancourt ou Patru. Elle y renonça heureusement et nous y avons gagné d'avoir le vrai Richelieu avec ses imperfections mais aussi dans sa grandeur.

2° *Les lettres.* — C'est encore lui qui paraît dans la correspondance, nouveau témoin de sa vie, suffisamment sincère, mais cependant incomplet. Les lettres secrètes, les plus importantes, n'y sont pas. Cette lacune diminue l'intérêt sans le détruire. En dehors de sa valeur documentaire, ce recueil est précieux au point de vue moral : il nous montre à quels prodiges de souplesse et de volonté Richelieu dut son avancement, son élévation, et de quel prix il lui fallut payer le pouvoir. On l'y voit à ses débuts, affectant la modestie et l'humilité, se faisant tout à tous, prodiguant les avances et les concessions, prenant sur sa vraie nature à un point inimaginable. Puis quand il est au but, par un soudain contraste, il se redresse et se raidit dans la hauteur désormais inflexible de sa taille. Il parle dès le premier jour et sans fausse note le langage qui convient au maître de l'État.

3° *La succincte narration* est un tableau réduit mais imposant de sa politique où tous ses actes paraissent à leur place et sous leur beau jour, résumés et fortement coordonnés. « C'est l'image idéale sous laquelle il aime à s'envisager et à se montrer aux autres, plaidoyer habile, rapide, d'un style ferme, où les faits parlent à la gloire de leur auteur. »

4° *Le Testament* est précédé d'une belle introduction latine publiée pour la première fois par Bréquigny, et dont les principaux passages sont encore souvent cités dans la traduction française. Sur l'ouvrage lui-même les avis sont partagés. Les uns y trouvent de la banalité, du lieu commun. D'autres, qui disent y avoir regardé de plus près, y reconnaissent au contraire la griffe de l'homme d'État.

C'est une suite de conseils et de leçons à l'usage des ministres. L'auteur y recommande la modération dans les réformes et dans la répression des désordres, l'éloignement pour toute vengeance particulière, l'inflexibilité à l'égard des grands, etc. L'idée que le Testament nous laisse du cardinal est celle d'un politique plus soucieux qu'on ne l'aurait cru de la morale ordinaire et moins esclave de la raison d'État. Cette modification inattendue de sa physionomie n'est pas pour déplaire.

Un grand homme ne peut pas être un mauvais écrivain, surtout quand il parle de lui-même. Richelieu ne déroge pas à cette loi et l'on peut dire qu'il ne lui a manqué qu'un peu de goût et de correction pour figurer, ici encore, au premier rang. Mais n'eût-il rien écrit, il n'en serait pas moins le maître du chœur, car son nom est inséparable de tous les résultats qui ont marqué son époque. Cette action à qui rien n'a échappé, nous la constaterons à chaque fois en détail, au moment propice. Il nous faut maintenant faire pour un autre centre d'influence littéraire ce que nous avons fait pour le gouvernement, c'est-à-dire, en définir à grands traits la nature et la portée : je veux parler de la société et des salons, notamment de l'hôtel de Rambouillet.

3° Constitution de la société polie. — Une des nouveautés du XVIIe siècle, c'est que le beau monde s'y érige en arbitre de la littérature et se fait accepter comme tel par la plupart des écrivains. Jusqu'alors ceux-ci avaient surtout travaillé pour les gens instruits, robe, clergé, bourgeoisie des villes. Ils virent désormais leurs ouvrages même sérieux fixer l'attention et devenir l'entretien des gens du bel air.

Cette mode des conversations littéraires nous vint d'Italie et par l'intermédiaire d'une dame d'origine italienne. Mais au lieu que, par delà les monts, les cercles de lettrés étaient de véritables académies où tous, même les femmes, faisaient assaut de grands et petits vers, de discours graves ou plaisants, ils furent chez nous des salons, où la manie d'écrire fit place au besoin de parler, où, à la prétention de devenir auteur, se substitua celle de juger les auteurs et d'échanger sur leurs œuvres des appréciations et des réflexions. Il y eut en France moins d'écrivains amateurs, ce qui ne veut pas dire qu'il n'y en ait pas encore eu trop; il y eut plus de lecteurs attentifs, plus de critiques et de soi-disant juges. Ils abondèrent dès le premier jour à l'hôtel de Rambouillet; ils pullulèrent dans les autres salons successivement ouverts, et c'est ainsi que, à côté du public antérieur nourri des lettres anciennes, se forma un public mondain dont les jugements furent bientôt la loi des auteurs

Cette naissance de la société lettrée, cet éveil de la curiosité littéraire chez les gens du monde date de la fin du règne de Henri IV. Le moment était propice : les guerres civiles venaient de prendre fin et après tant de haines et d'horreurs on éprouvait du plaisir à se voir, à se parler autrement que pour se dire des injures, à se rencontrer sans échanger des coups. Un besoin d'apaisement et de sociabilité se faisait jour dans tous les cœurs. A quoi il faut ajouter que, reprenant, en dépit de Henri IV, les traditions brillantes et ruineuses des derniers Valois, les nobles voulurent à tout prix devenir ou rester courtisans et vivre auprès du prince. Le roi dut, à son corps défendant, tenir une cour et y accueillir toute la noblesse de son royaume : de la sorte, Paris reçut de tous côtés gentilshommes et dames, également oisifs, et en quête de distractions contre la longueur des journées. Malgré les intrigues galantes et les soins sans cesse renaissants de la toilette, malgré les affaires d'honneur, le jeu et le cabaret, femmes et hommes avaient du temps de reste. Ils le donnèrent au plaisir, jusqu'alors peu goûté, de la conversation. Mais à cette conversation il fallait un aliment qui la préservât des banalités courantes et lui communiquât quelque attrait. C'était affaire aux femmes de chercher et de trouver : elles étaient les plus intéressées au succès, puisqu'il s'agissait pour elles de se créer un empire durable et de fixer à leurs côtés ces hommes que le désœuvrement leur amenait. Elles saisirent l'occasion et appelèrent les lettres à leur secours. A ces auxiliaires indispensables elles promirent leur attention et leur faveur, mais à condition que celles-ci se rendraient elles-mêmes abordables et intelligibles à leur ignorance. Ainsi la littérature devint la matière de cette conversation mondaine qui assure aux laides une revanche, aux belles de nouveaux triomphes, et qui sait attirer ou retenir ceux qu'une vilaine figure eut d'abord rebutés, ou qui se seraient dégoûtés à la longue d'une beauté sotte.

A cette alliance chacun trouva son compte, les femmes encore plus que les lettres; mais celles-ci ne laissèrent pas de recueillir de sérieux avantages de leur passage ou de leur séjour dans les salons. Pour s'en convaincre il n'y aurait qu'à étudier d'un peu près l'histoire de la société polie et de ses principaux centres. Notre sujet ne comportant pas un examen aussi détaillé, nous nous bornerons à quelques mots sur le salon par excellence, l'hôtel de Rambouillet.

L'hôtel de Rambouillet. — Cette illustre maison, ce palais d'honneur, pour employer l'expression de Bayle, dut sa célébrité aux grâces vertueuses de Catherine de Vivonne. Élevée par son père dans une austérité que vint heureusement tempérer la politesse italienne de sa mère, cette dame fut mariée de bonne heure à un honnête homme, le marquis de Rambouillet, qui fit plus tard figure dans les ambassades par sa probité plus que par sa finesse. Elle fut présentée à la cour en 1608; mais elle n'en put supporter le ton licencieux et le débraillé gascon. Elle prit le parti de rester chez elle, et, comme elle aimait la société, d'y attirer quelques personnes capables de respecter ses oreilles et leur bouche. Elle ne négligea rien pour leur rendre sa maison agréable, à ce point qu'elle fit reconstruire, disposer, décorer à l'italienne, le vieil hôtel de son mari, situé à quelques pas du Louvre et, par conséquent, à portée de tout.

On vint chez elle par déférence, on y revint par goût. La mode s'y mit. Il fut du bel air et du bon ton d'y fréquenter : aussi, pour y être reçu, se soumit-on aux justes exigences de la dame du lieu. Il en résulta bientôt, je ne dis pas une élévation du niveau moral dans le grand monde (c'eût été demander l'impossible), mais l'observation des bienséances, l'émulation du bien dire et du parler finement pour briller en société, et, par suite, le goût de plus en plus vif des choses de l'esprit.

L'hôtel de Rambouillet posséda toute son influence de la mort de Malherbe à celle de Voiture (1628-1648). Dans cette longue période de vingt ans, il vit passer dans sa Chambre Bleue tout ce qu'il y avait de marquant en France, à ce point qu'il serait impossible d'en faire une énumération complète. Citons cependant quelques noms, sans nous astreindre à une chronologie trop rigoureuse.

Si le cardinal de Richelieu y fut rare, et s'il tint rigueur à la marquise de n'avoir pas voulu se faire pour lui la surveillante et même la dénonciatrice des gens qu'elle recevait, on y vit en revanche le cardinal de la Valette; la princesse de Condé et ses deux enfants, le duc d'Enghien et Mlle de Bourbon, qui furent plus tard le grand Condé et Mme de Longueville; le marquis du Vigean et sa fille; le maréchal de Souvré et Mme de Sablé; les la Trémouille, Chaudebonne, Guiche, Choiseul, Arnauld d'Andilly et Arnauld de Corbeville, Montausier qui épousa la fille de la maison, la Rochefoucauld encore prince de Marsillac, le comte d'Avaux, le marquis de Feuquières, autrement dit la fleur du grand monde. Parmi les gens de lettres, à défaut de Balzac, confiné dans sa maison de la Charente, mais toujours présent aux esprits par ses ouvrages, on y eut Voiture, Mairet, Corneille, Boisrobert, Colletet, Tristan, Desmarets, Godeau, Gombauld, Maleville, Chapelain, Scudéry et sa sœur, Pellisson, Sarrazin, Segrais, en un mot tout ce qui eut, en ce temps, quelque réputation littéraire.

Nous connaissons assez bien, grâce surtout à Tallemant des Réaux, la physionomie et les passe-temps de cette société d'élite. Les gens sérieux se groupaient de préférence auprès de la marquise; les gens d'esprit et la jeunesse autour de sa fille Julie. On n'y était pas ennemi d'une honnête gaieté : on s'y permettait d'innocentes railleries comme celle dont l'hétéroclite Neufgermain fut l'objet, de joyeuses mystifications comme celle dont M. de Choiseul fut la victime. On s'y déguisait volontiers : un jour c'était Mlle Paulet en marchande d'oublies; un autre, Voiture en montreur d'ours; une autre fois, les demoiselles de la maison en nymphes et bergères pour réjouir les yeux du bon évêque Cospéan. Voiture était l'âme de ce petit monde, l'inventeur de ses jeux et divertissements, l'homme de ressource contre la monotonie et l'ennui. Toutefois, la grand affaire de l'hôtel de Rambouillet était encore la conversation, surtout la conversation littéraire : en effet, par prudence et par bienséance, on évitait de s'appesantir sur la politique et la religion. Quand on avait fait la part des nouvelles du jour, on se rabattait invariablement sur la poésie, les romans, les pièces de théâtre. On en prenait texte pour engager des discussions sur la galanterie, sur les choses du cœur, et c'était à qui exprimerait les sentiments les plus subtils et les plus raffinés dans le langage le plus ingénieux. A courir ainsi après le nouveau on s'exposait à tomber dans l'affectation, dans la recherche, dans la bizarrerie, pour ne pas dire dans le ridicule. L'hôtel de Rambouillet ne sut pas éviter toujours ces écueils. Les salons qui avaient grandi à son ombre et prospéré à son exemple le surent encore moins, si bien que la prétention et le faux goût s'établirent dans le langage mondain d'où ils menacèrent d'envahir le style. La préciosité, d'abord qualité louable et l'une des formes de la distinction, devint un travers et comme une maladie d'esprit à laquelle Molière dut appliquer, en 1659, le remède héroïque des Précieuses ridicules. Cette date termine la première période de l'histoire de nos salons littéraires qui tombent pour un temps en discrédit et sont d'ailleurs tous éclipsés par la cour. Mais, après quelque quarante ans d'oubli, ils reprendront leur éclat et leur influence. C'est le moment de voir si cette influence, envisagée dans sa généralité, est décidément bonne ou mauvaise, et aussi, quels effets particuliers elle a produit dans le cas que nous avons sous les yeux.

Influence de la société polie. — L'action possible du beau monde sur la littérature a été diversement appréciée; elle a eu ses panégyristes et ses détracteurs, aussi absolus les uns que les autres. Si l'on en croyait Rœderer, le premier historien de la société polie, et surtout Victor Cousin, les salons seraient le milieu le plus favorable à l'éclosion et aux progrès du talent, car il y trouve des encouragements, des conseils judicieux, une considération flatteuse, en même temps qu'il s'y aiguise et s'y assouplit. D'autres, au contraire, par la voix de d'Alembert, soutiennent qu'à fréquenter le beau monde l'homme de lettres compromet son caractère et perd son temps. Mais eût-il, ajoute Grimm, le bonheur d'échapper à ces deux inconvénients, il n'en serait pas moins frappé dans son talent même. L'esprit de société a le défaut de tout uniformiser, les manières et le langage, à ce point que, dans le monde, on ne peut pas distinguer un bon esprit d'un esprit faux, l'un et l'autre parlant le même jargon. Il rend superficiel et frivole, interdit les émotions fortes et les pensées profondes : avec lui plus de naturel ni de saillies naïves, plus de ces passions qui exaltent la sensibilité et fécondent l'imagination. Tort plus grave! les salons méconnaissent le génie, le ridiculisent et au besoin le persécutent, pour le punir de ne pas se plier aux conventions de la politesse et à l'hypocrisie des bienséances.

Il y a évidemment exagération de part et d'autre, mais plus encore dans le parti-pris de dénigrer que dans celui de louer. Quoi qu'en dise d'Alembert, un homme de lettres peut conserver sa dignité dans le monde, et lui-même en est la meilleure preuve : ceux qui s'y sont avilis en eussent fait autant dans tout autre milieu, où ils auraient porté la faiblesse ou la bassesse de leur caractère. Si du moral nous passons à l'esprit, la thèse de Grimm paraît plus soutenable; il est certain, en effet, que la société n'aime pas à être violemment tirée de ses habitudes et que l'originalité la déconcerte. Elle a fait porter plus d'une fois aux novateurs la peine de leur hardiesse : mais s'ensuit-il qu'elle arrête par cela même le développement du génie et l'opposition qu'elle lui fait n'est-elle pas au contraire un excitant? Pour ma part, je ne suis pas éloigné de me ranger à ce dernier avis. Quant aux talents éducables, perfectibles, disciplinables, plus ingénieux que forts, plus redevables à l'art qu'à la nature, ils n'ont au contraire qu'à gagner à la fréquentation du monde; c'est de lui et de ses leçons qu'ils empruntent leur plus grand agrément.

En résumé les lettres ont plus à se louer qu'à se plaindre des salons. C'est une vérité générale que quelques exceptions ne suffisent pas à infirmer et qui, en tout cas, n'est pas contestable pour l'époque que nous étudions.

L'influence exercée y a même été telle que certains critiques ont pu, sans trop d'invraisemblance, rattacher l'histoire des genres littéraires à l'histoire même de la société : ils voient dans l'hôtel de Rambouillet le berceau de l'art épistolaire et du roman; dans le Palais-Cardinal, celui de la poésie dramatique; ils attribuent aux salons jansénistes ou molinistes la vogue du sermon et des ouvrages de dévotion. C'est du salon de Mme de Sablé que serait née la mode des réflexions morales qui a abouti aux Maximes de la Rochefoucauld; du salon de la Grande Mademoiselle, la mode des portraits à la plume qui a trouvé sa dernière expression dans les Caractères de la Bruyère, et le reste à l'avenant.

La thèse est plus ingénieuse que vraie ; mais où elle est exacte c'est quand elle affirme l'action, heureuse en somme, de la société sur la littérature du temps. Essayons de la définir à notre tour et faisons la part du bien et du mal.

Le premier mérite des salons, leur titre durable à la reconnaissance, c'est d'avoir mis les femmes et les auteurs à leur juste place, d'avoir donné aux unes les égards qui leur sont dûs, aux autres le rang qu'on leur refusait dans le monde faute de les bien connaître. Au-dessous de ce bienfait social et littéraire, qu'il ne faut jamais perdre de vue, se placent les avantages et les inconvénients spéciaux.

Si, d'une part, la belle société a créé l'art de converser, devenu l'un des agréments de la vie civilisée, et dont les écrivains ont emprunté, avec une manière plus dégagée et plus liante, le désir de plaire et la peur d'ennuyer, si elle a contribué à introduire dans la langue, avec le respect des bienséances, la pureté, la correction, la délicatesse, — on peut aussi lui reprocher d'avoir épaissi ce vernis de convenance et de soi-disant vertu qui fausse le sentiment et masque la nature, sans empêcher d'ailleurs ni un écart ni un faux pas dans la conduite ; d'avoir exagéré la valeur des petits genres et l'importance des petites guerres littéraires ; d'avoir gâté de la main gauche ce qu'elle réparaît de la main droite, en substituant trop souvent la périphrase au mot propre et en rendant obligatoire un fade jargon amoureux.

Nous connaissons assez, dès maintenant, le genre et la portée de l'action que la société polie et le gouvernement ont exercée sur les lettres pendant le ministère de Richelieu ; il est temps d'en voir les effets dans le détail.

4° La langue. Son état vers 1630. Institutions et écrivains qui ont contribué à son perfectionnement. — La langue française, au point où nous en sommes, avait reçu de Malherbe une première façon ; mais elle n'était pas encore, loin de là, arrivée au degré de perfection dont elle est susceptible. Il lui restait à subir, soit dans le langage parlé, soit dans le langage écrit, un certain nombre d'améliorations définitives.

Il n'y avait pas à proprement parler de règle générale et uniforme : chaque classe, chaque sexe avait ses habitudes, ses défauts d'élocution. Ainsi, à la cour, on était enclin à une mignardise, à une recherche de douceur fort incorrectes : on prononçait mecredi, abre, mabre, pour mercredi, arbre, marbre ; on z'ouvre, pour on ouvre, etc. — Les gens de la ville et du palais affectaient, au contraire, une certaine rudesse : ils disaient « un affaire, un fillol, de la sarge, cet homme ici », sans préjudice des terminaisons en oi, j'allois, je faisois, etc. — Les femmes, suivant une tendance naturelle, mettaient tout au féminin : Êtes-vous malade ? je la suis, etc.

Les écrivains, de leur côté, étaient en défaut sur un point capital. Sans doute les meilleurs d'entre eux avaient, ou pour mieux dire, avaient toujours eu ces deux qualités maîtresses, « bien définir et bien peindre », autrement dit, trouver le mot juste et l'image appropriée. Mais ils péchaient invariablement — et il n'y a d'exception à faire que pour Rabelais, — par la contexture de la phrase ; ils ne savaient pas construire une période, mettre chaque mot et chaque proposition à sa place logique ou pittoresque ; ils allaient à l'aventure, sans voir et même sans soupçonner que la prose comporte une sorte d'harmonie, le nombre, qui tout en satisfaisant l'oreille, semble annoncer à elle seule que la pensée a reçu une expression heureuse.

Tels étaient, en gros, les desiderata de notre français. L'honneur d'y avoir pourvu revient surtout à deux hommes qui se firent, dans cette réforme désirable, les auxiliaires de la société et du gouvernement. Sous l'un, Balzac, la France doubla et redoubla sa rhétorique, autrement dit apprit à écrire ; sous l'autre, Vaugelas, elle refit avec fruit ses classes de grammaire et apprit à parler correctement.

A les replacer dans leur milieu, ces deux réformateurs appartiennent également à l'hôtel de Rambouillet et à l'Académie française. Cependant il semble que le premier, par la date de ses écrits, se rapproche plus de l'hôtel de Rambouillet commençant et que l'autre tient de plus près à l'Académie ; nous partirons de là pour les classer dans notre historique. Nous commencerons par Balzac, et nous ferons rapidement l'histoire de l'Académie avant de passer à Vaugelas. Nous rattacherons, d'ailleurs, à ces deux chefs de file et aux centres littéraires qu'ils représentent tous les écrivains qui ont participé à leur œuvre : ainsi à Balzac nous associerons Voiture, qui a porté dans le même genre littéraire des qualités différentes et qui est d'ailleurs plus que personne de l'hôtel de Rambouillet.

Balzac. — 1594-1654. — Fils d'un modeste gentilhomme de l'Angoumois, après des études soignées d'où il sortit excellent latiniste au point de faire illusion même aux connaisseurs par ses pastiches en vers et en prose, Balzac eut d'abord quelques velléités de se pousser dans le monde et de faire son chemin, soit dans les armes, soit dans les négociations. Un voyage en Hollande, où il eut une méchante histoire mal éclaircie d'ailleurs, le dégoûta du militaire. Un séjour à Rome, où il était chargé des intérêts de son patron Lavalette (1621), ne révéla pas son talent pour les affaires autant qu'il y comptait. Il prit alors le parti d'être auteur en attendant mieux, et se livra assidûment au travail de la composition dans sa terre de Charente, son séjour provisoire, disait-il, mais dont il ne sortit guère que pour de rapides et rares excursions à Paris. Les éloges de ses admirateurs vinrent l'y trouver à défaut des honneurs espérés qui, eux, ne vinrent jamais. Il y vieillit dans l'admiration de son esprit, dans le culte de sa propre personne. Un mauvais plaisant prétendait qu'il se découvrait chaque fois qu'il prononçait son nom ; et comme il l'avait sans cesse à la bouche, il passait ses journées à quitter et à remettre son bonnet, d'où les rhumes perpétuels dont il était affligé. Il avait eu de tout temps, en effet, une excellente opinion de lui-même. La solitude n'y ôta rien, et ce travers bien constaté lui valut le surnom de Narcisse : ses adversaires le lui cornaient aux oreilles, cependant que ces meilleurs amis ne pouvaient s'empêcher de le redire en souriant. C'est que la retraite, excellente aux esprits judicieux ou profonds, ne vaut rien aux âmes vaniteuses qui, pour ne pas perdre conscience d'elles-mêmes et de leur véritable état, ont besoin de la fréquentation du monde et de ses critiques salutaires.

Il avait débuté en 1623 par un volume de *Lettres* dont le succès bruyant le sacra « grand Épistolier de France ». Il poursuivit naturellement cette veine heureuse, et par goût, et sous la pression du public. Car dès le premier jour, tout le monde brigua l'honneur de sa correspondance. On faisait des bassesses pour recevoir un billet de lui : c'était comme un brevet d'esprit dont on se parait. De la sorte, son recueil grossit avec les années jusqu'à comprendre vingt-six livres de lettres, sans compter celles à Chapelain. Au nombre de ses trois cents correspondants figurent des rois et des princes, des grands seigneurs et des grandes dames, des gentilshommes, des prélats et des prêtres, des magistrats, des avocats et des médecins, des soldats et des auteurs. Toutes les classes de la société y sont représentées; mais ce sont les habitués de l'hôtel de Rambouillet qui y tiennent le premier rang.

Pour comprendre le succès de Balzac il faut se rappeler ce que nous avons dit des lacunes de la prose française. Elle était volontiers lâche, dissipée et désordonnée dans son allure, sans souci de l'harmonie, et presque sans aucun tour qui annonçât une intention artistique. On fut charmé, comme dit Voltaire, de cette élocution nouvelle; « on admira l'auteur pour avoir trouvé cette petite partie de l'art, ignorée et nécessaire, qui consiste dans le choix harmonieux des paroles, et même pour l'avoir employée souvent hors de propos ». Tout est vrai dans ce jugement, et surtout la restriction qui le termine. Il faut bien se dire, en effet, que ces lettres si vantées n'ont de la lettre que le nom ou plutôt l'apparence extérieure et l'aspect. On y chercherait vainement de l'intimité, de l'abandon, de la sensibilité. Ce sont des morceaux d'apparat. La seule préoccupation de l'auteur est d'écrire noblement quelque soit le sujet traité. Il ne s'embarrasse pas des idées et s'accommode ordinairement du lieu commun, quitte à le couvrir d'un vernis d'emphase, et à le renouveler par la métaphore et l'hyperbole. L'hyperbole est son procédé familier, son butin favori : plus elle est outrée, plus il semble y attacher de prix. Le jour où il s'est avisé de dire, par allusion à sa santé précaire : « Je suis plus vieux que mon père », a été certainement pour lui un jour de bonheur, albo notanda lapillo.

L'abus de la rhétorique est le défaut criant des lettres de Balzac ; il est un peu atténué dans ses trois traités, soi-disant philosophiques : mais là encore, le fond est en définitive sacrifié à la forme.

Dans l'*Aristippe*, il a prétendu faire le portrait du courtisan parfait; dans le *Prince,* celui du roi idéal. Il a manqué le premier; il s'est rendu ridicule, en affectant de tracer le second d'après ce maigre et mesquin Louis XIII, et en provoquant par le titre imprudent de son livre une comparaison désavantageuse de sa rhétorique frivole à la profondeur de Machiavel. Le *Socrate chrétien* est une suite de douze discours sur des sujets de morale et de dévotion. Il s'y vante à chaque instant d'avoir su enfin échapper à son péché d'habitude et d'être désormais indifférent aux beautés oratoires. Mais il se fait illusion. Ce n'est pas Socrate qui parle par sa bouche; comme le dit Sainte-Beuve, c'est toujours Isocrate.

On a fait grand bruit de quelques pensées fortes ou imposantes qui se rencontrent dans ces traités et notamment du passage connu, terminé par ces mots : « Les hommes sont les acteurs, Dieu est le poète. » La suite des événements humains y est subordonnée à une intervention constante de la divinité, et l'histoire profane représentée comme la conséquence de l'histoire sacrée et le commentaire des Livres saints. La même idée se rencontre dans les Pensées de Pascal, et elle constitue toute la philosophie historique de Bossuet. On s'en est autorisé pour considérer Balzac comme l'inspirateur de ces deux grands hommes. C'est, je crois, lui faire trop d'honneur; car il n'a été lui-même en la circonstance qu'un écho, retentissant si l'on veut, mais un écho des pères de l'Église. De même, il ne faut pas le célébrer outre mesure pour les belles phrases dont il s'est mis en frais sur le caractère et le génie du peuple romain. La rhétorique y a plus de part que l'histoire; et, invention pour invention, les Romains de Corneille sont autrement bien venus que ceux de Balzac.

Le seul écrit où il se soit départi à peu près de ses habitudes de rhéteur est l'*Apologie à Ménandre,* parue sous le nom de son ami le prédicateur Ogier, mais qui est bien de lui. Il y répond avec modération et dignité aux attaques virulentes de deux religieux feuillants, les pères André de Saint-Denys et Goulu, qui lui faisaient un crime de la conformité de son éloquence avec celle des anciens. Ce plaidoyer pro domo suâ a de l'énergie sans emphase, de la sincérité, du naturel. Il faut, en outre, savoir gré à Balzac d'avoir montré dans cette affaire un calme, une possession de soi-même qui n'étaient guère dans son tempérament.

On sait, en effet, que dans une circonstance analogue il se laissa emporter jusqu'à vouloir faire bâtonner un de ses détracteurs, l'avocat Javersac. Cette fois, au contraire, il sut réfréner sa passion et il y a gagné de composer un bon ouvrage.

En résumé, Balzac ne compte pas ou presque pas comme penseur : il ne vaut que par le style. Après lui-même, ce qu'il a le plus aimé, ce sont les belles périodes. Il y a d'ailleurs excellé, au point d'être encore, à cet égard, un modèle. Beaucoup d'écrivains l'ont imité, non-seulement Fléchier et Thomas ses dignes héritiers, mais Buffon et même Rousseau. Il a appris aux Français l'art de construire et de lier leurs phrases. C'est à peu près le service que rendit autrefois aux Grecs Isocrate, auquel on peut sans injustice l'égaler.

Voiture (1598-1648). — Avec Voiture, le ton change. De la pompe nous passons au badinage ; du sérieux continu et voulu, à la plaisanterie à perpétuité. Au fond, c'est la même absence de naturel ; seulement, au lieu de débiter des banalités d'une voix tendue et retentissante, Voiture accompagne ses bagatelles d'un rire fatigant à force d'être prolongé.

Ce fut le héros d'esprit de l'hôtel de Rambouillet. Sans lui, pas de bonnes fêtes ; les salons rivaux auraient bien voulu l'attirer à eux, et en avoir leur part. Que n'en fait-on chez les tabletiers ? disaient les maîtresses de maison.

Ce fut par son esprit, par son enjouement, par le tour qu'il donnait aux choses que ce fils de marchand se fit accepter de la plus belle société du royaume. Il fit mieux ; il eut assez d'indépendance de caractère pour s'en faire respecter. On connaît le mot du prince de Condé : « S'il était notre égal, il serait insupportable. » Ce qui revient à dire qu'il tenait tête, à l'occasion, même aux plus grands.

On a prétendu à la légère qu'il rougissait de son humble naissance : il était bien trop spirituel pour se donner ce ridicule. Aussi lorsqu'il voyait des vers où son nom rimait à roture, lorsqu'une peste de salon, après un conte de lui qui n'avait pas réussi, lui disait par allusion aux tonneaux de son père, le marchand de vin : « Allons, Voiture, percez-nous-en d'un autre », il ne faisait qu'en rire ; et, si parfois il en souffrait, ce n'était pas vanité blessée de parvenu, c'était révolte d'honnête homme, humilié qu'on le supposât capable de rougir de son origine.

Présenté à l'hôtel de Rambouillet, presque au sortir du collège, par M. de Chaudebonne, Voiture s'y trouva si bien dans son élément, qu'il n'en fût jamais sorti, s'il n'eût tenu qu'à lui. Et de fait, il ne le quitta qu'à son corps défendant. Il avait acheté une charge dans la maison de Gaston d'Orléans, et, soit sympathie pour ce prince, soit conscience de bon serviteur, il se crut obligé de prendre part à ses mutineries. Cela lui valut le désagrément d'un voyage en Espagne, d'une traversée de Gibraltar à Londres, d'un séjour assez long à Bruxelles et à Nancy. Il se dédommagea de cet exil par de nombreuses lettres adressées à ses amis. Il eut le bon sens de comprendre enfin que Gaston était un fou ou même pis que cela, et il rentra dans le devoir. Le gage de sa soumission fut cette belle lettre sur la politique de Richelieu, la seule page sérieuse qu'il ait écrite.

Il vécut désormais dans le milieu de son choix : il ne le quitta plus que momentanément, pour quelques rapides voyages à la suite de la cour et une mission insignifiante en Toscane d'où il poussa jusqu'à Rome, afin de prendre séance à l'Académie des Arcades. Il eût vers la fin de sa vie le titre de premier commis du comte d'Avaux, aux affaires étrangères : mais ce n'était qu'une sinécure, d'ailleurs bien payée. Il mourut dans les premiers jours de la Fronde.

Voiture n'est pas un homme de lettres, ou du moins il n'a jamais voulu l'être. Sa prétention, assez justifiée, était d'être un homme du monde. Il n'a rien publié de son vivant ; il affectait même de ne pas assister aux séances de l'Académie, et il ne fallut rien moins qu'un ordre exprès de Richelieu pour l'y rendre assidu. C'est son neveu Pinchesne qui a publié, après sa mort, ses lettres et ses vers en deux volumes.

Voiture, poète, ne compte plus. Nous sommes insensibles et à ses vers badins dont on ne cite guère qu'un heureux impromptu à Anne d'Autriche et à ses vers galants où il y a cependant une sorte de tendre langueur.

Ses lettres d'amour, déclarations, assurances, ruptures, raccommodements nous semblent fades et creuses malgré la gentillesse du tour. Le langage de la galanterie est affaire de mode et change à chaque génération. Rien d'étonnant que celui de Voiture paraisse suranné.

Restent ses lettres proprement dites, celles qu'il écrivait, soit à l'hôtel de Rambouillet pendant ses absences, soit de l'hôtel aux habitués absents. Le fond s'y réduit à rien, mais la monotonie et la pauvreté de l'idée s'y déguisent sous la recherche de la forme. Ce ne sont qu'hyperboles plaisantes, rapprochements curieux, jeux de mots inattendus, tours d'adresse et de force, pour tout dire, même ce qui ne doit pas être dit, « dicenda, tacenda » et sans choquer.

Il sait prendre tous les tons : respectueux avec la Marquise, galant non sans cérémonie avec Julie, tendre avec Mme de Sablé, libre avec Mlle Paulet, plaisant avec le cardinal de Lavalette, savant et homme de goût avec M. d'Avaux, pédant avec Costar, agréablement burlesque avec Condé, il parle à chacun le langage qui est le sien ou qu'il juge devoir mieux lui plaire.

Voltaire a justement reproché à ces lettres de n'être qu'un baladinage sans rien d'instructif, rien qui parte du cœur, rien qui peigne les mœurs du temps ou les caractères des hommes. C'est, en effet, le défaut de Voiture. On n'emporte même pas de sa correspondance une connaissance complète du milieu qu'il fréquentait. Il se contente de nous initier au ton des conversations et au tour d'esprit qui y plaisait le plus.

Les contemporains, après avoir admiré la personne de Voiture, continuèrent à goûter ses écrits pendant quelques années. Puis la mode vint d'autre chose. On ne pensa plus guère à lui, et il se trouva, suivant un mot connu, avoir eu sa gloire en viager.

Cependant quelques bons juges, notamment Boileau et La Bruyère, lui gardèrent une réelle estime. Boileau même est allé jusqu'à le mettre, sans plus de façon, à côté d'Horace. Sans doute il y a entre eux quelques points communs et leur humble origine, et leur aptitude à la vie mondaine, et leur succès d'esprit auprès des grands. Mais là s'arrêtent les ressemblances. Horace a comme artiste, comme moraliste et penseur, une portée que Voiture, même y tâchant, n'aurait jamais eue.

En résumé, Balzac et Voiture ont montré dans le même genre les mêmes défauts de recherche et d'affectation sous une forme d'ailleurs bien différente, mais ils ne doivent pas pour cela être traités avec trop de rigueur. Qu'ils aient composé surtout des lettres, cela n'a rien que d'explicable chez des écrivains qui voulaient plaire au monde et survenaient à l'époque où la société mondaine s'organisait : la lettre est, avec la conversation, qu'elle supplée ou qu'elle continue, le fruit obligé de la vie de salon. Qu'ils aient manqué de simplicité et de naturel, cela est encore facile à comprendre et même assez excusable. Il s'agissait de créer le genre, de trouver des tours, des expressions, un langage approprié, tâche difficile et où l'on ne réussit pas du premier coup. La conversation, elle aussi, a dû être longtemps, je ne dis pas chez les Précieuses Ridicules, mais même chez les gens qui passaient pour avoir du goût, guindée, pédante, chargée de grands mots ou de plaisanteries laborieuses, avant d'arriver à ce naturel plein d'aisance qui est le résultat de l'habitude et la conséquence d'un travail antérieur.

Le mérite de Balzac et de Voiture est donc d'avoir créé chez nous la littérature épistolaire, sous ses deux formes, sérieuse et plaisante, et d'avoir donné à leurs successeurs des modèles à surpasser. Ce faisant, ils ont concouru dans une notable mesure au perfectionnement de la langue et à la mise en honneur du bon style. Ils ont été, par-dessus tous leurs admirateurs et amis de Rambouillet, les maîtres à écrire et à parler de leur temps. Quand on a bien constaté leurs défauts, il faut leur reconnaître cette qualité qui rachète bien des torts, d'avoir contribué, plus que personne, à donner le goût et à répandre l'habitude d'écrire correctement, non sans art.

CHAPITRE II

LA LANGUE ET SES PROGRÈS (SUITE)

1º L'Académie : son histoire et son influence. — 2º Ses intermédiaires auprès du public : Vaugelas, Chapelain, Conrart, Patru, Ablancourt, Pellisson. Un gaulois égaré parmi les puristes : Mézeray. — 3º Adversaires de la réforme du langage : Mlle de Gournay, la Mothe le Vayer.

1º Histoire et influence de l'Académie française. — En même temps que l'hôtel de Rambouillet et ses deux auteurs principaux rendaient les services que nous avons dits, le cardinal de Richelieu assurait la fixation de la langue par la fondation de l'Académie française.

Ce fut une circonstance forfuite qui mit le ministre sur la voie de ce grand dessein. Il s'était formé depuis quelque temps à Paris une petite société de gens de lettres, dont les réunions tout intimes avaient lieu d'ordinaire chez Conrart, l'homme « au silence prudent ». Elles se passaient en causeries, en lectures en discussions sur la grammaire et la poétique et se terminaient quelquefois par une promenade et une collation, le tout si agréable que, malgré leur promesse de garder le secret, plusieurs membres ne purent se tenir d'en parler à leurs amis. Ces indiscrétions amenèrent des admissions nouvelles et l'on fut bientôt vingt-cinq. C'est alors que Boisrobert eut vent de la chose et s'empressa d'en régaler les oreilles du cardinal.

Ce Boisrobert était un méchant sire, sans mœurs et sans caractère, mais que ses propos salés et ses bouffonneries avaient rendu indispensable à Richelieu. Sa conversation avait le don de dérider son Éminence à qui les médecins la recommandaient même comme le meilleur des remèdes.

Boisrobert faisait donc son métier d'amuser et d'égayer son patron ; et, pour y réussir, il avait surtout recours aux médisances. Gazette vivante, il était à l'affût des nouvelles et des scandales qu'il ébruitait, au risque d'attirer sur son dos la colère des victimes de sa mauvaise langue : il était d'ailleurs si lâche qu'on eût rougi d'en venir trop souvent avec lui à cette extrémité.

Ce fut ce bavard qui informa Richelieu des réunions qui se tenaient chez Conrart. Son récit surprit et intéressa le cardinal, lui suggéra des réflexions, donna l'essor à des pensées qui s'agitaient confusément dans sa tête et les fit enfin aboutir à un dessein précis, celui d'inviter Conrart et ses amis à se réunir désormais officiellement sous son patronage et à constituer en quelque façon un corps public, un tribunal, dont la juridiction s'étendrait à toute la république des lettres. A cette proposition, grand émoi dans le cénacle : quelques-uns voulaient refuser ; mais Chapelain fit observer que la simple prudence imposait l'acceptation, et l'on accepta. L'Académie fut constituée aussitôt et tint ses premières séances dès la fin de 1634. Les lettres-patentes qui consacraient son existence furent signées en 1635, mais enregistrées seulement en 1637.

L'opinion publique ne semble pas avoir favorisé beaucoup les débuts de la compagnie naissante, faute, sans doute, de savoir ce qu'elle était, et l'on raconte qu'un bon bourgeois, voisin de Conrart chez qui se tenaient les assemblées, changea de quartier pour ne pas vivre dans le voisinage des monopoleurs (il désignait ainsi les académiciens). Mais l'Académie ne tarda pas à se faire connaître sous un meilleur jour ; la Critique du Cid lui valut l'estime générale ; peu à peu son autorité s'accrut et s'établit en dépit de railleries, aussitôt oubliées, et dont on ne cite plus qu'une méchante comédie de Saint-Évremond. Après vingt ans d'existence, elle était en possession d'une influence réelle, ainsi que l'atteste un passage connu des Provinciales.

Ses premières séances furent consacrées, comme de juste, à son organisation. Elle eut le bon sens de rejeter les noms ambitieux qu'on lui proposait « Académie éminente, illustre, des beaux esprits » pour celui d'Académie française. Elle fixa à quarante le nombre de ses membres, décida que ses réunions seraient présidées par un bureau composé d'un directeur et d'un chancelier, élus pour trois mois, et d'un secrétaire perpétuel, chargé de tenir registre de ses travaux et de ses décisions. Elle adopta, pour son recrutement, le procédé de la cooptation avec double scrutin. Un premier vote désignait le candidat que l'on présenterait à l'agrément du protecteur (Richelieu d'abord, ensuite le chancelier Séguier et depuis le chef du pouvoir). Si le protecteur n'agréait pas, on faisait un autre choix; s'il agréait, un second vote ouvrait au candidat ainsi accepté la porte de la Compagnie. Les académiciens étaient nommés à vie; mais pouvaient être exclus pour indignité. Deux seulement furent l'objet de cette grave mesure, et sans l'avoir d'ailleurs mérité : Furetière et l'abbé de Saint-Pierre, coupables, l'un d'avoir méconnu le privilège de l'Académie en publiant un dictionnaire, l'autre d'avoir parlé sévèrement de Louis XIV.

Après avoir, pendant quelques temps, choisi elle-même ses recrues, pour éviter des refus comme celui d'Arnauld d'Andilly, l'Académie décida de ne faire d'avances à personne et d'attendre patiemment la sollicitation des candidats. Elle maintint l'égalité entre ses membres dont les plus huppés durent se contenter du « Monsieur » et l'on raconte à ce propos qu'au xviiie siècle, un prince du sang, le comte de Clermont, élu académicien, ne prit jamais séance pour ne pas se soumettre à cette appellation égalitaire. Devenue sous Louis XIV la protégée du roi, elle eut au Louvre sa salle de réunion, meublée par le garde-meuble et garnie de quarante fauteuils identiques; elle reçut le droit de haranguer le prince aux grandes occasions comme les cours souveraines; enfin, elle vit récompenser l'assiduité aux séances par l'octroi d'un jeton à chaque membre présent.

Nous en avons dit assez pour donner une idée de l'organisation de l'Académie: parlons maintenant de ses travaux et de la façon dont elle répondit aux intentions de son fondateur.

Un certain La Mesnardière, qui était de l'entourage intime de Richelieu, nous a laissé beaucoup de détails sur les projets que le cardinal formait en faveur de l'Académie et sur ce qu'il attendait d'elle. Il est impossible de prendre à la lettre tout ce qu'il en raconte. Force nous est de nous en tenir aux traditions communément acceptées.

Richelieu était, nous le savons, pénétré de cette idée que les lettres sont le complément indispensable de la politique et de la guerre pour assurer la gloire d'un pays. Fort de son génie, il pouvait se charger lui-même des négociations, voire des batailles : mais en littérature il avait besoin de collaborateurs : il crut les trouver dans les membres de l'Académie.

Le latin avait fait son temps comme organe commun des affaires et de la science. Depuis que la Réforme lui avait préféré dans chaque pays l'idiome national, il tournait visiblement à la langue morte. Sa succession semblait devoir passer à l'espagnol, de préférence aux autres langues modernes, pour peu que durassent les succès de la maison d'Espagne. Heureusement pour nous Richelieu intervint et travailla à nous assurer, sur ce point, comme sur les autres, la prépondérance. L'œuvre commencée par lui fut menée à bonne fin par ses successeurs et notre langue, s'aidant des progrès de notre influence et lui survivant, devint peu à peu européenne.

Pour lui procurer cette haute fortune, il fallait tout d'abord suppléer à ce qui lui manquait de richesse, de noblesse, de pureté, et la rendre recommandable entre toutes par le nombre de ses chefs-d'œuvre. Or, procédant ici par voie de comparaison, Richelieu trouvait les écrits des anciens à la fois plus réguliers et plus beaux que les nôtres; et comme il était naturellement enclin à prendre la régularité pour la condition même de la beauté, il en concluait, non sans quelque apparence, qu'il suffisait d'établir une règle et d'y astreindre les auteurs pour voir les belles œuvres naître en foule et la langue revêtir toutes les qualités qu'il ambitionnait pour elle. C'est dans cet esprit qu'il détermina les occupations de son Académie.

Elle devait donner une première façon à la langue en établissant l'usage certain des mots et des constructions. D'où nécessité d'un ample dictionnaire et d'une grammaire exacte.

Elle devait lui procurer ses autres perfectionnements en facilitant par des traités spéciaux, rhétorique, poétique, la composition d'ouvrages réguliers.

Elle devait enfin s'ériger en tribunal et juger les œuvres importantes qui viendraient à paraître, de manière à former et à éclairer le goût non seulement des auteurs, mais des lecteurs.

Tant que Richelieu vécut, l'Académie fit semblant de remplir ces obligations. Elle commença la rédaction de son Dictionnaire et elle jugea le Cid ; mais, dans un cas comme dans l'autre, le protecteur dût intervenir pour ranimer le zèle de ses protégés.

Ainsi, le Dictionnaire, après plusieurs mois de soi-disant travail, en était encore aux premiers mots de la première lettre de l'alphabet. Cette lenteur, plus imputable à la paresse qu'à l'excès du scrupule, n'était pas pour plaire à un homme actif entre tous. Il parla ferme, et l'Académie se mit sérieusement à l'œuvre : les membres-amateurs, et Voiture le premier, devinrent assidus, par ordre ; une commission fut nommée, dont Vaugelas fut l'âme, pour préparer la rédaction des articles. On alla plus vite en besogne, et si Richelieu eût vécu encore quelques années, le Dictionnaire aurait vu le jour, au bout d'un temps raisonnable.

De même lorsqu'il fallut remplir son rôle de tribunal littéraire et juger le Cid, l'Académie ne montra qu'un médiocre enthousiasme, et essaya de se dérober. Elle avait peur, tout en plaisant au cardinal, de se mettre à dos le public. Elle allégua donc ses statuts qui lui défendaient d'apprécier les ouvrages sans l'aveu des auteurs et déclara qu'elle ne pouvait rien faire, faute d'avoir celui de Corneille. Elle escomptait le refus probable et naturel du poète ; mais Boisrobert fut mis incontinent en campagne et tourmenta si bien l'auteur du Cid qu'il lui arracha quelques mots qui pouvaient à la rigueur passer pour un consentement. L'Académie dut s'exécuter : je l'aimerai comme elle m'aimera, avait dit le cardinal. Elle rédigea une première critique qui n'eut pas l'heur de plaire au maître. Une deuxième rédaction n'eut pas un meilleur sort, quoique de la plume de Sirmond, l'un des faiseurs ordinaires de l'Éminence. Force fut de recourir au sage Chapelain qui, avec ses lourdes phrases et ses observations pédantes, réussit cependant à partager le différend, à contenter le cardinal, à ne pas mécontenter le public, sans donner à l'auteur trop de motifs de crier. Les « Sentiments de l'Académie » firent un excellent effet. Aujourd'hui nous sommes tentés de les trouver injustes, car la critique y est toute négative et verbale, presque uniquement attentive aux défauts, surtout à ceux de la forme, sans mettre en lumière les beautés

Les contemporains n'en jugèrent pas ainsi, et ils pensèrent que, si le Cid était une excellente pièce, les Sentiments n'en étaient pas moins judicieux et équitables. Cette double appréciation est encore, à la fin du siècle, celle de la Bruyère.

Richelieu mort, les académiciens en profitèrent pour respirer et longuement. Ils ralentirent la rédaction du Dictionnaire qui, véritable toile de Pénélope, défait et refait, ne fut prêt à paraître qu'en 1694.

Quant aux autres ouvrages annoncés, ils n'eurent garde d'en composer un seul, et s'abstinrent également de juger les livres nouveaux.

On se demandera peut-être en quoi l'Académie a été utile, si elle n'a rien produit, et notamment, par quel miracle elle a pu contribuer à fixer la langue si son Dictionnaire n'a paru que quarante ans environ après la date où l'on s'accorde à reconnaître que la langue est fixée. L'objection est spécieuse mais non irréfutable. L'on peut soutenir, en effet, que, si l'Académie n'a pas suivi à la lettre les instructions de son fondateur, elle n'en a pas moins rendu une partie des services qu'il attendait d'elle.

D'abord, à partir du jour où son Dictionnaire a été publié, elle a été établie le greffier de l'usage, le témoin éclairé et impartial des exigences et des besoins de l'esprit français en matière de langage. Sans rien créer, sans rien innover, elle a proclamé l'opinion générale et formulé l'orthodoxie de la langue. Ç'a été sa fonction principale; mais avant de la remplir officiellement, elle n'a pas laissé d'y vaquer dès le début avec discrétion, mais non sans efficacité.

Ses séances avaient beau être secrètes, le bruit des discussions avait forcément au dehors quelque écho. On se communiquait entre auteurs les résolutions prises et leur pourquoi; on se disait sur l'autorité de qui, par exemple, tel mot avait été condamné, tel autre accepté, tel autre défini de telle façon. On sut de la sorte quels écrivains faisaient loi dans l'opinion de la Compagnie; on s'attacha à parler et à écrire comme ses principaux membres; et enfin, pour couronner l'œuvre, Vaugelas donna dans ses Observations (1647) le résumé des notes prises par lui pour le dictionnaire, autrement dit le résumé de la doctrine académique. On conçoit, dès lors, comment, même avant d'avoir rien publié, l'Académie put être utile à l'épuration et à l'ennoblissement de la langue, et comment, sous ce rapport, elle exerça au moins autant d'influence que l'hôtel de Rambouillet.

Elle eut d'ailleurs d'autres mérites : elle entretint l'émulation parmi les auteurs, tous plus ou moins ambitieux de compter au nombre de ses membres. Elle servit à corriger ce qu'il pouvait y avoir de trop abandonné ou même de débraillé dans les habitudes des gens de lettres pour qui elle devint une école de respectabilité. Elle continua l'œuvre de l'égalité à établir entre les favoris de la naissance ou de la fortune et ceux de l'esprit. Elle rendit ses places désirables aux gens du monde et les vit briguer ses suffrages. A dire vrai, elle leur en fut peut-être un peu trop prodigue, et il fallut plus d'une fois lui rappeler qu'elle était surtout faite pour accueillir les gens de lettres. C'est ainsi que Patru lui raconta un jour l'apologue significatif de ce musicien dont la lyre avait perdu toute harmonie depuis qu'il en avait remplacé les cordes de boyau par des cordes d'argent.

Il paraît même qu'à un moment donné, dans les premiers temps du règne personnel de Louis XIV, il s'était formé comme un complot pour éliminer les auteurs de l'Académie et la peupler de grands seigneurs qui eussent exercé sur les lettres une autorité analogue à celle que l'on vit depuis les premiers gentilshommes de la Chambre exercer sur le théâtre. Le projet échoua, et s'il y eut parfois à l'Académie quelques ducs de trop, l'égalité n'en fut pas atteinte, et les hommes de lettres n'eurent pas autrement à s'en plaindre, sauf toutefois ceux dont la place était occupée par ces personnages décoratifs.

C'est ainsi que l'Académie a répondu dans une mesure suffisante aux intentions de son fondateur. Que dis-je ? En vieillissant, elle y répond mieux que jamais. Elle exerce aujourd'hui et sans conteste ce rôle de directrice, de régulatrice de la littérature que Richelieu lui assignait. C'est elle qui, par ses libéralités, encourage les auteurs, les signale au public, leur assigne des rangs. Tous les talents disciplinables, et ce sont les plus nombreux, relèvent d'elle et briguent ses récompenses. Tous les talents reconnus finissent par briguer ses suffrages. Objet d'innombrables épigrammes, elle n'en a nullement souffert dans l'opinion qui redit les épigrammes et n'en est que plus docile à son autorité ; et comme elle est rattachée à l'État par un lien assez étroit, on peut voir en elle l'un des mandataires auxquels l'État délègue sa fonction de protecteur-né des lettres en ce pays.

Elle est vraiment une institution nationale. Il n'est pas jusqu'au rôle dont elle s'est laissé investir d'encourager la morale et de récompenser la vertu qui ne lui confirme ce caractère. Chez nous, en effet, les lettres ont toujours exercé quelque action sur les mœurs et sur la société, et ce nous est, je ne dis pas un préjugé, mais un sentiment commun d'établir un rapport constant entre les bonnes et les belles choses, entre les actes et les écrits. Excellente raison pour qu'un corps, originairement chargé d'encourager et de récompenser le beau, soit en même temps appelé à encourager et à récompenser le bien. M. de Montyon et ses imitateurs se sont vraiment inspirés de la logique des choses, en confiant à l'Académie le soin de distribuer leurs largesses moralisatrices.

Pour en revenir à notre thèse, nous sommes fondés à soutenir que, même au moment où elle semblait oisive, l'Académie influait utilement sur la langue, soit par l'écho toujours entendu de ses opinions grammaticales, soit par l'indication de ses préférences littéraires, soit par les écrits de ses principaux membres, de ceux qui comptaient le plus dans son sein comme arbitres de la correction et du goût.

2° Intermédiaires entre l'Académie et le public. — C'est à l'appréciation de ces intermédiaires entre l'Académie et le public que nous allons passer, en commençant comme de juste par Vaugelas.

Vaugelas (1585-1650), était un gentilhomme savoisien qui était venu chercher fortune à Paris. Il appartenait à l'une des meilleures familles de sa patrie et son père, le président Favre, y avait été, avec François de Sales, l'homme le plus distingué de la précédente génération. Vaugelas fut successivement gentilhomme de Monsieur et précepteur des jeunes princes de Carignan, l'un bègue, l'autre muet : belle tâche, pour un homme amoureux du bien dire, sans compter que la mère de ses élèves le traitait en domestique et le voulait toujours devant elle debout et tête nue. Il obtint plus de considération dans le monde où, après avoir ri de sa naïveté, de sa crédulité, de ses propos sans apparence, on rendait justice à l'aménité et à la probité de son caractère, à l'excellence de son langage. L'estime dont il était l'objet ne le rendit pas riche, malgré certain privilège de loterie qu'il ne sut pas exploiter et une pension de Richelieu qu'il ne toucha d'ailleurs que peu de temps. Il était criblé de dettes et, vers la fin, pour éviter non seulement la rencontre de ses créanciers mais la contrainte par corps, il ne sortait plus qu'à la nuit tombée. On raconte que, par testament, il ordonna de vendre son cadavre à quelque chirurgien et d'en compter le prix à ceux qu'il ne pouvait payer autrement. Ceux-ci ne furent pas touchés de cette bonne volonté. Ils se saisirent, Vaugelas mort, du peu qui garnissait son logis, y compris ses papiers dans lesquels se trouvait le brouillon du Dictionnaire de l'Académie. Celle-ci dut plaider pour avoir son bien.

On a de Vaugelas une traduction de Quinte-Curce, polie, limée, léchée pendant de longues années et qui, à défaut d'une exactitude inconnue alors, a naturellement le mérite de la pureté. Mais il doit surtout sa réputation à ses *Remarques sur la langue française* (1647) excellent livre, adopté et réédité par l'Académie en 1704, et jouissant encore d'une estime méritée.

Vaugelas a lui-même défini son but et son rôle : « Tant s'en faut, dit-il, que j'entreprenne de me constituer juge des différends de la langue que je ne prétends passer que pour un simple témoin qui dépose ce qu'il a vu et ouï, ou pour un homme qui aurait fait un recueil d'arrêts qu'il donnerait au public. » En effet, il ne parle jamais en son nom personnel ; il rapporte toutes ses observations aux trois autorités qui font loi à ses yeux.

C'est en premier lieu l'usage de la cour ou le bel usage dont il se dit modestement le greffier. Toute discussion sur un mot est terminée à ses yeux quand il est constaté que ce mot a droit de cité parmi les courtisans.

A défaut de la cour, Vaugelas consulte les écrivains contemporains renommés pour leur pureté, à savoir : Duperron, Malherbe, Balzac et surtout Coeffetau, le plus pur de tous. Si ces oracles restent muets, il remonte jusqu'à Amyot auquel il reconnaît le même mérite à un haut degré.

Enfin, si le bel usage et les auteurs ne lui fournissent aucune indication, il accepte le mot contesté à condition qu'il soit utile et qu'il soit analogue à d'autres mots universellement reçus.

Grâce à ces soins scrupuleux, Vaugelas mit ordre à nombre d'incorrections qui déparaient notre langue et contribua plus que personne à substituer aux locutions spéciales à certaines classes le vrai et pur français.

Entré à l'Académie avec la mission de préparer le dictionnaire, il s'effaça toujours derrière « cette illustre compagnie qui doit être le palladium de notre langue pour la conserver dans tous ses avantages et servir comme de digue contre le torrent du mauvais usage, qui gagne toujours si l'on ne s'y oppose ». Cette modestie étonne chez un grammairien; mais il faut dire que Vaugelas ne l'était que de nom. C'était un galant homme curieux de beau langage, mais sans ombre de pédanterie, également incapable d'entêtement et d'aigreur dans la discussion : toutes qualités assez rares pour qu'on les signale au passage.

Conrart (1603-1675). — Nous les retrouvons d'ailleurs dans Conrart qui, nommé secrétaire perpétuel à la fondation, remplit assidûment cette charge jusqu'à son dernier jour. En dépit de la plaisanterie de Boileau sur le silence prudent de cet académicien, il ne faut pas en inférer qu'il n'ait rien écrit. Sans parler du procès-verbal de l'Académie, rédigé par lui d'une plume laborieuse et fidèle, il a laissé tout un recueil de documents littéraires, la plupart encore inédits. Toutefois le rôle qu'il a joué est surtout celui de l'amateur qui essaye de se rendre utile. Il avait eu de bonne heure le goût également vif du monde et des lettres. Tenu de court par un père rigide, il persista d'autant mieux dans son double penchant qu'il y fut plus contrarié. A peine libre, il s'établit à Paris pour vivre dans la société des littérateurs et des mondains. Il se fit bien venir de tous par sa politesse, son tact, son aménité. Les uns lui pardonnèrent ses origines bourgeoises et financières; les autres, passant sur son ignorance de l'antiquité, le tinrent pour un des leurs.

En dépit des historiettes de Tallemand, Conrart passe encore aujourd'hui pour avoir été un parfait honnête homme, et l'un de ceux qui ont le plus efficacement aidé la littérature à se naturaliser dans la belle société. Toutefois, malgré son titre de secrétaire perpétuel, ce n'était pas le membre le plus influent de la compagnie, et il s'inclinait, à l'exemple d'ailleurs de la plupart de ses confrères, devant l'autorité de Chapelain.

Chapelain (1595-1674). — Ce personnage que les railleries de Boileau ont marqué d'un ridicule ineffaçable, n'en a pas moins joué un grand rôle en son temps. Malgré les singularités de sa mise et les côtés mesquins de son caractère, il était compté dans la plus haute société comme à l'Académie, et ses opinions y jouissaient d'une égale faveur. Confident ou inspirateur de la plupart des projets littéraires de Richelieu, dispensateur, vingt ans après, des libéralités de Louis XIV et de Colbert, grand électeur de l'Académie, il ne fut pas seulement un critique écouté, il eut à peu près, à de certains moments, la fonction de notre directeur actuel des beaux arts, au moins dans la partie qui concerne la poésie et les lettres.

Il n'en était pas autrement indigne. Instruit dans les langues anciennes et modernes, savant en rhétorique et en poétique, il était judicieux et impartial. Le goût ne lui manquait pas quand il s'agissait d'apprécier les autres; et l'on a vu par « les Sentiments sur le Cid » que la lourdeur de son style ne le rendait pas incapable de ménagements, de finesse, et même de nuances.

Le tort de cet habile littérateur a été de s'ériger en poète. Il eût laissé une réputation presque égale à celle de Balzac s'il eût pu s'abstenir de rimer malgré Minerve. Mais il persista dans une illusion que l'approbation du monde contribuait à nourrir et dont il était d'ailleurs possédé depuis sa première enfance : sa mère, en effet, bien différente en cela des autres bourgeoises, était une grande admiratrice de Ronsard. Tout éblouie de sa gloire, elle avait engagé son fils par ses conseils et ses encouragements à se vouer à la poésie, et lui avait persuadé qu'il avait la vocation, qu'il était né poète. Sur la foi des promesses maternelles, Chapelain donna trente-cinq ans de sa vie au grand œuvre qu'il méditait, c'est-à-dire à son épopée de la *Pucelle*. Ses autres occupations ne furent que l'accessoire : c'est en manière de distraction et pour se détendre l'esprit qu'il donnait ses consultations littéraires, oralement ou par écrit, traduisait Guzman d'Alfarache, et rimait ses odes dont la plus connue est adressée à Richelieu.

Le beau monde était dans la confidence de ses projets et en

attendait merveilles. Chapelain était en effet si sérieux, si consciencieux, si exact, si ponctuel qu'on devait le croire capable de réussir dans toutes ses entreprises. Ses amis, d'ailleurs, étaient enchantés des fragments qu'il leur avait lus, et, pour en finir, le duc de Longueville lui faisait une pension en reconnaissance du regain d'illustration qu'il allait procurer à son aïeul Dunois. On espérait donc un chef-d'œuvre et on se plaignait des longs retards que les scrupules de l'auteur opposaient à l'impatience du public. On lui força en quelque sorte la main et on lui arracha, en 1656, la publication des douze premiers chants. Ce fut de toute part un cri d'admiration, poussé de confiance, un enthousiasme qui dura deux ans et se traduisit par dix-huit éditions consécutives. Puis la réflexion eut son tour : on examina froidement cette œuvre si vantée, on la jugea ; le désenchantement fut général et complet à ce point qu'il ne se trouva point d'éditeurs pour publier les douze derniers chants.

Le discrédit de l'œuvre rejaillit sur l'auteur qui, malgré sa situation dans le monde et son influence auprès de Colbert, fut désormais voué au ridicule. Nul ne contribua à le renverser de son piédestal plus que Boileau alors à ses débuts et qui se fit, avec la cruauté de la jeunesse, l'interprète sincère du sentiment public.

Il serait superflu d'entreprendre la critique de ce poème mort-né, sans invention dans les épisodes, sans vérité dans les caractères, sans imagination dans l'expression, plat, prosaïque, dur, mortellement ennuyeux. Ce dernier résultat était d'ailleurs immanquable avec la conception de l'ouvrage. En effet, ce n'était pas seulement une épopée que voulait faire Chapelain, mais une œuvre allégorique, symbolique comme on dirait aujourd'hui. Les symbolistes actuels n'ont pas besoin de se mettre en frais pour trouver des précurseurs et des inspirateurs à l'étranger : ils en ont un en France, authentique et d'âge respectable, en la personne de Chapelain.

Il ne se contente pas de chanter les exploits de Jeanne d'Arc : il donne à son poème un sens moral et théologique, longuement expliqué dans sa préface. La France personnifie l'Ame humaine en guerre avec elle-même ; le roi Charles VII, la Volonté, maîtresse absolue, portée au bien par la nature, mais facile à entraîner au mal; l'Anglais et le Bourguignon représentent les transports de l'Appétit Irascible; Amaury et Agnès, favori et maîtresse du roi, les divers mouvements de l'Appétit Concupiscible; Dunois, le capitaine, est la Vertu; Tanneguy, le ministre, est l'Entendement; la Pucelle est la Grâce divine.

Cette Grâce divine réconcilie la Vertu et l'Entendement avec la Volonté; elle calme les penchants de la Concupiscence, soumet l'Appétit Irascible et rend enfin à l'Ame paix et félicité. On ne dira pas, après cela, que Chapelain n'est pas un symboliste : les nôtres ne sont que des ingrats s'ils ne saluent pas en lui un ancêtre.

Boileau a porté sur cet auteur le jugement définitif, quand après avoir rendu justice à ses qualités d'homme et de critique, il a ajouté : Que n'écrit-il en prose ? Tout le malheur de Chapelain est de ne s'être pas donné à lui-même ce sage conseil.

Quant à l'influence par lui exercée, elle a été tour à tour utile et nuisible : utile tant que les hommes de sa génération ont occupé la scène littéraire; nuisible en se prolongeant outre mesure et en gênant les débuts de la génération suivante qui s'annonçait si brillante et si féconde. Il faut savoir gré à Chapelain des conseils qu'il a donnés à Richelieu et lui reprocher ceux qu'il a donnés à Colbert.

Ablancourt (1606-1664) et Patru (1604-1677). — Nous passons à d'Ablancourt et à Patru qui sont en quelque sorte inséparables. Membres de l'Académie l'un et l'autre, également puristes et faisant autorité par leurs ouvrages, ils ont de plus dans le caractère quelque chose de vif et de généreux qui attire et qui plaît. Même au milieu des cérémonies du règne de Louis XIV, qu'ils verront en partie, ils se tutoieront sans plus de façon et garderont leur franc parler; natures sincères et estimables à qui il n'a manqué qu'un peu plus d'ambition et de hardiesse d'esprit pour arriver à la gloire. Un trait à noter, c'est que s'ils eurent le culte du beau langage, ils n'eurent jamais, quoique académiciens, la religion de l'Académie. Ils s'en moquaient volontiers dans l'intimité et l'appelaient la compagnie délibérante, députante et remerciante; ils plaisantaient sur la lente confection du dictionnaire; ils se firent même les collaborateurs du dictionnaire rival de Richelet. Mais ils n'en comptaient pas moins parmi ses membres les plus utiles et la représentaient mieux que personne auprès du public.

Ablancourt ne voulut être que traducteur. Il professait cette opinion qu'il vaut mieux traduire les bons livres que d'en faire de nouveaux qui ne vaudraient rien. Il s'exerça successivement à mettre en beau langage les Annales et les Histoires de Tacite, Arrien, l'Anabase, César, Lucien, Thucydide et quatre discours de Cicéron. Ces traductions reçurent des premiers lecteurs le nom significatif de Belles Infidèles, et valurent à leur auteur le renom d'un parfait écrivain. Quand Louis XIV fut en quête d'un historiographe, on lui présenta naturellement Ablancourt comme une excellente plume, la plus digne de raconter un grand règne. Mais il ne voulut pas confier le récit de ses hauts faits à un protestant, et il donna la préférence au converti Pellisson.

Patru eut encore plus de réputation que son ami. Élevé par une mère indulgente, bien venu et bien doué, il eut l'enfance la plus heureuse, et, dès son entrée dans le monde, tous les succès qui peuvent échoir à une belle mine servie par un caractère aimable et un esprit plaisant. Il jouit de la vie, un peu en épicurien, sans travailler beaucoup et sans penser au lendemain. La vieillesse le prit au dépourvu : mais le dénûment le trouva aussi digne que la prospérité. Il se retira dans une petite maison du faubourg Saint-Marcel, et le seul service qu'il consentit à accepter de ses amis fut celui que Boileau lui rendit si délicatement en lui achetant ses livres, mais à la condition qu'il en resterait jusqu'à sa mort le bibliothécaire.

Homme d'honneur dans toute la force du terme, il mérite d'être cité comme l'un de ceux qui ont le mieux su concilier le soin de leur dignité avec les exigences du monde.

On a de lui : 1° quelques traductions laborieuses ; 2° des lettres d'un tour vif et naturel, dont deux sont restées classiques : celle où il demande à Maucroix des articles pour le dictionnaire de Richelet ; celle où il raconte à d'Ablancourt la visite de Christine de Suède à l'Académie ; 3° ses plaidoyers tellement polis et limés qu'ils en sont exténués et réduits presque à rien ; 4° des pamphlets contre les détracteurs du cardinal de Retz, pendant la Fronde.

C'est le souvenir de son passage au barreau qui a rendu

Patru célèbre. Il y a obtenu de brillants succès à ce point que son portrait figure dans la galerie dite des douze. Ici toutefois il faut bien s'entendre. Patru ne fut jamais un jurisconsulte profond et le séjour qu'il fit en Italie, sous prétexte d'y étudier le droit fut surtout consacré à la galanterie, à la littérature et aux entretiens avec l'auteur de l'Astrée dont il était devenu l'ami. De même, il n'eut jamais aucun goût pour les affaires de mur mitoyen, et il laissa à ses confrères ce qui était à la fois vulgaire et lucratif. Les causes qu'il recherchait étaient celles qui se prêtaient sans trop d'abus à des développements littéraires. Son esprit mesuré et son goût déjà difficile lui défendaient les débauches d'érudition, chères à ses devanciers et même à ses contemporains. Il ne se permettait pas, comme son confrère Lemaistre, les grands mouvements d'indignation ou de pathétique Il pratiquait un genre élégant, orné, fleuri, quelque chose comme ce qui resterait de Cicéron son modèle, si on en retranchait le feu, la verve, les traits de véritable éloquence. Il excellait dans les discours d'apparat, lorsqu'il s'agissait de présenter au Parlement des pairs ou de grands officiers de la couronne. C'était dans ces morceaux du genre démonstratif qu'il se montrait le plus à son avantage. Mais un mérite qu'on lui reconnaissait unanimement, c'était d'avoir le premier introduit une élocution pure et un beau style au barreau. La langue des gens de robe était, nous l'avons dit, en retard sur celle de la cour et de la bourgeoisie proprement dite. Patru y mit ordre, et, au moins dans sa bouche, l'éloquence judiciaire n'eut rien à envier à l'élocution des meilleurs écrivains. Grâce à lui, le palais devint même une succursale de l'Académie, un lieu de discussions littéraires. Tandis que les plaideurs se pressaient autour de Petitpied, Ausanetz, Défita, les trois plus célèbres chicaneurs du temps, les curieux de style et de beau langage faisaient cercle autour du pilier où Patru donnait ses consultations.

Excellent juge de la pureté et de la correction de la forme, Patru était moins sûr dans la critique des idées et des genres. Il voulut détourner la Fontaine de composer ses fables, sous prétexte que l'apologue doit être en prose; s'il n'eût tenu qu'à lui, Boileau n'eût pas composé son Art poétique.

Mézeray (1610-1683). — A cette première génération d'académiciens, il faut rattacher l'historien Mézeray, secrétaire perpétuel après Conrart, et qui prit de tout temps une part importante aux discussions de l'Académie. Ce n'est pourtant pas, tant s'en faut, un personnage académique. Il a dans le caractère encore plus d'indépendance que les deux auteurs précédents ; il est gaulois dans son langage, cynique dans sa conduite, débraillé dans sa tenue.

A son arrivée de Normandie, il essaya d'abord de la poésie ; mais sur le conseil de son compatriote des Yveteaux, il se voua à l'histoire. Sa jeunesse fut sérieuse, toute consacrée à des recherches plus passionnées que patientes. Mais quand il eut écrit son ouvrage en trois volumes in-folio, parus en 1643, 1646, 1651, il ne songea plus guère qu'à ses plaisirs, c'est-à-dire, aux conversations libertines, arrosées de fréquentes libations. Il devint, avec le temps, une manière d'ivrogne : il avait pour ami intime un cabaretier de la Chapelle, dont il fit même son héritier.

La vieillesse le rendit avare et lui enleva de sa dignité. On le vit, pour conserver ou retrouver une pension de 4,000 livres, se confondre en protestations humiliées et basses devant Colbert qui lui reprochait la liberté de ses appréciations historiques.

L'œuvre de Mézeray, abrégée par lui-même en trois volumes, est, sous l'une et l'autre de ses formes, très éloignée d'être méprisable. Elle le met au-dessus de tous les historiens du siècle, sauf Bossuet et Fleury.

Les Scipion Dupleix, les Varillas, les Gregorio Leti, lui sont inférieurs sous le rapport de l'exactitude ; il est vrai que ce n'est pas un grand éloge, étant donnée la tendance de ces auteurs à déguiser la vérité. Les Basnage et les Rapin-Toyras sont après lui pour le style ; il est plus intéressant que Daniel, plus sérieux que Vertot et Saint-Réal ; il est presque digne de marcher de pair avec le judicieux auteur de l'Histoire de l'Église.

On le lit peu aujourd'hui, et c'est peut-être un tort. Il va sans dire que sur les origines, il est et ne peut être qu'incomplet ou faux, et que pour la période de la féodalité, il laisse à désirer du côté de l'interprétation des faits et de la couleur. Mais, à partir de la guerre de Cent ans, il devient utile à consulter et intéressant à lire. Pour la suite et le courant animé de la narration, il rappelle tel bon historien de l'antiquité et fait même penser plus d'une fois à Tite-Live. Son style naturel, d'une teinte légèrement gauloise, donne un charme de plus aux sentiments d'honnête homme et de patriote qui remplissent toute son histoire.

Pellisson (1624-1693). — Mézeray fut un académicien un peu rebelle aux règles ; au contraire, Pellisson fut l'homme académique par excellence. D'abord avocat dans son pays de Castres, mais bientôt établi à Paris, il y fut remarqué et pour sa laideur, et pour son esprit galant et raffiné qui ressortait d'autant : le plus laid des gens de lettres en fut bientôt l'un des plus connus. Une petite histoire de l'Académie qu'il écrivit de sa plume élégante, riche en images heureuses, lui valut l'honneur unique d'être admis comme surnuméraire dans la Compagnie en attendant une vacance.

En même temps qu'il se poussait dans la littérature, il poursuivait la fortune avec un égal succès dans les affaires et devenait le premier commis de Fouquet. Il profita de cette haute situation et du penchant de son maître à faire le Mécène pour encourager et obliger les auteurs. La vieillesse de Corneille et la jeunesse prolongée de la Fontaine eurent part à son attention. Enveloppé dans la disgrâce de son patron et enfermé cinq ans à la Bastille, il composa trois discours justificatifs, dont deux adressés au roi et le troisième sous forme de mémoire. Libéré en 1666, il ne tarda pas à rentrer en faveur. Il accompagna l'armée en Franche-Comté, raconta la campagne, et en fut récompensé, après son abjuration, par le titre d'historiographe. Il ne le garda que jusqu'en 1678, l'inimitié de Mme de Montespan l'ayant fait remplacer par Racine et Boileau. Mais sa fortune n'en souffrit pas. Il eut la direction lucrative de la caisse des convertis.

Il mourut d'apoplexie, sans sacrements, ce qui donna lieu au bruit répandu dans le public qu'il était revenu à sa première croyance.

On a de Pellisson quelques vers bien tournés où le sentiment ne prend pas une forme trop précieuse ; et, en fait d'ouvrages en prose, ses trois Mémoires et son histoire de l'Académie. Je ne parle pas des écrits dévots qu'il composa vers la fin ; ils ne comptent pas.

Les Mémoires ont été mis par Voltaire au même rang que les plaidoyers de Cicéron. C'est trop de louange ; mais ils sont certainement supérieurs par les proportions, l'intérêt du développement, la beauté du style à tout ce que le barreau avait produit jusque-là.

L'histoire de l'Académie est classique en son genre. C'est une relation ornée, fleurie, et pourvue sans excès de tous les agréments que le genre comporte. Elle est bien supérieure à la suite qu'en a donnée l'abbé d'Olivet.

3° Adversaires de la réforme du langage. — A ces académiciens tous voués, sauf un, à la cause de la pureté et de la correction du langage, il faut opposer un partisan des licences d'autrefois et qui réclama pour l'écrivain le droit de braver les règles ou de les ignorer.

Mlle de Gournay (1566-1645). — C'est Mlle de Gournay que je veux dire, la fille adoptive de Montaigne, à qui sa verte et gaillarde vieillesse permit de protester contre l'œuvre des tout premiers académiciens.

Femme savante sans pruderie, pédante avec gaieté et sans pose, Mlle de Gournay passa sa vie à veiller sur la gloire de son auteur favori dont elle publia deux éditions excellentes. Lorsque Malherbe commença sa réforme, elle frémit intérieurement, mais sans oser encore protester bien haut. Tout au plus s'associa-t-elle de cœur aux hommes de lettres qui procurèrent, en 1623, la grande édition de Ronsard, adressant avec eux ce souhait au chef de la Pléiade :

... Et mala te nunquam premat herba sepultum.

Elle n'éclata que plus tard et contre les successeurs de Malherbe, accusés par elle d'exagérer les doctrines de leur maître.

Elle réunissait dans son humble logis une société de gens de lettres qui s'étaient fait une douce habitude de sa conversation pleine de saillies. Il va sans dire que leur assiduité n'eut jamais, en aucun temps, pour motif les beaux yeux de la dame. Elle était si peu femme, que Balzac pouvait un jour lui écrire sans la blesser et sans paraître lui-même ridicule : « Depuis que vous êtes en réputation, le monde a changé dix fois de face. »

Elle avait donc son cercle, sa contr'académie, où elle jetait feu et flamme contre les puristes. Ce fut là qu'elle élabora les petits traités ou pamphlets réunis une première fois sous le titre « d'Ombre de la demoiselle de Gournay » et qui trouvèrent leur forme définitive, en 1641, dans les *Advis ou présens* de la demoiselle de Gournay.

Elle y traite successivement du langage français, des métaphores, des rimes, des diminutifs, de la défense de la poésie, etc. Elle part en guerre contre les réformateurs avec une ardeur d'héroïne, avec une verve impétueuse d'où l'esprit n'est pas toujours absent. Mais là-même où elle semble avoir raison, elle n'a raison qu'à moitié ; car elle ne prend jamais que le petit côté des questions : dans son zèle à blâmer ou à ridiculiser les scrupules des puristes, elle ne voit pas que ces scrupules sont la condition même du progrès de la littérature dans le sens du vrai et du beau.

Heureusement pour notre langue, Mlle de Gournay a perdu la bataille, qu'elle avait si vigoureusement engagée, tout en remportant quelques succès partiels. C'est ainsi qu'elle a sauvé les mots « œillade, ridicule, poitrine, pétulance, sagacité, immense, ardu, » sans oublier « opportun » qui, de nos jours, a donné un dérivé fameux. Mlle de Gournay, qui n'a jamais eu le sens de l'opportunité, se trouve ainsi avoir été quelque peu la marraine de l'opportunisme.

Il y a autant de verve et plus de mesure dans la polémique de la Mothe le Vayer contre les puristes. Nous retrouverons plus tard cet héritier du scepticisme de Montaigne; nous nous bornons à dire ici deux mots de son démêlé avec Vaugelas.

Le Vayer avait publié, en 1638, ses considérations sur l'Éloquence française, judicieuses et d'un assez bon style, mais dont Vaugelas crut devoir critiquer certaines expressions dans ses Remarques, sans toutefois nommer l'auteur. Celui-ci ne manqua pas de s'y reconnaître ; il riposta fortement et avec verve, rendant à son censeur railleries pour reproches, et prétendant relever chez lui, à son tour, quelques traces de parler savoyard. Le débat s'en tint là ; mais si la Mothe y avait fait bonne figure, il n'en avait pas davantage raison. Le bon droit était du côté du purisme, qui avait d'ailleurs, dès ce moment, cause gagnée. En effet, grâce aux efforts combinés de l'Académie et du beau monde, la langue prend, vers le milieu du siècle, le caractère de correction et d'élégance qu'on lui remarque chez nos grands classiques et que tous les écrivains s'efforceront désormais de s'approprier.

CHAPITRE III

LITTÉRATURE DE SALON : POÈTES ET ROMANCIERS.

1° Insuccès relatif de la poésie auprès du grand public qui ne s'intéresse qu'à la poésie dramatique. — Faiblesse de la poésie épique et lyrique : causes de cette faiblesse. — La poésie galante : Guirlande de Julie, Godeau, Gombault, Malleville, Sarrazin, Ménage. — Petites guerres poétiques : Uranistes et Jobelins. — 2° Le roman dit héroïque, plus ridicule encore qu'invraisemblable : son succès passager. Mlle de Scudéry, Gomberville, la Calprenède. — 3° Réaction contre la littérature de salon. Saint-Amand et la poésie de cabaret. — Le roman satirique : Sorel. — les Visionnaires de Desmarets.

1° La poésie et ses vicissitudes. — L'influence mondaine que nous avons vue s'exercer heureusement sur la condition des auteurs et sur les progrès de la langue, revêt ici un aspect moins favorable. Elle n'imprime sa marque à la poésie proprement dite et au roman que pour les gâter tous les deux ; et si elle leur procure une faveur passagère, c'est au prix d'un rapide et irrémédiable oubli.

Il n'y a, en effet, de succès durable qu'avec l'adhésion du grand public : tout ce qui est fait pour des coteries est condamné d'avance. La plupart des poètes (car c'est surtout de la poésie que nous parlons à cet endroit) eurent le tort de ne pas comprendre cette vérité : ils répétèrent sérieusement ce qu'Horace avait dit pour plaisanter et bien fâché sans doute qu'on le prît au mot. Ils « chassèrent, eux aussi, le profane vulgaire », et ils ne tardèrent pas à en porter la peine.

Si l'on en croyait un critique fameux, mais qui a parfois le défaut de trancher et d'exagérer, il y aurait cependant à leur cas une excuse ; et, pour ne pas s'adresser au grand public, ils auraient eu cette raison péremptoire que ce grand public n'existait pas de leur temps, pas plus d'ailleurs qu'il n'existerait aujourd'hui. La nation se serait partagée, se partagerait encore, c'est M. Taine qui l'affirme, en un troupeau innombrable d'ignorants et de rustres bouchés aux belles choses, et une infime minorité de *mondains* et de *cuistres,* seuls juges de nos écrivains. Nous serions sous ce rapport bien inférieurs à nos voisines, l'Italie où les gondoliers vénitiens chantent avec sentiment les octaves du Tasse, l'Allemagne où les servantes de brasserie pleurent aux vers de Schiller et de Gœthe : ce n'est pas chez nous que l'on verrait rien de semblable.

Il suffit cependant d'ouvrir les yeux pour voir que le peuple, même le plus inculte, est ému à Corneille, rit à Molière, entend malice à la Fontaine, ce qui est aussi probant et édifiant que les exemples plus haut cités. Mais où prend-on qu'il n'y a pas eu, qu'il n'y a pas chez nous de grand public lettré ? Ce public y a toujours existé depuis la Renaissance, et il n'a fait que croître avec le temps. A l'époque dont nous parlons, il comprenait, nous l'avons déjà dit, outre le clergé et la robe, toute la bourgeoisie des villes nourrie aux humanités et prête à donner aux lettres modernes les loisirs de la boutique et même de l'atelier : car, rien n'était plus fréquent à cette époque que de voir un marchand ou un homme de métier instruit.

C'était affaire aux poètes de rester intéressants et accessibles à ce grand auditoire qui ne demandait qu'à être intéressé. Mais beaucoup lui tournèrent le dos et n'écrivirent que pour les salons.

Notre poésie, dans cette période, peut se diviser en deux branches : d'un côté la poésie d'observation qui étudie, peint ou juge les mœurs, et qui s'aide de la raison plus encore que de l'imagination. C'est celle de Corneille, ce sera celle de Racine, de Molière, de la Fontaine et même de Boileau. De l'autre, la poésie d'imagination et de sentiment. La première n'a jamais perdu de vue le public : de là sa valeur et son succès; l'autre l'a négligé ou méprisé : d'où son infériorité et le mépris où elle est tombée.

Il nous faut entrer ici dans quelques détails, non sur la poésie dramatique, trop importante pour ne pas avoir son chapitre spécial, mais sur les genres qui ont peu ou mal prospéré : l'épopée, la poésie lyrique, la poésie galante.

L'Épopée. — Chapelain ne fut pas le seul à reprendre, avec sa Pucelle, la tradition épique de Ronsard, et à imiter le chef de la Pléiade à la fois dans la pauvreté de son œuvre et dans la profondeur de son échec.

Il eut, de 1640 à 1660, de nombreux confrères, tous aussi mal inspirés que lui. On peut se borner à une simple énumération de leurs œuvres mort-nées : elles ne méritent pas plus d'honneur, et ne sont d'ailleurs connues que pour avoir trouvé place dans les Satires de Boileau et dans la Bataille de son Lutrin.

Non seulement on ne lit pas, mais on ne trouve même pas toujours dans les bibliothèques (c'est d'ailleurs un mal supportable), le *Jonas* du huguenot converti Coras; le *David* du Toulousain Lesfargues; le *Charlemagne* de Louis le Laboureur; le *Childebrand* ou « les Sarrazins chassés de France » de Carel de Sainte-Garde. On connaît un peu mieux l'*Alaric* de Scudéry; les *Fastes de l'Eglise,* en 15,000 vers, de Godeau; le *Clovis* de Desmarets; non que ces œuvres aient beaucoup plus de valeur que les premières, mais leurs auteurs ont plus de notoriété. Comme nous devons retrouver ailleurs ces écrivains, nous n'y insisterons pas et nous nous contenterons d'une rapide appréciation du père Lemoyne, le moins méprisable de ces fabricants d'épopées, et aussi du traducteur de Lucain, Brébeuf, qui avait quelque chose d'épique dans l'imagination.

Lemoyne (1602-1672). — C'était un Champenois, doué par la nature d'une redoutable facilité à inventer et à écrire. Il entra chez les Jésuites et déploya son activité et à la chaire et dans la direction des consciences et dans la poésie. Comme prédicateur, il eut des succès, il en eut surtout comme directeur : il était pour « la dévotion aisée » ce qui lui a valu d'être attaqué dans la deuxième Provinciale, et, en revanche, d'être couru des dévotes de Paris. Le parloir des Jésuites ne désemplissait pas de ses visiteuses.

Comme poète, il eut, un certain temps, une réputation assez grande, mais qui ne se soutint pas. Il la devait à sa verve imagée ; mais comme il donnait tout à l'inspiration fumeuse du moment, et rien à la méditation, aux scrupules et aux retouches du goût, il perdit bientôt la faveur du public.

C'est ainsi que son *Saint-Louis* ou la Sainte Couronne reconquise, épopée en dix-huit chants, échoua sans retour, malgré des qualités réelles, grâce à la faiblesse du plan, à l'enflure et à l'extravagance du style.

Boileau disait du père Lemoyne : il est trop fou pour que j'en dise du bien ; il s'est trop élevé pour que j'en dise du mal. L'éloge est maigre, mais aucun autre poète épique de cette période n'en a obtenu autant du satirique.

Brébeuf (1618-1661). — Normand comme Corneille, Brébeuf était, à l'égal de son illustre compatriote, enthousiaste de Lucain dont il mettait résolument le poème au-dessus de l'*Énéide*. Il entreprit d'en faire une traduction en vers et y donna tous ses soins. Boileau s'est moqué de l'emphase qu'il y a montrée et aussi de son mauvais goût de provincial, tout en reconnaissant que

> Malgré son fatras obscur
> Souvent Brébeuf étincelle.

Voltaire, de son côté, a remarqué qu'il y a toujours chez ce poète des vers heureux. On peut ajouter qu'il est souvent pittoresque et hardi, et qu'il a des morceaux entiers très bien venus, comme sa description de la forêt de Marseille.

Son succès fut grand au début, mais il ne dura pas, malgré l'approbation formelle et publique de Corneille.

Brébeuf a écrit aussi la parodie du septième livre de l'Énéide, et même du premier livre de la Pharsale, ce qui est difficile à concilier avec son goût déclaré pour Lucain.

Outre ces œuvres poétiques, on a de lui quelques écrits de dévotion, car il était homme d'église.

Sa vie fut désolée et abrégée par une fièvre qui dura plus de vingt ans et dont les accès continuels interrompaient son travail. On peut dire de lui qu'il vaut mieux que sa réputation, et que, simple traducteur, il a déployé plus de talent dans l'épopée que la plupart des auteurs originaux, ses contemporains.

C'est, qu'en effet, il ne faut pas chercher ailleurs que dans l'insuffisance des poètes l'explication de ce lamentable avortement de la poésie épique en France au XVIIe siècle. Il est inutile d'examiner à ce propos si les Français ont ou n'ont pas la tête épique. La faiblesse trop bien constatée de ces représentants du genre est une raison dont on peut se contenter, sans mettre en cause la nation qui n'y est sans doute pour rien.

Poésie lyrique. — Au contraire, c'est un peu au tour de notre esprit, c'est beaucoup aux conditions de notre vie sociale qu'on doit attribuer la longue stérilité de notre poésie lyrique.

Pour que cette poésie soit féconde et prospère, il faut qu'elle ait sa source dans le fond même de la nation ou de la race, et qu'elle soit assurée, intime ou générale, de trouver de l'écho dans les cœurs.

Chez les races du Nord, sentimentales et rêveuses, le poète n'a qu'à exprimer ses impressions personnelles, et pour peu qu'il y mette de force ou d'émotion, il peut compter que des âmes-sœurs vibreront à l'unisson de la sienne, rediront son cri passionné ou sa plainte.

Chez nous autres Français, comme d'ailleurs, chez nos aïeux intellectuels, Grecs et Romains, il n'en est pas, ou plutôt, de longtemps il n'en a pas été ainsi. Avant ce siècle nous ne prenions pas grand intérêt à l'individuel et au particulier : nous avions en quelque sorte besoin de nous cotiser pour avoir des émotions joyeuses ou tristes, et nous serions restés froids aux confidences d'un rêveur solitaire.

La poésie intime n'était donc pas encore notre fait; mais l'intimité n'est pas la seule source du lyrisme. Il y a une autre poésie lyrique, élevée, éclatante, grandiose, celle des Simonide et des Pindare, et celle-là n'avait rien d'incompatible avec le caractère français. Pourquoi ne s'est-elle pas acclimatée chez nous; pourquoi ne s'est-il trouvé aucun poète pour chanter les joies et les tristesses de la nation, ou même pour célébrer les principales époques de la vie de famille? La faute en est surtout au culte catholique qui s'est arrogé le droit d'intervenir seul dans les fêtes comme dans les deuils publics ou privés et de faire retentir partout son invariable Te Deum, son monotone De Profundis : il a tari, de la sorte, la seule source d'inspiration lyrique qui fût à la portée de nos poètes. Observons en passant que Châteaubriand a oublié de mentionner ce bienfait littéraire de la religion dans son Génie du Christianisme.

Au lieu de cette production variée, féconde, brillante, qui

allait chez les Grecs de l'ode triomphale à l'ode funèbre, en passant par vingt formes différentes, et toutes populaires, nous n'avons eu jusqu'au XIXe siècle que l'ode morale et mythologique dans le goût de Malherbe. Cette stagnation du genre était inévitable, même avec les meilleurs poètes : qu'auraient-ils pu faire puisque les grands et les beaux sujets leur étaient interdits ?

Il n'y a pas de mention spéciale à accorder aux œuvres lyriques de cette période. Presque tous les auteurs du temps ont composé des odes; mais, comme ils ne sont pas sortis du médiocre, il est superflu de s'y arrêter.

Poésie mondaine. — Faute d'un plus digne emploi, la poésie, de lyrique, se fit galante. Elle se réduisit à chanter les dames et leurs intrigues, à célébrer leur beauté et le pouvoir de leurs yeux, à déplorer leur rigueur, à bénir leur clémence. Elle broda, ou essaya de broder sur ce thème usé et épuisé par les élégiaques latins et les sonnettistes italiens; elle en fit d'ailleurs un pur exercice de versification, sans y mettre ni passion ni sincérité.

Cette poésie d'amoureux transis, de vaincus, de mourants qui ne l'étaient qu'en paroles, pouvait satisfaire la vanité des précieuses qui s'y voyaient célébrer, mais il était impossible à tout autre de la prendre au sérieux. Et de fait, quels tristes auteurs que les plus vantés de cette époque! quelle pénurie d'idées, quelle banalité d'expressions! C'est un jargon convenu où reviennent sans cesse les feux, les flammes, les chaînes, la prison, le martyre, sans un mot vrai qui saisisse et se grave. Pas un cri du cœur, pas un élan de passion, pas un éclair de sensibilité. C'est partout la même galanterie platonique, propre à faire regretter la chaleur qui perce parfois sous le mauvais goût dans les amours de Ronsard, ou la tendresse qui respire dans certains vers alanguis de Desportes. Ici, c'est le néant.

Guirlande de Julie (1641). — Le plus bel effort de cette poésie de salon fut la *Guirlande de Julie,* œuvre collective dont le marquis, depuis duc de Montansier, eut l'idée, et toute consacrée à louer sa future épouse, mademoiselle de Rambouillet. C'est un recueil de soixante-deux madrigaux, où les fleurs, prenant tour à tour la parole, viennent s'incliner devant Julie et réclamer l'honneur d'orner et de relever ses appas. Il y a dans ce langage des fleurs des fadeurs écœurantes et de grotesques imaginations. Pauvre galanterie que celle-là, quoiqu'on s'accorde à la trouver charmante, et combien pauvrement exécutée (je ne parle pas de l'exécution calligraphique qui est supérieure) en dépit de la collaboration de quelque vingt auteurs, le dessus du panier, toute la lyre.

Décidément ces versificateurs étaient de pauvres bouquetiers, et leurs gros doigts se prêtaient mal à manier la délicatesse des fleurs. Ils auraient bien fait de se mettre à l'école de l'ancien Méléagre et d'apprendre de lui à tresser une couronne.

Ce que nous disons de la Guirlande de Julie peut se répéter de tout le reste. De très loin en très loin quelque inspiration passable; mais le plus souvent un abîme de banalité.

Godeau (1605-1672). — Après Voiture, dont nous avons parlé ailleurs et qui eut du moins le mérite de la sobriété, il faut citer Godeau que sa petite taille fit surnommer, à l'hôtel de Rambouillet, le nain de la princesse Julie et qui rima avec la même facilité et le même manque d'inspiration des vers galants et des vers dévots. Il était homme d'église et Richelieu le fit évêque. Comme les revenus de son évêché ne suffisaient pas à ses besoins, il résidait à Paris et travaillait pour les libraires. Vers la fin, il eut des démêlés avec les Jésuites qui l'accusaient de Jansénisme et qui, pour le piquer à l'endroit sensible, écrivirent contre lui une satire sous ce titre : Godellus, an poeta?

La question était indiscrète, mais elle vaut encore la peine d'être posée et elle se résout naturellement par la négative. Eh non! ce n'est pas un poète, à moins qu'il ne suffise pour l'être d'enfiler des mots et d'aligner des vers avec une élégance de convention, sans y mettre un sentiment vrai ni une idée originale. En effet, presque toutes les œuvres de Godeau sont des paraphrases : paraphrases des Psaumes, des Évangiles, des Épîtres de saint Paul, des Pères, etc., — toute la littérature sacrée y passe. Or, paraphraser, c'est, comme on sait, délayer, allonger, noyer dans un déluge de mots les pensées d'autrui. C'est une idée malheureuse que de se livrer à ce travail, un mérite très mince d'y réussir.

Toutefois, il y a quelque chose de curieux dans Godeau, je veux dire l'homme à défaut de l'écrivain. C'est une physionomie particulière que celle de cet évêque, obligé pour vivre de se mettre aux gages d'un éditeur, parce que son diocèse ne le nourrissait pas : d'ailleurs honnête homme et qui, malgré les familiarités qu'on se permettait en certains endroits avec Sa Grandeur, ne compromit jamais sérieusement la dignité de sa robe.

Gombault (1576-1666). — Après Godeau qui est le maître du chœur, un chœur nombreux mais où tous chantent plus ou moins faux, vient le bonhomme Gombault, que son caractère estimable préserva du ridicule qu'aurait pu lui attirer certaine illusion longtemps caressée. Il s'était imaginé que Marie de Médicis avait un faible pour lui, et il le croyait si bien qu'il avait composé sur cette donnée un roman allégorique où, sous les noms de Diane et d'Endymion, il racontait ses chastes amours avec la reine.

Au lieu de se moquer de lui, on ne lui en fut que plus sympathique. Son âge mûr et sa vieillesse s'écoulèrent dans le dénuement, sans qu'on le vît jamais se plaindre et quémander. Il eut même l'héroïsme de refuser une pension de Richelieu, le persécuteur de sa bien-aimée.

Malheureusement le talent chez Gombault n'était pas à la hauteur du caractère : on a tout oublié de lui, même ses sonnets auxquels Boileau a cependant accordé une manière d'éloge dans son art poétique.

Malleville (1597-1647). — Le satirique a fait le même honneur à Malleville, qui fut secrétaire du maréchal de Bassompierre, et dont on cite encore deux sonnets; l'un galant sur la Belle Matineuse, l'autre satirique contre Boisrobert. C'est d'ailleurs tout ce qu'on rappelle de lui.

Quant à l'ampoulé Nervèze, aux deux Habert, à Colletet, le poète crotté, à ce pauvre fou d'abbé Cassagne, au doucereux Cottin, tant moqué pour ses vers, autant vaut ne pas en parler. Seuls, Sarrazin et Ménage, méritent un court souvenir.

Sarrazin (1605-1654). — Sarrazin avait, au rebours de Gombault, plus de talent que de valeur morale. Ses amitiés ne le gênaient guère; il les rompait à volonté et l'on raconte qu'après avoir reçu des services de Mlle de Scudéry, il cessa de la voir du jour où elle ne put plus lui en rendre. Devenu secrétaire du prince de Conti, il usa, à son profit, de l'influence qu'il avait sur son maître et maquignonna toutes espèces de marchés où son intérêt avait plus de part que celui du prince. Si quelque chose peut nous rendre moins sévères pour ses tripotages, c'est l'accueil qu'il fit à Molière pendant ses courses en province et la protection qu'il lui ménagea auprès du gouverneur et des États du Languedoc.

Sarrazin a composé quelques jolis vers, mais dans le genre badin, par exemple la *Pompe funèbre de Voiture* qui est son chef-d'œuvre. Il a écrit aussi quelques morceaux de prose historique, tels que la *Conjuration de Walstein* et le *Siège de Dunkerque*. Le style en est ferme et le récit intéressant, sans justifier toutefois les éloges outrés que Cousin leur a donnés. Puisque l'occasion s'en présente, disons une fois pour toutes qu'il ne faut accorder qu'une autorité médiocre aux jugements émis par Cousin dans ses trop nombreux ouvrages sur le siècle de Richelieu. Avec une ferveur d'amoureux, il a exhumé toutes les reliques de cette époque et nous a conviés à les honorer, à son exemple, de la plus tendre vénération. Il a commis, dans son parti pris de tout admirer, les plus singulières erreurs d'optique prenant des coquettes très ordinaires pour de grandes âmes, et des tourières de couvent pour de grands écrivains. Une exagération de ce genre, mais plus excusable, lui a fait signaler en Sarrazin mieux que la promesse d'un grand historien.

Ménage (1613-1692). — Nous ferons ici, au risque de contrarier un peu la chronologie, une petite place à Ménage, car il est manifestement de cette époque et de ce milieu.

C'était un érudit, ou plutôt un humaniste qui se piquait de sacrifier aux grâces, et faisait le mondain, quoiqu'à vrai dire, sans trop de succès. Il avait de l'esprit, et du plus salé, mais il était irascible et poltron, mais il était pédant. Il n'avait pas voulu être homme de robe; il fut homme d'église, juste assez pour obtenir un bon bénéfice qui assura son existence. Il n'eut tenu qu'à lui de mener la vie la plus tranquille, mais il ne savait pas brider sa langue, et il avait toujours quelque affaire sur les bras; affaire de plume, cela va sans dire.

Il échangea des épigrammes et des invectives avec Gilles Boileau, Cottin, Baillet, le père Bouhours; il se brouilla à mort avec l'Académie par sa plaisanterie de la requête des dictionnaires; il encourut l'inimitié de Molière par je ne sais quelle médisance et il y gagna d'être représenté dans les Femmes savantes sous les traits de Vadius.

Il se donnait encore le ridicule de faire l'amoureux auprès des dames notamment auprès de MM^{mes} de Lafayette et de Sévigné, dont il avait été autrefois le précepteur bénévole.

Malgré tout, il tenait sa place dans le monde et ses mercuriales, entendez, les réunions qui avaient lieu chez lui le mercredi, étaient très fréquentées des hommes de lettres.

Ses travaux d'érudition et de grammaire sont assez estimables, malgré ses erreurs en matière d'étymologie. Ses poésies, recueillies dans ses *Miscellanea* et *Poemata,* n'ont guère de valeur. Ses vers grecs et latins ne sont que des centons plus ou moins ingénieux; ses vers français sont diffus et plats, en dépit de quelques traits mordants. Ses vers italiens ont été fort loués, même en Italie, ce qui n'est pas beaucoup dire : on connaît la tendance des Italiens à exagérer le bien comme le mal.

Le meilleur livre de Ménage est encore le *Menagiana,* recueil de ses bons mots, de ses contes et de ses réflexions, composé par ses amis. C'est le chef-d'œuvre de ce genre plus curieux qu'estimable des Ana.

On sait maintenant ce qu'il faut penser de la poésie galante ; mais ce que l'on ne sait pas et ce qui est curieux à dire, c'est l'enthousiasme qu'elle excita dans les salons du temps. Un sonnet, une élégie, une ode, défrayaient pendant un mois les conversations. On est parfois tenté d'accuser d'exagération la scène du sonnet et du madrigal dans les Femmes savantes : elle est vraie, à la lettre. L'histoire anecdotique nous en montre plus d'une fois l'équivalent, par exemple dans la fameuse querelle des Uranistes et des Jobelins.

En 1638, parurent deux sonnets : l'un, de Voiture, montrait un amoureux transi, bénissant sa souffrance et promettant de finir ses jours en l'amour d'Uranie. L'autre, de Benserade (nous parlerons plus tard de cet auteur), donnait à entendre que les douleurs de Job n'étaient rien au prix de certains martyrs amoureux.

On s'avisa de mettre ces deux rogatons en parallèle, et quoiqu'à vrai dire ils n'eussent rien du sonnet sans défaut qui vaut un long poème, il se forma des partis pour et contre. Les femmes, Mlle de Bourbon, Julie d'Angennes, Mme de Sablé, tinrent pour Uranie; les hommes, et à leur tête le prince de Conti, se déclarèrent Jobelins. On publia des commentaires, des gloses de ces deux chefs-d'œuvre, et le grand Corneille n'osa prononcer entre eux. La guerre durait depuis longtemps et menaçait de s'éterniser, quand une naïveté vint y mettre fin. Une étourdie à qui l'on demandait ce qu'elle préférait d'Uranie ou de Job, répondit qu'elle préférait Tobie. Cette bévue fit rire et l'on oublia les deux sonnets.

2º Le roman. — Le roman est l'autre genre favori du beau monde. Tel que nous allons le voir et l'apprécier, il procède de l'Astrée, mais avec quelques différences de forme. De pastoral il devient héroïque, sans être pour cela plus vraisemblable dans ses incidents, ni surtout plus vrai dans ses mœurs. Bien qu'il emprunte des noms de personnes et d'événements à l'histoire, il ne ressemble en rien au roman historique que Walter Scott a heureusement pratiqué en Angleterre et que Vigny a manqué chez nous, ni même au roman de cape et d'épée dont nos Trois-Mousquetaires sont l'incontestable chef-d'œuvre. C'est un genre bâtard où les noms anciens ne sont qu'une étiquette déguisant mal des êtres et des choses modernes. On dirait d'un bal masqué où hommes et femmes auraient tous pris le costume d'une époque, sans rien sacrifier, sous ce travestissement, de leurs idées, de leurs sentiments, de leur langage. A ces personnages ainsi déguisés on prête par surcroît les aventures les plus extraordinaires et les moins historiques, enlèvements, coups d'épée, vertueuses intrigues, batailles fantastiques, prouesses miraculeuses.

De la sorte, travestissement et déformation de l'histoire, écarts d'imagination, voilà les deux premiers caractères du roman dit héroïque. Il en faut signaler un autre, non moins important, je veux dire la chasteté invariable, le platonisme de sentiments, qui y règne d'un bout à l'autre, à l'imitation de ce qui se passait dans la Société Précieuse. C'était la manie des femmes du temps de nier, en paroles, les faiblesses, dont elle ne se gardaient pas toujours dans la conduite, et d'afficher pour les réalités de la nature un superbe mépris. Ces jansénistes de l'amour affectaient d'ignorer le corps, toilette à part, et de ne vivre que par l'âme.

En dépit de scandales quotidiens, il était admis que, par définition, toutes les femmes étaient des dragons de vertu, tous les hommes des soupirants respectueux. Une maîtresse était une citadelle dont il fallait faire le siège selon la méthode patiente, inaugurée par les ingénieurs hollandais. La citadelle se dresse fière et d'aspect inexpugnable. L'assaillant se morfond, les pieds dans l'eau du fossé. Il restera là cinq ans, dix ans s'il le faut, jusqu'à ce que la place veuille bien se rendre ; car il est entendu qu'il n'a pas le droit d'être infidèle et de renoncer à la poursuite commencée : il y laisserait son honneur.

C'est encore aux Espagnols qu'on avait emprunté cette ridicule ostentation d'amour sans bornes comme sans espoir. Seulement la galanterie castillane avait pris, à passer chez nous, des allures moins farouches. La dame accordait à son chevalier autre chose encore que l'œillade ou le gage d'amour, gant, ruban, mouchoir pour parer son feutre. Elle daignait causer, se risquer à des encouragements et à des reproches, dire tout au long comment on réussirait à lui plaire, réfuter les hérésies où il arrivait à son poursuivant de tomber contre les rites et les dogmes de l'amour.

L'amour est un voyage de découvertes ou mieux un pèlerinage où l'on ne va qu'à petites journées, sans pouvoir brûler les étapes. La carte en est dressée. Les passages, les haltes et séjours sont minutieusement indiqués, et aucun ne doit être laissé de côté. C'est comme un chemin de croix dont il faut faire toutes les stations pour avoir droit aux indulgences. Le point de départ est Amitié : de là partent deux routes, l'une courte et qui par Négligence, Inégalité, Tiédeur, Oubli conduit au lac d'Indifférence. Celle-là doit être évitée avec soin. L'autre, la bonne, côtoie d'abord le fleuve d'Inclination, passe par les lieux de Grand-Esprit, Jolis vers, Billet Galant, Billet Doux. Après quelques obstacles, on arrive à Sincérité et à Grand-Cœur ; puis à Probité, Générosité, Exactitude. Enfin passant par Respect et Bonté, on arrive à Tendre Sur Estime qui est le but du voyage.

On voit d'ici ce que peuvent être les romans, bâtis sur ces donnés, nourris de cette inspiration. Toutefois, sans parler des mondains qui s'y complurent, le public lettré ne laissa pas de les lire, pour les motifs que nous avons dits à propos de l'Astrée :

il y trouvait des allusions au beau monde, et des portraits, évidemment flattés, mais dont il s'accommodait faute de mieux. Car il va sans dire que ces romanciers du bel air ne se piquent aucunement d'exactitude matérielle et de vérité morale : ils s'en voudraient à mort s'il leur échappait jamais un trait à la Saint Simon. Quand ils ont signalé quelque point par où l'on puisse reconnaître le personnage en jeu, ils répandent invariablement sur lui le flot banal de leurs éloges.

Après les allusions, c'étaient les conversations qui attiraient l'attention du grand public. On connaît ces petits manuels qui ont la prétention de mettre un voyageur en état de s'expliquer et même de soutenir un entretien en pays étranger. Les romans d'alors en tenaient lieu et remplissaient le même rôle : on y apprenait le langage du beau monde. De là leur vogue qui serait sans cela invraisemblable à nos yeux.

Mlle de Scudéry (1607-1701). — C'est surtout aux œuvres de Mlle de Scudéry que s'appliquent les observations que nous venons de faire.

Cette fille d'esprit appartenait à une famille noble de Normandie ; comme elle était sans fortune, elle demanda à sa plume et des moyens d'existence et l'emploi d'une vie qui semblait d'avance vouée au célibat. Elle était en effet aussi laide que pauvre, et son visage, au dire de Tallemant, était d'un ton noirâtre comme s'il eût sué l'encre. Elle ne mourut qu'en 1701, presque centenaire et écrivit pour ainsi dire jusqu'au bout. Son dernier ouvrage est de 1692. Mais elle était oubliée depuis longtemps. Le moment de sa grande réputation est entre 1645 et 1660.

Bien reçue à l'hôtel de Rambouillet, elle n'en voulut pas moins avoir ses petites assemblées littéraires, et ses samedis devinrent fameux. Quelques-uns ont même conservé son nom dans l'histoire anecdotique. Tel le samedi des madrigaux où Conrart ayant offert à Mlle de Scudéry un cachet de cristal, accompagné d'un madrigal, elle répondit par un madrigal, et tous ses visiteurs, pris d'émulation, composèrent à leur tour des madrigaux à qui mieux mieux.

Cette petite société paraît avoir été plus prétentieuse que l'hôtel de Rambouillet, et même un peu pédante, sans l'être toutefois autant que le cercle de Ménage. Pellisson y tenait le dé de la conversation, car il était le préféré de la dame du lieu en tout bien tout honneur. Ils avaient en commun la préciosité de l'esprit et les disgrâces physiques. Si l'un était le plus laid des écrivains, l'autre était la moins belle des femmes-auteurs. Les contemporains n'en avaient que plus d'admiration pour elle. Ils l'appelaient sans rire la moderne Sapho, la dixième Muse.

Mlle de Scudéry a débuté par *Ibrahim* ou l'*Illustre Bassa*. Ce roman d'aventures, en quatre volumes, parut sous le nom de son frère Georges; car elle ne se décida que plus tard à signer ses ouvrages Le héros, né à Gênes, est pris par le Dey d'Alger dans la mer Baltique. Il devient vizir de Soliman le Magnifique, auquel il inspire de la jalousie, et finit par épouser la princesse de Monaco qu'il aime d'enfance et qui vient d'échapper à des dangers de toute sorte à Constantinople.

Le *Grand-Cyrus* renferme les aventures imaginaires de ce prince depuis son déguisement sous le nom d'Artamène jusqu'au moment où il épouse l'illustre Mandane, sortie intacte et triomphante des mains de cinq princes dont elle a été successivement la prisonnière. En pareil cas, les héroïnes de Voltaire et de la Fontaine ont moins de bonheur, mais Voltaire et la Fontaine sont des mécréants, comme on sait.

Il serait trop long d'entrer dans le détail des intrigues qui se croisent, s'entrecroisent et s'emmêlent pendant dix volumes. Aussi bien n'y prenons-nous aucun intérêt. Un des rares passages encore lisibles, c'est la description, sous des noms supposés, de l'hôtel de Rambouillet avec le portrait de ses hôtes, le détail des entretiens, des plaisirs, des petites intrigues auxquelles on s'y livrait. Le déguisement est facile à percer, mais les personnages n'en sont pas plus vrais. Ce sont des gens qu'on connaît de vue, mais dont on ne pourrait rien dire, tant la peinture a peu de portée et l'analyse morale d'exactitude. Cousin s'est enthousiasmé pour le récit de la bataille de Rocroy qui est au tome IX. On peut s'en tenir à celui de Bossuet.

La *Clélie*, postérieure de quelques années au Cyrus et en dix volumes aussi, constitue une récidive où les premières fautes sont accentuées et aggravées. Cette fois, c'est l'histoire romaine qui prête son cadre et ses noms aux aventures et aux dissertations galantes.

Quand c'était l'histoire de l'Orient, moins connue, moins présente aux esprits, le péché sans être moins grave au fond était moins choquant. Mais ici les inconvénients du genre sautaient aux yeux. Hé quoi! ces Romains patriotes et citoyens que Balzac avait célébrés en périodes sonores et qui étaient devenus les héros des plus belles pièces de Corneille, ces Romains étaient travestis en damerets, en galantins, en amoureux transis. C'était plus que le bon sens ne pouvait supporter; et il devait se trouver quelqu'un à bref délai pour protester contre cette ridicule entreprise. Ce quelqu'un fut Boileau, alors à ses débuts. Il composa son Dialogue des héros de roman et en fit des lectures dans le monde, sans vouloir toutefois le publier, par un reste d'égards pour l'illustre Sapho.

Il eut beau jeu à railler la Clélie, encore plus maniérée de ton et plus fausse de sentiments que le Cyrus. D'ailleurs, il ne réussit pas du coup à discréditer ces interminables histoires. Même après les peintures si vraies d'un Racine ou d'une Lafayette, il y eut des gens pour admirer les tirades galantes de Mlle de Scudéry, pour faire à sa suite le voyage de Tendre et pour redire Cyrus dans leurs longs compliments.

A Mlle de Sudéry se rattachent, non qu'ils aient subi son influence, mais parce qu'ils appartiennent à la même école, Gombault, Gomberville et la Calprenède.

Du premier et de son roman d'Endymion nons avons parlé assez pour n'avoir pas à y revenir.

Gomberville (1600-1674). — Gomberville, après quelques succès en poésie, se fit romancier et composa ce fameux *Polexandre* dont la scène est au Mexique ou dans les environs et où l'on trouve, avec la préciosité du temps, les aventures fantastiques des romans de chevalerie. Ce ne sont que tournois et prouesses extraordinaires, L'héroïne est une reine à qui un oracle a prédit qu'elle épouserait un esclave et assurerait ainsi le bonheur de son royaume. Elle veut éviter à tout prix cette mésalliance, et comme dans son idée le meilleur moyen de ne s'éprendre d'aucun homme est de n'en voir aucun, elle se condamne à une solitude absolue. Cependant son portrait court le monde et lui fait des amoureux tels que le Khan de Tartarie, le prince de Danemark et l'empereur du Maroc ; mais elle reste invisible et insensible. Enfin, Polexandre parvient jusqu'à elle et s'en fait aimer.

Le fatras de Gomberville est justement oublié aujourd'hui. On ne connaît plus guère de cet auteur que la querelle littéraire ou plutôt grammaticale qu'il souleva en voulant substituer « pour ce que » à « car » condamné absolument par lui. Il se vantait de n'avoir jamais employé ce mauvais mot dans son Polexandre : il paraît qu'il se vantait à tort. Bassompierre, ayant dans sa prison ouï parler de la chose, voulut en avoir le cœur net et ordonna au valet de chambre qui lui tenait compagnie à la Bastille de faire la chasse aux « Car » qui auraient pu se glisser dans le Polexandre. Il s'en trouva quatre, paraît-il.

Sur ses vieux jours, Gomberville se fit janséniste et composa *la jeune Alcidiane*, roman dévot, rempli de prières et de sermons. Il n'en est pas plus intéressant. Une chose à remarquer c'est que la Grâce inspire mal les auteurs quand elle les touche sur le tard : les ouvrages qu'elle inspire à ces convertis ont toujours l'air de pénitences laborieuses. Il ne faut pas s'étonner que Gomberville n'ait pas rapporté grande gloire de son excursion dans le roman religieux, et n'y ait pas mieux réussi que son devancier, Camus, évêque de Belley, dont la Palombe, réédité de nos jours, a ennuyé ses rares lecteurs.

La Calprenède (1610-1663). — Reste la Calprenède, celui de qui Boileau a dit :

> Tout à l'humeur gasconne en un auteur gascon
> Calprenède et Juba parlent du même ton.

La Calprenède a cependant obtenu d'illustres suffrages, notamment celui de Mme de Sévigné. Il n'en est pas moins inconnu aujourd'hui.

Il a composé, outre quelques pièces de théâtre, qui ne sont que des romans mis en dialogue, un certain nombre de grands romans dont les plus connus sont : *Cassandre, Pharamond, Cléopâtre,* en dix, douze, vingt-trois volumes.

La Cléopatre, malgré son titre, n'a rien de commun avec l'histoire. C'est une série d'aventures contemporaines sous des noms anciens. Les caractères sont remarquables d'invraisemblance.

Dans Cassandre, l'auteur a raconté à sa façon l'histoire d'Alexandre, et dans Pharamond il a prétendu faire œuvre d'historien national; mais là encore il n'est qu'un romancier à l'imagination extravagante.

3° Réaction contre le platonisme et la délicatesse outrée de la société précieuse. — Nous avons fini la revue des deux genres sur lesquels a vécu la société polie dont l'hôtel de Rambouillet a été le centre préféré. Les œuvres n'en sont guère brillantes, en dépit de succès et d'engouements momentanés. Il faut ajouter, d'ailleurs, que tout le monde ne céda pas à la contagion, et qu'il y eut constamment une sorte de réaction contre les ouvrages à la mode, poésies ou romans. Cette réaction est représentée en poésie par Saint-Amand, et dans le roman par Sorel, en attendant Scarron.

Saint-Amand (1594-1661). — Saint-Amand est de la race à la fois de Théophile et de Régnier. Comme eux il est l'ami des grands seigneurs et l'assidu des tavernes et cabarets. Les deux choses n'avaient rien d'incompatible. Ceux-mêmes d'entre les courtisans qui fréquentaient à l'hôtel de Rambouillet, après avoir parlé phébus et platonisé, avaient besoin d'une détente, et ils allaient la chercher dans la gaieté bruyante et licencieuse des cabarets. Les plus huppés s'y faisaient voir : quelques-uns même y passaient la plupart de leur temps, tel ce comte d'Harcourt, vaillant soldat et même bon général, mais meilleur buveur, et qui n'était jamais plus heureux qu'en la société des joyeux compères pour qui il était « Cadet la Perle ». Chacun y avait son surnom. Saint-Amand que l'on appelait « le Gros » devait ce titre à son respectable et précoce embonpoint.

Il n'en était pas moins dispos de corps et ami du mouvement. Il suivit le comte d'Harcourt dans ses campagnes, fit de longs voyages sur mer, et résida deux ans en Pologne où il avait accompagné la reine Marie de Gonzague. Il revint finir sa vie à Paris, et ses dernières années s'écoulèrent, paraît-il, dans le dénuement.

Il y a deux poètes dans Saint-Amand. L'un est le disciple du cavalier Marin, fertile en pointes et en traits de mauvais goût, l'auteur de l'*Andromède*, de la *Silvie*, de l'*Arion*, et plus tard du *Moïse*. Ce dernier poème vaut toutefois mieux que sa réputation, et l'on pourrait en citer d'excellents passages, par exemple : le combat de Moïse et de l'Égyptien, le bain de la princesse, la comparaison de la couleuvre et de l'oiseau. Il est vrai que les faux-brillants y abondent, comme d'ailleurs dans toutes les œuvres sérieuses de Saint-Amand : il n'y a guère que son ode justement célèbre sur la *Solitude,* pleine d'une douce mélancolie et d'un sentiment profond des beautés de la campagne, qui fasse exception et échappe dans une certaine mesure à ce défaut. Mais, on peut dire que si Saint-Amand a été l'adversaire de la préciosité, ce n'est pas en matière de style.

Mais il y a aussi en lui le poète bachique, qui se rit du qu'en dira-t-on et des bienséances, qui se laisse aller, sans penser à mal, à la bonne loi naturelle. Les vers qu'il compose alors sont hauts de couleur comme son teint, pleins de verve et d'enthousiasme communicatif. On peut dire que c'est dans ce genre peu relevé, mais sincère, qu'il a eu tout son mérite. Ses pièces de la *Crevaille*, du *Fromage,* de la *Vigne,* des *Goinfres,* du *Melon,* sont en quelque sorte classiques ; et quelque triviales qu'elles soient, elles ont au moins le mérite de trancher sur la fadeur de la poésie à la mode.

Il se trouva en même temps quelques esprits sensés et railleurs pour se fatiguer de l'invraisemblance des romans et leur opposer des peintures où la réalité se montrerait et au besoin dans sa grossièreté la plus crue. En face du roman pastoral et du roman héroïque se dressa le roman satirique dont nous trouverons, plus loin et à leur date, d'autres échantillons. Nous ne retenons ici que le Francion de Sorel.

Sorel (1597-1674). — Cet auteur a été un érudit en même temps qu'un satirique. Nous ne l'envisageons ici que sous ce dernier aspect. Aussi bien, malgré le titre d'historiographe de France dont il fut décoré, n'a-t-il laissé aucun souvenir comme historien, quoiqu'il mérite quelques éloges pour sa *Bibliothèque française*, bon livre d'histoire littéraire, riche en documents et en observations ingénieuses. Il a été plus heureux dans son autre rôle. Son *Francion* est la révolte de l'esprit gaulois contre le bel esprit : « Nous avons, dit-il lui-même, assez d'histoires tragiques qui ne font que nous attrister ; il en faut maintenant une qui soit comique et puisse apporter de la délectation aux esprits les plus ennuyés. » Il donna successivement dans le même goût, le *Berger extravagant,* et plus tard, l'*Ile des pourtraitures,* protestant ainsi contre chaque développement du roman sentimental. De ces protestations, on n'a guère retenu que la première, dirigée contre l'Astrée. C'est le Francion qui parut dès 1622.

Sorel conduit son héros à travers les conditions les plus variées : il nous le montre tour à tour écolier, jeune homme à la mode, libertin ruiné, homme de lettres, domestique d'un grand seigneur, et trouve ainsi l'occasion de nous décrire les compagnies que Francion fréquente et les originaux qu'il rencontre. Il n'épargne ni les gens de collège, ni les courtisans, ni les femmes peu sévères, ni les bourgeois, ni les laquais, ni les charlatans : il ne ménage que les gens d'Église. Quant aux gens à belles phrases et à beaux sentiments, il les crible de railleries, et, pour en finir, il déchire à belles dents Balzac sous le nom du pédant Hortensius.

Tous ces traits de mœurs se trouvent épars dans une intrigue peu édifiante et qui égale en licence ce qu'il y a de plus cru dans Béroalde ou Brantôme. C'est là l'inconvénient du livre : un autre défaut, c'est que le style n'y est que d'une qualité médiocre : si, aux bons endroits, il ne manque pas d'une certaine vivacité, il est le plus souvent plat et trivial. L'ouvrage intéresse plus par le sujet que par le talent; ce qui explique la longue éclipse qu'a subi sa réputation. Aussitôt que d'autres ouvrages ont paru qui s'attaquaient aux mêmes travers avec plus de goût et plus d'art, telles les satires de Boileau et les comédies de Molière, Sorel est tombé dans l'oubli. Il a fallu la curiosité de notre siècle pour lui rendre une attention qu'il justifie d'ailleurs et par le rôle qu'il a joué dans l'histoire littéraire de son temps et par les curieux détails de mœurs dont il abonde. Mais son livre est plutôt un document à consulter qu'une lecture à poursuivre jusqu'au bout par plaisir.

Desmarets (1595-1676). — A ces deux adversaires du précieux et du maniéré, il faut joindre un auteur qui, après avoir été reçu et fêté à l'hôtel de Rambouillet, se retourna contre ses anciens amis, et écrivit sur eux, en forme de comédie, une satire que les contemporains trouvèrent excellente, et où se rencontrent quelques détails instructifs. On n'est jamais trahi que par les siens, dit le proverbe. Desmarets se chargea d'en donner la preuve aux Précieuses.

Cet auteur qui a laissé la réputation définitive d'un personnage hétéroclite au cerveau blessé, se vit, sans avoir un vrai talent, mêlé à presque tous les évènements littéraires de son siècle. Après avoir fait à l'affectation précieuse une guerre qui le rend, quoique indigne, le précurseur de Molière, il eut la chance d'ouvrir la querelle des Anciens et des Modernes et de frayer la voie à Perrault et à Fontenelle.

La protection du cardinal l'avait fait admettre d'office à l'Académie. Poète tragique par ordre, il dut composer des tragédies de son cru : *Scipion, Roxane, Érigone, Aspasie,* et endosser celles du cardinal. Il fut l'éditeur responsable de *Mirame.* Rien de tout cela ne l'avait ou ne l'aurait mis en vue : il obtint la popularité par sa comédie des *Visionnaires* qui fut un gros succès. C'était la caricature des Précieuses et de leur entourage. Les personnages féminins y sont au nombre de trois : ce sont des filles un peu folles, dont l'une, comme la Bélise de Molière, ne voit partout que des amoureux de sa beauté; l'autre brûle d'une passion inattendue pour Alexandre le Grand; la troisième est entichée de poésie et de théâtre. Les hommes sont : un poète maniaque, un capitaine vantard et poltron, un vieillard imbécile qui change d'avis en même temps que d'interlocuteur et qui promet à vingt prétendants la main de sa fille.

Cette pièce, régulière dans sa forme, parut un chef-d'œuvre aux contemporains. Nous la jugeons plus froidement, tout en reconnaissant qu'elle renferme d'heureuses critiques sur le drame irrégulier encore en faveur, sur la manie commune aux poètes de chanter l'amour sans être amoureux, ainsi que des traits mordants à l'adresse des Précieuses et de leurs folles imaginations.

Du théâtre Desmarets passa à la poésie épique et rima en vingt-six chants sa mortelle épopée de *Clovis,* un chef-d'œuvre à ses yeux et que l'on ne pouvait critiquer, disait-il, sans injustice et même sans impiété. Il soutenait en effet que, comme les chrétiens étaient moralement supérieurs aux païens, de même les auteurs chrétiens devaient l'emporter sur les autres. Il ajoutait que les sujets chrétiens étaient seuls propres à la poésie héroïque et se vantait d'avoir personnellement triomphé des anciens en se parant de leurs dépouilles, tout ainsi que « le grand Tamerlan avait triomphé de Bajazet ». Cette théorie paraît ridicule, dans la bouche de Desmarets : mais Chateaubriand a su la rendre séduisante et lui donner une apparence de vérité dans son Génie du Christianisme. Elle a eu d'ailleurs une autre fortune : elle a servi de point de départ à la querelle des Anciens et des Modernes que nous racontons plus loin.

La raison de Desmarets s'altéra de bonne heure. Il tomba dans une dévotion outrée qui lui fit composer de ridicules pamphlets contre les Jansénistes et imaginer un ordre de chevalerie qui comprendrait 144,000 membres, toujours prêts à partir en guerre contre les infidèles et les hérétiques. Il devint visionnaire à son tour, comme le dirent les Jansénistes dans des ripostes où il n'y a guère que ce trait d'esprit, mais dont l'une cependant est encore assez connue pour avoir provoqué incidemment la brouille de Racine et de Port-Royal.

Il n'y aurait rien à dire à cette folie dévote de Desmarets, si elle n'était devenue tyrannique et même meurtrière. Que Desmarets ait été fou, cela ne fait aujourd'hui de doute pour personne. Mais les contemporains n'en étaient pas convaincus, ou s'ils l'étaient, ils n'osaient pas le dire, et Boileau fut presque le seul à avoir ce courage. Pour les autres, Desmarets était un seigneur d'importance. Ancien confident du cardinal, intendant et homme d'affaires de ses héritiers, ayant à ce titre le maniement d'une immense fortune dont il usait pour imprimer magnifiquement et répandre partout ses livres, il était compté depuis sa conversion comme un défenseur de l'orthodoxie et l'un des maîtres de la vie spirituelle. Il visitait assidûment les couvents de femme où son jargon mystique le faisait bien venir.

Il jouissait donc d'une véritable influence et il en abusa pour faire juger et condamner au feu un autre mystique aussi fou que lui, Simon Morin, dont les doctrines ne lui plaisaient pas, ou peut-être dont il était jaloux. C'est en 1662 que cet assassinat juridique fut commis. Le président de Lamoignon, auteur responsable de la sentence, eut le triste courage de railler au pied du bûcher le malheureux insensé qu'il envoyait à la mort sur la demande d'un autre insensé.

De Desmarets, qui fut homme de théâtre en son temps, il est tout naturel de passer au théâtre lui-même, c'est-à-dire à la forme poétique qui réussit le mieux et jeta le plus d'éclat au siècle de Richelieu. Nous sortons avec elle des coteries et des salons : nous échappons aux petitesses et aux mesquineries de l'esprit mondain. Le théâtre s'adresse, en effet, non à une élite prétendue, mais au public tout entier. Il est populaire, par définition; et c'est à cela qu'il doit en partie son heureux développement.

CHAPITRE IV

LA TRAGÉDIE : CORNEILLE.

1º La Tragédie depuis la Pléiade. — 2º Mairet et la tragédie régulière. — 3º Influence de Richelieu. Les trois unités et leurs effets. — 4º Corneille, sa vie et son œuvre. — 5º Poètes de la génération de Corneille. — 6º Poètes qui font la transition entre Corneille et Racine.

1º Histoire de la tragédie depuis la Pléiade. — La tragédie que l'on a justement appelée, à la prendre dans ses chefs-d'œuvre, le plus noble plaisir des hommes assemblés, a été bien longue chez nous à revêtir ce caractère. Il lui a fallu près d'un siècle de tâtonnements, sans parler des innombrables essais analogues tentés par le Moyen Age.

On sait, en effet, que le goût du théâtre a toujours été très vif en France; en dépit du vers de Boileau :

> Chez nos dévots aïeux le théâtre abhorré, etc.,

il y eut de bonne heure des représentations, et il se créa une double littérature dramatique très féconde, mais d'ailleurs sans autres qualités. D'un côté les pièces sérieuses, mystères, miracles, moralités; de l'autre les sotties et les farces. Nous ne parlons ici que des premières.

Faute d'art et de style, elles sont illisibles ou peu s'en faut. L'esprit inculte de nos aïeux put s'en contenter; mais elles devaient forcément entrer en discrédit du jour où la comparaison avec les chefs-d'œuvre de l'antiquité aurait révélé leur misère d'invention et leur laideur d'expression. Condamnées dès lors sans retour, elles tombèrent dans un oubli mérité d'où notre manie fureteuse les exhume peu à peu dans un simple intérêt de curiosité. C'était chose faite dès la fin du XVIᵉ siècle, et personne au monde ne se souciait plus d'elles. Car de s'imaginer, comme on le dit quelquefois, qu'elles aient gardé au XVIIᵉ siècle assez d'influence pour inspirer Corneille et Racine, c'est illusion pure; et il n'y a rien qui ressemble moins aux mystères, malgré l'esprit religieux qui leur est commun, que ces belles tragédies de Polyeucte et d'Athalie.

A vrai dire, on continua, pendant assez longtemps, à jouer des mystères dans la salle des Confrères de la Passion. Mais ils n'avaient pour auditeurs que le petit peuple. Le public lettré n'y venait plus. Quant aux poètes, ils n'avaient garde d'abaisser leur plume à un si pauvre emploi : il leur était venu des visées plus hautes, et ils avaient rompu sans retour avec la tradition du Moyen-Age.

On connaît l'ambition de la Pléiade. Elle voulait, après avoir enrichi et ennobli la langue, naturaliser tous les genres anciens. Le théâtre était forcément du nombre; ce fut Jodelle qui se chargea d'être notre Sophocle et aussi notre Térence. Il débuta par *Cléopâtre captive*. Il avait calqué sa pièce sur l'Antigone grecque, faisant correspondre les actes aux épisodes et les chœurs aux chœurs. L'imitation était tout extérieure et, dans le détail, on eût vainement cherché l'intérêt des situations, l'exactitude des caractères, le pathétique et la portée morale du chœur, la force et la poésie du style. Toutes ces qualités avaient échappé à l'auteur. Sa pièce, représentée au collège de Boncour, n'en fut pas moins applaudie à outrance par un public de courtisans et de poètes; et elle lui valut un triomphe à la mode antique que Ronsard a chanté dans « le voyage d'Arcueil ».

Il composa ensuite une *Didon*, tout aussi faible, et où il s'était contenté de mettre en dialogue le quatrième livre de l'Énéide. Son essai de comédie : *Eugène ou la Rencontre*, valait mieux. Mais il n'en est pas moins démontré que ce n'était pas à Jodelle que devait revenir l'honneur de fonder notre théâtre.

Ce n'était pas davantage à Grévin, auteur d'un Jules César, ni à Jacques de la Taille avec son Alexandre et Daire, ni à Jean de la Taille avec son Saül précédé de l'explication des règles d'Aristote et d'Horace, ni à la Péruse avec sa Médée, ni à Toutain avec son Sénèque. Tous ces auteurs ne sont que des écoliers laborieux et sans génie : ils copient les œuvres antiques et ils les copient mal. Ils traitent en général des sujets profanes. C'est tout au plus si quelques-uns s'émancipent jusqu'à traiter des sujets religieux et à mêler l'inspiration chrétienne aux procédés de Sophocle et de Sénèque, sans y réussir autrement. Mais, chose curieuse, l'idée ne vient à aucun d'emprunter la donnée d'une pièce à notre histoire nationale. On dirait que la patrie n'existe pas pour eux et que rien ne compte en dehors de l'antiquité et de la religion. C'est un fait à noter et d'autant mieux que nous le verrons se perpétuer pendant toute la période classique. Cela ne nous a pas empêchés d'ailleurs d'avoir un théâtre national, au vrai sens du mot, c'est-à-dire un théâtre marqué au coin de nos qualités et vraiment français par l'exécution, à défaut des sujets.

Garnier, qui vint ensuite, eut plus de mérite que ses obscurs devanciers. Poète de vocation, il composa ses tragédies à travers les mille incidents d'une vie aventureuse ; mais on ne sait pas s'il les fit jamais représenter. Elles sont au nombre de huit, dont deux seulement ont une complète originalité : *Bradamante* sur une donnée prise de l'Arioste ; *Les Juives,* empruntées aux Livres saints. Les autres, *Porcie, Hippolyte, Cornélie, Marc-Antoine, la Troade, Antigone,* sont plus ou moins imitées de Sénèque. Elles présentent un plan pour ainsi dire invariable. Une ombre infernale ouvre la pièce par un monologue d'exposition ; une nourrice sert de confidente ; un messager dénoue l'intrigue par un récit ; le chœur intervient de temps à autre avec plus ou moins d'à propos. Le poète ne tente pas de dépasser le cadre dramatique des Grecs et des Latins ; et s'il a été utile à notre théâtre, c'est « à la façon d'un traducteur en vers de Sénèque ». Dans ce rôle secondaire, il ne laisse pas d'avoir des qualités de style qui rachètent un peu ce qui lui manque du côté de l'intrigue et de l'analyse morale. Moins trivial que ses devanciers, il a de la force et au besoin de l'élévation. Certains de ses dialogues, vigoureusement menés, semblent annoncer ces belles scènes de Corneille où chaque mot porte, où le vers répond au vers comme dans un assaut la riposte suit l'attaque. Quelques-uns ont reproché à Garnier d'avoir engagé notre théâtre dans une voie regrettable en l'induisant à remplacer l'action par les conversations. C'est faire trop d'honneur à ce poète que de lui attribuer semblable influence, et ne pas en faire assez à notre théâtre que d'en parler ainsi.

A côté de Garnier, il faut citer Montchrestien qui eut, lui aussi, une vie aventureuse et, de plus, mal terminée. Ce maître de forges huguenot fut mêlé à toutes sortes de querelles et de révoltes, et il finit par y laisser la vie. Du temps qu'il ne donnait pas à son métier ou à la satisfaction de ses instincts belliqueux il faisait deux parts : l'une consacrée à des recherches sur les sources de la richesse autrement dit sur l'Économie politique (il est chez nous l'introducteur de ce terme qui sert de titre à un de ses ouvrages); l'autre appartenait à la poésie. Il a composé six tragédies qui n'ont, sans doute, jamais été représentées : *Sophonisbe*, *David*, *Aman*, *Hector*, *les Lacènes ou la Constance*, l'*Écossaise* (mort de Marie Stuart). Ces pièces ne sont pas sans mérite. On y trouve des détails heureux et le style est souvent empreint d'une grâce délicate et touchante. Il paraît même probable qu'elles ont fourni à Corneille et à Racine quelques inspirations. Mais, pas plus que Garnier, leur auteur ne peut être considéré comme le fondateur de la scène française.

Nous sommes arrivés aux premières années du XVIIᵉ siècle et, après cinquante ans d'efforts, notre théâtre est comme s'il n'existait pas. Il y a bien à Paris deux troupes établies à demeure, l'Hôtel de Bourgogne et l'Hôtel d'Argent ou le Marais; il y en a d'autres qui battent la province non sans y trouver leur profit; mais les acteurs ne sont rien sans les beaux ouvrages, et ceux-ci font encore défaut. La France se met décidément en retard sur les peuples voisins.

Les Italiens avaient déjà toute une littérature dramatique où figuraient, à côté des dramaturges de profession, la plupart de leurs grands auteurs, le Tasse, l'Arioste, le Berni, Machiavel. L'Espagne avait vu succéder à Lope de Rueda le grand Lope de Vega derrière qui grandissaient Calderon et Guillem de Castro. L'Angleterre après Marlowe avait Shakespeare et Ben Jonhson, bientôt suivis de Beaumont et de Flechter. Partout c'était une production aussi heureuse qu'abondante. Ici, une sorte de régularité classique dans les plans s'unissait à tout ce que le style peut avoir de brillant et de recherché. Là, c'était l'imagination la plus riche et l'exécution la plus vive; là surtout, c'était le génie dramatique dans son ampleur et sa vérité.

Nos Français seuls restaient en arrière. Ils n'avaient pour leur tenir lieu de Shakespeare et de Lope de Vega que Hardy, l'homme aux sept cents drames, le fournisseur en titre des comédiens du Marais.

Forcé de répondre aux exigences de ses interprètes, plus encore qu'à celles des spectateurs, Hardy dut composer pièce sur pièce, et, comme il n'était qu'un metteur en œuvre sans originalité, chercher partout des sujets à imiter. Il ne s'attarda pas aux Anciens bien vite épuisés, ni à leurs procédés trop gênants : il renonça notamment au chœur qui induisait à une dépense excessive les comédiens déjà mécontents de l'énormité de leurs frais. Il brisa donc le moule adopté jusque là, et s'inspirant des pratiques du théâtre espagnol, il corsa l'action en multipliant les péripéties et en augmentant le nombre des personnages.

Nous ne connaissons de lui que quarante et une pièces publiées. Ce sont des pastorales imitées de l'Italien, mais avec addition de crudités gauloises; des tragi-comédies à l'Espagnole; et quelques tragédies proprement dites avec chœur facultatif. Parmi ces dernières on peut citer la *Mort de Daire, Alexandre, Coriolan, Mariamne*.

On se fait une idée assez juste de Hardy en le comparant à ces gens entendus, comme notre siècle en a vu plus d'un, les Scribe, les Dennery, etc., qui excellent à charpenter et à faire tenir debout une pièce quelconque suivant une formule peu variée. C'était un artisan plus qu'un artiste; mais à son école les poètes de la génération suivante prirent de la facilité et acquirent le tour de main.

Ils eurent bientôt l'ambition de faire mieux, soit en revenant aux Anciens que Hardy avait trop délaissés, soit en imitant de plus près les Italiens auxquels il avait laissé leur qualité maîtresse, la régularité dans la composition.

Théophile fit le premier une tentative dans ce dernier sens;

mais sa pièce de Pyrame et Thisbé ne vaut pas mieux que celles de Hardy, sans leur ressembler. Les défauts pour n'être plus les mêmes ne sont pas moins saillants ; partout éclatent des erreurs de goût qui déconcertent ou font rire.

Le style était plus sage dans l'Amaranthe de Gombault et dans les Bergeries de Racan ; mais c'étaient plutôt des poèmes dialogués que de véritables pièces. L'honneur de deviner, sinon de trouver, la formule de la tragédie française était réservée à Mairet, qui, aidé des conseils de littérateurs instruits et particulièrement de Chapelain, appuyé de l'influence du cardinal de Richelieu, s'engagea le premier dans la bonne voie et fraya le chemin à Corneille.

2° Mairet et la tragédie régulière (1604-1686). — Né à Besançon d'une famille noble, Mairet, sujet espagnol, mais français de langue et d'esprit, fit ses études à Paris au collège des Grassins. Au sortir de sa philosophie, il donna Chryseide et Ahrimand, et, bientôt après, Sylvie qui eut un succès extraordinaire. Présenté à la la cour, il s'attacha au maréchal de Montmorency, le suivit dans la campagne de 1625 contre les protestants et en obtint une pension.

Mécontent de ses premiers ouvrages qu'il appelait ses péchés de jeunesse, ayant ce besoin d'ordre et de régularité qui caractérise l'esprit français, il fut heureux de trouver chez les Italiens des pièces assez bien composées pour lui servir de modèle ; il adopta les règles pratiquées en Italie et formulées aussi par le flamand Heinsius en tête de ses tragédies latines. Il s'en inspira dans sa *Silvanire* qui parut avec une préface explicative : tout en avouant qu'il y avait eu de belles pièces où les règles n'étaient pas observées, il y réclamait le droit de les observer lui-même à ses risques et périls et de joindre ce nouveau mérite à ceux qu'il pourrait avoir d'ailleurs. Les comédiens ne furent pas de cet avis et déclarèrent à Mairet qu'ils n'accepteraient plus de pièces régulières. Les causes de cette résolution étaient la routine et l'intérêt : ces messieurs n'aimaient pas à sortir de leurs habitudes, et ils avaient peur d'être forcés d'augmenter la rétribution des auteurs, à qui les pièces régulières coûteraient évidemment plus de travail. Outre ces raisons peu avouables, ils avaient un bon argument à faire valoir. En dépit de sa régularité, ou, comme ils disaient, à cause de sa régularité, la Silvanire était ennuyeuse. Ils alléguèrent leur intérêt bien entendu et quand Mairet leur apporta sa *Sophonisbe,* ils la rejetèrent.

Quelques grands seigneurs, hommes d'esprit, et particulièrement le comte de Fiesque intervinrent auprès des comédiens et leur demandèrent de se prêter à un nouvel essai. Richelieu, mis au courant de la question, se prit d'un beau zèle pour les règles et força la main aux acteurs. La Sophonisbe fut représentée et elle eut un succès éclatant. Malgré la faiblesse du style et la fausseté des caractères, malgré les coquetteries déplacées de l'héroïne qui déploie l'art d'une précieuse consommée pour séduire Massinissa, la pièce renferme des beautés vraies, surtout dans les deux derniers actes où l'on trouve du pathétique et des tableaux émouvants. Le poète français n'était pas resté au-dessous de son modèle italien le Trissin, et son œuvre était cette fois régulière et intéressante.

A dater de ce jour, les règles eurent cause gagnée. Le cardinal les prit sous sa protection et les imposa aux auteurs qui travaillaient pour lui. Corneille, tout frais débarqué de Rouen pour la représentation de sa Mélite et qui n'en avait pas encore la moindre idée, se les fit expliquer, se réjouit d'en avoir fortuitement observé deux sur trois et promit de s'y tenir désormais.

C'est là le véritable service de Mairet, celui qui fait vivre son nom dans l'histoire du Théâtre. C'est d'ailleurs la seule chose de lui qui nous intéresse. Ses autres pièces, *Marc-Antoine* et *Cléopâtre, le grand et dernier Soliman, Athénaïs, le Roland furieux,* l'*Illustre Corsaire* et jusqu'à *Sidonie,* son œuvre préférée, ne tirent pas à conséquence. De même il n'y a rien de bien saillant dans le reste de sa vie, sauf la part peu honorable qu'il eut à la querelle du Cid. On sait que le succès de Corneille provoqua en lui une crise de jalousie qui se traduisit au dehors par de honteux et injustifiables emportements Il fut quelque temps chargé des affaires de sa province natale à Paris; puis, l'âge arrivant, il se retira à Besançon où il devint le chef du parti français et travailla utilement à la réunion de la Franche-Comté à la France.

En résumé, on doit être reconnaissant à Mairet d'avoir eu un esprit assez juste pour goûter la régularité dans la tragédie ; assez de courage pour imposer aux comédiens des pièces régulières ; et, une fois au moins, assez de talent pour démontrer que la régularité peut devenir dans l'art dramatique comme dans les autres arts une cause de beauté.

Ici se place naturellement l'histoire déjà annoncée de l'influence de Richelieu sur la formation et l'avenir de notre théâtre : nous ne l'ajournerons pas plus longtemps.

3° Influence de Richelieu. Importance des trois unités. — « A quoi pensez-vous que je prenne le plus de plaisir, demandait un jour Richelieu à l'un de ses familiers ? » Et comme celui-ci, en bon courtisan, se mettait en frais de grands mots et parlait de négociations et de victoires : « Vous n'y êtes pas, reprit le ministre, c'est à faire des vers. »

A dire vrai, il n'y réussissait guère. Il paraît qu'il y en a cinq cents de lui dans Mirame et, quoiqu'on ne les connaisse pas autrement, on peut affirmer sans se compromettre que ce sont les plus mauvais. Il aurait donc aussi bien fait de renoncer à cette manie de versification. Mais il y tenait comme on a vu depuis Ingres tenir à son violon. Le ministre se croyait poète comme le peintre s'est cru musicien et ce sont là, après tout, d'innocents travers. Richelieu rachetait le sien par la bienveillance qu'il témoignait aux poètes ; il les traitait en confrères, ne souffrant pas qu'ils restassent debout et découverts devant lui ; il encourageait la poésie sous toutes ses formes, mais, surtout, sous la forme dramatique. Il avait une salle de spectacle dans chacune de ses résidences : au Palais-Cardinal, le théâtre faisait pendant à la chapelle, et il n'était ni moins orné ni moins fréquenté. Cette faveur déclarée d'un si haut personnage ne pouvait avoir que d'heureux effets ; mais Richelieu ne s'en tint pas là : il entra dans les détails en amateur entendu et pour ainsi dire en homme du métier.

Il aimait à composer des plans de pièces. C'était le divertissement préféré de ses longues insomnies. Comme il n'avait ni le temps ni la patience de développer ses plans d'un bout à l'autre, il se reposait dans ce soin sur cinq auteurs payés par lui et surveillés par Chapelain. C'étaient Colletet, l'Étoile, Boisrobert, Rotrou et enfin Corneille qui céda bientôt la place à Desmarets.

Ces poètes rédigèrent successivement : la comédie des *Tuileries*, représentée à l'Arsenal, l'*Aveugle de Smyrne*, la *Grande Pastorale*, et enfin *Mirame* qui fut donnée dans la nouvelle salle du Palais-Cardinal, sous les yeux de l'assemblée du clergé, et où l'évêque de Chartres, Léonor de Valençay, fit office de régisseur et frappa les trois coups. On sait qu'à cette représentation le public, quoique trié sur le volet, resta froid et n'applaudit pas, moins pour contrarier le cardinal que pour ne pas se compromettre aux yeux de la reine. Elle était en effet à la pièce; mais elle était aussi de la pièce; car on y représentait ses amours avec Buckingham. C'était une vengeance que Richelieu voulait tirer d'elle et à laquelle les spectateurs eurent la prudence plus encore que la délicatesse de ne pas s'associer.

Mirame échoua donc, partageant ainsi le juste sort de ses devancières. Mais ces échecs ne tirent pas à conséquence et notre thèse n'en est nullement ébranlée. Car nous ne voulons retenir qu'un fait de ce qui précède, c'est le goût vif et persistant, c'est l'enthousiasme du cardinal pour le théâtre; c'est la protection dont il entoure tout ce qui appartient à la scène, auteurs et acteurs. Il était impossible qu'un art ainsi encouragé par le vrai chef de l'État ne prît racine dans la société, et n'en devînt une habitude indispensable. Or, ce résultat acquis, les autres ne pouvaient manquer de suivre : ce n'était qu'une affaire de temps, et d'ailleurs il est rare, quand un genre est l'objet de la faveur publique, qu'il ne produise pas à bref délai un grand homme dont les œuvres légitiment cette faveur.

Ainsi donc, si, non seulement la belle société, mais tout le public bourgeois prirent au xviie siècle l'habitude et le goût du théâtre, le mérite en revient principalement au cardinal de Richelieu. A ce service capital il en joignit un autre, plus contesté mais non moins essentiel, en faisant adopter la règle des trois unités qui créa définitivement la tragédie française.

On a souvent et longuement déclamé contre les trois unités. Elles ont été en ce siècle l'objet des railleries et des injures de l'École Romantique, tandis que les Classiques les tenaient, de parti pris, pour une chose sacrée, pour la sauvegarde nécessaire et immuable de notre théâtre national. A vrai dire, elles ne méritaient ni cet excès d'honneur ni cette indignité. Ainsi, les Romantiques étaient, somme toute, dans leur droit quand ils essayaient de renouveler une formule usée à leurs yeux et de modifier des procédés qu'ils jugeaient avoir fait leur temps. Mais ils avaient grand tort de soutenir que ces règles, inutiles pour eux, n'avaient jamais été utiles à personne, et que leur seul effet avait été de torturer et de stériliser pendant deux siècles le génie des poètes. On sait ce qu'il faut penser de cette prétendue stérilité : les œuvres sont là, belles, fortes, impérissables, qui la démentent. Mais il y a mieux, et l'on peut affirmer qu'à l'époque de son adoption, la règle des trois unités fut un bienfait réel.

Notre théâtre avait abandonné, avec Hardy, les traces de l'antiquité, que, débutant maladroit, il n'avait pas su imiter heureusement, et il avait pris pour guide le drame espagnol qui lui réussissait moins encore et ne lui eût jamais réussi.

Car à quoi bon se faire illusion sur les tendances et la portée du génie français? Ce n'est pas par l'imagination qu'il brille et c'est l'imagination dans ce qu'elle a d'aventureux, de fougueux, de coloré, d'éclatant, qui fait la beauté des pièces espagnoles. En vain voudrait-il suivre cet oiseau de haut vol : ses ailes s'y refusent. On le vit bien alors, où d'un modèle mal choisi nous ne pûmes reproduire que les défauts.

Il n'était pas encore question de l'imitation anglaise, mais j'ose dire qu'elle ne nous eût pas convenu davantage, à en juger par les essais du XVIIIe siècle et même du nôtre. Malgré notre habileté à transposer, à adapter, Shakespeare nous est resté irréductible.

La beauté pour laquelle l'esprit français est le mieux fait, qu'il est le plus capable de réaliser, est celle qui résulte de la régularité, de la belle ordonnance, de l'exactitude des proportions, de la netteté et de l'élégance du style, voilà pour la forme; de la justesse et de la suite des idées, de la vraisemblance des peintures morales, de la générosité des sentiments, voilà pour le fond. Il en est de nos poètes comme de nos peintres. Ces derniers ont le dessin et l'expression ; ils savent composer, mettent dans leurs tableaux de la pensée ou du sentiment; mais ils pèchent le plus souvent par la couleur. C'est un défaut dont il faut, avec eux, prendre son parti. De même en poésie, le luxe d'images, le flot de traits tour à tour triviaux et sublimes dont Shakespeare et Lope débordent, leurs descriptions éclatantes, leurs envolées d'imagination et leurs caprices, leurs témérités de style ne sont pas notre fait, ou ne l'ont pas été de longtemps et au xvii° siècle moins que jamais.

Notre théâtre d'alors ne pouvait que perdre à s'aventurer hors des régions moyennes de la raison et du goût. Les trois unités ont eu cet avantage de nous rappeler à nous-mêmes, au sentiment de notre vraie nature, à la conscience de nos forces réelles.

Sans parler de l'unité d'action, source et condition même de tout intérêt dramatique, les unités de lieu et de temps ont eu pour effet de nous interdire justement ce à quoi nous étions mal habiles, ces incidents que nous ne savions pas démêler, ces descriptions que nous manquions toujours par quelque endroit, ces personnages épisodiques dont la foule restait indistincte sous la plume de nos poètes. Elles ont allégé le poème dramatique de ce qui n'était qu'ornement contestable, agrément de pur luxe, et l'ont réduit à l'essentiel, je veux dire à l'action principale et à ses acteurs indispensables. Le genre étant ainsi limité, nos poètes ont pu y déployer ces qualités nationales où l'ordre et la régularité tiennent le premier rang.

J'ose le dire; sans les trois unités, la tragédie française ne se serait sans doute jamais élevée à la hauteur d'un art véritable; elle aurait erré à l'aventure sur les pas des Espagnols et tour à tour des autres modernes, et, si elle avait fait d'ici de là d'heureuses rencontres, elle n'eût jamais produit cet ensemble de belles œuvres indispensable pour constituer un genre littéraire.

Ce n'a pas été un médiocre bonheur pour nous que le même homme, dont la puissante main courbait et domptait toutes les résistances, toutes les rébellions au profit de l'unité nationale et de la suprématie de la France dans le monde, ait pris la peine d'introduire une discipline analogue dans la branche de notre poésie qui a porté les meilleurs fruits et produit le plus de chefs-d'œuvre. Et comment ne pas lui avoir, en littérature comme en politique, une durable reconnaissance ?

Corneille (1606-1684). — La longue vie de Corneille n'a guère d'événements en dehors de la représentation de ses pièces : voici toutefois ce qu'elle renferme de moins ordinaire.

Sa vie. — Né à Rouen d'une famille de robe et destiné lui-même au barreau, Corneille fit de bonnes études aux Jésuites de sa ville natale et suivit un cours de droit. Une fois gradué, il essaya de plaider et n'y réussit pas. Il avait la parole hésitante, la langue épaisse, le geste maladroit, l'extérieur gauche et embarrassé. La nature avait enfermé son génie dans la prison la plus commune : jeune il ressemblait à un courtaud de boutique ; plus tard il eut tout l'air d'un bon marchand rouennais. Il comprit bientôt qu'il n'était pas fait pour parler en public : il acheta une de ces charges de robe, si nombreuses alors, demi-sinécures dont l'avantage était de donner un rang dans le monde, sans exiger beaucoup d'assiduité. Il devint donc avocat-général à la Table de marbre de Normandie, c'est-à-dire au tribunal des contestations et des contraventions forestières et maritimes. Il donna à ces fonctions le peu de temps qu'elles réclamaient et consacra ses nombreux loisirs à la poésie.

Dès sa sortie du collège il avait rimé sonnets et pièces galantes dont il essayait de se faire honneur auprès des dames. Il eut, malgré ses vers, une déconvenue amoureuse, mais il en fut aussitôt dédommagé, à cause de ses vers. Repoussé d'une personne à qui il voulait plaire, il fut recherché d'une autre à laquelle il ne songeait pas. Cette aventure lui parut si agréable qu'il la mit à la scène : il en fit sa comédie de *Mélite* représentée en 1629 avec succès. Il avait alors vingt-trois ans.

Désormais il travailla pour le théâtre, donnant ou peu s'en faut une nouvelle pièce chaque année, et subissant les chances diverses et journalières de la composition dramatique. Nous parlerons plus loin de ses ouvrages : occupons-nous seulement de sa personne.

Désigné par ses premiers succès à l'attention du cardinal, il fut admis au nombre des auteurs qui versifiaient les plans de l'Éminence. Il remplit d'abord sa tâche à la satisfaction du maître ; mais il eut le malheur de modifier une idée dans le troisième acte de la comédie des Tuileries, et il reçut des reproches très secs, terminés par cet arrêt : « Vous n'avez pas l'esprit de suite », autrement dit, l'esprit juste. Corneille humilié prit le premier prétexte pour quitter Paris et rentra à Rouen où il resta jusqu'à la représentation du Cid.

Le détail est à noter : Corneille ne sera jamais un vrai Parisien. Il est et il reste provincial. Dans sa période la plus brillante, il ne vient guère à Paris que pour ses pièces. Même lorsqu'il a vendu sa charge, il réside ordinairement dans sa ville natale. Après l'échec de Pertharite, il y fit un séjour de sept ans sans interruption et il se croyait sans doute destiné à y finir sa vie. Le sort en disposa autrement; il revint au théâtre après un long silence, et dès les premiers temps de cette reprise se fixa définitivement à Paris, mais sans s'y départir de ses habitudes et de ses manières de province.

Le cardinal eut la faiblesse d'en vouloir au poète de son brusque départ. Il lui marqua son mécontentement en encourageant, en excitant les adversaires du Cid : mais, cette mesquine vengeance exercée, il rendit sa faveur à Corneille, l'autorisa à lui dédier Horace, et l'aida même à obtenir la main de Mlle de Lamperière dont le père, magistrat aux Andelys, ne voulait pas entendre parler d'un poète pour gendre. Ce père récalcitrant reçut un beau jour l'ordre de comparaître devant le cardinal : il y vint tremblant, effaré, se demandant par quel méfait il avait pu attirer sur lui l'attention du terrible ministre. Il s'attendait à tous les malheurs. Il fut trop heureux d'en être quitte pour l'ordre aussitôt exécuté de marier sa fille à Corneille.

Ce mariage contrarié faillit avoir, à peine conclu, un dénouement funeste. Il s'en fallut de peu que le nouveau marié ne fût emporté, dès le premier jour, par une congestion pulmonaire. Le bruit se répandit même à Paris qu'il était mort et les rimeurs se mirent en frais d'épitaphes latines et françaises, qui leur restèrent heureusement pour compte.

La vie de famille réussit à Corneille : elle lui donna un bonheur calme et tranquille, en rapport avec ses mœurs, sans rien enlever à la force de son talent. Il associa plus tard à son existence son frère Thomas en lui faisant épouser sa belle-sœur, et il vécut longtemps avec lui dans une union parfaite. Il eut six enfants qu'il éleva avec le plus grand soin, mais dont l'établissement consuma toutes ses ressources. C'est alors qu'il revint chercher fortune à Paris. Au début les choses allèrent assez bien. Mais la pension de 2,000 livres qu'il avait obtenue par l'intermédiaire de Chapelain fut inexactement payée et bientôt supprimée. Il eut au théâtre des échecs trop justifiés, et le chagrin qu'il en ressentit se compliqua d'un douloureux sentiment de jalousie à l'égard de Racine, son jeune rival.

Ce fut une vieillesse désolée que la sienne ; elle connut les rigueurs de la vraie pauvreté, et l'on dit même que, sans l'intervention de Boileau, elle se serait achevée dans un absolu dénument. Certes, s'il était démontré que le malheur est la rançon nécessaire du génie, il n'y aurait pas à plaindre le poète : sa part serait encore la plus belle. Mais rien ne prouve qu'il en soit ainsi, et l'on doit blâmer Louis XIV de n'avoir pas compris jusqu'au bout dans ses libéralités un homme qui avait tant fait pour la gloire du pays.

Son caractère. — Le seul reproche que l'on ait adressé au caractère de Corneille, c'est d'avoir été intéressé, d'avoir tiré le plus possible des comédiens, et, pour de l'argent, dédié ses pièces à des personnages indignes de cet honneur, par exemple, au financier Montauron. Les détails précédents expliquent que, s'il était intéressé, ce n'était pas sans raisons valables, par besoin plus que par avidité : on serait même tenté de dire, en voyant sa fin, qu'il aurait dû l'être davantage.

D'ailleurs, à quoi bon chercher des contrastes et des contradictions entre la conduite et le talent de ce grand poète? Pourquoi vouloir induire de quelques menus faits malignement interprétés que l'homme n'aurait pas été moralement à la hauteur de l'écrivain, quand c'est le contraire qui est vrai?

En effet, sous des dehors un peu frustes, et en dépit de certaines démarches mal jugées, Corneille était un grand cœur, une belle âme : ses pièces en sont la preuve irréfutable. Il ne faut pas oublier qu'il a tiré de lui-même et rien que de lui les beaux sentiments dont ses tragédies abondent. On a fait honneur au temps de ce qui n'appartient qu'au poète. Le niveau des caractères était alors peu élevé et l'héroïsme plus que rare. Cependant Corneille parut ; il essaya de communiquer à la médiocrité de ses contemporains un peu de la flamme qui l'animait, un peu de cette générosité, de cette noblesse dont il avait en lui l'inextinguible foyer. A son contact, les cœurs s'échauffèrent et essayèrent de vibrer à l'unisson du sien; et si les brouillons et les intrigants qui forment la plus grande partie de la société du temps ont pu aux yeux de certains historiens passer pour des esprits indépendants et fiers, c'est à Corneille qu'ils le doivent : il est le seul auteur de cette illusion. On s'est dit qu'un poète ne peint que ses contemporains et que Corneille a dû forcément s'inspirer des mœurs et des caractères qu'il avait sous les yeux. Cela est vrai pour d'autres, mais non absolument pour lui; car il peint plus volontiers les hommes tels qu'ils devraient être que tels qu'ils sont; il fait plus grand que nature.

Sa carrière poétique. — La carrière poétique de Corneille comprend quatre périodes :

1° De 1629 à 1636, il apprend son métier; il donne, avec la tragédie de *Médée* où l'on trouve quelques beaux mouvements, un assez grand nombre de comédies, goûtées en leur temps parce que l'intrigue en était relativement simple, et que les personnages y parlaient, sans trivialité ni emphase, la langue courante de la bonne bourgeoisie. Ce sont : *Mélite, Clitandre,* la *Veuve,* la *Galerie du Palais,* la *Suivante,* la *Place Royale,* l'*Illusion Comique.*

De plus, tout en apprenant l'art de construire une pièce et d'exprimer des choses sensées en un bon style, il s'initie à la connaissance des règles et se met en état de les observer sans dommage pour la fécondité de son talent. Ainsi armé par son travail persévérant, ayant d'ailleurs fait sa moisson légitime d'idées dramatiques et de conceptions imitables chez les Anciens et les Espagnols, il entre dans sa seconde période et se révèle grand poète.

2° (1636-1652). Il débute par cet inoubliable *Cid* que les premiers spectateurs surent par cœur au bout de trois représentations, que rien ne put effacer des mémoires et arracher des cœurs, ni les critiques de confrères jaloux, ni l'animosité du cardinal, ni le jugement de l'Académie. Au contraire, toutes ces attaques ne servirent qu'à augmenter la popularité de l'auteur et de l'œuvre.

Toutefois, Corneille eut de la peine à prendre son parti de ces injustices : il ne pouvait comprendre que les mêmes écrivains, qui l'avaient accablé d'éloges quand le public lui restait assez froid, entrassent en lutte ouverte avec l'enthousiasme du public. Sa naïve probité ne pouvait expliquer cette versatilité très explicable. En effet, tant qu'il ne s'était pas élevé au-dessus du niveau ordinaire, on l'avait traité de grand homme. « Le soleil est levé, retirez-vous étoiles, » chantait Scudéry, après la représentation de la Veuve. Mais maintenant qu'un succès éclatant l'avait mis hors de pair, on était jaloux de lui et on s'attachait à lui ravir la faveur de l'opinion. Mairet ne pouvait pardonner au Cid d'avoir éclipsé Sophonisbe; Scudéry, qui cependant gardait sur Corneille l'avantage d'avoir vu le portier de la comédie succomber, à une représentation de l'Amour tyrannique, sous la poussée d'innombrables spectateurs, Scudéry n'était pas moins jaloux. Il en était de même de tous ceux, Rotrou excepté, qui travaillaient pour le théâtre : de là des critiques, des factums, des pamphlets; de là des cabales, auxquelles le cardinal eut le tort de prêter son appui.

On a cherché beaucoup de raisons pour justifier cette erreur de goût et de conduite chez un grand homme, ainsi que l'égarement qui le poussa à laisser représenter devant lui une méprisante parodie du Cid où les rôles étaient tenus par les marmitons de ses cuisines.

On y a fait intervenir le mécontentement du patriote, les préoccupations de l'homme d'État et de gouvernement. Il en aurait voulu à Corneille d'avoir fait une pièce à la gloire des Espagnols, juste au moment où leur armée venait de nous prendre Corbie, aux applaudissements de notre reine Anne d'Autriche et de ses partisans toujours trop nombreux. Il lui aurait aussi reproché d'avoir fait l'apologie du duel et d'avoir introduit dans sa pièce trois de ces combats singuliers, interdits par les lois et encore si fréquents malgré la répression la plus impitoyable.

Je crois que c'est se mettre inutilement en frais que de vouloir découvrir de si grandes causes à une si simple affaire. Richelieu fut, tout bonnement vexé de voir réussir un homme dont il avait contesté le talent et de recevoir ainsi un démenti de la réalité. Il avait dans son caractère un peu de ce pédantisme qui a longtemps distingué les gens de collège et de cette acrimonie que les gens d'Église n'ont jamais su éviter. Il fit porter à l'auteur la peine d'un succès auquel il ne s'attendait pas, et qui peut-être lui inspirait je ne sais quel retour mélancolique sur le médiocre accueil fait à ses propres pièces. Il ne sut pas retenir sa mauvaise humeur et il lui donna libre cours jusqu'au jugement de l'Académie. Après quoi, ayant satisfaction, il imposa silence à tout le monde et la querelle s'éteignit comme par enchantement. Corneille, qui s'était bien défendu, une fois la chaleur du combat tombée, resta pendant quelque temps sans force et découragé. Il avait une nouvelle pièce presque terminée, mais il n'osait y mettre la dernière main et la faire représenter, de peur d'exciter de nouveaux débats. Il s'y décida, non sans prendre maintes précautions. La tragédie eut du succès et ne fut pas contestée : c'était *Horace*, la première excursion du poète dans cette histoire romaine à laquelle il emprunta depuis tant de sujets. Après Horace, vint *Cinna* qui fit couler de nobles larmes : puis, ce fut le tour de *Polyeucte*, froidement accueilli du beau monde à cause de son caractère religieux, mais vigoureusement applaudi du public.

Ces quatre tragédies, chefs-d'œuvre dans toute la force du terme, furent suivies du *Menteur*, la première comédie de caractère qu'ait vue notre théâtre, et qui permet de considérer Corneille comme le fondateur non seulement de la scène tragique, mais de la scène comique en France. Il revenait ainsi sur le terrain de ses débuts; mais il n'y resta pas et se remit à la tragédie, donnant tour à tour, *Pompée, Rodogune, Théodore, Héraclius, Don Sanche, Nicomède*. Toutes ces pièces eurent du succès, sauf Théodore dont la donnée prêtait trop à la dérision. Sans s'élever à la hauteur des quatre grandes pièces, elles n'étaient pas indignes de figurer à côté d'elles et de leur faire cortège. Vint ensuite *Pertharite* qui fut décidément une erreur et un échec. C'est la fin de la deuxième période.

3° Corneille découragé se retira à Rouen, et déclara renoncer au théâtre. Il vécut la vie d'un bon bourgeois, fut marguillier de sa paroisse, et mit en vers, par dévotion, l'Imitation de Jésus-Christ. Il y avait six ans qu'il s'était retiré, lorsque Molière, de passage à Rouen, joua quelques-unes de ses pièces. Une curiosité naturelle le poussa à y assister et il reprit le goût du théâtre, d'autant mieux qu'il ne put, dit-on, se garantir d'un sentiment tendre pour une actrice, Mlle Duparc. Sur ces entrefaites, il reçut une lettre flatteuse du surintendant Fouquet, ou plutôt de son premier commis Pellisson, qui l'invitait à se remettre à l'œuvre et à composer une tragédie d'Œdipe. Ces influences réunies le décidèrent à faire un nouveau bail avec la tragédie.

4° Nous entrons ici dans la quatrième période qui est, il faut le dire, une période de décadence. Elle va de 1659 à 1672, et si elle présente en commençant quelques pièces passables, *Œdipe, Sertorius, Sophonisbe, Othon*, elle tombe dans une faiblesse irrémédiable avec *Agésilas, Attila, Tite et Bérénice, Pulchérie, Suréna* qui échouèrent plus ou moins et qui méritaient leur échec. L'indifférence déclarée du public réduisit enfin le poète à un silence qu'il avait peut-être eu tort d'interrompre, mais qu'il garda sagemement désormais, pendant les douze ans qu'il avait encore à vivre.

On a cherché les explications les plus savantes à la décadence de Corneille. Elle tiendrait, d'après Nisard, à ce que, au lieu d'imiter comme autrefois les Anciens en faisant des tragédies de caractère, le poète, désormais voué à l'imitation des Espagnols, n'aurait plus fait que des tragédies d'intrigue. Mais l'assertion est plus facile à avancer qu'à prouver. Nous aimons mieux dire que Corneille n'était pas de ces génies perfectibles ou tout au moins égaux à eux-mêmes, comme on en a connu : il avait ses bonnes et ses mauvaises inspirations, les premières plus fréquentes dans la jeunesse et l'âge mûr, les autres dans la vieillesse. C'est pour n'avoir pas écouté le conseil si sage d'Horace : « Solve senescentem », que le grand Corneille risqua de ternir par ses dernières pièces la gloire que lui avaient value les chefs-d'œuvre de sa forte virilité.

En dehors de ses tragédies et de sa traduction estimable de l'Imitation, Corneille a écrit des poésies de circonstance, dont deux surtout méritent d'être citées, l'Excuse à Ariste et le Discours à Louis XIV.

Il a donné en prose des Discours judicieux sur le poème dramatique, et a jugé ses propres pièces dans des examens si consciencieux qu'ils en sont parfois trop sévères.

Nous connaissons maintenant l'homme et la carrière. Il n'entre pas dans notre plan de passer en revue toutes ses tragédies ; nous nous bornerons à une appréciation générale.

Appréciation. — Pour juger équitablement Corneille, il faut toujours avoir présent à l'esprit ce fait qu'il est le véritable fondateur de notre tragédie. D'autres sont venus après lui qui, forts de son exemple et de ses leçons, l'ont égalé ou même quelquefois surpassé ; mais il n'en est pas moins l'initiateur, le maître du genre.

Son originalité est indiscutable. Quels que soient ses emprunts aux Anciens, aux Espagnols, à ses devanciers français, en réalité il ne procède que de lui-même et de son génie.

N'est-ce pas lui qui a inventé un pathétique nouveau fondé non plus sur la terreur ou la pitié, mais sur l'admiration ? N'est-ce pas lui surtout qui a fixé la forme de notre tragédie, de manière à en faire « un problème moral, posé par l'exposition, discuté par les péripéties, résolu par le dénouement ? » Avec lui, la tragédie devient l'analyse psychologique d'une passion, touchant à son paroxysme ; elle en marque les progrès, les retours, les accidents et la pousse jusqu'à ses dernières conséquences. Pour la rendre plus intéressante, elle la revêt de noms historiques ou légendaires, mais elle la fait toujours se mouvoir dans un milieu abstrait, sans se préoccuper autrement du détail extérieur et de la couleur locale.

Tel est le procédé dramatique que Corneille a mis en honneur. Il transpose pour ainsi dire l'action du domaine des sens dans celui de l'entendement. A la peinture des choses en réalité et en couleur, il substitue l'idée des choses. Ce qui, sur les autres scènes, est accentué, sensible et matériel, devient ici une analyse raisonnée et dialoguée, un spectacle pour l'esprit. Aussi même en imitant de tous côtés ne ressemble-t-il à personne. En veut-on un exemple ? les incidents du Cid français sont tous dans le Cid espagnol, et cependant les deux pièces sont absolument différentes, car elles appartiennent à un genre différent. D'un côté, c'est une œuvre d'imagination qui transfigure une vieille légende ; de l'autre c'est, avec les mêmes noms et les mêmes faits, une lutte morale entre le devoir et la passion. Le point de départ ou, si l'on veut, le fond est le même ; l'exécution fait que les deux tragédies n'ont pour ainsi dire rien de commun.

Certains critiques prétendent que cette conception de la tragédie est défectueuse, et lui reprochent de ne créer que des personnages vivants à demi. Il y a, disent-ils, dans un caractère deux sortes de traits : les uns, ce sont les plus nombreux, n'appartiennent qu'à lui; les autres, très rares, appartiennent aussi aux individus de sa classe. Le défaut de notre art classique est justement de ne pas représenter des individus véritables, mais des caractères généraux, le roi, la reine, le jeune prince, le confident, avec quelque passion, habitude ou inclination générale.

Remarquons ici que Diderot se plaignait justement du contraire et prétendait renouveler notre théâtre en substituant aux figures trop particulières, dont il lui reprochait l'abondance, des caractères généraux et impersonnels. Au lieu de mettre dans une situation déterminée tel individu qui est, en même temps, fils, père, mari, il voulait que l'on y mît dorénavant le père, le mari, le fils idéal, abstraction faite de l'individu. D'où l'on peut conclure que le mal est moins grand qu'on ne se plaît à le dire et qu'il y a dans ces prétendues abstractions de notre théâtre assez de vie personnelle, assez de traits particuliers, pour que l'individu y soit reconnaissable et non plus seulement le représentant d'une classe ou d'un genre.

Mais les mêmes critiques ajoutent que notre tragédie laisse trop volontiers de côté les circonstances de temps et de lieu, quoiqu'elles soient cependant les plus puissantes pour façonner et diversifier l'homme. Ici, à notre sens, le blâme se tourne en éloge. N'est-ce pas bien fait au poète de négliger tout ce qui est extérieur afin de pénétrer dans l'intimité de l'âme? Autant dire qu'en peinture il faut donner moins d'attention aux figures et aux corps qu'aux draperies et au costume. Quelle connaissance plus grande des hommes en eux-mêmes le décor, les descriptions, la couleur locale, le pittoresque, peuvent-ils nous procurer? Or, c'est à l'esprit que notre théâtre s'adresse; il néglige ce qui vise seulement

« Incertos oculos et gaudia vana ».

Ce n'est pas là une preuve d'infériorité; c'est au contraire la marque d'un art plus élevé, plus voisin de la perfection. Au surplus, cette conception de la tragédie devait naturellement se former à une époque dont la tendance était de tout soumettre aux lois de la raison pure ou du sens commun, et de n'admettre du vrai que le vraisemblable. Corneille est, en ce sens, comme le fait remarquer justement Sainte-Beuve, le digne contemporain de Descartes : « Le philosophe prouve l'existence par la pensée : Cogito, ergo sum; le poète prouve, par la pensée, la sensibilité agissante et la vie : chacun de ses personnages peut dire à son tour : Cogito, ergo sentio, ergo vivo. »

Libre maintenant aux censeurs de notre théâtre de soutenir que la tragédie classique n'est qu'un échange de beaux discours entre des personnages de convention. Ces discours sont beaux, je l'avoue; ils sont d'une langue forte ou élégante et toujours poétique; mais ils ont de plus le mérite d'être justes, de répondre aux caractères et aux situations, de faire avancer l'action en même temps que la connaissance des personnages, et de nous amener par des péripéties émouvantes jusqu'au dénouement. A moins d'avoir pour idéal des pièces qui seraient des pantomimes où, à part quelques exclamations, tout se passerait en gestes et en tableaux vivants, je ne vois pas ce que l'on peut justement reprocher à ce théâtre que Racine a amené à sa perfection, mais que Corneille a créé, pour ainsi dire, de toutes pièces. C'est là le grand mérite de ce poète de génie; celui auquel il faut toujours songer quand on est tenté de le déprécier ou de le traiter légèrement.

Il en a d'ailleurs d'autres qui ne laissent pas d'avoir leur éclat. C'est d'abord sa fécondité, attestée par la variété des sujets qu'il traite et par l'ingénieuse diversité de ses plans. Toutes les données lui sont bonnes, pour peu qu'elles prêtent à l'émotion dramatique. Histoire sacrée ou profane, ancienne ou moderne, époques légendaires, invasion des barbares, tout lui est un champ à moissonner, même dans les endroits les plus stériles d'apparence, il trouve à nouer sa gerbe. On peut dire qu'en ce sens encore, il a eu vraiment le génie créateur.

Faut-il maintenant lui reconnaître par surcroît, comme certains se sont plu à le faire, les qualités du politique et de l'historien? A-t-il excellé vraiment à représenter les hommes d'État, à les faire parler dignement, à pénétrer les secrets et à reproduire les maximes de leur conduite? Les contemporains le croyaient, et le prince de Condé s'écriait un jour dans son enthousiasme : « Où donc Corneille a-t-il appris la politique ? » On a fait grand bruit de ce suffrage, qui n'aurait de valeur que si c'était celui d'un politique éprouvé : or, ce n'est pas le cas de Condé qui ne fut jamais, sous ce rapport, qu'un brouillon versatile. L'approbation qu'il a donnée ici à Corneille ne compte pas ; et l'on peut dire que c'est un ignorant qui en loue un autre. Toute la politique de Corneille se borne à des lieux communs retentissants sur la raison d'État. Les endroits les plus vantés en ce genre, par exemple la consultation de Cinna, ne sont, à les bien prendre, que des banalités.

Quant à son mérite d'historien, on sait déjà par définition, qu'il ne va pas jusqu'à faire revivre les époques en réalité et en couleur, et que c'est tout au plus s'il en donne le dessin général et l'idée. Mais, a-t-il eu même cette dernière exactitude ? La chose est contestable pour certaines histoires ; elle peut se soutenir pour l'histoire romaine, dont le poète a parlé pertinemment en homme qui en sent ou en devine la grandeur. Il a vraiment su évoquer avec bonheur certains traits du caractère romain « soit que dans Horace il représente le patriotisme sous les rois ; dans Nicomède, la politique étrangère du Sénat sous la République ; dans Sertorius, la résistance à la dictature de Sylla ; dans Pompée et Cinna, la conclusion des guerres civiles par la paix et par la clémence ; dans Othon, les désordres qui suivirent la chute de la dynastie Julienne ; dans Polyeucte, le conflit du christianisme et de l'empire ; dans Attila, l'invasion des barbares. »

Comme on le voit, il n'a laissé de côté aucune période importante du développement ou de la décadence des Romains ; c'est la source où il a puisé de préférence. Mais tout en utilisant l'histoire romaine, il a pris avec elle de nombreuses libertés, et il n'a pas eu tort : l'important dans notre théâtre, nous le savons déjà, ce n'est pas le cadre, ce sont les personnages ou plutôt les passions qui les animent. Pourvu que le poète représente vraisemblablement les passions, il n'y a pas à lui demander autre chose ; et l'on n'a rien à lui reprocher du moment qu'il réussit à ne pas commettre de bévue, d'anachronisme trop fort et qu'il ne prête pas à ses héros un langage en contradiction flagrante avec les habitudes de leur temps. C'est le cas de Corneille : ce prétendu historien ne se prive pas d'agir très librement avec les personnages historiques : il modifie leur caractère connu, la nature de leurs actes, la durée de leur vie. Nous en prenons facilement notre parti et nous ne lui en voulons pas d'avoir fait d'un chevalier batailleur de l'Espagne féodale le type idéal de la piété filiale, de l'honneur et de l'amour; d'un soudard brutal, le type du patriotisme; d'un homme d'état tortueux et cruel, le type de la clémence. Que ces personnages, ainsi transfigurés, soient vivants et vraisemblables, et nous sommes satisfaits.

Mais le sont-ils? Oui, pour ce qui est des hommes. En général ses héros sont bien venus. S'il a eu parfois le tort de les rendre amoureux, hors de propos, il leur a donné le plus souvent la vraisemblance du langage et de la conduite. Par exemple, dans Cinna, Auguste exprime des idées qu'il n'a certainement jamais eues, avec une pompe qui lui était à coup sûr étrangère : mais rien de tout cela ne paraît déplacé dans la bouche du maître du monde.

Quant aux femmes, il ne faut pas se dissimuler qu'elles sont en général manquées. Le cœur féminin était resté lettre close pour Corneille. Il n'en avait pas même reconnu les abords sans parler d'en sonder les mystères et les détours. Il n'a guère fait en ce genre qu'une heureuse peinture, celle de Pauline. Ses autres héroïnes sont plus brillantes que naturelles : ces adorables furies, comme on les a nommées, sont aussi peu femmes que posible. Elles sont nées non de l'observation, mais de l'entendement du poète.

Quelque chose d'ailleurs s'opposait à la reproduction absolument exacte par Corneille de l'humanité sur la scène; ce quelque chose, c'est le caractère même de son théâtre, c'est la portée morale qu'il a voulu lui donner.

Certes, si rien au monde rend incompréhensibles les déclamations des prédicateurs et des philosophes, de Bossuet et de Jean-Jacques, c'est bien la lecture de Corneille. Les impressions que l'on en garde, loin d'être favorables au désordre, à la faiblesse, sont au contraire un encouragement à bien faire, un aiguillon de vertu. Aucune œuvre au monde n'est plus propre à élever les âmes et à leur inspirer des sentiments généreux. Le but du poète est de produire l'admiration : il y arrive par la lutte du devoir avec la passion et par le triomphe du devoir, autrement dit par la peinture de l'héroïsme. D'où nécessité pour lui, d'exagérer quelquefois les proportions de ses personnages, de les hausser au-dessus de la faiblesse humaine, de les transformer en héros. Ainsi seulement pouvait se réaliser cette noble et bienfaisante ambition qu'il avait de faire de son théâtre une école de grandeur d'âme.

Qu'importent après cela quelques taches, quelques négligences, quelques fautes contre les règles, si à chaque instant on se sent emporté loin des vulgarités de la vie ordinaire par des élans sublimes ; si, à la noble voix du poète, le monde réel se transfigure pour montrer à nos yeux l'idéal le plus beau et le plus pur. Le meilleur du génie de Corneille, c'est, en dernière analyse, la sublimité de l'esprit ; cette sublimité achève de rendre son œuvre impérissable.

Le style de Corneille est un bon style, d'une trame résistante, abondant sans néologisme, riche de métaphores, correct sans affectation de purisme, suivant d'ailleurs la marche de la pensée, descendant et montant avec elle. C'est comme un vêtement plus solide encore que brillant, mais fait à la mesure de l'idée et qui ne le gêne ni ne l'écrase. Corneille n'a pas eu la superstition du style à l'égal de Malherbe, de Vaugelas, des Précieuses. Il s'est contenté d'en avoir un soin légitime ; il en a fait un instrument commode et maniable et en a obtenu tous les services qu'il avait à lui demander.

5° Les contemporains de Corneille. — Bien que Corneille domine de très haut tous ses contemporains, il n'est pas néanmoins ce colosse dans un désert que l'on serait peut-être tenté d'imaginer. Il a eu des confrères, à l'époque on disait, mais à tort, des rivaux et des émules, qui ne sont pas indignes d'estime et méritent au moins un regard passager. De ce nombre était Mairet dont nous avons suffisamment parlé.

Rotrou (1609-1650). — Vient ensuite Rotrou, l'ami et l'admirateur de Corneille. Bien que plus jeune de trois ans que ce grand homme, il l'avait précédé de quelques temps au théâtre, dont il lui facilita l'accès par ses conseils. Il y fut en quelque sorte son parrain. Corneille allait plus loin dans sa reconnaissance et l'appelait familièrement son père. Mais les rôles ne tardèrent pas à changer, et Rotrou devint à son tour l'obligé de Corneille, dont les chefs-d'œuvre lui révélèrent un idéal nouveau et lui inspirèrent ses deux meilleures pièces. Il avait débuté avec succès dès l'âge de dix-neuf ans. D'une plume facile il écrivit ou, pour mieux dire, improvisa, sans trop s'inquiéter des règles, et en s'aidant principalement du théâtre espagnol, plus de trente pièces, tragédies ou comédies. On n'en a retenu que trois, ou pour mieux dire deux, car de l'autre *Cosroës,* on ne cite guère que l'exposition qui passe pour un chef-d'œuvre.

Le *Saint-Genest,* pièce chrétienne, est postérieur à Polyeucte et le rappelle en plus d'un endroit. C'est l'histoire d'un comédien qui, en jouant un rôle de martyr chrétien sur la scène, est touché par la Grâce, et, s'incarnant dans son personnage, réclame et obtient d'être martyrisé pour la foi qu'il vient miraculeusement d'embrasser. La donnée est curieuse et l'exécution ne l'est pas moins. Le poète n'a pas fait une tragédie régulière, mais plutôt ce que nous appellerions un drame. Le plaisant s'y rencontre avec le sérieux, le familier avec le tragique. Nous voyons à un moment les coulisses du théâtre et les préparatifs de la représentation avec la conversation des acteurs, le tout rendu au naturel; ce qui n'empêche pas l'émotion de se faire jour lorsqu'on arrive au sacrifice de Genest.

Mais le chef-d'œuvre de Rotrou est encore *Venceslas*. Cette tragédie imitée d'une œuvre espagnole qui a pour sous-titre : « On ne peut être roi et père », est peut-être un peu trop chargée d'incidents. Ce n'est pas le jeu naturel des caractères qui amène les péripéties; elles résultent, comme dans une comédie d'intrigue, d'une méprise et d'un déguisement. Cependant la situation ainsi amenée est l'une des plus émouvantes que l'on puisse voir.

Une princesse élevée à la cour de Venceslas, roi de Pologne, se fait aimer des deux fils de ce prince, Ladislas et l'infant de Pologne. Ce dernier est le préféré, mais il a eu soin de cacher son amour à tous les yeux. Il est sur le point de contracter un mariage secret avec son amante, et, pour mieux échapper aux indiscrétions, il prie son confident, le duc de Courlande, de faire l'empressé auprès de la princesse. Celui-ci joue si bien son rôle, que Ladislas, qui lui en veut déjà d'être trop influent auprès du roi son père, conçoit pour lui une haine mortelle.

Cependant la nuit où le mariage doit avoir lieu est arrivée. Ladislas, qui a eu vent de quelque chose, surprend les mariés, s'attaque au mari qu'il croit être le duc de Courlande et non son frère, et le tue. La scène où il découvre son erreur est une des plus belles qui soient au théâtre. Cependant Venceslas le condamne à mort. Mais le peuple intervient en sa faveur, et le vieux Venceslas, content au fond d'avoir la main forcée et de pouvoir épargner son seul fils, se rend aux prières, pour ne pas dire aux ordres de ses sujets. Mais, après cet acte de faiblesse, il se juge indigne du trône et il abdique en faveur de Ladislas.

Cette tragédie, des plus dramatiques et par la donnée et par l'exécution, est longtemps restée au répertoire. On se plaignait toutefois que le style en fût suranné, ce qui donna à Marmontel l'idée de le rajeunir. L'opération n'a pas été des plus heureuses, car elle n'a pas conservé ou rendu à la pièce la faveur du public. Malgré ses beautés réelles, on ne l'a plus guère jouée depuis.

Rotrou, en même temps que poète, était homme de plaisir : la galanterie et le jeu le détournèrent trop souvent du travail et son œuvre s'en est ressentie. Heureusement pour sa mémoire, ce bon vivant était un homme de cœur. En temps ordinaire, il oubliait volontiers les fonctions de lieutenant-civil, qu'il était censé remplir dans sa ville de Dreux, et il restait à Paris, partageant son temps entre le théâtre, les cabarets, les tripots. C'était un magistrat in-partibus. Mais une épidémie ayant éclaté à Dreux, il se souvint aussitôt qu'il avait des devoirs envers ses compatriotes et rien ne put le détourner, ni conseils, ni pressentiments, d'accourir au milieu d'eux. Il savait qu'il marchait à la mort; il l'affronta en héros, et cet héroïsme a plus fait encore que ses pièces pour consacrer son nom.

Scudéry (1601-1667). — Après Rotrou, mais bien au-dessous de lui, nous trouvons Scudéry le matamore, qui égaya la cour et la ville de ses rodomontades et dont la plume facile improvisa volumes sur volumes. Il ne manquait pas d'imagination, mais n'avait aucun goût, aucune connaissance des mœurs et des caractères. Même sous ce dernier rapport, il était inférieur, si possible, à sa sœur Madeleine. De ses seize tragédies, on ne connaît que son *Amour tyrannique,* à cause des incidents qui marquèrent certaines dès représentations. Le reste est ignoré.

Tristan l'Hermite, (1601-1655) et Duryer (1605-1658). — Deux autres auteurs eurent de la réputation en ce temps.

L'un, Tristan l'Hermite, après une jeunesse ou, pour mieux dire, une enfance aventureuse qui le conduisit même avant d'être sorti de pages à Londres, en Écosse, en Norvège, demanda au théâtre les ressources que ne lui procurait pas sa fonction de gentilhomme ordinaire de Monsieur. Il y eut des succès, mais n'en fut pas plus riche. Le jeu lui enleva ce que la comédie lui rapportait.

On ne cite plus guère de lui que sa *Mariamne* dont les invraisemblances et les faiblesses échappèrent aux contemporains à la faveur d'un style brillant et pompeux jusqu'à l'emphase.

Quant à Duryer, ce fut lui aussi un pauvre diable, qui bâclait pour les libraires des traductions à un écu la feuille. Bayle s'est amusé à relever nombre de bévues dans ces œuvres hâtives; il y en a de réjouissantes. Mais Duryer ne se mettait guère en peine d'être exact : l'important pour lui était de traduire beaucoup, pour être moins misérable : fami quam famæ magis inserviebat.

Il a écrit, à ses moments perdus, dix-huit tragédies, dont les moins mauvaises sont *Saül* et *Scévola.*

6° Poètes qui font la transition entre Corneille et Racine. — Tels sont les principaux contemporains de la jeunesse et de la maturité de Corneille Lorsqu'il se retira momentanément du théâtre en 1652, il laissa la place à une nouvelle école qui, au lieu de s'inspirer de ses exemples, demanda des leçons aux romanciers en vogue et transporta dans la tragédie les mœurs et les caractères en honneur chez la Calprenède et Mlle de Scudéry. Ces poètes, dont Quinault est le chef, empruntent leurs sujets à l'antiquité ou à l'invasion des barbares, mais ils altèrent les événements, travestissent d'une façon ridicule les figures et les faits historiques et font de tous leurs personnages des amoureux transis, bergers ou chevaliers.

Il n'y a rien à dire de la production dramatique de ces années (1652-1664), sinon qu'elle est rebutante de fadeur; et on en est quitte avec elle quand on a cité la Mort de Cyrus, la Stratonice, l'Amalasonthe et l'Astrate de Quinault, la Clotilde de l'abbé Boyer, l'Ostorius de l'abbé de Pure, etc. Nous pourrions toutefois dire quelques mots de Quinault et aussi de Thomas Corneille qui débute à cette époque, mais nous les retrouverons plus loin. Constatons seulement ici qu'il faut arriver à Racine pour trouver quelqu'un qui réagisse heureusement contre cette décadence du théâtre. Corneille, lui-même, en rentrant à la scène, n'en put venir à bout, et céda plus d'une fois au courant qui entraînait les tragiques vers le galant et le romanesque. Cette faiblesse d'ailleurs était sans danger pour sa gloire, désormais assurée, et quoi qu'il pût faire, inébranlable. Il avait eu l'honneur de fonder, par ses chefs-d'œuvre, notre théâtre national ; il avait été le premier écrivain de son temps ; il en eût même été le plus grand esprit s'il n'eût eu pour contemporain le philosophe Descartes, dont les œuvres nous appellent maintenant : c'est par leur examen que nous terminerons cette revue des lettres sous Richelieu.

CHAPITRE V

LA PHILOSOPHIE.

Descartes. — 1º Sa vie. — 2º Son œuvre. — 3º Son influence.

La gloire de Descartes, un moment obscurcie au xviiie siècle, a recouvré dans le nôtre tout son éclat; et même peu s'en est fallu que sur la foi d'admirateurs outrés, les Cousin, les Nisard, nous n'ayons « fait un Dieu de ce mortel ».

Il convient d'apporter quelques tempéraments à cet enthousiasme et surtout de ne pas le laisser s'étendre et s'égarer de l'homme qui en est l'objet à l'époque qui a vu naître cet homme. Nous nous sommes déjà expliqué dans notre Introduction sur la valeur réelle et la portée philosophique du xviie siècle auquel nous avons assigné son vrai rang dans l'histoire de la Pensée. Nous ne ferons ici que développer l'appréciation sommaire que, à ce propos, nous avons dû émettre sur Descartes. Nous allons raconter la vie et apprécier l'œuvre de ce philosophe, en toute indépendance, mais sans jamais nous départir des égards dus à une grande mémoire. On se ferait tort à soi-même en traitant à la légère le vaste génie dont Leibnitz a pu dire que sa mort était une perte difficile à réparer pour le genre humain, et que, bien qu'inférieur à tel de ses contemporains en certaines matières, il les a tous surpassés par l'ampleur de ses vues générales, sa pénétration, sa profondeur.

1º Vie de Descartes. — Descartes naquit en 1596 à la Haye, en Touraine. Il appartenait à une famille noble du Poitou. Son père et, plus tard, son frère aîné furent conseillers par semestre au parlement de Rennes.

Il fit ses études au collège de la Flèche, fondé par le sieur de Lavarenne, serviteur trop complaisant de Henri IV, qui, pour expier ses péchés et faire une mort édifiante (on en trouve le détail peu édifiant dans Saint-Simon), implanta une colonie de Jésuites dans sa seigneurie de la Flèche. Les bons pères acceptèrent la fondation, sans se mettre en peine de l'indignité du fondateur. D'ailleurs, ils étaient heureux de faire concurrence sous le couvert de l'autorité royale, car Henri IV s'était mis de moitié dans les libéralités de Lavarenne, à l'Académie protestante de Saumur. Ils dressèrent ainsi école contre école, et, favorisés comme toujours de la fortune, ils eurent bientôt pour élèves les enfants des meilleures familles du royaume. Quand ils reçurent, pour le conserver dans leur église, le cœur de Henri IV, ils envoyèrent au devant de ce précieux et immérité dépôt une nombreuse cavalcade de jeunes seigneurs : Descartes en était.

Notre philosophe fit rapidement ses études et affirma, dès le premier jour, la force de son esprit. On raconta qu'il embarrassait singulièrement ses maîtres, surtout celui de philosophie, par ses demandes et ses objections. Il avait déjà sa manière de raisonner, s'attachant à définir exactement les termes et remontant de proche en proche à l'idée mère du raisonnement. Il jugeait d'ailleurs avec sévérité les diverses matières de l'enseignement et faisait peu de cas des langues anciennes, jusqu'à mettre le Grec, pour son utilité, au même rang que le Bas-Breton. Il ne trouvait d'avantage à ce qu'on lui apprenait que d'en avoir percé la vanité et de n'en plus être dupe. Avide de certitude, il n'en voyait nulle part, sauf dans les mathématiques. Il fut ainsi amené à penser que s'il voulait savoir quelque chose de certain, il fallait qu'il le découvrît lui-même, car personne ne semblait en état de le lui montrer.

Frais émoulu du collège, à l'âge où le reste des hommes ne songe guère qu'à ses amusements, il conçut la plus haute de toutes les ambitions et se donna d'abord pour tâche la recherche, la possession de la vérité. Je n'ignore pas que, dans son premier séjour à Paris, il se laissa aller à quelque dissipation, avouée par lui-même ; mais le peu de temps qu'il put perdre au plaisir et au jeu, il le répara par une retraite ou mieux par une claustration de deux ans dans une maison isolée du faubourg Saint-Germain. Il y vécut seul avec ses pensées et quand il la quitta, il est probable qu'il avait déjà trouvé sa méthode et en avait arrêté dans son esprit les points principaux. Il lui restait à en faire l'application et aussi à prendre connaissance du monde, à lire dans ce grand livre qui s'ouvrait à ses yeux.

Il crut un moment avoir la vocation des armes, et, comme la plupart des jeunes seigneurs français, il alla se mettre sous les ordres de l'habile stratégiste, Maurice de Nassau. Il passa ensuite au service de la Bavière et assista au siège de Prague. Il fit aussi campagne en Hongrie sous le comte de Bucquoy. Mais la « chaleur de foie » qui l'avait attiré vers la guerre s'était bientôt calmée. En Hollande comme en Allemagne, il avait plus fréquenté les mathématiciens que ses compagnons d'armes et l'on connaît cette retraite de trois mois qu'il fit dans son poêle en Bohême et d'où il sortit avec sa méthode perfectionnée.

Une fois ses engagements terminés, il voyagea non sans aventures et sans dangers, parcourut toute l'Allemagne, visita une grande partie de l'Italie et fit notamment à pied le pèlerinage de Venise à Lorette, en exécution d'un vœu. Enfin, de retour en France, après quelques velléités de mariage et d'établissement, il prit un parti décisif et se voua sans retour à la méditation philosophique. Les instances de ses amis ne furent pas étrangères à cette décision. Ils connaissaient sa puissance d'esprit, ils savaient par ses confidences qu'il était sur la voie de grandes découvertes ; mais comme ils n'en voyaient rien paraître, ils lui reprochaient sa lenteur, sa paresse, et l'appelaient communément le grand prometteur. Ce surnom piqua au vif Descartes, et il se mit en devoir de tenir, après avoir promis.

Pour que rien ne vînt troubler le commerce qu'il voulait avoir avec son esprit, il renonça à ses amis, à sa famille, à sa patrie et se retira en Hollande, où il habita vingt ans, changeant fréquemment de résidence, attentif à ne contracter aucune relation qui l'eût dissipé. Il était toutefois en commerce de lettres avec un certain nombre de personnes, et il avait pour correspondant attitré à Paris, son camarade de collège, le minime Mersenne, qu'il tenait au courant de ses travaux. De loin en loin il faisait aussi en France un rapide voyage, pour se donner quelque détente et régler ses affaires. Mais la Hollande était son vrai séjour.

Le choix qu'il fit de ce pays tenait à plusieurs causes. D'abord les villes marchandes des Pays-Bas avaient à ses yeux l'avantage de réunir les ressources de la vie civilisée à l'indépendance de la vie solitaire. Perdu au milieu de ces gens affairés, de ces négociants dont aucun ne s'occupait de lui, il pouvait arranger son existence à sa guise, sans craindre le qu'en dira-t-on.

Un autre motif, c'était le climat. Il reprochait à l'air de France d'être trop subtil, de lui monter en quelque sorte au cerveau et de ne lui faire enfanter que des chimères. Celui de Hollande, plus dense, empêchait ses pensées de se volatiliser et leur donnait la fixité voulue.

Enfin, et c'était probablement la vraie raison, quoiqu'il ne la dit pas, la Hollande, pays protestant lui semblait devoir être plus tolérante pour sa philosophie que les pays catholiques, y compris le sien. Non qu'il se proposât d'y mettre la moindre hardiesse ; mais il savait que les théologiens romains prenaient ombrage des choses même les plus innocentes et il augurait mieux de leurs confrères calvinistes. Il jugeait ainsi d'après les apparences les plus vraisemblables, et il y fut trompé. Après de longues années de paix et de travail fécond, il fut en butte aux attaques jalouses et aux calomnies du fanatique Voet. Dénoncé comme athée aux magistrats d'Utrecht, il fut sur le point d'être l'objet et la victime d'une procédure secrète à laquelle il échappa grâce à l'intervention de l'ambassadeur de France.

Par contre, son pays natal prit pour lui de l'estime et de l'admiration. Le ministre Mazarin lui fit (et c'était une faveur rare) une pension de 3,000 livres, avec promesse d'une autre plus considérable, s'il voulait rentrer définitivement dans sa patrie. Le philosophe en fut tenté un moment ; mais il crut bientôt s'apercevoir que les grands seigneurs qui lui faisaient le plus d'accueil avaient à son égard plus de curiosité que de vraie considération et s'occupaient de lui comme ils eussent fait d'une bête rare, éléphant ou lion. Il revint donc en Hollande; mais il n'eut pas la sagesse de s'y tenir. La persécution de Voet lui avait laissé des dégoûts qu'il ne put surmonter. Il démentit son humeur indépendante, et lui qui avait autrefois mis sa liberté à un si haut prix que, disait-il, tous les princes de la terre n'eussent pu la payer, il accepta l'établissement avantageux que la reine Christine lui offrait à sa cour. Il quitta donc le pays témoin de ses travaux et de l'heureux déploiement de son génie. Il croyait trouver en Suède des conditions favorables, non plus seulement à ses recherches personnelles, mais à la diffusion de son système. Il rêvait de faire en grand ce que Tycho-Brahé avait autrefois ébauché à Uranibourg et de grouper autour de lui des élèves dont il aurait fait des savants et des philosophes.

Mais il avait compté sans la rigueur du climat. Les conférences journalières qu'il avait avec Christine, à cinq heures du matin, devaient lui être mortelles. Un refroidissement lui causa une hydropisie de poitrine. Fidèle à son hygiène particulière, il ne voulut pas se laisser saigner ou y consentit trop tard. Il en mourut. Son corps fut ramené en France seize ans après et inhumé solennellement à Sainte-Geneviève. On devait prononcer son oraison funèbre mais la cour l'interdit, à la demande des Jésuites.

Après des vicissitudes diverses, sa dépouille mortelle a trouvé asile à Saint-Germain-des-Prés.

Régime et caractère de Descartes. — Tels sont les principaux incidents de sa vie; mais nous ne la connaîtrions qu'imparfaitement si nous en restions là, sans nous initier à son régime et à son caractère.

De ce que la philosophie de Descartes est avant tout spiritualiste, de ce que lui-même s'est représenté comme absolument détaché des choses corporelles, on conclut volontiers que le corps est pour lui, comme pour les ascètes, une quantité négligeable une guenille indigne d'attention. C'est cependant une erreur.

Tout en subordonnant le corps à l'esprit, il ne laisse pas de s'en occuper sans cesse, et non uniquement dans l'intérêt de l'esprit. Il le soigne pour lui-même et ne lui refuse aucune satisfaction raisonnable. Quoique la chose puisse sembler bizarre, sa manière de faire n'est pas sans avoir plus d'un rapport avec celle d'Épicure, j'entends Épicure lui-même et non ses grossiers disciples. Partant de cette maxime pratique, que le bon état du corps entretient celui de l'âme, il ne néglige rien pour assurer ce bon état : il invente une hygiène à son usage; il choisit, analyse, et dose sa nourriture; il fait un exercice modéré; il s'accorde de longs repos, au point de passer régulièrement sa matinée au lit; il évite toute cause d'usure physique; il croit avoir assez bien calculé ses procédés d'entretien et de conservation pour se promettre une existence presque indéfinie.

On dirait, à le voir prendre tant de précautions, que, malgré sa foi aux promesses de sa philosophie, il n'est pas autrement pressé d'en vérifier l'exactitude. Au lit de mort, il a beau dire : « Çà, mon âme, il y a longtemps que tu es captive; voici l'heure où tu dois sortir de prison et quitter l'embarras du corps. Il faut souffrir cette désunion avec joie et courage. » La captivité lui a longtemps paru douce; la prison lui a si peu pesé qu'il n'a rien réglé pour y rester. Il a aimé la vie pour la vie, et il s'est attaché à la prolonger le plus possible et à en tirer le meilleur parti.

Il n'a rien d'un stoïcien rigide qui refrène et mate ses instincts. Il ne fait pas de ces grandes manifestations de volonté; il n'a garde de supprimer ses passions pas plus que de résister aux impressions du moment : il se laisse aller aux unes et aux autres jusqu'au point où elles compromettraient son repos intérieur. De même il est trop sage pour se livrer trop assidûment au travail dont l'excès pourrait nuire à ce bien précieux de la santé. Il suit ses réflexions, c'est l'emploi de sa vie, mais sans se presser, avec une prudente modération. A l'en croire, il ne faudrait donner que quelques heures par jour aux recherches scientifiques, quelques heures par an aux spéculations métaphysiques, et consacrer tout le reste du temps au soin du corps et au repos de l'esprit.

Tel était son régime personnel. Dans ses rapports avec ses semblables, il s'inspirait de maximes analogues. S'il menait une vie solitaire, c'était pour éviter une dissipation qui lui eût imposé des efforts plus ou moins pénibles à chaque reprise de son travail. Il vivait dans une atmosphère de méditation où son esprit n'oubliait jamais complètement l'objet de ses recherches, sans y être toujours attentif. Mais il n'était nullement misanthrope, et il mettait ses soins à se faire bien venir de son entourage. Toujours cher à ses amis absents, adoré de ses domestiques, il méritait ces affections par sa douceur et sa sensibilité. Il ne s'interdisait pas les larmes : il pleura son père, il pleura sa fille naturelle, Francine, dont l'enfance avait été l'objet de ses tendres soins. Il se plaisait dans la société des femmes qui se plaisaient dans la sienne, témoin la reine Christine, et surtout la princesse Élisabeth.

Sa conduite privée et publique était d'ailleurs subordonnée à la préservation de son repos. Sans doute il était sensible aux attraits de la réputation, il voulait conserver et augmenter son renom dans les sciences, il désirait rendre ses recherches utiles aux autres ; mais si son repos eût risqué d'en être compromis, il eût renoncé à tout. Plus d'une fois même la pensée lui vint de vivre pour lui seul, sans rien publier de ses découvertes.

C'est encore un trait qu'il a en commun avec les Épicuriens. Cette parenté inattendue est attestée par sa morale provisoire : il y déclare qu'il obéira toujours aux lois et coutumes de son pays, « retenant constamment la religion en laquelle Dieu lui a fait la grâce d'être instruit dès son enfance et se gouvernant en toutes choses d'après les opinions les plus modérées. » Nos épicuriens modernes, Montaigne, Charron, Gassendi ne tiennent pas un autre langage. Pour eux comme pour Descartes la règle de la vie, la devise sagement observée est : « Vera intuere, media sequere. » Ils peuvent ne pas s'accorder sur la nature de la vérité ; mais sur la conduite pratique, ils s'entendent à merveille.

Est-il besoin d'ajouter que cette conduite n'a rien d'héroïque et qu'elle dément cette passion, cette ferveur d'enthousiasme dont on avance que Descartes brûlait à l'égard de la vérité. On croirait, à entendre ses panégyristes, que l'amour du vrai l'aurait possédé tout entier, sans mélange, sans partage. Il faut en rabattre.

Sans doute, il a assigné à sa vie pour unique but la découverte de la vérité, et il ne s'en écarte pas, sans d'ailleurs se hâter beaucoup sur le chemin qui y conduit. Mais lorsqu'il s'agit de communiquer cette vérité, en homme qui n'a pas la vocation du martyre, il consulte d'abord les préjugés régnants, et s'il craint que la vérité les choque, il la fausse ou il la supprime. On sait sa conduite après la condamnation de Galilée. Il partageait la doctrine de ce savant homme sur le système du monde, et il l'avait développée dans un traité qui allait justement paraître. Il commença par retenir le traité; et quelques années plus tard, dans son livre des Principes, il soutint le système de Tycho-Brahé et fit mouvoir le soleil et les planètes autour de la terre. C'était faux, et il le savait mieux que personne, mais ce n'était pas contraire à l'orthodoxie et cet avantage précieux lui faisait passer condamnation sur le reste.

Son habitude, sa loi est donc d'éviter tout ce qui peut le compromettre. Il est de « la religion de son prince, de la religion de sa nourrice ». Il n'a garde de s'occuper de politique « n'étant pas de ces humeurs brouillonnes et inquiètes qui, n'étant appelées ni par leur naissance ni par leur fortune au maniement des affaires publiques, ne laissent pas d'y faire toujours en idée quelque nouvelle réformation ». De la théologie il a le respect poussé jusqu'à la peur. Il incline dévotement la lumière naturelle de la philosophie devant la lumière surnaturelle de la grâce; il donne la préférence à celle-ci pour la clarté et pour la certitude et il proteste de ne se fier à l'autre qu'autant que la révélation ne s'y oppose pas. Il est allé si loin dans ses soumissions qu'il a étonné même Bossuet. « M. Descartes, dit ce dernier, a toujours craint d'être noté par l'Église, et on lui a vu prendre là-dessus des précautions qui allaient jusqu'à l'excès. » Il est difficile après cela de voir en Descartes le héros que l'on dit. Certes je ne lui fais pas un crime de sa prudence, après tout légitime, mais j'en veux à ses admirateurs exaltés d'avoir ainsi altéré sa vraie physionomie sous prétexte de l'embellir.

Une question qui se pose ici, c'est celle du plus ou moins de sincérité qu'apportait le philosophe à ses déclarations religieuses. Tout en faisant la part d'une timidité trop visible, il n'y a rien qui autorise à l'accuser de duplicité et de fausseté. Il est à présumer que Descartes croyait pouvoir concilier la religion et la philosophie, comme son contemporain Gassendi se flattait d'en faire autant. C'est sans doute une contradiction, mais à tout prendre moins forte chez le premier que chez le second.

A cette pusillanimité de caractère dont nous venons de donner tant de preuves, Descartes joignait un orgueil démesuré et d'ailleurs naïf, mais que la supériorité incontestable de son génie ne suffit pas à excuser. Il se mettait sans plus de façon au-dessus de toute l'humanité, anciens et modernes. Lui parlait-on de la découverte d'un autre ? il la traitait de bagatelle qui lui était venue bien des fois à l'esprit sans qu'il eût consenti à se déranger pour elle. Rien de plus significatif en ce genre que l'indifférence qu'il affectait pour la personne et l'œuvre de Galilée. Il ne comprenait pas au contraire qu'on mît en question ses propres travaux ; il s'emportait contre ses contradicteurs à des accès de colère et de mépris que sa sagesse eût bien dû éviter. Il en usa de la sorte même avec Gassendi, sans égard pour sa valeur incontestable.

2° L'œuvre de Descartes. — Une autre de ses prétentions était de ne rien devoir à ses devanciers et d'avoir tout tiré de son propre fonds ; en quoi il exagérait beaucoup. Sans doute, il ne lisait guère et moins pour s'instruire que pour trouver matière à réflexion, mais il n'en a pas moins gardé et utilisé des souvenirs de ses lectures. Son « Cogito, ergo sum » est dans Augustin, dans Anselme, dans Campanella. — Ses arguments contre la connaissance sont pris des sceptiques ; il n'y a guère ajouté que cette malencontreuse hypothèse d'un Dieu malveillant et menteur. — Le peu qu'on sait de sa vraie morale se rapproche de celle de Sénèque, et essaye également de concilier Zénon et Épicure. — On pourrait multiplier les exemples.

Faut-il en conclure que sa philosophie elle-même n'a rien d'original? A Dieu ne plaise que nous tombions dans cette injustice, et que nous méconnaissions l'œuvre la plus personnelle, la plus géniale peut-être de toute la philosophie moderne; celle qui, avec ses erreurs, ses lacunes, les atteintes multiples et profondes qu'elle a subies du temps, donne encore la plus haute idée de son auteur.

A défaut de la hardiesse du caractère, Descartes a eu celle de l'esprit. Vrai révolutionnaire par le dédain du passé et la confiance en ses propres forces, il débute par le septicisme et fait table rase de toutes les notions scientifiques accumulées par ses devanciers. Mais il ne s'en tient pas à cette besogne stérile.

Après avoir détruit, il veut reconstruire; il veut sur une base inébranlable, élever avec les seules ressources de son esprit, l'édifice de la science complète, universelle, embrassant tout ce qui est de l'âme, de Dieu, du monde.

Il poursuit cette entreprise grandiose à l'aide de la méthode. Il en consigne les résultats dans des ouvrages, écrits en latin ou en français selon l'occurence, et dont voici l'énumération :

Discours de la Méthode (1637) suivi de la *Dioptrique*, des *Météores*, de la *Géométrie*, le tout en français.

Les *Méditations* en latin.

Les *Principes* en latin.

Le *Traité des passions de l'âme* en français.

Après sa mort Clerselier, publia en français le *Traité de l'homme et de la formation du fœtus*, les *Règles pour la direction de l'esprit*, trois volumes de *Lettres*.

De toutes ces œuvres la plus connue, celle qui est vraiment classique, est le Discours de la Méthode. Ce petit opuscule eut un succès extraordinaire. Il fit des prosélytes dans toutes les parties de la société, grâce à la clarté de l'exposition et à la beauté des idées, grâce surtout à l'habileté que Descartes avait eue de prendre pour juges de sa doctrine les gens de bon sens, autrement dit le grand nombre, « puisque le bon sens est la chose du monde la mieux partagée ».

Sans entrer dans des détails que notre cadre ne comporte pas, prenons au moins, en nous aidant de ce précieux discours, une idée et de la Méthode et de la Doctrine.

La Méthode, point de départ de tout le système, comprend quatre règles dont la première seule a une valeur générale. Les trois autres sont des procédés particuliers, suggérés par l'analyse mathématique et l'algèbre, et dont Descartes a été presque le seul à faire emploi. Un trait à noter, c'est que tout en fécondant par ces procédés de son invention le raisonnement déductif, le philosophe ne fait aucune place à l'induction, si justement recommandée par Bacon. C'est un oubli fâcheux, imputable à sa prétention de forger un système du monde en dehors de l'observation du monde réel, et d'ailleurs la source de toutes ses erreurs en physique. Tel de ses commentateurs s'est mis en frais d'imagination pour découvrir, dans la quatrième règle de la Méthode, une allusion à l'induction : à grand renfort de citations, il a essayé de faire dire à ce texte trop clair des choses qu'il ne dit pas. La tentative reste non avenue.

D'ailleurs ce qui importe, c'est la première règle. Dans sa formule concise : « Ne recevoir jamais aucune chose pour vraie qu'on ne la connaisse évidemment pour telle », elle renferme deux principes d'une portée incalculable.

Le premier affirme la possibilité et la légitimité de la connaissance.

Le deuxième proclame la souveraineté de la raison.

L'intuition, autrement dit, la conception d'un esprit attentif nous fait connaître directement et sans autre secours tout un ordre de notions assez simples pour qu'on ne puisse les diviser en d'autres. Ces notions sont claires et distinctes, donc elles sont évidentes, c'est à dire indiscutablement vraies ; et toutes les notions composées que l'on ramènera à l'une de ces notions simples par voie d'analyse ou que l'on en déduira par un raisonnement suivi, participeront de la même évidence.

Ainsi, il n'y a d'autre source de savoir que l'esprit réfléchissant autrement dit la raison, et cette source est sûre. Cette première règle de la Méthode est une arme à double tranchant qui extermine à la fois le septicisme et l'autorité. Le fait de l'avoir formulée est le vrai titre d'honneur de Descartes. Quoiqu'il ait pu faire ensuite, le mérite lui revient, comme on l'a dit heureusement, d'avoir écrit « la Déclaration des droits de la raison » et d'avoir fondé le rationalisme.

C'est de cela que la postérité lui est surtout reconnaissante. Les contemporains s'attachèrent de préférence à sa philosophie proprement dite que le temps n'a respectée que dans ses grandes lignes, dans les points qui lui sont communs avec toutes les doctrines spiritualistes. Car il est mort et bien mort, ce grand arbre de la science selon Descartes, qui avait pour racines la métaphysique, pour tronc la physique, pour branches maîtresses la médecine, la mécanique, la morale. Le lien que le philosophe établissait entre ces différentes choses s'est relâché ou rompu : elles ont repris, avec leur indépendance, leurs méthodes particulières qui n'ont guère qu'un trait commun, d'être toutes fondées sur la raison.

Nous avons déjà dit que Descartes avait commencé par se défaire de toutes ses opinions, par douter provisoirement de tout, décidé à persévérer dans ce doute tant qu'il n'aurait pas de raison valable d'en sortir. Cette raison se présenta à lui, après bien des recherches, sous la forme d'un fait clair et distinct, et par suite évident, duquel il crut pouvoir déduire l'existence incontestable de l'âme, de Dieu, du monde, c'est-à-dire du triple objet de sa philosophie.

Voici son raisonnement : Je doute, dit-il, donc je pense; je pense, donc je suis; et de là il fait découler la notion de l'âme simple, spirituelle, connaissable par la conscience à l'aide de la seule réflexion. Je doute, continue Descartes, donc je suis imparfait : j'ai l'idée d'imperfection, donc j'ai l'idée de perfection. Or, l'idée de perfection contient l'idée d'existence, parce que l'existence est une perfection. Donc il existe un être parfait qui est Dieu.

Reste à prouver l'existence du monde. Descartes a bien l'idée d'une chose figurée, étendue, mais il n'ose dire qu'elle existe réellement; en quoi il a bien tort, car c'est une vérité aussi évidente que le Cogito ergo sum. Mais il a contesté dans son doute provisoire la valeur des sens comme moyen de connaissance, et il se croit obligé, au lieu d'affirmer purement et simplement le monde, de le démontrer. J'ai, dit-il, une tendance presque invincible à croire à l'existence des corps. Cette tendance, enracinée au fond de moi, ne peut venir que de mon créateur qui est tout vérité et ne peut me tromper. Donc le monde extérieur existe.

Une fois assuré de ces trois choses, Descartes construit sa philosophie.

Il la divise en métaphysique, avec Dieu et l'âme pour objet, en physique où il étudie le monde sensible et les êtres organisés.

Il définit Dieu un pur esprit, doué de tous les attributs que contient l'idée de perfection. Ce Dieu a créé le monde par un effet de sa libre volonté, sans préoccupation aucune de bonté et de justice, et, par un effet analogue et incessant de cette même volonté, il le maintient ou plutôt continue à le créer indéfiniment.

L'âme a pour essence la pensée et pour attribut la volonté.

Celle-ci est la seule cause de nos erreurs, car c'est elle qui nous fait croire à l'existence dans notre pensée d'idées qui n'y sont pas réellement. Toutes nos idées sont ou adventices, nées des sens, ou factices, issues du caprice de notre esprit, ou innées, mises par Dieu lui-même dans notre être.

Le monde extérieur, symétrique à l'âme, a pour essence l'étendue et pour attribut le mouvement. Descartes ne sort pas de là et il réduit la physique à n'être qu'une étude abstraite des propriétés de l'étendue et des lois du mouvement poursuivie à l'aide de la géométrie et de la mécanique. Il y ramène tous les phénomènes sensibles, ceux même de la vie organique et animale. Dieu est le premier moteur, celui qui, par un acte sans cesse répété, donne le branle à la machine. Tout le reste se fait dans le monde inorganique au moyen du mouvement rectiligne, transformé par l'opposition et la rencontre des différents corps en mouvement circulaire. C'est la théorie des tourbillons. Quant aux corps organisés, ce sont de pures machines. Les animaux ne sont que des automates insensibles; il en est de même du corps humain, qui ne diffère de la bête que par le principe pensant.

Cette théorie du monde est ingénieuse; mais dans sa prétention d'expliquer tout par l'intuition, sans le secours de l'observation, elle est réduite à laisser de côté nombre de phénomènes et à en expliquer d'autres par des hypothèses gratuites comme celle des tourbillons, des animaux-machines, sans parler de tant d'autres qui remplissent le traité des Météores.

A côté de ces erreurs en physique, il y a, sur les confins qui séparent cette science de la métaphysique, une grave lacune. On y cherche, sans la trouver, l'explication cependant indispensable des rapports de l'âme et du corps. L'hypothèse des esprits animaux n'en rend qu'un compte insuffisant. Cela seul enlève à la philosophie de Descartes beaucoup de son autorité; mais ce qui lui fait encore plus de tort, c'est qu'elle ne met pas la morale à sa vraie place et qu'elle n'en traite qu'incidemment.

La morale ne jaillit pas ici du sein même de la doctrine; elle n'en est qu'une dépendance plus ou moins rapprochée, du même ordre que la médecine et la mécanique. C'est déjà une première faute, et qui nous donne le droit de demander à quoi sert le spiritualisme de Descartes, s'il n'aboutit pas à des conclusions directes sur l'organisation du monde moral et de la société humaine.

La métaphysique réclame une place d'honneur dans les préoccupations de l'esprit humain et il est de tradition de la lui accorder. Mais encore faudrait-il qu'elle justifiât cette prétention et cette faveur par des services réels. Or, où sont ces services, si elle se borne à être un jeu, un exercice plus ou moins ingénieux, une pure gymnastique ?

C'est cependant le caractère qu'elle aurait eu chez Descartes, si la princesse Élisabeth n'avait forcé la main au philosophe pour qu'il exprimât certaines de ses idées sur la vie privée, mais rien que sur elle. Car pour ce qui est de la vie publique et du fonctionnement de la société, sa prudence lui défend de s'en occuper. C'est tout au plus s'il consent à dire quelque chose des règles qui, selon lui, doivent présider à la conduite des individus. Et encore ne le fait-il qu'avec une répugnance visible. Ici, toutefois, ce n'est pas seulement la prudence qui est en jeu, et la peur de se risquer sur un terrain mouvant. C'est, semble-t-il aussi, la crainte de se contredire et de ne pouvoir mettre d'accord la théorie et la pratique. En effet, le peu qu'il dit montre que sa morale donne dans ses préoccupations presque autant au corps qu'à l'esprit, au plaisir qu'au devoir ; elle est presque une morale épicurienne. On pouvait d'ailleurs s'y attendre à voir la conduite même de Descartes, conduite évidemment fondée en raison, et où rien n'est laissé au hasard. Des actes il était facile de conclure à leur règle.

Avant tout préoccupé du repos moral et de la santé, il professe que la médecine pourrait seule peut-être rendre les hommes plus sages et plus prudents ; il fait consister le meilleur emploi de la vie dans un exercice modéré des facultés de l'esprit et des forces du corps. Il est avant tout préoccupé du calcul prudent du plaisir. C'est le plaisir qu'il faut chercher dans la pitié, dans le travail, dans la piété, dans la connaissance de la vérité par ses causes premières. Voilà vraiment le fond de sa pensée, tel qu'il perce invariablement sous ses maximes spiritualistes et à travers ses réticences. Sa morale relève autant de la physique que de la métaphysique. Si bien que nous pouvons maintenant nous demander à quoi riment tant de tirades connues sur les conséquences pratiques des différentes doctrines, sur les heureux effets des unes, sur les hideux résultats des autres, puisque la morale du philosophe spiritualiste par excellence est : 1° incomplète ; 2° à moitié épicurienne. Vraiment, ne serait-on pas fondé à conclure que la métaphysique a peu ou point de part à la conduite de la vie, et que la vertu est indépendante des systèmes ?

3° Influence de Descartes. — Les contemporains ne se plaignirent pas autrement de l'insuffisance, ou pour mieux dire, de l'omission de la morale dans la philosophie cartésienne. Ils n'en savaient que faire, ayant déjà la morale religieuse, et ils en eussent été plutôt gênés. Ils furent même d'autant plus favorables à la doctrine qu'elle ne renfermait pas cet appendice compromettant. Aucune excursion sur le domaine de la politique, une volonté arrêtée de servir d'auxiliaire à l'Église, c'était justement ce qu'il fallait pour plaire à une époque plus que docile au pouvoir royal et à la religion. Aussi les prosélytes furent-ils nombreux. Ils vinrent en foule et sans précaution, sans se douter, les imprudents, de ce qui les attendait, et que cette première règle de la Méthode, dont ils méconnaissaient la portée, les amènerait tôt ou tard à la transformation de leurs sentiments et de leurs idées et ferait d'eux des rationalistes. En effet, après quarante ans de pratique, on reconnut que le cartésianisme était moins inoffensif qu'il n'en avait l'air. « Je vois, écrivait Bossuet, je vois un grand combat se préparer contre l'Église, sous le nom de philosophie cartésienne. Je vois naître de son sein et de ses principes, mal entendus, plus d'une hérésie. Sous prétexte qu'il ne faut admettre que ce qu'on entend clairement, chacun se donne la liberté de dire : j'entends ceci, je n'entends pas cela. Sur ce seul fondement, on approuve et on rejette tout ce qu'on veut. Il s'introduit une liberté de juger qui fait que, sans égard à la tradition, on avance témérairement tout ce qu'on pense. »

Mais ce danger ne fut visible qu'à la fin du siècle, et pendant de longues années, les gens du monde, de robe, d'Église, sans parler des savants de profession, purent cartésianiser à l'aise, sans crainte d'hérésie. Ils ne s'en firent pas faute ; il se forma à

Paris une société cartésienne, uniquement vouée à l'exposition et à la vulgarisation des principes de Descartes. Des missionnaires allèrent porter aux provinces la bonne parole : tel Régis, dont l'enseignement fit merveille, même dans le midi de la France, c'est-à-dire dans le pays de la plus intolérante dévotion. Quelques critiques se rencontrèrent pourtant, et parmi eux La Mothe le Vayer et Gassendi.

Ce dernier avait eu l'idée originale de ressusciter la philosophie épicurienne. Il expliquait le monde par le jeu des atomes et la naissance des idées par les sens. Partant de ce double point de vue, il soutint contre Descartes des polémiques brillantes où il fit preuve de clarté, de naturel, d'agrément; mais l'avantage dans l'esprit du public resta à son adversaire. C'est qu'en effet la faveur du monde instruit, voire même du beau monde, était irrévocablement acquise à Descartes.

Le fait n'a rien d'étonnant : les subtilités du philosophe étaient des merveilles de clarté auprès des dissertations galantes et sentimentales de certains romans, comme auprès des divagations mystiques où devaient bientôt se laisser aller Desmarets, et plus tard Mme Guyon. Ceux qui se piquaient d'entendre le langage de la haute dévotion et de la galanterie quintessenciée, et le nombre en était grand surtout parmi les femmes, pouvaient sans peine comprendre Descartes et s'y attacher. Ils y manquèrent d'autant moins que le philosophe avait pris la peine de les y convier, en déclarant que sa doctrine était accessible à tous les esprits raisonnables, et que l'érudition loin d'être un avantage était plutôt un inconvénient pour la goûter. Or si Descartes n'aimait pas les érudits, le beau monde les aimait encore moins, et sous l'influence de ce sentiment commun, il adopta pour son bréviaire le discours de la Méthode, dont il aurait pu dire ce que disait autrefois Montaigne du Plutarque d'Amyot : « Nous autres ignorants estions perdus si ce livre ne nous eût relevés du bourbier : sa merci, nous osons à cette heure et parier et escrire; les dames en régentent les maistres d'école. »

Le cartésianisme était devenu matière de conversation mondaine. Le duc de Luynes traduisit les Méditations pour les mettre à la portée de tous. Le marquis de Vardes se désennuya de son exil d'Aigues-Mortes en philosophant avec Régis. Sans parler encore de la reine Christine, ni de la princesse Élisabeth, celle-ci, la vraie fille de Descartes, combien de femmes en France se plurent à un auteur qui avait pris parmi elles son disciple préféré et qui avait assez présumé de la force de l'esprit féminin pour lui confier au fur et à mesure le secret de ses inventions. Nombre de femmes donc furent cartésiennes. Les plus connues sont Mme de Grignan et la duchesse du Maine, mais il y en eut bien d'autres. Le maître de philosophie et de mathématiques le plus en vogue dans le monde à la fin du siècle, le cartésien Carré, n'avait guère pour élèves que des femmes.

Dans cet élan qui porta le beau monde vers Descartes, il faut démêler aussi une autre cause, qui, au moins avant sa mort, lui valut de nombreux adeptes. Il passait pour avoir des secrets merveilleux contre la maladie et contre la mort. Pour un peu on l'aurait cru immortel. Et quand l'événement eût prouvé le contraire, il se trouva des gens pour dire qu'il n'était mort que parce qu'il l'avait bien voulu. L'abbé Picot, son ami, qui avait adopté son régime, se faisait fort de vivre quatre cents ans. Ce pouvoir mystérieux, ces secrets surnaturels, furent pour beaucoup dans l'empressement du beau monde qui vint à Descartes, sinon, comme à la fontaine de Jouvence, au moins comme à l'élixir de Longue Vie.

Le clergé lui fournit aussi de nombreux et illustres disciples. Seuls les Jésuites le combattirent, et de tout le XVIIe siècle, il ne se trouva qu'un de leurs pères pour se dire Cartésien. Ce fut le P. André, esprit aimable et courageux, qui paya cette témérité de toutes sortes de persécutions domestiques. Mais ses confrères n'épargnèrent ni les insinuations, ni les plaintes, ni les attaques. A plusieurs reprises, ils obtinrent des mesures de rigueur, et il ne tint pas à eux que le Parlement ne renouvelât son arrêt de 1624 en faveur de la scolastique. L'arrêt burlesque de Boileau survint à propos pour empêcher cette majestueuse et odieuse absurdité. L'effet de cette opposition des Jésuites fut d'empêcher l'introduction du cartésianisme dans l'école. L'abbé, depuis cardinal, de Polignac s'étant avisé de soutenir en Sorbonne des conclusions cartésiennes, se vit rappeler à l'ordre sous peine d'être mis hors licence et dut revenir à Aristote. Il fallut que Descartes fût abandonné des savants et du monde, ce qui arriva au milieu du xviiie siècle, pour devenir le philosophe de la jeunesse. Les universités et les collèges ne l'accueillirent qu'après que la faveur publique l'eut délaissé.

Mais au xviie siècle, en dépit des Jésuites, le clergé tant régulier que séculier, lui fournit de nombreux et illustres adeptes, parmi lesquels il faut citer Bossuet, Fénelon, Arnauld, Malebranche. Tout ce qui dans l'Église gallicane se permettait de penser un peu et de chercher dans la raison de nouveaux motifs de professer la foi fut heureux de trouver cette doctrine conciliante et de s'y attacher. Nous avons déjà dit qu'à la longue la foi en pâtit et qu'elle vit son autorité ébranlée et même ruinée par ce système qui s'était donné à elle et qu'elle avait accepté comme un fidèle auxiliaire. D'où il faut conclure que les prêtres cartésiens furent imprudents et imprévoyants. Mais ce n'est pas à nous de leur en faire le reproche.

Descartes écrivain. — Plus encore que le philosophe, l'écrivain en Descartes a été loué, exalté et démesurément surfait. A entendre Cousin, il serait à la fois le Malherbe et le Corneille de la prose. Nisard enchérit encore et l'admire, entre tous, pour son naturel, son originalité, la perfection qu'il a donnée au français en le rendant « adéquat à la raison ».

Il faut en rabattre, et beaucoup. D'abord Descartes n'a pas innové en philosophant dans sa langue maternelle. Montaigne, Charron, Duvair, l'avaient fait avant lui, et le premier avec un autre succès. Je ne parle pas des théologiens qui sont à tout prendre des manières de philosophes et dont deux au moins s'étaient rendus accessibles au grand public : Calvin et François de Sales. Il n'y a donc pas lieu de faire à Descartes un mérite de l'emploi du français dans certains de ses ouvrages : il s'est contenté de suivre des exemples dès longtemps donnés.

Son style proprement dit a pour qualités la clarté et la précision ; il se laisse entendre sans peine malgré la longueur de ses phrases encore latines de tour. Mais il n'y a rien de plus à louer chez l'écrivain et lorsqu'on l'a nommé « un des bons témoins de la langue de son temps » on lui a rendu pleine justice.

Nous nous en tiendrons là et nous nous garderons bien d'ajouter avec Nisard qu'il a, par son Discours de la Méthode, influé visiblement sur tous les écrivains du siècle y compris le gassendiste Molière qui lui devrait « sa logique du dialogue si abondante, si libre dans ses tours, et toutefois si serrée ». Autant dire que personne en France, sans Descartes, n'aurait su aligner deux idées et que le bon sens français attendait pour naître le signal du philosophe.

Dieu merci, cette terre n'a jamais cessé de produire de bons esprits. Il en avait paru bon nombre avant le Discours de la Méthode ; et, ce Discours tombât-il dans l'oubli, il ne cesserait pas d'y en avoir encore.

Nous n'avons pas parlé des services que Descartes a rendus à la science proprement dite et il n'entre pas dans notre plan d'y insister. Nous nous bornerons à rappeler que ce fut un géomètre de génie, et qu'en dépit de ses hypothèses hasardées et de son dédain de l'observation, il n'a pas laissé de rendre service à la physique en essayant de ramener tous les phénomènes naturels à n'être qu'un développement des lois de la mécanique.

Nous aurons tout dit sur ce grand homme, en concluant que, malgré ses erreurs et ses faiblesses, il a fait preuve d'un génie supérieur comme savant et comme philosophe et qu'on ne saurait lui être trop reconnaissant d'avoir renouvelé la philosophie et la science en fondant le rationalisme.

Nous ne traiterons pas ici des autres philosophes de cette génération, tels que Gassendi, la Mothe le Vayer, etc. Ils ont moins fait en définitive que Descartes pour l'émancipation des esprits ; et au fond, ils ne sont pas plus indépendants. Mais ils semblent l'être davantage et, en leur temps, ils ont passé, à tort ou à raison, pour les adversaires de cette tradition religieuse que Descartes passait au contraire pour défendre et consolider. Leur réputation, méritée ou non, de hardiesse et de franc-parler nous engage à ne pas les rattacher au gouvernement autoritaire de Richelieu. Nous les renvoyons à leur vrai milieu, c'est-à-dire à cette période troublée et tourmentée de la Fronde, dont nous allons, dès la page suivante, définir le caractère et préciser la portée intellectuelle et morale.

LIVRE TROISIÈME

Les lettres sous la Fronde, ou mieux sous le ministère de Mazarin (1643-1661).

CHAPITRE PREMIER

1º Coup d'œil général sur l'époque. — 2º Indépendance relative des esprits sous le gouvernement de Mazarin. — Influence de la Fronde sur la littérature. — 3º Revue des lettres : les Mazarinades. Une fronde littéraire : le burlesque.

1º Coup d'œil général sur la troisième période (1643-1661). — La mort de Richelieu, bientôt suivie de celle de Louis XIII, fut presque universellement saluée d'un soupir de soulagement. Toute à la joie de ne plus sentir peser sur soi une main de fer, la France respirait, s'égayait, voyait l'avenir en beau. Elle ne se doutait pas qu'avant peu ses bons citoyens regretteraient les justes rigueurs du grand cardinal, en haine du mauvais gouvernement de ses successeurs au pouvoir, la reine-régente et Mazarin.

Anne d'Autriche, cependant, ne justifia pas toutes les craintes que son passé pouvait suggérer. Elle avait été, du vivant de son mari, espagnole d'inclination et de conduite, faisant des vœux, et pis encore, pour le triomphe de l'Espagne sur la France. De plus sa vie privée n'avait pas été à l'abri du soupçon, et elle passait pour être, sous ses apparences dévotes, coquette et galante.

Une fois régente, elle fut française au mépris de ses préjugés de famille; quant au reste, elle eut le bon esprit de se fixer, de contracter une liaison durable qui la mit à l'abri de fantaisies peu honorables pour elle-même et dangereuses pour son royaume. D'ailleurs elle donna pleins pouvoirs à son favori, maître absolu du premier au dernier jour et envers et contre tous. Elle n'intervint de sa personne que dans deux cas, lorsqu'au début de la Fronde elle crut l'autorité royale bravée par la magistrature, et lorsqu'il s'agit de mettre ordre à l'hérésie janséniste.

Son choix fut loin d'être bon; mais il aurait pu être plus mauvais. Celui qu'elle aima fidèlement, peut-être parce qu'il ressemblait physiquement à Buckingham son premier amour, était un esprit supérieur mais un caractère méprisable. Homme d'Église par la robe, par la finesse cauteleuse, par les manières volontairement humiliées, il chemina sourdement et sûrement. Désigné par le testament du feu roi pour continuer les traditions politiques et administratives de son règne, il trahit son mandat dès le premier jour, en se faisant le complaisant et le soupirant de la reine. Il y gagna de devenir le maître.

A l'extérieur les choses se passèrent assez bien : non qu'il faille en attribuer tout le mérite à Mazarin lui-même. La diplomatie de Servien, d'Avaux, de Lionne, y est pour beaucoup, mais surtout les victoires de Condé et de Turenne, aboutissant, les unes au traité de Westphalie, les autres à celui des Pyrénées. Mais à tout prendre, en 1659 comme en 1648, la France parla en maîtresse à l'Europe par la bouche de Mazarin.

A l'intérieur, au contraire, quelles indignités! Insensible à l'honneur et par conséquent incapable de faire jouer chez les autres ce ressort puissant, le premier ministre dégrada, déshonora le pouvoir par ses marchandages, ses lésineries, sa rapacité. Il subordonna invariablement l'intérêt de la France à l'édification de sa fortune particulière et au placement de sa famille. De ses sept nièces la moins bien pourvue apporta en dot à son mari 600,000 livres et un gouvernement de province. Par elle on peut juger des autres. Avide pour les siens, il le fut pour lui-même, et à un degré invraisemblable. Il présenta le spectacle honteux d'un homme qui, maître de l'État, volait l'État. Trafic sur les vivres, les fournitures militaires, les offices et les dignités;

spéculations véreuses; participation aux entreprises des flibustiers; tricherie au jeu : tous les moyens d'amasser furent mis en pratique par ce roi des fripons. On l'a rapproché de l'Anglais Walpole pour l'absence de scrupules; mais si Walpole corrompait et achetait les autres, il avait lui-même les mains nettes; et il est, dans l'échelle morale, de plusieurs degrés au-dessus de Mazarin. Celui-ci fut d'ailleurs servi par une chance invraisemblable. Malgré son indignité, il se trouva n'avoir pour adversaires que des gens moins capables ou aussi indignes. Les comparaisons tournaient invariablement à son avantage, et la France, après s'être engagée dans la Fronde en haine de lui, finit par s'accommoder de son gouvernement.

Il serait oiseux d'insister sur les autres traits de son caractère, ses pantalonnades à l'Italienne, les scènes de comédie qu'il donna à la fin avec sa peur de mourir, et son cuisant regret de quitter ses beaux tableaux qui lui avaient tant coûté.

Nous connaissons assez l'indigne successeur de Richelieu pour conclure que son ministère ne put être qu'une époque de dégradation, d'avilissement. On en trouve la preuve dans la Fronde.

Commencée par les honnêtes gens, par la robe et la bourgeoisie, pour empêcher Mazarin de rançonner les propriétaires et d'affamer le peuple, cette insurrection devint peu à peu, une fois que la noblesse y eut pris le dessus, une école d'immoralité. Pour faire la guerre à un malhonnête homme, les nouveaux meneurs, se riant de la timidité des premiers chefs, n'eurent rien de plus pressé que de se mettre au niveau de leur adversaire, sans autre résultat que de se déshonorer eux-mêmes.

La Fronde, en effet, ne pouvait être que stérile, même si elle fût restée aux mains des seuls parlementaires, car ceux-ci, s'ils étaient moins brouillons que leurs nobles auxiliaires, étaient trop scrupuleux pour aboutir. Faute d'oser pénétrer « dans le secret de la majesté du mystère de l'empire », autrement dit, de reviser les titres de la royauté, ils restèrent impuissants. En cette année 1648, critique aux couronnes, ils manquèrent le rôle du parlement d'Angleterre et ne s'élevèrent pas plus haut que les émeutiers de Naples.

La Fronde était donc condamnée d'avance; mais, tout en échouant, elle n'a pas laissé de produire des résultats appré‑

bles. Le premier fut de réduire la France à un dénûment sans exemple. On expia chèrement les rires, la folle gaieté, le débordement de belle humeur qui avaient marqué le début de l'entreprise, et c'est une lamentable histoire que celle de la misère au temps de la Fronde. A la faveur des troubles, de la guerre civile compliquée de la guerre étrangère, de toutes parts la famine et la mort, les corps sans sépulture. On fait avec des brins d'avoine pourrie un pain de boue. En Champagne, « la guerre a mis l'égalité partout. La noblesse sur la paille n'ose mendier et meurt. On mange des lézards et des chiens morts de huit jours. » En Picardie, c'est un troupeau de cinq cents orphelins de moins de sept ans qui vague à l'aventure; en Lorraine, les religieuses, chassées par la faim de leurs couvents, errent et tendent la main. Sur le passage des armées, celle du roi comme celle des frondeurs, et à plus forte raison celle du duc de Lorraine, le vol, le viol, la dévastation, l'écrasement du faible.

A tant de maux il ne se trouva qu'un remède, la générosité des laïques. L'Église, détentrice du bien des pauvres, n'eut garde d'intervenir de l'argent qu'elle avait en dépôt, et Dieu sait si l'occasion était belle ! Elle se contenta de prier et continua à s'engraisser dévotement. C'est toutefois de son sein que sortit l'homme bienfaisant qui fit le plus pour pallier cet excès de misère. La charité de Vincent de Paul se communiqua de proche en proche dans le monde, à défaut du sanctuaire. Sa pitié des orphelins, des infirmes, des vieillards, des meurt-de-faim, gagna les cœurs, surtout dans la bourgeoisie. Il généralisa les distributions de secours que les Jansénistes avaient commencées à Paris et dans les provinces voisines. Il fonda des charités, des hôpitaux, et essaya d'organiser ce que nous appelons l'assistance publique. La postérité lui en a été reconnaissante et avec raison ; mais il ne faut pas oublier que cet apôtre de la bienfaisance ne trouva qu'un appui platonique dans le clergé et que les millions qui passèrent par ses mains probes et généreuses venaient exclusivement de la charité laïque.

Tandis que la majorité des Français mouraient de faim, le beau monde traversait lui aussi sa crise. Adieu les belles attitudes, les poses espagnoles et cornéliennes, les candeurs virginales. La réalité la plus mesquine se fait jour. Les politiques à la Romaine et à l'Italienne se tournent en méprisables brouillons. Les héros, un Condé, voire même à l'occasion un Turenne, deviennent des aventuriers, des condottieri. Les pures héroïnes s'humanisent. Que dis-je? elles sont provocantes, elles font les avances et brûlent les étapes sur la route de Tendre. Les plus précieuses sont les plus hardies, comme si elles avaient hâte de réparer le temps perdu.

Ainsi la misère en bas, le dévergondage en haut, le tout mal dissimulé par la gloire extérieure, voilà le bilan de la France, telle que l'a faite Mazarin.

Au point de vue politique, le résultat fut instructif. Il prouva que ni la robe ni la noblesse n'étaient de taille à disputer à la royauté la direction de l'État. Pour la seconde, la preuve était faite depuis la minorité de Louis XIII. Ce surcroît de démonstration aurait pu être économisé : on aurait su, même sans cette nouvelle expérience, que la noblesse n'était pas un corps homogène, un véritable ordre de l'État, mais une cohue d'individus, incapables d'une pensée et d'une action communes en vue du bien public, uniquement sensibles à l'intérêt personnel, vains, frivoles, avides, n'ayant pour toute morale que la religion de l'étiquette et le point d'honneur.

Le Parlement, moins connu, fut désormais lui aussi jugé. Il sortit de l'épreuve avec une réputation d'honnêteté timide et de nullité politique, celle-ci mieux établie que celle-là. Le pouvoir absolu pouvait s'exercer sans ménagements, sûr qu'il était de brider et de mâter à sa fantaisie les gentilshommes et les gens de robe. Il n'avait plus de contrepoids; et il n'en retrouva un que lorsque, grâce aux philosophes, une autre classe de la nation, la petite bourgeoisie, le tiers-état, eut acquis assez de lumières pour juger les détenteurs du pouvoir et les rappeler à l'ordre, du droit du plus éclairé.

2° Influence de la Fronde. — Indépendance plus grande des esprits. — Modifications introduites dans la littérature. — Un autre effet de la Fronde, et ici nous revenons à la littérature, ce fut de rendre à l'esprit de raisonnement, appliqué aux choses de ce monde, un peu d'indépendance. A vrai dire, cela ne dura guère, et à mesure que la royauté redevint omnipotente, la pensée se vit ramener et enfin enfermer dans la cage de la raison pure. Mais, pendant une quinzaine d'années, on jouit d'une liberté relative et on essaya de la mettre à profit.

Dans le domaine de la philosophie proprement dite, les libertins, les incrédules qui, depuis les dénonciations de Garasse et de Mersenne, avaient courbé la tête et dissimulé leurs doctrines, reparurent au grand jour. C'est le beau temps des prétendus Gassendistes, avec qui nous ferons tantôt plus ample connaissance; ils furent nombreux dans le grand monde; mais ce fut plutôt une mode d'incrédulité qu'une conviction sérieuse. L'orthodoxie de Louis XIV ramena du premier coup aux pratiques religieuses les libertins pour rire, et la libre pensée se réduisit à quelques adeptes groupés autour de Ninon et plus tard des Vendôme. Il faut attendre jusqu'à Voltaire pour la voir se répandre et dominer vraiment.

Sur le terrain de la religion, le mouvement, c'est le jansénisme que je veux dire, fut plus profond et plus sérieux. De tous ceux qui y participèrent, quelques-uns seulement furent ramenés, non sans peine : la plupart persistèrent jusqu'au bout. Cette ténacité s'explique facilement. Le protestantisme, décidément condamné par l'opinion française, suspect, impopulaire, ne faisait plus de prosélytes, si ce n'est de temps à autre quelque prêtre ou plutôt quelque moine en rupture de couvent. Mais il y avait quand même en France un fond d'esprit protestant qui persistait surtout dans la bourgeoisie instruite, et le catholicisme romain ne contentait pas tout le monde : c'est alors qu'intervint le jansénisme pour répondre aux aspirations de toute une partie de la société. Pendant quinze ans il fit de rapides progrès; puis il fut à son tour déclaré hérésie, et les adhésions s'arrêtèrent : il n'en garda pas moins ceux qu'il avait une fois conquis, je ne dis pas seulement les personnes, mais la classe dont elles étaient. Louis XIV eut moins de prise sur le jansénisme que sur le libertinage. Toutefois c'est la Fronde qui est la belle époque de la secte; c'est le franc-parler, introduit alors et conservé jusqu'à la mort de Mazarin, qui permit à Pascal de composer ses Provinciales également impossibles après et avant, sous le Grand-Roi comme sous Richelieu.

Enfin, au point de vue littéraire proprement dit, si, à la faveur de ces quelques années de liberté, l'imagination de certains poètes se laissa aller momentanément à des caprices, à des écarts de goût, trop bien accueillis du public, il n'en resta pas moins des résultats heureux, acquis une fois pour toutes. C'est ainsi qu'on se déprit peu à peu de l'imitation étrangère. On conserva les modèles anciens qui répondaient aux tendances de notre esprit, mais on renonça à s'inspirer des modernes. Le goût français s'émancipa et, prenant sa revanche d'une trop longue soumission, il ne tarda pas à exercer à son tour sur l'Europe entière une profonde et durable influence.

Cette maîtrise du goût national eut aussi cette conséquence, qu'en se détachant des faux-brillants italiens et espagnols, on se détacha des inventions romanesques de l'imagination méridionale. Le souci du vraisemblable se fit jour, on commença à se dégoûter de cet étalage de grands sentiments, de belles déclarations qui ne répondaient malheureusement à rien de réel. On eut le courage de voir les hommes du temps tels qu'ils étaient et l'on essaya de les peindre d'après nature. Les poètes furent précédés dans cette voie par les moralistes, Pascal et Larochefoucauld. Il est vrai que ceux-ci se donnèrent le tort de généraliser les cas particuliers qu'ils avaient sous les yeux, et de conclure de leurs contemporains à l'humanité qu'ils déclaraient par là-même incorrigible et incurablement vicieuse. Mais, à tout prendre, leur exemple fut utile La littérature qui avait été jusque-là, sauf parfois avec Corneille, œuvre d'imagination, devint insensiblement œuvre d'observation. Le jour était proche où tous les auteurs, sermonnaires, romanciers, tragiques et comiques, à la suite des moralistes proprement dits, étudieraient les hommes, essayeraient d'en tracer des images sinon vraies, au moins vraisemblables et donneraient ainsi à leurs œuvres plus de portée et de profondeur.

Il est à peine utile d'ajouter que le gouvernement, personnifié dans Anne d'Autriche et dans Mazarin, n'eut aucune part directe à ce double résultat. La reine ne s'entendait à rien qu'aux conversations galantes et à la dévotion. Mazarin, pour intelligent qu'il fût, ne se plaisait pas aux lettres. C'est tout au plus s'il avait quelque estime pour les philosophes (il pensionna Descartes) et pour les érudits, auxquels il ouvrit libéralement sa bibliothèque. Mais son goût allait plutôt aux œuvres d'art, tableaux et sculptures, aux constructions monumentales. J'oubliais l'opéra dont il entreprit de nous gratifier. Il était resté Italien dans ses préférences d'esprit.

3° Revue de la littérature sous la Fronde. — Nous avons dégagé les abords de notre sujet, il est temps d'y entrer et de nous livrer à l'examen des œuvres que vit naître la période dont nous avons défini le vrai caractère.

Les Mazarinades. — Nous ne parlerons que pour mémoire de la multitude de pamphlets qui furent lancés, la plupart contre, quelques-uns pour Mazarin.

Le recueil en est monstrueux : quatre mille cinq cents pièces à l'Arsenal, plus de six mille en cent trente-sept volumes à la bibliothèque de Pétersbourg. Ce sont pour la plupart des œuvres mal venues, sans sel ni sauge, et dont Retz a bien jugé en disant : il n'y a pas cent feuillets qui méritent qu'on les lise. Ce qui a surnagé, ce sont quelques chansons de Blot l'Esprit et du gros Marigny ou quelques factums improvisés par Scarron, Retz, Sarrazin, Mézeray, Patru, sans oublier le Mascurat de Naudé.

Nous passons de cette littérature mort-née à un genre qui, sans être beaucoup plus recommandable, ne s'est pas laissé oublier. Je veux dire le Burlesque.

Une fronde littéraire : le Burlesque. — Le Burlesque est la protestation de la grosse gaieté populaire contre la littérature relevée et régulière, imitée ou inspirée des anciens. En même temps que la Fronde faisait pièce à l'autorité royale, il plut à certains esprits, plus plaisants que distingués, de fronder les principes et les modèles en vigueur et de faire rire aux dépens de ce qui était le plus justement admiré. Ils se mirent à ridiculiser, soit le sujet des plus belles conceptions de la poésie antique, soit ces conceptions elles-mêmes, à l'exemple de quelques bouffons italiens qui s'étaient déjà livrés à ce plat divertissement. Ils provoquèrent parfois le rire, mais ils ne réussirent pas à discréditer les chefs-d'œuvre anciens; même après l'Énéide travestie, on continua à aimer, à admirer Virgile.

La manie du Burlesque, qui commence sous la Fronde, a fait des victimes jusqu'au milieu du xviiiᵉ siècle; mais les vrais représentants du genre sont ceux qui l'ont cultivé au début, d'Assoucy et Scarron, auxquels on joint d'ordinaire, Cyrano de Bergerac, quoique ce ne soit pas un poète burlesque au sens propre du mot. Nous nous en tiendrons à ces trois noms.

D'Assoucy (1604-1679). — C'était, malgré son titre d'empereur du Burlesque, un assez pauvre sire, noté pour ses mœurs, célèbre pour ses mésaventures de poète ambulant, familier avec la police et même avec les prisons de tous les endroits qu'il traversait. Enfermé à Rome pour telle faute qui n'était que peccadille en ce pays, il fut bientôt relâché et reçut en dédommagement de sa captivité quelques présents du pape. Il s'en fait honneur dans ses *Avantures d'Italie* le seul de ses écrits qui ne soit pas illisible.

On n'a guère retenu de lui que le titre de sa parodie des Métamorphoses, l'*Ovide en belle humeur*. Mais ce qui l'a empêché de tomber dans l'oubli dont il était absolument digne, c'est, après les insinuations peu charitables dont il est l'objet dans le Voyage de Chapelle et Bachaumont, ce jugement de Boileau :

> Le plus mauvais plaisant eut des approbateurs,
> Et jusqu'à d'Assoucy tout trouva des lecteurs.

Scarron (1610-1660). — Scarron était un autre homme : il avait du talent ; il avait par surcroît une gaieté intarissable qu'il ne mit pas seulement dans ses écrits, mais qu'il garda jusqu'au bout dans la vie la plus misérable, au milieu des disgrâces corporelles les mieux faites pour donner de l'aigreur.

On a connu des esprits élevés et de la plus large envergure qui n'ont pu prendre le dessus sur leur santé et leurs infirmités. Sans parler de Pascal dont le tour d'esprit s'est évidemment ressenti de ses souffrances physiques, ne sait-on pas que le pessimisme de Léopardi lui vint autant du dégoût d'être bossu que de la misère où le laissait un père dévot, impitoyable pour l'incrédulité de son rejeton. Certes je n'ai nullement envie d'instituer une comparaison entre de grandes âmes troublées, désolées, désespérées et le toujours joyeux Scarron ; mais on pourrait à la rigueur soutenir qu'il y a, dans le cas de ce dernier, une sorte de courage moral qui n'est pas à mépriser.

Scarron était Parisien, et d'une bonne famille de robe. Il quitta de bonne heure la maison de son père, conseiller au Parlement, faute de pouvoir s'entendre avec sa marâtre Il prit, avec le petit-collet, le titre d'abbé, mais sans entrer dans les ordres. Il mena la vie d'un homme de plaisir, plus gourmand que voluptueux, et il devint à bref délai la victime de la bonne chère. A la suite d'une mascarade où il tomba à l'eau, son corps, déjà endommagé par l'intempérance, se déforma de la façon la plus étrange : sa tête fit un angle aigu avec son estomac, son estomac avec ses cuisses, ses cuisses avec ses jambes, si bien qu'il ressemblait à un Z en figure. Réduit à l'immobilité, cul de jatte comme il disait lui-même, il se résigna à vivre dans son fauteuil, et, comme il avait besoin de travailler pour vivre, il écrivit d'une plume facile, infatigable, vers et prose que le libraire Quinet lui payait un assez bon prix. Aux revenus de son « marquisat de Quinet », c'était son mot, il joignit quelque temps une pension de la reine-régente dont il s'intitulait le malade; mais il la perdit du jour où on le soupçonna, non sans vraisemblance, d'avoir écrit une diatribe virulente « la Mazarinade », celle-là même qui a donné son nom à tout le recueil des pamphlets contre Mazarin. Il reçut plus tard quelque argent du surintendant Fouquet.

Il avait le travail si facile qu'il pouvait, tout en fournissant de copie son libraire, faire accueil à de nombreux visiteurs. Sa maison ne désemplissait pas d'écrivains, de gentilshommes, voire de dames qui venaient rire aux saillies du malade resté plaisant et bon convive.

Ce franc original se donna presque in-extremis le luxe d'une femme et il la choisit jeune, jolie, spirituelle : il est vrai que la demoiselle avait à choisir entre lui et le couvent et que des deux maux elle se résigna au moindre. C'était la petite-fille d'Agrippa d'Aubigné, celle-là même qui devint la compagne de la maturité de Louis XIV, et fut, au titre près, reine de France pendant plus de trente ans. Scarron mourut la plaisanterie à la bouche. Son dernier mot à ses parents fut : « Je ne vous ferai jamais autant pleurer que je vous ai fait rire. »

Le ton plaisant domine dans toute l'œuvre de Scarron, mais tout n'y appartient pas au burlesque proprement dit. Dans ce dernier genre, on cite de lui le *Typhon* ou la *Gigantomachie* en cinq chants, et surtout le *Virgile Travesti*. Le succès de cette dernière parodie fut considérable : pour un lecteur qui, comme le grave Poussin, la traita de profanation sacrilège, il s'en trouva des milliers qui l'admirèrent, et parmi eux des gens de goût et de savoir : on raconte même que Racine y prit un plaisir incompris et blâmé de Boileau.

Aussi bien, sous une grossièreté parfois choquante, y a-t-il dans ce poème burlesque beaucoup d'esprit naïf et fin. Certains traits sont d'excellentes critiques des faiblesses où Virgile a pu tomber. Mais les mêmes procédés reviennent à satiété. Tantôt, ce sont les personnages de la légende ou de l'histoire qui paraissent dans des postures ridicules : Mars en soudard, en traîneur de sabre; Énée, en gros et beau gendarme. Tantôt ce sont d'épouvantables anachronismes : Carthage a comme une ville de France son présidial et ses collèges; Jupiter lance son tonnerre chargé à poudre. Ces inventions font rire une fois; mais, à force de se reproduire, elles ennuient, elles dégoûtent.

D'ailleurs il y a mieux chez Scarron. Sans parler de ses petits vers, faciles et gais, il a écrit des comédies plaisantes dans leur fantaisie parfois extravagante : *Jodelet* ou *le Maître-Valet*, où l'on trouve un type nouveau; l'*Écolier de Salamanque*, *Don Japhet d'Arménie*.

Mais c'est en prose qu'il a rencontré son succès le plus durable. Je ne veux pas parler de ses *Nouvelles tragi-comiques* dont l'une, avec son héros l'hypocrite Montufar, a pu fournir à Molière l'idée du Tartufe, mais de son *Roman comique*, l'un des petits chefs-d'œuvre de notre prose. On a prétendu que ce roman était imité ou même copié de l'espagnol, et il rentre en effet dans le genre picaresque, si cher à l'Espagne. Mais il est français et bien français par la netteté du style, la sobriété vigoureuse du trait, le relief des caractères : Ragotin, la Rancune, la Rappinière sont des figures classiques. C'est l'Odyssée plaisante, bouffonne, et cependant quelquefois émue, d'une troupe de comédiens que l'on a prétendue, sans preuves suffisantes, être celle de Molière, lequel y figurerait lui-même sous les traits sympathiques de Destin.

Théophile Gauthier a traité le même sujet dans le goût romantique sous le titre de Capitaine Fracasse. En dépit de sa science descriptive et de son imagination exubérante, il n'a pas fait oublier, il a plutôt remis en vue et en honneur son burlesque devancier.

Cyrano de Bergerac(1620-1655). — De Scarron à Cyrano, il n'y a qu'un pas. Ces deux originaux sont faits pour aller ensemble. Il y a cependant entre eux quelque différence. Scarron faisait rire sans être ridicule. Cyrano l'était pleinement, et l'on riait autant, mais sous cape, des travers ou des prétentions de l'homme que l'on riait ouvertement des saillies et des imaginations de l'écrivain.

La nature l'avait doué d'un nez phénoménal qu'il portait au vent, défiant les railleurs et prêt à tirer flamberge contre eux. Avec cela, l'esprit brillant, verveux, mais confinant au bizarre, le style plein à la fois de hardiesses heureuses et de fautes de goût. Il avait pris pour modèles Gongora et Marini et enchérissait sur eux.

Il fut dans sa jeunesse, comme Molière, Chapelle et Bernier l'élève de Gassendi. Il en garda une pointe d'impiété qui perce en plus d'un endroit de ses ouvrages, notamment dans sa tragédie d'*Agrippine* où Séjan, l'un de ses personnages, fait ouvertement profession d'athéisme.

Avec cette tragédie, qui eut du succès, on cite de lui la comédie du *Pédant joué,* satire de son ancien professeur Grangier qu'il représente sale, laid, avare et, pour comble de disgrâce, amoureux. Cette œuvre assez grossière abonde en traits comiques : elle a fourni à Molière le « Qu'allait-il faire dans cette galère? » des Fourberies de Scapin.

Mais ce qu'il y a de plus curieux dans Cyrano, ce sont les deux fictions intitulées : « Histoire comique des États et Empire de la lune » et « Histoire comique des États et Empire du soleil ». Transporté tour à tour dans ces deux pays par des moyens de son invention, il en décrit les habitants, les mœurs, les gouvernements et se répand en dissertations physiques et métaphysiques où, au milieu des folies que l'on peut supposer, il y a bien des idées justes et d'heureux traits de satire. Cyrano n'est pas l'inventeur du genre; mais il l'a renouvelé et il y a été le précurseur utile de Swift et de Voltaire : ses imaginations n'ont pas nui aux aventures de Gulliver et de Micromégas. Il mourut à l'âge de trente-six ans. On a dit que, vers la fin, il était devenu fou, ce qui n'a rien que de très croyable, étant donné le tour de son esprit et son humeur farouche. On cite plusieurs traits de son mauvais caractère : le plus connu est celui-ci.

Mécontent du comédien Monfleuri, il lui interdit la scène pour un mois; et comme l'acteur ne tenait pas compte de sa défense, il la lui renouvela en plein théâtre et d'un tel ton que le malheureux épouvanté s'esquiva aussitôt pour ne reparaître que le mois écoulé.

Cyrano, dont nous avons signalé les tendances libertines, nous amène naturellement à parler de cette veine d'irréligion qui coula à ciel ouvert sous la régence d'Anne d'Autriche, mais reprit son cours souterrain dès les premiers jours de Louis XIV. Il nous introduit dans la Fronde philosophique, auprès de ces libertins du grand monde dont il fut applaudi, et auprès des auteurs qui partagèrent avec lui ces applaudissements.

CHAPITRE II

UNE FRONDE PHILOSOPHIQUE : SCEPTIQUES ET LIBERTINS.

1º Les libertins groupés autour de Gassendi restaurateur de la philosophie épicurienne. — Examen de sa doctrine. — Ses prétendus disciples exagèrent ses idées. — 2º Poètes libertins : des Barreaux, Saint-Pavin, Hesnault, Chapelle. — 3º Prosateurs indépendants : La Mothe le Vayer, Naudé, Guy-Patin, Bernier, Sorbière, Saint-Évremond, le chevalier de Méré.

Gassendi a été, presque à son insu, le chef des libertins de la Fronde. Ils crurent pouvoir, sans son aveu, se réclamer de lui et fonder leur incrédulité sur sa doctrine, comme tels esprits religieux se plaisaient à fonder leur croyance sur le cartésianisme. Avant de passer en revue ces soi-disant Gassendistes, il importe de connaître la vie et l'œuvre de celui qu'ils affectèrent de se donner pour maître.

Gassendi (1592-1655). — Pierre Gassendi, né d'une famille de paysans près de Digne, montra des dispositions précoces qui encouragèrent ses parents à le faire instruire. Ses progrès furent si rapides qu'avant d'arriver à l'âge d'homme, il avait pu obtenir successivement au concours le principalat du collège de Digne et la chaire de philosophie de l'Université d'Aix. Il renonça pour un temps à l'enseignement afin de se consacrer à ses fonctions de prévôt de l'Église cathédrale de Digne, et surtout à ses travaux particuliers. Il les poussa avec tant de vigueur qu'il tint bientôt sa place parmi les plus doctes hommes de l'Europe. Quelques rapides voyages d'affaires et d'instruction lui avaient fait connaître les savants de Paris. En compagnie de son ami Luillier, il visita ceux des Pays-Bas et de l'Angleterre, notamment Hobbes, dont il devint l'admirateur : medullâ scatet, disait-il en parlant de lui. Il était en correspondance suivie avec Galilée, surtout depuis sa condamnation.

Malgré sa réputation cosmopolite, Gassendi resta longtemps provençal de fait : il fallut, pour le fixer à Paris, que le deuxième cardinal de Richelieu, frère du ministre, en vertu de ses pouvoirs de grand aumônier, le nommât lecteur au Collège royal, autrement dit professeur au Collège de France. Il y enseigna trois ans la philosophie et les mathématiques ; après quoi, l'altération de sa santé le forçant à chercher un climat plus doux, il passa deux hivers à Toulon. Mais il vint en 1650 reprendre ses travaux. Il mourut en 1655 et laissa des regrets unanimes. Guy. Patin disait : « C'est une grande perte pour la République des Lettres. J'aimerais mieux que dix cardinaux de Rome fussent morts. »

Gassendi n'est pas un génie original. Pas plus dans les sciences qu'en philosophie, il n'a fait de ces grandes découvertes qui mettent un homme hors de pair. Mais, comme savant, il a puissamment contribué à corroborer et à vulgariser les découvertes de ses prédécesseurs ; son savoir encyclopédique lui permettait, mieux qu'à personne, de jouer ce rôle utile et estimable.

Comme philosophe, il ne fut longtemps que le critique des idées d'autrui ; il écrivit successivement contre Aristote, contre Fludd, contre Descartes.

Il donna en 1624, à Grenoble, ses *Exercitationes paradoxicæ adversus Aristotelem*. Il essayait d'y faire voir la stérilité du syllogisme comme moyen d'investigation scientifique et l'absurdité de la scolastique. Il poussait même le paradoxe jusqu'à contester l'authenticité des écrits aristotéliques. Le sans-façon avec lequel il traite une grande renommée nous paraît aujourd'hui un peu déplacé. Ce fut justement ce qui attira les lecteurs : ils vinrent assez nombreux pour encourager le jeune philosophe à continuer sa critique ; mais juste à la même époque le parlement de Paris s'avisa d'interdire toute attaque contre le Péripatétisme, à peine de la hart. Gassendi n'était pas justiciable du parlement de Paris, et, par conséquent, n'avait rien à craindre. Il s'arrêta cependant et garda pendant quelques années un complet silence.

Ce n'est qu'en 1631 qu'il se remit à écrire pour réfuter Robert Fludd; en combattant le mysticisme de ce théosophe, il s'attacha sagement à montrer qu'il vaut mieux observer la nature que de s'abandonner à des rêveries superstitieuses.

Puis il se mesura avec Descartes. Dès que les Méditations de celui-ci eurent été publiées, il fit paraître des *Observations* sur elles, et y joignit bientôt des *Instances aux Observations* Sa critique porte sur ces deux points : il n'admet pas qu'on définisse l'âme une substance pensante, car, on ne sait pas, dit-il, si la pensée ne convient pas à la matière et si Dieu ne pourrait donner à celle-ci la faculté de penser. Il conteste ensuite la possibilité de connaître l'âme, faute d'en avoir une idée ou image sensible. Deux mots connus résument toute cette polémique. O caro, disait Descartes à son contradicteur. O mens, ripostait celui-ci, comme si c'eût été vraiment le duel de l'esprit et de la matière.

Les honneurs de la discussion auraient dû rester à Gassendi. Descartes n'aimait pas à être critiqué : il le prit de haut et fit à son contradicteur une réponse sèche, rogue et d'ailleurs insuffisante. Gassendi au contraire sut, dans ses deux écrits, se montrer pressant sans cesser d'être convenable. Il eut l'avantage de la courtoisie, de l'esprit et souvent même de la dialectique. Mais le gros du public fut fidèle à Descartes.

Gassendi attendit les dernières années de sa vie pour faire connaître sa propre doctrine. Encore ne jugea-t-il pas à propos de publier lui-même l'ouvrage où elle était contenue et qui ne devait paraître qu'après sa mort. Il se contenta de l'enseigner à petit bruit à un certain nombre de disciples dont les plus connus sont Chapelle, Molière, Hesnault, Bergerac, Bernier. Malgré sa devise « Sapere aude », il n'osa pas donner ses idées comme venant de lui et il les mit sous l'autorité d'un ancien, d'Épicure, objet de sa vive admiration et dont il avait déjà raconté la vie et exposé les idées dans deux écrits apologétiques. Mais tout en se réclamant d'Épicure, il faisait à son système de nombreuses modifications. Le public n'en tint pas compte et s'accoutuma, sur la foi de la renommée, à identifier le Gassendisme et l'Épicuréisme, Tous ceux qui avaient pris parti pour Gassendi contre Descartes se crurent obligés de se dire Épicuriens ; et en attendant que le maître voulût bien publier sa doctrine, ils allèrent la chercher où ils croyaient qu'elle se trouvait résumée, c'est-à-dire dans le De naturâ rerum de Lucrèce. S'ils s'en étaient tenus là, le mal n'eût pas été bien grand ; mais plusieurs s'avisèrent de compléter Lucrèce par Pétrone, et d'ériger en règle de conduite pratique les mœurs abominables du Satyricon, qu'ils affectaient de prendre pour le manuel de la vraie vie épicurienne. C'était une erreur et en même temps une calomnie à l'endroit et d'Épicure et de son apologiste Gassendi. On le vit bien quand les exécuteurs testamentaires de ce dernier donnèrent enfin, trois ans après sa mort, son *Syntagma philosophiæ,* autrement dit le résumé de sa doctrine personnelle.

Le premier trait à noter dans cet ouvrage, outre sa forme latine, c'est que, tout en acceptant en principe la physique d'Épicure, Gassendi subordonne lui aussi, et avec autant de force et de sincérité que Descartes, ses opinions philosophiques à ses convictions religieuses. Il proteste en toute occasion de son attachement à la foi catholique, prêt, dit-il, à donner son sang pour elle. Et ce n'est pas une déclaration de circonstance, une attitude momentanée et de commande. On sait qu'il fut de tout temps un modèle de piété et de charité, à ce point qu'on l'appelait communément le saint prêtre de Digne. Aussi ne faut-il pas lui attribuer un seul instant l'intention même la plus lointaine de détacher les gens de la religion. Si sa doctrine produisit cet effet, ce fut à son corps défendant, soit parce qu'elle était mal connue, soit parce qu'elle renfermait elle aussi cette vertu dissolvante que nous avons vue à l'œuvre même dans le Cartésianisme. Il faut avouer en effet que, malgré sa volonté de rester orthodoxe, en dépit de sa croyance à la providence divine et à l'immortalité de l'âme, Gassendi, sans être tout à fait matérialiste, est au moins sensualiste. Il diffère peu de Hobbes, il est visiblement le précurseur de Locke et de Condillac ; et tout cela s'accorde assez mal avec la foi.

La métaphysique n'a pas de place dans son système ; il la trouve nuisible à l'étude du monde matériel, inutile à la connaissance du monde spirituel, qu'il prétend connaître par la physique et la morale.

Les trois parties de sa philosophie sont : 1° la logique avec ses quatre opérations, concevoir, juger, raisonner, disposer, et le problème capital de l'origine des idées. Les idées particulières nous viennent des sens et par combinaison forment les idées générales. Le langage est un don de Dieu ; — 2° la physique. Contrairement à sa théorie des idées, Gassendi reconnaît dans les idées de temps et d'espace des notions absolues, indispensables à l'intelligence de la création. Il admet l'existence de deux principes, l'un matériel, ce sont les atomes ; l'autre efficient, c'est Dieu, créateur et conservateur. Il attribue une âme aux animaux et aux plantes ; il en donne deux à l'homme, la première irraisonnable, siège de la fantaisie, de l'imagination, de la mémoire, domaine de la sensation qui, en se modifiant, produit la connaissance ; l'autre, raisonnable, et comprenant l'entendement et la volonté. Cette distinction est peu utile ; elle a pour effet de compromettre, avec l'immatérialité de l'âme, son immortalité que le philosophe démontre assez mal, mais qu'en tout cas il affirme ; — 3° la morale. Elle est sensualiste, mais pas beaucoup plus que celle de Descartes. Elle assigne à l'homme pour fin le bonheur ; elle l'invite à pratiquer le bien par intérêt, à mettre la vertu souveraine dans la prudence et à croire que « charité bien ordonnée commence par soi-même ».

Telles sont les grandes lignes de ce système. Exprimé dans un latin net, précis, élégant, il fut mis en français, dans un but de vulgarisation, par le médecin Bernier. Il conserva un certain nombre d'adeptes pendant tout le règne de Louis XIV, et c'est proprement pour les lui enlever que fut entrepris l'Anti-Lucrèce du cardinal de Polignac. Mais le moment de sa grande vogue fut celui où il n'était connu que par ouï-dire, par les indiscrétions et surtout par les exagérations des confidents de Gassendi.

Alors, en effet, tous les incrédules de doctrine, de tendance, d'imagination, se prirent à admirer de confiance le penseur de qui ils attendaient la confirmation éclatante de leurs propres opinions. Il en fut de même des hommes de plaisir que la religion gênait dans la licence de leur vie et qui croyaient trouver dans le nouveau système la justification de leur conduite et le plaisir érigé en loi. Ces derniers adeptes étaient les plus nombreux, et peut-être les plus ardents, mais non les plus sûrs. Ils cédaient pour la plupart à une chaleur passagère, à un entraînement, à une griserie de jeunesse. On le vit bien aux conversions qui coupèrent court à eurs écarts, poussés cependant quelquefois jusqu'au sacrilège, comme cela arriva à Condé et à l'abbé, depuis cardinal, le Camus. Ce sont justement les auteurs de ces démonstrations matérielles qui ont fini par la dévotion la plus accentuée. Il ne faut pas s'en étonner. Quand, pour affirmer son indépendance en matière religieuse, on a recours à la profanation, c'est qu'on n'est pas vraiment émancipé. On peut remarquer toutefois que l'incrédulité tint mieux chez les gens d'Église que chez les laïques; nous verrons ceux-ci, un des Barreaux, un Hesnault, mourir dans les transes et les larmes, tandis que l'évêque Lavardin s'éteint dans son palais du Mans, la plaisanterie à la bouche. C'était un athée avéré, un athée si bien connu pour tel, que les prêtres, ordonnés de sa main, eurent des doutes sur la validité du sacrement et obtinrent du pape l'autorisation de se faire ordonner à nouveau.

1° La littérature libertine. — Ces deux tendances, sceptique ou épicurienne, n'éclatèrent pas seulement dans les mœurs, elles inspirèrent des ouvrages de prose et de vers, et firent éclore toute une littérature libertine. Parmi les écrivains de cette école, plusieurs ont prolongé leur carrière très avant dans le siècle. Mais, comme en dépit de l'anachronisme apparent, c'est pendant la Fronde qu'ils se sont formés et qu'ils ont pris leur tour de caractère et d'esprit, nous les passerons en revue dès maintenant. Et en agissant ainsi nous ne ferons qu'abandonner l'exactitude matérielle pour l'exactitude morale plus enviable. Nous attacherons donc à la Fronde, ou si l'on aime mieux, au ministère de Mazarin, tous ceux qui, ayant vécu en ce temps, ont montré de façon ou d'autre, soit dans l'indépendance plus ou moins durable des idées, soit dans le laisser-aller de la conduite et l'indiscrétion du langage, ce que l'on peut appeler l'esprit frondeur en philosophie, l'esprit de libertinage.

2° Les poètes libertins. — Voyons d'abord les poètes : ils ne sont ni bien nombreux ni bien connus. Hommes de plaisir, ils n'ont guère chanté que pour eux et pour leurs amis, sans donner à la composition poétique ce travail qui eût fait d'elle le contraire d'un plaisir. Ils rappellent plus d'une fois Horace par l'inspiration, jamais par la facture : ils aiment à reproduire ses pensées, mais ils prennent facilement leur parti de lui rester inférieurs dans l'expression.

Des Barreaux (1602-1674). — Le premier en date est des Barreaux qui fut l'ami de Théophile, de des Yveteaux, et, dit la légende, le rival heureux de Richelieu auprès de Marion Delorme.

Il versifiait assez agréablement en latin et en français, mais avant d'être poète, il était voluptueux et surtout gourmand. Il voyageait une partie de l'année : au lieu d'attendre les primeurs à Paris, il se donnait le plaisir d'aller les consommer sur place.

Il n'est plus guère connu aujourd'hui que par son dîner gras en carême, dîner troublé par un orage formidable, au grand effroi des convives plus superstitieux encore qu'incrédules : c'est alors qu'il prononça le mot resté populaire : « Voilà bien du bruit pour une omelette au lard. »

Il paraît qu'il se convertit sur le tard et qu'il édifia de sa piété les habitants de Chalon-sur-Saône, témoins de sa vieillesse et de sa mort. On lui attribue un sonnet dévot que Voltaire lui conteste et qui, fort admiré dans le temps, ne sort pas de la moyenne des poésies de convertis. Ce n'est pas en littérature que le diable, même vieux, gagne à se faire ermite.

Saint-Pavin (1600-1670). — Petit et contrefait et cependant aimable et voluptueux, Saint-Pavin se fit dans son domaine de Livry, où il voisinait avec l'abbé de Coulanges et sa pupille, Mme de Sévigné, une retraite épicurienne mais sans scandale. Ce bon vivant vécut dans le plus grand monde, et il y fut distingué pour son amabilité plus que pour ses vers. On a retenu de lui des bons mots et des épigrammes.

Hesnault (? — 1682). — De tous les poètes de ce groupe, Hesnault était à coup sûr le mieux doué ; mais il préféra le plaisir à la gloire et n'écrivit que pour son amusement. Il suivait toutefois d'un œil attentif les progrès de la philosophie, et l'on raconte qu'il fit le voyage de Hollande pour s'aboucher avec Spinoza sur lequel d'ailleurs son épicuréisme facile ne fit pas une excellente impression. Il vécut dans un petit cercle d'amis qui partageaient ses opinions et ses goûts, et fut le maître de Mme Deshoulières, devenue sous son influence bel esprit et esprit fort.

Il avait entrepris avec Molière, son camarade d'études sous Gassendi, une traduction en vers de Lucrèce dont il n'est resté qu'un fragment inséré dans le Misanthrope. C'est la tirade d'Éliante sur les caprices et les aveuglements de l'amour, celle qui commence :

> « L'amour pour l'ordinaire est peu fait à ces lois. »

Hesnault professait le matérialisme absolu : il n'a jamais perdu une occasion d'affirmer la mortalité de l'âme; témoin ce passage, traduit de l'acte II de la Troade de Sénèque, passage fameux parmi les libertins dont il était en quelque sorte le Credo :

> Comme au souffle des Aquilons
> On voit bientôt évanouie
> Une grosse nuée ou de grêle ou de pluie
> Qui d'un déluge affreux menace les vallons.
> Ainsi s'épand cette âme vaine
> Qui meut tous les ressorts de la machine humaine.
> Tout meurt en nous quand nous mourons.
> La mort ne laisse rien et n'est rien elle-même.

Après cette déclaration cent fois répétée, Hesnault se convertit, suivant l'usage; et il y mit une telle ardeur qu'il voulait se lever de son lit de moribond pour recevoir le viatique, dans l'attitude d'un criminel qui fait amende honorable, la corde au col.

Il est surtout connu par le sonnet satirique de l'Avorton qu'on lui a attribué, et par un autre sonnet d'invectives contre Colbert, qu'il accusait de s'être fait le persécuteur de Fouquet.

Chapelle (1626-1686). — Hesnault fait naturellement penser à Chapelle, son condisciple sous Gassendi, poète facile lui aussi et grand sectateur d'Épicure, mais qui se noya dans le vin et ne fut bientôt plus qu'un poète de cabaret. Si Chapelle est plus connu que les autres épicuriens du temps, il le doit un peu à son trop fameux *Voyage avec Bachaumont*, relation pauvre et sèche, où l'on ne trouve guère à glaner que deux ou trois anecdotes. Il le doit surtout à son intimité avec Molière, Boileau, Racine et la Fontaine. Il a tenu sa place dans la petite société que ces grands hommes formèrent pendant quelques mois et cela a fait plus que tout le reste pour préserver son nom de l'oubli.

Pour en finir avec les poètes de cette école, citons le jugement porté sur eux par Sainte-Beuve : « Rien de grand chez eux, ni de haute haleine. Ils ont vécu au jour le jour en épicuriens de la gloire, heureux des roses et des faveurs de chaque matin, gaspillant à des riens mille grâces. Quand on parcourt leurs œuvres décousues, inégales, sans composition, on est souvent surpris de trouver un morceau charmant, une idylle, une épigramme heureuse : tous ces gens-là ont fait en leur vie une bonne petite pièce; mais la seconde ne s'y rencontre pas ; ce qui les a perdus, c'est le tous-les-jours. »

3° Prosateurs indépendants. — Les prosateurs ont à la fois plus de valeur comme écrivains et en général plus de portée comme philosophes. Forcés de raisonner avant d'écrire, ils donnent moins à l'inspiration changeante du moment; ils ont plus de suite dans leur manière de voir et dans leur conduite.

La Mothe le Vayer (1588-1672). — Le premier que nous rencontrons sur notre chemin est la Mothe le Vayer, celui-là même dont nous avons déjà signalé le démêlé grammatical avec Vaugelas. C'est un sceptique de l'école de Montaigne et de Charron, et on peut le considérer comme faisant la transition entre eux et Bayle.

Il était d'une famille de robe. Son père était substitut du procureur général de Paris et lui-même en fit quelque temps les fonctions. Mais il fut avant tout un homme d'études. La mort de Henri IV, dont il fut témoin vers sa vingt-deuxième année, lui laissa pour les affaires et la politique une impression de dégoût qu'il ne vint pas à bout de surmonter. Il se réfugia dans la science, ou plutôt dans l'érudition, et fut en relation avec tous les doctes personnages de son temps. Il fréquentait naturellement chez Mlle de Gournay, la fille adoptive de son maître Montaigne, et elle lui légua en mourant sa bibliothèque.

Un écrit qu'il publia « *sur l'instruction de Monsieur le Dauphin* » lui ouvrit les portes de l'Académie et lui valut la faveur de Richelieu. Il fut désigné par le cardinal mourant pour être le précepteur du futur Louis XIV; mais il fut écarté par la reine-mère sous le singulier prétexte qu'il était marié. Il fut cependant chargé de l'instruction du duc d'Anjou et, comme il réussit, on le pria enfin de compléter celle du roi. C'est alors qu'il composa, de 1651 à 1656, la *Géographie*, la *Morale*, l'*Économique*, la *Politique*, la *Logique*, la *Physique du prince*.

Ni les soins de ce double préceptorat, ni les fonctions, sans doute honorifiques, de conseiller d'État et d'historiographe de

France ne l'empêchèrent de continuer ses travaux personnels. Il sut se ménager, même à la cour, une studieuse retraite et ne cessa jamais ni d'apprendre ni d'écrire.

Son érudition était très étendue et le faisait appeler de ses admirateurs le Plutarque, le Sénèque de la France. Quelques-uns la trouvaient même trop vaste et lui reprochaient d'avoir étouffé toute originalité dans son possesseur. Il est bien certain que le Vayer abuse des citations, mais cela n'ôte rien à la vivacité franche de son esprit.

Il se faisait remarquer dans la vie par la bizarrerie voulue de son extérieur, et, ce qui vaut mieux, par la modération et la dignité de son caractère. Sa vieillesse fut éprouvée par un grand chagrin. Il perdit son fils unique, l'abbé le Vayer, déjà considéré pour son savoir et son jugement. Il ne put supporter la solitude où cette mort le laissa et il se remaria à l'âge de soixante-dix-huit ans, ce qui scandalisa un peu ses amis.

La philosophie de le Vayer part de ce principe : Toutes nos connaissances viennent des sens ; or, les sens ne nous révèlent que différences, oppositions, changements, contradictions. On peut en conclure qu'il n'y a rien dont on puisse affirmer la certitude et l'évidence. Ce qu'il y a de plus sage c'est de douter de tout, à l'exemple de Sextus Empiricus et de ses disciples, et de se moquer invariablement des dogmatiques.

La Mothe le Vayer est donc un sceptique absolu, qui n'incline son doute, imitant en cela les précautions ou l'inconséquence de ses devanciers, que devant la religion fondée sur l'ancienne et sur la nouvelle alliance. Il prétend même faire de son doute un auxiliaire utile de la foi, et qui vient à l'appui de l'Évangile « pour condamner le savoir présomptueux des dogmatiques et toutes ces vaines sciences dont l'Apôtre nous fait peur ». Cette dernière prétention ne supporte pas l'examen ; mais on n'a pas de raison péremptoire de contester la sincérité de le Vayer : il faut donc le traiter sur ce point comme nous avons traité Gassendi et Descartes, et se contenter de signaler au passage la contradiction formelle où il tombe. En effet, le scepticisme est encore moins fait pour vivre en bonne harmonie avec la religion que le sensualisme et surtout le spiritualisme. Il y a en quelque sorte incompatibilité.

Tous les ouvrages de la Mothe ont pour but d'insinuer le doute. L'érudition est pour lui comme pour Montaigne un arsenal d'arguments où il puise à pleines mains, regardant moins à la qualité qu'à la quantité, se plaisant à accumuler les obstacles et les barricades sur le chemin des dogmatiques. Il est heureux de créer des embarras toujours renouvelés à « ces sophistes, à ces pédants ergotistes, à ces philosophes cathédrants, asserteurs de dogme, docteurs irréfragables, qui ne doutent de rien, pointilleux et critiques, *opinionissimi homines* ».

Il débuta par deux petits traités de morale ethnologique où il oppose : 1° *l'humeur de la nation française à celle de l'espagnole;* 2° *la piété de l'une à celle de l'autre.* On y trouve le développement de cette maxime de Montaigne, depuis vulgarisée par Pascal : Vérité en deçà des Pyrénées, erreur au-delà.

Il continua par les *Considérations sur l'Éloquence française,* dont nous avons déjà parlé, et par le *Traité de la vertu des païens,* aussitôt attaqué par le janséniste Arnauld. Il y développe la thèse qui valut au XVIIIe siècle à Marmontel les censures de la faculté de Théologie et dont Voltaire s'est inspiré dans ses Trois Empereurs en Sorbonne. Autrement dit, il y soutient que la vertu des anciens ne le cédait pas à la nôtre et ne devait pas être moins agréable à Dieu : ce qui peut choquer la théologie, mais non la raison.

Vinrent ensuite « *les doutes sceptiques si l'étude des belles-lettres est préférable à toute autre occupation* ». Ce traité, composé à propos de la déclaration successivement faite par Juste-Lipse et Scaliger, que, s'ils avaient des enfants, ils les détourneraient soigneusement de l'étude, peut être considéré comme une réfutation anticipée du paradoxe sur les mauvais effets des lettres et des sciences que Jean-Jacques devait développer avec éclat dans son premier ouvrage.

Le Vayer continua sa propagande sceptique par les *Trente et un problèmes* où il se fait fort d'établir que les questions les plus importantes de la morale sont insolubles; par ses *Discours pour montrer que les doutes de la philosophie sceptique sont d'un grand usage dans la science;* par son opuscule sur l'*Incertitude de l'histoire.* Il la couronna par ses cinq *dialogues d'Orasius Tubero.* Il s'y fait voir comme il dit « in puris naturalibus » « en philosophe ancien et païen ». Il y traite sur un ton plus enjoué que sérieux : 1° de la diversité et contradiction des opinions, des coutumes et des mœurs; 2° des jugements opposés que portent les différents peuples sur les plaisirs de la table et de l'amour ; 3° des avantages de la solitude. Le 4ᵉ dialogue est un éloge humoristique et dans le goût d'Érasme des rares et éminentes qualités des ânes de son temps. Enfin le 5ᵉ, qui traite des différentes religions, a pour conclusion ce proverbe espagnol, que la chose la plus sûre est de ne rien croire, excepté, bien entendu, la vraie foi. La précaution ou si l'on aime mieux la déclaration est, nous le savons, de rigueur.

Le style de le Vayer est un peu lâche et suranné, mais il ne manque dans la liberté parfois incorrecte de son allure ni de facilité ni de piquant. C'est du gaulois plus encore que du français, mais le gaulois, quand il est de bonne qualité, et c'est le cas, ne laisse pas d'avoir son charme.

Naudé (1600-1653). — Nous en avons une nouvelle preuve dans le style de Naudé, un des plus savants hommes de son temps, le digne ami de Peiresc et de Gassendi, l'ancêtre et comme le patron de tous les bons bibliothécaires.

Après de bonnes études d'où il sortit la raison nette de préjugés, grâce à son professeur de rhétorique qui était, chose rare, un esprit indépendant, il s'appliqua à la médecine sous le docteur Moreau et en compagnie de Guy-Patin. Il ne s'en tint pas d'ailleurs à cette unique science : il meubla son esprit de toutes les connaissances à sa portée et approfondit surtout la philosophie de Montaigne et de Charron.

Après avoir mis en ordre la riche bibliothèque du président de Mesmes, il partit pour l'Italie, étudia quelque temps à Padoue et s'en vint à Rome où il fut douze ans le bibliothécaire et le secrétaire du cardinal de Bagni. Ce fut là qu'il acheva de s'émanciper intérieurement, tout en prenant les habitudes prudentes et politiques de rigueur dans un milieu ecclésiastique. Il jouissait d'une influence réelle sur son patron : il en usa pour la bonne cause et fit mettre en liberté Campanella.

La mort de son cardinal l'avait laissé au dépourvu, quand Richelieu l'appela en France, sur sa réputation d'habile bibliothécaire. Richelieu mort, il passa au service de Mazarin et put donner un commencement d'exécution à un projet longtemps caressé, celui d'établir une bibliothèque encyclopédique et publique, plus riche, si possible, et plus largement accueillante que la Bodléienne d'Oxford, l'Ambrosienne de Milan, l'Angélique de Rome.

Avec l'approbation de son maître, il fit la battue aux livres, courant la France et l'Italie, achetant à la toise et jouant au plus fin avec les bouquinistes déjà si en éveil. Il réunit en quatre ans plus de quarante mille volumes qu'il installa en bel ordre au Palais-Mazarin et mit chaque jeudi à la disposition de tout le public, sans distinction de personnes.

Mais il eut bientôt le crève-cœur de voir sa chère bibliothèque comprise dans la confiscation des biens du cardinal et vendue à l'encan. Le dégoût le prit du Paris des frondeurs et il accepta d'être le bibliothécaire de la reine Christine. Il tomba à Stockolm dans un vrai guêpier de savants jaloux, et il en était à se repentir amèrement d'avoir quitté la France, lorsque Mazarin rétabli au pouvoir le rappela. Il se hâta d'obéir, mais mourut en route à Abbeville.

Indépendamment de ce mérite spécial, mais très appréciable, d'avoir pratiqué l'un des premiers et d'avoir enseigné par son exemple les devoirs du parfait bibliothécaire, Naudé a celui d'avoir composé des ouvrages pleins d'érudition mais sans pédantisme, et qui seraient excellents si le style était moins suranné. Un peu trop indifférent à l'expression, il écrit comme il parle, avec une certaine justesse mais sans aucun art, en homme qui dédaigne Balzac et Vaugelas et à qui Charron suffit comme modèle.

Ses œuvres sont le *Marfore;* le *Secret des Rose-Croix dévoilé;* les *Avis et Instructions sur l'organisation des bibliothèques;* le *Traité des Coups d'Etat;* le *Mascurat.* Ces deux derniers sont les plus connus.

Les Coups d'État sont d'une morale détestable. Il faut, pour excuser un peu l'auteur, se souvenir qu'il a vécu longtemps en Italie, dans un milieu corrompu entre tous, où la politique sans scrupules était au moins en aussi grand honneur que du temps de Machiavel, où tous les moyens étaient bons pourvu qu'ils conduisissent au succès. Naudé s'est laissé gagner, mais plus que de raison, à cette contagion d'immoralité, et il en est arrivé à faire l'apologie de la Saint-Barthélemy à laquelle il reproche seulement d'avoir été insuffisante. Ce langage est abominable et il faut le flétrir résolument.

Le Mascurat est plus avouable. C'est une apologie de Mazarin et une réfutation des Mazarinades sous la forme d'un dialogue entre Saint-Ange (Naudé lui-même) et Mascurat (Camusat le libraire). Le bon sens y abonde, et le sel, mais le sel gaulois, n'y est pas rare. Les digressions très nombreuses ne choquent pas, car elles sont toujours intéressantes, venant d'un homme en qui l'érudition n'avait pas étouffé l'esprit.

Si Naudé était en politique de l'école de Machiavel, il était et il resta jusqu'au bout de la religion de Lucrèce, sans palinodie, ni démenti final.

Guy-Patin (1602-1672). — On peut faire, à côté de Naudé, une place à Guy-Patin, son camarade d'études et son ami, non que celui-ci soit vraiment un philosophe. S'il ne fut pas toujours très catholique (on sait qu'il ne craignait pas de faire le libertin, à huis-clos, dans la maisonnette de Naudé, à Gentilly), il eut en tout temps la superstition de la médecine, ne jurant que par Hippocrate et Galien et ne donnant presqu'aucune part dans la science médicale à l'observation de la nature.

Mais à défaut de l'esprit il avait le caractère émancipé. Le plus gaillard médecin qui fût, satirique de la tête aux pieds, ses saillies, sa belle humeur, ses traits d'originalité permettent de le ranger parmi les auteurs qui ont profité de la Fronde pour se mettre à l'aise et conquérir leur franc-parler.

Né à Houdan, d'un père qui avait été avocat, il termina ses études à Boncour, et refusa d'entrer dans les ordres, ce qui le brouilla avec sa mère et diminua ou même supprima les subsides sur lesquels il comptait pour faire sa médecine. Il fut pendant un temps correcteur d'imprimerie, vécut de privations, réussit à mener à bien un long cours d'études et à prendre ses grades avec éclat, et enfin devint vite l'un des bons praticiens de Paris. Il fut doyen de la Faculté et succéda à Riolan dans la chaire du Collège de France.

Il eut, on le voit, tous les honneurs de la carrière ; il en eut aussi les profits et fut riche. Quoique très occupé, il trouva du temps pour suivre des recherches d'érudition et entretenir des polémiques retentissantes. Il en eut une avec les pharmaciens qu'il accusait de ruiner les malades en électuaires et potions cordiales. Il fit campagne contre eux et avec succès. Mais tout en s'opposant aux empiètements de M. Fleurant, il est resté lui-même un médecin digne de la galerie de Molière ou de Lesage. S'il n'était ni Diafoirus, ni Purgon, il était au moins Sangrado. Il saignait, saignait toujours, saignait encore. A quoi il ajoutait comme complément de sa thérapeutique le Son, le Séné, le Sirop de roses pâles, ce qui le fit appeler le médecin des trois S.

Sa lutte la plus vive fut contre Renaudot, docteur de Montpellier et homme à projets, venu à Paris pour y fonder : 1° la Gazette de France ; 2° un bureau de placement et une sorte de Mont de Piété ; 3° un cabinet de consultations gratuites au profit des pauvres. Ces consultations attirèrent au nouveau venu la haine intéressée de la Faculté qui entreprit de les lui faire interdire, sous prétexte qu'il n'avait pas qualité pour exercer la médecine à Paris, et que d'ailleurs il s'en était rendu indigne, en pratiquant un négoce et un métier quasi-manuel.

Tant que Richelieu vécut, Renaudot n'eut rien à craindre, le ministre et le roi étant les inspirateurs et au besoin les rédacteurs de sa gazette. Mais, sous la Régence, il fallut plaider. Ce fut Guy-Patin qui, à deux reprises différentes, soutint devant le Parlement les droits de la Faculté, au milieu d'un auditoire immense, attiré et mis en joie par ses saillies, ses quolibets, ses invectives. L'avocat général Talon, le plus beau sens commun du palais, conclut en faveur du médecin de Paris et Renaudot perdit sa cause. Il dut essuyer, après l'arrêt, cette dernière raillerie de son impitoyable adversaire : « J'espère, lui dit celui-ci, que vous ne vous plaindrez pas Vous êtes venu ici camus (il l'était en effet) et vous en sortez avec un pied de nez. »

Avec ce tour d'esprit, Guy-Patin ne pouvait être que populaire. On se pressait à sa leçon du Collège de France ; les riches bourgeois se disputaient à qui l'aurait à dîner, et, pour l'indemniser de la perte de son temps, glissaient à chaque fois un louis d'or sous son assiette. On peut se faire une idée des agréments de sa conversation par ceux de la correspondance qu'il entretenait avec des savants de la province et de l'étranger, et à laquelle il doit de n'être pas oublié.

Ses lettres remplissent sept volumes. Malgré quelques inexactitudes, elles sont précieuses pour l'histoire du temps : sans parler des faits et gestes de Mazarin, l'une des bêtes noires de l'auteur, qui y sont relatés par le menu et, comme on peut l'imaginer, sans indulgence, on y trouve mille détails de mœurs, des renseignements curieux sur les corps savants, les érudits, les hommes de lettres, le tout raconté sans prétention, d'un ton familier, enjoué, où il n'y a à reprendre que l'abus des citations latines et la négligence du style. Car Guy-Patin n'est pas plus que son ami Naudé curieux de bien écrire. Il lui suffit de se faire entendre.

Ses dernières années furent attristées par l'absence de son fils, qui, forcé de quitter la France pour avoir encouru on ne sait comment le courroux de Colbert, alla s'établir en Italie, à Padoue, où il fit d'ailleurs figure de savant et acquit la réputation d'un bon numismate.

Bernier (1625-1688). — Nous n'en avons pas fini avec les médecins à l'esprit indépendant. Après Naudé et Guy-Patin, en voici deux autres qui représentent plus particulièrement le Gassendisme, je veux dire Bernier et Sorbière.

Bernier est proprement le fils spirituel de Gassendi. En rapport de lettres avec le philosophe dès sa première jeunesse, il se hâta de le rejoindre lors de son installation à Paris, suivit ses leçons, adopta ses idées, les propagea et au besoin les défendit dans des publications de circonstance. Ce fut lui qui répondit, non sans esprit, aux attaques que l'astrologue Morin dirigeait contre le maître.

Gassendi mort, Bernier donna cours à son humeur voyageuse. Il avait déjà parcouru, à la suite d'un jeune diplomate, l'Allemagne et l'Italie. L'ambition lui vint de pénétrer dans les contrées les plus fameuses de l'Orient pour les faire connaître à ses contemporains. Il se mit en route en 1656, ayant pour tout passeport son diplôme de docteur en médecine, ou si l'on aime mieux, de sérieuses connaissances médicales qui lui donnèrent accès auprès des princes orientaux. Il séjourna quelque temps en Syrie et en Égypte, dans les deux pays que cent trente ans plus tard son compatriote l'angevin Volney devait étudier à fond. De là il se rendit dans l'Inde, auprès d'Aureng-Zeyb dont il fut huit ans le médecin. L'émir Danichmend se prit d'amitié pour lui et lui permit d'explorer en détail sa province de Cachemire. Après douze ans d'absence Bernier éprouva le besoin de revoir son pays. Il s'en revint par la Perse, et, de Chiraz, le 10 juin 1668, il écrivait une bien curieuse lettre philosophique à son ami Chapelle. Il rentra en France en 1669.

Il y reprit aussitôt sa place dans la société lettrée et mondaine où on l'appelait communément Bernier le Mogol, en souvenir de ses voyages, ou encore Bernier le joli philosophe. Bien vu à la ville et à la cour, il fut, comme la Fontaine, l'ami et le commensal de Mme de la Sablière. Il était naturellement dans les meilleurs termes avec son ancien camarade Molière; mais il le vit mourir, quatre ans après son retour. Il fréquentait aussi Boileau et Racine avec qui il rédigea l'Arrêt burlesque; il entretenait des rapports suivis avec Saint-Évremond.

Il donna d'abord au public la relation de ses voyages. Une première partie fut publiée sous ce titre : *Histoire de la dernière révolution des États du Grand-Mogol*. Quelque temps après parut « la *Suite des Mémoires de Fr. Bernier sur l'Empire du Grand-Mogol* ». Le tout forme un ouvrage remarquable par l'intérêt des faits, l'exactitude du détail, la sûreté du jugement. Il se laisse encore consulter utilement surtout en ce qui concerne la province de Cachemire.

Bernier voulut ensuite payer sa dette au maître dont il n'avait pas cessé de respecter et de chérir la mémoire et il publia en 1678 l'*Abrégé de la philosophie de Gassendi*. Il s'attacha à reproduire exactement les idées du philosophe, sans peut-être les partager toutes lui-même. Il paraît en effet qu'il était bien revenu de son premier enthousiasme. La réflexion, l'observation de la nature, la connaissance de civilisations différentes de la nôtre, lui avaient suggéré des doutes à l'endroit du système qu'il avait autrefois admiré et professé. Nous en avons la preuve dans cette « lettre persane » déjà mentionnée; dans telle de ses conversations souvent citée avec Mme de la Sablière, et surtout dans les « *Doutes sur l'Abrégé de Gassendi* » qu'il publia lui-même.

Il faisait ses réserves sur la théorie des atomes et il inclinait à distinguer l'âme du corps. Mais là s'arrêtaient ses infidélités; ou pour mieux dire, s'il abandonnait son maître sur ces points, il enchérissait ailleurs sur lui, notamment en morale. Là, il était franchement épicurien, au point qu'il disait à Saint-Évremont que « s'abstenir du plaisir lui paraissait un grand péché ». Il plaçait lui aussi le souverain bien, non dans le devoir, mais dans le bonheur, faisait consister la vertu dans l'éloignement de tout excès, considérait la modération des désirs comme la source des deux trésors les plus précieux, le bien-être et la paix.

Le vrai mérite de Bernier est à nos yeux cette humeur curieuse qui lui fit entreprendre, dans un but d'instruction générale, de longs et pénibles voyages, à une époque où la tendance dominante allait à mépriser l'observation directe des pays et des peuples. Il réagit ainsi de son mieux contre la prétention cartésienne de tout deviner à priori, et il maintint en face de l'intuition les droits de l'expérience. C'est en cela que résident, plus encore que dans son gassendisme, son utilité et aussi son originalité. Il n'y a rien à dire de lui comme écrivain. La longueur de ses phrases, compensée par une clarté parfaite, est le seul caractère de son style.

Sorbière (1615-1670). — Sorbière était avec Bernier, et de l'aveu de celui-ci, l'homme de France le plus versé dans la connaissance du vrai gassendisme. C'était d'ailleurs son unique qualité, car, soit comme auteur, soit comme homme, il n'était rien moins qu'estimable.

Après avoir exercé la médecine en France et en Hollande, il abjura le protestantisme, et essaya d'exploiter sa conversion, dans l'intérêt de sa fortune, à Paris et à Rome. Il n'eut du Pape que des compliments. Mazarin le traita un peu mieux.

C'était d'ailleurs un bavard dont les indiscrétions avaient pour effet invariable de brouiller les gens qui consentaient à l'écouter. Il se posa comme médiateur entre Gassendi et Descartes, et il ne tint pas à lui que leur polémique ne dégénérât en dispute. On le recherchait toutefois pour la malignité et le mordant de sa conversation, et on a même fait un ana de ses propos malicieux et de ses prétendus bons mots. Sa biographie de Gassendi est le seul de ses ouvrages qui mérite un souvenir.

Notre revue des écrivains libertins sous la Fronde nous conduit maintenant dans un autre milieu social. Nous quittons les médecins philosophes pour les gens du monde, et, parmi eux, nous trouvons tout d'abord Saint-Évremont.

Ce personnage a vécu jusqu'en 1703. Mais ce n'en est pas moins à la régence d'Anne d'Autriche que nous le rattacherons : il a lui-même célébré « le temps de la bonne régence » comme l'âge d'or de sa vie, comme son vrai milieu d'esprit. Nous ne faisons que nous conformer à son désir en l'y replaçant.

Saint-Évremont (1613-1703). — Originaire de Normandie, après de bonnes études au collège de Clermont et un séjour de quelques mois à l'Université de Caen, il prit le parti de suivre la cour et la guerre, et il y réussit également. Son esprit, sa galanterie lui firent dans la société des admirateurs et des amies. Son courage le mit en vue à l'armée : il devint lieutenant des gardes du prince de Condé et figura avec honneur sur les champs de bataille de Rocroy, de Fribourg, de Nordlingue, dans les campagnes d'Allemagne et de Flandre.

Au début de la Fronde, il se brouilla avec Condé, alors au mieux avec la cour, mais sans se faire frondeur. En homme de sens, il jugea dès la première heure le peu d'avenir de la révolte et resta résolument fidèle à la royauté qu'il servit et de son épée et de sa plume. Il en fut récompensé par le titre de maréchal de camp en 1652. Il eut une période de quelques années heureuses et brillantes, sur le pied d'un homme considérable et aimable à la fois, mais, tout à coup en 1661, il dut s'enfuir précipitamment pour échapper à la Bastille. On ne sait trop pour quel motif il encourut la colère de Louis XIV. Sa lettre sur le traité des Pyrénées, qui fut effectivement à cette époque mise sous les yeux du prince, ne suffit pas à expliquer les mesures de rigueur dont il faillit être la victime. Il se retira en Angleterre, et il y vécut désormais, sauf pendant un séjour de quelques mois en Hollande, sans vouloir accepter son pardon qu'on lui offrit après 1680. « Les Anglais sont faits à ma loupe », dit-il, (avec le temps sa tête s'était agrémentée de cet appendice) et il resta au milieu d'eux jusqu'au bout. Il fut enterré honorablement à Westminster.

Cette persistance à vivre dans l'exil s'explique à merveille. Un homme du caractère et de l'esprit de Saint-Évremont ne pouvait que se trouver à l'aise à la cour de Charles II, et plus tard de Guillaume III. C'était dans l'entourage du premier de ces princes la même liberté, le même amour du plaisir, le même épicurisme distingué que chez nous, sous la régence. On y parlait d'ailleurs aussi volontiers français qu'anglais; les Français y étaient accueillis et fêtés comme des maîtres en belles manières et en beau langage. Cet écervelé de Grammont y fit fureur. A plus forte raison, Saint-Évremont devait-il y réussir, lui qui avait, sinon plus d'esprit, au moins l'esprit plus orné et plus judicieux et qui, comme les plus brillants courtisans de Saint-James, les Temple, les Rochester, était, pour ainsi dire, un écrivain de profession.

Ce qui contribua ensuite à le retenir dans ce pays, ce fut la fréquentation des gens de lettres, Waller, Dryden, Swift qu'il rencontra tour à tour au café de Will et dont il fut considéré comme l'arbitre des élégances et du goût; mais ce fut surtout l'arrivée à Londres de la toujours belle Hortense Mazarin. Il conçut pour elle un tendre sentiment, lui sut gré d'avoir rajeuni son cœur, et resta son chevalier servant et son admirateur discret.

Dans ce milieu propice, Saint-Évremont donna cours à ses instincts de littérateur homme du monde, et il essaya de réaliser son idéal, autrement dit, d'être le Pétrone de son temps. Entendez-le du tour d'esprit, de l'intelligence ouverte à toutes choses, aux lettres comme au plaisir; car c'est là ce qu'il admirait chez le grand seigneur romain, son modèle; c'est là ce qu'il voulait reproduire de lui; mais il était bien trop judicieux pour l'imiter dans son ouvrage et refaire le Satyricon. Il ne laissait pas d'ailleurs de lire et de relire ce singulier livre qui jouit, nous l'avons déjà remarqué, de la faveur des libertins du bel air. Il était pour eux ce que Lucrèce était pour les Gassendistes, et constituait avec Montaigne le vrai fonds de leur bibliothèque. Les Essais et le Satyricon sont les deux autorités qu'ils invoquent à tout propos et Saint-Évremont plus qu'aucun.

Il a d'ailleurs réussi à jouer le rôle qu'il ambitionnait : il est devenu auteur sans cesser d'être homme du monde; il a fait œuvre de critique au sens le plus large du mot, jugeant les anciens et les modernes, les historiens et les poètes dramatiques, les capitaines et les politiques, les rois et les peuples, à la fois philosophe, moraliste, homme de goût, et cela, sans mettre enseigne d'écrivain, sans aigreur, d'un esprit ouvert et aimable, quoique peut-être avec une certaine affectation à s'écarter des jugements ordinaires pour paraître original. Il manque parfois de solidité; mais il ne s'égare jamais du tout au tout et il a toujours de l'agrément.

Il débuta de bonne heure par quelques pamphlets littéraires, en vers ou en vers mêlés de prose. On croyait alors qu'il était indispensable à un honnête homme de savoir rimer, tourner un couplet, un madrigal, une épigramme. Il paya son tribut à cette manie du temps avec sa comédie des *Académistes* (1643), satire dialoguée, sans suite et sans action, pauvrement et platement versifiée, et où la malignité de l'intention excuse mal l'insuffisance de la forme. La petite satire du *Cercle* ne serait guère meilleure, quoique plus courte, si elle ne se terminait par quelques lignes de prose où il faut chercher la vraie définition de la Précieuse, cette « janséniste de l'amour ». Le reste de ses poésies ne compte pas.

Les œuvres en prose, infiniment supérieures, contiennent 1° des pamphlets politiques : la *Retraite de M. le duc de Longueville en son gouvernement de Normandie;* la *Lettre sur le traité des Pyrénées;* l'*Apologie du duc de Beaufort contre la cour, la noblesse et le peuple;* 2° des conversations rapportées avec un art achevé; une, celle *du père Canaye et du maréchal d'Hocquincourt*, étincelante d'esprit et de malice, comparable à ce qu'il y a de mieux dans les Provinciales; une autre, *entre Saint-Évremont et M. d'Aubigny*, judicieuse et profonde dans son interprétation du jansénisme; une autre encore, *avec le duc de Candale*, pleine de finesse, de savoir-vivre et de connaissance du monde. Ce sont ensuite des *portraits*, des *parallèles*, notamment celui de Condé et de Turenne où il y a de la justesse et des traits heureux. Viennent enfin les écrits littéraires et historiques : *Réflexions* sur la tragédie, sur la comédie, en France, en Italie, en Espagne, en Angleterre; *Dissertations* sur Corneille, Molière et Racine; *Jugements* sur les grands personnages de l'antiquité, dont un, sur Néron, déconcerte à force d'inattendu; *Réflexions sur les différents génies du peuple romain*, qui, sans valoir Montesquieu ni même Bossuet, ne laissent pas d'intéresser et d'être suggestives.

Saint-Évremont avait été de tout temps l'ami de Ninon de Lenclos. Il entretint avec elle une correspondance restée célèbre, et qui, poursuivie jusqu'au dernier jour, devient peut-être un peu monotone par l'étalage qu'il y fait de l'usure et des déchets de sa vieillesse. C'est l'inconvénient de l'épicurisme ; il accorde trop au corps et lui laisse tout envahir. Les plus aimables finissent par lasser avec leur préoccupation sénile du physique. Cette réserve faite, il y a beaucoup à prendre dans la correspondance que nous disons.

En matière religieuse, Saint-Évremont professait une discrétion de bon ton. Il a dit quelque part : les plus incrédules ne parviennent pas à douter de tout, ni les plus crédules à tout croire. Il ne s'en est pas expliqué autrement, mais on peut, sans lui faire du tort, le maintenir parmi les libertins.

Méré (1610-1685) et Miton (?). — C'est à peu près aussi le cas du chevalier de Méré, qui fut un bel esprit mondain, mais n'eut pas comme Saint-Évremont le bonheur d'être exilé, d'être forcé à vivre dans une société plus ouverte, plus libre, où la personnalité avait plus de chance de se développer. Aux caractères indépendants il faut un milieu approprié. La discipline de Louis XIV arrêta l'essor de Méré. Il avait déjà, de nature, le ton doctoral : à se sentir limités de tous côtés, ses agréments se figèrent, se rancirent, et de ce personnage, qui avait la prétention de réaliser l'idéal de l'honnête homme, il est seulement resté le souvenir d'un pédant à la cavalière, un peu ridicule pour son attitude à l'égard et de Pascal et de Mme de Maintenon.

On peut reconnaître en lui le type de l'esprit de finesse que Pascal oppose à l'esprit de géométrie dans un opuscule connu. Ses lettres, publiées par lui-même en 1682, trop tard pour avoir du succès, car il avait laissé passer le bon moment, sont choquantes de vanité et d'infatuation, mais ne manquent ni de sens ni de traits fins. Il ne faut d'ailleurs pas oublier que leur auteur était un homme très instruit dans les lettres et dans les sciences, et qu'il faisait autorité auprès des contemporains.

Le chevalier de Méré entraîne à sa suite son ami inséparable, M. Miton, qu'une pensée de Pascal a d'ailleurs préservé de l'oubli. « Le moi est haïssable : vous, Miton, le couvrez. » D'où l'on peut inférer que Miton était un épicurien entendu, habile à arrondir les angles de sa personnalité, un galant homme facile à vivre, et qui croyait ne pouvoir être heureux qu'en rendant tout le monde heureux autour de soi. Ce n'est pas, quoiqu'en dise Pascal, un caractère si haïssable. L'égoïsme ainsi compris se laisse supporter et sans peine.

Miton était, à l'exemple de Méré, un homme de savoir et de goût, mais, semble-t-il, avec moins de prétention. On a de lui telle lettre qui est le développement et peut-être l'original de la pensée de Pascal : « Masquer la nature et la déguiser. Plus de roi, de pape, etc., mais auguste monarque. »

Si l'on s'intéresse aujourd'hui à ces deux épicuriens lettrés, c'est parce qu'ils furent avec le duc de Roannez les introducteurs de Pascal dans le beau monde, quand il y chercha une diversion à ses souffrances physiques. Méré s'est vanté par surcroît d'avoir été l'initiateur aux belles manières, l'instituteur, quelquefois mal écouté, de ce grand homme qui n'avait été jusque-là qu'un géomètre et un dévot. Il lui aurait appris, avec les bienséances, la philosophie mondaine inspirée de Montaigne et l'aurait rendu pour quelque temps sceptique et libertin. La chose est possible et, peut-être, Méré n'a-t-il pas exagéré. On trouve sa trace et celle de Miton en plus d'un endroit de l'œuvre de Pascal. Ils étaient d'ailleurs indifférents en matière religieuse; Miton avec un peu plus de franchise; Méré discrètement, mais sans qu'aucune de ses pensées porte la marque chrétienne. Ils sont donc bien à leur place dans cette galerie du libertinage que nous arrêtons à eux. Nous pourrions y comprendre nombre d'autres mondains, et notamment Bautru dont les traits d'incrédulité sont restés célèbres. Mais nous en avons assez dit pour donner une juste idée du genre et de ceux qui le personnifient. Nous abordons maintenant la question religieuse sous la Fronde. Elle tient presque entièrement dans le jansénisme dont nous ferons l'histoire succincte et dont nous apprécierons rapidement l'influence sociale et littéraire pour arriver enfin à son plus grand homme, je veux dire à Pascal.

CHAPITRE III

LES AFFAIRES RELIGIEUSES SOUS LA FRONDE.

1º Le mouvement religieux dans la première moitié du xviiᵉ siècle. — 2º Le jansénisme en France : Port-Royal ; la période du Droit et du Fait. — 3º Influence de Port-Royal sur le caractère national, l'éducation de la jeunesse, la littérature. — 4º Principaux écrivains port-royalistes.

1º Le mouvement religieux dans la première moitié du xviiᵉ siècle. — Il est impossible de contester l'importance du mouvement religieux qui éclate en France au lendemain de la mort de Henri IV. C'est un des faits qui parlent le plus haut, et pour se convaincre de sa réalité, il n'y a qu'à se rappeler qu'en moins de trente ans le nombre des seuls monastères de femmes tripla dans Paris. Les provinces suivirent l'exemple de la capitale et partout ce fut une nouvelle floraison de la vie monacale.

A vrai dire, la dévotion n'en fut pas la seule cause. Sans parler de la vanité habilement exploitée des grands et des riches qui crurent s'immortaliser par des fondations pieuses, les nécessités sociales y eurent une grande part.

La bourgeoisie, marchant en cela sur les traces de la noblesse, commence à s'apercevoir que ses familles sont bien nombreuses, et cherche un moyen de caser son monde sans trop diminuer les patrimoines. L'Église lui paraît un refuge tout trouvé pour ses filles. Celles-ci d'ailleurs ne résistent pas outre mesure. Ce sont personnes raisonnables qui préfèrent le couvent à un mariage indigent ou inférieur. Actives et ambitieuses, elles savent que sans bouger du cloître on peut s'immiscer dans les affaires, arriver à l'influence ou à la réputation. L'état monastique n'est pas pour elles une vocation mais une profession. On s'en aperçoit bien aux nouvelles pratiques qui s'introduisent à cette époque dans les communautés. La vie contemplative n'est pas le fait de ces esprits justes, doublés ordinairement de cœurs secs : il leur faut autre chose. Si quelques-unes donnent dans le mysticisme fleuri de Fr. de Sales ou dans les ardeurs dévorantes de Sainte-Thérèse, la plupart veulent des occupations effectives, le soin des malades, l'éducation de la jeunesse, la surveillance des repenties. L'action leur est un besoin et aussi une défense contre elles-mêmes et contre l'énervement du cloître : elles s'en aident pour arrêter cette contagion de folie qui désola certaines maisons, celles de Loudun, de Louviers, de Marseille et y provoqua des scandales hideux. Le remède se trouva bon et les ordres de femmes prospérèrent de toutes façons, pendant de longues années.

Il en fut de même pour le clergé tant séculier que régulier : il fit de nombreuses recrues et eut assez de force pour se régler lui-même et s'astreindre à une sérieuse réforme. Cette réforme d'ailleurs était nécessaire et urgente. Les guerres de religion avaient, nous le savons, laissé l'Église de France dans un état déplorable, sans mœurs, sans dignité dans les caractères, sans piété, sans charité. Le prêtre se croyait tout permis parce qu'il avait porté le mousquet pour la bonne cause. Une fois la paix revenue, le besoin de réparation, de restauration se fit sentir dans le clergé comme dans les autres corps de l'État. Il comprit que, s'il voulait assurer sa victoire sur le protestantisme si austère, il fallait remédier promptement à l'ignorance et à la grossièreté de ses membres inférieurs et mieux déguiser la politique mondaine et froidement égoïste de ses meneurs et de ses chefs D'ailleurs le nombre des hommes engagés dans la vie religieuse grossissait chaque jour, et les scandales, si on les eût laissés se perpétuer, eussent bientôt pris des proportions monstrueuses. Cent mille séculiers, plus de quatre-vingt mille réguliers, telle était la composition de cette armée dévote qu'il fallait discipliner à tout prix. Quelques hommes de bonne volonté entreprirent cette tâche. Ce fut d'abord, nous l'avons dit, Fr. de Sales qui eut, aussi bien dans l'organisation morale que dans le rétablissement de la doctrine, le rôle d'un initiateur. Non seulement son institut de la Visitation servit de modèle à une foule de communautés féminines; mais son séminaire d'Annecy devint le type de nombreuses créations analogues. Ses collègues comprirent avec lui que le meilleur moyen de prévenir tout désordre était de ne plus laisser les étudiants en théologie livrés à eux-mêmes dans les universités, et de les chambrer dans des établissements fermés, sous la surveillance de directeurs spirituels. C'est ainsi qu'à Paris se fondèrent les deux séminaires de Saint-Nicolas sous le prêtre Bourdoise, et de Saint-Sulpice sous le curé Olier. Ce dernier est resté jusqu'à aujourd'hui l'exemple, ou mieux, la source de toute éducation cléricale bien entendue.

En même temps des corporations religieuses naquirent, qui n'étaient plus des Ordres, mais des Congrégations. On s'y associait par des vœux moins solennels et pour collaborer à telle œuvre utile, prédication, instruction des jeunes gens, évangélisation des ignorants ou des hérétiques, travaux d'érudition. Ce caractère particulier distingue les Lazaristes établis par Vincent de Paul, les Eudistes par Eudes, frère de l'historien Mézeray, les Oratoriens par Bérulle.

Les succès de ces nouveaux venus excitèrent l'émulation de leurs devanciers; je ne parle pas des Jésuites, dont l'activité s'étendait à tout, sans trêve ni merci, mais des Ordres monastiques proprement dits. Le travail de l'esprit y fut remis en honneur, et c'est à ce moment que les Bénédictins devinrent savants comme des Bénédictins.

Grâce à ces influences réunies, à celle très considérable de Port-Royal, et aussi à la surveillance jalouse des protestants prêts à exploiter les moindres fautes, le clergé de France réussit à se transformer, et à devenir le plus réglé, le plus digne, le plus instruit de la catholicité. Malheureusement notre pays n'en fut guère plus avancé; il vit toutes ces qualités tourner, somme toute, à son désavantage, car elles furent ternies ou stérilisées par une intolérance implacable dont nous ne constaterons que trop les effets.

2º **Le Jansénisme.** — Tandis que les maîtres de la vie spirituelle plus haut cités poursuivaient leur dessein, deux hommes se rencontrèrent qui, pour arriver au même but, c'est-à-dire à la réforme de l'Église, prirent un autre chemin et crurent devoir donner comme base à la restitution de la morale la restauration du dogme. En quoi ils faisaient preuve de plus d'indépendance et aussi de science théologique que leurs émules. Ceux-ci s'en tenaient au concile de Trente interprété par les Jésuites. Eux au contraire remontaient à Augustin et à Paul, et s'autorisaient d'eux pour prétendre que la vraie doctrine sur la Grâce avait été altérée. Tout le mal leur semblait venir de là, des concessions faites au libre arbitre et des complaisances pour la nature qui en résultaient. Ils entreprirent de remettre les choses en l'état, persuadés que la réforme morale découlerait par une conséquence forcée de la réforme dogmatique.

Ces novateurs étaient le basque Duvergier de Hauranne, plus connu sous le nom d'abbé de Saint-Cyran, et le flamand Jansénius, élèves l'un et l'autre de cette Université de Louvain où ils avaient recueilli la tradition de Baïus. Ils se tracèrent un plan à suivre et se partagèrent en quelque sorte la tâche. Tandis que Jansénius, resté dans son pays, compulserait Saint-Augustin pour en extraire la vérité, Saint-Cyran préparerait le terrain en France, s'y ferait des pénitents et des prosélytes en attendant l'heure venue de se déclarer à la face de l'Église. Les choses s'exécutèrent ainsi. Soit dans son collège de Louvain, soit dans son évêché d'Ypres, Jansénius poursuivit ses travaux avec l'ardeur infatigable d'un homme passionné pour le vrai et qui se croit sûr de le trouver enfin où il le cherche. Il composa son *Augustinus* qu'une mort prématurée l'empêcha de publier lui-même, mais qui parut en 1640 par les soins de ses amis.

Saint-Cyran ne fut pas moins fidèle au plan adopté. Après quelque séjour en province, à Tours et à Poitiers, il se fixa à Paris où sa vertu austère, la puissance de sa volonté, le feu contenu de sa parole lui acquirent une influence profonde sur un certain nombre de personnages, notamment dans la robe. Mais ses efforts ne pouvaient aboutir à rien d'efficace tant qu'ils s'éparpilleraient en directions isolées. Il lui fallait un centre pour réunir et fixer ceux qui acceptaient sa règle. Ce centre il le trouva vers 1635 à Port-Royal, le berceau et, pendant deux tiers de siècle, la citadelle du jansénisme en France.

Port-Royal. — Port-Royal était un couvent de femmes qui, établi dès le XIIIe siècle dans une étroite vallée près de Chevreuse, avait été transféré, en 1626, à Paris, tout en haut de la rue Saint-Jacques. Il était depuis 1608 sous la direction effective ou morale d'une des filles de l'avocat Arnauld, celui-là même qui avait plaidé pour l'Université contre les Jésuites. Cette personne, la mère Angélique, signalée dès sa première jeunesse par la force de son esprit et l'ardeur de sa dévotion, avait remis l'ordre dans sa maison et y avait même rétabli, à son propre détriment, le régime de l'élection pour les supérieures. Mais, qu'elle fût en charge ou non, elle n'en restait pas moins la vraie maîtresse de l'abbaye. Sa renommée en avait franchi les limites et s'était répandue dans toute la France, aussi éclatante, ou peu s'en faut, que celle de Mme de Chantal.

Cette religieuse, éminente en vertu, fut mise par un heureux hasard en présence de M. de Saint-Cyran, et aussitôt il y eut entre eux correspondance de sentiments, sympathie déclarée. Ils étaient de la même famille spirituelle et leur parenté morale éclata indiscutable à leurs propres yeux, dès la première heure. Désormais la mère Angélique ne voulut plus d'autre directeur, ses filles firent comme elle, et Saint-Cyran devint le conseiller écouté ou pour mieux dire l'oracle de la maison, celui dont on provoquait, dont on implorait les avis sans se contenter de les attendre.

A cette union intime avec le chef du jansénisme en France, Port-Royal fut redevable à la fois de la gloire et de la ruine. L'humble monastère fut mis en vue ; il excita des enthousiasmes et des haines ; il connut la faveur publique et la persécution ; il finit par en périr.

Établi dans la place, Saint-Cyran en fit son centre d'action et groupa tout autour les prosélytes, assez nombreux déjà, qui s'étaient mis sous sa conduite. Il en envoya quelques-uns occuper la solitude de l'ancien Port-Royal ; et lorsque plus tard le développement de la communauté força les religieuses à se partager entre le monastère des champs et celui de la ville, les pénitents, connus déjà sous le nom de solitaires, leur cédèrent la place, sans quitter le pays. Ils bâtirent à proximité, mais en dehors de la clôture, d'humbles habitations où ils continuèrent à séjourner.

Il est à peine besoin de dire que les contes gaillards du Moyen Age sur les couvents d'hommes et de femmes trop rapprochés n'ont rien à faire ici. Il n'y a nulle prise à la médisance dans toute cette histoire. Jamais le soupçon n'a même effleuré les mœurs des religieuses et de leurs pieux voisins. De part et d'autre, c'était la régularité la plus exacte, la plus austère.

Port-Royal, une fois entré dans les voies du jansénisme, n'en voulut plus sortir. L'autorité ecclésiastique et l'autorité royale s'unirent vainement pour lui arracher une adhésion à la condamnation souvent répétée de Jansénius. Toutes les mesures prises échouèrent contre sa résistance. Il fallut pour en venir à bout le détruire et disperser ses habitantes aux quatre coins du royaume. C'est en 1710 que s'accomplit cet acte d'iniquité, dans des circonstances particulièrement odieuses, avec des profanations, des bris de tombes, des violations de sépultures, un mépris ouvertement affiché de tout ce qui a droit aux respects des hommes. La ruine de cette sainte maison pèse d'un poids presque égal à celui de la Révocation sur la mémoire de Louis XIV.

On sait maintenant comment il se fait que le jansénisme au XVIIe siècle confonde son histoire avec celle d'un monastère de filles. Ce point éclairci, reprenons notre exposé de la doctrine janséniste et des vicissitudes de ses partisans.

Le Jansénisme pendant la période du Droit et du Fait. — Après que le concile de Trente eut, en réponse aux luthériens et calvinistes, proclamé que, par suite d'un mystère, la grâce est toute-puissante sans que le libre-arbitre en soit détruit (1547) plusieurs théologiens, mécontents de cette solution qui n'en était pas une, en cherchèrent une plus satisfaisante. En 1560 Baïus hasarda des propositions qui furent condamnées comme contraires au libre-arbitre. En 1588 le jésuite espagnol Molina (qu'il ne faut pas confondre avec son compatriote Molinos, pas plus qu'il ne faut assimiler sa doctrine le molinisme au molinosisme ou quiétisme) publia son livre sur la conciliation des deux dogmes incompatibles : De liberi arbitrii cum gratiæ donis concordiâ. Il y représentait la grâce comme un bien inévitable mais que l'homme est toujours libre d'accepter ou de refuser sans que la prescience divine influe sur son choix. Ce compromis souleva des protestations. Dénoncé à Rome, il n'y fut pas condamné, mais n'y fut pas autorisé non plus, et le pape Paul V invita les fidèles à ne plus agiter ces questions.

Comme de juste, on ne tint pas compte de son conseil, Saint-Cyran et Jansénius moins que les autres ; et ce dernier réfuta expressément Molina dans son *Augustinus.*

Lorsque le livre parut en 1640, il eut pour les théologiens un intérêt de curiosité qui fit bientôt place à des sentiments passionnés pour ou contre. Les Jésuites se firent remarquer par leur animosité. La Sorbonne, à la majorité de ses membres, se déclara contre Jansénius, et condamna cinq propositions que son syndic Cornet lui présentait comme le résumé fidèle de la doctrine de l'évêque d'Ypres. Le pape ratifia bientôt la décision de la Sorbonne.

Mais si les cinq propositions, déclarées hérétiques, rendaient assez bien le système de Jansénius, elles n'étaient pas textuellement dans son livre, et, comme le dit plus tard un mauvais plaisant, elles n'y étaient qu'incognito. Ce fait devint une source de distinctions subtiles et d'équivoques. Les jansénistes, qui devaient bientôt reprocher aux jésuites leurs détours et leurs hypocrisies de langage, se firent jésuites pour la circonstance ; ils adhérèrent à la condamnation, mais en soutenant mordicus que jamais leur chef n'avait émis les propositions condamnées.

C'est ainsi que s'engagea l'interminable querelle du Fait et du Droit qui aboutit à la destruction de Port-Royal. — Signez cet écrit par lequel vous reconnaissez que Jansénius, l'auteur des cinq propositions, est un hérétique, disait l'Église romaine à ses membres suspects de jansénisme. — Nous signerons des deux mains que l'auteur des cinq propositions est un hérétique, disaient les suspects ; mais cet auteur n'est pas Jansénius et les cinq propositions ne sont pas dans son livre. — Elles y sont, le pape les y a vues. — Qu'il les montre ! — Le dialogue aurait pu se poursuivre longtemps si le pouvoir royal n'était intervenu.

Les jansénistes étaient depuis le premier jour mal vus de l'autorité, avant même d'être connus sous ce nom. Les agissements de M. de Saint-Cyran, son influence sur la société bourgeoise, les prosélytes qu'il faisait parmi les hommes les plus considérables, l'espèce de franc-maçonnerie qui l'unissait à ses disciples, tout cela avait donné l'éveil à Richelieu qui, par mesure de prudence et sans aucune forme de justice, avait enfermé notre réformateur à Vincennes. La reine-régente lui rendit sa liberté, parce qu'elle le considérait simplement comme une victime de la tyrannie du cardinal, sans rien savoir de ses visées : car si elle en avait eu le moindre soupçon, elle l'eût fait enfermer plus étroitement. C'était une dévote d'esprit étroit, de caractère emporté, qui croyait, à l'espagnole, avancer son salut en violentant les consciences. Les jansénistes ne tardèrent pas à en savoir quelque chose.

A l'instigation de Vincent de Paul, son directeur, elle força Mazarin à les molester, même avant leur condamnation comme hérétiques. Il y eut un commencement de persécution, des visites domiciliaires, des interrogatoires, des menaces plus ou moins suivies d'effet, des dispersions de petits groupes dévots. Après les Provinciales, la main du gouvernement déjà peu légère s'appesantit encore, et toutes les personnes engagées dans la vie religieuse reçurent l'ordre d'adhérer aux censures portées contre Jansénius.

En vain des âmes charitables, pour amortir le coup, essayèrent-elles du moyen terme d'un formulaire assez habilement rédigé et pour donner un semblant de satisfaction aux persécuteurs et pour ménager les susceptibilités des persécutés. Les violents ne voulurent rien entendre, pas plus d'un côté que de l'autre. Chez les molinistes ils réclamèrent la signature pure et simple; chez les jansénistes ils protestèrent contre toute signature et forcèrent les signataires, assez nombreux déjà, à se rétracter. Ce fut le signal des rigueurs. Les solitaires de Port-Royal furent chassés; leurs chefs emprisonnés ou réduits à se cacher; les religieuses molestées de toutes façons par un archevêque, plus maladroit, il est vrai, que méchant, mais qui déploya contre elles un zèle excessif.

Cela dura de 1662 à 1669. Alors survint un accommodement, connu sous le nom de Paix de l'Église. On rapporta les mesures violentes, mais on fit payer à Port-Royal les frais de la guerre. On sépara définitivement ses deux maisons. Dans celle de Paris restèrent les sœurs qui avaient signé et avec elles des religieuses tirées d'autres monastères et peu portées au jansénisme. Dans celle des Champs on réunit toutes les brebis fidèles, tout ce qui était pur de compromission. Il n'y a désormais qu'un Port-Royal aux yeux de la secte; c'est Port-Royal-des-Champs. Celui de

Paris ne compte plus pour elle, ni pour l'histoire; il est devenu un couvent ordinaire.

La paix dura dix ans (1669-79) jusqu'à la mort de Mme de Longueville, devenue une janséniste fervente, une mère de l'Église, comme on disait en plaisantant. Elle avait un logement à Port-Royal, et y faisait de longs séjours. Tant qu'elle vécut, le roi, qui avait de grands égards pour elle, épargna la maison qu'elle voulait bien protéger; mais, elle morte, rien ne retint plus Louis XIV. C'était le moment où il allait réformer sa vie, où l'influence de Mme de Maintenon allait remplacer celle de Mme de Montespan. Il donna un premier gage de sa conversion prochaine en persécutant non seulement les protestants mais les jansénistes. Il interdit aux religieuses d'avoir des novices et des pensionnaires, les priva de leurs confesseurs ou leur en fit donner d'impossibles, et, pour être plus sûr qu'elles ne communiqueraient pas avec leurs anciens directeurs, fit garder militairement l'enceinte de l'abbaye. Ces pieuses filles restèrent obstinées dans leur fidélité janséniste et rien ne put les en détacher.

D'autres affaires survinrent, celle du Cas de conscience, celle des Réflexions du père Quesnel, qui envenimèrent les choses, et augmentèrent la colère de Louis XIV contre la secte, si bien qu'il détruisit Port-Royal de fond en comble en 1710, et qu'il obtint du pape la bulle Unigenitus à laquelle il voulait, quand il mourut, donner force de loi dans tout son royaume.

Telle est, résumée à grands traits, l'histoire commune du Jansénisme et de Port-Royal pendant la période du Droit et du Fait. La période de la Bulle ou de l'Appel au futur Concile ne nous regarde pas, car elle est du xviiie siècle. D'ailleurs sous cette nouvelle forme, le jansénisme devient un parti politique autant qu'un parti religieux. Il incarne l'opposition timide des parlementaires aux exigences du pouvoir absolu et à l'ingérence du clergé dans l'administration du pays. Il perd presque tous les traits de son caractère religieux et moral.

3° Influences diverses du Jansénisme, ou mieux de Port-Royal.
— Le jansénisme n'est autre chose, nous l'avons déjà dit, qu'une réduction, une atténuation du protestantisme. Il avait la prétention de répondre à certaines tendances de l'âme française, sans

aller jusqu'au schisme, sans se détacher de Rome. Mais cette tentative était d'avance condamnée à n'avoir qu'un médiocre succès : en matière de croyance, les moyens termes ne valent rien ; il y faut être radical. On peut dire qu'il en est des adeptes comme du ciel : violenti rapiunt illos. Aussi, en dehors du moment de popularité qu'il eut sous la Fronde et même grâce aux Provinciales, dans les premières années qui suivirent la Fronde, resta-t-il ignoré ou mal vu du grand public. Il n'eut guère que les sympathies, d'ailleurs fidèles, de la bourgeoisie parlementaire.

Mais, en dépit de ce demi-échec, il ne laissa pas de rendre des services appréciables et il concourut, quoique dans une faible mesure, au progrès de la raison et à l'émancipation des esprits. On aurait, je l'avoue, de la peine à le croire, si on s'en rapportait aux seules apparences. En effet, dans le débat entre les jansénistes et les molinistes, ce sont les molinistes qui tiennent pour le libre-arbitre, autrement pour la liberté ; tandis que les jansénistes nient la liberté puisqu'ils croient à la toute-puissance de la grâce, par conséquent à la prédestination. Mais il ne faut pas attacher trop d'importance aux mots, surtout quand les faits parlent autrement. Qui dit molinistes dit jésuites, c'est tout un. Or, on sait de reste que, si les jésuites ont jamais défendu la liberté, ce n'a été qu'en paroles et que leur société est au contraire une pépinière d'esclaves. On peut donc conclure que les jansénistes, par le seul fait de leur opposition aux jésuites et à Rome, ont, malgré leur doctrine, sans le savoir et sans le vouloir, travaillé, comme les protestants avant eux, pour la liberté.

Mais ce n'est là qu'un service négatif. L'influence de Port-Royal s'est exercée ailleurs plus directement, par exemple, dans le domaine de la morale. Non seulement ses solitaires ont su rester parfois debout devant un prince qui voulait tout le monde à ses pieds (c'est déjà un mérite); mais ils ont, par leurs écrits, restauré la notion de la morale, et percé à jour l'hypocrisie qui envahissait la religion et la société.

On avait fait des progrès depuis le temps où Régnier faisait dire à sa Macette :

> Le péché que l'on cache est demi pardonné.

On allait plus loin; on soutenait qu'il n'existe pas. Dissimulez vos débordements, disait-on, et donnez l'exemple d'une régularité extérieure. Pratiquez la religion, usez des sacrements, accomplissez les actes publics de la vie chrétienne; moyennant quoi, vos fautes, même les pires, ne compteront pas, et il y aura des casuistes pour vous les pardonner. Telles étaient les habitudes d'indulgence coupable, les encouragements à l'hypocrisie qui s'établissaient dans l'Église. L'honneur de Port-Royal est d'avoir protesté contre ces tendances. Le livre de la Fréquente Communion commença cette réaction de la franchise et de la vertu : les Provinciales la complétèrent. Il faut ajouter que les solitaires mirent de tout temps leurs mœurs en accord avec leur langage, et donnèrent constamment le spectacle d'hommes qui achetaient par la dureté avec laquelle ils se traitaient eux-mêmes le droit de parler sévèrement aux autres. Ils ont eu la dignité de la vie, la fermeté du caractère, le dédain des distinctions sociales, l'amour de la justice, en un mot toutes les vertus qui caractérisaient autrefois les stoïciens : ils sont eux-mêmes, et c'est la meilleure définition qu'on puisse donner d'eux, les stoïciens du catholicisme. Que leurs qualités aient été balancées par quelques défauts, raideur, opiniâtreté, trop haute idée de soi-même, mépris de ses adversaires, il n'en reste pas moins qu'en ce XVIIe siècle où les jésuites altéraient la morale religieuse, où l'esprit de courtisanerie allait avilir les caractères, Port-Royal a été, pour le plus grand avantage de la France, une école de vertu ou tout au moins de dignité. Le caractère national lui doit d'avoir été retenu sur la pente et de n'avoir pas perdu complètement le respect de soi-même.

Les Petites-Écoles de Port-Royal. — Un autre grand service de Port-Royal, c'est la part qu'il a prise à la réforme de l'éducation publique. Entre les théoriciens de la pédagogie, Montaigne et Rabelais d'une part, Locke et Rousseau de l'autre, Port-Royal représente la pédagogie pratique et en action. Les Petites-Écoles, sitôt fermées, ont néanmoins assez vécu pour donner lieu à des expériences concluantes et pour amener d'incontestables progrès.

Le premier principe d'éducation de Port-Royal, c'est qu'il faut rendre l'étude attrayante à l'enfance. Qu'il y ait réussi lui-même avec la sévérité de ses mœurs, on peut en douter; mais encore faut-il lui savoir gré du précepte, aussi bien que d'avoir supprimé les châtiments corporels, établi entre élèves et maîtres des rapports d'affectueuse politesse, effacé de la camaraderie ce qui s'y introduit souvent de grossier et de brutal.

Mais c'est sur l'instruction, plus encore que sur l'éducation, que s'est exercée l'influence heureuse de Port-Royal. Il a eu le respect, sans la superstition, de l'antiquité. Il a enseigné les langues étrangères modernes et, ce qui est plus louable encore, il a placé, à la base des études, la langue maternelle.

On apprenait encore à épeler sur des textes latins. Port-Royal eut le premier recours à un syllabaire français et inventa une méthode d'épellation, propre à soulager les commençants. Il posa ensuite en règle qu'il fallait exercer l'intelligence plus que la mémoire, ne faisant rien apprendre par cœur qui n'eût été soigneusement expliqué, faisant résumer oralement ou par écrit les lectures et les explications. En vertu de ce principe que les langues anciennes ne sont pas apprises pour être parlées, il donna la préférence à la version sur le thème, réduisit les exercices de composition latine en prose et en vers, attribua la même importance au grec qu'au latin, et dans l'une et l'autre langue fit commencer l'explication des auteurs à tous les élèves qui savaient leurs déclinaisons et leurs conjugaisons. Enfin, c'est en français et non plus en latin qu'il donna l'enseignement, celui des langues et de la grammaire, et aussi celui de la géométrie, de la logique, de la philosophie.

Toutes ces innovations excellentes furent essayées et éprouvées dans les Petites-Écoles, et elles leur survécurent, consacrées dans de bons livres dont quelques-uns sont restés classiques jusqu'à ces dernières années, et qui furent tous à l'époque de leur publication un véritable bienfait. Voici les principaux et d'abord les grammaires.

Dans un premier ouvrage, la *Grammaire générale,* Arnauld résuma les règles communes à toutes les langues. Ensuite Lancelot, dans des *Méthodes* particulières, appliqua les règles ainsi posées aux quatre idiomes étrangers les plus en usage, grec, latin, espagnol, italien. Il n'eut malheureusement pas le loisir d'en faire autant pour le français.

Vinrent ensuite la *Géométrie*, la *Logique*, le *Jardin des Racines grecques*, ce dernier lui-même très utile malgré ses quelques erreurs et le ridicule de ses vers mnémotechniques. Ce furent aussi des traductions, plus élégantes qu'exactes à la mode du temps ; des recueils de morceaux choisis ; des éditions classiques estimables.

Comme on l'a dit justement, entre l'Université d'alors routinière et pédante et les Jésuites, superficiels, brillantés, développant chez leurs nourrissons un petit esprit de mots sans pénétrer jusqu'à la pensée, Port-Royal a ce mérite d'accorder une juste importance à l'éducation morale et de donner à l'instruction allégée et facilitée une base toute rationnelle.

4° Les écrivains de Port-Royal. — Ce ne fut pas d'ailleurs la seule part qu'il eut au développement des esprits. Il posséda des écrivains dont le bon sens fut la muse et l'inspirateur obligé. Il ne faut pas leur demander, Pascal excepté, d'autres qualités. Par choix et par volonté, plus que par insuffisance de talent, ils sont ternes, effacés, monotones, et s'ils satisfont l'esprit par la plénitude judicieuse du développement et la clarté correcte du style, ils ne donnent aucun plaisir au goût et à l'imagination. C'est au moins l'effet qu'ils produisent aujourd'hui. Les contemporains furent moins sensibles à ce qui leur manquait qu'à la nouveauté de leur sens commun, pour ainsi dire impeccable, et ne furent pas éloignés de les prendre pour de grands écrivains. Tels quels, il ne faut pas oublier qu'ils ont rendu à notre langue et à l'esprit français le service de faire l'une de plus en plus correcte, l'aure plus ferme, plus judicieux, plus exigeant en fait de raisonnement. Cette considération doit atténuer la rigueur de notre critique.

Nulle part on n'a plus écrit qu'à Port-Royal. Ouvrages de piété, de controverse, d'exposition et de discussion philosophique, de considérations morales ; traductions et commentaires d'auteurs sacrés et profanes, travaux d'érudition, mémoires, apologies, tout cela constitue une bibliothèque formidable qu'il n'entre pas dans notre sujet d'étudier en détail. Nous nous bornerons à quelques mots sur les principaux auteurs, à ceux dont on connaît encore le nom, à défaut des œuvres, et dont la réputation a surnagé.

Le Maître (1608-1658). — Nous avons déjà rencontré cet homme de mérite qui faisait plus que de promettre un grand avocat lorsque la dévotion l'écarta du barreau pour faire de lui le premier en date et le plus zélé des solitaires. Nous n'entrerons pas dans le détail de sa vie pénitente et des austérités souvent bizarres auxquelles il se laissa emporter : elles n'éteignirent pas d'ailleurs l'activité de son esprit : il apprit l'hébreu pour entrer en commerce plus intime avec la parole divine, étudia à fond les Pères dont il traduisit plusieurs ouvrages, composa des vies de saints avec une érudition estimable, recueillit des matériaux pour les apologistes de la secte, enfin donna des soins aux Petites-Écoles où Racine fut son élève préféré.

En 1656, il publia un choix de ses plaidoyers, revus, corrigés, enrichis de citations dévotes. On n'y trouve que l'image très affaiblie et comme effacée du talent que tout Paris avait de 1630 à 1636 admiré. La flamme n'y est plus ; il n'y reste que les cendres. Les défauts n'y sont palliés par rien : on n'y voit que mauvais goût, emphase, véhémence hors de propos, abus d'érudition, sans le moindre trait d'esprit. L'orateur fait intervenir Mars et Neptune dans la cause d'une servante séduite par un serrurier. Il compare à Andromaque une pauvre fille du peuple désavouée par sa mère. A propos d'une substitution de la maison de Chabannes il embouche la trompette et s'écrie : Nunc age Dardaniam prolem etc. On est tenté, lorsqu'on parcourt ces plaidoyers, de regretter pour la gloire de leur auteur qu'il ait cédé à la tentation d'en faire part au public. Il aurait plus gagné à vivre sur ses souvenirs et à ne pas permettre de juger sur pièces « le prince des orateurs, aux discours duquel on faisait queue, si bien que les jours où il tenait la barre les prédicateurs ne montaient pas en chaire, faute d'auditeurs ».

Le chef des solitaires, le saint Jérôme de Port-Royal, eût bien fait de s'interdire cette petite satisfaction d'amour-propre, et, dépouillant sans retour le vieil homme, de s'en tenir à ses travaux de pieuse érudition.

M. de Sacy (1613-1684). — Le frère de le Maître, Isaac le Maître, qui, pour se distinguer de son aîné, retourna son prénom et devint M. de Sacy, fut un écrivain estimable, tout en étant un directeur de conscience parfait, le digne successeur des Saint-Cyran et des Singlin.

Mis à la Bastille pendant la querelle du Formulaire, il employa sa captivité à traduire le Nouveau-Testament. Ensuite il s'attaqua à l'Ancien, mais n'eut pas le temps de l'achever. Son œuvre fut reprise par du Fossé et terminée par Haré et Beaubrun, qui s'inspirèrent tous de son esprit et continuèrent son procédé. M. de Sacy se servit pour sa traduction de la Vulgate avec les notes de Vatable. Il hésita quelque temps sur le style à employer : il avait pris d'abord un ton élégant et élevé ; mais sur le conseil de ses amis, après les conférences dites de Vaumurier, il s'en tint à un style mitoyen et presque familier. Il fit une œuvre estimable, claire, fidèle dans sa circonspection, et qui, pour le mérite de l'ensemble et de la continuité, n'a pas été surpassée.

Il faut accorder ici un rapide souvenir à LANCELOT (1615-1695), l'instituteur parfait des Petites-Écoles, l'excellent rédacteur des Méthodes grammaticales, que la persécution envoya mourir aux Bénédictins de Quimperlé, loin de sa patrie spirituelle, et qui garda jusqu'au dernier jour l'innocence des petits enfants. De même à ARNAULD D'ANDILLY (1589-1674), qui après avoir rempli de hautes charges, devint à la fois le jardinier souriant et le maître des cérémonies de Port-Royal : il faisait le lien entre les solitaires et le grand monde. Il refusa, par dévotion, d'entrer à l'Académie, où on l'avait appelé à cause de ses traductions abondantes, faciles, mais sans précision, des Confessions de saint Augustin, des Vies des pères du désert, des Œuvres de sainte Thérèse et de Jean d'Avila, de l'Histoire des Juifs de Josèphe.

On peut citer aussi le père Desmares, prédicateur illustre qui appartient en même temps à l'Oratoire et à Port-Royal ; l'abbé le Tourneux, qui, après d'éclatants débuts, se vit interdire la chaire et employa ses loisirs forcés à vulgariser dans son *Année chrétienne* en six volumes, les offices de l'église traduits en français et commentés.

Hamon (1617-1687). — M. Hamon, l'un des médecins du monastère, très estimé dans sa profession qu'il n'exerça cependant que pour les religieuses, les solitaires et les pauvres, fut un écrivain mystique de la famille de François de Sales. Quoique laïque, il fut pendant la persécution le consolateur de son entourage, et s'acquitta avec édification de ce rôle, plus fait en apparence pour un prêtre. Il a mis dans ses ouvrages de dévotion, en dépit de l'austérité janséniste, une douceur attendrissante, une sorte de joie contenue inspirée des promesses divines, une intelligence profonde des mystères du céleste amour. C'est une des figures les plus aimables de Port-Royal.

Tillemont (1637-1698). — Tillemont, qui fut l'élève modèle des Petites-Écoles, en garda toujours l'esprit de docilité, de pureté et de piété dans sa longue existence d'érudit. Il s'est fait un nom estimable par ses recherches historiques. On a de lui une *Histoire des empereurs* en six volumes, une *Vie* copieuse *de saint Louis* et seize volumes de *Mémoires pour servir à l'histoire ecclésiastique,* recueil de documents originaux mis bout à bout et reliés par quelques phrases de raccord, de manière à former un texte suivi.

On a tout dit sur le mérite de Tillemont quand on a reproduit l'appréciation de Gibbon, excellent juge en l'espèce : « C'est, dit-il, le mulet des Alpes, qui ne bronche jamais..... Son inimitable exactitude prend le caractère presque du génie..... Il a mis dans son exacte et savante compilation tout ce que les Pères ont transmis ou inventé. »

Nous arrivons maintenant aux deux auteurs le plus connus de Port-Royal après Pascal, je veux dire Arnauld et Nicole.

Arnauld (1612-1694). — Le plus jeune enfant et le plus illustre de cette féconde lignée de l'avocat Arnauld, il fut d'abord destiné au barreau, mais M. de Saint-Cyran le tourna vers la prêtrise. Il prit ses degrés en Sorbonne et reçut le bonnet doctoral en 1643.

Il débuta aussitôt comme écrivain par le livre de la *Fréquente communion*, composé à l'occasion suivante : Le jésuite Sesmaisons, confesseur de Mme de Sablé, ayant avancé dans un écrit que plus on est dénué de grâce, plus on doit hardiment s'approcher de Jésus-Christ dans l'Eucharistie, Arnauld en prit texte pour formuler la vraie doctrine de la pénitence, dans un style clair, ferme, méthodique, tissu de citations décisives de l'Écriture et des Pères. L'ouvrage réussit, mais valut à l'auteur des haines acharnées et même la menace d'être traduit devant le Saint-Siège afin d'y répondre de son orthodoxie. Il ne s'en émut pas et donna, presque aussitôt, pour confondre ses adversaires, le traité de la *Tradition de l'Église sur la pénitence*.

Retiré à Port-Royal, il y écrivit différents ouvrages dont l'un « la *Lettre à une personne de qualité* », suivi de « la *Lettre à un duc et pair* » provoqua le fameux débat de Sorbonne d'où sortirent les Provinciales.

Il fut réduit à se cacher à l'époque du Formulaire et ne reparut qu'en 1669. Tant que dura la paix de l'Église, il s'abstint de questions irritantes et discuta avec les protestants; mais la persécution ayant recommencé, il crut devoir dire son sentiment sur l'affaire de la Régale, sans souci des conséquences. Il se vit bientôt forcé de prendre le chemin de l'exil. Il vécut désormais aux Pays-Bas, principalement à Bruxelles, toléré par le gouvernement espagnol.

Son ardeur de polémiste ne fut en rien ralentie par l'âge. Athlète infatigable, il engagea jusqu'au bout de nouvelles controverses et mourut en quelque sorte la plume à la main, en réfutant Jurieu ou Malebranche. Boileau, son admirateur et son ami, lui fit une épitaphe pleine d'énergie et de sentiment, celle qui pouvait le mieux convenir à un homme en qui la passion de la lutte n'avait jamais tari les sources vives du cœur.

Ses contemporains ont accordé à Arnauld le nom de Grand. Les quarante-cinq volumes de son œuvre leur ont sans doute fait illusion. Ils ont aussi tenu compte de la belle régularité et de la suite de sa vie, de son amour courageux pour la vérité, de la fermeté comme de la candeur de son caractère.

Mais quand il s'agit d'un écrivain, les qualités morales ne suffisent pas à constituer la grandeur. Il y faut joindre l'originalité de la pensée et le style. Or ces deux dons manquent à Arnauld. C'est un logicien qui devait faire merveilles dans les discussions orales, mais dont l'ardeur s'est refroidie sur le papier. Chez lui tout est clair et solide; pas une expression contestable, pas une image hasardée; mais il ne fait grâce à son lecteur d'aucun raisonnement; il abuse de l'appareil logique; ses phrases sont comme ces routes en plaine où l'on ne risque pas de s'égarer, mais dont on voit blanchir à perte de vue l'interminable ruban. On n'en trouve jamais la fin.

Ses écrits théologiques sont aujourd'hui complètement oubliés. Les vérités d'ordre grammatical et logique qu'il a mises dans ses ouvrages scolaires sont tombées dans le domaine public et l'on ne se souvient guère que c'est à lui qu'on en doit la première expression.

Nicole (1625-1695). — Dans les luttes qu'il soutint jusqu'en 1669 Arnauld eut pour second, pour auxiliaire infatigable, le moraliste Nicole.

Nicole présente cette singularité d'avoir été un des plus subtils théologiens de son temps, sans avoir jamais voulu prendre le doctorat ni même s'engager dans les ordres. Il était simple clerc tonsuré. Le fait eût été surprenant partout ailleurs ; mais à Port-Royal il paraissait tout naturel. On y avait une si haute idée du sacerdoce que bien peu parmi les solitaires s'en jugeaient dignes. Il fallait que les directeurs fissent violence à ceux qui y étaient appelés par une vocation évidente. Il y avait d'ailleurs parmi eux beaucoup de prêtres qui, par pénitence, par un vif sentiment de leur indignité, ne faisaient plus les fonctions sacerdotales. Domine, non sum dignus, telle est la devise des hommes de Port-Royal et notamment de Nicole.

Né à Chartres, d'une famille qui avait fourni plusieurs religieuses au monastère, il vint terminer ses études à Paris, fit sa philosophie à Harcourt, sa théologie en Sorbonne sous les docteurs Sainte-Beuve et Lemoyne, et entra comme maître aux Petites-Écoles. Il déploya toutes les ressources de son esprit et de sa science dans la querelle du Droit et du Fait, mais sans jamais paraître ouvertement. C'était assez l'habitude à Port-Royal de garder l'anonyme ; mais pour lui c'était comme une loi que lui dictait son caractère timide plus encore que sa modestie. Il ne discutait d'ailleurs que par écrit, la controverse orale lui faisant peur au point de lui ôter tous ses moyens.

Pendant la paix de l'Église, il quitta la théologie pour la morale dont il publia treize petits volumes sous le titre d'*Essais* et de *Lettres*. Après l'affaire de la Régale, il partagea quelque temps l'exil d'Arnauld ; mais son humeur, chaque jour plus pacifique, ne s'accommoda plus de ces luttes continuelles. Il fit demander et obtint la permission de rentrer, à condition de ne plus écrire sur la Grâce.

Il vécut désormais dans une retraite profonde, où il composa encore quelques ouvrages et particulièrement le *Traité de l'Unité de l'Église* qui parut sous le nom d'Arnauld.

Outre ses écrits théologiques, dont aucun d'ailleurs ne porte son nom, Nicole a écrit : 1° la traduction latine des Provinciales avec discours et appendices; 2° des pamphlets bien raisonnés mais sans véritable esprit : les dix *Imaginaires,* et les huit *Visionnaires* contre Desmarets; 3° les judicieux Discours Préliminaires de la Logique de Port-Royal; 4° les treize vol. d'Essais et de Lettres déjà cités.

Les Lettres sont assez intéressantes, mais ce sont les Essais qui ont établi et maintenu la vraie réputation de Nicole en lui faisant une place au second rang des moralistes. Il est vrai que cette place lui a été contestée, et que Grimm a pu écrire à son sujet : « Si ses Essais paraissaient aujourd'hui pour la première fois, ils n'auraient aucun succès. Leur platitude, leur trivialité, leur tristesse dégoûterait tout homme instruit et sensé. » Sans aller aussi loin dans la sévérité, il faut bien reconnaître que les éloges pompeux accordés à Nicole par Mme de Sévigné, par d'Aguesseau ne se justifient guère. La Bruyère, plus avisé, lui a reproché de ne pas penser assez. C'est en effet son défaut. Il abonde en redites, en développements inutiles, en lieux communs. Il a gâté par sa diffusion les pensées qu'il a empruntées à Pascal auquel d'ailleurs il ne rendait pas justice puisqu'il l'appelait, dans l'intimité, un ramasseur de coquilles. Ce jugement est caractéristique : il explique l'insufsance de Nicole, son incapacité à goûter chez autrui une pensée profonde ou une belle expression et par conséquent à trouver lui-même l'une ou l'autre.

On rapporte de lui quelques images effrayantes sur la mort et l'enfer, des réflexions assez bien venues sur les amitiés infidèles, les jugements téméraires, les soupçons injustes. Les mauvais plaisants du XVIIIe siècle lisaient, pour en rire, « l'Essai sur les personnes sèches » où ils trouvaient matière à une foule d'équivoques. On ne cite plus aujourd'hui que « l'Essai sur les moyens de conserver la paix parmi les hommes ». C'est son chef-d'œuvre, et on pouvait s'y attendre. Le pacifique Nicole, qu'une destinée contraire avait fait le second du plus batailleur des théologiens, devait forcément bien parler de la paix, comme on parle d'un bien toujours attendu et jamais accordé.

Duguet (1649-1733). — C'était aussi un pacifique que Duguet et de plus un écrivain de talent, aimable, sensible, plein de douceur et d'onction, proche parent par les dons de l'esprit et de Fénelon, dont il fut l'adversaire en théologie, et de Racine qu'il eut pour ami. Après un séjour de quinze ans à l'Oratoire, il partagea l'exil d'Arnauld à Bruxelles, résida quelque temps en Savoie et vécut enfin dans une étroite retraite à Troyes ou à Paris.

Duguet a continué les traditions de Port-Royal assez avant dans le xviiie siècle et de la façon la plus digne. Mais sa modestie et la persécution l'ont empêché de se manifester au grand public et ne l'ont laissé connaître et admirer que d'un petit nombre d'initiés. En cela il a été moins bien partagé que Nicole auquel il est cependant supérieur comme penseur et comme écrivain. C'est un des rares jansénistes qui n'ait pas le style triste et lourd. On cite de lui : l'*Explication de l'œuvre des six jours*, la *Conduite d'une dame chrétienne*, le *Traité de l'Institution d'un Prince*.

Nous en avons fini avec les écrivains port-royalistes, car nous mettons Pascal à part d'eux. Non que nous voulions rompre le lien indissoluble qui l'unit à Port-Royal ; il en est certes par la doctrine et par les services rendus ; mais il l'excède par l'esprit et le génie. On sait d'ailleurs que ses conversations et ses écrits étonnèrent où même scandalisèrent parfois les honnêtes solitaires qui en bénéficiaient cependant, mais sans rendre tous pleine justice au grand homme qui avait voulu vivre leur vie et partager leur sort et leurs dangers.

CHAPITRE IV

PASCAL

1º Sa vie; 2º Les Provinciales; 3º Les Pensées.

1º Sa vie (1623-1662). — Né à Clermont, en Auvergne, d'une famille de robe, fils d'un savant homme qui, devenu veuf, vendit sa charge de président de la Cour des aides et vint s'établir à Paris afin de s'y livrer à son goût pour les mathématiques, Blaise Pascal révéla, dès la première enfance, cette force de génie qui devait lui valoir la double gloire du géomètre et de l'écrivain.

Il réinventa à douze ans la géométrie élémentaire; à seize ans, il écrivit le Traité des sections coniques; il imagina aussitôt après la Machine Arithmétique, jouet plus qu'instrument utile, et dont les combinaisons et le laborieux ajustement lui coûtèrent sa santé, désormais ruinée sans remède. La maladie ne ralentit pas ses travaux : il répéta les expériences des Italiens sur la pesanteur de l'air et en combina de nouvelles. Entre temps, grâce à un concours de circonstances où il vit le doigt de Dieu, il lut quelques ouvrages pieux de Port-Royal et fut gagné par la beauté austère de la morale janséniste. Il venait à peine de passer la vingtième année et résidait à Rouen où son père avait accepté une charge d'intendant des finances. Son zèle pieux était tel qu'ayant ouï dire qu'un professeur de philosophie professait dans la ville des doctrines incompatibles avec la religion, il le traduisit devant l'officialité et le força à un désaveu public. Cet acte est dur à digérer. Il semble difficile à concilier avec la nature généreuse que l'on prête volontiers à son auteur, et l'on est même tenté de voir en

Pascal, se faisant dénonciateur, plutôt le fils de M. l'Intendant, qui abuse de l'autorité de son père dans l'intérêt d'une vanité juvénile, que le chrétien emporté hors des bornes par son amour de ce qu'il croit être la vérité.

Sa maladie empirant de jour en jour, il renonça momentanément aux mathématiques et vint à Paris, avec la pensée d'y vivre dans la dévotion et d'être assidu à Port-Royal. Il comptait sans le monde, où, sur le conseil de ses médecins, il chercha bientôt une diversion à ses souffrances. Il fréquenta de préférence les épicuriens délicats dont nous avons parlé, les Méré, les Miton, et devint l'ami intime et le conseiller du jeune duc de Roannez. Malgré son état maladif, il réussit dans la belle société et en prit, vraisemblablement sans trop de peine, quoiqu'en dise Méré, le ton, les manières, le langage. Prit-il, par la même occasion, les idées indépendantes de son entourage habituel? On l'a affirmé, sans preuves, mais non sans présomption. C'est probablement alors qu'il lut les Essais de Montaigne et l'Épictète de Duvair dont il fit une étude approfondie, et il est bien possible qu'avant de chercher dans le Christianisme la conciliation de ces deux philosophies inconciliables, il se soit laissé aller au plaisir de philosopher, cédant tantôt à son penchant naturel qui le portait vers le stoïcien, tantôt donnant à son esprit le régal des paradoxes du sceptique. Sans renoncer aux dehors de la foi, peut-être a-t-il eu, lui aussi, sa période de scepticisme amusé, ou de noble stoïcisme.

Mais cela ne dura pas. La mort de son père, l'entrée de sa sœur Jacqueline à Port-Royal, l'accident du pont de Neuilly où il courut le danger de la vie, le ramenèrent par degrés à la pratique religieuse la plus austère. Il demanda et obtint une place parmi les solitaires de Port-Royal; et après une année de prière et d'humbles travaux, il se vit fournir l'occasion d'écrire les Provinciales.

Il avait alors trente-trois ans, et s'il avait donné quelques dissertations sur des sujets scientifiques il n'avait pas encore fait vraiment œuvre d'écrivain. Les Provinciales terminées, il imagina de composer une Apologie du Christianisme, qu'un retour offensif de son mal le força bientôt d'interrompre ou de poursuivre avec moins d'ardeur. Il demanda un divertissement passager aux mathématiques, mit au concours la question de la Roulette, et se vit adjuger le prix, non sans protestation de la part de ses concurrents.

La querelle du Formulaire, qui éclata sur ces entrefaites, vint lui créer d'autres soins : il fut et parla pour le refus de toute signature. Arrivé dès lors à cet état d'exaltation où la foi ne supporte plus les précautions de la sagesse humaine, il s'indigna que ses amis ne partageassent pas sa hardiesse et faillit se brouiller avec eux.

Il était dans un détachement absolu de toutes choses, jusqu'à devenir, par le mépris des soins corporels et le cynisme de sa tenue, un objet de répugnance pour des gens qui n'étaient cependant pas faciles au dégoût. Ajoutez qu'il était sujet à des accidents nerveux qui ne permettaient pas qu'on le laissât sortir seul. Au physique ce n'était plus qu'une ruine. Mais dans ce corps délabré, dont la volonté ne réussissait plus à gouverner les mouvements et les gestes, habitait un esprit puissant et subtil, renforcé de toute la vie qu'il dérobait à son enveloppe matérielle, et du sein de cette détresse physique éclataient plus forts que jamais les accents d'une éloquence vibrante et passionnée.

Il mourut en 1662. Cinq ans lui avaient suffi pour devenir le plus grand écrivain de son temps.

Nous allons l'étudier dans les Provinciales et dans les Pensées. Nous laisserons de côté, malgré leur intérêt relatif, ses opuscules : l'Esprit géométrique, l'Autorité et le Progrès en philosophie, le Discours sur les passions de l'amour, les trois Discours de la condition des grands, etc. Nous nous en tiendrons à ses deux maîtresses œuvres.

2° Les Provinciales. — Cet ouvrage, un « fort joli libelle », au dire de Joseph de Maistre, mais, au dire des juges impartiaux, le chef-d'œuvre du pamphlet sincère dans notre langue, n'a subi en rien les atteintes du temps. Malgré le peu d'intérêt que son sujet semble présenter pour nous, il a toujours des lecteurs ; et les gens avisés ne prennent pas d'autre modèle quand ils veulent se rompre aux artifices de la polémique. M. Dufaure, qui fut un orateur incisif, sans égal pour découdre son adversaire d'un coup de boutoir, s'aiguisait les dents sur les Provinciales. D'autres y sont venus chercher soit la même, soit une autre leçon, car il ne faut pas oublier que toutes les sortes d'éloquence y sont renfermées.

Voltaire s'est évidemment trompé en prédisant que les Provinciales baisseraient dans la faveur du public, à mesure que le jansénisme disparaîtrait. Le génie suffit à consacrer les choses. On lit les Provinciales quoique le jansénisme n'existe plus. Que dis-je ? On étudie le jansénisme pour mieux goûter les Provinciales.

C'est de janvier 1656 à mars 1657 que furent composées les dix-huit lettres qui forment l'ouvrage. Voici à quelle occasion :

Le duc de Liancourt, l'un des grands amis de Port-Royal s'était vu, aux Pâques de 1655, refuser l'absolution par le prêtre Picoté de Saint-Sulpice, à cause de ses rapports avec Arnauld et autres hérétiques. Il alla naturellement conter son cas aux solitaires qui protestèrent par écrit contre l'abus de pouvoir du sieur Picoté. Aussitôt plumes d'entrer en danse : on attaque, on riposte, une querelle s'engage acharnée, interminable. Dans un des écrits jansénistes, signé d'Arnauld, les Molinistes relevèrent deux propositions qu'ils déclarèrent entachées d'hérésie. La première, celle que l'on a appelée depuis « le point de Droit », avançait que la grâce n'est pas toujours donnée à tous les hommes et que notamment elle avait manqué à Saint-Pierre dans son reniement. La deuxième, devenue « le point de Fait », niait que les cinq propositions attribuées à Jansénius fussent de lui.

Les Molinistes soutinrent que l'honneur de la Sorbonne était engagé à réprimer l'hérésie d'un de ses membres, et ils obtinrent qu'on ferait le procès d'Arnauld en assemblée générale de la Faculté. Pour y être plus sûrs de la majorité, ils firent donner séance et droit de vote aux docteurs des ordres mendiants qui étaient à leur dévotion.

Arnauld aimait la discussion où il portait « une sorte de vigueur et de générosité léonine », et il n'eût pas mieux demandé que d'engager un débat contradictoire. Mais on voulut l'y faire paraître en suspect, en accusé. Il refusa, par dignité, et son affaire fut instruite et débattue sans lui. Elle devait durer deux mois pleins, du 1er décembre 1655 à la fin de janvier 1656.

Jamais la Sorbonne n'avait vu si beau tumulte. On sait que les théologiens sont d'humeur aigre et que la dispute les grise ; mais dans la circonstance, ils dépassèrent la mesure. Ils se portèrent à des violences que l'on a pu comparer aux pires excès de la Chambre Introuvable de 1815. On dut prendre des mesures d'ordre, et réduire impitoyablement à un quart d'heure le temps de parole de chaque orateur inscrit. De plus, afin d'intimider les docteurs jansénistes, le chancelier, sur l'ordre de la reine-mère, vint en grand appareil assister aux séances.

On examina d'abord le point de fait sur lequel Arnauld fut enfin condamné le 14 janvier par cent vingt-quatre voix contre soixante-onze. On passa le 18 janvier au point de droit, avec l'intention d'en finir au plus tôt. La cour et les Jésuites hâtaient à l'envi la conclusion de l'affaire. La marche imprimée à la discussion fut telle que les partisans de l'accusé ne voulurent plus y participer. Ils se retirèrent en masse, après avoir protesté et de vive voix et, suivant l'usage du temps, par actes notariés. Ils sentaient bien d'ailleurs qu'en restant jusqu'au bout ils n'auraient pas plus empêché la seconde condamnation qu'ils n'avaient empêché la première. Le jugement était en quelque sorte prononcé d'avance.

Les initiés le savaient et estimaient la sentence à intervenir à sa juste valeur. Mais le public n'était pas au courant des choses, et sa vénération pour la Sorbonne faisait craindre qu'il n'acceptât sa décision les yeux fermés et ne prît en suspicion Port-Royal et ses docteurs. Jusque là les condamnations prononcées contre Jansénius l'avaient laissé froid. On avait beau lui dire que les Solitaires étaient des jansénistes, il ne s'en inquiétait guère, et l'estime qu'il avait pour leurs vertus le dissuadait de les prendre pour des hérétiques, tant qu'ils n'étaient pas condamnés personnellement. Mais du jour où cette condamnation personnelle serait un fait acquis, on pouvait redouter qu'elle ne vînt à bout de la considération, de l'admiration, et que tout le monde ne se détachât de Port-Royal.

Le moment fatal approchait : il n'y avait plus qu'une ressource, c'était de transporter le plus rapidement possible et de gagner devant l'opinion le procès décidément perdu en Sorbonne. Il fallait agir directement sur le public, s'emparer de sa confiance au détriment de la Faculté, lui persuader ou que l'affaire était insignifiante, ou qu'elle tournait au profit des Molinistes contre tout droit, par le seul avantage du nombre, trouver enfin quelque moyen de rendre coup pour coup à ces dangereux Jésuites, mal déguisés sous l'étiquette moliniste, et cherchant en cette occurrence moins à servir la religion et à maintenir l'orthodoxie qu'à ruiner Port-Royal, leur émule sur le triple terrain de l'éducation, de la prédication, de la direction des consciences.

Cette intervention rapide et décisive auprès de l'opinion fut d'abord tentée par Arnauld. Il composa une dissertation lourde, pesante, bourrée de raisons, mais qui eût endormi les gens.

Malgré la déférence qu'on avait pour le docteur, on osa lui dire, en ce danger pressant, qu'il n'avait pas su tourner sa défense; on comprit que pour parler à des mondains il fallait choisir un homme du monde et on s'adressa au seul que l'on eût sous la main, c'est-à-dire, à Pascal.

Celui-ci se mit à l'œuvre, et sous le titre de « Lettre à un Provincial » composa un récit de la querelle de Sorbonne, plein d'esprit et d'ironie, d'autant plus propre à faire impression que le ton en était constamment mesuré et poli. Ce fut un succès sans précédent. Dix mille exemplaires furent enlevés en quelques heures. Les Molinistes furent atterés; le chancelier, qui détestait Port-Royal, en eut un coup de sang et pour le remettre il fallut le saigner trois fois. L'effet attendu était produit. Il avait suffi d'un écrit de quelques pages pour infirmer la procédure de la Faculté et réhabiliter Arnauld et ses amis.

Le public, mis en goût par cette lettre, en réclama d'autres; et c'est ainsi qu'encouragé par une faveur de plus en plus vive, Pascal fut amené à pousser jusqu'à la dix-huitième la collection de ses Petites Lettres, comme on disait d'abord, de ses Provinciales, comme dit la postérité. Malgré la souplesse et la fertilité de son esprit, il n'eût pas réussi à entretenir si longtemps l'intérêt, s'il n'eût traité que la question de la Grâce. Il ne tarda pas à le comprendre, et lorsqu'il eût réglé le compte de la Sorbonne, il chercha un autre terrain où il pût attirer et battre à coup sûr les Jésuites, ses vrais adversaires. Il le trouva dans la morale de la Société ou, si l'on aime mieux, dans la morale de ses Casuistes.

La fonction du casuiste est de déterminer la valeur morale des actions, surtout lorsque placées sur la limite du bien et du mal elles ont besoin d'être pesées dans une balance plus sensible que celle de la conscience générale ou du gros bon sens. Il y a eu des casuistes dès l'antiquité; tous les philosophes stoïciens l'ont été plus ou moins; mais c'est dans l'église catholique, à cause de la confession, qu'ils ont surtout abondé. On s'y préoccupa de bonne heure de tracer aux confesseurs, juges instantanés du bien et du mal, des règles à suivre pour condamner ou absoudre et pour doser les pénitences. Ainsi se forma la théologie casuistique, représentée au Moyen-Age par de nombreux spécialistes, mais qui n'a pris tout son développement qu'avec la Compagnie de Jésus. Cette milice envahissante n'avait garde d'omettre un instrument de règne grâce auquel on pénètre les secrets des familles et de l'État, on pétrit les volontés à sa guise. Elle fut bientôt en possession de fournir de confesseurs les princes, la noblesse et le petit peuple, mais sans pouvoir vaincre de longtemps les répugnances de la bourgeoisie. Ayant ses pénitents au plus haut comme au plus bas degré de l'échelle sociale, ayant de plus pour loi de ne rien laisser à l'initiative individuelle de ses Pères et de dicter à chacun d'eux, ne varietur, le détail de sa conduite, elle s'occupa de perfectionner la casuistique et de lui donner assez d'élasticité pour qu'elle se pliât à toutes les situations imaginables. En effet, si avec les humbles on pouvait tonner, menacer, foudroyer, il fallait pour attirer et fixer les grands user de certains ménagements, de certaines complaisances. Les gens du monde ont toujours eu la prétention, comme disait Veuillot, d'avoir des péchés distingués, et les jésuites n'étaient pas assez maladroits pour choquer cette prétention. Ils pensèrent qu'il ne fallait pas traiter une duchesse comme une servante, ni un marquis comme un bouvier. Ils donnèrent charge à leurs casuistes de leur dresser de beaux petits répertoires où l'on verrait citées et tarifées, prix-fort ou au rabais, toutes les actions, depuis celles qui prêtent au doute jusqu'à celles dont la perversité est incontestable, depuis la simple peccadille jusqu'au crime avéré. Ils eurent ainsi le moyen de surfaire et de rabattre suivant l'occurrence.

Mais on ne lâche pas impunément la bride aux hommes de l'art, en n'importe quel genre; l'émulation et le zèle les emportent à des excès qu'on ne saurait prévoir. Ceux de la Compagnie de Jésus se mirent en frais d'imagination, firent assaut de subtilités; dans leur fureur d'innover et d'enchérir, ils en vinrent, au mépris de la morale la plus élémentaire, à confondre dans la même indifférence le bien et le mal, le noir et le blanc. Ils s'aidèrent, pour arriver à ce résultat, des trois procédés que Pascal a rendus célèbres en les flétrissant.

D'abord le probabilisme. — En face d'une action à juger, il est inutile de consulter la conscience. Il suffit de recourir aux casuistes en vogue, à ceux dont l'ouvrage a eu, par exemple, deux ou trois éditions. Une appréciation vous embarrasse-t-elle? Voyez si elle ne se trouve pas formulée dans quelque casuiste autorisé. Si oui, et c'est l'ordinaire, tenez-vous en à la décision du spécialiste, sans vous mettre en peine de votre propre raison. Tel est le premier procédé. A première vue, il n'est que choquant; mais on en juge différemment quand on voit ce qu'il devient grâce aux deux autres.

C'est ici qu'intervient la direction d'intention. — Aucune action n'a de valeur par elle-même, disent les casuistes, c'est l'intention qui fait tout, et de ce principe ainsi posé ils tirent les conséquences les moins attendues. Le vol, par exemple, que la plus vulgaire honnêteté condamne et flétrit, le vol ne leur paraît condamnable qu'après examen. Il faut savoir dans quel but on a volé. Que si c'était pour subvenir à des besoins pressants, ou pour contribuer par des largesses pieuses à l'éclat et à la magnificence du culte, il y aurait matière à distinction et à excuse. Et ils multiplient si bien les *distinguo*, qu'ils en arrivent à excuser, et au besoin, à absoudre le vol sous toutes ses formes et, avec lui, l'adultère, l'inceste, l'assassinat.

Le parjure après cela n'est qu'une bagatelle. Pour le rendre plus innocent encore et d'un usage plus facile, car c'est, morale à part, une précieuse ressource, les casuistes inventent la restriction mentale. — Quand on parle sous la foi du serment, il est inutile d'articuler à haute voix toute sa réponse. On peut n'en prononcer qu'une moitié, et pourvu qu'on se dise mentalement le reste, la vérité n'a pas à se plaindre et la foi jurée est après tout sauvegardée. — Avez-vous vu tel homme commettre tel crime? demande le juge au témoin. Celui-ci a vu et bien vu, ce qui ne l'empêche pas de répondre : non, tout en ajoutant in-petto :

je ne l'ai pas vu à telle heure, mais à telle autre. Grâce à cette distinction, il n'y a plus ni mensonge ni parjure. On se rend compte maintenant des ressources infinies que le confesseur jésuite avait à sa disposition et des trésors d'indulgence qu'il pouvait épancher sur ses pénitents.

Les honteuses aberrations des casuistes avaient longtemps passé inaperçues. Mais le moment était venu où elles devaient provoquer les protestations de la conscience et les révoltes de la vertu. Averti, soit par le chevalier de Méré qui avait des lumières de tout, soit par son instinct d'adversaire, Pascal comprit qu'il y avait là une riche veine à exploiter. Il lut Escobar, Filutius, Sanchez et les autres et il y trouva plus encore que son ardeur de polémiste ne lui faisait désirer : aussi, dès la quatrième provinciale, mit-il sur le tapis la morale des jésuites.

Il imagine une conversation avec un bon père, bien intentionné, mais de vue courte, auquel il tire agréablement les vers du nez. Celui-ci n'y entend pas malice; il prend pour argent comptant les compliments de son interlocuteur et, chatouillé dans sa vanité d'homme et de jésuite, il se répand en confidences et expose, d'un ton béatement satisfait, les maximes en honneur dans la Compagnie, sourcillant d'autant moins qu'elles sont plus grosses, plus riches d'applications scandaleuses. Il donne invariablement dans le panneau et tombe à chaque fois au fond du piège. Ce sont, pendant les six provinciales qui suivent jusqu'à la dixième, d'excellentes révélations et parfois d'excellentes scènes de comédie, filées avec un art exquis, et où, par un comble d'habileté, c'est le personnage à ridiculiser qui bénévolement se ridiculise, lui et les siens.

A partir de la dixième provinciale, le ton change. L'auteur entre en scène pour répondre aux attaques de toute sorte que ses Petites-Lettres lui attiraient de la part de ses victimes. Traité d'imposteur et de faussaire, il fait entendre les accents de la vertu indignée; il foudroie ses faibles et injurieux contradicteurs; il les anéantit de ses ripostes puissantes, soit en se maintenant sur le terrain de la morale, soit en revenant, pour finir, à son point de départ et en traitant une dernière fois, dans ses dix-septième et dix-huitième lettres, la question de la grâce.

Il n'y a pas à chercher, pour louer les Provinciales, d'autres termes que ceux par lesquels l'opinion publique a consacré son admiration. Dès le premier jour elles excitèrent l'enthousiasme. Le pays entier se fit le complice de ceux qui les répandaient et les aida à se dérober aux recherches de la police, excitée cependant par le Chancelier en personne. Jamais les imprimeurs et les libraires ne purent être pris sur le fait. Quant à l'auteur, on ne connut son nom que de longs mois après, et aucun profane ne réussit à le découvrir sous son pseudonyme de Montalte. Ce mystère excitait la curiosité, mais n'ajoutait rien à la saveur incomparable de l'œuvre. On faisait un tel cas de celle-ci, que les magistrats d'Aix qui avaient cru devoir, par politique, la condamner au feu, eurent soin de garder précieusement les exemplaires à détruire et de les remplacer par de vieux almanachs.

Lorsque le nom de Pascal fut connu, la gloire dont il jouissait déjà comme géomètre en fut plus que doublée, et il passa sans conteste pour le premier prosateur du temps. Quel ouvrage voudriez-vous avoir fait, à défaut des vôtres? demandait-on un jour à Bossuet; et il répondait sans hésiter « les Lettres Provinciales ». Les critiques de notre siècle ont confirmé cette appréciation, et lorsqu'il s'est agi de trouver à Pascal des ancêtres littéraires c'est à Platon et à Démosthène qu'ils l'ont comparé naturellement. Les premières Provinciales semblent inspirées de l'ironie platonicienne, disent-ils; les dernières reproduisent la logique passionnée de Démosthène. Et ce qu'il y a de significatif dans ce rapprochement c'est qu'il est fondé sur des rapports de pure parenté intellectuelle et nullement d'imitation, Pascal ayant peu pratiqué ou même n'ayant jamais lu, au moins dans le texte, les œuvres de Platon et à plus forte raison celles de Démosthène. S'il a égalé ces grands hommes, il le doit à la seule force de son génie, fécondé par le travail.

Il ne faut pas oublier, en effet, que les Provinciales ont coûté à leur auteur un travail infini : il a remanié chacune d'elles sept ou huit fois, mettant vingt jours et plus pour composer les quelques pages qu'elle renferme et pour réduire sa pensée à la plus courte et, par conséquent, à la meilleure expression. La dix-huitième a été refaite jusqu'à treize fois. Tout ce soin a abouti à un art parfait, d'autant plus captivant qu'il est moins visible.

Les gens d'opinions les plus opposées ont rendu justice au talent déployé par l'écrivain; mais il en est qui, tout en louant la forme, ont fait des réserves sur le fond et ont contesté, bien à tort, ou la sincérité ou l'exactitude de Pascal.

L'exactitude n'a pu être infirmée avec preuves à l'appui. C'est tout au plus si l'on a relevé une citation, une seule, un peu altérée dans les termes, mais parfaitement exacte pour le sens. Quant à la sincérité, il n'est même pas nécessaire d'en parler. Elle éclate aux yeux de quiconque a lu les huit dernières lettres. Ils sont à plaindre ceux qui, comme J. de Maistre, n'y sentent pas vibrer la bonne foi, la conviction.

Je ne sais plus quel critique avance que les Provinciales ne sont qu'un accident dans la vie de Pascal. Accident, si l'on veut, mais, en tout cas, le plus heureux qui pût arriver à l'auteur, à sa secte, et surtout à la France et au caractère français. Sous prétexte de soumission à l'Église et de pacification, la France chrétienne en passait par toutes ces inventions, également monstrueuses au point de vue religieux et à celui de la raison. Elle n'osait protester contre cette hypocrisie qui faisait consister la vertu dans une régularité tout extérieure, sans souci du fond. Elle y cédait peu à peu, et sa conscience s'assoupissait sous l'influence de l'opium casuistique. Elle risquait de devenir un pays sans mœurs.

Heureusement Pascal poussa le cri d'alarme. Sa protestation, tour à tour railleuse et indignée, secoua toutes les torpeurs et nous arrêta au bord de l'abîme. Grâces lui en soient rendues! Ses Provinciales ont fait de lui un bienfaiteur moral de ce pays, le digne continuateur de Rabelais et de Montaigne, le précurseur de Molière et de Voltaire, autrement dit, l'un des restaurateurs, l'un des mainteneurs de cette loyauté, de cette franchise, de cette limpidité de cœur, si chères à notre race. C'est là qu'est la véritable grandeur de Pascal, car ses Pensées, si vantées, sont au contraire plus nuisibles encore que belles. Elles servent la gloire de l'écrivain, mais au détriment de ses semblables. Bien que le génie y éclate, nous continuerons à leur préférer les Provinciales.

3° Les Pensées. — Les Pensées sont une œuvre posthume et d'ailleurs inachevée, qui parut quelque huit ans après la mort de l'auteur, par les soins de ses amis Arnauld, Nicole, Roannez, et de son neveu Étienne Péricr. Ces Messieurs firent un recueil des pensées qu'il se proposait de mettre en œuvre dans son apologie de la religion. Mais ils se permirent, soit par prudence, soit par timidité de goût, des retranchements, des atténuations et même des interpolations. C'est seulement en 1842 qu'on s'aperçut des retouches subies par les Pensées. M. Cousin les dénonça au public lettré dans un rapport resté célèbre. Aussitôt parut l'édition Faugère, faite sur le manuscrit original, en attendant l'édition Havet qui peut passer pour définitive.

Il est à coup sûr heureux qu'on nous ait rendu Pascal dans son intégrité; mais il ne faut pas non plus faire trop rigoureusement le procès aux premiers éditeurs. Leur publication donnait après tout l'essentiel; et ceux qui n'ont pas la superstition maladive de la lettre et qui font la part de l'esprit peuvent encore s'en contenter. Il est même à remarquer que jamais les Pensées n'ont été jugées moins sainement que depuis qu'on en a le texte authentique. Nous sommes en cela vraiment inférieurs à Voltaire et à Condorcet à qui leur admiration pour l'écrivain n'offusquait pas l'esprit au point de leur faire admirer par surcroît les égarements, les aberrations du penseur.

On sait que Pascal voulait composer une apologie du christianisme. Il y était porté par un sentiment de reconnaissance et de charité : de reconnaissance pour les grâces spéciales dont il croyait avoir été l'objet soit au pont de Neuilly, soit dans le miracle de la Sainte-Épine; de charité à l'égard de ses semblables pour devenir auprès d'eux l'instrument de la grâce et leur ouvrir la voie du salut.

Il reprochait aux apologistes de rester habituellement au dessous de leur tâche, de parler, et encore sans éloquence, ou à l'esprit seul ou au cœur seul, alors qu'il aurait fallu agir sur l'un et sur l'autre. Or, c'est la double tâche qu'il assignait à sa généreuse ambition, se proposant d'être à la fois démonstratif et pathétique, de disposer tout notre être, la sensibilité aussi bien que l'intelligence, à la communication de la vérité.

Dans ces conditions, son point de départ était naturellement une étude de l'homme envisagé dans ses facultés, dans ses tendances, son origine et sa fin. Cette étude, indispensable au dessein qu'il poursuivait, il a eu le temps de la mener à bien; et s'il n'a pas donné les dernières retouches au tableau, il a fait plus que l'esquisser. C'est la partie maîtresse des Pensées, la seule qui se tienne et fasse corps. Le reste est à l'état d'ébauche grossière; mais on peut cependant, à travers les lacunes, ressaisir le fil conducteur et rétablir avec quelque vraisemblance le plan général de l'œuvre.

De son examen préalable de notre nature, Pascal rapportait cette conclusion que l'homme est un monstre, un composé prodigieux et inexpliqué de grandeur et de bassesse. Une fois arrivé là, loin de s'arrêter en face de l'énigme, il comptait déployer toute la vigueur, toute la subtilité de sa logique pour prouver qu'il faut, coûte que coûte, chercher la solution de ce grave problème et ne se reposer pas avant de l'avoir trouvée. Un des arguments sur lequel il comptait le plus lui avait été inspiré par le calcul des probabilités : « Pesons le gain et la perte, en prenant croix que Dieu est : estimons ces deux cas. Si vous gagnez, vous gagnez tout; si vous perdez, vous ne perdez rien. Gagez donc qu'il est, sans hésiter, etc. » Après avoir, par ce moyen et par d'autres semblables, décidé son lecteur à ne pas être indifférent à la contradiction de la nature humaine, il se proposait d'en demander la solution tour à tour aux philosophies et aux religions.

Les philosophies, pensait-il, peuvent toutes se ramener à deux sectes fondamentales, l'une qui affirme, l'autre qui doute, et dont les représentants sont : Épictète pour tous les dogmatiques, Montaigne pour tous les pyrrhoniens. Épictète a connu la grandeur de l'homme, mais il n'a pas su voir sa bassesse. Montaigne, au contraire, a vu et bien vu la bassesse, sans vouloir ouvrir les yeux à la grandeur. Tous les philosophes sont dans l'un ou l'autre cas (il pouvait se faire que cela changeât, et Hégel n'avait pas encore paru). Donc ils sont impuissants à expliquer l'homme.

Les religions y réussissent-elles mieux? Pour s'en assurer, Pascal passait en revue les principales religions connues en son temps, et ce n'est pas beaucoup dire ni pour leur nombre ni pour l'exactitude de la connaissance qu'on en pouvait avoir. Il les jugeait successivement d'après les mœurs qu'elles recommandent et s'armait de ce criterium pour les éliminer une à une.

Seule, la chrétienne trouvait grâce à ses yeux. Après l'avoir ainsi mise à part des autres pour la beauté de sa morale, il l'examinait dans le dogme fondamental de la chute, où il se faisait fort de trouver l'explication des misères et des grandeurs de

> L'homme, ce dieu tombé qui se souvient des cieux.

Après avoir ainsi établi les prémices de son apologie et favorablement disposé les cœurs en faveur du christianisme, il se proposait d'étudier successivement l'authenticité des livres saints, l'exactitude des prophéties envisagées, soit dans leur sens littéral, soit comme symboles et figures de l'avenir. Une fois les difficultés de l'Ancien Testament résolues, il passait au Nouveau et se répandait en effusions d'amour sur le Christ et le bienfait de sa mission terrestre. Il terminait, sans doute, en essayant de démontrer la nécessité présente d'une réforme, et en identifiant le jansénisme, morale et dogme, avec la vraie doctrine de Jésus-Christ.

Cette apologie est restée à l'état de projet et il ne faut le regretter ni pour le christianisme qui n'y eût rien gagné, ni pour la gloire de Pascal dont tout le génie n'eût pas réussi à pallier l'insuffisance et à combler les lacunes de sa démonstration. J'imagine que son explication des prophéties eût fait piteuse mine devant les découvertes de l'exégèse, et que ses pensées sur les miracles, même s'il eût pu les orner de toutes les richesses du style, au lieu de les laisser à l'état brut où nous les voyons, ne produiraient guère de conviction dans nos esprits habitués au raisonnement et à l'observation scientifique. Même complète, l'apologie ne vaudrait que par ce qui constitue présentement les Pensées, je veux dire, par le tableau de la nature humaine. C'est à titre de moraliste et non d'apologiste que Pascal attirerait, comme aujourd'hui, l'attention.

Ses vues sur l'humanité peuvent se résumer d'un mot : le pessimisme. Cette sombre, décourageante, stérile doctrine, dont on a fait si grand bruit de nos jours et dont on attribue volontiers la paternité à l'Allemand Schopenhauer, est vieille comme le monde ; et elle a trouvé chez nous il y a deux siècles, en la personne de Pascal, le plus éloquent, mais non le plus original, de ses interprètes. C'est qu'en effet notre auteur n'a pas inventé ce qu'il a dit. Il a emprunté sinon à Hobbes, comme on serait tenté de le croire, mais certainement à Montaigne, la plupart des arguments qu'il fait valoir contre l'humanité. Dans ce monstre de grandeur et de bassesse qu'il prétend être l'homme, il passe rapidement sur la grandeur. Il dit, en courant, qu'elle consiste dans la pensée, en quoi il ne se trompe pas, et il met tous ses soins à faire ressortir la bassesse.

Il dresse contre l'être humain un véritable réquisitoire, le montrant dupe de l'imagination et des sens, esclave de la coutume, également incapable de raison, de justice, de vérité. Il abuse des défectuosités de l'organisation sociale, des lacunes de la science pour nier, je ne dis pas la perfectibilité absolue, mais le progrès qu'en une meilleure époque de sa vie il avait cependant reconnu au moins dans le domaine scientifique. C'est une démolition, un écrasement de toutes les œuvres dont l'humanité est le plus justement fière, et où il ne voit, lui, que chimère, qu'illusion ridicule de notre mesquine vanité. Il accumule les ruines, et sur leur entassement il dresse la croix qui doit régner seule et sans partage, mais qui se trouvera ne régner que sur un désert.

Il n'y a rien, je le répète, de bien nouveau dans ces attaques contre la nature humaine; mais Pascal les a renouvelées au moins par le tour qu'il leur a donné. Là où Hobbes s'exprime avec la crudité et le sang-froid qu'on lui connaît, où Montaigne, douteur amusé, épanche d'une bouche souriante le flot non interrompu de ses objections, Pascal, pour exprimer les mêmes idées, adopte un autre ton. Avec lui plus d'indifférence, plus d'enjouement. Il prend au sérieux et au vif ce qu'il exprime; cette bassesse qu'il signale, il en gémit, il en pleure, il s'en indigne. Il est le premier à souffrir de la blessure qu'il fait à notre commun orgueil. Même sous la raillerie, lorsqu'il lui arrive de l'employer, on sent toujours l'amertume de la désillusion personnelle, on entend gronder la voix du désespoir que les promesses de la religion sont impuissantes à étouffer complètement.

Il y a une éloquence déchirante, venue des entrailles, dans cet anathème qu'au nom de Dieu il lance à la nature, dans cet asservissement où il tente de réduire, une fois pour toutes, la raison sous l'autorité.

Tout cela se fait admirer, quoi qu'on en ait, et l'on éprouve à la simple lecture le même plaisir d'admiration qu'à entendre tonner un grand orateur ou chanter un grand poète lyrique. Mais quand la voix s'est tue et que les prestiges se sont dissipés, la réflexion intervient et conclut que nous nous trouvons en face d'un système particulier, curieux ou attendrissant à étudier pour en mieux connaître l'auteur, mais sans application générale.

Pascal, en vrai lyrique qu'il est, a exprimé avec une passion incomparable ses sentiments personnels et fait saigner la plaie de son âme. Mais s'il peut être considéré à la rigueur comme l'interprète des découragés et des désespérés de la vie, il n'est pas, et nous lui refusons absolument ce titre, le peintre et encore moins le juge de l'humanité.

Génie puissant, mais incomplet et surtout mal équilibré, il s'est précipité avec une fougue irraisonnée tour à tour sur tous les domaines à la recherche de la vérité, et il l'a le plus souvent méconnue ou manquée. Son imagination vaste lui a fait concevoir des choses une idée irréalisable. Aussi, après avoir poussé hardiment sa pointe dans tous les sens, mais par dessus le vrai but à atteindre, est-il tombé dans un irrémédiable dégoût. Il a pris en haine sa raison, coupable à ses yeux d'avoir trahi ses promesses, et qui s'était seulement refusée à être l'instrument d'une surhumaine ambition; il s'est jeté, de désespoir, dans les arcanes du surnaturel.

Il n'a réussi qu'à être un prodige dans cette humanité dont il aurait pu être l'un des plus grands bienfaiteurs. Son œuvre comme mathématicien est restée incomplète, et par sa faute. S'il a rendu un important service à la conscience française par ses Provinciales, il a risqué d'induire ses semblables dans la plus cruelle erreur avec les songes de malade qui composent sa philosophie.

Qu'arriverait-il en effet si nous suivions à la lettre les idées de Pascal, si nous pratiquions sa doctrine? Ne serait-ce pas à brève échéance la désolation ou mieux la mort de l'humanité? Plus de travail, plus de noble ambition, plus d'élan vers la justice et la vérité, plus de culte de la beauté idéale. Renonçons à ce qui fait l'honneur et le charme de la vie; renonçons à la famille, à l'amour, à l'amitié ; rayons d'un trait de plume toutes les conquêtes de l'activité et de la raison sur la barbarie ; crevons-nous les yeux, parce qu'en dépit de nos préventions ils pourraient voir la réalité éclatante et non interrompue du progrès. Renfermons-nous dans la contemplation morne de ce qui ne se laisse pas connaître. Vivons en inutiles, en égoïstes, contre le vœu de la nature et le cri même de la conscience.

La morale de Pascal, pour qui veut la prendre en son vrai sens, n'est pas la démonstration de l'égoïsme, elle en est la prédication.

Si l'on juge de l'arbre par ses fruits, et c'est après tout la vraie méthode, il n'y en a pas de plus fausse. Ayons donc le courage de la dénoncer dans ses erreurs funestes et ne nous laissons pas imposer par cette sorte de religion que nous professons pour nos gloires nationales.

Avant de quitter ces Pensées trop vantées, il faut dire un mot du style. Il diffère de celui des Provinciales, en ce qu'il est moins achevé et montre moins d'art. Le dernier coup de lime y manque ; mais le génie de l'écrivain s'y révèle à chaque instant dans la forte justesse des expressions et dans la vérité des images.

On prend sur le vif et dans son premier jet la pensée du grand homme, et l'estime qu'on lui a accordée pour ses autres écrits n'en est pas, loin de là, diminuée. Pour tout dire, répétons avec Sainte-Beuve que Pascal, admirable écrivain quand il achève, est peut-être encore supérieur là où il fut interrompu.

CHAPITRE V

TÉMOINS ET JUGES DE LA FRONDE.

1º Les Maximes de la Rochefoucauld, ou l'humanité vue à travers la Fronde. — 2º Les mœurs politiques de la Fronde mises en lumière par Mme de Motteville et le cardinal de Retz. — 3º Les dessous de la belle société pendant le ministère de Mazarin : Bussy-Rabutin et Tallemant des Réaux.

1º La Rochefoucauld (1613-1680). — De Pascal moraliste à la Rochefoucauld, que nous abordons maintenant, il n'y a qu'un pas et facile à franchir puisque nous restons dans le même ordre d'idées et que nous nous trouvons encore en face d'une peinture outrée et systématiquement dénigrante de l'humanité.

Il y a toutefois cette différence, que nous entrons plus avant dans la Fronde. Port-Royal et Pascal ont dû à cette insurrection, nous le savons, la possibilité d'exprimer leurs idées; mais ils ne sont pas, sauf par l'indépendance d'esprit qui perce à travers et malgré leur doctrine, de véritables frondeurs. La politique ne les a jamais touchés profondément. Tout autre est le cas de la Rochefoucauld qui fut, lui, un frondeur déterminé, l'un des plus ambitieux comme aussi des plus maladroits et des plus maltraités de la fortune, l'un de ces grands seigneurs dont les prétentions n'eurent d'égales que l'incapacité et dont l'exemple révéla la nullité politique et l'incurable impuissance de la noblesse française.

Ce moraliste fut long à reconnaître sa vocation vraie. Il fallut les déceptions d'une vie aussi stérile qu'agitée pour l'engager dans la spéculation, dans l'étude de cette humanité dont la connaissance lui vint tard, si même elle lui vint jamais, et lorsqu'il eut manqué toutes les occasions de s'en servir, comme il le rêvait, et de la servir, comme son égoïsme n'en eut jamais l'idée.

François, prince de Marsillac et duc de la Rochefoucauld après la mort de son père, naquit à Paris en 1613. Sa première instruction fut négligée : il semble n'avoir jamais appris le latin. On a pris texte de cette ignorance pour soutenir que le moraliste n'a que faire d'un savoir étendu, dont les réminiscences pourraient compromettre en lui la faculté de réfléchir et d'observer. C'est une assertion très discutable. Il semble en effet que pour tout homme il y ait profit à étendre son esprit, à féconder son jugement par la connaissance de ce qui a été pensé avant lui.

Présenté de bonne heure à la cour, la Rochefoucauld se prit d'une belle passion pour Mlle d'Hautefort et s'engagea, pour l'amour d'elle, dans un complot invraisemblable, dont le but était de soustraire aux rigueurs de Louis XIII la malheureuse (?) Anne d'Autriche et de la mettre à l'abri des persécutions sur le territoire des Pays-Bas espagnols.

Ce beau projet fut naturellement éventé et Richelieu envoya notre jeune seigneur réfléchir à la Bastille et bientôt après dans ses terres à l'inconvénient de faire le chevalier sous un gouvernement positif et de conspirer avec des femmes romanesques et bavardes.

La leçon ne lui servit de rien. Revenu à la cour dès la mort du roi, il réclama d'Anne d'Autriche sans l'obtenir le prix de ses services, fit l'Important, le Petit-Maître sans plus de succès que ses camarades, et, dès que la Fronde éclata, fut un des premiers, par esprit de vengeance et par ambition d'un grand rôle, à prendre parti avec le Parlement et le peuple de Paris. Il rechercha à ce moment l'amour de Mme de Longueville, dans une pensée de vanité et d'intérêt plus que par l'effet d'une inclination vraie. Son « embarquement » avec elle fut précédé d'un scandaleux maquignonnage. Il entreprit de persuader à Miossens qui avait mis le siège devant la dame de lui céder ce bel instrument dont il tirerait un meilleur parti, et, ce qui donne une haute idée des deux personnages, si l'un proposa le marché, l'autre l'accepta.

Il serait trop long et d'ailleurs bien superflu d'étudier en détail le rôle de la Rochefoucauld dans la Fronde. En dépit de son nom et de sa situation mondaine, de l'influence que lui donnait sa liaison avec Mme de Longueville, il ne réussit qu'à être le pire des brouillons. Il y laissa sa réputation non-seulement de politique mais d'homme loyal et respectueux de sa parole : il y gagna le sobriquet ironique de « camarade la Franchise ». Malheureux en affaires, il ne le fut pas moins en amour. Il eut le crève-cœur de se voir abandonné par Mme de Longueville, sans avoir eu l'à-propos de prendre les devants et d'assurer ainsi son renom d'homme avisé en galanterie. Sa mauvaise fortune fit encore qu'il fut blessé au combat de la porte Saint-Antoine et faillit en rester aveugle.

A peu près rétabli moralement et physiquement, il vécut dans les belles sociétés, notamment dans celle de Mme de Sablé, précieuse et dévote, dont le salon était le rendez-vous des moralistes mondains, faiseurs de portraits à la plume et compasseurs de maximes. Il prit le ton de la maison et se mit lui aussi à ciseler des sentences. Il y réussit mieux que l'abbé de la Victoire, que l'académicien Esprit, et même que la dame du lieu. C'était son premier succès réel; il n'eut garde de n'en pas tirer parti; d'un amusement de société il fit son occupation sérieuse et l'emploi du reste de sa vie. Il avait enfin trouvé sa vocation.

Il dut à ce travail de passer une vieillesse supportable : il avait d'ailleurs rencontré, dans l'aimable Mme de Lafayette, une amie toute dévouée. Les infirmités le forcèrent bientôt à rester chez lui : le beau monde vint l'y trouver, et il fut à son tour le centre d'une société d'hommes de lettres et de mondains où l'on vit figurer Boileau, Molière, la Fontaine à côté du cardinal de Retz et de Mme de Sévigné.

Il donna en 1665 la première édition de ses Maximes, sans cesse retouchées et remaniées, comme le prouvent les différences que présentent avec la première et entre elles les éditions successives de 1666, 1671, 1675, 1678.

Il composa aussi des Mémoires, parus en 1662, et qui lui attirèrent quelques désagréments, en particulier un démenti injurieux du vieux duc de Saint-Simon. Il n'y a rien de plus à signaler dans sa vie sauf la coïncidence, au fameux passage du Rhin, de la blessure de son fils légitime et de la mort de son fils putatif, le comte de Saint-Paul, né de Mme de Longueville pendant leur liaison. On dit que ce malheur l'affecta beaucoup. Il mourut en 1680, regretté de son entourage, et laissant inconsolable sa consolatrice Mme de Lafayette.

C'est la vieillesse de la Rochefoucauld qui fait l'unique ornement de sa vie; elle rend indulgent pour les étourderies de sa jeunesse, les laideurs et les taches de son âge mûr. Mais elle ne suffit pas à les effacer; non plus qu'à dissiper l'espèce de prévention qui s'attache à première vue aux observations d'un moraliste si peu clairvoyant pour lui-même et qui s'est longtemps si mal connu. On est tenté de se demander, si, l'âge aidant, il a mieux connu et apprécié les autres.

A en croire les critiques, il faudrait penser que oui, et le regarder comme un des peintres les plus exacts de l'humanité. C'est une erreur, à notre sens, et nous ne craignons pas de le dire bien haut, quoiqu'il y ait à cette franchise quelque imprudence. En effet il est entendu qu'on ne peut être un homme d'esprit sans goûter la Rochefoucauld. Il n'y a que les déclamateurs ou les esprits vulgaires qui contestent ses Maximes.

Au risque de donner mauvaise opinion de nous, nous persisterons dans notre sentiment et nous soutiendrons non seulement que la Rochefoucauld n'a pas dépeint l'humanité en général, mais non pas même tous ses contemporains, et qu'il n'a guère représenté que lui-même et ses compagnons du bel air pendant la Fronde.

On connaît la note dominante et comme le refrain de sa chanson. L'amour-propre, autrement dit l'égoïsme, est le mobile de toutes nos actions. Toutes les maximes se rapportent à celle-là et en tirent leur origine : on peut en rappeler quelques-unes : Nos vertus ne sont le plus souvent que des vices déguisés. — Nous avons tous assez de force pour supporter les maux d'autrui. — Il en est du véritable amour comme de l'apparition des esprits : tout le monde en parle, mais peu de gens en ont vu. — On ne loue d'ordinaire que pour être loué. — Quand les vices nous quittent, nous nous flattons de la créance que c'est nous qui les quittons. — Il en est de la reconnaissance comme de la bonne foi des marchands; elle entretient le commerce. — Sous prétexte de pleurer la mort d'une personne qui nous est chère, nous nous pleurons nous-mêmes. — La gravité est un mystère du corps inventé pour cacher les défauts de l'esprit. — L'amitié est un commerce intéressé. — La constance est une forme de l'abattement, la modestie une hypocrisie de l'orgueil. — Les vieillards aiment à donner de bons préceptes pour se consoler de n'être plus en état de donner de mauvais exemples. — Le soleil et la mort ne se peuvent regarder fixement.

Ces belles sentences sont exprimées avec une impassibilité que d'aucuns trouvent admirable, au point de la comparer à celle du savant qui note froidement les phases d'une expérience. Les mêmes ajoutent que, à défaut de la forme, le fond serait toujours excellent. Grand bien leur fasse, ainsi qu'à tous ceux qui prétendent que jamais la connaissance de l'homme n'a été plus développée qu'au XVIIe siècle, et cela, grâce aux lumières supérieures que la religion et les scènes de la Fronde avaient données aux moralistes du temps.

De la religion il n'y a qu'un mot à dire, c'est que par son dogme de la chute elle est en contradiction avec le progrès, avec la marche en avant bien constatée de l'humanité. Quant à la Fronde à cette comédie qui tourna parfois au tragique, il se peut qu'elle ait laissé à ses acteurs un profond mépris d'eux-mêmes; mais ce n'est pas une raison pour leur reconnaître le droit de mépriser les autres. Dans le cas particulier qui nous occupe, on peut dire que la Rochefoucauld s'est surtout peint lui-même, et encore assez mal, car il était moins mauvais que sa vanité ne l'imaginait et il n'était pas incapable de sentiments presque désintéressés : c'est au moins ce que disait Mme de Lafayette.

Nous terminerons cette étude par le jugement d'un critique qui n'a jamais passé pour une dupe et qui a, au contraire, envisagé ses semblables avec sang-froid et pénétration. « Les Maximes, disait Grimm, ont une grande réputation. C'est l'ouvrage d'un homme d'esprit, mais pernicieux (nous en avons dit autant de Pascal) et propre à dégoûter de l'amour de la vertu et de l'humanité. Sa théorie de l'amour-propre est fausse. Il est doux, il est vrai de dire que la vertu porte avec elle un charme qui nous attire, sans vue d'intérêt... D'ailleurs la forme des Maximes est contraire à la vérité. Ou bien elles concluent imprudemment du particulier au général, et on ne serait pas embarrassé de leur opposer des exemples. Ou bien elles sont atténuées par l'emploi de correctifs, souvent, quelquefois, etc., et alors elles ne prouvent rien. Ces prétendus oracles sont sans profit aucun pour l'humanité. »

En somme, toute l'autorité que l'on peut reconnaître aux Maximes, c'est d'être la morale des récits peu édifiants ou même scandaleux que nous allons rencontrer dans Retz, Bussy, Tallemant. La Rochefoucauld y a résumé la conduite des héros et des héroïnes de son temps, y compris la sienne, et s'il n'a pas été indulgent, il n'a pas été non plus sévère à l'excès. Mais de ce qu'une société de grands seigneurs aura été corrompue jusqu'aux moelles, s'en suit-il que la même corruption ait dû forcément pénétrer le reste de l'humanité, qu'elle ait toujours régné, qu'elle doive régner toujours? Même en admettant la théorie contestable de l'homme un et identique dans le temps et dans l'espace, les Maximes de la Rochefoucauld n'en seraient pas généralement plus vraies.

Ces réserves faites, il faut reconnaître au moraliste incomplet des Maximes un talent supérieur d'écrivain. Il a vu nettement les conditions du genre et n'a rien négligé pour les réaliser. Chacune de ses éditions constitue, en ce qui est de la forme, un progrès sur la précédente. Les pensées y sont retouchées, remaniées en vue d'une concision claire et énergique. L'idéal était de se faire un style en quelque sorte lapidaire, sans un mot inutile ou faible, et de couler chaque observation dans le moule le plus étroit.

La Rochefoucauld y a réussi dans les Maximes, et c'est pour cela qu'il est un grand écrivain. S'il n'avait écrit que ses Mémoires, il serait au second rang. Telle est la puissance du style qu'il a suffi d'une cinquantaine de pages, contestables par le fond, mais supérieurement écrites et ciselées pour rendre leur auteur immortel.

2° Les mœurs politiques de la Fronde. — Les Mémoires de Mme de Motteville & du Cardinal de Retz. — Après avoir défini le vrai caractère de la Rochefoucauld et avoir réduit ce moraliste à n'être que le juge de la Fronde, nous pouvons vérifier, avec preuves à l'appui, l'exactitude de ses jugements ainsi localisés et en demander la confirmation aux écrivains qu'il nous reste à étudier et en premier lieu à Mme de Motteville.

Mme de Motteville (1621-1689). — Les Mémoires de cette femme à l'esprit modéré et judicieux nous donnent sur la Fronde le point de vue de royaliste et servent ainsi de correctif aux Mémoires de frondeurs tels que Retz et la Rochefoucauld. C'est à cela qu'ils doivent leur réputation : ils sont d'ailleurs d'une lecture agréable.

Françoise Bertaut était la nièce du poète Bertaut. Ce disciple de Ronsard, plus tard évêque de Séez, montra même au plus fort de ses ardeurs poétiques un esprit de sapience qu'il semble avoir communiqué à la fille de son frère. La sagesse est, dès l'enfance, le trait distinctif de cette personne que le Dictionnaire des Précieuses nommera plus tard la raisonnable Mélise.

Sa mère, qui était Espagnole, lui apprit dès le berceau la langue de son pays. C'est pour cette raison qu'elle fut mise, vers l'âge de sept ou huit ans, auprès d'Anne d'Autriche pour l'amuser de ses gentillesses d'enfant. Elle n'y resta pas longtemps et fut rendue à sa famille, sur l'ordre du cardinal, qui suspectait la mère et craignait qu'il ne se nouât, par l'intermédiaire de la fille, entre elle et la reine, des intrigues comme celles qui avaient exigé précédemment le renvoi de Mme du Fargis.

Ainsi éloignée de la cour, elle reçut une éducation soignée et fut mariée dans sa dix-huitième année à Motteville, premier président des Comptes en Normandie, qui avait, lui, près de quatre-vingts ans. Cette union disproportionnée ne fut pas malheureuse, par la sagesse de la jeune femme. Veuve deux ans après, elle voulut rester libre de toute chaîne, et se trouva ainsi en situation de répondre au premier appel d'Anne d'Autriche devenue régente. Elle fit auprès d'elle, sans presque la quitter, office de femme de chambre ou mieux de confidente. Elle en reçut des faveurs et surtout des marques d'amitié dont elle fut reconnaissante, et c'est même ce qui lui donna l'idée de composer ses Mémoires.

« J'écris, dit-elle, dans mes heures inutiles et pour me divertir, ce que je sais de la vie, des mœurs, des inclinations de la reine, et je paye, par le simple récit de ce que j'ai reconnu en elle, l'honneur qu'elle m'a fait de me donner sa familiarité. Car quoique je ne prétende pas la louer sur toutes choses et que, selon mon inclination naturelle, je ne sois pas capable de déguisement, je suis persuadée, que les historiens, qui n'auront pas connu sa vertu et sa bonté et qui ne parleront d'elle que sur le dire satirique du public, ne lui feront pas la même justice que je voudrais lui faire. »

Nous voilà prévenus. C'est une apologie, mais contenue dans les justes limites, que Mme de Motteville a voulu écrire. Il ne faut pas s'étonner si, sans déguiser certains faits, elle les atténue; si elle feint d'en ignorer d'autres, par exemple, les relations de Mazarin et de la reine. Cependant, quand elle n'a pas de raison de corriger un peu la vérité, elle est suffisamment exacte. Elle avait pris de longue main ses mesures pour l'être, écrivant à des intervalles rapprochés, et au besoin d'un jour à l'autre, ce qui lui semblait être tant soit peu remarquable. « J'ai employé à cela, dit-elle, et c'est un trait qui achève de la peindre, ce que les dames ont accoutumé de donner au jeu et aux promenades, par la haine que j'ai toujours eue pour l'inutilité de la vie des gens du grand monde. »

Ses Mémoires traitent surtout d'Anne d'Autriche. On y trouve cependant quelques détails curieux sur la révolution de Naples et sur celle d'Angleterre, ces derniers sus d'original, puisqu'ils venaient d'Henriette de France dont Mme de Motteville était un peu la confidente. Mais à part ces deux échappées sur l'extérieur, nous ne sortons guère de France, ou pour mieux dire, de la cour.

L'auteur nous raconte d'abord, par ouï-dire, la vie de la reine jusqu'en 1643. A partir de cette date, le récit devient celui d'un témoin oculaire. Il décrit les personnages en scène et leurs cabales ; sans jamais pousser à la satire et au dénigrement, il donne une assez mince idée des principaux frondeurs, comme aussi, la reine exceptée, des partisans les plus en vue de la cour. Les jugements sont équitables, les réflexions judicieuses et bien placées, la narration coulante et suivie ; les grandes scènes de l'insurrection sont présentées de manière à supporter au besoin le rapprochement avec Retz lui-même.

Le style, parfois peu correct dans ses tours, est excellent pour l'expression et rehaussé çà et là d'agréables métaphores, non sans quelques traces de préciosité. C'est en somme une lecture intéressante et instructive quoiqu'un peu lente.

On ne fera pas ce dernier reproche au cardinal de Retz : il a enlevé son récit de verve et lui a donné le tour le plus vif, le plus rapide, le plus saisissant. Il tranche d'ailleurs tellement sur le commun des auteurs de mémoires qu'il ne connaît parmi eux qu'un rival, je veux dire Saint-Simon, et qu'il compte au nombre de nos plus grands écrivains.

Le Cardinal de Retz (1614-1679). — C'est le grand homme de la Fronde, le seul peut-être qui y ait apporté des vues politiques plus larges que celle de l'intérêt pécuniaire ou nobiliaire. Son ambition allait plus loin que ces deux objectifs de la gentilhommerie du temps. Il voulait le pouvoir, non seulement pour le plaisir vulgaire de commander, mais pour en faire l'instrument de vastes desseins. Ses projets manquèrent par la faute des circonstances, et un peu par la sienne, par l'impatience et la versatilité de son esprit. Il a raisonné à merveille sur la politique ; mais il n'était peut-être pas capable au même degré de la bien pratiquer.

Italien de race et de caractère, descendant de ce Retz qui, venu chez nous à la suite de Catherine de Médicis, fut l'un des instigateurs de la Saint-Barthélemy, il était le second fils de Philippe de Gondi, général des galères, et sur ses vieux jours dévotieux confrère de l'Oratoire.

Comme son oncle était archevêque de Paris et pouvait, en le prenant pour coadjuteur, lui assurer cette riche succession, on le voua malgré lui à la prêtrise, et on lui donna pour précepteur Vincent de Paul dont la piété et les exemples ne purent avoir raison de sa résistance obstinée. Il ne voulait pas entrer dans les ordres, et, pour faire renoncer ses parents à leur dessein, il se livra à tous les écarts de conduite qui pouvaient scandaliser l'opinion. Il eut des duels, des galanteries ; il essaya d'enlever une de ses cousines. Notez qu'il sortait à peine de l'enfance et qu'il n'était pas encore un jeune homme. Rien n'y fit : sa famille ferma invariablement les yeux sur ses fredaines et continua à le traiter en abbé. Il prit enfin son parti, et accepta la carrière à laquelle il était décidément condamné, mais avec la pensée d'en faire surtout une carrière politique. En même temps qu'il commençait sa théologie en Sorbonne, il étudiait Machiavel et écrivait une histoire de la Conjuration de Fiesque où l'on retrouvait comme un écho du Catilina de Salluste. On fit lire le livre à Richelieu qui qualifia l'auteur de dangereux esprit. Il ne savait pas si bien dire ; car le jeune Gondi trempa, par amour de l'intrigue et du danger et aussi pour se donner de l'importance à ses propres yeux, dans tous les complots tramés à partir de 1636. Une première fois, il paraît qu'il s'associa à un projet d'assassinat. Il eut part à d'autres entreprises mais surtout à celle du comte de Soissons ; il y avait accepté un rôle actif et l'eût rempli sans doute avec audace, si la mort du chef n'eût tout arrêté.

Dès cette époque, il a mis enseigne de politique ; il est déjà et, en tout cas, il se dit versé dans cet art difficile, et il est pressé visiblement de passer de la théorie à la pratique. Une chose toutefois peut inspirer des doutes sur sa compétence si haut affirmée, c'est la persistance avec laquelle il s'attaque à Richelieu. A le voir ainsi acharné contre l'homme qui donnait la suprématie à la France en Europe, on se demande s'il avait vraiment le sens de la grande politique ; on est tenté de le prendre, au lieu d'un homme d'état en herbe, pour un simple brouillon. Mais malgré les apparences, il serait injuste de le qualifier ainsi : il vaut mieux que cela.

Un voyage en Italie lui fournit l'occasion de montrer la souplesse de son caractère et les ressources de sa volonté. Malgré son avidité de plaisirs, il se surveilla si bien pendant son séjour à Rome qu'il n'y donna aucune prise à la médisance, et qu'il y laissa l'idée d'un homme qui ferait honneur à l'Église dans les places les plus hautes par son savoir et sa conduite. Il était impossible de mieux tromper les gens, je ne parle bien entendu que du dernier article, de celui des mœurs.

Rentré à Paris, il recommença son existence en partie double, prêchant et controversant le matin, et le soir vaquant à ses plaisirs, se créant des intelligences dans toutes les classes de la société, mais de préférence dans le petit peuple et le clergé paroissial. Les souvenirs de la Ligue n'étaient pas lettre morte pour lui, et il s'en inspira pour asseoir les fondements de sa popularité.

Un sermon qu'il prêcha devant Louis XIII lui valut d'être nommé coadjuteur de son oncle l'archevêque. A vrai dire, le roi mourut trop tôt pour faire la nomination ; mais la régente la fit, moins par respect pour le désir de son mari défunt que par amitié pour le père de l'abbé de Gondi.

Une fois coadjuteur, celui-ci relégua son oncle dans l'obscurité et prit en main toutes les affaires du diocèse. Son dessein était de se rendre considérable dans le public et dans l'État et de supplanter Mazarin. Mais le ministre ne fut pas long à flairer en lui un rival et ne négligea rien pour le rendre suspect à Anne d'Autriche.

Lorsque la Fronde éclata, Retz, fidèle à son plan, offrit sa médiation, comptant qu'elle serait acceptée avec reconnaissance. Mais la reine la repoussa avec mépris. Il se vengea en faisant les barricades et en ameutant le peuple.

A dater de ce jour, il est engagé dans la Fronde, et au milieu des menées et des intrigues il frétille d'aise, comme le poisson dans l'eau. Il discourt au Parlement, négocie sous main avec la cour, s'aide de ses curés pour faire tourner le peuple au gré de sa fantaisie, et lui faire accepter tour à tour comme favoris, les Conti, les Beaufort, les Gaston d'Orléans, ses hommes de paille. Il trouve encore le temps de faire la cour à Mlle de Chevreuse avec qui il s'affiche insolemment sans lui être d'ailleurs fidèle; car les dames s'empressent auprès de ce petit homme au teint noirâtre, au dos un peu voûté, et qui n'en est pas moins aimé pour lui-même.

Lorsqu'il voit la Fronde parlementaire à bout de forces, il se met à faire la cour à la reine et s'imagine, non sans fatuité, venir facilement à bout de celle qu'il nomme in-petto une grosse Suissesse : mais la grosse Suissesse ne se rend pas.

De dépit, il s'associe avec la Palatine pour obtenir la libération des Princes; il y réussit, mais se brouille presque aussitôt avec ses obligés qui songent, dit-on, à se délivrer de lui par l'assassinat. Il revient alors vers la cour, discrètement et à petit bruit, et lui arrache, moitié par promesses, moitié par menaces, sa nomination au cardinalat. Il comptait sur la pourpre pour s'assurer l'impunité lors du rétablissement immanquable de l'autorité royale. Il n'en fut pas moins enfermé à Vincennes et de là transféré à Nantes. Il s'évada audacieusement de cette dernière prison, dans le but de revenir à Paris prendre possession de l'archevêché, dont la mort de son oncle venait de le rendre titulaire, et d'essayer, sous couleur de religion, d'ameuter encore un clergé et un peuple qui l'aimaient au point d'ignorer l'éclat de ses désordres et de le prendre pour un prélat édifiant. Un accident imprévu ruina ce beau dessein. Il dut se cacher en Bretagne et ensuite demander à l'Espagne un asile. Il se rendit plus tard à Rome qu'il quitta pour les Pays-Bas espagnols où il passa son temps à d'obscures débauches. Ce prince de l'Église tournait au bohême, et ce politique si vanté semblait ne plus être qu'un grossier épicurien.

Mazarin mort, la famine le décida à traiter avec Louis XIV. Il résilia son archevêché de Paris en échange des grosses abbayes de Saint-Denis et de Saint-Mihiel. Rentré en France par ce pont d'or, il eut le bon sens de comprendre que le moment était venu de mettre quelque régularité dans sa conduite. Il prit des arrangements honnêtes avec ses innombrables créanciers et mena une existence tranquille, soit dans ses abbayes, soit à Paris où il faisait les délices d'une société de choix. C'est alors que, pour employer le mot de Voltaire, après avoir vécu en Catilina, il vécut en Atticus.

Ce changement d'attitude lui valut la confiance de Louis XIV qui se fit représenter spécialement par lui aux conclaves de 1667, 1669, 1676. Il s'acquitta dignement de ces missions.

Cependant l'âge était arrivé et avec lui le dégoût des grandeurs. Retz forma le projet d'une retraite étroite et voulut même dépouiller la pourpre, mais le pape n'y consentit pas. Il résida alors de préférence à Commercy, où son grand plaisir était de mettre aux prises ses moines dans des discussions philosophiques. Il mourut bientôt, regretté de tous ceux qui l'avaient vu dans l'intimité depuis son retour, et surtout des femmes. Mme de Sévigné, sa parente, ne fut pas la seule à pleurer le bon cardinal. C'est chose curieuse de voir combien les mauvais sujets gardent jusqu'au bout d'empire sur le cœur féminin, et comment de belles têtes se montent encore pour eux, quand ils ne vivent plus que sur leur réputation.

Une des amies de ce galant vieillard lui a valu son plus durable et son plus beau titre de gloire en le décidant à raconter sa vie. Il dicta ou écrivit ses Mémoires, vers 1675, pour satisfaire la curiosité affectueuse de Mme de Caumartin. Le temps qu'il y mit a été vraiment bien employé. En effet, sans cet ouvrage, Retz n'aurait laissé qu'une réputation équivoque, et la postérité lui tiendrait d'autant plus rigueur qu'il est resté plus en deçà de ses prétentions affichées. On sait désormais qu'il y avait en lui plus d'étoffe qu'il n'a pu en montrer et, qu'avec un peu de faveur des circonstances, il eût déployé de réelles qualités d'homme d'État. Son rôle sous la Fronde s'est réduit à celui que peut remplir de nos jours le meneur d'un club, le grand électeur d'un parti. Il a su jouer habilement des individus et des foules, mais il n'a pas été mis à même de déployer sa science du gouvernement. Or, il est à croire que, sous ce rapport, il n'eût pas été sensiblement inférieur à un Mazarin ou à un Walpole. Il eût porté aux affaires le même esprit délié et fécond en ressources, le même mépris de la morale. Il eût fait par la corruption ce que les grands hommes d'État font par l'ascendant du caractère, et, malgré l'emploi de moyens misérables, il n'eût pas laissé d'obtenir d'appréciables et même de beaux résultats.

C'est ce qui semble ressortir de ses Mémoires. Ce précieux ouvrage, gardé manuscrit, ne fut publié qu'en 1717. Lorsqu'on demanda la permission de le mettre en vente, M. d'Argenson décida le Régent à l'accorder, en disant que c'était un livre inoffensif, erreur étonnante de la part d'un homme de tant de sens et d'esprit. L'événement se chargea de le détromper. Dès le premier jour, les Mémoires furent à la mode et excitèrent l'enthousiasme d'un public qui n'eût peut-être pas mieux demandé que de refaire la Fronde, pour se dédommager de la discipline du grand règne : on en eut la preuve à la conspiration de Cellamare. Depuis ils sont restés le bréviaire des politiques qui ne sont pas ou croient n'être pas dupes de la politique. Benjamin Constant, sous le Directoire, disait ne pas pouvoir supporter d'autre lecture. De nos jours, on a vu le sénateur Schérer, désabusé sans doute des affaires comme de la philosophie, après l'avoir été de sa religion, se prendre pour eux du goût le plus vif et leur consacrer ses derniers travaux de critique.

Ils débutent par le récit lestement troussé, mais mal édifiant et même scandaleux, de la jeunesse de leur auteur. Un trait de caractère à noter en Retz, c'est l'indifférence ou peut-être l'affectation qu'il met à se montrer au naturel dans le désordre de sa conduite privée, dans l'absence de scrupules de sa vie publique. Il a le mépris de l'opinion et il la traite avec la désinvolture d'un grand seigneur faisant la grâce de sa conversation à un roturier.

Vient ensuite l'histoire de la Fronde, précédée de quelques pages de considérations que les connaisseurs, par exemple l'Anglais Chesterfield, ont admirées, et qui méritent de l'être pour la pénétration et la profondeur. L'homme qui les a écrites peut aller de pair avec Machiavel. La Fronde proprement dite est racontée en détail sur le ton le plus gai, le plus insouciant. Retz y fait les honneurs de sa personne avec un détachement merveilleux. On ne peut pas l'accuser d'avoir pris les choses trop au sérieux ni d'avoir haussé démesurément le ton. Les expressions de théâtre, de comédie, d'acteurs reviennent à chaque instant sous sa plume. C'est pour lui la comparaison obligée. Son récit est complété par une vingtaine de portraits d'une touche admirable, tels qu'il n'y a rien, soit dans les historiens de l'antiquité, soit dans Saint-Simon, le maître du genre, qui les éclipse.

Après la Fronde, les Mémoires languissent faute de matière, et l'on se rebute à suivre ce cardinal dévoyé dans son obscure et scandaleuse odyssée. Les deux premières parties, mais surtout la seconde, sont bien supérieures. Sur ce fond, déjà si intéressant par lui-même, Retz a jeté un style plein de feu, de grandeur, de négligence, à l'expression gaie, pittoresque, parfois haute et magnifique. La langue est vive, familière, hardie, originale avec propriété grâce à l'emploi des mots dans leur acception pleine. Les premiers lecteurs furent choqués de quelques inégalités et certains même s'en autorisèrent pour contester l'authenticité de l'ouvrage. Aujourd'hui, moins puristes, nous passons sur des négligences qu'explique d'ailleurs la rapidité de la composition, et nous nous laissons charmer par cette impétuosité de génie, par cette aisance de grand seigneur, qu'on ne trouve nulle part au même degré et qui font de ce curieux ouvrage, déjà si précieux au point de vue historique et philosophique, un des monuments de notre langue.

Nous avons vu les frondeurs et le premier d'entre eux à l'œuvre dans leurs intrigues et dans leurs menées ; il nous reste à dire quelques mots de leurs mœurs privées et à pénétrer dans les dessous de la société frondeuse, à la suite de deux auteurs qui les ont bien connus, Bussy-Rabutin et Tallemant des Réaux.

3° Les dessous de la société sous Mazarin. — Bussy Ra-

butin (**1618-1693**). — La destinée de ce personnage présente plus d'une analogie avec celle de Saint-Évremont : grands seigneurs, militaires distingués, écrivains, ils voient l'un et l'autre interrompre leur carrière par un coup inattendu, et ils ont recours au même emploi de leurs loisirs forcés, je veux dire au culte des lettres. Mais là s'arrête la ressemblance. Saint-Évremont, nous l'avons vu, prend facilement son parti de la disgrâce. Bussy en gémit jusqu'au dernier jour. C'est que le premier est, sous ses dehors de courtisan, un vrai philosophe, un épicurien de race, sachant la valeur des choses et s'en détachant comme il convient. L'autre, au contraire, n'est qu'un courtisan à qui la faveur et le voisinage du prince sont aussi nécessaires que l'eau au poisson. Exilé de la cour, il n'est plus dans son élément, et il n'épargne rien, gémissements, lâches plaintes, flatteries outrées pour y revenir. Mais le maître resta inflexible : il ne fit jamais à ce mendiant l'aumône d'un regard. Aussi bien avait-il été blessé dans ses sentiments les plus intimes. Ne touchez pas à la reine, dit le proverbe, et Bussy avait touché à Mlle de la Vallière à un moment où elle était la vraie reine.

Cette existence compromise par l'esprit médisant de celui qui l'a vécue, irrémédiablement manquée par sa lâcheté de caractère, laisse une impression pénible qui ne va pas jusqu'au mépris, mais qui n'en est guère éloignée. Nous y insisterons cependant, à cause du jour qu'elle ouvre sur les mœurs du temps et de la leçon morale qui s'en dégage.

Roger de Bussy-Rabutin, d'une bonne famille de Bourgogne, cousin de Mme de Sévigné, fut lancé de bonne heure dans le grand monde : il en connut tous les plaisirs et y trouva des encouragements pour ses malices, de l'indulgence pour ses écarts, ce qui ne contribua pas peu à le gâter. Il réussit à la guerre par sa bravoure brillante et devint rapidement un de nos bons généraux de cavalerie. Il était en passe du bâton : mais il le manqua grâce à sa manie de dénigrer et de railler à tort et à travers. Il s'aliéna Turenne par sa mauvaise langue et se vit appeler par lui devant Louis XIV « le meilleur officier de l'armée.... pour les chansons ». La note était fâcheuse et elle tombait dans une oreille sûre.

Vers le même moment Bussy s'avisa de prendre d'assaut et d'enlever, comme il eût fait d'un parti ennemi, une belle et riche veuve qu'il comptait par ce moyen décider au mariage. C'était la dévote Mme de Miramion, qui devait, à quelque temps de là, fonder la communauté connue des Miramionnes. L'escalade fut faite à la housarde, mais la place ne se rendit pas. La dame protesta avec tant d'énergie qu'il fallut bien la remettre en liberté. A cette équipée, qui lui fit tort dans l'opinion, Bussy joignit le scandale d'une débauche dans la semaine sainte, et fut exilé dans ses terres. Au lieu de profiter de cette retraite forcée pour faire d'utiles réflexions sur ses défauts et essayer de s'en corriger, il leur donna plein cours en composant pour Mme de Montglat, femme d'esprit, musicienne et lettrée, dont il voulait se faire bien venir, l'*Histoire amoureuse des Gaules*. Le livre circula manuscrit et n'en fit pas moins du tapage. Le roi fut informé de ce qui l'y concernait et Bussy envoyé du coup à la Bastille (1665). Quelques jours avant il avait été élu, sur sa bonne mine et sa réputation d'esprit, membre de l'Académie française. C'était comme une indication de la destinée, les lettres devant être désormais l'unique emploi de sa vie.

Relégué dans son domaine de Bourgogne au sortir de prison, il passa son temps à soupirer, à geindre, à s'excuser, avec le succès que l'on sait. De guerre lasse, il prit son parti, entra en correspondance avec des hommes de lettres, notamment avec le père Bouhours, et avec des gens du monde. Il se fit une réputation de puriste et de bel esprit, cette dernière trop justifiée. Réconcilié avec sa cousine, Mme de Sévigné, qu'il avait indignement calomniée dans son Histoire amoureuse, il trouva chez elle une amitié indulgente dont il n'était guère digne, mais qui mit un peu de baume sur sa blessure. Il traîna sa vie déconsidérée jusqu'en 1693.

On a de lui des *Mémoires,* élégamment écrits, mais peu instructifs parce qu'il a soin d'y tout rapporter à sa chère personne et qu'il noie hommes et choses du débordement de sa vanité.

Sa *Correspondance,* publiée par son ami Bouhours (14 éditions en quelques années), s'adresse à près de cent cinquante correspondants. Elle est travaillée, limée, fignolée, et, par un rapprochement inévitable, fait ressortir et valoir d'autant le naturel qui éclate dans les lettres de Mme de Sévigné.

Son Histoire amoureuse, qu'il aurait mieux fait d'appeler galante, car l'amour n'y est de rien et c'est une fatuité de débauché qui se déguise sous ce nom, dépasse en intérêt ses autres écrits, sans le rendre lui-même plus sympathique. Il y paraît manifestement malicieux, médisant, malveillant et au besoin cruel. Il fait penser à ces « méchants » du XVIIIe siècle, les Forcalquier, les Stainville et autres, dont Gresset a mis à la scène le portrait trop affaibli, véritables pestes dans leur monde, et qui pourraient se réclamer de lui comme de leur vrai précurseur.

Son livre est souvent inexact dans le détail, mais l'impression qu'il laisse est juste autant qu'instructive. C'est un document utile qui nous empêche de concevoir trop d'illusions sur la belle société du temps et corrige ce qu'il y a d'excessif et de trompeur dans les peintures romancées de Mlle de Scudéry ou dans les fastidieux panégyriques de Cousin.

Il est d'ailleurs mal composé. Les historiettes galantes s'y suivent sans ordre et sans art. A chaque nom qui se rencontre sous sa plume, il interrompt le récit commencé pour vider son sac à malices. Il fait d'abord le portrait de son patient, gravant chaque trait d'une pointe acérée et mordante. Puis viennent les anecdotes entrecoupées de billets galants et de petits vers mesquins et étriqués, lointaine imitation de ce Pétrone qu'il a lui aussi pris pour modèle. Il nous peint ainsi au vif l'existence des gens du bel air. Nous savons, grâce à lui, qu'un seigneur de quelque importance faisait deux parts de son temps. Il passait la belle saison à l'armée en quête d'occasions et de coups de mains. Puis l'hiver survenant, il rentrait à Paris faire sa cour aux dames. Toute réputation d'honnête homme, comme on disait alors, était à ce prix, et celui-là passait pour le plus honnête qui savait plaire à la plus belle. C'était donc une émulation de galanterie. Au débotté, chaque guerrier jetait son dévolu sur une personne qu'il jugeait capable de lui faire honneur et se hâtait de « s'embarquer » avec elle. Comme la vanité avait plus de part que le cœur à l'affaire et qu'il y avait grande concurrence, « les embarquements » ne duraient guère que la saison. L'important était de rompre à propos et de ne pas se laisser devancer par la belle.

Un amant abandonné passait pour ridicule : s'il abandonnait lui-même, il n'en était que plus estimé. Voilà les mœurs dont Bussy nous fait le véridique tableau ; et, si l'on était tenté de contester son témoignage, celui de Tallemant de Réaux surviendrait aussitôt pour le confirmer et le certifier.

Tallemant des Réaux (1619-1692). — Celui-ci n'est pas un gentilhomme ; c'est un bourgeois goguenard que sa fortune et sa belle humeur ont fait admettre dans le grand monde. Il y tient sa place sans forfanterie comme sans bassesse. Le plaisir d'être en si belle compagnie ne le grise pas ; il sait apprécier les gens à leur valeur et les traiter comme ils méritent. Naturellement curieux et observateur, mais sans aucune prétention de moraliste, il fait provision d'anecdotes, pour en égayer ses intimes. Ceux-ci les lui font dire et redire et l'engagent à les coucher par écrit. Il cède à leurs instances, se met à l'œuvre, y prend goût et remplit cahiers sur cahiers d'historiettes curieuses, expressives, éclairant d'une vive lumière les recoins de la vie mondaine, telle qu'on la vivait alors. Son recueil est resté manuscrit jusqu'au milieu de notre siècle. On l'a publié, sans beaucoup de soin, en dix volumes.

Fils d'un riche financier, frère du « sec traducteur du français d'Amyot », Tallemant grandit dans un milieu plantureux et jovial. Il eut son petit accès de romanesque à la saison des primes amours, mais « sa chevalerie » ne tint pas longtemps. Le bon sens de sa race, relevé chez lui de gaieté malicieuse, prit aussitôt le dessus. Il n'était pas de l'étoffe dont on fait les dupes. Il devint vite l'aimable compagnon que nous avons dit, et le resta jusqu'au bout.

Il eut un intérêt dans une entreprise de finances, se maria dans son monde, acheta en Touraine la terre des Réaux dont il prit le nom, fit aux préjugés du temps, et peut-être à quelque velléité ambitieuse bientôt dissipée, le sacrifice d'abjurer le protestantisme, et, pour le reste, se tint en joie, aimant la société et s'y faisant aimer, ayant toutefois un coin de préférence pour les gens d'esprit sincères et indépendants, tels que d'Ablancourt et Patru. C'est une bonne note pour ce richard d'avoir été l'intime de gens de lettres sans argent et absolument désintéressés. Il poussa l'affection jusqu'à écrire en vers l'épitaphe de Patru : elle est d'ailleurs détestable, mais le sentiment qui l'a inspirée n'en fait pas moins honneur à Tallemant.

Il avait écrit, ou projeté d'écrire, des mémoires sur la régence d'Anne d'Autriche : on n'en a rien retrouvé. Il nous reste ses historiettes et c'est une assez riche moisson pour qu'on s'en contente. Aussi bien, sans lui, la première moitié du xviie siècle serait-elle incomplète. Ce curieux, cet indiscret, est venu fort à propos pour nous peindre au vif la société parisienne sous le ministère de Mazarin. Il nous en donne l'image la plus copieuse et la plus nette, dans une langue pleine de sève, d'une forte et pittoresque familiarité. Il a, quoique médisant, le mérite de l'exactitude, au moins pour ce qu'il a vu de ses propres yeux. Lorsqu'il rapporte les on-dit, il lui arrive de forcer la note ; mais les choses dont il a été le témoin, il les reproduit au naturel, sans enjolivements ni sous-entendus, préférant d'ailleurs les drôleries aux traits plus sérieux. Son genre n'est pas des plus relevés, mais il y est excellent, ou, comme on l'a dit, impayable.

Ici s'arrête l'histoire de la partie des lettres françaises qui, sinon par la date au moins par la tendance, se rapporte à la Fronde. Nous sortons de cette période où les esprits jouirent d'une liberté relative, pour entrer dans une autre où domine la règle : nous abordons le règne personnel de Louis XIV.

LIVRE QUATRIÈME

La littérature mondaine sous Louis XIV, de 1661 à 1685.
La poésie sous toutes ses formes, la Lettre, le Roman.

CHAPITRE PREMIER

LOUIS XIV ET BOILEAU.

1º Louis XIV incarnation de son temps : son portrait. — 2º Protection accordée aux lettres : les pensions, l'Académie. — L'art en progrès à défaut de la pensée. Perfection de la langue et du style sous l'influence de la cour. — Belle période de vingt-cinq ans suivie de décadence après la Révocation. — 3º Les œuvres dites de Louis XIV. — 4º Revue de la littérature mondaine dans la première partie du règne : Boileau indispensable instrument du progrès poétique accompli sous Louis XIV. — Son action comme critique et « législateur du Parnasse ». — Son œuvre de poète.

1º Louis XIV. — On reproche, non sans raison, à Voltaire d'avoir appelé le xviiᵉ siècle tout entier, siècle de Louis XIV, comme si l'influence de ce prince s'était étendue même aux soixante années qui ont précédé son règne personnel. Il y a cependant un moyen de rendre la formule acceptable, c'est de dire qu'au lieu d'avoir fait et façonné le siècle, Louis XIV a été fait et façonné par lui, qu'il en est le produit le plus caractéristique, la vivante incarnation. Ainsi interprétée, elle n'a plus rien de choquant, elle est plutôt exacte. Certes Louis XIV est inférieur par le talent à la plupart de ses illustres contemporains, et bien qu'il lui soit arrivé d'écrire en pensant à lui-même : « Qui dit un grand roi, dit presque tous les talents ensemble de ses plus excellents sujets », ce n'est pas la variété de ses aptitudes qui a fait sa gloire. Il n'apporte à la guerre que des intentions et des prétentions, sans rien qui rappelle, même de très loin, la fougue géniale de Condé ou la science de Turenne. En politique, il ne réussit finalement qu'à gâter l'œuvre de Richelieu. En administration, sitôt que Colbert et Louvois lui manquent, la décadence est visible. Enfin, par la force ou la hauteur de la pensée, il reste bien au-dessous des littérateurs et des artistes de son temps. Par l'esprit, il n'est qu'au second rang, et encore! Mais le caractère le relève assez pour que son mérite paraisse égaler sa haute fortune : il laisse en définitive l'idée d'un homme qui a bien rempli sa place, parce qu'il est venu au bon moment, à l'heure où ses qualités pouvaient le mieux trouver leur emploi. On peut dire, en effet, qu'il résume en lui toutes les tendances chères à son temps et qu'il semble créé tout exprès pour les aider à s'affirmer, à se satisfaire.

Il est, dans un temps de tradition, l'homme de la double tradition religieuse et monarchique. Il n'a ni assez de culture ni assez de curiosité d'esprit pour se demander ce que valent au juste les principes qui fondent l'autorité du trône et de l'autel. Il les tient pour évidents, pour indiscutables, sans que l'ombre d'un doute vienne même obscurcir la sérénité de sa double foi.

Au milieu de gens qui ont le culte du bon sens, il a lui-même le bon sens le plus ferme et le plus sûr, dans la limite de ses préjugés et de ses préventions.

Il a encore, mais ici il semble montrer la voie à ses contemporains au lieu de les suivre, il a l'amour de l'ordre, de la justesse, de la mesure, le sentiment et le goût de la grandeur unie à la régularité.

Aussi, à peine touche-t-il à la jeunesse que la France, se reconnaissant en lui, s'admire naïvement dans ce bel exemplaire de son idéal. Il est arrivé un jour à Bossuet de dire, et il aurait pu s'en dispenser : « O rois, vous êtes des Dieux. » Sous le règne de Louis XIV, cette hyperbole est prise à la lettre et par le prince et par ses sujets. Ceux-ci poussent l'amour du maître jusqu'à la piété, l'hommage jusqu'à l'adoration. Lui cependant se laisse faire et consent à son apothéose : que dis-je? il serait le premier à la provoquer. Les louanges, même grossières, ne l'importunent pas : il hume l'encens à pleines narines. Il répète volontiers les vers où il est célébré. « Sans avoir ni voix, ni musique, il se plaît à chanter, dans ses particuliers, les endroits des prologues d'opéra le plus à sa louange. » C'est là évidemment un défaut, et gros de conséquences; mais il faut ajouter que ce n'est pas un ridicule. On aurait tort, en effet, de s'en autoriser pour voir en Louis XIV un roi de théâtre, grisé de lui-même, bouffi de son mérite, entêté de sa chimérique grandeur. Dans son cas, il n'y a pas autant de vanité qu'on pourrait le supposer : c'est plutôt croyance naïve en la vertu de sa naissance et de son rang. Il est d'une autre essence que le commun des hommes, envoyé de Dieu pour exercer le pouvoir et, à ce titre, pourvu de lumières spéciales, de grâces d'état : en revanche, il a droit à des honneurs qu'il reçoit tranquillement dans toute leur étendue, sans que la pensée lui puisse venir de s'y dérober une minute ou de les trouver excessifs.

Cette foi intrépide du prince en soi-même est un terrible danger pour son peuple qu'elle expose à toutes les aberrations de l'arbitraire : Louis XIV ne céda que trop aux entraînements de sa toute-puissance, mais il faut encore l'estimer de n'y avoir pas cédé davantage, de n'avoir pas trop écouté l'inspiration du moment, d'avoir su consulter et réfléchir avant de décider. C'était, somme toute, une tête solide, un caractère appliqué, prudent, tenace; il a dit, et le mot lui fait honneur, bien que sa conduite ne l'ait pas toujours vérifié : « Le plus sûr chemin de la gloire est celui que montre la raison. »

Il possédait, on le voit, nombre de qualités royales, et celles-là même qui, tout en rendant son autorité incontestable, l'empêchaient de dégénérer trop souvent en tyrannie.

Il avait d'abord l'extérieur le mieux approprié à son rôle. Enfant, il s'était fait remarquer par la douceur et la gravité de sa physionomie. Jeune homme, il avait joint à une beauté virile et déjà imposante tout le charme d'une galanterie attentive à plaire. Dans la force de l'âge, il devint la majesté même, mais sans rien de dédaigneux, ni de repoussant. Il commandait le respect, sans faire peur, sans humilier.

Il excellait à tous les exercices du corps, danse, chasse, équitation. Il éclipsait tout le monde, soit dans les réunions ordinaires de la cour, soit dans les fêtes fastueuses et les pompes militaires où il se plaisait. Partout où il se montrait, il attirait forcément les regards et rien qu'à le voir on reconnaissait le maître.

Son langage participait du même caractère : il ne parlait pas beaucoup, ayant remarqué que « les grands parleurs disent souvent de grandes badineries »; d'ailleurs l'insuffisance de sa culture lui interdisait nombre de sujets de conversation. Mais il s'exprimait du ton le plus aisé et le plus juste ; « il faisait un conte mieux qu'homme du monde et avec des grâces infinies ». Parlait-il en roi? il y mettait une convenance suprême, atténuant l'autorité par la bienveillance et justifiant ce bel éloge de Bossuet : « Il est aussi convaincant par ses discours que redoutable les armes à la main. La noblesse de ses expressions vient de celle de ses sentiments, et ses paroles précises sont l'image de la justesse qui règne dans ses pensées. Pendant qu'il parle avec tant de force, une douceur surprenante lui ouvre les cœurs et donne, je ne sais comment, un nouvel éclat à la majesté qu'elle tempère. »

Il exerçait ainsi une domination naturelle et tranquille, contre laquelle il n'y a pas exemple que quelqu'un se soit, ouvertement et en face, insurgé.

A ces mérites vraiment royaux, il joignait une volonté ferme de n'admettre personne au partage de son autorité. Le rôle de roi fainéant sous un principal ministre lui eût fait horreur : il entendait être au courant de tout et avoir la haute main. Il n'y réussit pas autant qu'il s'en flattait. Il croyait mener ses ministres et il obéissait ordinairement à leurs suggestions ; dans les affaires religieuses, il n'était que l'écho fidèle des volontés du clergé; mais il ne faut pas moins approuver cette ambition généreuse, cette conscience, qui le poussait, même dans l'âge des plaisirs, à faire passer devant toutes choses l'administration de l'État, et à y vaquer chaque jour avec une invariable régularité. Grand travailleur de tout temps, il le fut encore davantage dans l'âge mûr, en dépit d'infirmités gênantes : il fit plus que jamais œuvre de roi au lieu d'en faire seulement figure, comme tant de ses confrères en pareil cas.

Il eut avec cela des défauts qu'il n'est pas possible de dissimuler ni même d'excuser. Il donna un détestable exemple en affichant l'adultère double et triple à la face du monde pendant plus de vingt ans ; son faste, ses guerres, son intolérance ruinèrent les finances et désolèrent le royaume ; son orgueil lui fit prendre avec les puissances étrangères une attitude hautaine et formuler des exigences qui, de coalitions en coalitions, le mirent lui et la France à deux doigts de la perte. Sa confiance en lui-même, accrue avec le temps, lui fit écarter de ses conseils tout ce qui avait du talent ; il ne demanda plus à ses ministres que de la docilité, sans l'obtenir, car, si ses nouveaux agents n'avaient pas assez d'esprit pour lui suggérer les bonnes mesures, ils avaient assez de ruse pour l'amener à prendre celles dont ils devaient eux-mêmes profiter.

Malgré tout, ce fut un roi, dans toute la force du terme, le type du roi absolu et cependant honnête, le plus bel exemplaire de personne royale que présente notre histoire.

2° Les lettres sous Louis XIV. — L'action de Louis XIV s'est étendue à tout dans son royaume. Un de ses principes était de ne rester étranger à rien de ce que faisaient ses sujets : « Il me semble, disait-il, qu'on m'ôte de ma gloire quand on peut en avoir sans moi. » Cette seule tendance de son caractère l'eût amené à s'occuper des lettres, s'il n'y eût été déjà poussé et par la conviction qu'elles sont indispensables à l'illustration d'un règne et par l'intérêt qu'il savait y prendre lui-même.

Ce n'était pourtant pas un lettré. Son éducation avait été plus que négligée. Les désordres de la Fronde et l'incurie de Mazarin l'avaient laissé longtemps sans maîtres, et les leçons intermittentes qu'il reçut soit de Péréfixe, soit de la Mothe le Vayer, ne s'imprimèrent pas dans son esprit. Il était l'un des moins instruits de sa cour, ou, pour mieux dire, l'un des plus ignorants.

Mais il avait suppléé au savoir par l'usage du beau monde, par la conversation des dames et des gens d'esprit, par le ferme bon sens dont nous l'avons loué. De bonne heure s'était formé chez lui un goût sûr et délicat, qui allait spontanément aux belles choses, j'entends à celles qui unissent la régularité à la grandeur. Il était donc capable de donner au besoin une direction à cette littérature qu'il eût, je le répète, encouragée rien que dans l'intérêt de sa gloire.

Des moyens qu'il employa, le plus connu, sinon le plus efficace, fut sa générosité à l'égard des gens de lettres. Ses largesses sont encore dans toutes les bouches : on les a célébrées sur tous les tons ; on est même allé jusqu'à dire qu'il avait institué la feuille des pensions littéraires, pour faire pendant à la feuille des bénéfices, rapprochement plus ingénieux que juste : car, sans parler de l'énorme disproportion entre les sommes à distribuer, la feuille des bénéfices ne connaissait ni ratures ni retranchements ; au lieu que la prétendue feuille des pensions non seulement ne fut jamais bien remplie, mais finit par être une page blanche. Voyons cependant quelles libéralités ont valu à Louis XIV d'être égalé, ou même préféré, aux Auguste, aux Alexandre. Certes, si sa gloire de protecteur des lettres n'avait pas d'autre fondement, on pourrait dire qu'elle ne lui a pas coûté cher. Notre République, qui passe à tort pour un peu béotienne, ferait une fière économie si elle réduisait la dotation de l'esprit au chiffre où l'avait élevée la plus généreuse des monarchies. En voici le bilan pour le règne de Louis XIV à partir de 1664.

En 1664, 80,700 livres, dont 12,600 à des étrangers.
En 1665, 83,400 — 16,200 —
En 1666, 95,000 — 16,200 —
En 1667, 91,300 — 20,800 —
En 1668, 89,400 — 20,700 —
En 1669, 111,550 — 11,700 —

Cette dernière année marque le point culminant. Le total ne fera que décroître, avec des oscillations assez curieuses. Il descend à 86,800 livres en 1672 ; à 62,250 livres en 1674 ; à 57,550 livres en 1675 ; il remonte à 64,000 livres en 1676, et à 74,800 en 1679. Les documents font défaut à partir de cette année, mais il est à croire que les gratifications furent continuées jusqu'en 1690, époque où les circonstances moins favorables en amenèrent la suspension, ou mieux, la suppression.

On sait maintenant à quoi s'en tenir et l'on peut conclure que, si la même modération eût présidé aux frais des bâtiments et des fêtes et à la dépense des maîtresses, les finances eussent été plus que prospères, sans compter que les libéralités, au moins au début, se trompèrent volontiers d'adresse et allèrent aux médiocres plus qu'aux habiles. Les premières listes furent dressées par Chapelain : il y mit naturellement tous les invalides de la poésie, renforcés de quelques pédants : « 600 livres à Leclerc, excellent poète français ; 1,200 livres à Desmarets, le plus fertile auteur et doué de la plus belle imagination qui ait jamais été ; 1,000 livres à l'abbé de Pure ; 800 livres au sieur Boyer ; 1,200 livres à l'abbé Cottin ; 1,500 livres à l'abbé Cassagne ; 2,000 livres au sieur Ménage, excellent pour la critique des pièces ; et, en manière de couronnement, 3,000 livres au sieur Chapelain, le plus grand poète français qui ait jamais été et du plus solide jugement. » Ces citations parlent assez haut pour qu'on n'y ajoute rien. D'ailleurs il serait injuste de faire peser la responsabilité de cette erreur sur Louis XIV lui-même ou sur Colbert, son ministre. C'est l'opinion qui les trompa, et dès qu'ils purent se rendre compte des choses, ils eurent ordinairement recours aux conseils moins intéressés et plus sûrs de Racine et de Boileau. Malgré tout, la distribution des pensions resta toujours un peu arbitraire : la faveur y eut plus de part que le mérite ; la protection d'une jolie femme ou d'un ministre enrichit des auteurs qui n'avaient d'autre titre qu'un compliment fait à propos ou une dédicace louangeuse.

Cependant l'action du gouvernement de Louis XIV ne se borna pas à ces libéralités individuelles, dont on a fait vraiment trop de bruit. Elle s'exerça par des mesures d'ensemble, par une organisation générale et en quelque sorte officielle. Colbert, qui fut en l'espèce l'exécuteur des volontés de Louis XIV après en avoir été l'inspirateur, était un admirateur fervent de Richelieu, dont il avait toujours le nom à la bouche et qu'il invoquait en toute occurrence comme la suprême autorité. Cela passait même pour une inoffensive manie, et il arriva plus d'une fois à Louis XIV de dire en son conseil lorsqu'il voyait son ministre prêt à parler : Bon, voilà Colbert qui va encore s'écrier : « Sire, ce grand cardinal de Richelieu..... ! » Cette admiration ne pouvait qu'aboutir à l'imitation. Colbert reprit donc, partout où son maître le lui permit, les vues de son modèle, et notamment en ce qui concerne le développement de l'esprit français par la culture des lettres et des sciences. Il avait conçu, paraît-il, dès 1666 le plan d'une Académie universelle où l'on eût cultivé toutes les branches du savoir, sorte de corps encyclopédique comparable à celui que la Convention créa sous le titre d'Institut et dont le nom seul a surnagé. Mais à défaut de cette fondation prématurée pour le temps, il établit des académies, celle des Sciences, en 1666 ; celle des Beaux-Arts à Rome ; celle qui devint plus tard l'Académie des Inscriptions, en 1664 ; il réorganisa vers la même date, à Paris, l'Académie de sculpture et de peinture.

L'Académie française, très en vue, et de plus fille de Richelieu, ne pouvait échapper à son attention. Elle était sous le protectorat du vieux chancelier Séguier dont il fallut par convenance attendre la mort, avant d'entreprendre les améliorations projetées. Il s'éteignit en 1672 et aussitôt Colbert décida Louis XIV à se déclarer protecteur de la Compagnie, à la mettre au rang des corps de l'État et sur le pied des cours souveraines, à lui donner une salle de séances au Louvre, des places réservées au spectacle de la cour, des indemnités pour encourager l'assiduité aux séances.

On voit facilement la portée de ces mesures. Grâce à elles, les lettres, incarnées dans l'Académie, prennent place parmi les autorités sociales et se voient officiellement comptées comme une des forces de la nation. Ce que la belle société avait fait pour quelques écrivains, admis par elle à frayer avec les privilégiés de la naissance et de la fortune, le gouvernement le fait publiquement pour toute la littérature. Il en classe les représentants à un rang distingué dans la hiérarchie. C'est en quelque sorte une reconnaissance d'état.

L'avantage était considérable, mais ceux qui en profitèrent ne laissèrent pas de le payer cher. Ils dûrent se soumettre à une discipline rigoureuse, s'interdire tout écart de pensée, toute malice, toute allusion satirique trop transparente, renoncer en un mot à tout ce que la Fronde avait toléré, sous peine d'être mis et de rester à la Bastille. Les gouvernements absolus sont évidemment contraires, rien que par leur principe, à la liberté de penser et d'écrire; mais celui-ci le fut plus que tout autre et poussa plus loin l'intolérance. On avait vu naguère Richelieu soutenir une guerre de plume avec ses détracteurs (il est vrai qu'ils étaient à l'étranger, hors de son atteinte) et répondre aux pamphlets. Il lui était même arrivé de faire crier sur le Pont-Neuf tel libelle publié contre lui avec sa propre réponse au bout. Sous Louis XIV rien de semblable n'eut lieu : le pouvoir ne donna plus d'explications et se contenta de frapper.

Les historiens se virent, les premiers, l'objet d'avertissements significatifs. Mézeray, en bon gaulois, médit volontiers des traitants et à l'occasion s'espace sur les finances. On lui retranche pour commencer la moitié de sa pension. Parmi ces étrangers, dont le faste de Louis XIV avait fait ses pensionnaires, se trouve un prêtre italien, Primi, bon latiniste et qui s'est chargé de mettre en périodes cicéroniennes l'histoire du grand roi. Sa manière d'écrire ne plaît pas, on fait une descente chez lui, on saisit ses papiers, et on l'envoie à la Bastille réfléchir sur les vrais devoirs de l'historien dans un État bien gouverné.

Si les excursions sur le domaine de l'histoire contemporaine, ou, si l'on veut, de la politique, sont ainsi réprimées, on se doute bien que les hardiesses en matière de philosophie et de religion ne sont pas mieux supportées. Nous aurons l'occasion d'en fournir des exemples. Remarquons toutefois qu'il y eut à cette rigueur quelques dérogations heureuses. La fantaisie du prince se prêtait parfois à la circulation d'œuvres peu dévotes, lorsque la personne de l'auteur avait su lui plaire : témoin Tartufe et Don Juan. Mais ces caprices devinrent plus rares avec les années. Cependant jusqu'à la Révocation, la discipline royale ne fit, somme toute, qu'ériger en règle la double tendance qui poussait l'époque à mettre hors discussion tout ce qui était de l'Église et de la Monarchie.

Nous avons assez parlé ailleurs de la stérilité relative du siècle, au point de vue de l'émancipation des esprits, pour n'y pas insister encore. On sait, depuis longtemps, que la pensée y fut resserrée dans d'étroites bornes, et cela particulièrement sous le règne de Louis XIV. L'art ne connut pas la même contrainte. S'il subit une direction, il n'en souffrit pas, loin de là. Il s'appliqua généralement à reproduire les qualités de méthode, d'ordre, de régularité, de bienséance, de pompe aisée ou majestueuse que la France admirait dans son roi, et il y réussit. Cette époque, en effet, voit arriver à la perfection et notre poésie classique, et les genres mondains de la lettre et du roman, et l'éloquence de la chaire. Sous l'influence du prince, le mariage que l'esprit français avait contracté avec le christianisme et l'antiquité se décide à être fécond et à produire les plus belles œuvres.

En premier lieu, la langue complète ses progrès jusqu'à devenir, suivant le mot de Michelet, la raison parlée. Elle suffit dès lors à toutes les exigences de la pensée, et, au besoin même, peut lui servir de guide et l'empêcher de s'égarer.

Je sais que de bons juges ont fait sur ce point leurs réserves : ils ont dit qu'en bannissant les termes trop techniques, les vocables trop visiblement latins ou grecs, les expressions crues ou peu délicates, on avait appauvri et décoloré notre idiome, et ils ont cité l'exemple de Racine qui, de trente mille mots que nous possédions alors n'en a guère employé plus de mille deux cents. Mais de ce qu'un grand poète et, à son exemple, une partie de la société n'a pas cru devoir utiliser toutes les ressources de notre langue, il ne s'en suit pas que ces ressources aient diminué : Bossuet, Molière, la Fontaine en ont usé largement.

Quant aux habitudes qui s'introduisent alors dans le style, on peut les louer presque sans restriction. On se met à composer le discours d'expressions générales ; on substitue la construction logique au tour inversif. Si la phrase reste périodique, elle n'en voit pas moins augmenter sa clarté et les propositions s'y succéder avec suite et enchaînement. Chaque période exprime une idée entière, accompagnée de tous les détails qui peuvent la rendre intelligible ou intéressante. Elle est reliée à la précédente et à la suivante, non seulement par le sens, mais par des conjonctions et des adverbes, de manière à présenter une belle ordonnance, où l'on va du simple au composé, du facile au difficile, où le passage, à chaque fois, est ménagé par d'ingénieuses transitions, sans la moindre solution de continuité. Cette langue et ce style sont manifestement propres à expliquer, à persuader, à vulgariser. Il ne s'agit pas, en effet, dans l'esprit du temps, quand on parle ou qu'on écrit, de frapper les yeux par le détail pittoresque et par la couleur, ni de donner aux mots l'ordre variable des émotions et des impressions, mais de satisfaire des auditeurs avides de clarté, de précision et dont le goût se choquerait du moindre écart. Ainsi la méthode devient la qualité dominante de nos écrivains.

Les belles œuvres du temps ont pour caractère commun, on le sait déjà, la justesse et la vraisemblance. Le sublime ou l'ingénieux, suivant les cas, ne viennent qu'après. Avant d'élever les âmes ou de charmer les esprits, on songe à ne rien dire que le sens commun réprouve, rien qui lui paraisse trop extraordinaire, trop éloigné de la vie et du train de chaque jour. Sans doute, les autres qualités viennent par surcroît et en foule : toute la gamme y est, depuis l'éloquence la plus sévère jusqu'à la grâce la plus égayée. Mais là même où l'imagination semble se jouer le plus librement, le développement ne s'écarte pas un instant du plan arrêté et rien ne vient altérer les belles lignes et les heureuses proportions de l'ensemble. Si vous ajoutez que l'expression est adéquate à la pensée et qu'elle l'enveloppe comme un vêtement à sa mesure et bien ajusté, vous aurez une idée à peu près complète des mérites communs à tous ces écrivains, dont le bon sens est la Muse, vous tiendrez le secret de la beauté régulière et classique de leurs œuvres.

Ils sont conduits à ce résultat, non pas seulement par leur instinct ou leur raison, mais aussi par une influence nouvelle. L'esprit des anciens salons favorable à la recherche, à la prétention, au raffinement, l'esprit plus émancipé et déjà moins délicat de la Fronde, s'effacent peu à peu devant un esprit nouveau, celui du roi et de son entourage immédiat. La jeune cour, comme on disait, forme un premier noyau « d'honnêtes gens » qui, sans érudition ou science d'aucune sorte, s'aident, pour juger, d'un sens droit et d'un esprit ingénieux. Leurs appréciations, d'abord un peu contestées, s'imposent par leur justesse visible. Ils ont des imitateurs et des disciples, et en quelques années la cour tout entière en vient à constituer un public difficile, sensible aux belles choses et aux belles manières de dire, rétif aux idées contestables comme au style décousu et incohérent. Alors Molière peut écrire sans exagération : « C'est le goût de la cour qu'il faut étudier. Il n'y a point de lieu où les décisions soient si justes. Du simple bon sens naturel et du commerce de tout le beau monde on s'y fait une manière d'esprit qui, sans comparaison, juge plus finement les choses que tout le savoir enrouillé des pédants. » Toute la France se range bientôt à l'avis de Molière.

Naguère c'était Paris qui donnait le ton avec ses salons, ses ruelles, ses assemblées de beaux esprits. Désormais il est supplanté. La ville s'incline devant la cour, devenue le cerveau et le cœur du pays. Elle conserve bien encore quelques sociétés choisies que nous saluerons au passage si nous ne l'avons déjà fait Tels, le petit cercle de la Rochefoucauld et de Mme de Lafayette, le salon janséniste de Mme de Longueville, celui de Mme de la Sablière ouvert à la fois à la science et au plaisir, celui de Ninon où se groupent, en attendant le Temple, les survivants du scepticisme et du libertinage. Mais les habitués de ces maisons sont aussi des courtisans qui donnent au prince la meilleure part de leur temps et de leurs soins et qui ne viennent guère que se reposer et se mettre à l'aise à la ville.

L'influence de la cour et, par conséquent, du roi domine exclusive pendant près de vingt-cinq ans ; elle sert le goût, la délicatesse et toutes les autres qualités qui sont l'accompagnement et l'ornement du sens commun. On lui a reproché d'avoir enlevé à quelques écrivains cet air de hardiesse ou de libre grandeur que nous avons vu aux auteurs de la Fronde, et que gardent encore un Bossuet, un Molière, un la Fontaine. Chez ceux, en effet, qui naissent à l'esprit, en même temps que Louis XIV naît aux affaires, il y a quelque chose d'un peu symétrique ou même de compassé. C'est le cas de Boileau malgré sa verve, de Racine avec toute son élégance, et de beaucoup d'autres. Mais à supposer qu'il y ait eu en ce sens quelque exagération, il faudrait encore la préférer à ce qui serait arrivé si le Mécène eût été un autre que Louis XIV, si c'eût été, par exemple, le surintendant Fouquet, comme on put un moment le croire. Ce n'est pas que ce dernier n'eût d'excellentes intentions, qu'il ne fût éclairé, libéral, ami des belles choses. Mais son goût flottant et indulgent eût laissé les poètes à eux-mêmes, pour ne parler que de ceux-là, et les eût abandonnés à la tendance qui les poussait, soit au précieux, soit au burlesque, soit à l'immoral. Il se fût accommodé de tout, pour peu qu'il y eût trouvé d'esprit. Louis XIV substitua à ce désordre probable l'ascendant de son goût personnel ; j'imagine qu'il n'y a pas à le regretter.

Le moment est venu de raconter l'histoire de la littérature française sous le long règne de ce prince, vaste matière dans laquelle nous pratiquons d'abord deux grandes divisions : d'un côté les ouvrages mondains, de l'autre ceux qui émanent du clergé. Je sais bien qu'il arrive à l'action de la cour de se combiner avec celle de l'Église et de s'exercer sur les mêmes œuvres; on en a même un exemple frappant dans l'éloquence de la chaire. Mais la distinction peut se maintenir non seulement sans invraisemblance, mais même avec une très satisfaisante exactitude. Elle présente l'avantage d'élucider un sujet, trop riche pour n'être pas un peu obscur, si l'on n'y mettait de l'ordre par tous les moyens, même artificiels ; or il n'y a rien que de naturel dans celui que nous employons.

Les œuvres qui relèvent de l'Église faisant bloc, nous en traiterons d'une seule teneur. Celles au contraire qui relèvent du monde n'ont pas toujours, sinon le même caractère, au moins le même degré de perfection. La Révocation y marque une sorte de décadence. Aussi en ferons-nous deux parts, avant et après 1685.

3° **Les œuvres dites de Louis XIV.** — Nous pouvons commencer notre examen de la littérature sous Louis XIV par une rapide appréciation des œuvres attribuées à ce prince, comme nous avons déjà fait pour Henri IV et Richelieu. Il y a toutefois cette différence qu'au lieu de nous trouver ici en face d'écrits authentiques, nous savons que la plupart n'ont pour ainsi dire qu'une authenticité morale, sans pouvoir faire le départ entre ce qui est absolument du roi et ce qui n'en est qu'à moitié.

Si nous pouvions le consulter lui-même, il nous tirerait sans doute d'embarras, averti par son instinct à défaut de sa mémoire. N'est-ce pas lui, en effet, qui a dit : « On remarque toujours quelque différence entre les lettres que nous nous donnons la peine d'écrire et celles que nos secrétaires les plus habiles écrivent pour nous, découvrant en ces dernières je ne sais quoi de moins naturel et l'inquiétude d'une plume qui craint éternellement d'en faire trop ou trop peu. » Ce manque de naturel, cette inquiétude n'existent plus pour nous, et si nous nous mêlions de distinguer, nous risquerions fort de prendre pour du Louis XIV ce qui n'est que du Pellisson ou du Rose, et réciproquement.

Les rédacteurs d'un grand nombre des pièces, publiées par Grimoard sous le nom d'*Œuvres de Louis XIV,* sont vraisemblablement au nombre de quatre : Pellisson que nous connaissons déjà; le président de Périgny, magistrat instruit qui fut au début précepteur du Dauphin, mais mourut à propos pour céder la place à Bossuet; enfin les deux secrétaires qui « eurent la plume » pendant tout le règne, l'un, le président Rose jusqu'en 1701, l'autre, Caillières de 1701 à 1715. Le secrétaire « ayant la plume » est proprement, dit Saint-Simon, le faussaire du roi ; il doit savoir imiter son écriture afin d'écrire, à son défaut, les lettres pour lesquelles l'étiquette exige la main royale. Rose était passé maître à ce métier qu'il fit plus de quarante ans : il excellait à reproduire non seulement le caractère écrit, mais le tour de style et le ton de Louis XIV. Bien qu'il fût lui-même plaisant, goguenard, railleur, incapable de se refuser le plaisir d'une épigramme ou d'un mauvais compliment, sitôt qu'il tenait la plume pour son maître, il se renfermait dans la gravité voulue, sans jamais laisser percer le bout de l'oreille. Il n'est pas possible, ajoute Saint-Simon, de faire parler un grand roi avec plus de dignité qu'il ne faisait, ni plus convenablement à chacun, ni sur chaque matière. Rose mort, la place fut occupée honnêtement par Caillières qui avait rempli des missions de confiance dans le Nord et s'en était bien acquitté.

Ce sont ces quatre personnages qui ont eu probablement la plus grande part aux écrits qui sont attribués à Louis XIV, sans qu'il ait contribué lui-même à leur conservation et encore moins à leur publication. Voici comment les choses se passèrent.

Vers la fin de sa vie, il songea à mettre en ordre ses papiers et à détruire tout ce qui était ou sans valeur, ou de nature à compromettre certaines personnes. Il se fit aider dans cette besogne par le duc de Noailles. Celui-ci demanda et fut autorisé à garder un certain nombre de documents, déjà voués au feu comme inutiles. Il en composa un recueil qu'il déposa à la bibliothèque et qui n'a trouvé un éditeur qu'en 1806. Il a paru à cette date en six volumes.

On y trouve :

1° Une relation suivie des principales actions de Louis XIV de 1661 à 1668. Il l'avait entreprise pour l'instruction de son fils. Il tenait lui-même journal de ce qui lui arrivait de remarquable mais s'en remettait à d'autres de la rédaction et de l'embellissement. Il en chargea d'abord Périgny, puis Pellisson, qui y ont mis un peu de rhétorique, mais sans trop altérer le ton primitif : la plupart du temps on croirait entendre Louis XIV en personne.

2° Une série de lettres surtout relatives aux opérations militaires.

3° Des lettres particulières de toutes les époques.

Le tout forme un ensemble de documents utiles qui jettent une assez vive lumière sur les actes et sur l'esprit du prince et qui, s'ils ne sont pas tous de lui, au sens matériel du mot, n'en portent pas moins sa griffe, et ne nous apprennent rien qui ne soit en définitive à son honneur. Châteaubriand a pu écrire sans exagérer, au lendemain de la première publication : « Ces œuvres ne dévoilent aucune bassesse, ne révèlent aucun de ces honteux secrets que le cœur humain cache trop souvent dans ses abîmes. Vu de plus près et dans l'intimité, Louis XIV ne cesse point d'être Louis-le-Grand On est charmé qu'un si beau buste n'ait point une tête vide, et que l'âme réponde à la noblesse des dehors. »

4° Boileau instrument indispensable du progrès poétique accompli sous Louis XIV. — Après avoir dit sur Louis XIV, protecteur des lettres, tout ce qu'il importait d'en dire, nous abordons la littérature mondaine de la première partie de son règne et nous en ouvrons l'examen par la poésie sous ses différentes formes.

La poésie, à la date de 1661, était, nous l'avons déjà donné à entendre, dans un état de langueur qui appelait une réforme. L'influence de la société polie, très utile au début, s'était bientôt exercée dans le mauvais sens ; le précieux et le romanesque avaient pris le dessus chez les poètes comme dans les salons.

Ceux-ci allaient sinon disparaître, au moins s'éclipser derrière la cour de Louis XIV ; mais cette cour, à peine née, n'avait pas encore affirmé son goût ; avant de donner le ton, il fallait qu'elle le prît elle-même ; elle avait besoin de quelqu'un qui l'engageât plus avant dans ses propres tendances, qui l'aidât à préciser ses aspirations encore vagues, qui dégageât son idéal. Ce fut le rôle de Boileau.

Lorsqu'on veut apprécier à sa valeur cet écrivain si souvent contesté et cependant si estimable, il ne faut pas le juger uniquement sur ses ouvrages quelque excellents qu'ils soient ; il faut se rappeler aussi qu'il a été, à un moment que l'on peut dire solennel, puisque c'est celui où notre poésie classique touche enfin à la perfection, l'utile ou mieux l'indispensable réformateur de cette poésie et, pour employer le mot des contemporains, le vrai législateur du Parnasse.

Lorsque Boileau fit ses débuts, un peu avant le règne personnel de Louis XIV, la médiocrité et, chose pire, la médiocrité prétentieuse dominait partout et faisait la loi. Dans la tragédie, Corneille n'était plus que l'ombre de lui-même et n'avait pas encore d'héritier légitime. Les poètes en vogue, Quinault, Thomas Corneille et les autres composaient, sur des sujets empruntés aux époques les plus troubles de l'histoire, de détestables pièces, inférieures même aux romans de Mlle de Scudéry pour les caractères et les passions. C'était un étalage de sentiments faux et outrés, rendus dans un style langoureux et déclamatoire. La comédie allait avoir Molière, qui, à lui seul, était capable de trouver la bonne route, et, par l'unique puissance de son génie, de se dégager des sottises et des bouffonneries à la mode. Mais encore fallait-il et qu'il y fût encouragé et qu'on démontrât au public en voie de formation qu'il méritait d'être applaudi sans scrupules, justement parce que ses œuvres ne ressemblaient guère à ce qu'on avait applaudi jusque-là, le Menteur excepté. L'épopée était depuis plus de vingt ans l'objet des efforts impuissants de quelques prétendus poètes, qui prenaient leur plate facilité pour de la verve et leurs imaginations ridicules pour des conceptions géniales. Le lecteur bâillait à leurs vers, mais sans oser rien dire ; il s'inclinait respectueusement devant des réputations usurpées. Le burlesque faisait rire, mais aux dépens des belles œuvres et pour le plus grand détriment du goût. Quant aux diverses formes de ce que nous sommes bien forcés d'appeler la poésie lyrique, faute d'un meilleur nom, soit dans le genre élevé de l'ode et de la stance, soit dans le genre galant ou familier, elles ne comptaient que des avortons.

Enfin, Boileau parut. Avec une sûreté de goût, avec une hardiesse de critique que l'on ne saurait trop louer, il s'attaqua aux idoles, fit honte au public du culte qu'il osait leur rendre et les renversa. Dès le premier jour, il donna la note juste et fit le départ exact entre le bon et le mauvais. D'instinct il s'éloigna des Chapelain et consorts qu'il prit en haine ou en dégoût. Il fut au contraire le premier à applaudir la force comique de Molière, à proclamer la supériorité de la Fontaine dans le conte, à guider et à faciliter les débuts de Racine. Pendant une année, ces trois grands hommes, la force ou l'espoir de la poésie à régénérer, vécurent avec Boileau dans une affectueuse et féconde intimité; ils mirent en commun avec lui leurs idées, leurs plans, leurs projets. La brouille de Racine et de Molière vint trop tôt mettre fin à cette heureuse entente, assez prolongée cependant pour donner à tous ceux qu'elle avait réunis la vue distincte du but à poursuivre et la conscience de ce qu'ils se devaient à eux-mêmes et à leur temps d'accomplir. Dans ce cénacle où chacun donna et reçut, Boileau fut encore celui qui donna le plus et qui exerça la plus salutaire action. D'autre part il devint à bref délai le critique écouté du beau monde, le conseil de Colbert et de Louis XIV dans l'appréciation des poètes. Il faut lui être reconnaissant du courage et du goût qu'il montra dans ce rôle difficile et que nul autre n'eût été capable de remplir aussi bien.

Sa vie (1636-1711). — Nicolas Boileau Despréaux appartenait à une ancienne famille parisienne, connue depuis saint-Louis. Orphelin de mère, il fut confié à une vieille servante acariâtre qui veilla tant bien que mal sur son enfance solitaire que toutes sortes de maux vinrent attrister ; sans parler des maladies du jeune âge, il eut la pierre par surcroît et il fallut le tailler à onze ans. Cependant la santé prit le dessus et il put faire ses études aux collèges d'Harcourt et de Beauvais : il les fit bonnes, au double point de vue de l'instruction et du jugement.

Deux carrières s'ouvraient devant lui, la robe et l'église. Il essaya tour à tour de l'une et de l'autre, sans s'y arrêter. Sa vocation l'appelait ailleurs : il ne l'eût peut-être pas écoutée, si la mort de son père ne lui eût donné, avec une honnête aisance, la libre disposition de sa personne. Il en profita pour se consacrer à la poésie. Il débuta, vers la vingt-deuxième année, dans le genre satirique, celui qui convenait le mieux à son tour d'esprit et à son inspiration limitée. La grande poésie n'était pas son fait; il aurait pu dire lui aussi « les longs ouvrages me font peur ». La poésie sentimentale lui allait encore moins, car il était trop sincère pour feindre un état de cœur qu'il ne connut jamais. Puisqu'il était tourmenté du démon des vers et qu'il était en même temps tourné à la critique et à la raillerie, il n'avait vraiment qu'à suivre les exemples d'Horace et de Régnier, ses auteurs favoris. Rien n'était dans ses cordes autant que la satire; c'était pour lui comme un don, comme un héritage de famille. En effet, à en juger par son aîné Gilles, par son cadet Jérôme, par Puymorin, son frère d'un autre lit, les Boileau avaient tous le sentiment vif du ridicule et le mot pour rire. Le nôtre sembla d'abord faire exception à la règle, et, en le voyant taciturne, son père disait : Nicolas est un bon garçon qui ne dira de mal de personne. Mais le jour vint où sa langue, à lui aussi, se dénoua : il prit son essor et donna du large à son esprit.

Il réussit dans le monde par son caractère autant que par ses vers : il était avenant, d'abord gai, de propos vif, franc du collier; tout en lui attestait une belle santé morale. D'ailleurs poli, exact dans ses procédés, se respectant et se faisant respecter, empruntant à sa tenue pleine de dignité une autorité précoce qui s'étendit naturellement des choses de la vie à celles de la littérature.

Dès le premier jour, il eut pour objectif moins la satire morale que la satire littéraire. Sans doute il ne négligea pas la première; il n'avait garde de ne pas posséder, à son tour, tout le terrain possédé par ses prédécesseurs; mais la préoccupation des Lettres qui le dominait l'induisit à faire surtout œuvre de critique. Ses premières satires (I, VI, VII, II, de l'édition définitive) qui circulèrent manuscrites, ou qu'il débita dans les meilleures sociétés, le mirent en vue et lui donnèrent une notoriété que leur publication étendit encore. Les mauvais auteurs, ceux qui avaient subi et ceux qui craignaient ses attaques, s'ameutèrent contre lui sans le déconcerter : si leurs criailleries lui aliénèrent pour un temps certains personnages d'importance, par exemple M. de Montausier, elles contribuèrent encore plus à augmenter sa popularité. Désormais, tout ce qui viendrait de sa plume était assuré de faire événement.

Il continua jusqu'en 1667 à composer des satires (les IV, III, V, VIII, IX), puis son ardeur polémique cédant la place à un esprit plus calme, il écrivit, dans les dix années suivantes, jusqu'à 1677, huit *Épitres,* l'*Art poétique,* les quatre premiers chants du *Lutrin,* toutes œuvres qui consacrèrent sa réputation et le mirent au premier rang.

Entre temps, il avait continué à faire son chemin, et de la ville s'était introduit à la cour. Bien traité de Colbert, il l'était mieux encore, si possible, de Louis XIV qui goûtait son tour d'esprit plaisant et judicieux. On lui a reproché d'avoir acheté la faveur du prince par la flatterie ; on aurait pu se contenter de dire qu'il l'avait gagnée par d'ingénieuses louanges où le sage conseil se glisse volontiers sous l'hyperbole, d'ailleurs modérées si on les compare à celles des autres auteurs.

En 1678, il fut nommé historiographe conjointement avec Racine, à la place de Pellisson qui avait cessé de plaire à Mme de Montespan. En possession d'une charge qui lui donnait un rang officiel, il crut devoir abandonner la poésie, où il ne fit plus que de courtes excursions, médiocrement heureuses. Pendant les douze années qui suivirent, il ne composa guère que les deux derniers chants du Lutrin.

D'ailleurs s'il prit quelque temps au sérieux son titre d'historiographe, amassant des matériaux, consultant les souvenirs des courtisans, des ministres, du prince, accompagnant au besoin l'armée dans tel de ces sièges fastueux où le génie de Vauban assurait au roi des triomphes faciles, il s'en tint, et Racine avec lui, à ce travail préparatoire. Il ne semble pas qu'ils aient jamais passé à la rédaction définitive.

Aussi bien Boileau avait-il assez à faire de vivre en mondain et en courtisan. Il était lié avec tout ce que Versailles renfermait de distingué : les ministres Colbert, Seignelay, Pomponne, Louvois lui marquaient de la déférence; il était bien venu des grands seigneurs dont il a mis le nom dans ses œuvres et notamment dans sa VIIe Épitre, le grand Condé et son fils, les ducs de Vivonne, de Chevreuse, de Noailles, le marquis de Termes, M. de Cavoye, Dangeau et les autres. Il comptait dans ce groupe d'hommes instruits, que l'on appelait les honnêtes gens de la cour, à côté de Fagon, Maréchal, Saint-Laurent, Roze, la Bruyère, Malézieux. Il avait sa place dans l'allée des philosophes où Bossuet présidait à de sérieuses conversations. Les dames le tenaient en estime, bien qu'il n'eût jamais eu la moindre amourette : Mme de Montespan et ses sœurs causaient volontiers avec lui, comme aussi Mme de Maintenon.

Il n'avait pas rompu avec la ville et il y avait des amis de toute condition, depuis les Lamoignon et les Patru jusqu'aux financiers la Sablière et Hessein. Son joli jardin d'Auteuil était, à la belle saison, le rendez-vous de ses relations de tout ordre. On allait l'y surprendre pour jouir de sa conversation et au besoin faire la partie de quilles avec lui. Les gens les plus graves se permettaient cette petite débauche : on y vit tour à tour Bourdaloue, Bossuet, d'Aguesseau, le cardinal de Noailles.

Il se laissait aller au plaisir de vivre en bonne compagnie et flânait avec délices, quand éclata la querelle des Anciens et des Modernes. Académicien depuis deux ans par la volonté expresse du roi, (car de lui-même il ne se fût jamais présenté, ayant nombre de victimes dans l'Académie), il assistait à la fameuse séance où Perrault lut son poème de Louis-le-Grand tout à la louange des Modernes. Il protesta de vive voix et bientôt par écrit, et s'engagea dans une longue polémique que nous raconterons plus tard en détail.

Cependant la vieillesse arrivait et avec elle tout un cortège de maux, exstinction de voix, rhumatismes, surdité. Il fallut renoncer à la conversation et quitter la cour. La mort de Racine accentua la tristesse que cet état de santé avait donnée à Boileau. Il devint chagrin, morose, et ne sut pas échapper à la manie qu'ont les vieillards de dénigrer le présent au profit du passé. Pour se désennuyer un peu, il composa lentement deux Épitres et deux

Satires, où l'on trouve encore son talent mais plus tendu et où la vieillesse se révèle par des efforts trop visibles pour raccorder et souder les inspirations d'une verve intermittente. Il mourut en 1711.

Nous avons assez nettement défini son action littéraire, exercée à la fois sur les bons auteurs et contre les mauvais. Pour compléter notre appréciation, il suffira de montrer le mal fondé des attaques dont il a été lui-même l'objet, non de la part de ses contemporains, mais de la part de ceux qui, au XVIIIe et au XIXe siècles, ont mis en question, contesté ou même nié ses services de critique et son talent de poète.

On pourrait être tenté d'ouvrir la liste de ses détracteurs par Voltaire qui s'est oublié jusqu'à le traiter un jour de « Zoïle de Quinault » : mais cette injure reste isolée, sans récidive, et elle est rachetée par plus d'un éloge. D'ailleurs le même Voltaire disait : « Ne parlez pas mal de Nicolas, cela porte malheur. » Marmontel ne suivit pas ce sage conseil et se répandit en mauvais propos contre Nicolas : Bélisaire et les Incas n'en sont pas meilleurs. A la même époque Condillac prétendit démontrer que Boileau ne savait pas le français. Dans la première moitié de ce siècle, les romantiques ont encore enchéri. Ils ont essayé de réhabiliter les mauvais poètes dont le satirique Boileau avait fait justice, ils se sont moqués de ses conseils, de ses règles, et en sont venus jusqu'à lui refuser même l'ombre du talent : ses meilleurs vers seraient d'un rhétoricien, les autres à peine d'un élève de quatrième. L'exagération évidente de ces allégations les rend d'abord suspectes ; voyons la part de vérité qu'elles peuvent renfermer.

Si nous envisageons Boileau en tant que critique, sans rien retrancher des éloges que nous lui avons accordés pour la réforme de notre poésie, il faut bien reconnaître que son goût était un peu étroit et qu'il eût gagné à voir les choses sous un angle plus grand. Ainsi dans sa querelle avec Perrault, s'il eut la supériorité du talent, il ne montra pas autant d'ouverture d'esprit que son adversaire. Cantonné dans les limites de son art, il ne voulut ou ne sut rien voir au-delà.

Ajoutons encore, si l'on veut, qu'il a commis dans son Art poétique plus d'une erreur sur les Lettres au Moyen-Age et qu'il semble avoir été, sous ce rapport, aussi ignorant que la plupart de ses contemporains.

Mais ces deux concessions faites, il faut soutenir que dans les sujets de sa compétence, à savoir l'exposition des règles de la poésie et l'appréciation des auteurs, il est excellent; que son goût naturel et acquis lui montre en quelque sorte infailliblement ce qu'il faut approuver, ce qu'il faut rejeter; que sa critique judicieuse a servi plus que tout le reste à engager le public et les auteurs dans la bonne voie.

Certains de ses ennemis passent condamnation sur ce point et lui reconnaissent le mérite d'avoir eu quelque utilité en son temps; mais retournant contre lui ce qu'il a dit lui-même de Chapelain, ils demandent pourquoi, au lieu d'écrire en prose, il s'est obstiné à faire des vers. La réponse est facile. Poète de vocation et de race, Boileau ne pouvait qu'écrire en vers, puisque c'était sa langue naturelle, celle qu'il parlait de naissance, et dans laquelle lui venaient ses pensées. Sans doute, il n'était pas incapable d'écrire en prose. Sa traduction de Longin, ses réflexions sur ce rhéteur, ses préfaces et discours préliminaires, ses lettres, son dialogue des héros de roman en sont la preuve certaine. Mais si le style en est bon, il n'a rien d'original. Or, sans originalité pas de succès durable, pas d'influence vraie sur le public. Autant dire que si Boileau avait mis ses idées en prose, elles n'eussent exercé qu'une faible action et que son rôle bienfaisant se fût réduit à presque rien.

Ici, on nous demandera, et peut-être non sans ironie, s'il a été plus original comme poète, et l'on objectera sans doute la fréquence de ses imitations et la banalité de certains de ses vers. Mais il n'y a pas là de quoi nous faire changer d'avis. D'abord il n'est pas vrai qu'imiter soit interdit au poète, à peine d'y perdre son nom. S'il en était ainsi, ni Virgile, ni Horace, ni Régnier, ni la Fontaine, ni Molière ne seraient des poètes puisqu'ils se sont tous souvenus qu'ils avaient des devanciers et n'ont jamais manqué de s'approprier à l'occasion une idée heureuse, une belle expression, une curieuse alliance de mots. Boileau a simplement usé du même procédé. Imitateur et non plagiaire, il a su renouveler les choses qu'il empruntait et les marquer de son empreinte. Il faut l'en louer et non lui en faire un crime.

Quant à la facture, elle n'est chez aucun poète du temps plus savante, plus habile que chez lui. S'il avait au même degré que l'art du détail la suite continue, le jet puissant de l'ensemble, il toucherait à la perfection. Le malheur est qu'il a l'inspiration un peu courte et que ses tirades les mieux venues ne vont guère au-delà de vingt vers. Les raccords qu'il pratique entre elles ont aussi le défaut d'être trop visibles. Mais il n'en reste pas moins un de nos meilleurs ouvriers du vers. Ce qui l'atteste encore c'est la méprise où est tombé Condillac à son endroit. Ce philosophe grammairien a pris pour autant de fautes les tours poétiques qu'il rencontrait dans Boileau. Il n'a vu qu'incorrection et incohérence dans l'emploi constant du style figuré, dans la hardiesse et la succession rapide des images. Il a appliqué la prétendue règle donnée par Voltaire pour reconnaître les bons vers, toujours solubles en prose, et comme cette règle ne s'est pas trouvée vérifiée, il en a conclu que Boileau était un médiocre écrivain.

Il eût fallu conclure, au contraire, que c'est un excellent poète qui a su se faire un style à lui, et donner à des idées, souvent familières et voisines de la prose, une expression qui n'a rien de prosaïque. Et c'est en somme la vérité. Si l'on en veut une nouvelle preuve, on la trouvera dans la quantité de vers-proverbes fournis par l'œuvre de Boileau et restés depuis deux siècles en circulation. Pour devenir ainsi populaire, le vers doit être frappé au bon coin, d'un métal brillant et solide à la fois. C'est une monnaie qui n'a cours qu'autant qu'elle est de bon aloi. Sans doute à passer par tant de mains elle perd ou de son éclat ou de la netteté de son effigie, mais cela n'enlève que peu à sa valeur réelle. De même, à force d'entendre les vers de Boileau, on est tenté de les trouver vulgaires. On devrait plutôt se dire que pour s'être ainsi fixés dans les mémoires, il fallait qu'ils fussent de la meilleure qualité.

On voit maintenant ce qu'il faut penser des reproches faits à Boileau poète. S'il possède à un degré supérieur tout ce qui tient à la facture, au métier, les autres qualités de son art ne lui font pas défaut. La raison domine en lui, mais sans étouffer l'imagination. Un peu terne dans la satire morale, il étincelle de verve dans la satire littéraire; il a mis de la fantaisie dans son Lutrin ; il a fait preuve d'invention et d'agrément dans l'Art poétique, malgré la difficulté du genre. En résumé il avait le don de poésie, et il l'a heureusement employé à l'expression de jugements et de conseils littéraires, presque toujours justes, même là où ils sont incomplets. Il a composé des œuvres qui dureront autant que notre langue, et les services qu'il a rendus à la réforme la plus heureuse de notre poésie justifient l'honneur que nous lui faisons de le placer, comme un précurseur, à la tête de ses plus illustres contemporains, dont il se faut de bien peu qu'il ne soit l'égal.

CHAPITRE II

LA TRAGÉDIE.

1º Racine : sa vie, son œuvre. — 2º Les petits tragiques.
3º La tragédie lyrique : Quinault.

Racine est le légitime successeur de Corneille. En dépit des autres auteurs qui essayèrent de recueillir, à partir de Pertharite, l'héritage déjà ouvert du père de la tragédie; en dépit de Corneille lui-même et de la jalousie sénile qui l'anima contre un jeune rival, c'est à Racine que revient la gloire d'avoir donné à notre théâtre classique les perfectionnements définitifs. Avec toutes les qualités assimilables de son devancier, il eut deux choses qui avaient trop souvent manqué à celui-ci : la vérité des caractères, surtout des féminins, et aussi l'élégance soutenue et la convenance du style. On n'ose dire qu'il le surpasse, mais il est bien au même rang. C'est ainsi qu'autrefois l'eurythmie de Sophocle se fit admirer à l'égal du grandiose d'Eschyle.

1º Racine (1639-1699) : Sa vie. — Né à la Ferté-Milon, d'une famille bourgeoise et janséniste, Racine, orphelin de bonne heure, fut confié à son aïeule maternelle, Marie des Moulins, et resta près d'elle jusqu'au moment d'entrer au collège. Alors la grand-mère se retira à Port-Royal où deux de ses filles étaient religieuses, et le petit-fils alla commencer ses classes à Beauvais pour les terminer aux Petites-Écoles où il resta plus de deux ans : il y fut l'objet de soins particuliers de la part de Lancelot, de Nicole, de Lemaistre et du docteur Hamon. On le garda, comme l'enfant de la maison, même après la dispersion des autres élèves. Puis quand il eut terminé ses humanités, on l'envoya faire un an de philosophie au collège d'Harcourt.

Il emporta de Port-Royal avec une connaissance approfondie du grec une habitude, ou mieux, un besoin constant de logique et de plénitude dans le développement de ses idées, double résultat dont bénéficieront plus tard ses tragédies. Il y avait fait ses débuts poétiques en composant sept odes sur le paysage de Port-Royal et une traduction des Hymnes du bréviaire. Ces premiers essais assez faibles et sans autre qualité qu'un vague sentiment de l'harmonie eurent cependant l'heur de déplaire (c'était d'un bon augure) au malencontreux versificateur des Racines grecques, à M. de Sacy, et l'amenèrent à déclarer que leur jeune auteur ne serait jamais un poète.

Ses études terminées, il habita chez son parent Vitart, intendant du duc de Luynes, qui devait l'initier aux affaires et le préparer au barreau; mais il s'occupa surtout de poésie, et entra en relations avec quelques auteurs, notamment avec la Fontaine, son compatriote et un peu son parent, et avec Chapelain. Il publia une ode de deux cents vers sur le mariage du roi, et fut gratifié par Colbert d'une récompense de cent louis.

Ce petit succès inquiéta et même effraya Port-Royal. On y était déjà très en peine de l'avenir du jeune Racine; on le trouvait trop répandu et trop dissipé; on craignait qu'il ne donnât dans le désordre, s'il continuait à fréquenter des poètes et à composer des vers profanes. Pour le sauver de lui-même et de son entourage, on l'envoya à un de ses oncles, chanoine génovéfain et grand-vicaire de l'évêque d'Uzès, qui consentait à se charger de lui et à lui conférer un bénéfice, à condition qu'il étudierait la théologie.

Il se laissa faire, sans trop de résistance; mais il en eût bientôt assez de saint Thomas et du patois languedocien; après quelques mois d'exil, il rentra à Paris. C'était se brouiller du coup avec Port-Royal, il en prit gaîment son parti. Une ode sur la convalescence du roi lui valut 600 livres de pension dont il remercia par une autre pièce intitulée la Renommée aux Muses (1663).

Il fit vers cette époque, tout en renouant avec la Fontaine, l'heureuse connaissance de Molière et de Boileau, qui le tirèrent des mains de Chapelain, jusque-là son conseiller, et l'empêchèrent de tourner ainsi au précieux et au bel esprit. C'est alors qu'il se voua décidément au théâtre. Plus d'une fois, il en avait eu l'idée, mais sans y donner suite. La bienveillance de Molière lui fournit le moyen de faire son début. Sa *Thébaïde* (20 juin 1664) lui valut quelque réputation. L'année suivante fut consacrée par lui à composer une nouvelle pièce, l'*Alexandre,* et à cultiver l'amitié de ses trois illustres contemporains, avec qui il se réunissait, soit chez Despréaux, rue du Vieux-Colombier, soit aux cabarets célèbres du Mouton Blanc et de la Pomme de Pin. Cette intimité donna naissance à quelques facéties littéraires connues, par exemple, le Chapelain décoiffé ; mais elle eut pour utilité véritable de permettre à des hommes supérieurs de s'entretenir librement de leur art : elle ne se prolongea pas au-delà de 1665, par la faute, comme on sait, de Racine.

Mécontent de la façon dont sa seconde pièce avait été jouée par la troupe du Palais-Royal, il autorisa la troupe rivale de l'hôtel de Bourgogne à la jouer de son côté, et, pour mettre le comble à son mauvais procédé, favorisa la désertion de la meilleure actrice de Molière. Celui-ci, légitimement offensé, rompit aussitôt et les réunions cessèrent.

Cependant Racine continua de voir Boileau et d'en recevoir de précieux conseils. Il apprit de lui à faire difficilement des vers faciles, et il lui dut au besoin d'éviter telle fâcheuse erreur de conduite. La reconnaissance n'était pas son fort : il la sacrifiait volontiers à la passion du moment. On l'a vu dans sa manière de faire avec Molière. Il en donna une nouvelle preuve dans ses rapports avec Port-Royal. Il lut un jour, dans un écrit polémique de Nicole contre Desmarets, une phrase où l'on appelait les poètes dramatiques « empoisonneurs publics non des corps, mais des âmes ». Il prit l'injure pour lui, et sans s'inquiéter du respect qu'il devait à ses anciens maîtres, écrivit contre eux une lettre mordante, leur rappelant qu'après avoir traduit les comédies de Térence et bénéficié de ces autres admirables comédies, les Provinciales, ils n'avaient pas le droit d'attaquer la comédie. Port-Royal ne daigna pas répondre directement et se déchargea de ce soin sur quelque auteur subalterne. Notre poète, froissé de cette hautaine indifférence, composa une seconde lettre plus méchante encore que la première et qui eût causé plus de scandale; il allait la publier quand Boileau lui représenta qu'il faisait un mauvais emploi de son esprit en ridiculisant des hommes qui, malgré quelques défauts, n'en étaient pas moins des modèles de vertu. Racine se rendit à ce noble langage, et renonça à cette querelle pour se donner tout entier à son art.

Il fit représenter en 1667, *Andromaque,* son vrai début de poète tragique, son premier chef-d'œuvre. Il réussit à merveille auprès du grand public surtout auprès de la jeune cour et du roi; mais il vit se déchaîner contre lui ses confrères jaloux et, parmi eux, Corneille lui-même. Cet illustre vieillard, oublieux de ce qu'il avait souffert pour son *Cid,* donna le signal des attaques contre une pièce qui rappelait visiblement le succès du Cid : il fut le premier à applaudir avec ses amis du Mercure Galant à l'inepte parodie de Subligny, la Folle Querelle.

Racine riposta par des épigrammes qui blessèrent cruellement ses détracteurs mais ne les rendirent que plus acharnés. S'il avait espéré les réduire au silence, il s'était bien trompé et l'événement le lui prouva. Dès lors en effet ce sera une guerre de tous les instants. Chaque œuvre ou même chaque démarche de lui provoquera une averse de critiques malveillantes. Il résistera de son mieux, mais il sera enfin forcé de baisser la tête, et prendra en dégoût une carrière où une suite ininterrompue de chefs-d'œuvre ne lui aura donné qu'une gloire contestée et saturée d'amertume. En 1677, il renoncera pour toujours au théâtre et laissera le champ libre à d'indignes rivaux. La leçon à retenir de cette douloureuse histoire, c'est qu'un auteur perd son temps à réfuter ses jaloux : il doit ne leur répondre que par des œuvres toujours meilleures et décliner une lutte stérile surtout si, comme Racine, il a l'esprit plus vif que la volonté ferme et le caractère énergique.

Andromaque fut suivie de la comédie des *Plaideurs;* bientôt après, avec *Britannicus,* le poète s'aventura sur le terrain dangereux de la tragédie historique; s'aidant de Tacite le plus grand peintre de l'antiquité, il vint braver Corneille sur un domaine que nul encore ne lui avait contesté. Le résultat a montré que, pour être audacieuse, la tentative n'était pas téméraire, car Britannicus est resté « la pièce des connaisseurs ». Cependant la querelle, un moment assoupie, se rengagea autour de cette nouvelle œuvre.

Les auteurs et les vieux courtisans tenaient pour Corneille, la jeune cour pour Racine. Dans cette jeune cour, la personne qui donnait le ton après Louis XIV était Henriette d'Angleterre, femme d'un esprit charmant et dont la mort imprévue laissa à tous, sauf à l'entourage de son mari, les plus amers regrets. Cette princesse eut l'idée de mettre aux prises les deux rivaux sur le même sujet. Elle leur donna à traiter l'histoire de Bérénice et de Titus, histoire qui lui était chère parce que c'était un peu celle de son propre cœur, mais qui avait le double défaut et de ne pas renfermer assez de matière pour une tragédie et d'assurer d'avance la victoire à Racine. Il s'agissait en effet de donner cours au sentiment, de prendre le ton de la galanterie, de la tendresse, de l'amour, toutes choses auxquelles Racine excellait et qui n'étaient pas du ressort de Corneille. Celui-ci inventa une grosse machine politique, prodigua les sentences morales et les maximes d'État et ne réussit qu'à ennuyer. Son rival s'en tint à la courte donnée du sujet « invitus invitam dimisit » et composa une harmonieuse élégie tragique qui se poursuit pendant cinq actes sans exciter un intérêt bien vif mais non sans laisser dans les âmes une impression douce et émue. La victoire, ennemie des vieillards, resta au plus jeune ; mais celle qui l'avait préparée ne put y applaudir : elle mourut avant la première représentation.

Racine donna ensuite en 1672 *Bajazet* qui réussit, sauf bien entendu devant la cabale de ses adversaires ; en 1673 *Mithridate*, comparable aux grandes tragédies politiques de Corneille, si un amour invraisemblable n'en gâtait le principal caractère ; en 1674 *Iphigénie,* qui fit passer dans notre langue une des plus belles inspirations du théâtre grec. Entre temps, il avait été reçu à l'Académie française, dans la même séance que Fléchier. Son discours fut éclipsé par celui de l'autre récipiendaire : il devait onze ans après prendre une belle revanche de ce petit échec le jour où, en qualité de directeur, il reçut Thomas Corneille, nommé pour remplacer son illustre frère. Le discours qu'il prononça à cette occasion est resté l'un des chefs-d'œuvre du genre.

En 1677 il fit paraître *Phèdre,* encore empruntée du théâtre grec, mais où il avait utilisé tout ce qu'il savait des passions et de l'amour. Il attendait beaucoup de cette pièce et il comptait sur elle pour mettre le sceau à sa gloire et réduire ses ennemis au silence : il y fut bien trompé.

Depuis que Corneille s'était retiré de la scène, ce n'était plus au Mercure que notre poète avait ses pires adversaires, mais dans l'entourage du duc de Nevers, personnage de mœurs équivoques, avec des prétentions poétiques mal justifiées et que ni Boileau ni Racine n'avaient jamais voulu encourager de leurs éloges. Ce grand seigneur réunissait chez lui ou chez sa sœur la duchesse de Bouillon toute une cour de littérateurs où figuraient au premier rang Mme Deshoulières et Pradon, et où l'on détestait cordialement Racine. Quand on apprit qu'il travaillait à une nouvelle pièce, on chercha aussitôt le moyen de la faire échouer. On essaya d'abord de celui-ci : on se procura, Dieu sait comme et par quelles vilenies, des détails sur sa tragédie encore sur le métier ; on en connut le plan, les incidents, et même certains vers. Le tout fut remis à Pradon qui se chargea de traiter le même sujet de manière à arriver avant Racine et à faire ainsi accuser ce dernier de plagiat. Le coup manqua, et l'on eut recours à un autre artifice. On loua l'hôtel de Bourgogne pour les six premières représentations de Phèdre et on fit le vide aux premières loges, de manière à laisser croire que le beau monde ne venait pas de peur de s'ennuyer. On ne s'en tint pas là. On écrivit naturellement contre la pièce ; et ces écrits provoquèrent des ripostes. A un sonnet injurieux de Mme Deshoulières, les partisans du poète opposèrent un autre sonnet qui prenait à partie le duc de Nevers. Celui-ci annonça son intention de se venger par le bâton sur Racine et sur Boileau, et il l'eût fait, sans l'intervention généreuse du prince de Condé.

Toutes ces manœuvres ne firent que suspendre le succès de Phèdre, bientôt tenue et à juste titre pour un chef-d'œuvre ; mais elles laissèrent au poète le dégoût du théâtre et le firent renoncer irrévocablement à la tragédie.

Il semble, vers le même temps, avoir traversé une crise morale assez mal expliquée et dont ses déceptions d'auteur ne suffisent pas à rendre compte. La dévotion de son enfance se réveilla dans son cœur : il pleura ses égarements, se réconcilia avec Port-Royal par l'entremise de Boileau et d'Arnauld, et dans l'ardeur de sa foi retrouvée voulut se confiner dans un cloître et se faire chartreux. On lui dit, et il le crut, que le mariage était une pénitence suffisante. Il épousa une honnête provinciale, simple jusqu'à l'ignorance, et ne sachant pas un mot du passé et des succès dramatiques de son mari. De cette union naquirent sept enfants, dont deux garçons : l'un suivit quelque temps la diplomatie et, à la mort de son père, se cloîtra dans l'existence la plus obscure; l'autre Louis fut un poète estimable. Quand aux filles, on en mit trois au couvent, suivant l'usage. L'aînée que sa santé avait préservée de la vie religieuse fut mariée à un M. de Moramber. La cinquième fit une vieille fille.

Racine fut un père de famille modèle. Il avait besoin, pour se remettre des orages de toute sorte essuyés depuis dix ans, du calme du foyer domestique. Il goûta dans toute sa douceur cette vie simple où le cœur avait son compte plus que l'esprit, descendant au niveau de son excellente femme, partageant les jeux de ses enfants, les voyant grandir avec une joie mêlée de crainte à la pensée de leur avenir. Les lettres qu'il adresse à son fils aîné sont pleines de recommandations quasi-maternelles.

Il se fût peut-être lassé à la longue de l'uniformité de ce bonheur familial, s'il n'eût pas eu d'autre horizon que les murs de la rue Saint-André-des-Arts ou de la rue des Maçons-Sorbonne; mais ses charges et le soin de sa fortune l'appelaient souvent à la cour. Il y faisait des séjours assez longs et la vie de Versailles agitée, bruyante, pleine de pièges cachés sous les fleurs, lui faisait, par contraste, trouver plus de charme à la sûreté un peu monotone de son train ordinaire.

Il avait d'ailleurs réussi à merveille auprès du prince et des grands. Son succès, qu'il ne devait pas aux mêmes moyens, balançait celui de Boileau : il plaisait, lui, par les agréments de sa physionomie, par la douceur de sa voix, par son esprit brillant et souple, par sa politesse, par le tact exquis qui lui faisait prendre en tout la note juste, ni trop haut, ni trop bas.

Le roi avait pour lui un goût déclaré; il l'envoyait chercher, pendant ses indispositions, pour le faire causer ou lire ; il l'admettait dans son cercle particulier et dans sa plus étroite intimité, en tiers avec Mme de Maintenon, ce qui donna à cette dernière l'idée et l'occasion de faire composer *Esther* et *Athalie*.

Racine paya cette faveur d'un sentiment profond qui était plus que de la reconnaissance et qui tenait de l'adoration. Après Dieu, le roi occupait la première place dans son cœur : il y venait avant la famille, avant Boileau, avant Port-Royal même et Dieu sait cependant s'il avait pour cet asile de son adolescence un dévouement sans bornes : on eût dit qu'il était jaloux de racheter, à force de services, l'ingratitude passagère dont il était le seul à se souvenir. C'est ainsi que lui, le dévot du roi, il osa fréquenter jusqu'au bout une maison que les courtisans évitaient même de nommer, sinon pour en dire du mal, et qu'il se multiplia en démarches pour ses chères religieuses.

Louis XIV, qui s'en fut offensé de tout autre, ne lui en sut pas mauvais gré et lui continua ses bontés. S'il y eut vers la fin un nuage entre le soleil et le poète, le jansénisme n'en fut pas la cause. Une démarche imprudente de Racine amena sur les lèvres du roi, sinon un reproche, au moins un mot de mécontentement. C'en fut assez pour briser un cœur trop sensible. Désespéré d'avoir pu déplaire à son idole, il ne se sentit pas la force de vivre, je ne dis pas dans la disgrâce, mais dans une faveur un peu diminuée ; il se laissa mourir.

On a prétendu que Louis XIV s'était choqué d'avoir surpris entre les mains de Mme de Maintenon un Mémoire du poète sur la misère du peuple et les moyens de la soulager. Cette explication, donnée par Louis Racine, a eu beaucoup de succès auprès des âmes sensibles. Elle n'en est pas moins fausse. C'est en demandant la remise d'une taxe qu'il devait pour son office de trésorier de France à Moulins, que Racine amena sur le front du roi cette ride menaçante où il lut sa perte et qui cependant fut bientôt effacée. En effet, Louis XIV attacha si peu d'importance à l'incident que la semaine même où le poète mourut, il l'avait nommé comme d'habitude pour Marly.

Telle fut la vie de Racine d'où l'on ne voudrait effacer que deux choses, son ingratitude à l'égard de Molière et de Port-

Royal, et cette passion peu séante à un chrétien et à un homme qui l'enchaînait à Louis XIV. Il va sans dire qu'il ne faut lui faire un crime ni de l'une ni de l'autre, et qu'au contraire, il convient d'estimer très haut la valeur morale d'un homme qui, au comble du talent et de la faveur, sut se plaire à une modeste existence et concilier les soins du courtisan avec les devoirs du père et du mari. On peut ajouter que son esprit n'y perdit rien à en juger par Esther, cette charmante « comédie de couvent » et surtout par Athalie où la méditation des Livres Saints le fit monter à des hauteurs qu'on aurait crues inaccessibles pour lui.

L'œuvre de Racine. — Si de l'homme nous passons au poète, nous n'avons qu'à admirer presque sans restrictions. Venu après Corneille, éclairé par les succès et par les échecs de son devancier, s'inspirant du goût manifeste du public qui demandait au théâtre à la fois plus de tendresse et de vérité, Racine trouva dans sa sensibilité exquise et dans la sûreté bientôt infaillible de son goût le moyen de répondre aux tendances de ses contemporains en donnant satisfaction à ses propres instincts poétiques. Un court apprentissage le mit en possession de tous les secrets de son art et il ne produisit désormais que de belles œuvres. La lassitude, que ressentit son caractère après dix ans de luttes, n'atteignit nullement son génie qui resta égal, pour ne pas dire supérieur à lui-même jusqu'au bout. A la différence de Corneille qui tient tout de l'inspiration bonne ou mauvaise et qui s'entête de la chaleur fumeuse qu'elle dégage, Racine est un de ces artistes éminents en qui le créateur est doublé d'un critique, qui se jugent tout en produisant, ne donnent rien au hasard et n'avancent le moindre mot qu'à coup sûr.

On a dit de lui que c'est notre Virgile. Malgré la différence des genres, le mot est exact et le qualifie heureusement. Comme le poète latin, il a mis au service du sentiment la perfection de la forme, comme lui il parle à l'âme tout en charmant le goût. Cette douceur, cette mélancolie harmonieuse, cette sensibilité que respire Virgile, cet art de la composition, cette élégance du style, cette peinture exquise des passions féminines se retrouvent au même degré dans notre poète, moins par l'effet d'une imitation constante, que par une ressemblance de nature, une conformité de tempérament.

Si nous entrons maintenant dans le détail des mérites particuliers de Racine, nous signalerons en premier lieu la science qu'il déploie dans la disposition et la mise en équilibre des éléments de chaque pièce. Il attachait au plan une importance extrême et disait volontiers que, le plan fait, la tragédie était faite. Il y donnait tous ses soins, sûr que, quand il aurait arrêté les lignes maîtresses de son œuvre, son esprit se ferait un jeu de les remplir. De même il s'efforçait de rendre ses expositions aussi claires, aussi complètes que possible : il voulait que dès le début les personnages fussent bien connus, afin que, de leur attitude initiale, on pût par degrés pressentir, supposer, prévoir, conclure le dénouement. Dans son système, le problème tragique, une fois posé par l'exposition, se poursuit rapidement et marche sans écart, par les voies les plus courtes et les plus raisonnables, à sa solution. Des pièces ainsi construites ne doivent rien laisser à désirer à l'esprit, et pour peu que le cœur y trouve son compte, comme il arrive toujours chez Racine, elles ne peuvent manquer d'être des chefs-d'œuvre.

Il s'est rencontré cependant des gens pour prétendre que dans ces tragédies savantes et touchantes l'imagination n'a pas de quoi se satisfaire. Ils se plaignent de n'y pas trouver des incidents brusques, imprévus, effrayants ou lamentables, en un mot de soudaines catastrophes. Ces gens là se trompent d'adresse en demandant à la tragédie d'ébranler leurs sens par les grosses inventions du mélodrame. Ils ne savent pas que cet art délicat parle à l'esprit et non au corps; et quand ils lui reprochent d'éveiller des sentiments au lieu de procurer des sensations, ils sont aussi injustes que s'ils reprochaient à un Bossuet en chaire de ne pas provoquer, par des gestes et des cris, l'émotion toute physique que provoquerait à sa place tel capucin tonitruant.

Il faut en prendre son parti, et j'aime à croire qu'on peut s'y décider sans peine : l'intérêt, avec Racine, ne naît pas de la succession rapide et imprévue d'incidents qui déconcertent et étonnent l'imagination avant de la faire plier sous le coup final d'un dénouement à surprise; il résulte du développement des caractères, mis en lumière par l'exposition, mis en mouvement par l'intrigue. Nous ne rapportons pas de ses pièces le souvenir d'une fable romanesque et invraisemblable, mais bien la connaissance d'êtres humains qui nous ressemblent et dont les passions sont les nôtres, à ce point que, si nous avons passé par les mêmes situations, nous nous retrouvons en eux ; et que, si leurs aventures nous sont nouvelles, nous avons cependant la conviction que nous y ferions la même figure qu'ils y font eux-mêmes. Notre poète est avant tout un peintre de caractères : c'est à ce résultat qu'il subordonne tout le reste.

Il ne faut pas, en effet, lui demander une exacte peinture des mœurs. Ses personnages, quoique empruntés pour la plupart à l'antiquité, sont volontiers français de ton et d'allures, et ont l'air de sortir de la cour de Louis XIV. Mais si la couleur locale lui fait défaut, s'il n'a pas su fixer les usages passagers de telle époque, il a vu, et c'est son grand mérite, les habitudes durables du cœur humain, il a démêlé la marche de l'amour, cet éternel recommenceur, et il en a tracé le tableau séduisant et exact. Sous un costume, qui fait parfois anachronisme, il a montré de vivantes créatures humaines, et c'en est assez pour lui assurer notre admiration.

S'il a réussi à plaire en restant vrai, il le doit à la triple influence de l'antiquité, du christianisme et des mœurs de son temps. Celui-ci, pour qui l'amour était la grande affaire, lui a fourni et fait connaître la passion qui fait l'invariable sujet de ses pièces. L'antiquité lui a donné, avec des sujets et des modèles de composition, quelques types amoureux dont il pouvait s'inspirer. Le christianisme lui a appris à embellir l'amour des séductions de la chasteté. Ces éléments divers se sont fondus et alliés dans le creuset de son esprit et son cœur a fait le reste.

Qu'on ne s'étonne pas après cela si, de toutes les figures mises à la scène par ce peintre de l'amour, les femmes sont les plus vraies et les plus intéressantes. Il ne pouvait en être autrement. Quand on veut représenter l'amour dans sa variété et dans sa force, c'est dans la femme qu'il faut l'incarner. Car il n'est pas ordinaire que l'homme soit, comme elle, absolument et uniquement amoureux et que ce sentiment éteigne en lui tout autre soin. Et si l'on ajoute que l'homme met dans l'expression de l'amour et à plus forte raison de la galanterie une sorte de banalité inévitable, on en inférera que Racine a eu raison de le reléguer au second plan, et n'a pas eu trop grand tort de le peindre, en tant qu'amoureux, sous les traits uniformes d'un jeune courtisan de Louis XIV. Ce n'est pas à dire d'ailleurs que le poète n'ait pas lui aussi ses caractères d'hommes fortement conçus, originaux et en relief; par exemple, son Néron qui soutient la comparaison avec celui de l'histoire, et surtout son grand prêtre juif animé du souffle de Jéhovah, sectaire inflexible et impitoyable, vivante incarnation de l'Ancien Testament.

Quant aux femmes, si difficiles à peindre et cependant si bien venues sous sa plume, il faudrait toutes les citer, et les ingénues comme Iphigénie et Junie, et celles que la passion pousse par la jalousie au crime comme Phèdre et Hermione, et les mères comme Andromaque et Clytemnestre, et celles en qui l'ambition a atrophié ou tué tout autre sentiment comme Agrippine et Athalie. Ce sont des figures inoubliables et qui frappent d'autant plus que l'art du poète a laissé volontairement dans l'ombre les particularités peu utiles de leur vie et de leur être pour les montrer sous le coup de la passion ou sous l'influence du sentiment.

Dans cette sobriété voulue et heureuse quelques-uns ont vu une lacune du talent et ils en ont pris texte pour accuser Racine de n'avoir représenté que des êtres incomplets, êtres abstraits, êtres de raison, d'où la vie est absente, qui parlent et n'agissent pas, qui dissertent au lieu de sentir, qui analysent la passion au lieu de s'y abandonner. C'est évidemment la comparaison avec les auteurs étrangers qui a suggéré cette appréciation. Shakespeare a fait tort à Racine. Ce mouvement extérieur, ce débordement d'activité physique, qui est inséparable pour le poète anglais des peintures morales, a paru indispensable à la vitalité du théâtre, et comme cette exubérance bruyante et colorée ne se trouve pas chez notre poète, on en a conclu que ses personnages ne vivaient pas. Depuis les romantiques, cette opinion a eu plus ou moins cours dans notre public lettré, sans toutefois enlever un auditeur à celui qu'elle condamne.

Mais voici qu'un revirement se produit, et qu'on renonce à répéter les exagérations, lancées d'abord par Hugo et son entourage, et renouvelées depuis par les critiques et les romanciers, par M. Zola et par M. Taine. Aux écoles réaliste et naturaliste qui ont voulu traiter le roman, toutes proportions gardées, comme Shakespeare a traité le drame, succède avec la faveur ouverte du public une école qui se dit psychologique et qui ne fait somme toute que reprendre dans des genres différents et sous d'autres formes le procédé de Racine. Elle part de ce principe que le plus utile à connaître d'un personnage, ce n'est pas l'extérieur, plus curieux qu'instructif; elle croit qu'on peut savoir à fond la famille, le milieu, l'habitation, la fréquentation, le régime de quelqu'un, sans pour cela le savoir et le posséder lui-même, et que l'on n'a rien fait tant que l'on n'a pas percé cette écorce pour arriver jusqu'à l'être intime, jusqu'à l'âme.

Sans tomber d'un extrême dans l'autre, il semble qu'il y ait une plus grande part de vérité dans cette seconde théorie, et que la vie du cœur et des passions puisse être, jusqu'à un certain point, indépendante des influences matérielles et extérieures. Donc on peut mettre de la vie dans une pièce, en concentrant tout l'intérêt sur le moral et en faisant bon marché de tout cet appareil documentaire que les romanciers naturalistes ont eu trop souvent le tort de prendre pour l'essentiel.

Il est toutefois à craindre que nos psychologues contemporains, tout en donnant le pas à l'étude de l'homme intime sur l'étude de ses dehors et de son milieu, n'aient à part eux (et leurs prétentions l'indiquent), qu'une estime tempérée pour Racine et qu'ils ne le jugent au fond insuffisant, incomplet, sans pénétration, ne voyant les choses qu'en gros, incapable de démêler la complexité des âmes. Mais ici encore, c'est Racine qui a raison. Il s'est dit que lorsqu'une passion domine un être, surtout féminin, elle fait dévier momentanément ses tendances et ses aspirations, change ses habitudes morales, ses manières de voir et de faire. Elle le transforme et l'absorbe en elle-même. Aussi s'est-il dispensé de chercher et de reproduire les menus et infimes détails qui eussent surchargé ses peintures.

Nous concluons de tout ce qui précède que Racine a bien fait de négliger l'accessoire pour le principal, autrement dit le physique pour le moral; et que, dans la peinture du moral, il a encore bien fait de s'en tenir à l'essentiel, je veux dire au sentiment dominant, à la passion maîtresse, sans se fatiguer lui et les autres de la poursuite de petites particularités qui peuvent à la rigueur plaire dans un roman mais qui nuisent à la perspective théâtrale.

Est-ce à dire que tout soit parfait, et qu'il n'y ait rien à reprendre en lui? Sans doute ses caractères féminins sont admirablement tracés, et, quoiqu'ils portent le costume de son temps, ils sont d'une vérité durable; mais on est tenté de dire, avec Sainte-Beuve, qu'il a fait peut-être trop de sacrifices aux bienséances, et que, pour se conformer aux exigences d'un goût un peu étroit, il s'est exposé à être incomplet. Il supprime le laid qui est dans la réalité et dans la nature, mais dont la reproduction choquerait et lui-même et son auditoire. Il ne laisse subsister que le beau qui lui sied et qu'il aime. C'est là, je crois, son plus grand défaut.

Il le porte d'ailleurs du fond dans la forme. De même qu'il n'a pas épuisé toutes les ressources de la nature et que dans la variété des types à peindre il n'a choisi que ceux qui rentraient dans son idéal, de même il n'a pas utilisé toutes les ressources de la langue. Sur près de trente mille mots que renferme le dictionnaire de l'Académie, il n'en admet guère plus de douze cents dans son vocabulaire à lui.

Cette sobriété n'est pas sans doute de la pauvreté, et il convient même, en un sens, d'admirer l'art accompli auquel il faut si peu de moyens pour produire de si beaux résultats. Mais l'on ne peut voir sans quelque regret un talent si souple, et qui aurait pu être si riche, s'imposer volontairement des limites si étroites sous le double rapport de l'invention créatrice et de l'expression.

Faut-il maintenant conclure avec M. Taine « que Racine est notre poète national, qu'il n'y a rien de plus français que son théâtre, que nous y retrouvons l'espèce et le degré de nos sentiments et de nos facultés, que son génie est l'image du nôtre, que son œuvre est l'histoire des passions écrite à notre usage, et qu'il est pour notre race le meilleur interprète du cœur? » Je ne demande pas mieux que de souscrire à ces éloges; mais il est un mot qui me coûte à prononcer, c'est celui de poète national. Qui dit poète national, dit un poète capable d'émouvoir et de faire vibrer tout un peuple. Or j'imagine que Racine est plutôt fait pour être goûté des gens cultivés, au lieu que Corneille et surtout Molière et la Fontaine sont autrement accessibles aux masses. Ce titre me semble un peu gros pour la distinction de son talent et j'aime autant ne pas le lui décerner.

Outre ses tragédies, on a de lui l'agréable comédie des Plaideurs, heureuse adaptation des Nuées d'Aristophane à nos mœurs françaises et aux ridicules de notre monde judiciaire. Cette pièce, écrite de verve et visiblement improvisée, a surtout à nos yeux le mérite de prouver je ne dis pas l'aptitude mais la vocation dramatique de son auteur.

On sait qu'au dire de Boileau, Racine n'était pas un poète de naissance, mais seulement un très bel esprit auquel le satirique se vantait d'avoir appris à faire difficilement des vers faciles. Sainte-Beuve est parti de là pour soutenir que la souplesse de Racine se fût accommodée de tout, de la prose aussi bien que des vers, et eût remporté à la chaire et au barreau les mêmes succès qu'au théâtre. D'autres, sans lui contester le titre de poète-né, l'ont montré comme un lyrique égaré dans le drame et dont le véritable emploi eût été d'épancher dans de belles odes la sensibilité qui le tourmentait; et ils ont cité à l'appui de leur opinion les beaux cantiques spirituels que le poète composa dans sa maturité et surtout les chœurs mélodieux d'Esther et d'Athalie. Ces deux thèses me paraissent également fausses, mais si elles m'eussent laissé des doutes, ils ne tiendraient pas devant la simple lecture des Plaideurs.

En effet il est bien difficile de contester le don du théâtre à un homme qui réussit du premier jour ou peu s'en faut dans la tragédie, dont le talent, sans cesse accru tant qu'il l'exerce, se réveille plus heureux que jamais après une longue interruption, qui, enfin, par passe-temps et pour se distraire, improvise une comédie qui n'est d'un bout à l'autre que verve, esprit et fusées de rire.

Les ouvrages en prose de Racine — son histoire de Port-Royal, ses quelques fragments historiques, sa correspondance — sont d'un bon style mais qui pâlit à côté de son style poétique : nouvelle présomption en faveur de sa vocation de poète.

Nous ne reviendrons pas sur ce que nous avons déjà dit de

son rôle d'historiographe. Il n'eut pas le temps ou la force de tenir à jour, même avec le secours de Boileau, l'histoire ou si l'on préfère le panégyrique du roi. Ce qu'il en avait écrit disparut presque entièrement dans l'incendie qui détruisit la maison de son successeur Valincour. Il n'y a pas à le regretter. La louange a pris à l'égard de Louis XIV des formes si variées qu'il importe peu d'en ignorer une entre mille.

L'histoire de Port-Royal est un bon résumé mais qui n'annonce pas un talent décidé d'historien.

Quant à la correspondance, elle est unie, simple, nue, et s'il faut tout dire, dépourvue d'intérêt. Elle ne supporte pas le plus lointain rapprochement avec celle de Mme de Sévigné ou de Voltaire. Je ne prétends en tirer aucune conclusion défavorable. J'admets que Racine a écrit ses lettres par besoin et non par plaisir, se contentant d'y mettre ce qui l'avait forcé à prendre la plume. Je lui reconnais comme à tout autre le droit d'être paresseux en ce genre; mais je ne puis m'empêcher, surtout quand je lis sa correspondance avec Boileau, si sèche, si pauvre d'idées, si étriquée, de faire un retour un peu humilié sur celle si riche, si suggestive de Schiller et de Gœthe. La comparaison est presque inévitable et elle ne tourne pas à l'avantage de notre amour-propre français.

2° Les petits tragiques : Pradon. Thomas Corneille. — Après s'être occupé de Racine, on éprouve quelque regret à descendre jusqu'à ceux que la mauvaise foi de ses ennemis affecta de lui donner pour rivaux. Je ne parle pas seulement de Boyer qui fut au moins un travailleur et poursuivit pendant cinquante ans un succès toujours rétif (il débuta en 1636 avec *Porcie* et finit en 1695 avec *Judith*); ni de Leclerc et de Coras, les malencontreux auteurs d'une *Iphigénie* ridiculement égalée à un chef-d'œuvre; je parle surtout de Pradon (1630-1698), détestable poëte dont une cabale essaya de faire un grand homme. Sans savoir, sans talent, sans esprit, il écrivit en style plat des tragédies mal composées. Onze furent représentées; mais sept seulement ont été publiées : *Pyrame* et *Thisbé*, *Tamerlan*, *la Troade*, *Statira*, *Régulus*, *Phèdre* et *Hippolyte*, *Scipion l'africain*. Il n'y a rien à dire ni de l'auteur dont nous connaissons déjà les méfaits et qui paraît avoir été un caractère peu estimable, ni de l'œuvre qui est décidément illisible.

Thomas Corneille (1625-1709), a droit à plus d'égards. Il essaya de marcher sur les traces de son frère et obtint quelque succès au théâtre. Il y débuta par *Timocrate,* un des triomphes du temps et qui eut plus de représentations consécutives que les pièces jusque-là les mieux reçues. Il continua par *Bérénice,* 1658, *Darius,* 1659, *Stilicon,* 1660, *Camma,* 1661. Après quelque interruption il donna, en 1672, *Ariane* qui balança le succès de Bajazet, et, en 1677, le *Comte d'Essex,* maintenu longtemps au répertoire.

Il ne s'en tint pas à la tragédie et écrivit des comédies en collaboration avec Hauteroche, de Visé, Montfleury. Il mit aussi en vers pour la troupe de Molière le *Don Juan* dont le succès incomplet était attribué à sa rédaction en prose. Il s'essaya dans l'Opéra en 1678, avec une *Psyché,* et, en 1679, avec un *Bellérophon.*

Producteur d'autant plus infatigable qu'il était plus à court d'argent, il fit des traductions, des grammaires, un dictionnaire de géographie, et fut l'un des principaux rédacteurs du Mercure.

On a retenu de lui quelques passages assez touchants d'Ariane et du Comte d'Essex; les contemporains lui accordaient, en outre, une certaine entente de la scène.

3° La tragédie lyrique : Quinault (1635-1688). — Fils d'un boulanger de Paris, pris en affection par le poète Tristan qui lui apprit à versifier et à charpenter une pièce, Quinault débuta à dix-huit ans par la comédie des *Rivales* et continua par les tragédies de la *Mort de Cyrus,* 1656, de *Stratonice,* 1657, d'*Amalasonthe,* 1658, d'*Astrate* qui fit échouer la Sophonisbe de Corneille, 1663. Il donna en 1665 la *Mère Coquette,* comédie louée de Voltaire et dont Saint-Marc Girardin a pu déclarer telle scène presque digne de Molière. Quant aux tragédies, elles justifient par leur ton langoureux le vers de Boileau :

Et jusqu'à je vous hais tout s'y dit tendrement.

Elles n'en réussirent pas moins auprès du public : elles avaient à tout prendre le mérite d'un style agréable, harmonieux quoique sans force, fluide en quelque sorte. On a dit de leur auteur qu'il avait désossé la langue. L'expression est excessive; mais il est sûr que sa facile abondance ne laisse voir ni muscles ni nerfs.

Après s'être momentanément retiré du théâtre pour complaire à une jeune veuve dont il recherchait la main, Quinault, marié, se remit au travail à partir de sa réception à l'Académie. Après avoir fait *Psyché* en collaboration avec Corneille et Molière, il s'entendit avec Lulli qui venait d'obtenir le privilège de l'Académie de musique et lui fournit chaque année de 1672 à 1686 un livret d'opéra, moyennant une redevance de 4,000 fr. C'est ainsi qu'il écrivit successivement *Cadmus, Alceste, Thésée, Athys, Isis, Proserpine, Persée, Phaéton, Amadis, Roland, Armide*. Toutes ces pièces réussirent, autant par leur mérite que par la musique de Lulli. Boileau fut presque le seul à protester contre elles, et cette opposition persistante l'a fait traiter de Zoïle, comme si l'on méritait ce nom injurieux quand on dit ce qu'on pense sans arrière-pensée de jalousie.

La réputation de Quinault se maintint pendant le xviiie siècle, au moins auprès des poètes, qui tous peu ou prou compositeurs de livrets allaient lui demander des inspirations et des modèles. Marmontel qui l'admirait beaucoup et qui a cité de lui, dans ses Éléments de littérature, quelques vers heureux, essaya de lui rendre la vogue qu'il commençait à perdre en remaniant ses opéras. Il n'y réussit pas.

De nos jours, comme, par suite du développement de la partie musicale, le livret est devenu chose secondaire et besogne de gagiste plutôt qu'œuvre de poète, la défaveur s'est étendue des livrets d'aujourd'hui à ceux d'autrefois; et Quinault, peut-être digne d'un meilleur sort, n'a plus de lecteurs.

Deux choses seulement auraient pu le préserver de l'oubli : l'une que l'on continuât à jouer les opéras de Lulli et c'est le contraire qui est arrivé; l'autre que ses vers eussent assez de mérite pour plaire même sans musique. Or ce mérite leur fait défaut, sans qu'on puisse s'en étonner. La donnée même du genre, essentiellement mythologique, comportant des métamorphoses, des vols, des apothéoses, tout l'appareil féerique que l'on sait, s'opposait à l'invention d'intrigues ingénieuses ou à la peinture des caractères. Le poète a dû se contenter de répandre la musique de son style, en attendant l'autre, sur les galanteries banales qu'il mettait, faute de mieux, dans la bouche de ses personnages.

La dévotion le prit, au décès de Lulli. L'idée de la mort le hanta et aussi la crainte de l'enfer, s'il continuait à braver les anathèmes de l'Église en restant au théâtre. Il le quitta donc et se mit à écrire des vers pieux, encore plus oubliés que les autres. Il mourut assez jeune en 1688.

Il avait constamment joui de la faveur de Louis XIV et de la protection de Colbert, dont il célébra la résidence de Sceaux dans un poème en deux chants.

Une réflexion nous vient qui terminera utilement ce chapitre sur la tragédie : il y avait une sorte d'affinité naturelle, de parenté d'esprit entre Quinault et Racine. L'un et l'autre avaient d'instinct l'harmonie, le goût et l'entente des sujets galants ou amoureux. Quinault, venu le premier, fut peut-être quelque temps l'objet de l'imitation et de l'émulation de Racine qui risquait ainsi de s'égarer sur sa trace, lorsque son bonheur lui fit rencontrer Boileau. C'est ce dernier, et rien ne montre mieux la portée et l'efficacité de son rôle, qui empêcha Racine de « s'enquinauder », et fit de lui, au lieu du versificateur langoureux et précieux qu'il eût sans doute été, le peintre délicat du cœur féminin.

CHAPITRE III

LA COMÉDIE : MOLIÈRE.

1º La comédie en France avant Molière. — 2º Molière, sa vie, son œuvre.

De la tragédie nous passons à la comédie, qui après de longs tâtonnements fut conduite à la perfection par Molière, dans les premières années du règne personnel de Louis XIV et un peu sous l'influence de ce prince. Il faut en effet savoir gré à celui-ci de la conduite qu'il tint à l'égard du poète. Dans cet âge heureux de la jeunesse et des amours, tandis que la dévotion n'avait pas encore rétréci et figé son esprit, il se prit de goût pour Molière et lui donna les deux choses dont il avait besoin pour accomplir son œuvre : d'abord, une certaine indépendance dans le choix de ses sujets; ensuite, une protection efficace contre ses ennemis, marquis et sacristains. Ce dernier point est à noter. Si telle comédie de Molière avait été représentée sous la Fronde, son auteur en eût cruellement pâti. Grâce au roi, et moyennant certaines concessions dont il ne faut pas s'exagérer la portée, par exemple : le dénouement postiche de Tartufe, il fut à l'abri des sévices et des voies de fait qui, sans cela, eussent châtié ses audaces. C'est un bonheur pour nous que la maturité de son talent ait coïncidé avec la jeunesse de Louis XIV. Dix ans plus tôt, vingt ans plus tard, il n'eût pas joui des mêmes privilèges et n'eût pu déployer sa puissante originalité.

Ce n'est pas toutefois une raison pour intituler ses comédies, comme le voulait Charles Nodier, « Œuvres de Molière et de Louis XIV. » Protection n'est pas collaboration, et on est quitte envers le prince quand on lui a reconnu le mérite d'avoir facilité la tâche à son illustre contemporain. Faut-il ajouter que s'il riait à ses pièces, il n'en soupçonnait pas la valeur littéraire et qu'il fut un jour tout étonné d'apprendre de la bouche de Boileau que leur auteur était le premier poète de son temps?

1° La Comédie avant Molière. — Lorsque Molière parut, la comédie était dans un état plus satisfaisant que la tragédie à l'avènement de Corneille. Le mérite en revenait à l'esprit français et à sa verve satirique éveillée dès le Moyen Age. En effet, des formes dramatiques de notre vieux théâtre, il n'y a que celles qui se rapportent au genre comique qui aient produit des œuvres supportables.

Les mystères sont illisibles et il faut louer le courage de tel critique érudit qui les a lus pour nous en rendre bon compte. Les moralités ne sont guère plus attrayantes et leurs allégories scolastiques ne pourraient qu'engendrer l'ennui, si la malice gauloise n'y semait çà et là quelques grains de sel. La sottie, plus accessible, a perdu pour nous beaucoup de son intérêt : car elle nous est venue sans les variations et les fioritures que l'improvisation y introduisait. Nous n'en avons que le thème, un peu sec. Quant à la farce, ce fabliau mimé et parlé, elle s'est fait connaître de nous par des pièces plus agréables, dont quelques-unes sont célèbres à juste titre, par exemple l'avocat Pathelin, et on peut la considérer comme l'original de notre comédie classique.

Lorsque la tragédie essaya de se constituer avec Jodelle et ses successeurs, tout était à faire en l'espèce. Il fallait non seulement créer la forme et le style, mais créer en quelque sorte l'esprit tragique; car, en dehors des modèles anciens, il n'y avait chez nous rien qui donnât l'idée la plus lointaine de ce que devait être cet art nouveau. Pour la comédie au contraire, quelque chose existait déjà, je veux dire des sujets comiques, un tour d'esprit approprié, un public qui ne demandait qu'à être égayé. Ce qui restait à trouver, c'était la forme littéraire du genre : il y avait donc à développer, à régler, à perfectionner, mais non à forger de toutes pièces.

Cependant, malgré ces conditions favorables, la comédie fut plus longue à se constituer que la tragédie, peut-être parce qu'on la considérait sinon comme inférieure, au moins comme plus facile, et aussi, parce qu'on était plus indulgent pour elle. On lui demandait de faire rire, sans trop regarder aux moyens qu'elle employait. Cette tolérance peut expliquer la lenteur de ses progrès.

Il faut ajouter cependant qu'elle ne resta pas en dehors des influences subies par notre littérature depuis la Renaissance, et que l'esprit comique français, tel que nous l'avait légué le Moyen Age, se modifia plus ou moins au contact d'œuvres étrangères, et d'abord à celui de la comédie antique, surtout de la comédie latine, la grecque étant moins accessible à cause du caractère local de l'esprit aristophanesque. Si l'on avait eu les cents comédies de Ménandre, si malheureusement brûlées par l'intolérance des prêtres byzantins, le courage de nos poètes du XVIe siècle, tous hellénisants, n'eût pas hésité à les aborder. Ils durent se contenter de ce demi-Ménandre Térence et de ce Philémon si verveux, mais sans doute plus grossier, que l'on appelle Plaute.

Simultanément à la comédie antique, on imita la comédie italienne, brillamment représentée par Arioste, Machiavel, Bibienna, Lod. Dolce, Lor. de Médicis, etc. Le caractère de cette comédie, c'est la complication de l'intrigue, de l'imbroglio, et la multiplication des tableaux licencieux déjà si fréquents chez les anciens. Nos relations de toute sorte avec l'Italie du XVIe siècle nous initièrent aussitôt à ses créations comiques. Il y eut en France, surtout à Lyon, centre de notre commerce avec le pays subalpin, des troupes italiennes qui jouèrent dans l'idiome original la Mandragore, la Calandra et le reste. Bientôt ce fut au tour de Paris, où l'on vit s'établir jusqu'à trois troupes, les Comici confidenti, les Gelosi, les Fideli.

Sous la double influence de l'Italie antique et moderne, nos poètes se piquèrent d'émulation, et ils imitèrent des deux parts, avec un succès passager, mais sans produire d'œuvre durable. C'est d'ailleurs le cas général en ce XVIe siècle où l'imitation dégénère en plagiat, où l'on se gorge avidement de nourritures excellentes mais que les estomacs n'ont ni le temps ni peut-être la force de digérer. On cite parmi ces pièces éphémères, outre la traduction du Plutus par Ronsard et la Rencontre de Jodelle, les Abuzés de Ch. Estienne, les Ébahis de Jacques Grévin, les Contents d'Odet de Turnèbe, le Négromant de Jean de la Taille, et surtout les adaptations de Pierre Larivey. Ce dernier était un chanoine de Troyes, originaire d'Italie, et qui par conséquent connaissait de première main les auteurs dont il s'inspirait. Il écrivit ou traduisit douze pièces, dont neuf seulement nous sont parvenues : les Esprits, les Escoliers, les Jaloux, le Laquais, la Veuve, le Morfondu, la Constance, le Fidèle, les Tromperies. Ces comédies, qui supportent encore la lecture, sont écrites en prose, ce qui était alors une nouveauté et elles offrent, avec un dialogue naturel dans sa licence, des trouvailles de vrai comique dont Molière et Regnard ont fait leur profit. L'intrigue y tient plus de place que les caractères, à l'italienne; toutefois l'on y voit la première esquisse de certains personnages, bientôt célèbres sur notre scène, par exemple, de Scapin.

L'influence des Espagnols ne tarda pas à se joindre aux deux autres : Le théâtre de ce peuple était, dans son développement littéraire, resté fidèle aux traditions du Moyen Age. Ses Autos sacramentales étaient des mystères ; ses Intermèdes rappelaient en mieux nos farces et nos moralités. Lope de Vega y était le « roi de la monarchie comique. » Ingénieux et inépuisable, jaloux seulement de produire et de plaire, sans souci des règles qu'il enfermait sous quatre clefs, il composa en quarante ans, sans préjudice d'autres œuvres, mil huit cents pièces de théâtre. Il eut pour émules ou pour disciples Rojas, Cervantès, Tirso de Molina, Alarcon, Quevedo, Calderon, tous auteurs qui, comme lui, furent plus d'une fois imités par nos Français.

Nous avons parlé plus haut de l'action exercée par l'Espagne sur notre littérature, dans la première moitié du XVIIe siècle. Nous n'y reviendrons pas et après avoir simplement rappelé que Corneille avait déjà fait un essai heureux de comédie de caractère dans le Menteur, que Scarron, Cyrano et quelques autres avaient écrit des comédies, plaisantes par le détail mais encore très imparfaites de composition et de style, nous aborderons Molière, la plus complète expression du génie comique dans notre pays ou mieux dans le monde entier, et, de toutes nos gloires littéraires, celle que les étrangers contestent le moins : on connaît sur lui le jugement curieux de Garrick, les éloges vingt fois répétés de Gœthe. Pour tout dire d'un mot, il est le seul homme que nous puissions, nous Français, égaler au poète souverain dont les Anglais s'enorgueillissent si justement. Shakespeare et Molière sont les deux plus puissants créateurs de types vrais, de caractères vivants, qui aient paru en ce monde, sans en excepter les tragiques grecs ; et il se trouve, par une rencontre qui n'est pas seulement un effet du hasard, qu'ils ont préludé l'un et l'autre à leurs créations par la pratique matérielle de leur art, par la fréquentation des planches, acteurs avant d'être auteurs, et qu'ils doivent peut-être à leur apprentissage de comédiens une part de leur supériorité comme poètes.

2° Molière (1622-1673). — Sa vie. — Molière a été l'objet, en notre temps, de travaux considérables. On s'est efforcé d'élucider, au moyen des recherches les plus minutieuses dirigées par l'esprit le plus subtil, tout ce qui dans sa personne ou dans son œuvre pouvait prêter à discussion et à supposition. La place nous manque pour reproduire ou même pour résumer ici tout ce que les « Moliéristes » ont découvert ou cru découvrir. Nous nous en tiendrons à l'essentiel.

Né à Paris en 1622, privé de bonne heure des soins maternels, ce qui, au dire de certains, l'aurait induit à mal juger des femmes et à les traiter injustement (notez que Racine, dans le même cas, n'a pas laissé de comprendre et d'apprécier le caractère féminin) J. B. Poquelin fut d'abord destiné à prendre la suite de son père, qui à son industrie de tapissier joignait une charge de valet de chambre du roi. Il obtint, par l'intervention de son aïeul maternel, d'être mis, déjà grand garçon, au collège de Clermont. Il y termina en cinq ans son cours d'études avec succès, fut excellent humaniste et meilleur philosophe, et contracta des liaisons et des amitiés qui l'accompagnèrent dans la vie et dont quelques-unes lui furent précieuses. C'est ainsi qu'il connut sur les bancs le prince de Conti, le futur protecteur de ses caravanes en province. Son meilleur camarade fut Chapelle qui l'introduisit auprès de Gassendi : nous avons dit comment, dans son enthousiasme pour la philosophie épicurienne, il entreprit de concert avec Hesnault une traduction de Lucrèce, bientôt délaissée, et dont il ne reste qu'un fragment connu dans le Misanthrope. Il lui arriva plus tard de professer un honnête scepticisme à l'endroit de certaines parties de cette philosophie, la physique notamment. Mais on peut le ranger jusqu'au bout parmi les Gassendistes et même parmi les Libertins. Il n'est en effet ni cartésien ni dévot. Sans mettre d'enseigne et sans faire de scandale, il tient sa pensée hors de toute sujétion, il n'aliène son indépendance à aucune doctrine étroite, à aucun dogme.

Ses études terminées, il fit son droit et alla prendre ses degrés à Orléans. On a inféré, de son habileté à parler en maint endroit la langue de la jurisprudence, qu'il avait dû étudier cette science d'assez près. Comme il apporte la même propriété dans l'emploi des mots techniques, à quelque art qu'ils appartiennent, l'argument n'a guère de valeur. Il est plus probable au contraire que Molière ne s'astreignit aux études juridiques que par déférence pour sa famille. Cependant il remplissait à l'occasion la charge de valet de chambre du roi dont il avait la survivance. C'est ainsi qu'il accompagna la Cour dans le voyage de Roussillon marqué par la découverte et le châtiment de la conspiration de Cinq-Mars.

Il finit par céder au goût qui l'entraînait vers le théâtre et se rendit à une vocation de jour en jour plus impérieuse. Il joua la comédie avec une troupe d'amateurs dont il fut bientôt le chef sous le nom de Molière et ne tarda pas à donner des représentations publiques. Le succès ne répondit pas à ses espérances ; il eut beau transporter « l'Illustre Théâtre » successivement sur trois points de Paris, le public s'obstina à l'ignorer. Il s'endetta, fut mis au Châtelet et n'en sortit que sur la caution d'un honnête entrepreneur de pavage. Une fois libre, il se décida, c'était en 1648, à chercher fortune en province.

Nous ne le suivrons pas dans tous les incidents de son odyssée d'ailleurs assez mal connue, quoiqu'on ait prétendu en trouver un épisode dans le Roman Comique. Il prit probablement la route de l'ouest, joua peut-être au Mans où les Lavardin et les Belin faisaient volontiers œuvre de Mécènes, donna quelques représentations à Nantes, subit, dit-on, à Limoges un échec dont il se serait vengé par M. de Pourceaugnac, séjourna à Bordeaux et finit par s'établir en Languedoc dans le gouvernement de son ancien condisciple, le prince de Conti. Grâce au secrétaire Sarrazin et à l'aumônier Cosnac, il obtint après quelques difficultés la faveur de l'Altesse, et reçut une gratification des États de la province, à la charge de se transporter dans les villes où ils siégeaient. C'est ainsi que nous le voyons résider à Narbonne, à Béziers, à Pézenas, à Montpellier. Entre temps, il battait le pays, faisant des saisons plus ou moins longues dans les localités où il recevait bon accueil, poussant des pointes dans les provinces voisines, en Avignon, en Dauphiné, à Lyon même. Il mena cette existence errante pendant dix ans et en retira les plus grands avantages.

D'abord sa troupe devint excellente par ses soins et à son exemple, surtout pour le comique : elle présentait un ensemble parfait où tout semblait obéir à la même inspiration. Ce progrès eut sa récompense matérielle. Molière fit d'excellentes affaires et devint riche : il put, presque dès les premiers mois, mener cette existence large et même fastueuse qui sera désormais la sienne. Il vivait sur le pied de 30,000 livres, ce qui était un gros chiffre à l'époque, et sa générosité à l'égard des pauvres diables, surtout des auteurs et des acteurs mal en point, était inépuisable. D'Assoucy, qu'il hébergea à Avignon et ailleurs, a parlé de son hospitalité avec l'enthousiasme d'un estomac reconnaissant.

Mais Molière avait une plus haute ambition que de gagner de l'argent comme acteur et directeur de troupe. Il voulait devenir auteur et c'est pendant ces dix ans de caravanes qu'il fit ce nouvel et laborieux apprentissage. Il développa d'abord sa verve naturelle et la força à jaillir au commandement en pratiquant la « Commedia dell'arte » chère aux Italiens. C'est une comédie dont le scenario seul est arrêté : les acteurs, au lieu de réciter leur rôle, l'improvisent en quelque sorte et font assaut de saillies et de traits d'esprit, à la seule condition de rester dans la donnée du caractère qu'ils ont à représenter. Passé maître à cet exercice, il y gagna la faculté de composer vite et pour ainsi dire d'improviser. C'est ainsi qu'on le vit plus tard, au milieu des occupations les plus absorbantes, écrire des pièces au pied levé, mais d'une plume sûre, avec la science infaillible de ce qui doit agir sur le public, avec cette fougue, cette impétuosité de verve qui brûle le papier avant de brûler les planches et sans laquelle il n'y a pas de vrai comique.

Mais il ne suffit pas d'avoir une exécution rapide, habile, animée; il faut préalablement avoir des idées dramatiques, inventer des sujets, combiner des plans, se préoccuper des mœurs à peindre et des caractères à créer. Molière n'eut garde de négliger ce côté, plus important encore, de ses devoirs d'auteur comique. Il observa, avec une pénétration toujours éveillée les originaux que la province lui présentait en foule, et bien plus nombreux que n'eût fait Paris où les mœurs avaient déjà comme une teinte d'uniformité. Les désordres de la guerre civile lui rendaient la tâche plus facile, en poussant les caractères à se manifester librement, sans mettre de frein à leurs fantaisies ni à leurs instincts. Tout entier à son œuvre de contemplateur (ses amis l'appelaient volontiers de ce nom) Molière, si animé, si exubérant sur la scène, était silencieux dans l'usage ordinaire de la vie. Il se rendait dans les endroits fréquentés, dans les marchés, dans les assemblées, dans les boutiques et là, sans rien dire, il notait les gestes, les attitudes, les jeux de physionomie et plus encore les exclamations, les cris de la passion et du cœur, les saillies et les ripostes, tout ce qui constitue la vérité et l'intérêt du dialogue ; en un mot, il avait toujours la nature sous les yeux et il l'étudiait comme un peintre étudie son modèle.

Après avoir observé dans la société, il continuait à observer dans les livres. Tous les auteurs comiques lui passèrent par les mains, et les anciens et les modernes. Pour la connaissance de ces derniers, il était placé à souhait dans sa province du Languedoc, à portée de l'Italie et de l'Espagne, pouvant par suite s'éclairer, par la fréquentation des voyageurs revenus de ces deux pays, sur ce que les livres ne lui disaient pas, sur les traditions et les procédés dramatiques. C'est ainsi que pendant dix ans il se forma lentement et sûrement et s'initia aux derniers secrets de son art. Puis le moment venu, il ferma les livres et se mit à l'œuvre. Tel le fondeur, après avoir établi la composition de son bronze, fait couler dans vingt moules à la fois les métaux en fusion et donne la vie à vingt chefs-d'œuvre. « Fervet opus » telle est la devise de Molière, à partir du jour où il ramène sa troupe à Paris et revient conquérir de haute lutte, en représentant ses propres pièces, les suffrages que lui avaient fait refuser autrefois les pièces d'autrui.

Il avait déjà donné en province deux comédies où l'on trouvait, à travers les maladresses qui déparent même les meilleurs débuts, plus que la promesse d'une puissance comique affirmée en vingt endroits par des jets d'esprit, des traits de mœurs, des ébauches de caractères. L'*Etourdi,* joué à Lyon en 1653, le *Dépit amoureux,* à Béziers en 1656, ne sont sans doute encore que des comédies d'intrigue, mais bien supérieures dans leur imperfection à ce que l'on avait vu jusque-là. On peut en dire autant de ses farces, aussi gaies, mais d'une forme plus heureuse que celles de Gros-Guillaume et de Guillot-Gorju. Nous n'en avons que deux : le Médecin-volant et la Jalousie du Barbouillé. Mais si nous ne connaissons des autres que le titre : « les Trois docteurs rivaux, le Maître d'école, le Docteur amoureux, Gros-Réné écolier, le Docteur pédant, Gorgibus dans le sac, le Fagotier, la Jalousie de Gros-Réné, le Grand benêt de fils aussi sot que son père, la Casaque, nous savons qu'elles ont fait rire des gens difficiles, Boileau en tête. La plupart ont d'ailleurs été ultérieurement utilisées par le poète.

C'est à la fin de 1658 qu'il rentra à Paris, après ce séjour à Rouen dont nous avons parlé comme de l'une des causes qui ramenèrent Corneille au théâtre. Une première représentation, donnée au Louvre devant Louis XIV, lui valut avec la protection du prince certains avantages : il vit sa troupe honorée du nom de Monsieur, en attendant de l'être du nom du roi ; il eut, avec une pension, l'autorisation de jouer trois fois par semaine dans la salle du Petit-Bourbon ; et lorsque cette salle fut détruite pour laisser l'emplacement libre à la Colonnade, il obtint en compensation la salle du Palais-Royal qu'il garda jusqu'à la fin.

Il retrouva à Paris ses succès de province, surtout dans le genre comique ; il y continua cette vie large que nous avons dite, ayant maison de ville et maison de campagne, traitant les gens d'esprit et les seigneurs, faisant faire à ses convives une grande chère que sa mauvaise santé lui interdisait de partager. Ses habitudes hospitalières ont donné lieu à une foule d'anecdotes dont l'une a fourni à Andrieux le sujet de sa jolie pièce, le Souper d'Auteuil.

Si l'on s'en tenait à ces apparences, il semblerait que Molière dût être heureux. Il n'en était rien cependant, et son humeur devenait de jour en jour plus sombre. Le contemplateur d'autrefois tournait au mélancolique. La cause n'en était pas dans son état maladif, ni même dans les attaques dont il était assailli, soit comme auteur par ses rivaux éclipsés et par ses victimes, pédants, marquis, hypocrites, soit comme acteur et chef de troupe par les grands comédiens de l'hôtel de Bourgogne, acharnés à le perdre et n'y épargnant aucun moyen, depuis la raillerie la plus grossière jusqu'à la calomnie la plus noire.

Sans doute, rien de cela n'était pour lui plaire; mais une chose lui fut cent fois plus pénible, je veux dire ses malheurs conjugaux. Il avait eu l'imprudence d'épouser une jeune actrice, née et grandie sous ses yeux et dont il s'était follement épris. A défaut d'un amour partagé, il croyait pouvoir compter sur de l'affection et de la reconnaissance. Il avait affaire à une coquette, incapable de comprendre ce qu'il valait, et de voir en lui autre chose qu'un barbon et un malade, presqu'un vieillard. Cette tête folle s'engoua tour à tour de l'abbé de Richelieu et de M. de Lauzun. Le premier, délaissé pour l'autre, se vengea en prévenant Molière que la tristesse envahit dès lors tout entier et à tout jamais. Sa vie domestique, déjà troublée par les rivalités et les brouilles de ses acteurs, ne fut plus qu'un orage de tous les instants, sans éclaircie. Il dut même à certain moment se séparer de sa femme; mais comme il ne cessait pas de l'aimer, il la reprit au premier signe, non de repentir, elle en était incapable, mais de regret apparent. Il était à peu près réconcilié avec elle, à l'époque de sa mort. Il en eut deux enfants dont l'un fut tenu sur les fonts par le roi et Madame qui vengeaient ainsi le poète d'odieuses imputations dirigées contre sa conduite privée. Il faut ajouter que si quelque chose avait pu adoucir l'amertume de ses déconvenues conjugales, c'eût été l'estime et l'affection dont il était l'objet de la part de tous ceux qui l'avaient approché une fois. Toutes les classes de la société étaient représentées dans ses relations : on y trouvait même des prêtres et des médecins : tous y rendaient hommage à sa franchise, à sa générosité, à la dignité de son caractère et compatissaient à ses souffrances. Jamais mari trompé ne parut moins ridicule que ce peintre parfois cruel des laideurs du mariage. L'idée de représailles, légitimes après tout, ne vint presqu'à personne : on se contenta de le plaindre sans l'estimer moins.

Quelques-uns cependant auraient voulu qu'il renonçât à son

métier d'acteur, dans l'intérêt de son repos, de sa santé, de sa considération et même de sa gloire : ils lui représentaient que libre de cette attache, il pourrait donner plus de temps à ses pièces et les amener plus près de la perfection. Il ferma l'oreille à leurs exhortations et voulut rester fidèle à cette profession embrassée par goût et qui n'avait pas peu contribué à faire de lui un grand poète. Nous le verrons mourir sur les planches, son champ d'honneur à lui.

Mais nous avons anticipé, pour en finir avec sa vie privée. Il nous faut revenir à ses ouvrages. Suivant Michelet, que nous suivons ici, sa carrière à partir de 1659 se divise en deux parties, avant le Misanthrope, après le Misanthrope.

De ces deux périodes, la première est la plus riche d'incidents ; on ne s'étonnera pas de nous y voir insister davantage. C'est le temps de la plus grande hardiesse de l'auteur : il attaque directement les mœurs de ses contemporains ; emporté par la fougue du génie comique, il peint dans des caractères généraux les vices ou les travers qui viennent frapper ses yeux. Ainsi après avoir ridiculisé, dans les *Précieuses ridicules,* les pédants du bel air, essaims innombrables envolés de la ruche-mère, l'hôtel de Rambouillet, pour remplir de leur stérile bourdonnement la ville et les provinces, il aborda résolument la question de la famille et s'éleva contre les abus de pouvoir, trop fréquents chez les pères et les maris. Dans l'*École des maris* et dans l'*École des femmes,* il montra que ni les grilles ni l'ignorance ne sont un obstacle à la coquetterie et à l'infidélité, et qu'au contraire elles rendent ces fautes presque inévitables.

Un autre fléau domestique attira ensuite son attention, d'autant plus odieux qu'il n'a même pas son point de départ dans une autorité légitime, et que rien ne l'explique en l'excusant, je veux dire, l'immixtion, très fréquente alors dans les maisons bourgeoises et nobles, du conseiller spirituel, prêtre ou laïque, parasite détestable dont tout l'art s'employait à subjuguer les parents et à les brouiller avec les enfants, pour s'assurer une vie confortable et s'enrichir au moyen de legs. C'est sur cette donnée qu'il composa son *Tartufe*. On s'est demandé de nos jours, et bien inutilement, si en mettant l'hypocrite à la scène, Molière avait eu en vue l'une ou l'autre des deux sectes qui se disputaient alors l'inluence, et si son personnage principal était dans sa pensée un janséniste ou un moliniste. La question me semble oiseuse, quoiqu'à vrai dire elle ne soit pas absolument nouvelle. On sait que la pièce, avant d'être représentée, fut lue dans les salons et même dans les salons dévots. Or, dans ces derniers, suivant que l'une ou l'autre secte y donnait le ton, on s'extasiait sur la fidélité avec laquelle était rendue l'hypocrisie soit du janséniste, soit du moliniste. C'est l'hypocrisie tout court qu'on aurait dû dire ; que si l'on veut y ajouter à tout prix une épithète, il faut recourir à celle de « molinosiste » qui met Tartufe dans son vrai milieu, c'est-à-dire au nombre de ces quiétistes qui, sous prétexte de perfectionnement moral et d'absorption en Dieu, se livraient à une débauche criminelle.

De l'hypocrite de sacristie, Molière passa dans *Don Juan* à l'hypocrite de cour, séducteur, imposteur, sans parole et sans foi, vrai frère du premier sous l'habit brodé et la dentelle, pratiquant avec désinvolture les mêmes maximes de conduite que l'autre essayait de cacher sous ses dehors dévotieux.

Ces trois dernières pièces, l'École des femmes, Tartufe, Don Juan exposèrent le poète à des attaques véhémentes et dangereuses. Autour de la première s'engagea une bataille littéraire comparable à la querelle du Cid. Seulement ici les dévots firent cause commune avec les pédants et les précieux ; ils affectèrent les uns et les autres d'être choqués de certains détails et crièrent ensemble à la grossièreté, à l'indécence, à l'impiété. Au contraire les bons esprits et le gros public applaudirent et Boileau se fit leur interprète en écrivant ses agréables et judicieuses Stances. Cependant Molière crut devoir répondre lui-même à ses détracteurs et il les bafoua dans l'ingénieuse *Critique de l'École des femmes*. Les autres ripostèrent par la « Zélinde » de Villiers et le « Portrait du peintre » de Boursault ; cependant que la Feuillade, le fougueux champion des Marquis, se portait à des voies de fait contre le poète ; Louis XIV ôta à ce brutal l'envie de recommencer et encouragea si bien sa victime qu'en huit jours l'*Impromptu de Versailles* fut prêt pour la représentation. Dans cette pièce où il se met en scène, lui et ses camarades, de la façon la plus pittoresque, Molière prend à partie pour les parodier et les persifler les Comédiens de l'hôtel de Bourgogne, fustige cruellement les auteurs qui avaient écrit contre lui, surtout Boursault, et termine en accentuant et faisant ressortir le ridicule des « Marquis ». Après ce coup de maître, il se retira de cette polémique. Il laissa ses adversaires déblatérer à leur aise, et, comprenant qu'il avait mieux à faire que de prodiguer son esprit dans une lutte où les autres n'apportaient que leurs basses passions, leurs rancunes enfiellées, leur science de l'injure, il se mit à composer Tartufe.

C'était une récidive, une aggravation de tout ce que l'on avait reproché à l'École des femmes. Aussi la cabale mit-elle tous ses artifices en jeu pour en faire interdire la représentation. De son côté, le poète déploya toute sa constance et toute son habileté pour obtenir main-levée. La lutte dura cinq ans et se termina bien, après des vicissitudes dont voici le résumé. La pièce, encore incomplète, fut risquée en trois actes le 12 mai 1664, et aussitôt frappée d'interdiction, sur les instances des dévots. Cependant l'auteur se munit de l'approbation formelle du nonce du pape ; il fit des lectures dans les salons ; il donna des représentations privées dont une devant le roi et une autre devant le prince de Condé, il pria, il supplia, offrit de faire au besoin des retranchements et des corrections. Il avait à cœur de présenter lui-même au public l'ouvrage qui devait être son plus beau titre de gloire. Il crut toucher à ses fins en août 1667. Fort d'une autorisation verbale que le roi lui avait donnée avant de partir pour l'armée, il fit représenter Tartufe déguisé en Panulphe. Mais le président Lamoignon lui intima aussitôt l'ordre de ne pas continuer ; et ce n'est que le 5 février 1669 que Tartufe, cette fois sous son vrai nom, mais allongé d'un dénouement postiche, put enfin paraître et s'établir à la scène.

Quant à Don Juan, il excita lui aussi les protestations des dévots : ils se plaignirent des impiétés du héros ridiculement réfutées par son valet Sganarelle. Le curé de Saint-Barthélemy et l'avocat Rochemont publièrent l'un et l'autre une dénonciation et ils furent appuyés par le prince de Conti. Mais ce n'est pas à leur intolérance qu'il faut s'en prendre de l'insuccès de la pièce, disparue de l'affiche après quinze représentations. Elle semble n'avoir guère plu aux premiers spectateurs qui n'en comprirent pas toute la portée et ne virent pas qu'elle faisait le procès à la noblesse et à ses péchés d'habitude.

On retrouve la même tendance dans le *Misanthrope,* qui joint à tous ses autres mérites, trop connus pour qu'on ait besoin d'y insister, celui d'être en quelque sorte la condamnation de la cour, dans son esprit, dans ses mœurs, dans cette contagion du vice qui n'y épargne personne et fait du plus honnête un vicieux. Envisagée à ce point de vue, cette belle œuvre couronne dignement la première période de la carrière de notre auteur, période où toutes ses comédies s'enchaînent dans une sorte de gradation, et où il signale tour à tour avec une verve incomparable les désordres de la vie de famille, l'hypocrisie des bigots, les vilenies trop familières aux plus grands seigneurs, enfin la corruption universelle et incurable de la cour.

A partir de ce moment (1666), sans rien perdre de son génie, Molière compose au hasard de sa fantaisie ; il ne s'astreint à aucun dessein suivi et semble vouloir donner un tour plus général et moins compromettant à ses peintures. D'ailleurs il continue à produire beaucoup, en homme qui a peur que le temps ne lui manque et que la mort ne le surprenne, avant d'avoir donné la mesure de son génie.

Le 13 janvier 1668, il joue *Amphytrion* où l'on a affecté de voir un acte de courtisanerie, un encouragement aux désordres du roi. Mais, comme le rôle de Jupiter, le seul qui puisse faire penser à Louis XIV, n'y est pas autrement flatté, l'intention blâmable que l'on prête à l'auteur peut se contester. Le 18 juillet et le 9 septembre de la même année, il montre dans *Georges Dandin* le tableau saisissant des peines qui attendent ceux qui se marient au-dessus de leur condition, et dans l'*Avare,* drame redoutable sous sa forme comique, il proclame la déchéance du père de famille indigne. Viennent ensuite ces comédies, si connues qu'il est inutile d'en parler, quand on ne peut pas le faire longuement, *M. de Pourceaugnac* (1669); le *Bourgeois gentilhomme* (1670); les *Fourberies de Scapin* et la *Comtesse d'Escarbagnas* (1671); les *Femmes savantes* (1672); le *Malade imaginaire* (1673).

Pendant la quatrième représentation de cette dernière pièce, le 17 février, Molière fut pris d'un crachement de sang et mourut quelques heures après. L'intolérance du clergé s'exerça sur sa dépouille funèbre et voulut lui refuser la sépulture. Une démarche des siens auprès de Louis XIV lui valut d'être enterré dans un cimetière, mais sans passer par l'église. Il fallut encore apaiser par des distributions d'argent les murmures du bas peuple excité par les dévots et ameuté par eux autour de la maison mortuaire.

La rancune de ses pieux adversaires poursuivit le poète par delà la tombe. Bourdaloue l'attaqua dans ses sermons et Bossuet se donna l'impardonnable tort, dans son traité sur la Comédie, d'épiloguer sur sa fin cependant honorable et de la représenter comme une punition céleste, comme une vérification de la parole biblique : « Malheur à vous qui riez, car vous pleurerez. » Il ne se doutait pas, l'éloquent et injurieux évêque, que sa propre agonie à lui présenterait le spectacle d'une volonté qui s'abandonne au milieu de la terreur et dans les larmes, et que de la mort du comédien et de celle du prélat la première seule serait digne et virile, tandis que l'autre rappellerait au vif ces sinistres tableaux que les prédicateurs se plaisent à tracer de la fin du pécheur voué à l'enfer.

L'Œuvre et le Génie de Molière. — Dans l'épitaphe qu'il composa pour son ami, la Fontaine a écrit :

> Sous ce tombeau, gîsent Plaute et Térence,
> Et cependant le seul Molière y gît.

L'éloge est beau, mais il est encore insuffisant, à moins que l'on ne croie, comme la Fontaine le croyait et l'a voulu dire, que ces poètes latins réunissent à eux deux toutes les qualités de l'auteur comique, ce qui n'est peut-être pas très exact. Car, pour ce qui est de Molière, il est hors de doute qu'il a possédé à un degré supérieur tous les dons que la comédie met en œuvre pour arriver à la perfection.

Il a d'abord cette gaieté intarissable, inextinguible, ce mouvement impétueux de verve, sans lesquels il n'y a point de comédie. Que l'on s'appelle en effet Destouches ou Lessing, que l'on ait étudié de près les hommes ou raisonné à perte de vue sur les conditions de l'art, on n'est pas poète comique sans la gaieté. Au contraire, il suffit de cette qualité première, même isolée, pour faire un comique : Regnard en est la preuve.

Cette gaieté a un double avantage; non seulement elle est le meilleur moyen de plaire au spectateur et d'atteindre ainsi le but indispensable de toute représentation dramatique; mais encore elle enlève à certaines actions ce qu'elles auraient d'odieux et de révoltant, et elle le fait d'ailleurs sans nuire à la vérité. En effet, la comédie est vouée à la représentation des laideurs et des ridicules de la vie, dont elle ne montre ainsi qu'une face. Elle est donc incomplète dans ses peintures et risquerait de nous induire à trop de mépris ou de rigueur pour les hommes, si le rire n'y intervenait à chaque instant, pour remettre les choses au point et corriger l'exagération, inévitable à qui ne voit qu'un côté des choses. La gaieté est donc un auxiliaire du vrai dans la comédie, en même temps que son plus sûr moyen de plaire. Il faut admirer Molière d'avoir su la faire jaillir à flots de son âme mélancolique; l'on peut même à ce propos remarquer qu'à mesure que l'expérience de la vie vint assombrir son caractère, ses pièces furent de plus en plus débordantes de joie, traversées à chaque instant et illuminées par la fusée du rire le plus franc, le plus communicatif. Cette puissance de dédoublement qui fait que l'artiste, tout entier à son œuvre, ne se souvient plus des misères de l'homme, n'a été accordée qu'à quelques rares génies et Molière l'a eue plus qu'aucun.

Il n'est pas d'ailleurs de ces poètes qui ne songent qu'à égayer. Son but est plus relevé. Il nous met sous les yeux pour nous instruire, non seulement le tableau des mœurs contemporaines, mais celui des manières d'être durables et des caractères persistants de l'humanité. Sa connaissance des hommes est si précise qu'elle permet de répéter de lui et à plus juste titre ce que l'on disait du poète grec : « O Ménandre, ô vie, lequel de vous deux a imité l'autre ? » De ses comédies, si vivantes, se détachent certains types de sa création où, saisissant les traits épars dans vingt individus, il les a rassemblés fortement en un seul, donnant ainsi le jour à des caractères à la fois généraux et particuliers, assez généraux pour évoquer l'idée nette d'un vice et d'une passion, abstraction faite des formes spéciales que ce vice et cette passion ont pu jusqu'ici revêtir sous nos yeux, assez particuliers pour constituer des êtres que l'on dirait de chair et d'os, inoubliables à qui les a vus agir, ne fût-ce qu'une fois. Ainsi son Harpagon n'est pas seulement la peinture la plus approfondie, la plus creusée de l'avarice; c'est encore un personnage distinct et vivant, à la fois l'avare et un avare.

Il faut bien se pénétrer de ce mérite, le plus grand auquel puisse prétendre un auteur. Ceux qui l'ont possédé, en quelque genre que ce soit, sont au premier rang ; et c'est par lui que Molière monte au niveau d'Homère et de Shakespeare. Personne d'ailleurs ne le lui a contesté sérieusement, non pas même certains critiques trop sévères, dont les opinions réclament ici un court examen.

Ce sont d'abord deux délicats, Fénelon et la Bruyère, qui reprochent à notre poète soit d'avoir outré les caractères, soit d'en avoir ignoré les nuances. Le premier reproche ne tient pas le point. Fénelon prétend le fonder sur ce qu'Harpagon, après avoir vu les mains de Laflèche, lui demande de montrer les autres. Même en admettant que ce soit là une saillie forcée et invraisemblable, elle ne suffirait pas à gâter le caractère dans son ensemble. Mais le trait n'a rien que de naturel ; il est la suite aussi inévitable que plaisante de la préoccupation de l'avare : celui-ci a perdu la tête en perdant sa cassette ; dès lors rien d'étonnant que son langage porte la marque de sa déraison. D'ailleurs, comme nous en aurons bientôt une autre preuve, Fénelon est malhabile à goûter et à comprendre Molière. Il y a entre eux une sorte d'incompatibilité : l'un est un bel esprit, subtil et élégant ; l'autre un esprit sain, vigoureux, une nature pleine de sève et de virilité. Entre le quiétisme de l'un et la philosophie naturelle de l'autre l'accord n'est guère possible, et il ne faut pas s'étonner du dissentiment.

De même quand la Bruyère blâme notre auteur d'avoir peint l'ensemble sans entrer dans le détail, et qu'il s'avise de refaire à sa façon le portrait de Tartufe, la critique ne porte pas, ou plutôt elle retombe sur celui qui l'émet. Pour s'en convaincre, il n'y a qu'à mettre en présence, Onufre et Tartufe, l'hypocrite du moraliste et celui du poète. Sous le nom du premier nous n'avons, au lieu d'un être vivant, qu'une énumération de menus faits, vus à la loupe. Cela peut être exact, mais cela est froid, cela est mort ; au lieu que Tartufe vit, marche, respire à nos yeux. Nous le voyons se dresser devant nous avec sa face rubiconde et ses appétits sensuels mal déguisés par ses allures pénitentes : il sue l'hypocrisie. Au lieu d'une nomenclature plus ou moins complète des faits et gestes d'un hypocrite, nous avons un homme, méprisable il est vrai, mais un homme.

Ces critiques, mal fondées, n'ont guère trouvé d'écho. Cependant, de nos jours, il a plu à M. Taine de reprendre, à sa façon, la thèse de la Bruyère, ou si l'on veut une thèse analogue et de soutenir que Molière « n'a pas su modeler assez complètement ses caractères, marquer assez exactement les rangs et les conditions, préciser les dehors physiques et les tempéraments, trouver des noms assez expressifs ». Pour en arriver à ce jugement, M. Taine s'est visiblement inspiré de son admiration, peut-être excessive, pour Balzac. Dans son esprit le romancier a fait tort au comique, qu'il a dès lors maltraité.

On pourrait objecter à l'admirateur de Balzac que telle des critiques qu'il adresse à Molière n'est pas toujours fondée, et lui rappeler « ce vilain boiteux de Laflèche, le bilieux Argan », et vingt autres exemples. Mais il vaut mieux mettre aux prises, sur le même sujet, l'auteur qu'il admire et celui qu'il condamne, prendre un type qui soit commun aux deux œuvres, voir comment il y est traité et à qui reste en définitive la supériorité. Molière a tracé dans Don Juan le portrait toujours vrai, toujours vivant du gentilhomme libertin. Balzac s'y est repris à trois fois pour rendre le même caractère : il nous a successivement montré de Marçay, Maxime de Trailles, la Palférine, avec les mille détails du milieu où ils se meuvent, leurs tenants et aboutissants, et toutes les particularités de leur état civil. Il n'a pas réussi à éclipser Don Juan, quoiqu'en dise M. Taine. D'ailleurs les prétendues lacunes que ce critique signale chez Molière ne feraient, si elles étaient remplies, qu'allonger et alourdir inutilement ses pièces, dont la vie disparaîtrait, accablée sous l'appareil documentaire. Demander au poète ce luxe d'indications, c'est reprocher à un peintre qui a réussi un portrait de n'y pas joindre une légende minutieuse où il ferait l'histoire de son modèle et de sa famille.

Molière n'est pas seulement le comique le plus gai, le peintre le plus vrai de la vie, un créateur incomparable de types, c'est aussi le producteur le plus fécond. Il a connu toutes les variétés de la comédie : sans parler des formes classiques, comédie d'intrigue, de mœurs, de caractère dont il a donné de parfaits modèles, il a excellé dans la farce, réussi dans la comédie pastorale, créé la comédie-ballet dont les fantaisies font penser parfois à la verve lyrique d'Aristophane. Boileau lui a reproché de s'être abaissé jusqu'à la trivialité, en s'enveloppant du sac de Scapin. Il faut plutôt l'en louer et voir là une nouvelle preuve de sa fertilité d'imagination et de la souplesse qui chez lui était inséparable de la force.

Nous n'avons accepté jusqu'ici aucune des critiques qu'on lui a faites. Mais, en passant à l'examen de ses procédés de composition, force nous est de reconnaître que ses dénouements ne sont pas toujours vraisemblables. On pourrait l'excuser en rappelant qu'une conclusion heureuse est de tradition dans la comédie. Il vaut mieux reconnaître que c'est là sa partie faible, après avoir constaté toutefois qu'il ne se souciait guère lui-même de ses finales, et qu'il faisait bon marché du sort de ses personnages, une fois qu'il les avait montrés dans la vérité de leur vice ou de leur travers. Mais, à ce défaut près, ses pièces sont d'une belle ordonnance : l'exposition, enlevée de main de maître, nous fait, dès la première scène, pénétrer au cœur du sujet. Les péripéties, habilement amenées, surprennent sans paraître invraisemblables. Les personnages sont tous d'un dessin vigoureux : ils s'éclairent et se font valoir par dédoublement ou par contraste : au voisinage de Philinte, Alceste ressort et se détache plus nettement ; la coquetterie d'Arsinoé fait mieux comprendre la coquetterie de Célimène.

Le style de Molière n'a pas trouvé grâce devant tout le monde : il a rencontré des censeurs rigoureux en la Bruyère, en Fénelon, et, de notre temps, en M. Schérer, qui lui ont reproché de manquer de pureté et de dégénérer en jargon. Il faut avouer que quelques négligences ont échappé à l'écrivain dans la chaleur de la composition, qu'il a même parfois des tours forcés et peu naturels, notamment quand il fait parler ses amoureux ; mais ces quelques taches ne suffisent pas à obscurcir un mérite supérieur. Son style est d'ordinaire, dans son cours abondant et impétueux, ce que l'on peut imaginer de plus franc, de plus net, de plus imagé. Sa langue est riche de toutes les richesses de notre xvie siècle. Il ne fait pas la petite bouche, à la façon des précieuses. Il parle à plein gosier et le gaulois et le français en homme qui est familier avec Rabelais et Régnier et qui s'en est transfusé le suc et la sève Cette abondance gaillarde n'enlève rien à la propriété de l'expression. Il donne aux mots leur valeur vraie ; il prête à chacun de ses personnages le langage qui convient le mieux à son âge, à sa condition sociale, à sa profession.

Le poète en lui est encore au-dessus du prosateur. Son vers, facile et plein, coule de source et comme de génie. La rime lui vient sans effort apparent et tout indique qu'il pense naturellement sous la forme versifiée. Rien ne le prouve mieux que la présence dans sa prose d'un grand nombre de vers isolés qui permettent de conclure que la poésie est son langage instinctif. Je sais bien que certains critiques voient une intention dans ce retour fréquent du vers au milieu de la prose et qu'ils l'expliquent comme une recherche de rythme et d'harmonie, imitée depuis par Courrier et même par Michelet; mais cela n'enlève rien à la force de notre argument. On peut affirmer, en dépit des critiques, que Molière a su trouver en tout et partout le style de la comédie; que sa prose, jugée isolément et abstraction faite du genre, vaut pour la richesse et la couleur celle de Rabelais; et qu'enfin ses vers justifient amplement Boileau d'avoir salué en leur auteur le plus naturellement doué et le plus original des poètes du XVIIe siècle.

Il nous reste à définir la portée morale de son œuvre. Il va sans dire que nous ne nous attarderons pas à une réfutation en règle de ses détracteurs, philosophes ou prêtres, Jean Jacques ou Bossuet. Les paradoxes du citoyen de Genève sont percés à jour, soit qu'il représente Molière comme un contempteur de la vertu, soit qu'il fasse lui-même le procès à son propre temps et à l'humanité. C'est un lieu commun banal de prouver qu'Alceste n'incarne pas la vertu et peut être ridicule, sans que la vertu le devienne aussi. Il n'y a pas d'autre réponse à faire à la déclamation de la « Lettre sur les spectacles ». Quant aux anathèmes du clergé, ils méritent encore moins d'attirer l'attention. Le clergé est injuste, par définition, à l'égard du théâtre. Il convient de le récuser de prime abord et sans autre forme de procès, comme un juge prévenu et par conséquent suspect et sans autorité.

Mais pourquoi se mettre en peine de l'opinion d'autrui, comme si la raison n'était pas là pour nous dire, quelle valeur morale on peut exiger des poèmes comiques? On connaît le vieil adage : castigat ridendo mores. Il n'est pas si faux qu'on a voulu le dire : le tout est de le prendre dans le bon sens. Si l'on entend par là que la comédie doit être un sermon entrecoupé de quolibets et de facéties, comme pouvaient l'être ceux des Menot, des Maillard, c'est une absurdité qui ne supporte pas l'examen. Mais si l'on dit simplement que la comédie peut et doit produire un effet moralisateur par la peinture exacte et plaisante à la fois des vices et des travers, l'assertion est vraie et elle se trouve justifiée par les comédies de Molière. On peut d'ailleurs élargir la question et soutenir que, la reproduction de la vie étant le but de la littérature, une œuvre d'art est toujours assez morale lorsqu'elle reproduit sincèrement la vie, pourvu qu'elle ne mêle à ses peintures aucune intention de débauche ou de saleté, aucune recherche en un mot de sadisme ou de scatologie : encore cette dernière affectation est-elle plus répugnante qu'immorale. Ainsi, quand un auteur nous présente le spectacle de l'humanité telle quelle est, il a droit à nos remercîments, parce qu'il nous donne la leçon la plus efficace, en suppléant par ses tableaux à notre inexpérience, à notre ignorance du monde, en découvrant à nos yeux un horizon plus étendu. Il ne faudrait le blâmer que s'il se complaisait à des descriptions impudiques, propres à égarer les sens.

Or, si c'est le cas de certains poètes, ce n'est pas celui de Molière. Je défie qu'on me cite un homme à peu près raisonnable qui ait rapporté d'une de ses représentations une idée pernicieuse ou même blâmable, et qui, sous l'impression reçue, ait commis ou voulu commettre une mauvaise action. Et cela se comprend. Molière nous montre les choses telles qu'il les voit; il les voit telles qu'elles sont : il n'y a donc rien à redire à sa moralité, et une crainte de cette nature ne doit pas nous troubler un seul instant dans la contemplation de son œuvre. Et plût à Dieu que nous eussions, après y avoir ri aux éclats, le bon sens d'en dégager, par la réflexion, toutes les leçons qu'elle contient. Elle nous instruirait comme le monde instruit ceux qui l'observent, ceux qui savent s'arrêter et se reprendre dans le cours torrentueux de la vie.

Une autre question se pose ici. Ce n'est pas assez d'avoir prouvé que les comédies de Molière sont morales à la façon de la vie vécue; il faut encore se demander quelle conception le poète se faisait de la vie et s'il a mis lui-même dans ses pièces quelque intention morale.

Pour ceux qui identifient Molière et Alceste, la question est aussitôt résolue que posée. A leurs yeux, Molière est un pessimiste qui n'a ri du spectacle des choses humaines que pour n'avoir pas à en pleurer ; il traite l'humanité « en vieille enfant malade et incurable », réfractaire à toute amélioration, mais qu'il faut charitablement égayer et distraire. Je n'ai garde de prendre Molière pour un optimiste, ce serait une erreur ridicule ; mais il me semble que l'on est un peu bien pressé de le ranger parmi ceux qui désespèrent de l'humanité et de son avenir. Sous son rire je ne sens rien qui rappelle la sécheresse de la Rochefoucauld ou le découragement de Pascal. Quoiqu'il ne peigne jamais de caractère qui ne soit ridicule par quelque endroit, il ne laisse pas d'admettre une certaine bonté, une certaine honnêteté moyenne qu'un pessimiste n'aurait garde de voir ; il croit aux braves gens et lorsqu'il lui arrive d'en trouver sur son chemin, il les peint avec des couleurs qui n'ont rien de sévère. Il ne les flatte pas, mais il ne les enlaidit pas non plus.

Il porte d'ailleurs dans ses appréciations une indulgence qui n'est pas celle du médecin passant toutes ses fantaisies à un malade condamné, mais plutôt celle d'un sage, persuadé qu'il ne faut rien brusquer et que l'on peut obtenir de l'expérience et du temps quelques heureux résultats.

Aussi bien, ces résultats, les avons-nous obtenus depuis Molière, et que ç'ait été ou non son intention, il n'a pas peu contribué à nous les faire obtenir. Il a été, bon gré mal gré, un des agents les plus efficaces du progrès social. Non que je veuille faire de lui un révolutionnaire avant l'heure, dressant de propos délibéré ses batteries contre le trône et l'autel, ayant dans l'œil la vision nette de ce qui arriverait un siècle et demi après lui. Non certes, il ne fut rien de tel. Mais il est bien permis de constater que le regard pénétrant jeté par lui sur la société de son temps en éclaira les vices ; que son portrait énergique du courtisan et du dévot ne laissa pas de diminuer peu à peu dans l'opinion ces deux rois de l'époque ; que cette double peinture acquit d'autant plus d'autorité que l'on fut plus à même d'en vérifier la ressemblance sous Louis XIV vieilli et sous la Régence, et qu'elle aida, avec le temps, beaucoup d'intelligences à conclure, que, puisque le courtisan et le dévot étaient tels, il fallait supprimer dans l'intérêt général l'influence du dévot et du courtisan. C'est en ce sens que Molière mérite une place parmi les précurseurs de la révolution et les émancipateurs de la société laïque. Bien différent de ces poètes de l'ancienne comédie grecque qui furent avec tout leur esprit des conservateurs mesquins et, pour trancher le mot, de déplorables réactionnaires, il ne fait jamais le procès du présent au nom du passé : rien que cela autorise à croire qu'il pense à l'avenir, même quand il n'en dit rien.

D'ailleurs à supposer que son action politique et sociale ait été inconsciente, on ne pourrait en dire autant de son action religieuse et philosophique. C'est en pleine connaissance de cause que, à la suite et à l'exemple de Pascal, il démasque l'hypocrisie et flétrit l'intolérance. La persistance qu'il mit à faire jouer son Tartufe en est la preuve, ainsi que le ton même de la pièce, où l'on sent d'un bout à l'autre la satisfaction d'une vengeance justement exercée et d'une légitime exécution. Il n'est pas besoin d'ajouter que ce chef-d'œuvre comique a tenu tout ce que son auteur en attendait ? Il est toujours vivant, et, comme aux pamphlets de Voltaire, il suffit pour lui rendre toute son actualité que le cléricalisme lève la tête. C'est une arme de combat qui n'a rien perdu de son tranchant ni de sa pointe.

Molière mérite donc notre reconnaissance et par la joie qu'il a suscitée et suscite encore parmi nous; et par la connaissance qu'il nous donne du monde et de la vie; et par la gloire qu'il a procurée à notre littérature : il la mérite encore par les services qu'il a rendus à la cause de la justice et de la raison. Il a repris la tâche où Pascal l'avait laissée et l'a poursuivie avec une incomparable vigueur. Plus conséquent avec lui-même que son devancier, il n'a pas détruit d'une main ce qu'il édifiait de l'autre; il est resté jusqu'au bout le libre esprit et le cœur franc qu'il était lorsqu'il composait Tartufe. Il a su échapper à la contagion de la religiosité toujours plus envahissante. Il n'a pas comme tant d'autres désavoué son œuvre. Il y a gagné les malédictions et les anathèmes de l'intolérance; mais il y a gagné aussi l'admiration et l'amour de toutes les âmes indépendantes.

Nous pourrions à la rigueur rattacher à Molière les poètes

comiques assez nombreux de la fin du siècle; mais nous aimons mieux, d'accord avec la chronologie, leur épargner un voisinage dangereux. Nous abordons de plain-pied un autre poète de génie, un autre poète national, connu et chéri à l'égal de Molière, je veux dire le bon, le grand la Fontaine.

CHAPITRE IV

LA POÉSIE NARRATIVE.

1º La Fontaine, sa vie, son œuvre. — 2º Revue des petits poètes.

1º La Fontaine et sa vie (1622-1695). — La Fontaine présente cette particularité d'avoir été des quatre grands poètes du règne personnel de Louis XIV le seul qui n'ait pas subi ou utilisé l'influence royale. Il échappa jusqu'au bout à la discipline et par conséquent aux faveurs du prince. Il reçut en échange celles de la haute société qui sut admirer ses vers et apprécier sa personne.

Né à Château-Thierry en 1622, Jean de la Fontaine avait quarante ans lorsque Louis XIV prit le pouvoir et, chose à noter, il n'avait encore rien produit de considérable. C'est un trait de ressemblance de plus qu'il a avec Molière d'avoir attendu la maturité de son esprit pour lui donner l'essor.

La première partie de sa vie ne présente guère de détails intéressants. Après d'assez médiocres études — il ne sut jamais le grec et ne semble pas avoir été grand latiniste, ce qui ne l'empêchait pas de sentir, à travers les traductions, le charme de la double antiquité — il se laissa prendre à une bouffée de dévotion et entra au séminaire de Saint-Magloire pour devenir oratorien. Sa vocation disparut en moins d'un an; il revint dans sa ville natale où il mena une vie de flânerie et d'amourettes, coupée de quelques voyages à Reims, auprès de son ami Maucroix. Il versifiait dès lors, et, chose curieuse, c'était avec l'approbation et comme sur l'ordre de son père. Sa veine ne fut donc pas contrariée ; mais, d'elle-même, elle attendit d'être assez forte pour se donner cours.

On sait qu'il faisait sa lecture favorite de Rabelais, de Marot, de Régnier, et même de Voiture. On peut inférer de là la nature de ses premiers essais. Ce devaient être des vers badins et plaisants. Il ne s'était pas encore senti attiré vers la haute poésie, et il paraît même qu'il l'ignora jusqu'au jour où la lecture fortuite d'une ode de Malherbe lui en donna le sens et le goût. Sous le coup de l'enthousiasme, il se mit au genre lyrique, mais il eut la sagesse de ne pas s'y obstiner et de revenir à des sujets moins ambitieux.

Cependant ses vers ne circulaient pas hors d'un cercle restreint de parents et de compatriotes. La vie provinciale l'avait saisi et menaçait de l'engloutir. Il avait acheté une charge et contracté mariage, double chaîne qu'il fut, par bonheur, incapable de porter. Je dis par bonheur, car il est probable que s'il eut été bon forestier et bon époux, il y eût perdu sa gloire, et fût resté, en dépit de son génie, un bel esprit de province. Il lui fallait un milieu favorable : il ne tarda pas à le trouver.

C'était un singulier mari que la Fontaine — il prenait sa femme pour confidente de ses intrigues amoureuses — c'était aussi un singulier administrateur de sa fortune. Il eut bientôt fait de se ruiner. Il lui fallut chercher des moyens d'existence, et il devint alors, sur la recommandation de son parent Jeannart, le protégé et le pensionnaire du surintendant Fouquet. Il s'établit à Paris vers 1658. Il se sépara amiablement de sa femme à laquelle il laissa le soin d'élever leur fils unique, leur « marmot », comme il disait avec un peu trop de sécheresse ; et, sans plus s'embarrasser de ses devoirs de père et d'époux, il se livra à son goût pour la poésie.

Cette insouciance à l'égard de la famille n'est guère excusable. Tout au plus peut-on alléguer comme circonstance atténuante le caractère indépendant de la Fontaine qui, sans bruit et sans éclat, trouvait ainsi le moyen d'échapper au joug. Sa femme, qui était un peu précieuse, dut l'agacer de ses prétentions : il fut heureux de la laisser. Quant à son fils il l'englobait dans la condamnation générale dont il frappait l'enfance, race friponne, féconde en niches et en mauvais tours, encombrante par les soins qu'elle exige, gênante par la discrétion qu'elle impose aux libres parleurs, et il en était un.

Passons condamnation sur ces deux points, et ne tenons pas rigueur au poète d'une conduite à coup sûr blâmable, mais qui, par fortune, ne fit souffrir personne, ni lui, ni sa femme, ni son fils. Il ne faudrait pas d'ailleurs s'en autoriser pour le dire lui-même incapable d'une affection forte et durable : c'est le contraire qui est vrai. Lorsque son libre choix ou la reconnaissance lui avaient donné un ami, il lui demeurait invariablement fidèle. Dans sa vie d'homme de lettres, il n'eut que deux querelles, deux ruptures, avec Lulli et Furetière, et ce n'est pas lui qui les provoqua. Il éleva courageusement la voix en faveur du surintendant Fouquet; il garda l'amitié des principaux écrivains de son temps; il n'y eut pas un nuage dans sa liaison avec Maucroix, qu'il aima de la bavette au lit de mort. Quelque chose qui prouve qu'il joignait au talent les qualités du cœur, c'est l'accueil particulièrement affectueux qu'il trouva dans la belle société, surtout chez les femmes. On avait pour lui des attentions, des soins dont on se fût dispensé si on n'avait su pouvoir compter sur sa reconnaissance. Aussi quand ses contemporains l'ont appelé le bon la Fontaine, ils n'ont pas voulu le louer de cette bonté vulgaire qui n'est qu'indifférence, mais de cette bonté délicate et profonde, indulgente parce qu'elle a beaucoup vu et bien vu, et qui trouve dans les faiblesses de l'humanité un prétexte à l'aimer davantage. Comment d'ailleurs contester les dispositions affectueuses de l'homme qui a parlé, mieux que pas un autre poète, de l'amour et de l'amitié?

C'est ici le moment d'examiner ce que la Bruyère, Vigneul-Marville et quelques autres ont écrit du manque d'agrément de la Fontaine en société ou, pour trancher le mot, de l'hébétude et de la stupidité qu'il aurait apportées dans l'usage de la vie. A ces témoignages sévères, nous pourrions opposer le témoignage plus favorable et d'ailleurs bien connu du marquis de Sablé; nous préférons nous en tenir à celui des faits qui est encore le plus sûr.

Depuis 1658 jusqu'à sa mort la Fontaine n'a pas cessé de vivre dans le plus grand monde. Sans avoir rien produit de sérieux, et sur la simple présomption du talent qu'on lui attribue, il commence par être le familier du surintendant Fouquet ; or, on peut imaginer que si ce talent éventuel ne s'était pas annoncé par quelques marques extérieures, intelligence de la physionomie, agrément de la conversation, l'entourage si spirituel de Fouquet eût été moins prompt à y croire. Après la disgrâce de son premier patron auquel il donna les preuves que l'on sait de sa fidélité courageuse, la Fontaine entre au Luxembourg comme gentilhomme de la douairière d'Orléans : j'avoue que le fait en lui-même ne dit pas grand chose, étant donnée la pauvreté d'esprit de cette princesse ; mais la conduite de la Fontaine est significative : il s'ennuie dans cette résidence princière, et il va chercher des distractions, non où il peut, mais où il veut, soit dans les cabarets où Chapelle entraînait parfois Boileau et Racine, soit dans les salons les plus brillants, notamment dans ceux de Mme de Lafayette et de la duchesse de Bouillon. Chez cette dernière, il était de la maison, en possession de célébrer la dame du logis sur un ton assez leste et de frayer avec tous les siens, y compris le fier abbé depuis cardinal de Bouillon et le grand Turenne, qui n'eût pas perdu son temps à causer avec lui s'il n'eût été qu'un balourd. Et plus tard, comment Mme de la Sablière et Mme d'Hervart lui eussent-elles successivement donné le vivre et le couvert, s'il n'eût été d'aucune ressource pour la vie commune ? Comment enfin l'eût-on accueilli dans ces mauvaises compagnies où l'esprit est cent fois plus indispensable que dans la bonne ? Comment eût-il fait figure chez les Vendôme, chez les Conti, ou même chez la Champmeslé, s'il eût été le muet de la légende ?

Il est vraiment impossible que la Fontaine n'ait pas été un causeur aimable, riche de saillies, de naïvetés, de traits imprévus et d'autant plus applaudis. Qu'avec cela, il fût journalier ou qu'il ne se mît pas en frais pour tout le monde, notamment pour les badauds qui l'invitaient afin de se donner le spectacle d'un grand homme à table (c'est un peu le cas de Vigneul-Marville), cela n'a rien que de très vraisemblable. Mais quand il était bien disposé ou qu'il se trouvait dans un milieu de son goût, il s'abandonnait volontiers à sa verve et égalait les plus brillants par sa conversation.

Une autre légende à démolir, c'est celle de sa paresse. Elle est d'autant plus solide qu'il a pris plaisir à l'édifier de ses mains. On connaît son épitaphe où il se vante d'avoir passé la moitié de son temps à dormir et l'autre à ne rien faire; on connaît aussi ce souhait qui a l'air de venir du cœur :

Ne le verrai-je pas ce pays où l'on dort ?

Sur ce premier fond se sont accumulées des anecdotes plus plaisantes que probantes, et il est demeuré acquis que la Fontaine était un paresseux. Il semble qu'il y a ici un quiproquo qu'il faut éclaircir.

Que la Fontaine ait été paresseux au sens que les bourgeois de son temps attachaient à ce mot, cela est trop visible. Il négligea sa charge, il fit mal ses affaires, il mangea son bien : autant de preuves de paresse. Mais qu'il ait été paresseux dans la pratique de son art, c'est la plus grosse erreur où l'on puisse tomber. Jamais auteur n'a plus travaillé : on a retrouvé certains brouillons de lui; ils sont chargés et surchargés de ratures, bien propres à attester qu'il était difficile pour lui-même, ne se contentait pas de l'à peu près du premier jet, tenait longtemps sur le métier la moindre de ses fables et que, en dehors du peu de temps qu'il donnait au monde, il était tout entier à la composition poétique. Ces distractions, ces absences, ces somnolences, dont on rit encore, qu'était-ce, après tout, que la gestation, l'incubation de son œuvre ? Il semblait rêver et dormir; il pensait, il méditait, il arrangeait et combinait; il se donnait si bien à son art qu'il semblait mort au monde.

Après cette explication du caractère de notre poète, il n'y a presque rien à ajouter sur sa vie. On sait que Louis XIV ne l'aimait guère, moins à cause de la négligence de son extérieur, que de sa fidélité à Fouquet, et aussi de la nature de ses œuvres. La gravité royale s'accommodait mal des Contes; elle ne daignait pas davantage s'intéresser aux faits et gestes des animaux qui vivent et agissent dans les Fables. Louis XIV ne se doutait pas, à coup sûr, que la ménagerie du poète était l'image réduite mais fidèle de sa cour et de son peuple et que chacun, à commencer par lui, y avait sa place. Il ne fit rien pour la Fontaine, cependant protégé de Mme de Montespan et il n'ajouta pas ses dons à ceux de sa maîtresse. Bien plus, il lui ferma la porte de l'Académie pendant plusieurs mois jusqu'au jour où la docte Assemblée eut consenti à élire Boileau qu'elle avait cependant les meilleures raisons de détester.

La famille royale fut moins sévère que son chef. Le Dauphin, quoique très indifférent aux choses de l'esprit, semble avoir témoigné quelque bienveillance au fabuliste. Le duc de Bourgogne enfant se prit d'un goût très vif pour ses Fables et lui témoigna de toutes manières son admiration.

Cependant la vieillesse était arrivée, et la Fontaine continuait une vie insouciante qui jurait avec ses cheveux blancs. Il participait, sans retenue, aux beuveries interminables, aux orgies du Temple, et il ne s'en tenait pas là. La maladie vint couper court à des désordres qui n'avaient plus l'excuse du tempérament : il vit la mort de près et, les suggestions de Racine aidant, il se convertit. Ç'avait toujours été un esprit libre, avec ses idées à lui et ses résistances en matière de foi. Ainsi sa bonté ne pouvait se faire à l'idée de l'éternité des peines, et cet argument inattendu fut le principal obstacle à sa réconciliation. D'ailleurs il n'avait jamais mis enseigne de libertin, comme tels que nous avons vus, si bien que sa conversion en fut peut-être moins méritoire, mais en tout cas moins surprenante. Elle fut d'ailleurs absolument sincère. Il en passa par toutes les exigences du confesseur ; désaveu de ses Contes, amende honorable en public, pénitences particulières, il se soumit à tout, si même il n'alla pas au-devant. A peu près rétabli, il persévéra dans la dévotion la plus austère pendant les dix-huit ou vingt mois qui lui restaient à vivre.

Il mourut en 1695 après avoir enrichi notre littérature d'une œuvre originale, française entre toutes, et sinon sans exemple, au moins sans rivale dans les littératures étrangères.

L'Œuvre de la Fontaine en général. — Dès le premier jour, l'opinion publique reconnut le mérite de la Fontaine et le mit à son rang. Sans vouloir entrer dans aucune distinction technique, uniquement sensible au talent par lui déployé ou si l'on aime mieux au plaisir éprouvé par elle-même, elle le proclama l'égal de nos plus illustres écrivains. Ce jugement n'a pas été du goût de tout le monde : Voltaire l'a contesté au nom du grand art ; il a prétendu qu'il n'y avait pas de comparaison à établir entre les plus parfaites même des Fables et une tragédie de Racine ou de Corneille.

On pourrait répondre à Voltaire par ce vers de Boileau dont la vérité est généralement et justement admise :

Un sonnet sans défaut vaut seul un long poème.

Mettez fable à la place de sonnet et tout sera dit.

Mais il y a mieux à faire : au lieu d'opposer telle partie de l'œuvre de la Fontaine à telle partie de l'œuvre d'un autre grand homme, qu'on embrasse cette œuvre dans son ensemble, et l'on verra que, dans ces conditions, elle peut affronter les plus redoutables voisinages.

Je n'y fais entrer que les Contes et les Fables, autrement dit l'essentiel. Je néglige et le Songe de Vaux ; et les poèmes d'Adonis, de Saint-Malo et du Quinquina ; et les élégies ; et les épîtres et les ballades ; et les comédies et les opéras ; et les écrits en prose. Je m'en tiens à ce qui est resté populaire à juste titre et c'est là dessus que je fonde mon appréciation.

Peut-être s'étonnera-t-on que je mette les Contes sur la même ligne que les Fables, ou même que je ne craigne pas d'en parler ici. Mais c'est une nécessité du sujet devant laquelle il n'est pas permis de reculer. On peut en outre observer que l'ouvrage est plus scabreux qu'il n'est réellement immoral. Il y aurait immoralité, si le poète s'était proposé résolument d'enflammer les imaginations par des peintures lubriques. Or, il ne paraît pas qu'il ait eu cette intention. Il semble avoir voulu raconter de son mieux des histoires plaisantes, gaillardes, paillardes si l'on veut, histoires qui circulaient partout et que nos pères, grands raillards, aimaient à redire après boire ; il y a mis, à la française, plus d'esprit que de passion, plus de gaieté que de volupté. C'est ainsi que les contemporains prirent la chose, à commencer par les dames. Or j'imagine qu'on aurait mauvaise grâce à ne pas oser dire un mot en passant d'un livre que Mme de Sévigné avouait avoir lu et cela sans rougir. En fait de bienséances vraies, on peut s'en rapporter à elle.

Celui qui a le mieux défini notre poète, c'est le moraliste Joubert, quand il a dit : « L'Homère des Français, qui le croirait ? c'est la Fontaine. » Malgré la précaution oratoire dont il est accompagné, le jugement n'est pas un paradoxe; c'est une belle et bonne vérité, comme on va s'en convaincre.

On a répété à satiété que nous n'avions pas la tête épique; ce qui ne nous a pas empêchés d'avoir du XIe au XIVe siècle d'innombrables poèmes épiques ou narratifs; car un des traits de notre génie national c'est l'amour des contes de quelque nature qu'ils soient et le talent de les présenter Cette humeur conteuse s'exerça au Moyen-Age dans tous les genres et sur tous les tons : elle passa du sérieux au plaisant, du sévère au burlesque, avec une égale facilité. Chansons de geste et romans, fabliaux et apologues tout lui fut bon : elle en vint même à donner à la fable proprement dite les dimensions de l'épopée dans le célèbre Roman de Renart.

Les sujets de ces innombrables récits ne restèrent pas dans les livres; ils circulèrent de bouche en bouche et se transmirent oralement de génération en génération. Cependant la mémoire populaire ne retint pas tout; elle fit son choix; elle laissa volontiers de côté les aventures de saints et de chevaliers pour ce qui était vraiment gaulois, je veux dire naïf et malicieux avec ou sans grossièreté. Un trésor de contes joyeux et d'ingénieux apologues se forma de la sorte qui fut mis à contribution par Marot et Rabelais, mais qui attendait encore son expression définitive sous la forme du vers. Le poète, qui saurait enfin lui donner cette expression, devenait par cela seul l'interprète du génie national dans ce qu'il a de plus marqué et de plus durable. La Fontaine entreprit la tâche et eut le bonheur d'y réussir : c'est pour cela qu'il est notre Homère; d'abord parce qu'il a excellé dans le genre narratif qui est pour nous ce que l'épopée était pour les Grecs; ensuite parce qu'il a répondu, comme Homère l'avait fait en son pays, à la tendance la mieux constatée de l'esprit de ses compatriotes.

Que si l'on hésitait à prononcer en parlant de lui le nom d'Homère, il faudrait au moins reconnaître qu'il est notre poète national par excellence, plus encore et mieux que Molière. Sans doute chez ce dernier aussi le fonds est français et même gaulois; mais l'œuvre, prise dans son ensemble, a je ne sais quoi de général qui la rend accessible sans effort même aux autres peuples. La Fontaine, malgré sa volonté d'imiter les anciens, est exclusivement français, à telles enseignes que les étrangers, pour le comprendre et le goûter, ont besoin d'un long séjour en France qui leur serve d'initiation. Sans cette précaution, ils le jugent en dépit du bon sens.

Son œuvre, prise dans son ensemble, est donc le répertoire des contes gaillards et des apologues chers à notre nation. Elle réunit tout ce que la tradition a conservé dans ces deux genres; elle l'exprime avec l'art le plus délicat et le moins apparent; elle trouve dans l'invention inépuisable du détail un remède à l'ennui qui semble devoir naître de la succession même de ces mille récits. Tel est notre jugement commun sur les Fables et sur les Contes : nous abandonnons définitivement ces derniers et après avoir dit qu'ils comprennent cinq livres publiés en 1665, 1666, 1671, 1685, nous ne nous occupons plus que des Fables.

Les Fables de la Fontaine. — Les Fables sont en douze livres, et ont paru en trois fois. Le premier recueil (I à VI), en deux tomes, est de 1668-69. Le second recueil (VII à XI) est de 1678. Enfin c'est en 1690 qu'a été donné le XIIe et dernier livre.

De ces recueils le meilleur est incontestablement le second, car les apologues y sont plus développés, plus riches de détails descriptifs et d'observations morales. On croit remarquer quelque sécheresse dans le premier, qui rappelle trop souvent la manière concise de Phèdre et même d'Ésope. Le dernier semble en certains endroits se ressentir des atteintes de l'âge. Il ne faut pas d'ailleurs conclure de cette appréciation générale qu'il y a disparate entre les trois parties des Fables. Loin de là : et l'on ne serait pas embarrassé de signaler, soit dans les six premiers livres, soit dans le dernier, des fables vraiment excellentes et pour ainsi dire parfaites.

Lorsqu'on veut se faire une juste idée du fabuliste, il ne faut pas le mesurer à l'aune de ses confrères. Ceux-ci, de Babrius à Lessing, n'ont pas d'autre idéal que de coudre à un précepte moral, plus ou moins banal, un conte dont les animaux font les frais. Ils subordonnent tout au précepte; le conte, quoique plus développé, ce qui ne veut pas dire qu'il le soit beaucoup, reste au second plan. La Fontaine fait juste le contraire, et c'est de là que procède son originalité.

Le précepte chez lui est de médiocre importance ; il lui arrive de l'oublier, ou de lui substituer l'expression d'un fait, de manière à indiquer comment les choses se passent et non comment elles devraient se passer. Il n'en est pas moins moral pour cela ; il ne l'est même que davantage. Le tout est de s'entendre sur le sens du mot.

On a versé des flots d'encre sur cette question de la moralité des Fables de la Fontaine. Jean-Jacques, avec son exagération habituelle, n'a pas manqué de la contester et il a crié au scandale à propos de « la raison du plus fort est toujours la meilleure » et de quelques autres réalités non moins incontestables. Il faut remarquer ici, à l'intention de ceux qui seraient tentés de reprendre pour leur compte la censure de Rousseau, qu'il y a deux manières d'être moraliste. L'une consiste à prêcher telle ou telle morale ; l'autre observe le train du monde et formule avec le plus d'exactitude possible le résultat de ses observations. Or, si la première définition ne s'applique pas toujours à la Fontaine, il ne cesse jamais de répondre à la seconde. Cette morale vue et vécue, ou si l'on aime mieux, cette science des mœurs et des caractères, il ne se contente pas de la mettre en réflexions et en sentences, semées çà et là ; il en fait le fond même de ses récits où, sous des noms d'animaux, il peint et ses contemporains et l'homme en général. On peut lui appliquer le même criterium qu'à Molière : peintre de la vie, il est toujours assez moral si ses peintures reproduisent au vif l'original. Il n'y a donc pas lieu de lui contester le titre de moraliste, puisqu'il n'y a rien de plus exact que ses peintures. Il nous a lui-même avertis de la portée réelle de ses Fables lorsqu'il les a définies

« Une ample comédie à cent actes divers
Et dont la scène est l'univers. »

Nous n'avons pas la prétention de refaire ici ce que M. Taine a fait une fois pour toutes et de main de maître, en signalant après lui tous les rapprochements à établir entre les animaux de la Fontaine et ses contemporains, rapprochements si nombreux que les Fables mises à côté des Mémoires de Saint-Simon en deviennent comme l'illustration, de même qu'elles trouvent en eux leur commentaire.

Ajoutons cependant qu'à la connaissance approfondie de son temps le poète joint, par une série de généralisations légitimes et sagaces, la connaissance de l'humanité envisagée dans ses passions, ses vices, ses travers, si durables qu'ils en paraissent éternels. Nul n'a mieux rendu que lui et mieux fait toucher au doigt notre imprévoyance, nos illusions orgueilleuses et égoïstes, notre ignorance de la destinée, toutes les lacunes, toutes les misères de notre condition mortelle. Il lui est même arrivé de forcer la note et de se montrer trop sévère quand il a jugé l'enfance et la vie conjugale; mais il a réparé ce tort et racheté son exagération en parlant à merveille de l'amour et de l'amitié.

Moraliste consommé, il est encore plus un grand artiste, habile à trouver le trait pittoresque et à fixer en quelques mots l'image infaillible de ce qu'il veut représenter. Ainsi les animaux qu'il met en scène sont animés d'une double vie, et vrais d'une double vérité. Non seulement ils sont la fidèle image des hommes et de l'humanité; mais, en tant qu'animaux, ils sont admirables de ressemblance. Le poète les connaît dans leurs habitudes, dans leurs instincts aussi bien que dans leurs formes et leur extérieur, et il n'y a pas de risque qu'il lui échappe, à propos d'eux, un seul trait faux ou forcé. Bernardin de Saint-Pierre disait que les Fables sont en quelque façon le supplément de l'Histoire naturelle de Buffon. L'éloge est significatif, mais il est insuffisant. L'œuvre de Buffon présente les animaux pour ainsi dire empaillés, comme ils seraient dans une galerie zoologique. La Fontaine les montre vivant et agissant, mais non de l'activité restreinte qu'ils pourraient avoir dans une ménagerie; il sait leur donner la liberté complète des allures et des mouvements.

Aussi vraie que les acteurs est la scène où le poète les a placés. La description de la campagne ne le cède en rien à celle des animaux. Il n'a pas manqué au XVIIe siècle, quoiqu'on en ait dit, de gens qui ont eu le sentiment de la nature, et l'on n'a pas attendu Rousseau pour goûter la beauté des paysages, le charme de la lumière, la fraîcheur des bois, la limpidité des sources. Seulement ceux-là même qui ont éprouvé le plus certainement ces diverses impressions ont été un peu trop sobres à les rendre. Ils se sont contentés d'en jouir, sans les faire toujours partager aux autres. La Fontaine a été moins discret. Il a trouvé pour célébrer la campagne des accents virgiliens, tout en traçant de la main la plus sûre les paysages les plus exacts.

Toutes les qualités que nous venons de louer en lui supposent un talent accompli d'écrivain et de poète. Pour produire de tels effets, il faut être absolument maître de sa forme et disposer du plus riche vocabulaire. C'est le cas de la Fontaine. Entre ses mains notre versification, naturellement un peu raide, s'assouplit jusqu'à devenir une cire docile. Le vers s'accourcit, s'allonge, se coupe au bon endroit de manière à préciser pour l'œil comme pour l'oreille les nuances de la pensée. Les effets d'harmonie imitative reviennent sans cesse et toujours avec bonheur. Le style utilise toutes les ressources de notre langue, soit en mots, soit en tours; sans jamais s'écarter d'une correction suffisante, il se permet toutes les hardiesses et se prête à tous les tons.

Nous pourrions en rester là; mais il convient de dire en terminant quelques mots de la querelle ridicule que Lamartine a cherchée à la Fontaine. Non que nous voulions défendre ce dernier; il n'a pas besoin d'apologiste et tout ce que nous avons vu de lui le prouve assez; mais il nous faut bien enregistrer au passage une appréciation que son ridicule rend inoubliable. Après avoir reproché au fabuliste d'être un professeur d'immoralité, Lamartine en vient jusqu'à lui contester le titre de poète, car son vers coupé, brisé, boiteux serait la négation même de l'harmonie sans laquelle la poésie n'existe pas. Il n'y a rien à ajouter à une semblable aberration également impossible à expliquer et à excuser.

En résumé, la Fontaine, envisagé dans l'ensemble de son œuvre, Contes et Fables, est la plus parfaite expression du génie narratif propre à notre race. Envisagé dans ses seules Fables, il joint à un talent supérieur de narration et de description une connaissance approfondie des mœurs de son époque et de l'humanité en général. Toutes ces qualités font de lui un poète incomparable.

2° Les petits poètes. — On a quelque peine à passer de ce grand homme à ceux que la chronologie lui donne pour compagnons. Il nous semble que son voisinage va les écraser. Les contemporains n'en jugeaient pas ainsi et il leur est arrivé plus d'une fois de les mettre au même rang que lui. La postérité a adopté un autre ordre qui est le bon. Mais en reléguant ces auteurs secondaires à leur place, elle ne les a pas tous voués à l'oubli. Elle a retenu le nom de certains d'entre eux, de ceux qui ont fait le plus de bruit en leur temps, et c'en est assez pour que nous n'ayons pas nous-mêmes le droit de les passer sous silence. Accordons leur une rapide mention.

Le Normand Segrais (1625-1701) débuta à dix-neuf ans par une tragédie d'*Hippolyte* et eut le bon goût de ne pas récidiver. Il chercha sa voie dans la poésie proprement dite et composa des élégies, des épîtres, des idylles, et un poème pastoral intitulé *Athis*. Grand admirateur de Virgile dont il a traduit les Eglogues et les Géorgiques, il a gardé comme un écho lointain de la douceur et de l'harmonie de son modèle. C'est ce qui lui a valu d'être cité honorablement par Boileau au nombre des poètes bucoliques. Il vécut longtemps dans le grand monde, attaché dès 1648 au service de la Grande Mademoiselle, dont il ne se sépara qu'en 1672, après avoir blâmé son projet de mariage avec Lauzun. Il fit partie de ce cercle de beaux esprits dont la Rochefoucauld et Mme de Lafayette étaient le centre, et ce fut même lui qui se chargea de donner au public sous son nom le roman de Zayde. Il était de l'Académie depuis 1662. En 1676 il rentra dans sa ville natale de Caen, s'y maria, et y devint le protecteur, sinon le fondateur, d'une Académie naissante, l'une des meilleures de province, l'une de celles en tout cas que recommandent les plus utiles travaux.

Isaac de Benserade, encore un Normand, a vécu de 1612 à 1691. Il débuta, suivant l'usage, par de mauvaises pièces de théâtre et, de 1636 à 1641, donna une *Cléopâtre*, une *Mort d'Achille* et autres tragédies sans valeur. Puis il se voua à la poésie galante et devint l'un des favoris de l'hôtel de Rambouillet. Il finit par être sous Louis XIV le fournisseur de ballets de la cour, tenant tous les articles de son industrie, devises, madrigaux, etc. Son trop fameux sonnet de Job lui avait valu une réputation imméritée, dont il jouit à loisir et qu'il ne compromit pas trop, même lorsqu'il s'avisa de mettre en rondeaux les Métamorphoses d'Ovide. Entré à l'Académie en 1674, il y disposa d'une grande influence et fut le chef de la majorité hostile à Boileau et à Racine. En sa qualité de Normand et de bel esprit, il détestait et le rival de Corneille et l'ennemi de la préciosité, et comme il ne manquait ni de malice ni d'à-propos, il n'était pas toujours battu dans les discussions qu'il engageait avec eux.

Mme Deshoulières (1638-1694) est l'une des trop nombreuses françaises qui ont reçu sans le mériter le nom de dixième Muse, d'ailleurs femme d'esprit et qui ne manquait pas d'une certaine habileté de versification. Élève de Hesnault, elle prit ses idées philosophiques ou indévotes, à ce point qu'elle ne fit pas baptiser sa fille. Mariée en 1651 à un officier du prince de Condé, elle fut mêlée aux troubles de la Fronde, suivit son mari à Bruxelles, et après une vie errante, rentra veuve à Paris, pour y vivre de sa plume. Elle débuta en 1672 par quelques poésies insérées dans le Mercure galant. Encouragée par un premier succès, elle entassa vers sur vers, ne se refusant aucun genre, depuis le madrigal jusqu'à la tragédie. On sait la part qu'elle prit à l'indigne cabale dirigée contre la Phèdre de Racine : elle s'y comporta en femme passionnée et qui n'a cure de la valeur morale des actes que sa passion lui inspire : c'est le vilain endroit de sa vie. Elle eut d'ailleurs des relations très étendues dans le monde et dans la littérature, et fut l'amie des deux Corneille, de Mascaron, de Fléchier, de Pellisson. Elle eut maille à partir avec la Fontaine à propos d'une ballade où elle se plaignait que l'on ne sût plus aimer comme au temps jadis. Le fabuliste eut la cruauté de lui répondre en vers que c'était illusion pure, que l'on aimait toujours, et que si elle-même était moins aimée, la faute en était au déchet de ses appas qui la rendait moins aimable. Pour que la Fontaine se soit montré si peu galant avec elle, il faut qu'elle lui ait joué, à lui aussi, quelque tour de femme.

On ne connaît plus guère de cette poétesse que l'insipide allégorie « Dans ces prés fleuris, etc. » Sa mémoire gagnerait à ce que l'on remît en lumière quelques-uns de ses vers philosophiques, assez heureusement inspirés de Lucrèce.

Après ces trois poètes mondains, nous citons, pour la rareté du fait, un poète populaire ou mieux plébéien, le menuisier de Nevers, Adam Billaut, dit Maître Adam (?-1662). Il a montré, dans un style souvent incorrect, de la facilité, de l'abandon, une verve chaude et colorée. Ses trois recueils, le *Vilebrequin,* les *Chevilles,* le *Rabot,* renferment tous de jolies pièces. Dans le nombre, il en est deux qui sont presque classiques : la chanson « Aussitôt que la lumière etc., » et le rondeau « Pour te guérir de cette sciatique ». Maitre Adam est le digne héritier de la « muse artisane » d'Olivier Basselin et le précurseur de tous ces ouvriers poètes qu'a connus notre temps, les Jasmin, les Reboul, les Hég. Moreau, avec cette différence toutefois qu'il ne s'embarrasse guère du sentiment si fort en honneur chez eux et qu'il donne surtout essor à sa gaieté.

CHAPITRE V

PROSATEURS MONDAINS.

La Lettre et le Roman.

Notre revue de la prose mondaine dans la première partie du règne de Louis XIV se réduit à deux genres et à deux auteurs, sans plus. Les autres écrivains que l'on a coutume d'attribuer à cette période ont trouvé ou trouveront leur place, soit sous la Fronde, comme Retz et la Rochefoucauld, soit dans l'étude spéciale que nous allons consacrer au clergé. Il ne faut donc pas s'étonner de n'avoir affaire ici qu'à la Lettre représentée par Mme de Sévigné, et au Roman, par Mme de Lafayette.

1° La Lettre : Mme de Sévigné (1626-1694). — La littérature épistolaire, si fort en honneur dans la première partie du siècle, comme nous l'a prouvé le succès de Balzac et de Voiture, ne perdit rien de sa vogue et continua ses progrès, de manière à devenir plus intéressante et surtout plus naturelle. Elle passa à peu près par les mêmes épreuves et suivit la même marche que la conversation. De même que celle-ci délia et assouplit les langues, les habitua à l'improvisation et finit par substituer le bien dire élégant et simple au parler cérémonieux, prétentieux, forcé des précieuses ; de même les plumes mondaines apprirent à courir sur le papier, spirituelles et raisonnables à la fois, et la rhétorique de Balzac comme le badinage de Voiture cédèrent la place à l'aisance exquise de Mme de Sévigné. C'est à une femme qu'il était réservé d'amener le genre à sa perfection. Cela n'a rien de surprenant, les femmes étant le centre de la société polie et excellant à tout ce que réclament les habitudes sociales, correspondance aussi bien que conversation. Il n'y a guère que Voltaire, chez nous, dont les lettres soient plus intéressantes que celles de Mme de Sévigné ; encore cette supériorité doit-elle tenir principalement à la nature des sujets traités, car le talent de Mme de Sévigné ne semble inférieur à aucun.

Marie de Rabutin-Chantal, orpheline de bonne heure, fut élevée par son oncle maternel, l'abbé de Coulanges, et reçut, sous la direction de Chapelain et de Ménage, une éducation solide où le latin trouva sa place à côté des langues modernes. Mariée toute jeune à un gentilhomme breton, elle en eut deux enfants. Restée veuve avec une fortune compromise, n'ayant d'ailleurs aucun sujet de regretter son mari, joueur, débauché, duelliste et dont un coup d'épée intelligent la débarrassa avant qu'il eût fait d'irréparables sottises, elle se voua résolument à ses devoirs de mère et ne s'en laissa détourner par rien. Il n'eût tenu qu'à elle de contracter un nouveau mariage. Apparentée aux meilleures familles de Bourgogne et de Bretagne, petite fille d'une Sainte (c'était alors un avantage qui comptait), bien traitée de la nature au physique et au moral, elle fut recherchée par des hommes du premier mérite, mais n'en voulut écouter aucun. Elle fréquenta la cour et les belles sociétés, sans prêter à la médisance, et sut rester l'amie de tous ses amoureux. Seul, son cousin Bussy pour se venger d'une double déconvenue, galante et pécuniaire, essaya de la noircir dans un portrait satirique. Il en fut pour ses frais de malignité. Un moment toutefois on put croire que la réputation de Mme de Sévigné allait subir une rude atteinte. On trouva quelques billets d'elle dans la cassette d'argent où le trop galant Fouquet enfermait sa correspondance amoureuse. Heureusement il se rencontra des témoins dignes de foi, au nombre desquels Chapelain, pour attester que c'étaient billets d'affaires et non billets d'amour, et le public ne fit pas expier à celle qui les avait écrits le tort d'avoir inspiré au surintendant une passion assez forte pour lui faire conserver, comme reliques, d'indifférents papiers.

Aussi bien Mme de Sévigné avait quelque chose qui la défendait de ses propres entraînements et des séductions d'autrui.

Elle était sous l'empire d'un sentiment puissant qui domina dès le premier jour dans son cœur et fit jusqu'au bout le charme et le tourment de sa vie, je veux dire l'amour maternel. De ses deux enfants, elle en aimait un, sa fille, jusqu'à l'oubli de tout le reste. Le fils fut négligé et cela n'a rien que de naturel — n'entendez pas juste — la passion étant exclusive et n'admettant pas le partage.

Ce fut donc sur sa fille qu'elle concentra toutes ses facultés affectives : elle en fit sa déesse, son idole et ne vécut, on peut le dire, que pour elle, pour ses plaisirs et ses intérêts. Il convient d'ajouter que, comme il arrive invariablement en pareil cas, elle fut mal payée de ses peines. Cette enfant tant choyée fut une très belle personne, mais froide et dédaigneuse, avec de l'esprit et du savoir, mais sans beaucoup de cœur, et qui inspira communément aux autres le contraire de l'affection que lui prodiguait l'aveuglement maternel. Elle fut difficile à marier. Son cousin Bussy la disait « un morceau du roi » et aurait voulu faire d'elle la rivale de la Vallière. Il en fut pour ses intentions déshonnêtes. Mais Sévigné, « de qui les attraits servaient aux grâces de modèle », Sévigné qui savait son Descartes sur le bout du doigt et qui en eût remontré à un théologien, Sévigné resta dix ans la plus belle fille de France et attendit un mari jusqu'en 1672. Elle épousa alors le comte de Grignan, déjà veuf de deux femmes et par conséquent âgé, d'ailleurs laid à plaisir, mal accommodé dans ses affaires et dont tout le mérite était la grande situation qu'il occupait en province. Longtemps lieutenant-général en Languedoc, il était désigné pour passer bientôt avec la même qualité en Provence où il ferait constamment les fonctions du gouverneur, celui-ci n'étant nommé qu'ad honores.

Ce mariage ne fut ni heureux ni malheureux au point de vue des deux principaux intéressés. Aussi prodigues l'un que l'autre, ils menèrent grand train, jouèrent gros jeu, s'endettèrent à plaisir, si bien qu'il fallut parler de mettre les filles au couvent (sur quatre deux seulement consentirent) et marier le fils à une riche héritière de la finance pour redorer son blason, ou pour fumer ses terres, comme le disait insolemment Mme de Grignan. Le principal événement de leur vie commune fut le procès intenté aux Grignan par un soi-disant héritier direct de la famille dont ils n'étaient eux-mêmes les héritiers que par substitution, étant Adhémar de nom et d'armes. Ce procès fut long à soutenir et laborieux à gagner ; d'ailleurs il y allait de tout, du nom et des biens. Mme de Grignan dut se rendre à Paris pour solliciter ; elle y resta près de deux ans, et, paraît-il, s'y brouilla un peu avec Mme de Sévigné, chez qui vers la fin elle n'habitait plus. Il va sans dire que la brouille ne dura pas, la mère ayant fait au plus tôt les avances et les soumissions nécessaires pour y mettre fin.

Si de la fille nous passons au fils, nous voyons celui-ci, quoique négligé et relégué au second plan, remplir au contraire ses devoirs filiaux de son mieux. Il put donner au début quelque inquiétude par ses fredaines, ou plutôt par sa tendance à être la dupe de ses maîtresses et de ses compagnons de plaisir. Mais cela ne dura pas. Il se maria avantageusement et vécut en Bretagne, où, pour se garder de l'ennui, il se livra à l'étude des poètes anciens et particulièrement d'Horace. Il eut constamment pour sa mère les sentiments les plus affectueux et la plus tendre déférence, sans jamais réussir à se faire prendre au sérieux par elle et à obtenir dans son cœur toute la place à laquelle il avait droit.

Telle est l'histoire des enfants de Mme de Sévigné et par conséquent, de Mme de Sévigné elle-même. Sa vie, en effet, ne présente pas d'incidents qui lui soient personnels. Avant le mariage de sa fille, uniquement occupée de l'enrichir et de la produire, elle passe l'hiver à Paris à voir la belle société ; elle fait l'été des voyages d'économie à la campagne, devenant bourguignonne ou bretonne pour des mois entiers. Sa fille mariée, elle ajouta à ses itinéraires celui de Provence où elle se rendit souvent. Vers la fin elle s'y fixa et mourut à Grignan en 1694.

C'est le mariage de sa fille qui a fait, par contre-coup, la réputation littéraire de Mme de Sévigné. Cette séparation qui lui coûta tant de larmes l'induisit à entreprendre cette correspondance où elle a mis tout son esprit et tout son cœur et qui lui a valu l'immortalité. Sans doute elle a d'autres correspondants : affectueuse et répandue, elle ne se refuse pas à entretenir un commerce de lettres avec ceux qui lui plaisent, ou même, avec ceux à qui cela plaît ; et c'est ainsi qu'elle écrit fréquemment à Bussy, à Pomponne, à Moulceau, à La Mousse, à d'Hacqueville, à Corbinelli, à Guitaut, à M. et Mme de Chaulnes, aux Coulanges mari et femme, à l'abbé de Coulanges, le bien bon; mais sa fille est sa vraie correspondante. Leur séparation, tout compte fait, ne dure que sept ans sur les vingt-quatre qui s'écoulent du mariage de l'une à la mort de l'autre. Mais pendant ces sept années il ne se passe pas un jour, ou pour mieux dire, une heure où elle ne soit hantée de la pensée de son idole. Elle lui écrit à chaque courrier et elle ne se pardonnerait pas d'en laisser partir un sans envoyer en Provence l'affirmation, cent fois répétée, et, chose étonnante, répétée sans ennui, de son amour maternel. Il faut insister sur ce point. Les tendresses de Mme de Sévigné à sa fille n'ont rien de monotone; une imagination inépuisable sait en renouveler et en varier l'expression. On prendrait facilement son parti de quelque défaut de ce genre, étant donné qu'il y a autre chose dans ces lettres : nouvelles de la cour et de la ville, incidents de la politique et de la littérature; mais l'on n'a même pas à faire cette concession, et la satisfaction n'est pas plus vive à lire le reste que les endroits où le sentiment domine.

Le mérite supérieur de Mme de Sévigné est un naturel parfait. Elle s'abandonne au plaisir d'écrire, comme, dans une société de son goût, elle devait s'abandonner au plaisir de causer, sans précaution et sans prétention, sans désir de briller et sans peur de se compromettre, sûre de ne jamais dire de sottises, de n'être jamais ni ridicule ni indiscrète. Elle était venue à ce moment heureux où la belle société recueillait le fruit des efforts qu'elle avait dû faire pour s'organiser, se discipliner, s'affiner et se polir. Les générations nouvelles bénéficiaient, par droit d'héritage, de cet art péniblement créé par Balzac, Voiture, Vaugelas et les habitués de l'hôtel de Rambouillet. Mais elles éliminaient peu à peu de l'héritage tout ce qui n'était pas vraiment bon : elles mettaient leur honneur à dire sans apprêt, avec justesse, avec esprit, des choses intéressantes, aussi bien sur le ton plaisant que sur le sérieux. Nul ne réussit mieux à ce métier délicat que Mme de Sévigné. Elle fit passer de la conversation dans la correspondance le don de plaire qu'elle tenait de nature et qu'elle avait développé par l'éducation, et il n'en a pas fallu davantage pour faire d'elle un grand écrivain.

On conteste quelquefois le naturel spontané de ses lettres; on dit qu'elle les savait destinées à passer de main en main, et que dès lors elle a dû se mettre en frais de beau style et d'élégance, comme elle faisait sa toilette pour se montrer dans un salon. C'est mal comprendre les choses : Mme de Sévigné était si bien familiarisée avec son public, je veux dire avec le grand monde, qu'elle n'avait pas à se faire belle et à s'endimancher pour paraître devant lui. Elle était là dans son élément, et elle n'a pas dû avoir, un seul instant, les préoccupations qu'on lui prête.

Après avoir circulé manuscrites, les Lettres furent, en 1725, l'objet d'une première publication, très incomplète, mais qui donna lieu quand même à des réclamations de la part des personnes qui y étaient nommées ou, pour mieux dire, de leurs ayants droit. Une édition plus développée fut procurée en 1734 par le chevalier de Perrin, avec le plus grand succès Le même chevalier de Perrin eut sur le tard la malencontreuse idée d'habiller son auteur au goût du jour, et il en donna vers 1754 une autre édition revue et corrigée, entendez, dépouillée précisément de tous les traits naïfs et prime-sautiers de tout ce qui constitue le charme et le talent de l'écrivain.

Vint ensuite l'édition Montmerqué (1818) qui fut un progrès sérieux sinon pour la pureté au moins pour l'intelligence du texte, entouré désormais de tous les éclaircissements désirables. Enfin nous avons vu paraître l'édition Regnier que l'on peut croire définitive. Le texte y est rétabli dans son exactitude originale. Ce travail d'épuration a eu pour effet de mettre plus de mouvement encore, et même une pointe de gaillardise et comme une fleur de gaieté bourguignonne, dans le courant animé de la correspondance. Le total des lettres s'élève à 1450, dont quelques-unes découvertes il y a quelques années. Il n'est pas impossible qu'il s'en découvre d'autres, mais on peut avancer qu'elles n'ajouteraient ni n'ôteraient rien à la gloire désormais établie de leur auteur.

Cette gloire est la juste récompense d'un style où le naturel est joint à la finesse, à l'esprit, à la grâce, et même, chose rare chez les femmes, au pittoresque. Mme de Sévigné excelle, dans sa souplesse, à varier les tons et à les approprier à chaque sentiment qu'elle veut rendre. Son imagination vive et mobile passe sans effort de la familiarité et de l'abandon à la gravité sérieuse et de la plaisanterie à l'éloquence. Elle se fait toute à tous, aussi à l'aise dans la cohue de la ville que dans la solitude de la campagne, trouvant des charmes à la vie sociale et ne méconnaissant pas ceux de la nature. Elle est, presque à l'égal de la Fontaine, sensible aux beautés de la campagne et elle sait les rendre avec une heureuse émotion.

Cette correspondance, agréable à tant de titres, se recommande encore par sa valeur historique et constitue en quelque sorte un journal varié et bien renseigné. Michelet s'est montré gratuitement injuste lorsqu'il a parlé des « on-dit d'une dame de province à qui la cour était fermée et qui n'en connaissait que les faubourgs ». Il est vrai que Mme de Sévigné ne faisait pas de la cour sa résidence habituelle ; mais elle savait ce qui s'y passait ; elle était instruite de première main, même pendant ses séjours à la campagne ; il n'était pas un incident de quelque portée qui pût lui échapper.

Non seulement elle était au courant des choses, mais elle était, de par ses antécédents et son tour d'esprit, en état d'en mieux juger que les courtisans proprement dits. Parente du cardinal de Retz, amie de la Rochefoucauld, et, sans être elle-même Frondeuse, liée avec les plus qualifiés des Frondeurs, elle devait à ces fréquentations une certaine indépendance qui la prémunissait contre les engouements et les partis pris. Elle avait, à l'exemple de tous les contemporains, la religion du roi, mais non celle des ministres et des grands sur qui elle s'espace volontiers. On rencontre d'ailleurs chez elle tous les personnages du temps et l'on voit se succéder sous sa plume Fouquet, Colbert, Louvois, Turenne, Luxembourg, Catinat, Vendôme, sans préjudice des princes et princesses. Tout ce qu'elle raconte d'eux est fort intéressant et l'on ne trouve guère à reprendre, dans ses excursions sur le domaine de l'histoire, que le laisser aller, la légèreté, l'insouciance qu'elle apporte à retracer la répression des révoltes populaires en Bretagne et en Provence. Je ne lui tiens pas rigueur sur la Révocation qu'elle admire avec tout son siècle ; mais elle prend pour parler des supplices atroces infligés aux rebelles un ton de plaisanterie qui en dit long sur les sentiments de l'aristocratie du temps à l'égard du « bon peuple ». Voilà en effet une femme qui passe à bon droit pour sensible et affectueuse, excellente mère, amie incomparable, qu'aucune douleur ne trouve froide, que la moindre contrariété des siens ne laisse pas indifférente. Et c'est la même personne qui rapporte en riant comme quoi l'on a pendu ou écartelé les paysans bretons, brûlé leurs chaumières et leurs récoltes, violé leurs femmes, écrasé leurs enfants contre les murs. Il est trop visible qu'elle ne se croit pas de la même espèce que ces pauvres diables.

Un autre côté intéressant de la correspondance, c'est l'abondance de détails littéraires qu'elle présente. Mme de Sévigné lisait beaucoup et sans goût exclusif. Des poètes italiens elle passait à nos romanciers, et de ceux-ci à nos moralistes avec une parfaite égalité d'âme, sachant se plaire partout et prêtant au besoin le charme de son imagination aux auteurs qui en étaient le plus dépourvus. Cette lectrice accommodante supplée à l'insuffisance de ce qu'elle lit ; elle sait gré même aux auteurs médiocres des belles idées qui lui sont venues en les feuilletant. Mais comme elle est femme, elle ne se pique ni d'une grande fixité dans ses jugements, ni même d'une impartialité qui serait cependant indispensable. Il suffit qu'elle aime un écrivain pour prendre en dédain et disgrâcier ses rivaux : enthousiaste de Corneille, elle maltraite Racine ; et s'il lui arrive un jour de louer Esther, ce n'est pas qu'elle soit revenue à de meilleurs sentiments sur le poète, c'est qu'au cours de la représentation, où elle assistait en bonne place, elle a été honorée d'un mot flatteur de Sa Majesté. On peut inférer de là que Mme de Sévigné n'est pas une autorité infaillible en matière de critique littéraire. Mais ses jugements n'en sont pas moins curieux à relever et il y a quelque plaisir à noter les variations de son goût.

D'ailleurs, à quelque point de vue qu'on se place, on trouve toujours son compte à la lire. Elle a su se mettre tout entière dans ses Lettres avec le charme irrésistible de sa vitalité toujours agissante. Parcourir sa correspondance, c'est vraiment causer avec elle ; et il n'y a pas d'interlocutrice plus gaie, plus attachante, plus propre à dérober les heures, un des meilleurs préservatifs contre l'ennui.

2° Le Roman : Mme de Lafayette (1634-1693). — Le Roman est le dernier genre qui nous reste à étudier ; et il est lui aussi représenté par une femme du grand monde, et justement par une amie de Mme de Sévigné, moins vive qu'elle, mais presque aussi agréable en dépit de son habituelle mélancolie : nous la connaissons déjà comme la consolatrice des vieux jours de la Rochefoucauld ; c'est Mme de Lafayette.

Boileau l'a appelée quelque part la femme de France qui écrit le mieux et qui a le plus d'esprit. Nous sommes à même de vérifier l'éloge et nous en reconnaissons la justesse, mais à la condition que l'on fera une exception pour Mme de Sévigné qui gardera le premier rang. L'œuvre de Mme de Lafayette ne renferme presque pas de lettres; elle était paresseuse à écrire et elle tenait le genre lui-même en médiocre estime, petite injustice de femme qui n'apprécie que ce qui lui plaît, ce à quoi elle réussit. On y trouve des Mémoires intéressants, riches en détails et en particularités utiles à connaître sur Henriette d'Angleterre et sur la jeune cour. Mais la place d'honneur y est occupée par les Romans.

Venue après Mlle de Scudéry, et faisant comme elle de l'amour le fond de ses récits, Mme de Lafayette sait se préserver de l'intarissable prolixité de sa devancière. Bien loin de tirer à la ligne, elle se propose au contraire de réduire le développement à sa plus simple expression. Sa maxime favorite est qu'une phrase retranchée dans un écrit en augmente la valeur d'une pistole. Aussi au lieu de 30 et de 40 volumes n'en avons-nous qu'un seul et non des plus gros à parcourir, ou mieux, à lire attentivement, car le contenu est assez précieux pour qu'on n'en laisse rien perdre.

A cette sobriété, qui constitue le premier trait du talent de l'auteur, vient se joindre, en dépit d'un tour d'imagination volontiers romanesque, une psychologie judicieuse, fine, pénétrante, et qui sait noter par le menu les effets de la passion sur un cœur. Dans ses récits, qui ne sont guère que des nouvelles par la dimension, il y a en une seule page plus de vérité morale que dans tout le fatras des conteurs de la précédente génération. Contemporaine de Racine, et sa parente par l'esprit, elle fait pour le roman ce qu'il a fait pour la tragédie et elle lui donne pour objet l'analyse de l'amour. La ressemblance ne s'arrête pas là ; comme le poète, le prosateur parle une langue peu riche de mots ;

mais quelque restreint que soit le vocabulaire, toutes les phases, toutes les nuances du sentiment sont rendues. C'est le même art de faire quelque chose de rien.

Voyons maintenant les œuvres où ces rares qualités se sont fait jour. Mme de Lafayette débuta en 1672 par *Zayde,* parue sous le nom de Segrais et précédée, en guise de préface, de l'Essai sur les romans de Huet, l'aimable et docte évêque d'Avranches. C'est une série d'aventures à l'espagnole, avec naufrages, enlèvements, reconnaissances, mais où l'on trouve deux choses intéressantes : en premier lieu, la peinture de l'amour instantané, de l'amour coup de foudre, de celui qui a pour devise :

Ut vidi, ut perii, ut me malus abstulit error ;

en second lieu la scène touchante de ce que l'on peut appeler le dialogue imprévu : les deux amants, qui n'avaient pu encore échanger leurs pensées faute de parler la même langue, se voient séparés brusquement, sans espoir de jamais se rencontrer : ils n'en apprennent pas moins la langue l'un de l'autre, et lorsque la fortune les remet en présence, Gonzalve salue Zayde en grec, et Zayde salue Gonzalve en espagnol. Si l'on ajoute à ce trait d'autres peintures délicates, comme celle de la manifestation muette et d'autant plus saisissante de la passion poussée jusqu'à la jalousie, on comprendra quel succès dut avoir ce petit livre sur une génération qui s'intéressait par dessus tout à l'amour, mais qui ne se contentait plus des descriptions invraisemblables qu'on en avait faites jusque-là.

La *Princesse de Clèves,* parue en 1678, et sous le nom de l'auteur, eut et méritait encore plus de succès. L'observation y prend en effet le dessus sur l'invention romanesque. Celle-ci ne se donne carrière que dans le tableau fantaisiste et plus que flatté de la cour des Valois. Mme de Lafayette avait une préférence mal expliquée pour ce milieu plus brillant qu'honnête, et elle le représente comme le centre des plaisirs, ce qui est possible, comme l'asile des belles manières et de la délicatesse, ce qui est au moins contestable. A part cette erreur historique, tout, dans ce petit roman, est bien vu, bien rendu, pathétique au dernier point. Le duc de Nemours, le plus galant seigneur de la cour et le plus inconstant, voit la princesse de Clèves et en devient amoureux. Le même sentiment se glisse peu à peu dans le cœur de la princesse. M. de Nemours, que la sincérité même de sa passion rend timide, n'ose pas se déclarer par respect pour celle qu'il aime ; mais ses yeux parlent malgré lui. De son côté la princesse veut, par fidélité au devoir, déraciner un amour criminel ; mais ne pouvant y parvenir par ses seules forces, elle fait à son mari la confidence de son état moral. Cette démarche, aussi généreuse qu'imprudente, aurait pour tout effet de désoler inutilement le prince de Clèves, si elle n'avait pour témoin invisible M. de Nemours que la complicité bienveillante du hasard a placé à portée d'entendre les aveux de la princesse. Celle-ci continue à lutter courageusement contre elle-même ; son mari, qui l'aime éperdument, se désole et se consume du regret de ne pas sentir partager son amour ; quant au duc de Nemours, sûr d'être aimé, il est le moins malheureux des trois, car cette consolante certitude semble l'autoriser à compter sur l'avenir. C'est en quoi il se trompe. M. de Clèves ne tarde pas à mourir, il est vrai ; mais sa veuve, qui se reproche d'avoir hâté sa fin, s'en punit en renonçant à un nouveau mariage qui comblerait tous ses vœux. Elle s'en va cacher sa passion et son remords au fond d'une province, cependant que M. de Nemours continue à vivre dans le monde, mais sans jamais retrouver sa belle humeur et sa galanterie d'antan.

Telle est cette touchante histoire, l'un des chefs-d'œuvre de notre prose, et qui, indépendamment de ses mérites intrinsèques, a celui d'avoir ouvert une voie nouvelle au roman et d'en avoir fait une des branches de la morale, j'entends de celle qui étudie les mœurs et peint les caractères. Le roman est devenu chez nous le frère de l'art dramatique. C'est Mme de Lafayette qui la première a eu le sens de ses destinées et les lui a montrées.

Nous n'avons encore rien dit de la vie de notre auteur : elle mérite cependant quelque attention.

Fille d'un gouverneur du Hâvre et d'une précieuse, élève de Ménage, assez instruite pour lire les poètes latins dans le texte, sachant concilier en elle une imagination un peu rêveuse et la plus solide raison, elle fut présentée, jeune fille, à l'hôtel de Rambouillet dont elle vit les derniers jours et dont elle conserva les traditions de politesse, mais sans la prétention. On la maria au comte de Lafayette, personnage effacé qui semble n'avoir tenu aucune place dans sa vie. Elle lui dut toutefois de connaître l'ancienne bien-aimée de Louis XIII, devenue visitandine à Chaillot, et qui la mit en relations avec Henriette de France et Henriette d'Angleterre. Elle devint la confidente et le conseil de cette dernière, lorsque son mariage l'eût faite duchesse d'Orléans, et fut le témoin de tous les actes importants de sa vie. Après l'avoir vue mourir, elle consentit à resserrer le lien plus qu'affectueux qui l'unissait au duc de la Rochefoucauld et à partager presque complètement son existence. Elle lui donna dix ans de bonheur; mais elle ne put se consoler de l'avoir perdu. Elle lui survécut treize ans, sans reprendre goût à rien, enveloppée d'une brume de tristesse qui l'avait fait surnommer par Mme de Sévigné « le brouillard ». Ces deux femmes de talent étaient amies dès le jeune âge et avaient continué à vivre dans une étroite intimité. Elles faillirent toutefois en venir à une rupture à propos d'une héritière que l'une couvait pour son fils et que l'autre eut l'adresse d'enlever pour le sien. Il va sans dire que c'est la gémissante et la détachée qui prit les devants et arriva la première au but; cela est dans l'ordre.

Outre ce fils, ainsi marié, Mme de Lafayette en eut un autre dont elle fit un abbé grassement pourvu. Cette personne d'expérience savait que les beaux sentiments ne sont jamais plus faciles, que quand ils ont pour base une existence assurée et opulente. Aussi se mit-elle en peine de la fortune de ses enfants, dont aucun d'ailleurs n'a fait parler de lui. Ce n'est qu'aux approches de la Révolution que le nom de Lafayette a été mis en lumière, on sait avec quel éclat; mais des deux illustrations qu'il possède, celle qu'il tient des lettres, pour être moins bruyante, n'est peut-être pas moins estimable que celle qui vient de la politique.

Ici s'arrête notre étude de la littérature mondaine dans la première partie du règne de Louis XIV. Nous arrivons à la littérature ecclésiastique, presque aussi riche de grands talents et de belles œuvres.

LIVRE CINQUIÈME

L'œuvre littéraire du Clergé sous Louis XIV (1662-1715).

CHAPITRE PREMIER

1º Tendances et action du clergé. — 2º Bossuet : l'homme, l'écrivain.

1º Tendances et action du clergé. — Louis XIV disait pompeusement : « l'État c'est moi. » Il eût mieux fait de dire : « moi et le clergé »; car, malgré ses prétentions à l'omnipotence, il a subi plus que personne le joug ecclésiastique. Il se flattait cependant d'y échapper, parce qu'il n'avait admis dans son ministère ni cardinaux ni évêques. Mais c'était là une pauvre garantie et l'on sait d'ailleurs, par l'exemple de Richelieu, qu'un prêtre devenu homme d'État n'est pas forcément un instrument aux mains de l'Église : nourri dans le sérail, il en sait les détours, se gare des pièges, se refuse aux concessions imprudentes.

Louis XIV, lui, fut de bonne heure cet instrument docile. Il lui arriva bien, au début, de manifester quelque indépendance, par exemple lorsqu'il protégea Molière et fit jouer Tartufe; mais cela ne dura pas ou plutôt n'empêcha rien. Les libertés qu'il semblait prendre, il les rachetait d'autre part : jansénistes et protestants en surent quelque chose. L'on peut avancer que, sous ce règne, à partir de la Révocation et du mariage secret de

Mme de Maintenon, le clergé, s'il n'a pas l'apparence du pouvoir, en a du moins la réalité. L'alliance du trône et de l'autel devient indissoluble, aux conditions que l'on imagine, à savoir que l'autel dominera le trône et c'est en effet ce qui eut lieu.

Pour arriver à ce résultat, le clergé eut deux moyens d'action sur le prince, et d'abord la flatterie, non pas, bien entendu la flatterie banale et vulgaire qui eût scandalisé dans sa bouche et l'eût ravalé au rang des derniers courtisans. Il distingua dans l'existence royale la conduite privée et la conduite publique. Il apprécia et jugea la première avec quelque indépendance et parfois même avec sévérité; mais la seconde fut l'objet de ses invariables éloges. Il célébra Louis XIV comme le représentant de Dieu sur terre; il lui fit entrevoir et ambitionner, comme la plus belle de toutes, la gloire des Marcien, des Constantin et autres prétendus restaurateurs de la religion; il lui persuada que l'unité religieuse était la condition de l'unité politique, c'est-à-dire de l'œuvre à laquelle il avait, de lui-même, voué sa vie et attaché sa grandeur. En soutenant cette dernière thèse, le clergé paraissait abonder dans les vues du prince et il appuyait même cette apparence de quelques concessions insignifiantes dont il faisait grand bruit; si bien que Louis XIV pouvait s'applaudir de mener tout le monde, tandis qu'on abusait de son penchant pour le mener là où une sage politique eût dû lui interdire d'aller.

Hélas! cette sage politique, il ne la connut jamais, en dépit de ses bonnes intentions et pas même quand il eut à son service les Colbert et les Lionne. Ses partis pris sont l'écueil où viennent se briser l'habileté et la prudence de ses ministres. Il n'est pas rare que, dans le règlement des affaires courantes, ceux-ci réussissent à lui suggérer leurs propres idées, à les lui faire exprimer et à les recueillir sur ses lèvres comme si elles étaient de lui. Mais il y a un certain nombre de questions sur lesquelles ils le trouvent irréductible : la question religieuse est du nombre.

Le trait dominant de Louis XIV, et c'est le second moyen d'action que le clergé eut sur lui, c'est la persuasion où il est d'être, sinon d'une autre matière que le commun des hommes, au moins d'une autre espèce : il se considère naïvement comme une incarnation de Dieu, et à ce titre il ne peut, sans manquer à sa propre personne, à sa propre grandeur, ne pas pratiquer la religion, ne pas être dévot. Il l'est donc et en toute sincérité. Le pouvoir de Dieu, ou celui de l'Église, est le seul qu'il reconnaisse. Ce roi, qui ne veut accepter la direction d'aucun homme pour les choses du gouvernement, s'agenouille devant le prêtre au confessionnal et permet qu'on lui reproche ses fautes et qu'on lui demande de les expier.

Le clergé usa habilement de la prise que lui donnait la dévotion royale. Au début il alla doucement, ménagea la susceptibilité ombrageuse du pénitent, lui dissimula le frein. C'est l'époque des confesseurs volontairement sourds et aveugles, les Annat, les Ferrier. Lorsque le premier feu de la jeunesse fut amorti, la place échut au politique père La Chaise et il la remplit si bien qu'on l'y laissa mourir. Après quoi, sûr de l'obéissance du prince, on se dispensa de tout ménagement et l'on mit sa conscience entre les mains du farouche Tellier qui la pétrit à sa fantaisie.

Le joug, si visible à la fin, est moins sensible au début, mais il existe et Louis XIV s'inspire volontiers, dès le premier jour, des préjugés du clergé, soit dans ses rapports avec les peuples voisins, soit dans sa manière d'être avec une partie de ses sujets.

La guerre de Trente Ans semblait devoir être la dernière des guerres de religion ; l'on pouvait croire, après le traité de Westphalie, que les nations obéiraient désormais aux intérêts politiques plus qu'à la passion religieuse. Le seul Louis XIV tomba dans cet anachronisme de joindre la manie du prosélytisme à l'esprit de conquête. S'il fit la guerre aux Hollandais, ce ne fut pas seulement dans l'intérêt de notre commerce, ni pour venger sa gloire méconnue, ce fut pour châtier la Hollande d'être devenue le boulevard du protestantisme, et son entourage intime put l'entendre déclarer, au départ, que c'était une guerre de religion.

De la politique habile et généreuse qui servait nos intérêts tout en défendant le faible contre le fort, politique inaugurée par Henri IV et poursuivie avec un éclat incomparable par le grand Richelieu, Louis XIV n'a garde de se contenter. Il ambitionne pour la France le rôle que l'Espagne a joué en Europe sous Charles-Quint et Philippe II, sans tenir compte de la décadence aussi lamentable que rapide, qui en a été la rançon. Il veut faire la loi à toutes les puissances, à qui son ambition inspire d'autant plus de haine et de craintes qu'elles sont fondées à croire que, partout où il deviendrait le maître, il violenterait les consciences. Il soulève tout contre lui et jusqu'au pape qui, pris entre ses intérêts temporels de souverain et les intérêts de la religion, donne bravement la préférence aux premiers et s'allie avec les puissances protestantes contre le champion du catholicisme. C'est un curieux et triste spectacle que cet héritier égaré de deux grands politiques, subordonnant les avantages les mieux constatés de son pays à des satisfactions d'amour propre et de dévotion, et poussant le zèle jusqu'à devenir, sous la pression de son clergé, plus catholique que le pape lui-même.

A l'intérieur ce fut la même conduite dictée par la même influence. Ce Louis XIV, qui dut rêver plus d'une fois la suppression du protestantisme en Europe, n'avait garde de laisser en paix les protestants de son royaume. On l'avait d'ailleurs prémuni de longue main contre toute velléité de concessions et d'indulgence à leur égard. Sa mère, au lit de mort, lui avait presque imposé l'engagement d'exterminer l'hérésie. Tous les prédicateurs le poussaient dans la même voie, et si par exception l'un d'eux, Bertier, évêque de Montauban, qui prêcha le sermon de son sacre, crut devoir, sans doute à l'instigation de Mazarin, parler de tolérance envers les réformés, les Assemblées du clergé se chargèrent aussitôt de définir la nature et le degré de cette tolérance.

L'Assemblée de 1660 vote le 6 octobre un ensemble de mesures vexatoires qu'elle soumet au roi en mars 1661, au lendemain de la mort de Mazarin. Le moment est solennel, et l'on se demande avec anxiété quelle sera l'attitude du maître : il n'hésite pas à obéir au clergé. Il refuse de recevoir les ministres protestants ; il chasse le président Vignole, député de Castres, renouvelle la défense de psalmodier dans les temples, et autorise à partir de douze ans la conversion des enfants.

Deux ans après, le Parlement, sur la dénonciation du dévot Desmarets et sous la présidence du dévot Lamoignon, condamne au feu l'illuminé Morin. Le roi laisse faire, et le bûcher s'allume pour éclairer d'une lueur sinistre l'avenir du règne.

L'Assemblée de 1665 passe une partie des onze mois que dure la session à chercher de nouveaux moyens de vexer les protestants, et elle les fait adopter sans peine par la piété du roi.

L'Assemblée de 1670 débute par manifester son mécontentement : elle se plaint qu'on ait suspendu les mesures prises contre les réformés. En effet, Louis XIV avait cru devoir laisser à ces malheureux quelque répit à la veille de la guerre de Hollande. Bien que cette guerre fût dans sa pensée une guerre religieuse, il ne voulait pas lui donner trop ouvertement ce caractère, ni mettre certains de ses sujets dans le cas de faire des vœux ou pis encore pour le succès de l'étranger. Mais le clergé n'entre pas dans ces raisons, il proteste et l'on revient à la rigueur.

L'Assemblée de 1675 fait un sacrifice pécuniaire. Elle étend le droit de régale, mais à la condition que l'argent servira à alimenter la caisse des conversions et à payer les apostasies.

L'Assemblée de 1681 donne à Louis XIV la satisfaction toute platonique d'entendre déclarer sa couronne indépendante du pape. Cependant, en échange, elle obtient contre les protestants de nouvelles mesures dont le détail serait trop long ici, mais qui toutes resserrent le réseau autour des malheureux dissidents.

Enfin, l'Assemblée de 1684, au comble de ses vœux, remercie le roi d'avoir *sans violence* (c'était un mensonge et le clergé le savait mieux que personne lui qui avait suscité et guidé les Dragonnades) fait quitter l'hérésie à toute personne raisonnable. Autant dire qu'il n'y avait plus de protestants en France. Le roi le crut, sur le dire de ses prêtres appuyé de celui de Mme de Maintenon et des ministres, et il signa la Révocation.

Le clergé était arrivé à ses fins : il avait triomphé du protestantisme. Il se tourna alors contre le jansénisme et entreprit de l'exterminer par l'emploi de la même politique. Il y réussit en apparence et fit déclarer la bulle Unigenitus loi du royaume. Il ne se doutait pas que ce double succès, si longtemps poursuivi et dont il était si fier, lui portait à lui-même un coup fatal. Aheurté au présent, il n'avait pas un regard, pas une pensée pour l'avenir. Il ne voyait pas que les victoires ainsi remportées étaient des victoires à la Pyrrhus dont il faisait lui-même les frais. Le XVIIIe siècle se chargea de lui ouvrir les yeux et de lui montrer l'étendue de son erreur.

Depuis la Renaissance, notre pays est visiblement partagé entre deux tendances, le besoin de se conformer à la raison, le respect de la tradition. Nos pères du XVIe siècle, sans être autrement émancipés, avaient toutefois l'idée que le catholicisme demandait de trop grands efforts à leur crédulité ; ils essayèrent du protestantisme et lui donnèrent de nombreux et ardents prosélytes. Mais lorsque de guerre lasse on en fut venu à la pacification de l'Édit de Nantes, la tradition reprit le dessus et éloigna le gros public de la Réforme qui eut de la peine à conserver son terrain, loin d'en gagner.

Cependant la France pensante n'avait perdu aucun de ses griefs contre le catholicisme. A demander beaucoup, elle n'avait rien obtenu ; elle crut habile de demander moins, et elle inventa le jansénisme. La nouvelle doctrine eut du succès jusqu'au jour prochain où la tradition se réveilla et, après un court sommeil, reprit son empire. Le jansénisme devint à son tour suspect à la majorité des Français et ses progrès s'arrêtèrent brusquement.

Alors la raison essaya d'une troisième tentative, bien modeste celle-là, mais qui ne devait pas réussir plus que les autres, quoique cette fois le clergé français conspirât avec elle pour lui assurer ce minimum de satisfaction. On n'avait pu se soustraire à ce que l'on croyait voir d'interpolé ou de trop illogique dans le dogme ; on n'avait pu écarter du culte les pratiques superstitieuses et ramener la morale à sa pureté primitive ; on voulut du moins, dans les questions de discipline intérieure et d'organisation garder quelque indépendance et ne pas se mettre en tout à la merci de Rome. Ici la raison et la tradition étaient d'accord pour encourager l'entreprise ; elle n'eut pas un meilleur succès. En vain l'Assemblée du clergé de 1681 formula-t-elle les droits de l'Église Gallicane dans les quatre célèbres Articles ; en vain, pendant plusieurs années, le clergé persista-t-il à suivre le pouvoir dans sa résistance aux usurpations temporelles du pape ; après quinze ans de lutte, la bataille fut perdue, et de l'Église Gallicane il ne resta qu'un vain nom. Une fois la barrière du gallicanisme disparue, les empiétements reprirent de plus belle, et Rome dit à la France : « Tu as voulu être janséniste ou protestante, tu adoreras le Sacré-Cœur. »

C'en était trop pour la raison française : on lui demandait de se suicider, elle voulut vivre et ne fit plus aucune concession. La tradition ne s'était pas contentée de ses sacrifices successifs ; elle divorça avec la tradition et elle suscita Voltaire

Ainsi l'intolérance du clergé français devait avec le temps se retourner contre lui-même. Les mesures qu'il avait appelées de tous ses vœux, notamment la Révocation, étaient son propre arrêt de mort, puisqu'elles contenaient le germe de sa prochaine rupture avec la nation qui, il faut bien le dire, lui était absolument docile depuis la Fronde et n'avait pas plus contesté son autorité que celle du prince. Ce qui le perdit, c'est justement l'abus qu'il fit de cette autorité.

On doit ajouter qu'il n'avait rien négligé pour s'en rendre digne et que s'il ne fut jamais plus puissant, il ne fut jamais plus recommandable par ses talents et par ses vertus. Soit dans le clergé séculier, soit dans les ordres monastiques, il y a comme une émulation pour entourer le sacerdoce de tout ce qui peut le rehausser dans l'opinion et lui mériter l'estime et la confiance des fidèles.

En premier lieu, la réforme des mœurs cléricales, commencée par les Vincent de Paul, les Bourdoise, les Eudes, les Ollier, encouragée par les exemples du Jansénisme, avait porté ses fruits. La régularité dans la conduite était devenue si ordinaire qu'elle avait effacé jusqu'au souvenir des désordres de l'âge précédent. Le clergé prêchait d'exemple et n'en était que mieux fondé à développer dans la chaire les préceptes austères du christianisme.

Mais ce n'était pas assez des bonnes mœurs pour exercer une domination durable : il fallait y joindre les lumières et le clergé se mit en devoir de les acquérir. Il crut pouvoir maintenir l'accord entre la science et la foi, et il y fut trompé. Mais ce n'est pas à nous de le railler d'une erreur qui nous a été profitable ; il convient, au contraire, de louer l'ardeur avec laquelle il s'engagea sur toutes les routes du savoir, les travaux collectifs ou personnels entrepris par ses membres, l'appoint considérable qu'il apporta aux divers ordres de la recherche scientifique, et, par dessus tout, les œuvres admirables dont il a enrichi notre littérature.

Nous allons raconter la part qu'il a prise au développement littéraire de la France pendant tout le règne personnel de Louis XIV, sans nous astreindre à la division subsidiaire que nous avons adoptée pour la littérature mondaine sous le même règne. Toute distinction de ce genre serait superflue, car les auteurs que nous allons étudier sont invariablement inspirés du même esprit. Lors même qu'ils ont l'air de penser le plus aux choses du monde, la préoccupation de la religion ne les abandonne pas un instant. Par exemple, on pourrait être tenté de ranger Fénelon parmi les écrivains qui rêvent une réaction contre les abus de pouvoir de Louis XIV, et, à ce titre, le renvoyer au moment où l'on traitera de Saint-Simon et de Boulainvilliers. Mais avant d'être un opposant en politique, il est un prêtre, un évêque, et sa vraie place est ici. Nous le laisserons avec les siens, dans sa famille, et c'est entre lui et Bossuet que nous encadrerons l'histoire littéraire du clergé. Aussi bien est-ce d'eux qu'elle emprunte son plus grand éclat.

2° Bossuet (1627-1704). — **L'homme.** — La vie de Bossuet va de 1627 à 1704 et se partage en cinq périodes. La première (1627-1652) nous conduit à la fin de ses études; la deuxième nous le montre prêchant en province (1652-1659); la troisième prêchant à Paris et à la cour (1659-1669); la quatrième présidant à l'éducation du Dauphin (1670-1681); la cinquième remplissant avec ses fonctions d'évêque de Meaux le rôle de chef moral, de directeur du clergé de France, de gardien vigilant de l'orthodoxie.

On le voit; le temps de son préceptorat excepté, il n'y a pas un moment de la vie de Bossuet qui n'ait été donné à l'Église. C'est la plus belle figure de prêtre qui se détache de notre histoire : nul n'a fait plus d'honneur que lui au sacerdoce et n'en a rempli plus fidèlement les obligations. Il n'y a pas dans sa vie de ces endroits où l'on n'ose appuyer, de ces défaillances qui se devinent quand elles ne sont pas certaines. Il est régulier du premier au dernier jour et cette régularité n'a jamais été contestée. Tout au plus pourrait-on objecter la ridicule anecdote de son prétendu mariage, insérée, on ne sait pourquoi, par Voltaire dans son Siècle de Louis XIV et démentie pièces en mains par Beausset, ou encore la mauvaise plaisanterie du père la Chaise disant de Bossuet qu'il n'était pas Moliniste, mais Mauléoniste, par allusion à son amitié pour Mme de Mauléon. A une époque où, bien plus qu'aujourd'hui, on était à l'affût des scandales, où les nouvelles à la main et les chansons révélaient impitoyablement les moindres écarts de conduite, Bossuet a été épargné, évidemment parce qu'il méritait de l'être. Ce n'est pas un médiocre mérite que cette unité d'existence, cette fidélité de toute une vie au devoir.

De son enfance il y a peu à dire. Élevé par son oncle, en l'absence de son père qui remplissait à Metz les fonctions de conseiller au parlement, il se distingua aux Jésuites de Dijon par son ardeur au travail, sa mémoire infaillible, son intelligence précoce des Livres Saints. Une Bible s'étant trouvée sous ses yeux, vers l'âge de onze ans, le peu qu'il en lut le transporta. Il n'eut pas de cesse qu'il n'eût obtenu d'en poursuivre et d'en achever la lecture : il en fit dès lors son livre de chevet. Le trait est à noter : sans rien négliger, les Docteurs ni les Pères, il ne se croit pas dispensé, comme font volontiers les catholiques, de remonter à la source ; il est nourri de la parole de Dieu, et dans les constantes applications qu'il en fait, il l'exprime en français avec un bonheur incomparable.

Ses premières études terminées, il se déroba aux instances des Jésuites et échappa à leur niveau de fer qui eût empêché le développement de son génie. Il vint à Paris faire sa philosophie et sa théologie au collège de Navarre. Il retrouva dans cette grande maison ses succès de province ; il en fut bientôt l'honneur et l'orgueil. Sa réputation franchit même les bornes du pays latin et parvint à l'hôtel de Rambouillet. On raconte qu'un beau soir il y fut amené par son parent M. de Feuquières, et qu'il improvisa, aux applaudissements de tous, un petit sermon qui fit dire à Voiture, par allusion à l'âge de l'orateur et à l'heure avancée du jour, qu'on n'avait jamais entendu prêcher ni si tôt ni si tard.

Ce succès mondain aurait pu inspirer de l'orgueil et ôter le goût du travail à une nature moins sage. Bossuet se remit à sa théologie avec la même ardeur : il prit brillamment ses degrés en Sorbonne : sa thèse de bachelier fut honorée de la présence du prince de Condé, déjà son protecteur, et plus tard son ami. A la licence, il se vit enlever la première place par l'abbé de Rancé, non sans quelque soupçon de passe-droit. Il reçut le bonnet doctoral et fut ordonné prêtre en 1652, après une retraite à Saint-Lazare, sous la direction de Vincent de Paul.

On peut remarquer que les études de Bossuet coïncidèrent avec la Fronde, sans en être troublées. Mais le spectacle des discordes civiles n'en fit pas moins une profonde impression sur son âme. Son esprit, naturellement tourné à l'ordre, à la discipline, en conçut une solide et intransigeante passion pour le pouvoir absolu, qu'il croyait seul capable d'empêcher le retour de semblables maux. L'idée de la Politique tirée de l'Écriture, écrite longtemps après, dût hanter son cerveau dès cette époque : elle est vraisemblablement née de la Fronde.

Prêtre et docteur, Bossuet aurait pu rester à Paris où tout lui annonçait des succès rapides. Il eut la sagesse de comprendre que quelques années d'une vie plus retirée lui seraient salutaires, et il alla à Metz occuper la stalle de chanoine dont il était pourvu depuis l'âge de treize ans, en récompense des services de son père le conseiller. Il prit presque aussitôt la première place dans le chapitre et en devint l'archidiacre.

Son séjour en province, prolongé pendant sept ans, fut donné aux discussions théologiques et à la prédication. Les sujets et les occasions de controverse ne manquaient pas dans ce pays, riche de protestants et d'israélites. Il engagea des polémiques courtoises avec les pasteurs et les rabbins et opéra des conversions. Quant à l'éloquence sacrée, il s'y porta de toutes ses forces. Son âme d'orateur-né ne demandait qu'à s'épancher : il prêchait sans cesse et chaque sermon apportait un gain et un progrès à son génie puissant mais perfectible.

Maître de sa doctrine et de sa parole, il reparut sur le théâtre qu'il avait volontairement quitté, et prêcha pendant dix ans à Paris et à la Cour. Il édifia, convertit, se fit admirer, cependant l'admiration ne fut peut-être ni aussi vive ni aussi générale qu'elle aurait dû l'être.

Il fut en 1669 nommé évêque de Condom, et, avant d'avoir pris possession de son siège, désigné pour succéder au président de Périgny dans l'éducation du Dauphin. Avec la même conscience qu'il apportait à toutes choses, il n'épargna rien pour instruire son élève et le préparer au redoutable héritage que la nature lui montrait en perspective, mais dont une mort propice lui évita l'écrasant fardeau. Il s'entoura des collaborateurs les plus distingués, Huet, Fleury; il fit appel aux spécialistes, à l'historien Cordemoy, à l'anatomiste Duverney. Il prit la peine de rédiger lui-même les manuels utiles à son disciple, grammaire, logique, rhétorique, etc. Il composa à son intention le Traité de la connaissance de Dieu et de soi-même, la Politique tirée de l'Écriture Sainte, le Discours sur l'histoire universelle.

Tant de soins restèrent stériles : c'est tout au plus s'ils arrachèrent quelques efforts de mémoire à celui qui en était l'objet; car comme dit Rabelais, « quand son corps était en l'étude, son âme était en la cuisine ». Le mot est d'autant plus juste appliqué au personnage qu'une fois maître de ses actes, il partagea son temps entre la chasse et la table, et n'ouvrit pas un livre du reste de sa vie.

On a l'habitude d'instituer un parallèle en règle entre Bossuet et Fénelon précepteurs de princes, et de donner la préférence à ce dernier. Nous verrons si les résultats plus spécieux qu'il obtint furent meilleurs en dernière analyse. Mais il n'est que juste de constater qu'il n'y eut pas, dans l'éducation manquée du Dauphin, de faute directement imputable à Bossuet.

Son élève marié, il fut pourvu de l'évêché de Meaux et de la première aumônerie de la Dauphine et continua à fréquenter la Cour. Il avait gagné la confiance de Louis XIV dont il était devenu le conseil pour les affaires ecclésiastiques; il possédait en outre celle du clergé qui le considérait comme son guide et son directeur. Son rôle est désormais d'intervenir, toutes les fois que la religion est en jeu, soit dans la doctrine, soit dans la discipline, pour dissiper l'erreur et définir la vérité. Il préside à la déclaration des Quatre Articles; il prend une part prépondérante à la controverse qui précède et suit la Révocation; il signale les hardiesses philosophiques de Malebranche, sans pouvoir toutefois lui faire accepter une discussion en règle; il proteste contre les essais d'exégèse de Richard Simon; il écrit contre le théatin Caffaro, apologiste du théâtre; il fait renouveler contre la morale relâchée d'anciennes censures; enfin il engage avec Fénelon cette longue et violente querelle du quiétisme, où, il faut bien le dire, ils ont laissé l'un et l'autre quelque chose de leur réputation, l'un pour y avoir montré trop d'aigreur, l'autre pour avoir abusé des faux-fuyants et de l'équivoque.

Cette surveillance incessante de l'orthodoxie ne l'empêchait pas de remplir ses devoirs épiscopaux, de prêcher tous les dimanches dans sa cathédrale, de visiter son diocèse aux époques, d'entretenir ses relations mondaines et littéraires, de diriger des consciences qui lui étaient chères. Son existence est vraiment admirable d'activité et de travail fructueux : il ne le cède, sous ce rapport, qu'à Voltaire.

Cependant la vieillesse survint, avec son cortège de maux, qui ne frappent pas toujours que le corps. Elle respecta l'intelligence de Bossuet, mais fit subir quelque atteinte à son caractère. Il ne sut pas quitter la Cour à temps; il importuna roi et ministres de sollicitations en faveur des siens et surtout du peu recommandable abbé Bossuet; il donna lui aussi dans ce péché mignon des gens d'Église, le népotisme. Sans ajouter foi aux médisances d'un secrétaire bavard, qui prouve une fois de plus qu'il n'y a pas de grand homme pour son valet de chambre, il faut bien dire qu'on aimerait à lui voir moins de faiblesse humaine, moins d'attachement aux choses de la terre. Il n'est pas jusqu'à sa mort qui ne déconcerte. On la voudrait calme et ferme, digne en un mot de couronner une si belle vie. Mais arrivé au terme, Bossuet gémit, il se trouble, il tremble, il désespère. Les seuls mots qui lui viennent à la bouche sont des mots de crainte et de regret : adeòne mori amarum est? siccine separat mors amara? Le tableau que Massillon a tracé du pécheur mourant, pourrait avoir été copié, sauf l'apaisement final, sur ce mourant qui avait été l'honneur de son temps et la gloire de son église. Cette agonie de son plus grand homme aurait bien dû rendre le clergé plus réservé sur les récits de morts hideuses autant que providentielles où il se complait visiblement.

L'Écrivain. — Quand nous étudions l'écrivain dans Bossuet, le premier trait qui nous frappe c'est qu'il ne s'est jamais mis en peine d'être un écrivain. Il n'écrit pas pour le plaisir d'écrire, avec la pensée de faire admirer son talent : il ne prend la plume que lorsque la parole ne suffit pas à la défense ou à la propagation de ses doctrines. Il est si détaché de la gloire littéraire qu'il faut lui forcer la main pour obtenir la publication de certaines de ses oraisons funèbres, et qu'il condamne de lui-même ses sermons à l'oubli.

Cette indifférence à sa propre littérature ne l'empêche pas de goûter celle des autres. Jeune, il assiste, dit-on, aux pièces de Corneille et demande au théâtre des leçons de geste et de diction en même temps que des émotions généreuses. Il est vrai qu'il ne persiste pas dans ce goût et l'on sait avec quelle dureté il lui est arrivé plus tard de traiter la Comédie et les Comédiens. Mais il lit

Descartes et Pascal; il est l'ami de Racine, de Boileau, le protecteur de la Bruyère. Il est à Versailles l'âme de cette société de bons esprits qui hantent l'allée des philosophes; il les réunit souvent chez lui à sa maison de campagne de Germigny et se plaît à agiter avec eux les questions les plus intéressantes de philosophie et de littérature. Son préceptorat lui remet en mémoire les auteurs grecs et latins, un peu oubliés depuis le collège, et désormais il se laisse aller sans scrupule au plaisir d'admirer les anciens entre lesquels il accorde la préférence à Homère.

Il ne faut pas oublier cependant que les lettres profanes ne sont pour lui que l'accessoire. Il a pu s'en servir comme d'un complément utile à sa culture; mais cette culture repose avant tout sur l'Écriture Sainte et les Pères, double source où s'abreuve et se retrempe son génie. Cette influence dominante se subordonne toutes celles que Bossuet a pu subir d'ailleurs, non seulement, comme nous venons de le noter, celle de la littérature ancienne et moderne, mais celle de la Cour et celle du roi.

Il doit cependant quelque chose à la Cour; je veux dire l'épuration définitive et l'assouplissement de son langage. Bien qu'il parle en quelque sorte de naissance la langue de la bonne compagnie, il lui reste encore à se défaire, quand il arrive à l'âge d'homme, d'une sorte de rouille universitaire et provinciale. Il s'en débarrasse au contact de la Cour, mais sans rien perdre de la richesse hardie de ses tours et de ses expressions.

Subit-il et dans quelle mesure l'influence de Louis XIV? La question est controversée. Les uns, après avoir rappelé les félicitations publiques que le roi adressa au père de Bossuet, le choix qu'il fit de lui comme précepteur de son fils, la confiance qu'il lui témoigna depuis, s'en autorisent pour conclure qu'il contribua puissamment à former le talent de Bossuet par ses encouragements en même temps qu'il lui fournit des occasions de se donner carrière. Les autres objectent que Bossuet était tout formé, puisqu'il avait trente-cinq ans au début du règne personnel de Louis XIV; que ses sermons furent moins souvent que ceux de ses confrères honorés de la présence royale; qu'il ne fut nommé précepteur qu'au défaut de Périgny plus estimé ou mieux en cour; qu'enfin s'il eût part à la confiance du maître, il ne fut jamais l'objet de sa faveur déclarée, puisqu'il ne fut ni archevêque de Paris, ni cardinal. Ces objections sont à peu près exactes; mais elles n'empêchent pas que le prince n'ait exercé une réelle influence sur l'évêque, ni que celui-ci n'en ait exercé une à son tour sur le prince. En effet, à défaut d'autres services, Louis XIV a rendu à Bossuet celui de réaliser à ses yeux le type royal que son imagination s'était forgé pendant la Fronde. La vue de ce roi, majestueux dès la jeunesse, naturellement doué d'un ascendant moral indiscutable, et de plus inébranlablement attaché à la religion, acheva de gagner Bossuet à la théorie du pouvoir absolu et de la monarchie de droit divin. De son côté, il fut pour Louis XIV, un guide sinon toujours sûr au moins toujours fidèle ; l'arbitre auquel recourait en dernier ressort la conscience royale; le conseiller dont l'orthodoxie finissait toujours par être écoutée. Louis XIV et Bossuet se complètent l'un l'autre. Ils sont, à l'époque où le trône et l'autel furent le plus unis et brillèrent du plus grand éclat, la plus puissante incarnation de l'autorité royale et de l'autorité sacerdotale. Ils influent visiblement l'un sur l'autre par le caractère et par les doctrines, à défaut du reste, et sous ce rapport ils sont inséparables.

Ce qui frappe tout d'abord dans le génie de Bossuet, c'est une sorte d'universalité, d'aptitude à traiter tous les sujets en y apportant une raison que les préjugés ecclésiastiques ne mettent pas toujours en défaut, une variété et une justesse d'idées qui suffisent à tout au grand comme au familier, un pathétique sobre et pénétrant qui tient de la poésie autant que de l'éloquence. Telles sont les qualités par lesquelles il supplée à l'originalité et à la profondeur. Son éloquence n'a rien de forcé ni d'affecté. Elle nous porte, d'un mouvement naturel, tantôt au plus haut degré tantôt au ras de terre; elle se prête à toutes les variations, à toutes les nuances. Jamais écrivain ne s'est, avec moins d'efforts apparents, approché davantage de la perfection. Ce qui ne veut pas dire, bien entendu, qu'il faille tout accepter aveuglément de lui et en passer par toutes ses opinions. Il écrivait il y a deux siècles, et il était prêtre : voilà deux excellentes raisons de se mettre en garde contre ses théories. Mais il n'en faut pas moins admirer sans réserves, avec sa sincérité parfaite, la beauté des formes dont il a revêtu même les plus discutables, les plus contestables de ses pensées.

Son œuvre est considérable : il a abordé tous les sujets accessibles à un homme de sa robe, sans préjudice des ouvrages qu'il a composés pour l'éducation du Dauphin.

On a de lui des écrits mystiques, les *Méditations sur l'Évangile* et les *Élévations sur les mystères*. Ce sont les classiques du genre. Le plus redoutable écueil des mystiques est de n'avoir à leur disposition pour rendre les langueurs et les ardeurs de l'amour divin que le vocabulaire toujours grossier et charnel de l'amour humain. La plupart n'échappent pas à cet inconvénient et donnent à des sentiments, qui devraient être d'une pureté éthérée, une expression bassement et lubriquement voluptueuse. Ils adressent à Dieu des déclarations faites pour une créature de chair et d'os. Bossuet sait se garder de ce grossier égarement. Le feu de l'amour divin, dont il est embrasé, reste toujours pur, toujours brillant, sans cette fumée et ces scories qui obscurcissent et salissent tout chez les autres.

Dans ses *Lettres de direction spirituelle,* il continue à joindre aux autres qualités du genre, sagesse, pénétration, onction affectueuse, cette chasteté d'expression que nous venons de louer. Les correspondances entre prêtres et pénitentes ne laissent pas, malgré l'innocence de l'intention première, de devenir promptement un danger et pour celles qui consultent et pour ceux qui sont consultés. Cet échange perpétuel de confidences et de conseils sur les choses de la vie la plus intime et du for intérieur risque de faire naître des passions périlleuses. Mais que Bossuet s'adresse à Mme de Luynes, ou à la sœur Cornuau, sa pénitente préférée, il sait être affectueux sans dépasser la mesure. Il apporte dans ce commerce intime un tact assez sûr pour l'empêcher de dégénérer en suspecte familiarité.

Le controversiste est encore supérieur chez lui au mystique et au directeur de conscience. Il a été mêlé à toutes les grandes querelles théologiques de son temps, sauf toutefois à celle du jansénisme, dont il s'est volontairement tenu à l'écart, non seulement par prudence, mais sans doute aussi par sympathie pour les chefs de la secte. Il lui arriva, dans l'ardeur de la première jeunesse, de se déclarer contre Jansénius et de l'attaquer non sans vigueur dans l'Oraison funèbre de Nicolas Cornet; mais il ne récidiva pas et, revenant à une vue plus juste des choses, il cessa de traiter en hérétiques des gens qui l'étaient fort peu ; il laissa à d'autres le soin d'affaiblir l'Église en persécutant Port-Royal. Mais quand l'orthodoxie était vraiment en jeu, il ne reculait devant aucune discussion à engager ou à soutenir, dût son cœur en saigner comme cela arriva dans l'affaire du quiétisme. Il se vit alors réduit à appeler les rigueurs du Saint-Siège sur la tête de Fénelon, naguère son élève et son ami. La lutte fut longue et acharnée : Bossuet à bout de patience devant les subterfuges et les échappatoires de son adversaire finit par devenir violent. Mais il lui fallut un vrai courage, au début, pour dénoncer l'erreur naissante, alors que le soutien de cette erreur lui était si cher.

Les controverses avec les protestants le trouvaient moins sensible et lui laissaient plus de liberté d'esprit. Aussi y garda-t-il toujours une forme courtoise et modérée. Ce fut d'ailleurs son occupation principale de la première à la dernière heure. Il commence par réfuter, pendant son séjour à Metz, le catéchisme de Paul Ferry; il continue en écrivant l'*Exposition de la foi catholique* (1671) et le traité de la *Communion sous les deux espèces*. Au lendemain de la Révocation, il compose son chef d'œuvre en ce genre, l'*Histoire des variations* (1688), suivie à quelques années de la *Défense de l'histoire des variations*, des six *Avertissements aux protestants* et du *Commentaire de l'Apocalypse*. A l'époque où l'on s'intéressait encore à ces choses, les Variations passaient pour un livre capital où l'auteur avait su tourner comme autant d'armes meurtrières contre les Réformés la discussion des dogmes, le récit des faits, le portrait des hommes, les suites morales et politiques des révolutions religieuses, les fautes des individus, les troubles et les malheurs des sociétés. Sa tactique est en effet de faire ressortir en face de l'unité prétendue invariable de son Église, les variations des Églises dissidentes. Ajoutons que pour donner plus de poids à sa démonstration, il s'est interdit ces éclats d'éloquence, ces élans lyriques qu'il prodigue ailleurs, et qu'il s'en est tenu à la simplicité, à la précision du style, à l'enchaînement rigoureux des idées, à la méthode la plus sévère.

L'effet fut grand dans le monde, et les docteurs protestants se trouvèrent assez empêchés de répondre, et notamment de justifier les conséquences politiques et sociales des dissidences religieuses. Seul Jurieu osa parler de liberté, de contrat tacite entre les rois et les peuples. Les autres n'osèrent avouer que leurs doctrines allaient à l'encontre du pouvoir absolu, et ils passèrent condamnation sur ce point important. Aujourd'hui cette œuvre triomphante ne compte guère et d'autant moins que son principal argument s'est retourné contre le catholicisme. Si variation est signe d'erreur, ce n'est pas seulement le protestant qui se trompe; c'est aussi le catholique de nos jours; car le dogme catholique a subi de telles variations que Bossuet aurait certainement de la peine à reconnaître, dans la religion telle que l'a définie le concile du Vatican, la religion qu'il professait et défendait lui-même. Pour en finir avec Bossuet controversiste, il faut ajouter que s'il approuva les mesures de rigueur contre les protestants, il n'y a pas à lui reprocher personnellement des actes d'inhumanité, des sévices, comme en commirent plusieurs de ses confrères de l'épiscopat. Le martyrologe du temps ne relate guère pour son diocèse que l'affaire des demoiselles Mirat, filles d'un médecin de la Ferté, et il semble que les mauvais traitements dont ces personnes furent l'objet n'ont été ni ordonnés par lui, ni en tout cas exécutés sous ses yeux. D'ailleurs c'est bien assez pour sa mémoire de la tache qu'il lui a imprimée en demandant la Révocation et en contribuant de toute ses forces à l'amener. On a beau vouloir, pour l'excuser, rejeter la faute sur son époque, parler d'entraînement général, de conspiration unanime, rien de cela ne le rend moins coupable et ne diminue le tort qui pèsera éternellement sur lui.

Cette même erreur de sa controverse et de sa conduite avec les protestants se retrouve dans sa *Politique*. On a de la peine à lire jusqu'au bout cet incroyable livre où un prêtre, qui connaissait cependant les hommes et qui aurait dû savoir que les rois ne sont pas d'un autre limon que leurs sujets, met à contribution l'Écriture pour faire croire à ses lecteurs que l'autorité royale, émanant de Dieu, ne peut être qu'absolue; qu'elle se soumet les peuples comme l'autorité paternelle se soumet la famille; qu'elle n'a pas de comptes à rendre; qu'elle doit être invariablement obéie, non seulement sans révolte, mais même sans résistance d'inertie. C'est seulement dans le cas où ses ordres seraient en contradiction avec la loi divine qu'on serait fondé à lui opposer un simple refus d'obéissance, mais jamais à lui résister par la force.

Nous avons expliqué déjà ces belles théories par l'impression que Bossuet ressentit de la majesté de Louis XIV, et surtout par l'horreur qu'il avait gardée de la guerre civile et de ses misères. Il devint partisan du pouvoir absolu, absolument comme après les Journées de Juin nos bourgeois libéraux, M. Thiers en tête, se firent cléricaux et absolutistes, par peur du socialisme. Son cas est expliqué; mais il n'en est pas davantage excusé. On doit justement lui reprocher d'avoir poussé jusqu'à la folie l'exagération du principe monarchique, et d'avoir voulu clouer éternellement les peuples aux pieds d'une idole de chair que cet abaissement de son entourage risque de transformer en un monstre d'orgueil et d'égoïsme, s'il n'en fait pas pis. Il est vrai que tout en prêchant l'obéissance passive, Bossuet suppose que son roi, quoique absolu, respectera les coutumes établies, pratiquera la religion, se conformera à la raison, etc. Mais cette supposition est gratuite, et il n'avait lui-même qu'à ouvrir les yeux pour la voir plus d'une fois démentie par les faits. Ainsi l'on peut conclure, qu'en dépit des atténuations qu'il a apportées à sa doctrine, sa Politique tirée de l'Écriture Sainte est, à l'égal des ouvrages de Bonald et de Joseph de Maistre, un mauvais et funeste livre, un livre d'erreur et d'esclavage, que l'on ne saurait trop hautement condamner.

Si du politique nous passons au philosophe, nous nous trouvons en présence d'un traité estimable, quoique peu original, et qui est resté classique jusqu'à ces dernières années; je veux dire la *Connaissance de Dieu et de soi-même*. C'est en quelque sorte un manuel écrit simplement, avec une clarté et une précision didactiques, et où sont passées en revue les questions relatives à Dieu et à l'homme, ce dernier étant envisagé non seulement dans son âme, mais dans son corps. Rallié en partie au cartésianisme, Bossuet s'en inspire dans cet ouvrage, quitte à le tempérer et à le corriger par des emprunts à la scolastique ou à Saint-Augustin.

Nous arrivons maintenant à cette œuvre puissante, quoique contestable dans son point de départ et dans nombre de ses appréciations, je veux dire le *Discours sur l'histoire universelle*. Quoique composé pour un adolescent et, par conséquent, d'une lecture assez facile, ce discours passe pour avoir une portée considérable, et il fait souvent attribuer à son auteur une place à côté de Vico et de Herder parmi les fondateurs de la philosophie de l'histoire. Mais, tandis que Vico explique tous les événements par le génie de l'homme, que Herder les rapporte à l'unité et à la solidarité de notre espèce, se rapprochant de plus en plus à travers le temps de la perfection éternelle, son idéal et son désespoir, Bossuet professe un tout autre système.

A vrai dire il n'en est pas l'inventeur, mais il lui a justement attaché son nom pour l'avoir formulé avec le plus d'éclat et de force. Qu'il en ait pris l'idée dans la Cité de Dieu, ou chez Salvien, ou chez le rhéteur Balzac, qu'il se soit même inspiré de la pensée connue de Pascal : « Qu'il est beau de voir avec les yeux de la foi Darius et Cyrus, Alexandre et les Romains agir sans le savoir pour la gloire de l'Évangile, » cela importe peu. C'est à lui que revient l'honneur d'avoir précisé et développé la doctrine dont les autres lui ont fourni seulement le germe.

Il pose en principe que la Providence intervient à chaque instant dans les actions des hommes et qu'elle fixe la nature des événements pour sa plus grande gloire et pour la réalisation des desseins qu'elle a conçus de toute éternité. Dans son système, la venue du Christ est le point culminant de l'histoire du monde. Tout ce qui a précédé n'a servi qu'à la préparer ; tout ce qui a suivi et suivra en découle comme de la cause la conséquence, et c'est là dessus qu'il appuye son exposition d'un certain nombre de faits historiques, à laquelle il donne le nom d'Histoire universelle.

C'est, à vrai dire, une noble ambition que de vouloir faire ainsi la lumière dans les Annales de l'humanité, que de chercher le fil conducteur qui permettrait de ne pas s'égarer dans ce dédale. Mais, outre qu'à vouloir reconnaître invariablement, dans cette foule d'événements si contradictoires qu'ils en paraissent fortuits, la main de la Providence, on ne donne pas une idée bien haute de la logique et de la justice divines, quelle est cette prétention d'appeler Histoire universelle, l'histoire du seul christianisme, c'est-à-dire d'une religion qui ne s'étend guère à plus d'un tiers de notre humanité et dont le succès parmi les hommes est à peine égal à celui du Bouddhisme ? Le système pourrait à la rigueur se soutenir s'il s'agissait de la providence philosophique ; mais du moment que cette providence prend un nom de religion, l'erreur devient manifeste parce qu'elle est matérielle et elle enlève toute autorité à cette philosophie providentielle de l'histoire.

Mais de ce que le principe est faux, il ne s'en suit pas que toute l'œuvre soit sans valeur ; il peut se faire que l'auteur laisse un moment de côté son principe pour dire des choses justes et vraies ; il y a aussi une partie d'exposition qui peut se recommander, en dehors de tout préjugé, par des qualités d'exactitude et de style. C'est justement ce que l'on voit dans le livre de Bossuet.

Il se divise en trois sections. La première qui sert en quelque sorte de fondations à l'édifice est intitulée les Époques. C'est un abrégé chronologique de l'histoire universelle, depuis la création jusqu'à Charlemagne, divisé pour plus de clarté en douze périodes ou époques, d'où son titre. Ce résumé passe pour être un peu sec, ce qui n'a pas empêché Daunou de le louer en ces termes : « On n'a jamais établi entre des notions historiques un enchaînement plus étroit et plus naturel : tous les faits à la fois sont présents à la mémoire de Bossuet ; il n'en cherche aucun, il possède tous les détails de son livre avant de commencer à l'écrire. Tant de liaison règne entre ses idées que toujours l'une éveille l'autre et que cette multitude d'origines, de catastrophes et de noms célèbres semble se disposer dans le seul ordre qui lui convient. »

Sur ces fondations, s'élèvent les deux corps de bâtiment. D'un côté la suite de la Religion (suite veut dire enchaînement), de l'autre les Empires ou la suite des Empires, autrement dit l'Histoire sacrée et l'Histoire profane. Ces deux parties ont à peu près le même développement, mais non la même valeur. Celle qui traite de la religion et qui a la prétention d'en être une démonstration historique a le défaut de « prouver trop pour les croyants et pas assez pour les incrédules ». Ce n'est pas qu'au point de vue de l'art, elle n'ait en plus d'un endroit sa beauté. Quand Bossuet parle des hommes et des choses de l'Ancien

Testament, son imagination se complait à tracer des figures grandioses et qui en imposeraient, si une exégèse un peu sérieuse n'en contestait la réalité. Quand il arrive à Jésus-Christ, il trouve les plus beaux accents pour parler de sa vie toute de dévouement et de sacrifice; de sa doctrine appropriée à tous, lait pour les enfants, pain pour les forts; de ses miracles qui ont pour objet de soulager les misères de l'homme au lieu d'étonner son esprit et pour but de faire ressortir encore plus la bonté que la puissance divine. Mais les belles pages que nous venons de dire n'empêchent pas qu'il n'y ait des longueurs fatigantes dans l'explication des symboles et des mystères, en même temps qu'un excès impatientant de crédulité et d'intolérance. En somme, c'est une apologie au lieu d'une démonstration, et une apologie qui a vieilli. Elle serait encore à la rigueur supportable dans la bouche d'un prédicateur; elle paraîtrait visiblement insuffisante sous la plume d'un écrivain.

Si donc l'ouvrage se distingue par des qualités supérieures, ce ne peut être que dans sa troisième partie, les Empires. Un point à noter, c'est que, passé la première page, Bossuet y oublie son gouvernement de la Providence et se met à expliquer les événements par des causes humaines, vertu ou vice, habileté et prudence, ou témérité et sottise. Son récit y gagne en intérêt et ses jugements en portée véritable. Il passe successivement en revue tous les peuples qui ont marqué comme conquérants ou civilisateurs. Son tableau présente forcément des lacunes pour les civilisations orientales. Après tant d'explorations, de fouilles, de découvertes, nous ne les connaissons encore que d'une façon très incomplète. Or au XVIIe siècle on ne connaissait même pas les pays qu'elles ont eus pour théâtre. C'est à peine si les voyages de Thévenot, de Chardin, de Tavernier, de Bernier commençaient à donner une idée moins vague de l'Iran et de l'Hindoustan. Il a donc fallu que Bossuet se contentât des données fournies par les anciens et les livres saints pour raconter les deux empires d'Assyrie, les Mèdes et les Perses. Il n'était guère mieux documenté pour l'Égypte du côté des voyageurs modernes, mais il avait ici la description d'Hérodote, admirable d'exactitude; il avait surtout sa sympathie de prêtre pour un pays théocratique, pour une nation esclave de la tradition et de la règle. Ces affinités de nature, jointes aux récits du vieil historien, lui ont fait comprendre les Égyptiens et lui ont dicté sur eux d'excellentes pages.

Il parle des Grecs en homme qui connaît leur littérature et apprécie leur génie civilisateur; mais il ne creuse pas assez le parallèle d'Athènes et de Sparte, de même qu'il est trop bref sur Alexandre et sur la portée grandiose de son entreprise. Cette partie de son développement pâlit quand on la compare aux parties correspondantes de l'Esprit des Lois.

Mais, quand il arrive aux Romains, Bossuet prend sa revanche: il éclipse et Balzac et Saint-Évremond; il soutient la comparaison sans perte avec Montesquieu. Ce n'est pas qu'il ait fait une histoire complète de Rome; tant s'en faut. Ainsi il mentionne à peine Sylla et César; il ne parle pas de Mithridate, il ne dit pas un mot de Trajan. Mais cela n'empêche pas qu'il a bien compris le caractère romain et que, entraîné par une sympathie naturelle plus vive encore que celle qu'il ressentait pour les Égyptiens, il l'a analysé et défini d'une plume magistrale. Il explique à merveille la milice et la politique, détermine et fixe l'esprit des institutions, développe le secret du peuple roi dans sa discipline, son ordre, sa tactique, son courage exempt de faux point d'honneur, l'organisation de sa légion, la conduite forte et ferme de son sénat. Il s'inspire de Polybe, comme fera Montesquieu; mais en puisant aux mêmes sources, il ne produit pas le même effet. Montesquieu plus savant se complaît dans le détail et ses généralisations sont plus rares. Bossuet par habitude d'orateur voit les choses de haut et dans l'ensemble. Une autre différence c'est que Montesquieu accorde plus à l'habileté politique, Bossuet plus à la morale.

Après avoir défini à loisir le génie romain, Bossuet brusque la fin de son récit qu'il termine par un vague éloge de Charlemagne, non sans reprendre et affirmer à nouveau sa thèse d'une providence directrice des événements humains.

Telle est cette œuvre d'une belle ordonnance, malgré les lacunes de la fin, magistralement conduite, animée et soutenue d'un souffle puissant qui circule de la première à la dernière ligne. Mais ces qualités ne suffisent pas pour en faire le chef-d'œuvre de notre prose, quoiqu'en dise Nisard, ni même un chef-d'œuvre historique, comme on le répète communément. Car si Bossuet est un noble penseur chrétien, ce n'est pas à proprement parler, je ne dis pas un historien, mais le fondateur de la vraie philosophie de l'histoire; il faut qu'il laisse ce mérite à Voltaire et que les beautés oratoires de l'Histoire Universelle s'inclinent devant les vérités de l'Essai sur les Mœurs et l'Esprit des Nations.

Ce serait le moment de traiter des Sermons et des Oraisons funèbres, si nous ne préférions en renvoyer l'étude au chapitre spécial de l'éloquence de la chaire. Nous nous bornons à dire, en attendant, que nous trouverons dans ces œuvres oratoires de nouveaux motifs d'admirer leur auteur.

On voit que nous ne marchandons pas les éloges à Bossuet. Nous n'allons pas cependant jusqu'à partager l'engouement dont il est l'objet de la part de certains critiques. A entendre ces enthousiastes, ses moindres mots seraient paroles d'Évangile; il aurait donné sur toutes choses la note juste; il aurait pressenti ou prévu, pour ne pas dire indiqué, tout ce qui s'est fait de raisonnable ou de louable de son époque à la nôtre; il serait l'Alpha et l'Oméga de la pensée française. Ce sont là d'évidentes exagérations.

En tant que penseur, Bossuet n'a rien d'original, rien qui autorise à voir en lui un initiateur ou un précurseur. Il n'ouvre aucun chemin nouveau. Il est l'interprète des préjugés de son temps, et M. de Rémusat l'a parfaitement défini, en l'appelant le sublime orateur des idées communes.

D'ailleurs bien lui en a pris de naître au xviie siècle; car, venu à une autre époque, il n'y eût peut-être pas trouvé un aussi bel emploi de ses puissantes facultés d'orateur et d'écrivain et de la portée moyenne de son esprit. Qu'on se l'imagine en effet paraissant dans notre xixe siècle et qu'on se demande ce qu'il eût été, lui fils de la bourgeoisie, à l'esprit naturellement pondéré ? Il eût été vraisemblablement libéral en politique, éclectique en philosophie; et ni le trône ni l'autel ne l'eussent eu pour défenseur. Il eût joué, avec encore plus d'éclat, le rôle des Cousin et des Simon; mieux vaut encore pour lui avoir joué l'autre. Mais, je le répète, avec tout son génie, il n'était pas homme à jamais mener son temps. Sa haute stature lui faisait et lui eût toujours fait dominer ses comtemporains, mais en les suivant et sans jamais les précéder. Aussi perd-on sa peine à vouloir, comme l'affectent certains, lui demander des directions pour l'âge présent. Qu'on l'imite, si on peut, dans les beautés de son style; qu'on lui dérobe, si on en est capable, le secret de son éloquence, à merveille. Mais qu'on s'abstienne de l'ériger en oracle, car ce n'est après tout qu'un prophète du passé.

CHAPITRE II

L'ÉLOQUENCE DE LA CHAIRE SOUS LOUIS XIV.

1º La chaire avant Bossuet : Lingendes et Sénault. — 2º Bossuet : Sermons et Oraisons funèbres. — 3º Revue rapide des prédicateurs de second ordre. — 4º Les maîtres de l'oraison funèbre après Bossuet : Mascaron et Fléchier. — 5º Les maîtres du sermon après Bossuet : Bourdaloue et Massillon. — 6º Sermonnaires protestants : Saurin.

La chaire a toujours été en honneur chez nous, mais jamais autant que sous Louis XIV. Même lorsque les sermonnaires de la Ligue, transformés en démagogues effrénés, faisaient rage dans les églises de Paris, ils n'attiraient pas plus de monde par leur furieux dévergondage de paroles que les orateurs du grand règne par leur éloquence toujours appropriée aux bienséances du temps et aux convenances particulières du lieu sacré. On peut dire que pour la société mondaine, oisive et avide de distractions intelligentes, le sermon était un plaisir égal à la comédie. On attendait avec impatience le retour des époques canoniques de l'Avent et du Carême; on s'informait (la chose était facile grâce à la Gazette et aux écriteaux exposés à la porte des églises) des prédicateurs qui occuperaient les principales chaires; on émigrait dans une autre paroisse quand on s'y promettait plus de plaisir que dans la sienne. Aussi était-ce pour les curés et les supérieurs de communautés une grosse affaire que le choix d'un prédicateur : ils y mettaient une émulation, une concurrence, une ardeur d'enchérir toujours éveillée. Nous avons peine à nous figurer comment se passaient les choses, aujourd'hui que les sermons, sauf dans de rares églises, ne sont plus courus que des femmes. Alors tout le monde y assistait, non seulement à la ville, mais à la cour. Une fois le feu de la jeunesse amorti, Louis XIV fut des plus assidus aux stations, qu'il avait d'ailleurs toujours fait prêcher régulièrement, même quand il n'y paraissait pas. A partir de 1672, il donna à ses courtisans l'exemple docilement imité d'une parfaite exactitude. Le sermon tient donc sa place dans la vie de la cour; il fait partie de l'étiquette. Si un déplacement survient pendant une station, si l'on quitte le Louvre pour Saint-Germain, ou Versailles pour Fontainebleau, le prédicateur se déplace lui aussi. En cas de voyage, comme cela arriva en 1673 et en 1675, il fait sa valise et marche avec la maison royale, afin qu'au gîte Sa Majesté puisse s'édifier de sa parole.

On peut remarquer, à ce propos, que la chapelle de Versailles ne devint qu'en 1682 le lieu ordinaire de la prédication à la cour. Si on y a prêché quelquefois avant cette date, ce n'a été que par accident : c'est à Saint-Germain que se donnent les Avents et surtout les Carêmes. Aussi, quand on montre Bossuet dans la chaire de Versailles, on commet presque toujours un anachronisme.

On sait combien sous Louis XIV la cour était brillante et quel goût délicat et pur y régnait. La tâche n'en était que plus difficile pour les prédicateurs; mais ils n'en étaient pas moins empressés à la réclamer. Avoir prêché à la cour et y avoir reçu un de ces compliments que le roi savait si bien tourner, c'était une consécration. On pouvait compter désormais sur l'applaudissement de la province et de Paris. En cinquante ans, autrement dit pendant cent stations, près de cinquante prédicateurs se succédèrent à la cour. Les uns n'y parurent qu'une fois, d'autres y revinrent à plusieurs reprises. Il est instructif de citer quelques chiffres et quelque noms : Bossuet prêcha quatre stations, Fléchier deux, Massillon trois, le père la Rue dix, le père Gaillard treize, Bourdaloue onze, Mascaron douze.

Cette attention de la cour et de la ville détermina, dès les premiers temps du règne personnel de Louis XIV, le perfectionnement de la prédication. Si Bossuet n'a subi que faiblement cette influence, sauf en ce qui concerne l'épuration de son langage, les autres orateurs y ont été soumis et lui ont dû leurs progrès. Lorsqu'on parle des genres qui ont ressenti l'action directe de Louis XIV, il faut toujours mentionner le sermon à côté du théâtre, car le goût du prince et ses faveurs se partageaient entre l'un et l'autre et pour leur plus grand avantage.

Alors en effet la prédication chrétienne a atteint son apogée ; ce qui n'a pas empêché certains critiques, trop rigoureux, de faire le procès en masse aux orateurs du temps et de leur reprocher leurs erreurs de goût et leur mondanité. Mais on aurait tort de prendre à la lettre de semblables jugements, qu'ils viennent de la Bruyère ou de Fénelon. Le premier en a surtout aux imitateurs maladroits de Bourdaloue, qu'il n'a pas tort de malmener, mais dont il exagère visiblement le nombre; quant à l'autre, il semble que c'est à tous les contemporains que s'adressent ses critiques, et que Bourdaloue lui-même n'y est pas épargné, en dépit de telle phrase élogieuse que l'on a pu citer comme le correctif de rigueurs trop explicites. Mais Fénelon n'a pas grande autorité en la matière. Bien que sa souplesse d'esprit lui ait permis de réussir dans le sermon comme dans tout ce qu'il lui a plu d'entreprendre, ce n'est pas un orateur de vocation et de profession. Il méconnaît les conditions du genre; il s'élève contre le côté-métier de la prédication, inévitable cependant dans cet art comme dans les autres. Il est en somme trop délicat et trop dédaigneux pour qu'on le croie sur parole.

1° La prédication avant Bossuet. — La perfection relative qu'atteignit l'éloquence sacrée de 1660 à 1715 s'explique, nous l'avons dit, par l'attention du roi, par la faveur de la cour et de la ville, et aussi par les efforts personnels du clergé plus riche que jamais en hommes de valeur, attirant à lui toutes les intelligences de la bourgeoisie et même du peuple, et ayant à cœur de mériter par ses talents, l'influence suprême à laquelle il prétendait On sait déjà qu'une tentative de réforme oratoire avait été ébauchée, quelque trente ans plus tôt, par François de Sales et Fenoillet, qui joignirent à un enseignement moral, non plus humain et presque profane comme celui des Besse et des Valadier, mais chrétien et évangélique, l'onction du cœur, le sérieux et la convenance de la forme. Leur exemple fut assez volontiers suivi, et, à part quelques esprits déréglés qui continuèrent à bouffonner en chaire, tels que Camus et le petit père André, les autres s'attachèrent, dès cette première période, à parler dignement des choses saintes. Les prédicateurs édifiants n'y manquent pas et l'on peut citer parmi eux Vincent de Paul, l'évêque Cospéan, les pères Bourgoin et Lejeune, M. Singlin. Les éloquents sont plus rares, mais il y en a deux, au moins, qu'il faut signaler.

Fils d'un poète ronsardisant, abbé de cour galant et spirituel, Jean de Lingendes (? — 1655) fut, au dire de Voltaire, le premier orateur sacré qui parla dans le grand goût. Son talent lui valut les évêchés de Sarlat et de Mâcon. On cite de lui, sans préjudice d'une dizaine de discours manuscrits conservés à la Mazarine, une oraison funèbre de Louis XIII et surtout l'oraison funèbre de Victor-Amédée, duc de Savoie, qui a fourni plus d'un trait à Fléchier pour son éloge de Turenne. Ces morceaux oratoires se recommandent par la marche méthodique du développement, le sérieux du ton, et la fréquence des mouvements pathétiques.

Vient ensuite l'oratorien Sénault (1601-1672), savant homme, bon théologien, moraliste attentif et auteur d'un traité des Passions qui fut dans le temps une manière de livre classique. Son éloquence, servie par un bel organe et un extérieur majestueux, attirait au pied de sa chaire un nombreux public : sa réputation magistrale était si bien établie que, chaque fois qu'il prêchait, d'empressés scribes notaient au vol son sermon pour en faire des copies chèrement vendues aux prédicateurs de province. Il n'était pas indigne de cette autorité qui faisait de lui presque un chef d'école : il savait édifier et émouvoir. De ses mains l'éloquence chrétienne passa à celles de Bossuet, pour y briller d'un incomparable éclat.

2° Bossuet : Sermons et Oraisons funèbres. — Il n'y a rien à changer à l'éloge que l'on fait communément de Bossuet comme prédicateur. Jamais la parole sacrée n'a trouvé une expression à la fois plus savante et plus grandiose. Jamais elle ne sera plus belle qu'au sortir de cette bouche inspirée. Sermon, panégyrique, oraison funèbre, tout convient à son génie : il a donné les modèles de chaque genre.

On sait cependant que ce grand homme, sans être méconnu

de ses contemporains, ne fut pas estimé d'eux à sa vraie valeur, et qu'il se vit opposer de prétendus rivaux de gloire, assurément indignes de cet honneur extrême. C'est ainsi que dans un numéro de la Gazette de France (1662) on trouve mentionnées sur la même ligne la délicatesse de Bossuet, la majesté du P. Caussin, la profondeur de l'abbé Biroart, la magnificence de Leboux, la plénitude de Fromentières. Sans attribuer à un article de journal plus de portée qu'il n'en peut avoir, il faut bien reconnaître qu'en la circonstance le gazetier n'a été que l'écho de l'opinion publique.

De même il est vrai de dire avec Voltaire que, quand Bourdaloue parut, Bossuet ne passa plus pour le premier prédicateur. On a remarqué, pour expliquer cette erreur d'appréciation, que justement à l'époque des débuts de son heureux rival Bossuet avait cessé presque complètement de prêcher le sermon, et qu'il ne montait plus en chaire à Paris ou à la Cour que pour ses Oraisons funèbres : l'on en a conclu qu'il ne fallait pas s'étonner si son éloquence de sermonnaire, passée pour ainsi dire à l'état de souvenir, ne l'avait pas emporté dans l'esprit du public sur une éloquence présente et agissante.

La remarque est ingénieuse, mais il faut y ajouter que lorsqu'il arriva encore à Bossuet de prêcher des sermons devant un auditoire mondain, il ne réussit pas toujours à lui plaire. A propos du sermon pour la profession de Mlle de la Vallière, Bayle écrivait : « J'ai ouï dire que M. de Condom n'a fait que rebattre les pensées dont s'était servi M. l'évêque d'Aire (Fromentières) il y a un an, le jour de la prise d'habit. » Le sermon sur l'Unité de l'Église trouva des censeurs, malgré la sûreté de sa doctrine, la beauté de ses développements, sa magnifique ordonnance. D'ailleurs Bossuet avait parfaitement conscience de l'effet produit sur le public, puisque dans son « Christus resurgens », prêché à la cour le jour de Pâques 1681, il s'excuse de mal contenter la délicatesse d'un auditoire « plus soigneux de son plaisir que de son salut et qui, lorsqu'il s'agit de sa guérison, veut qu'on cherche de nouveaux moyens de flatter son goût raffiné ». On voit donc qu'il n'y a rien à retrancher de l'assertion de Voltaire, et la chose est bien comme il le dit, sinon pour les Oraisons funèbres, au moins pour les Sermons. Il était d'ailleurs dans la destinée de ces Sermons d'être longtemps méconnus, puisque ce n'est qu'en ce siècle qu'on les a enfin mis à leur vraie place. Il y a là une histoire assez curieuse à raconter.

Les Sermons. — Nous avons déjà dit que Bossuet n'avait jamais songé à les publier, à la fois par modestie et parce qu'il en avait fait entrer certains passages dans des ouvrages rendus publics, notamment dans les Méditations et les Élévations. De son œuvre oratoire, il n'imprima lui-même que les Oraisons funèbres (c'était une concession à l'amour-propre des parents de ses héros) et le sermon sur l'Unité de l'Église qui était un acte encore plus qu'un discours et constituait une déclaration de principes.

Lui mort, ses papiers passèrent à son neveu l'abbé Bossuet qui, nommé évêque de Troyes, les emporta dans sa ville épiscopale et s'en montra un gardien assez négligent. Il en donna communication à quelques ecclésiastiques de ses amis ; il y puisa lui-même des inspirations faciles. Il les légua en mourant à M. de Chazot, président au Parlement de Metz. Le bruit s'était d'ailleurs répandu que Bossuet n'avait laissé aucun manuscrit ; chose toute naturelle, disait-on, puisqu'il improvisait ses sermons.

Cependant quelques chercheurs curieux, l'abbé Leroi, l'abbé Lequeux, avaient soupçonné la vérité, et s'étaient mis en quête des sermons manuscrits : ils en dénichèrent quelques-uns dans les couvents du diocèse de Meaux. Vint ensuite Dom Déforis qui avec une constance inébranlable et une sagacité infaillible suivit en quelque sorte à la piste les manuscrits dans leur voyage de Meaux à Troyes, de Troyes à Metz où il finit par mettre la main dessus. Sans s'étonner de leur masse, décourageante pour tout autre que pour un bénédictin, il les dépouilla, les mit au net, les disposa pour l'impression. Il en fit paraître trois volumes en 1772, deux autres en 1778, un volume supplémentaire en 1778.

On a cherché quelques chicanes à Déforis sur la façon dont il avait entendu ses devoirs d'éditeur, et on lui a reproché d'avoir souvent méconnu la bonne leçon au milieu des variantes. C'est trop de sévérité ; et l'on a mauvaise grâce à épiloguer sur un travail que personne aujourd'hui ne serait d'humeur à recommencer. Cette publication ne changea pas sensiblement le préjugé du public toujours défavorable à Bossuet sermonnaire. A part quelques hommes du métier, tels que le Père de Neuville et l'abbé Maury, les critiques continuèrent à répéter les mêmes appréciations : Laharpe dit que Bossuet a été médiocre dans le sermon; Dussault, que les sermons sont des matériaux informes, mais parfois empreints du sceau du génie; Chateaubriand essaye d'une distinction entre les sermons de la jeunesse et ceux de la maturité : aux premiers il reproche « des antithèses, des métaphores incohérentes, de la battologie, de l'exagération, de l'enflure », et c'est juste à un sermon de la bonne époque, à l'admirable sermon sur la Mort qu'il va demander des exemples de ces imaginaires défauts : on n'est pas plus étourdi.

Notre temps a fait justice de ces erreurs, et il a su admirer ces sermons où Bossuet se retrouve tout entier avec son inspiration hébraïque et évangélique à la fois, tempérant l'austérité grandiose de l'Ancien Testament par les douceurs et les tendresses du Nouveau. Peut-être même avons-nous poussé trop loin l'enthousiasme, jusqu'à mettre les Sermons au-dessus des Oraisons funèbres, ce qui est excessif.

Le recueil de D. Déforis, auquel les recherches subséquentes n'ont rien ajouté, comprend cent quarante-sept sermons entiers ou à l'état fragmentaire, treize sermons de vêture ou de profession, vingt-trois panégyriques ou précis de panégyriques. L'éditeur a suivi l'ordre liturgique. S'il s'était placé au point de vue littéraire, il n'eût pas manqué d'adopter l'ordre chronologique, comme plus instructif, plus propre à mettre en lumière les progrès de Bossuet. Car il faut bien se persuader que ce grand homme n'a pas échappé à la condition commune, qu'il a eu lui aussi « ses enfances » et ses faibles débuts. On possède quelques ébauches de sa première jeunesse, et elles n'ont rien de sublime. D'ailleurs, il ne fut pas long à révéler son talent; dès les premiers temps de son séjour à Metz, il donna sa mesure; il lui arrivera de se modifier, de se perfectionner, mais dès lors il fut Bossuet.

Sa carrière oratoire peut se partager en trois périodes : la première comprend sa prédication provinciale; la deuxième, sa prédication à Paris et à la Cour; la troisième embrasse le reste de sa vie. Il n'y a guère que les deux premières qui soient représentées dans le recueil : la dernière n'y figure que pour quelques plans, quelques ébauches. C'est que Bossuet, absolument maître à cette époque de sa pensée et de sa parole, ne se donnait plus la peine d'écrire. Quand il avait arrêté son texte et son sujet, quelques heures d'une méditation concentrée lui suffisaient pour fouiller sa matière en tous les sens et en découvrir toutes les ressources utilisables. Après ce travail de tête, il montait en chaire et se laissait aller à une inspiration toujours heureuse. Il est malheureux pour nous qu'aucun de ces derniers sermons n'ait été recueilli, et que nous ne puissions goûter les fruits savoureux de l'automne de Bossuet. Nous en sommes réduits aux sermons des deux premières périodes où l'orateur avait l'habitude d'écrire avant de parler : non qu'il faille croire qu'il ait jamais appris ses sermons par cœur à l'exemple de la plupart des autres orateurs sacrés. Cet exercice mécanique semble incompatible avec les libres allures de son génie. Voici plutôt la méthode qu'il suivait et qui a d'ailleurs été celle de plusieurs orateurs du barreau et de la tribune, notamment du général Foy. Il commençait par écrire tout son développement; puis, ayant ainsi donné une première forme à sa pensée, sans plus s'inquiéter de cette rédaction, il méditait fortement; après quoi il se livrait en chaire aux mouvements de son éloquence. Cette explication, très vraisemblable, a l'avantage de concilier l'existence des manuscrits avec l'habitude d'improviser que l'on attribue à Bossuet, non seulement dans sa vieillesse, mais à tous les âges de sa vie.

Faut-il maintenant essayer d'établir une distinction autre que celle de la pureté du style entre les sermons de la première et de la deuxième période? M. Brunetière l'a tenté, et il est entré à ce sujet dans de minutieux détails. Les différences qu'il note au désavantage des premiers sermons sont, outre quelques latinismes et quelques tours surannés, l'abus des citations, la complication des plans, la complaisance pour le mysticisme, une tendance à décrire et à éveiller par des effets de style la sensation matérielle au lieu du sentiment, enfin, quelque sécheresse dans l'enseignement du dogme exposé avec les procédés techniques de l'École. C'est le séjour de Paris qui aurait débarrassé l'orateur de ces défauts, entretenus par la province. On peut adopter, si l'on veut, cette distinction quoiqu'un peu bien subtile;

pour moi, je m'en tiens à dire que Bossuet, dans sa deuxième période, perfectionne son style et assouplit son éloquence au contact de la Cour, et que c'est à une forme plus soignée et à une allure plus dégagée, plus oratoire, que l'on reconnaît les sermons prêchés devant le grand monde.

Bossuet n'assigne pas de limites à sa prédication; il y fait entrer la religion tout entière. Il n'est pas de ces orateurs timides qui n'osent aborder le dogme de peur de s'y compromettre ou de n'en pas tirer de beaux effets. Il prêche tout, sans préférence, et son talent est toujours à la hauteur du sujet qu'il a choisi ou que les circonstances liturgiques lui ont imposé. Il ne sépare pas la morale du dogme et il ne consentirait pas à enseigner l'une sans l'autre. Il a d'ailleurs cette originalité d'appeler constamment la raison au secours de la foi, afin qu'elles se donnent un mutuel appui. Cela lui a valu du protestant Vinet la louange d'être le plus philosophe des prédicateurs, ce qui n'est pas beaucoup dire, mais ce qui n'en est pas moins un trait à retenir et qui le caractérise. Ainsi, lorsqu'il a à exposer un commandement de Dieu, il fait voir d'abord pour quelles causes raisonnables ce commandement a dû être établi. Puis, il en montre l'application utile à la vie, et c'est en dernier lieu qu'il lui cherche une sanction dans les Écritures. La raison (entendez : le bon sens), cette muse du XVIIe siècle, est toujours présente à son esprit, et il ne manque pas de la consulter, quand il a fait la part du mystère.

Si sa théologie est raisonnable entre toutes, sans cesser d'être orthodoxe, sa morale n'est pas moins pure. Il l'exprime dans son austérité chrétienne, sans l'agrémenter de portraits, d'épigrammes, d'allusions; il lui communique l'autorité qui résulte d'une entière franchise, pénétrant au plus profond de l'âme humaine pour en révéler les plaies, ne laissant rien échapper de ce qui touche à l'homme, envisagé dans les conditions privée ou publique. Il tient le juste milieu entre la sévérité outrée de Jansénius et les molles complaisances d'Escobar; il représente ici comme ailleurs, dans la mesure du possible, le christianisme raisonnable.

Il ne faudrait pas toutefois s'imaginer que sa fidélité au bon sens dégénère jamais, comme c'est le cas des écrivains de Port-

Royal, en banalité, en vulgarité de l'expression. Sans doute il sait, à l'occasion, se faire humble, se faire petit pour mieux trouver le chemin des cœurs; mais une fois qu'il est maître de nos âmes, il les ravit sur l'aile du lyrisme, vers ces hauteurs de l'éloquence et de la poésie, familières à son génie qui s'y meut sans contrainte.

Les Oraisons funèbres. — Des Sermons nous passons aux Oraisons funèbres sans nous arrêter aux panégyriques, qui ne sont après tout que des sermons, sous un nom différent, et entre lesquels il suffit de mentionner, comme deux chefs-d'œuvre, celui de saint Bernard et celui de saint Paul.

On a l'habitude d'opposer l'oraison funèbre telle qu'elle est pratiquée par l'Église catholique à celle que connaissaient et pratiquaient les Athéniens et les Romains. Il est juste de mettre à part l'oraison funèbre athénienne, noble institution dont le caractère national et patriotique ne se retrouve pas ailleurs. Mais l'oraison funèbre romaine avec son caractère aristocratique qui fait d'elle le complément du droit d'images a de nombreuses ressemblances avec celle des chrétiens. Que celle-ci au début, dans la bouche des Grégoire et des Ambroise, ait eu un tour surtout religieux, je le veux bien; mais du jour où l'Église eut part au gouvernement du monde, elle fit elle aussi de l'oraison funèbre le privilège de la puissance ou de la noblesse. A mesure que la féodalité s'organise, la chose devient plus sensible. Comme le patricien Romain, le seigneur féodal a son droit d'images, ou un droit équivalent, celui de bannière et d'armoiries. La « laudatio funebris » ne lui manque pas non plus : il est sûr d'avoir son oraison funèbre. Ce genre de discours est établi et entré dans les mœurs dès le Moyen-Age; il reste en usage jusqu'à la fin du xviii° siècle. De nos jours il est, je ne dis pas complètement tombé en désuétude, mais d'un emploi très restreint. Le clergé garde l'oraison funèbre pour ses membres, et parmi les laïques il n'en honore que certains hommes de guerre qu'il lui plaît de revendiquer comme ses amis. Cette réserve est louable : dans notre société laïque ce n'est plus au prêtre à prononcer l'oraison funèbre; il n'a plus qualité pour juger des services rendus à un état social dont il est lui-même et par définition l'adversaire.

Mais avant la Révolution l'oraison funèbre était obligatoire. Sitôt qu'un grand personnage mourait, vingt prédicateurs se mettaient en devoir de louer, avec sa noblesse, les mérites qu'il avait montrés ou ceux qu'il avait modestement cachés, les vertus qui étaient les siennes et celles qu'il aurait pu avoir. Outre le panégyriste désigné par le roi, il y avait celui de la famille, celui des obligés reconnaissants, celui des cours de justice, celui des corporations religieuses. Le nombre des hommages diminuait naturellement, quand diminuait l'importance du personnage, mais le plus petit seigneur pouvait compter sur la louange de son chapelain ou de son curé.

Il se publiait bon an mal an une centaine d'oraisons funèbres. Louis XIV, pour sa seule part, en eut plus de cinquante. De cette production incessante, il n'a guère survécu que quelques oraisons du xviie siècle et au premier rang celles de Bossuet.

Elles sont au nombre de dix. Les quatres premières sont de sa jeunesse et ont pour héros des personnages peu marquants, une abbesse de Bernardines, Yolande de Monterby; un échevin de Metz, Henri de Gornay; un prédicateur assez connu, le père de Bourgoin; un professeur de théologie, Nicolas Cornet. Elles sont à peu près oubliées; c'est tout au plus si l'on cite encore dans la troisième un beau portrait du prédicateur chrétien dont les principaux traits s'appliquent parfaitement à Bossuet lui-même, et dans la quatrième un résumé des querelles entre Jansénistes et Molinistes, dont l'impartialité fut contestée par Port-Royal, ce qui décida Bossuet à ne plus se risquer sur ce terrain brûlant.

La faiblesse relative de ces quatre oraisons est moins imputable à l'orateur qu'à la stérilité des sujets. Une remarque à faire, c'est que Bossuet est gêné par une petite matière. Il faut à cet oiseau de haut vol une vaste carrière où se mouvoir en liberté. Les sujets mesquins lui sont comme une cage où il ne peut même pas déployer ses ailes. Il ne réussit jamais mieux que quand il a à raconter une existence bien remplie, brillante ou dramatique, riche en événements : il y a en lui l'étoffe non d'un biographe qui se plaît au menu détail de la vie la plus ordinaire, mais d'un historien qui aime à raconter et à juger de grandes choses.

Aussi des dix oraisons classiques les trois plus intéressantes sont-elles celles de la reine d'Angleterre, de la duchesse d'Orléans et du prince de Condé. Mis en goût par les ressources du sujet, il y a montré toute la force de son génie.

Il a moins bien réussi dans l'éloge de la Palatine, et dans celui du chancelier Letellier, qui, bien qu'initiés aux affaires et à la politique n'y furent que des personnages de second plan. Il a été visiblement embarrassé avec Marie Thérèse, la plus insignifiante des femmes et dont il n'a guère trouvé à célébrer que la banale bonté. Mais même dans ces trois pièces, pour peu que l'histoire intervienne, et cela arrive souvent, il se retrouve aussitôt tout entier.

On peut en conclure que les développements historiques constituent le premier mérite des Oraisons funèbres; on pouvait s'y attendre avec l'auteur de l'Histoire Universelle. Toutefois il y a ici une observation à faire, une objection à prévenir. Qui dit oraison funèbre dit éloge; l'éloge est la loi du genre. Or il y a quelque différence entre un panégyriste et un historien. Les devoirs du premier ne sont pas ceux du second, et si Bossuet a rempli les uns, il lui a été difficile de remplir les autres. Sans doute, répondrons-nous, l'orateur, en plus d'un endroit, sans altérer la vérité, ne l'a pas dite tout entière. Il avait des ménagements à garder et ne pouvait, en face des familles et du haut de la chaire, entrer dans le détail souvent scandaleux des existences qu'il louait. La liberté que s'arrogent les auteurs de mémoires et les collecteurs d'anecdotes ne pouvait à aucun degré lui appartenir. Aussi a-t-on beau jeu à mettre en regard de tel passage de ses Oraisons les médisances de Tallemant, de Saint-Simon, ou de Bussy.

Toutefois on aurait tort de croire que ces réticences, ces lacunes nécessaires, se compliquent d'une basse flatterie. Bossuet n'est pas à proprement parler un flatteur. On peut s'en convaincre en étudiant sa conduite avec Louis XIV. Il a pour son roi des paroles d'admiration naïve, des effusions de reconnaissance pour les services rendus à la religion; mais il lui prêche toujours une morale austère, sans reculer devant le conseil ou même le reproche direct. Il sait concilier la soumission du sujet avec la liberté du prêtre, pour rester toujours digne. Si donc il a eu cette attitude à l'égard du maître, à plus forte raison l'a-t-il eue à l'égard des autres et, si en racontant leur vie, il n'en a mis en lumière que les beaux côtés, laissant les autres dans une ombre discrète où on peut cependant les entrevoir, il n'est pas tombé dans le défaut de louer plus que de raison et à contretemps. Ces éloges funèbres, je le répète, étaient avant tout pour lui une occasion de passer en revue les événements contemporains et de les apprécier. Il y fait de son mieux œuvre d'historien, voyant les choses de haut et dans leur ensemble, sans se perdre dans le détail à la façon des petits esprits qui n'entendent rien à la perspective historique et mettent tout sur le même plan. Il a parlé heureusement des grands faits du règne de Louis XIII et de celui de Louis XIV, démêlant les causes de chacun, lui assignant sa portée, et de cette attention accordée aux événements humains il a su faire jaillir une source de puissant intérêt.

Cette intelligence de l'histoire n'enlève rien, comme on peut bien penser, à l'autorité de la leçon morale que ses auditeurs attendent de lui. En consentant à louer dans la chaire des créatures faillibles et coupables, le prêtre semble s'engager en quelsorte devant Dieu à ne louer que ce qui est louable et avec le désir d'en inspirer le goût à ceux qui l'écoutent.

Bossuet n'est pas homme à manquer à ce devoir. Il sait donner à l'éloge la portée d'un conseil. En outre il ne perd aucune occasion de faire ressortir notre commune misère au point de vue chrétien et d'écraser notre orgueil de la pensée toujours présente de la grandeur divine.

Cette dernière idée est le fond même de ses Oraisons funèbres. Il ne se lasse jamais de l'exprimer pas plus que ses auditeurs de l'entendre; car il apporte à la développer toute la force de l'orateur, toute la passion et toute la mélancolie du poète. C'est qu'en effet ce prédicateur qui, sans s'écarter un moment de ses obligations sacerdotales, sait relever la médiocrité du genre par les récits et les considérations de l'historien, déploie au besoin et sans y songer, par l'épanchement naturel de son cœur, la plus haute et la plus tendre inspiration lyrique. Il faut noter ce dernier caractère, et ne jamais le perdre de vue dans une appréciation de Bossuet. C'est le trait qui le distingue des grands orateurs profanes, d'un Cicéron, d'un Démosthène. Si de l'un il a l'abondance intarissable et de l'autre la logique passionnée, il a de plus qu'eux cette imagination puissante qui s'élève sans effort jusqu'aux plus hauts sommets de la poésie. C'est par là qu'il occupe une place à part entre les grands artistes qui ont exercé sur les hommes le pouvoir d'une voix persuasive et la douce tyrannie d'une raison éloquente.

Cette faculté poétique à laquelle nous rendons hommage aujourd'hui ne fut pas toujours bien appréciée des contemporains et, tout en étant mieux traitées que les Sermons, les Oraisons funèbres ne laissèrent pas de rencontrer des censeurs. Pour quelques bons juges, tels que Mascaron, Fromentières, la Rue, Mme de Lafayette, la Bruyère, il y eut d'injustes et même de détestables critiques.

L'Oraison funèbre de Letellier parut à certains pleine de hors-d'œuvre; ils en voulurent au prédicateur d'avoir parlé de Richelieu, de Mazarin, de Retz, de Condé et de ne s'en être pas tenu à son héros, et ils déclarèrent que Fléchier, en prêchant aux Invalides sur le même sujet, avait été bien supérieur.

L'Oraison de Condé, cet incontestable chef-d'œuvre, déconcerta par son ampleur même. — Je viens d'entendre l'oraison funèbre de Turenne, disait le maréchal de Grammont. — La pièce ne fait honneur ni au mort, ni à l'orateur, tranchait l'insupportable Bussy. — Mme de Sévigné qui sur le moment avait écrit : « Bossuet s'est surpassé. Jamais on n'a fait valoir ni mis en œuvre si noblement une si noble matière », regrette bientôt d'en avoir tant dit; pour ne pas se mettre en contradiction avec son entourage, elle retire un à un ses éloges et finit par donner la préférence au médiocre discours de Bourdaloue sur le même sujet. — Enfin Madame de Coligny relève, après la publication, des inégalités, des endroits fort médiocres et fort languissants, de mauvaises épithètes et de méchantes expressions. D'où l'on peut conclure que le goût si vanté des femmes de la Cour ne s'élevait pas toujours au-dessus d'un certain niveau et qu'il n'allait pas jusqu'à comprendre le sublime.

La Bruyère a dit quelque part : « L'évêque de Meaux est comme Démosthène. Il a fait de mauvais censeurs. » La réflexion est des plus justes. Cependant la postérité a bien vengé Bossuet du goût dédaigneux de ses contemporains : elle l'a mis au-dessus de tous les orateurs sacrés, non seulement de son temps, mais de tous les temps, au-dessus même de Basile, de Grégoire, de Chrysostôme.

De ce grand homme à ceux que la légèreté du public lui donna quelque temps pour rivaux ou même pour supérieurs, la distance est longue. Il avait du génie, et les autres n'avaient que du talent, et ils durent peut-être à cette infériorité native d'être plus accessibles à la moyenne des auditeurs et par conséquent d'avoir plus de succès. Ils sont d'ailleurs si nombreux qu'on ne finirait pas de passer en revue tous ceux qui se virent admirés ou estimés en ce temps où la prédication tenait une place considérable dans la vie mondaine, à la fois devoir et plaisir, source d'édification et de distraction.

Nous n'apprécierons avec quelque détail que ceux qui passent après Bossuet pour les maîtres du genre, Mascaron et Fléchier dans l'oraison funèbre, Massillon et Bourdaloue dans le sermon. Quant aux plus connus des autres nous nous bornerons à en faire une énumération rapide.

3° Les Prédicateurs de second ordre. — Ce sont comme de juste les deux associations religieuses vouées spécialement à la prédication, l'Oratoire et les Jésuites, qui fournissent le plus grand nombre de ces prédicateurs de talent. Prenons d'abord les Jésuites, et disons quelques mots de leurs pères Cheminais, Gaillard, la Rue.

Cheminais sut se faire admirer dans sa courte carrière (1652-1689) mais sans avoir le temps de donner sa mesure et de conduire ses facultés oratoires à la maturité. La faiblesse de sa santé jointe à l'ardeur de son zèle le mit au tombeau avant la quarantième année. Entré dans la compagnie à quinze ans, il professa quelque temps la rhétorique et fut bientôt employé à la chaire. Ses Sermons publiés par son confrère Bretonneau se recommandent par l'onction, par la douceur persuasive, par une sensibilité en quelque sorte racinienne.

Gaillard (1641-1727) eut l'honneur de paraître treize fois à la Cour et par conséquent d'être, si l'on s'en rapporte à ce fait, le prédicateur le plus goûté de Louis XIV. Il n'avait rien des défauts familiers à son ordre : par la franchise de son langage, la loyauté de son caractère, la liberté de ses allures, c'était le moins jésuite des hommes. Répandu dans le meilleur monde, familier de l'hôtel de Bouillon, et malgré cela ami de Boileau, il prêcha avec édification et succès. S'il faut en croire un de ses récents appréciateurs, ses confrères, après avoir profité de son talent, auraient infligé à son indépendance un châtiment posthume en laissant périr sa réputation et en ne faisant rien pour préserver ses sermons de l'oubli. Il tint la chaire pendant trente-trois ans et nous n'avons de lui que quatre oraisons funèbres. L'une d'elles est restée célèbre, à cause de la difficulté vaincue; je veux dire celle de l'archevêque de Paris, Harlay, emporté par une apoplexie, sans avoir pu se reconnaître, après une existence de galanteries scandaleuses. Tout était embarrassant, la vie et la mort du personnage. Gaillard dut s'en charger par ordre et sut faire, au dire de Saint-Simon, un vrai chef-d'œuvre d'éloquence et de piété.

La réputation du père la Rue (1643-1725) est restée plus présente aux esprits. Elle a trouvé grâce devant la Compagnie, qui n'a pas essayé de l'étouffer, quoique la Rue fût lui aussi un indépendant, mais cette fois doublé d'un politique. Il réussit à s'émanciper, et, tout en devenant un des dignitaires de son ordre, à mener la vie d'un prêtre séculier plutôt que celle d'un moine. Il n'a pas été d'ailleurs uniquement occupé à la prédication. Excellent humaniste il a donné une édition de Virgile, encore estimée. Il a eu des succès comme poète latin; il a même travaillé pour le théâtre, si, comme on le croit, l'Andrienne et l'Homme à bonnes fortunes, données sous le nom du comédien Baron, sont réellement de lui. Homme de lettres dans la force du terme, le père la Rue ne s'en est pas remis à d'autres du soin de publier ses œuvres oratoires. Il a édité lui-même quatre volumes de sermons et un volume de panégyriques et d'oraisons funèbres. Dans la préface qu'il a mise en tête de son recueil, il soutient que la prédication pour être efficace a besoin de mouvement et de vie et que par conséquent elle doit être improvisée. Il s'est conformé à ce précepte dans les missions qu'il donna pendant trois années de suite en Languedoc; mais pour ses sermons de Cour, il a suivi la méthode ordinaire et appris par cœur un texte soigneusement rédigé.

Presque banal dans l'exposition du dogme, il est pathétique dans la prédication morale, où il lui arrive même d'employer des procédés que nous appellerions mélodramatiques. C'est ainsi qu'il fit à son auditoire une impression d'effroi et de terreur par son portrait du pêcheur mourant et du pêcheur mort.

De ses oraisons funèbres, les plus connues sont celles de Luxembourg, de Boufflers et surtout de Bossuet qu'il apprécie en connaisseur. Confesseur attitré de la duchesse de Bourgogne, il eut l'ennui de ne pas recevoir la confession suprême de sa pénitente; il eut aussi le bon goût de ne pas s'en fâcher et de prononcer, comme si de rien n'était, l'oraison funèbre de la princesse, de son mari, et de leur fils aîné, tous emportés à quelques jours de distance. On cite son texte, très ingénieusement choisi : « Quare facitis malum ut intereat ex vobis vir et mulier et parvulus? »

Parmi les Oratoriens nous trouvons nombre de sujets distingués dont beaucoup s'élevèrent par leur éloquence jusqu'à l'épiscopat : tel Leboux (1621-1693) qui fut balayeur des classes au collège de Saumur et que son intelligence tira de son humble état pour en faire un élève, puis un confrère de l'Oratoire. Bientôt célèbre en province, il vit son succès à Paris enrayé un temps par une accusation de jansénisme, mais il se disculpa et après quatre ans de prédication à la ville et à la Cour, fut nommé évêque de Dax d'où il fut transféré à Mâcon et à Périgueux. On a sous son nom un recueil de sermons évidemment retouchés. Il improvisait toujours, et il fallait bien qu'il y réussit puisqu'il se soutint vingt-cinq ans à la Cour, où il prêcha pour la dernière fois en 1680.

Fromentières (1639-1684), orateur agréable et poli, eut une fortune analogue et devint évêque d'Aire. On ne lit plus ses sermons, publiés en trois volumes et, paraît-il, contre son gré. C'est tout au plus si l'on se rappelle qu'en prêchant la vêture de Mme de la Vallière il obtint, à tort, plus de succès que Bossuet prêchant la profession de la même personne.

J. Soanen (1647-1740) arriva aussi par ses sermons à l'épiscopat et fut pourvu du siège de Senez. Après de grands succès dans les missions de province, il était venu à Paris en 1686 et n'y avait pas réussi tout d'abord, mais il se releva promptement et fut admiré à la ville et à la Cour. Son sermon sur l'Orgueil fut qualifié par Louis XIV de « Trompette du ciel ». Il obtint aussi le suffrage de Bourdaloue et même trouva grâce devant Fénelon. Il s'engagea dans les querelles de la Bulle, fut déposé par le concile d'Embrun et interné à l'abbaye de la Chaise-Dieu où s'écoula sa vieillesse muette et persécutée.

On peut citer encore parmi les prédicateurs de l'Oratoire, le père Hubert et surtout le père Maure, ce dernier pendant quelques années le rival de Massillon, mais que la faiblesse de sa santé écarta trop tôt de la chaire.

Si nous passons maintenant au clergé séculier, nous trouvons d'abord deux prédicateurs, moins connus par leur talent que par certaines particularités de caractère et de conduite. L'abbé Roquette, assez triste personnage, se poussa par l'intrigue dans la faveur de Gaston d'Orléans et y gagna l'évêché d'Autun : il passa auprès de ses contemporains, et c'est tout dire, pour l'original de Tartufe. Il eut quelques succès de chaire, mais on l'accusa de se faire faire ses sermons, moyennant finance. Son fournisseur habituel se surpassa dans l'oraison funèbre de la duchesse de Longueville où sur ce texte heureux : « Fallax pulchritudo. Mulier timens dominum laudabitur », il composa un discours délicat, plein d'onction, qui édifia et charma le plus difficile auditoire.

Vient ensuite le grotesque évêque de Noyon, célèbre par la niche que lui fit l'abbé de Caumartin en le bafouant ouvertement, et sans qu'il s'en doutât, le jour de sa réception à l'Académie française. Ce prélat grand seigneur, si entiché de sa noblesse qu'il traitait du haut de la chaire ses diocésains de « canaille chrétienne », avait le goût de la prédication, et quoique souvent ridicule par l'abus des images et par une pompe extravagante, il ne laissait pas d'avoir des auditeurs. Louis XIV lui-même, qui riait volontiers de lui, estimait ses sermons.

Au-dessus de ces deux originaux, il faut placer l'abbé Anselme et Maboul évêque d'Aleth.

Le premier, protégé par Mme de Montespan et précepteur de son fils légitime, le marquis d'Antin, débuta à la Cour avec succès en 1683. Il continua à réussir, et se fit une grande réputation : nous en trouvons l'écho répété dans la correspondance de Mme de Sévigné, qui vante son esprit, sa grâce, son onction. Il fut chargé d'oraisons funèbres importantes, celles de la reine, du duc de Montausier, de la Grande-Mademoiselle, du roi Jacques II, du maréchal de Lorges ; mais son chef-d'œuvre fut encore celle du conseiller d'État Fieubet.

C'est aussi par l'oraison funèbre que Maboul se fit connaître et mérita l'épiscopat. Ses principales pièces sont les éloges de Letellier, du grand Dauphin, de Louis XIV et surtout celui du duc et de la duchesse de Bourgogne, très pathétique. Un style égal et correct, un ingénieux mélange de réflexions politiques et religieuses, des portraits réussis, firent le succès de Maboul. Aujourd'hui on ne le lit plus ; c'est à peine d'ailleurs si l'on fait cet honneur à de plus grands que lui dans le même genre, je veux dire à Mascaron et à Fléchier.

4° **Les maîtres de l'oraison funèbre après Bossuet. — Mascaron (1634-1703).** — De tous les prédicateurs catholiques de cette époque, c'est celui qui a le plus du tempérament oratoire élevé, hardi, généreux de Bossuet. Il ne lui a manqué que du goût, je ne dis pas pour égaler son incomparable confrère, mais pour laisser la réputation d'un grand orateur. Ceux qui l'ont appelé le Rotrou de la chaire n'ont pas manqué de beaucoup la vérité. Entre lui et Bossuet, il y a quelques-uns des rapports qui existent entre Rotrou et Corneille. Ils sont de la même famille intellectuelle.

Marseillais, fils d'un avocat disert, Mascaron entra vers 1650 à l'Oratoire, et après ses années de professorat, débuta brillamment comme prédicateur à Angers en 1663. Le succès le suivit dans toutes les chaires de province, à Saumur, où le protestant Tanneguy Lefèvre lui appliqua le portrait que Pline le Jeune a tracé du rhéteur Isée, à Aix, à Marseille, à Rouen où il gagna la faveur de l'archevêque Harlay, bientôt transféré à Paris, et sous les auspices duquel il se produisit à la ville et à la Cour.

L'oraison funèbre d'Anne d'Autriche l'y mit en vue. Des sermons d'une austérité et d'une franchise toute chrétienne firent valoir son honnêteté en même temps que son éloquence. Il osa, le premier dimanche de Carême de 1669, se comparer, et cela devant Louis XIV, au prophète Nathan, annonçant de la part du Seigneur au roi David la punition de son adultère. Les courtisans affectèrent de blâmer sa hardiesse, mais le roi leur ferma la bouche en disant : « Le prédicateur a fait son devoir, à nous de faire le nôtre ; » et, afin de mieux marquer son estime, il désigna Mascaron pour le Carême suivant. Il avait un goût très vif pour son talent, et il s'en faisait une haute idée. Il le chargea des oraisons funèbres de la duchesse d'Orléans et du duc de Beaufort qui devaient être prononcées à deux jours d'intervalle, et comme on lui faisait remarquer que la tâche était lourde : c'est le père Mascaron, dit-il, il saura bien y suffire.

Il le nomma la même année (1671) évêque de Tulle, sans renoncer pour cela à l'entendre, car il le fit revenir à différentes reprises pour prêcher devant lui. A sa douzième et dernière station (1694), il lui adressa ce bel éloge : il n'y a que votre éloquence qui ne vieillit point. Entre temps il l'avait transféré de Tulle à Agen (1679), où il y avait un groupe de protestants à surveiller et à convertir. Mascaron s'acquitta de ce rôle ingrat avec délicatesse et, par une combinaison habile de bons traitements et de discours persuasifs, ramena plus d'un dissident. Son dernier grand sermon fut prêché à Paris à l'ouverture de l'Assemblée du clergé en 1695. Il mourut dans son diocèse huit ans après.

Ses sermons sont perdus, et c'est d'autant plus regrettable qu'il y avait toujours mis beaucoup de soin, s'attachant à varier, sinon les sujets, au moins le développement qu'il leur donnait. Lorsqu'il devait prêcher à la Cour, il faisait une retraite dans quelque endroit écarté, et de préférence à l'oratoire de Vendôme, et il composait tout d'un trait la suite de son Avent ou de son Carême. Il évitait ainsi l'inconvénient de se répéter et de servir à son auditoire plusieurs fois de suite les mêmes élucubrations. Nous n'avons gardé de lui que ses cinq oraisons funèbres.

La première en date, celle de la reine-mère (1666), présente, avec d'heureux mouvements, des énormités dont les contemporains ne se choquèrent pas outre mesure. Il compare son héroïne à un ange, pendant le temps de sa longue stérilité ; puis à un soleil levant, à un soleil couchant, à un fleuve bienfaisant, à un océan débordé, et pour finir, à Jésus-Christ en croix. Ces rapprochements bizarres, agrémentés de flatteries hyperboliques, ne se retrouvent pas dans les autres pièces. L'influence de Paris et de la Cour avait eu raison de ces ornements provinciaux.

L'oraison du chancelier Séguier ne se recommande par aucune

qualité transcendante ; aussi bien le sujet était-il médiocrement riche. Dans celle d'Henriette d'Angleterre, on trouve de la grandeur, de la simplicité et comme un écho de l'admirable discours que Bossuet venait de consacrer à la même princesse. L'oraison de Beaufort est encore plus belle, plus féconde en beaux mouvements et toute pleine d'ardeur guerrière. Mais celle de Turenne est son chef-d'œuvre. De ce texte : « Proba me Deus et scito cor meum, » il fait découler sa division : le cœur de Turenne est le modèle des guerriers, le modèle des honnêtes gens, le modèle des chrétiens, et il en développe heureusement les trois points, remplissant le premier d'une narration rapide et brillante et répandant sur les deux autres une abondance de pensées, une richesse d'expressions presque cicéroniennes.

Si l'on fait la part des défauts de Mascaron, défauts persistants et qui tiennent à l'insuffisance de son goût, hyperboles outrées, comparaisons maladroites, emphase, abus des termes mystiques, on trouve encore à louer chez lui une parole ordinairement grave et fière avec des éclairs d'admirable éloquence. Il la soutenait par une action heureuse, une voix agréable, une prestance pleine de dignité. La nature l'avait traité libéralement et ne lui avait marchandé ni le cœur, ni la tête, ni le physique de l'orateur.

Fléchier (1632-1710). — Elle ne fut pas si généreuse à l'endroit de Fléchier, qu'elle gratifia, au dire du père la Rue, d'un geste lourd, d'une voix lugubre ou sourde à tout le moins, d'une action pesante, ce qui ne l'empêcha pas d'ailleurs de jouir d'une grande réputation, née des défauts brillants plus encore que des qualités de son esprit. Son surnom d'Isocrate de la chaire est une définition assez exacte de son talent. Il est en effet de l'école du rhéteur grec, artisan de mots et de phrases plus qu'inventeur d'idées. On peut encore, si l'on veut, voir en lui un Balzac devenu prédicateur. Il présente le même soin minutieux et parfois puéril de la forme, la même recherche du nombre, la même cadence symétrique, le même équilibre des membres de la période, le même abus du trait et de l'antithèse, et, sous ces dehors séduisants, la même banalité du fond. Les contemporains furent trompés par cette rhétorique qu'ils prirent pour de l'éloquence, à ce point qu'ils préférèrent communément les oraisons de Fléchier à celles de Bossuet lui-même. Ils ne firent pas toutefois le même honneur à ses sermons, sans doute parce qu'ils étaient d'une moins belle apparence, le genre se prêtant moins aux ornements brillantés, et probablement aussi parce que l'orateur, n'y étant plus soutenu par l'intérêt de curiosité inhérent au sujet, ne rachetait par rien l'insuffisance de son action. En somme le XVIIe siècle a déclaré Fléchier estimable dans le sermon, supérieur dans l'oraison funèbre : de ces deux jugements, la postérité n'accepte que le premier et elle atténue considérablement l'autre.

Fléchier, né à Pernes, dans le Comtat-Venaissin, en 1632 et mort en 1710 dans sa ville épiscopale de Nîmes, consacra sa longue existence à la religion et aux lettres. Il fut élevé chez les doctrinaires et professa quelque temps la rhétorique dans leur collège de Narbonne. Il fut ensuite catéchiste dans une paroisse de Paris et se mit en relation avec les beaux-esprits, avec les habitués des Samedis de Mlle de Scudéry et des Mercuriales de Ménage, et surtout avec les survivants de l'hôtel de Rambouillet. Il était fait à souhait pour ce dernier milieu : il en avait les manières polies, le tour d'esprit agréable dans son affectation, le langage épuré et laborieux à la fois. Il songea naturellement à se poser par des ouvrages ; il n'osa se hasarder, peut-être par préjugé de robe, aux vers français ; il se rabattit sur le vers latin et chanta successivement le Carrousel de 1662 et les Grands-Jours d'Auvergne, ce qui lui valut du renom et une pension. Montausier, dont il était l'ami, le plaça en qualité de lecteur auprès du Dauphin, pour qui il composa son histoire ou plutôt son panégyrique de Théodose. Il prêcha quelques sermons et attira l'attention du public par son oraison funèbre de madame de Montausier (1672), bientôt suivie de celle de la duchesse d'Aiguillon (1675). Il fut cette même année chargé, concurremment avec Mascaron, de l'éloge de Turenne, et il sortit vainqueur de ce tournoi oratoire. Ce succès mit sa réputation au comble. Il la soutint par ses oraisons du président de Lamoignon (1679), de Marie-Thérèse (1683), du chancelier Letellier (1686). En 1685, il avait été nommé évêque de Lavaur, et le roi s'était excusé du retard apporté à sa nomination sur le plaisir qu'il avait à l'entendre, compliment flatteur, mais peu sincère, puisque Fléchier n'avait prêché que deux stations, depuis quinze ans qu'il fréquentait la Cour.

Après deux années de séjour à Lavaur, Fléchier qui y avait montré des qualités de négociateur et d'administrateur fut transféré au siège plus important de Nîmes. Il s'y conduisit avec circonspection, et, sans pratiquer la tolérance dont on lui a fait gratuitement honneur, il dût au voisinage d'un bourreau comme Montrevel et d'un despote comme Bâville de paraître modéré et même bon. Il fut surtout politique, ne fit pas trop crier les persécutés et tempéra au besoin le zèle des persécuteurs. Il reparut à la Cour pour prêcher les oraisons funèbres de la Dauphine et de Montausier (1690). Il passa le reste de son temps dans son diocèse, se reposant des fatigues épiscopales dans la culture des lettres. C'est alors qu'il écrivit son Ximenès, ouvrage médiocre où le ministre disparaît derrière le moine dévot.

Aujourd'hui la gloire de Fléchier est bien ternie ; on n'a garde de lire ses poésies latines ; ses ouvrages historiques, Théodose, Ximenès, le cardinal Commendon, dorment dans les bibliothèques ; ses sermons sont également oubliés ; enfin de ses oraisons funèbres, si léchées, si compassées, on ne connaît plus guère que celle de Turenne.

Lorsqu'il s'en vit chargé, il se montra inquiet jusqu'au moment où il eut entendu Mascaron, qui avait pris les devants, prononcer les premiers mots de la sienne. Il avait peur que son émule n'eût choisi de son côté le texte auquel il s'était lui-même arrêté, et qu'il avait emprunté à Lingendes. Son succès fut prodigieux et il se trouva des gens pour déclarer que « l'oraison funèbre avait été jusque là l'art d'arranger de beaux mensonges, un art tout profane, où sans égard ni à la vérité ni à la religion on consacrait les fausses vertus des grands et souvent l'abus de la grandeur même ; mais que Fléchier avait mis fin à ce désordre et inauguré le véritable éloge chrétien ».

Le compliment est excessif ; mais il faut reconnaître que dans cette pièce si vantée la pensée est forte et élevée, le mouvement vif et soutenu. Elle pourrait même être comparée au Condé de Bossuet, si, au lieu de passer en revue toutes les campagnes de son héros au moyen d'allusions furtives, d'indications vagues, l'orateur eût su choisir trois ou quatre grandes journées qui seraient le pendant de ces magnifiques récits de Rocroy et de Fribourg.

Malgré l'oubli où est tombée son œuvre oratoire, Fléchier est encore assez présent à l'esprit des lettrés. Il le doit à un petit écrit de circonstance qu'il a composé en se jouant, pour son amusement et celui de quelques amis, et qu'il n'a d'ailleurs jamais songé à publier. C'est la relation en prose de ces mêmes Grands-Jours d'Auvergne (1666) qu'il a célébrés dans un emphatique poème latin. Restée manuscrite pendant deux siècles, elle a été enfin publiée en 1844 et elle a remis en vogue le nom de Fléchier.

L'auteur y paraît sous un jour nouveau ; ce n'est plus le rhéteur disert que nous connaissons, ni même le bel-esprit ; c'est, et cela vaut mieux, un observateur qui sait voir et juger. Il raille à demi-mot les prétentions provinciales, raconte avec une légère ironie les changements à vue des magistrats des Grands-Jours, le matin graves et impassibles sous la simarre, jugeant, condamnant, rouant, écartelant, et, le soir venu, coquets et galants, en habit mondain, ne songeant qu'au plaisir et aux dames. Tout cela est raconté d'une plume légère et fine qui rend les moindres nuances.

A ce piquant tableau de mœurs se joignent des détails historiques du plus haut intérêt : ils nous font connaître le triste état de ces provinces du Centre, où pendant de longues années une aristocratie brutale s'était jouée de la justice et du pouvoir royal et s'était passé toutes les fantaisies dont l'idée peut venir à des tyranneaux lubriques et sanguinaires. Sans jamais se monter la tête, sans se départir de son ton spirituel et froid, Fléchier nous fait estimer à leur valeur ces roitelets de province, les Espinchal, les Canillac, les Beaufort, les Sénégas, dont les forfaits dépassent l'imagination. A ce dernier point de vue, il n'y a pas de lecture plus instructive que celle-là, ni qui soit plus propre à nous éclairer sur les conditions sociales de l'ancien régime, sur les douceurs du bon vieux temps.

Grâce à Fléchier, les Grands-Jours de 1666 sont désormais classiques en histoire et en littérature ; et ils le sont à meilleur titre que ces Grands-Jours de Poitiers où de doctes magistrats composèrent des volumes de vers latins et français sur la puce de Mlle Desroches. Le petit livre de Fléchier vaut mille fois toute cette versification *chante-puce,* pondue à l'exemple et sous les auspices d'Étienne Pasquier.

5° **Les maîtres du sermon après Bossuet.** — **Bourdaloue (1632-1705).** — De tous les prédicateurs jésuites, Bourdaloue est celui qui a montré le plus de talent, le seul même à qui l'on puisse attribuer du génie, à la condition cependant qu'on jugera ses discours d'après l'effet qu'ils produisaient autrefois sur ses auditeurs, et non d'après celui, beaucoup moins vif, qu'ils produisent aujourd'hui sur les lecteurs. C'est un des grands hommes de son ordre, qui n'en compte guère : on y trouve en effet des talents distingués, mais ils ne dépassent guère un certain niveau. L'obéissance fanatique qui fait de chacun de ses membres un instrument aveugle aux mains de son supérieur explique assez cet arrêt général dans le progrès de l'esprit pour qu'il ne soit pas besoin d'y chercher d'autres causes. Par un bonheur rare et peut-être unique, Bourdaloue s'est développé ou semble s'être développé sans contrainte. S'il a passé par le lit de Procuste, il faut que le lit se soit trouvé à sa mesure, car il n'a pas souffert d'y avoir passé.

On peut dire de cet orateur qu'il n'a pas d'histoire : ce n'est pas un petit honneur pour lui que cette vie simple, unie, sans incidents, où le devoir a régné en maître sans avoir de lutte à soutenir contre le plaisir ou la passion. Le seul écart qu'on y relève, c'est sa fuite de la maison paternelle vers la seizième année. On voulait l'empêcher d'entrer chez les Jésuites : il affirma ainsi sa volonté d'y entrer et force fut à sa famille après cet éclat de céder à sa vocation. A cela près, il n'y a rien que de régulier, de prévu et de sage dans son existence.

Son cours d'études terminé, il professa dans différents collèges et remplit pendant quelque temps les fonctions de précepteur auprès du futur ministre Louvois. Ses supérieurs à cause de la variété même de ses aptitudes ne savaient à quoi l'employer de préférence, lorsqu'un hasard heureux révéla le don naturel qu'il avait pour l'éloquence. Chargé de remplacer au pied levé un prédicateur malade, il réussit à merveille, et, dès ce jour, son avenir fut déterminé et sa vie vouée à la chaire.

Il fit ses premières armes en province, à Eu, devant la grande Mademoiselle, à Rouen, à Amiens, à Bourges sa patrie. Il fut appelé à Paris en 1669 pour prêcher l'Avent aux Jésuites de la rue Saint-Antoine. Il s'en acquitta avec un applaudissement extraordinaire ; cependant ceux qui l'avaient le plus admiré se demandaient, sans doute en raison d'une timidité, d'une simplicité de manières et d'esprit qu'ils lui supposaient bénévolement, s'il aurait le même succès hors de ce cadre familier, et si, sorti de « son tripot » il ne se trouverait pas perdu dans un milieu plus relevé et notamment à la Cour. Ces craintes furent vaines. L'Avent de 1670, prêché devant le Roi, confirma tout le bien que l'on inclinait à penser de lui et le mit hors de discussion. Il fut, à dater de ce moment, le premier prédicateur de son temps et il en garda le renom pendant les trente-quatre ans que dura sa carrière. Les témoignages abondent : c'est Bossuet écrivant à Mme de Luynes : « Il nous a fait un sermon qui a enchanté notre peuple » ; c'est Fénelon, revenu de la sévérité des Dialogues sur l'éloquence et disant dans le Mémoire sur les occupations de l'Académie : « Le style du père Bourdaloue a effacé tous les autres, et est peut-être arrivé à la perfection dont notre langue est capable en ce genre » ; c'est la Bruyère le comparant à Cicéron et le plaignant comme Cicéron d'avoir fait de mauvais imitateurs ; c'est Mme de Sévigné, intarissable d'éloges dès qu'elle aborde, et c'est fréquent, le sujet de Bourdaloue : « Il m'a souvent, dit-elle, ôté la respiration par l'extrême attention avec laquelle on est pendu à la force et à la justesse de ses discours, et je ne respirais que quand il lui plaisait de finir. » — Silence, voilà l'ennemi ! s'écriait un jour Condé, comme le prédicateur montait en chaire. — Et une autre fois, « mordioux ! il a raison » s'exclamait, au beau milieu du sermon le maréchal de Grammont.

Ces témoignages attestent la haute idée qu'on avait du prédicateur. Il convient d'ajouter que son succès n'apporta aucun changement à ses manières et à son genre de vie. Il prêcha sans interruption à Paris et à la Cour ; il ne revint qu'une fois en province, aux environs de la Révocation, le Roi l'ayant envoyé à Montpellier pour essayer sur les huguenots le pouvoir de son éloquence.

Il demanda vers la fin de sa vie à être déchargé du double fardeau de la chaire et du confessionnal. Ses supérieurs le laissèrent à son poste, estimant que sa vertu n'avait pas besoin de recueillement ni de retraite pour se préparer au grand voyage. Il mourut sur la brèche en 1704.

Il laissa des regrets unanimes à tous ceux qui l'avaient connu. Le docte Huet considéra comme un malheur de survivre à cet homme « d'un esprit charmant, d'une facilité fort aimable, dont le cœur était à découvert et pour ainsi dire transparent ». Il fut pleuré de ceux qui avaient appris à l'aimer à Baville, chez les Lamoignon, où il passait ordinairement l'été, et en particulier de Boileau, que ses tendances jansénistes n'avaient pas rendu insensible aux mérites du jésuite Bourdaloue.

Ses sermons furent publiés par un de ses confrères, peu d'années après sa mort, au nombre d'environ cent-quarante. Lorsqu'on en commence la lecture, on a l'ennui de constater que l'austérité des sujets traités n'est atténuée ni par la profondeur ou la finesse des idées, ni par l'originalité du style. Il n'y a pas de compensation au sérieux un peu monotone de ses développements moraux. Aussi est-il arrivé à plus d'un critique de rapprocher Bourdaloue de Nicole et de les confondre dans la même appréciation dédaigneuse : ce seraient deux moralistes de la même portée et ne différant que par le mode d'expression de leurs idées également banales, l'un écrivant, l'autre prêchant. Bourdaloue serait Nicole en chaire et rien de plus.

Ce dédain est injuste : notre curiosité, trop exigeante, a tort de chercher chez un orateur ce qui peut légitimement ne pas s'y trouver, et de le mesurer à la même aune qu'un écrivain. Ils sont bien rares les discours qui ne se figent pas sur le papier et conservent leur sève et leur feu primitifs. Ceux de Bourdaloue n'ont pas ce privilège, pas plus que ceux d'autres très grands orateurs, Berryer par exemple ; et ils se présentent à nous, froids et décolorés, faute de voix, de geste, d'action qui les soutienne. Sans doute l'action de Bourdaloue n'avait rien d'extraordinaire s'il est vrai, comme on le raconte, qu'il fermait constamment les yeux en chaire, moins préoccupé de noter l'effet de sa parole sur l'auditoire que de suivre intérieurement et de lire en lui-même sa pensée. Mais en dépit de cette attitude voulue, il agissait encore par les inflexions de la voix, par la force plus ou moins accentuée d'un débit toujours rapide, mais toujours net. L'action, chassée de l'œil et du geste, s'était concentrée dans la voix, et, pour être plus restreinte dans ses moyens, elle n'en était pas moins puissante. Ainsi s'explique la différence de l'effet produit sur le lecteur actuel et sur l'auditeur d'autrefois, le premier s'armant de patience pour triompher de la froideur du texte écrit, le deuxième entraîné à perte d'haleine par le feu irrésistible du sermon prêché.

Il y avait d'ailleurs en Bourdaloue d'autres attraits qui ont péri en quelque sorte pour nous, je veux dire les allusions et les portraits. Après avoir parlé d'un défaut ou d'un vice en général, il avait l'habitude, afin de produire dans les esprits une impression plus profonde, de résumer son analyse dans un portrait, ou de son invention, ou copié sur un original vivant. Ainsi fera plus tard la Bruyère ; mais c'est Bourdaloue qui a introduit le premier dans les ouvrages moraux cet usage des portraits, réservé jusque-là à l'histoire, au roman, ou aux amusements de société. Il faut ajouter qu'il se contente d'y être vrai, sans être malicieux, et, que s'il désigne parfois tels de ses contemporains, c'est que leur réputation spéciale est si bien établie que leur nom vient de lui-même sur les lèvres de l'auditoire. De la sorte il fait, dans le sermon de la Médisance, le portrait de Pascal, inévitable à cet endroit pour un jésuite qui ne peut voir en l'auteur des Provinciales qu'un médisant ou même un calomniateur : les préjugés de robe sont trop puissants pour qu'on puisse se choquer ou s'étonner de cette appréciation fausse. De même Molière est blâmé pour son Tartufe dans le sermon sur l'Hypocrisie ; la Fontaine, pour ses Contes dans le sermon sur l'Impureté ; Fénelon est reconnaissable avec son mysticisme dangereux dans le sermon sur la Prière. Mais le chef-d'œuvre de la galerie, c'est Tréville, l'Arsène de la Bruyère, dans le sermon sur la Sévérité évangélique. Ces portraits eurent une telle vogue que tous les prédicateurs se mirent à en faire et que ce devint une sorte de procédé et de règle de la rhétorique sacrée. Le public leur attribuait d'ailleurs une intention satirique qui n'y était pas ; il mettait un nom propre même sous les caractères imaginés à plaisir ; il soulignait au passage des allusions qui n'existaient que dans son idée, et assaisonnait de sa malice la parole austère du prédicateur.

Aux portraits près, Bourdaloue ne faisait aucune concession aux goûts de son auditoire et se bornait à l'instruire sans chercher à lui plaire ou à l'émouvoir. Il avait plus de raison que de sensibilité, et la nature lui avait refusé le pathétique. Quant aux petites recherches de pensée et de style, aux gentillesses, aux jolis riens qui peuvent chatouiller une assistance mondaine, il avait une trop haute idée de son ministère pour descendre à ces futilités. Il se borna donc, par nature et par devoir, à faire de la prédication un enseignement que son talent et sa vertu rendirent intéressant et fructueux.

Cet enseignement porte sur toutes les parties de la religion. On dit quelquefois que Bourdaloue s'abstient volontiers de prêcher le dogme; c'est une erreur, aussi bien que de soutenir que là où il lui arrive de le prêcher il est commun et banal. Sans doute il n'a pas cette hardiesse géniale de Bossuet qui essaye de tout expliquer et de faire partout la lumière; mais il sait exposer la doctrine chrétienne d'où il fait, par un retour perpétuel aux personnes et à la pratique de la vie, découler les plus utiles leçons morales. La préoccupation du salut des âmes est le fond de son zèle apostolique; c'est ainsi que la morale intervient toujours dans ceux mêmes des sermons qui ne lui sont pas exclusivement consacrés, pour leur communiquer ce caractère d'efficacité qu'il veut maintenir à toutes les parties de son œuvre. Dans la prédication du dogme, Bossuet invite à de certains moments les fidèles à s'oublier, à se détacher d'eux-mêmes, pour s'élever avec lui jusqu'aux plus hauts mystères, qu'il expose avec la science d'un docteur ou qu'il chante avec l'enthousiasme d'un poète. Bourdaloue ne se laisse pas ainsi ravir et ne ravit pas les autres à la contemplation des choses célestes. Il voit dans le chrétien un pécheur; il veut le forcer à rentrer en lui-même et à écouter la voix de sa conscience, lui montrer ses défaillances, lui reprocher ses contradictions et ses lâchetés, lui faire toucher du doigt son mal et le presser de recourir au remède. Il se souvient toujours que le confessionnal est proche de la chaire et il n'épargne rien pour y conduire son auditeur. Comme il croit que les émotions mêmes les plus vives sont passagères, il se dispense de les provoquer et il s'attache à convaincre la raison. De là, cet enchaînement rigoureux des idées, ce cours rapide et prolongé de l'argumentation, pressante, irrésistible dans sa bouche et qui, s'imposant à l'esprit, subjuguait le cœur, la volonté, l'âme tout entière. Il ne recherche pas les traits éclatants, les figures hardies, les mouvements pathétiques. Uniquement préoccupé d'être l'organe de la raison et de la piété, il ordonne puissamment son discours et le développe avec une abondance qui ne nuit jamais à la force de sa dialectique. Sa parole pouvait être un peu nue, mais elle était relevée par l'accent, échauffée par le feu de sa conviction. Ses auditeurs ne devaient pas avoir le temps de s'apercevoir que sa langue ferme et sobre était trop dépourvue de ces expressions fortes, de ces images qui sont les lumières du discours.

J'imagine que l'on comprend maintenant pourquoi Bourdaloue fut cher à ses contemporains et préféré par eux à Bossuet lui-même. C'est qu'il se faisait tout à tous et que sa prédication, même dans les endroits où elle était le plus savante, ne se rendait jamais inaccessible aux intelligences ordinaires. Bossuet au contraire déconcertait quelquefois par ses envolées lyriques : de là son succès moindre. De nos jours la même cause est intervenue, mais pour produire un effet contraire et intervertir les rangs. Bossuet se fait admirer de nous justement par les mêmes mérites qui ont trouvé froids les hommes de son temps. Bourdaloue expie le succès qu'il a eu, et l'expie d'autant mieux qu'aucune originalité de style ne rachète ce qu'il peut y avoir de monotone dans son enseignement simple et méthodique du christianisme.

Massillon (1663-1742). — Massillon a été l'objet de jugements contradictoires. Voltaire l'admirait jusqu'à se le faire lire à table pendant des mois entiers ; d'autres lui ont contesté son mérite d'écrivain et même son talent de prédicateur; Nisard en particulier l'a traité avec la dernière sévérité, et comme s'il voulait punir ce prêtre d'avoir obtenu le suffrage de Voltaire. Il l'appelle le rhéteur de la chaire ; il lui reproche de prêcher le christianisme à la manière d'une philosophie et non d'une religion, de ne citer jamais les Pères (c'est une variante de : je ne remarque point qu'il hante les églises), d'outrer la morale, de faire du péché un crime, à ce point que son sermon sur le Petit Nombre des élus serait propre à décourager un saint, d'abuser des figures de mots et de la symétrie dans les périodes, de gâter son style, à force de bel-esprit, par l'impropriété spécieuse et la fausse précision des termes. Voilà le réquisitoire ; à première vue, il est bien dur sinon pour le prédicateur (c'est un point à examiner en détail) au moins pour l'écrivain dont Mme de Maintenon disait : « Il a la même diction dans la prose que Racine dans la poésie », et que l'on ne se lasse pas d'appeler, tant le rapprochement est naturel et juste, le Racine de la chaire.

Il peut se faire qu'au point de vue de l'orthodoxie pure, Massillon paraisse un peu inférieur à ses devanciers, et aussi qu'il n'ait pas toujours communiqué à sa prédication, par suite de certaines faiblesses de caractère et de cœur, la même autorité morale dont les Bourdaloue et les Bossuet appuyaient la leur. Mais cela n'enlève rien à son talent, auquel il faudrait, loin de lui en tenir rigueur, savoir gré de l'estime surprenante de Voltaire.

Né à Hyères en 1663, mort à Clermont en 1742, Massillon appartiendrait autant au xviiie siècle qu'au xviie, si l'on en jugeait d'après la durée de sa vie. Mais comme il a cessé de prêcher presque dès sa nomination à l'épiscopat (1718), et que les années les mieux remplies de sa carrière oratoire appartiennent au règne de Louis XIV, nous sommes fondés à le maintenir dans le xviie siècle. D'ailleurs il serait bien isolé dans ce xviiie siècle où l'éloquence sacrée subit une complète décadence. Il vaut mieux le mettre à la suite de ses glorieux prédécesseurs qui d'ailleurs le virent à l'œuvre et saluèrent ses débuts. N'est-ce pas, en effet, de lui que Bourdaloue disait : Oportet illum crescere, me autem minui? C'est donc ici sa vraie place.

Après ses études, faites chez les Oratoriens de Marseille, il ne voulut pas quitter ses maîtres et prit rang parmi eux. Il fut novice à Aix et à Arles, professeur à Pézenas et à Montbrison et résista d'abord aux instances de ses supérieurs qui le destinaient à la chaire. Il écrivait au général de la Congrégation que « son talent et son inclination l'écartaient de la prédication et qu'une philosophie ou une théologie lui conviendraient mieux ». On feignit de l'écouter ; mais après lui avoir donné une chaire de théologie à Vienne, on obtint de son obéissance qu'il prononcerait à Vienne même l'oraison funèbre de l'archevêque Villars (1692), et, par le même moyen, on l'amena à récidiver l'année suivante, et à prononcer à Lyon l'oraison funèbre de l'archevêque Villeroy. Il réussit dans cette double tâche, mais n'en fut que plus hésitant sur sa vocation vraie. Comme le petit oiseau, au bord du nid, n'ose encore se confier à ses ailes et mesure avec angoisse la profondeur du précipice où une chute le ferait s'écraser, il fut pris, au moment de se vouer à la prédication, d'une défaillance telle qu'il quitta l'Oratoire pour la Trappe, c'est-à-dire pour un ordre muet, où il n'était pas à craindre qu'on le tourmentât pour prêcher. Mais la Congrégation n'avait garde de laisser échapper un tel sujet; et son chef, qui était alors le Père de Latour, travailla lui-même à ramener le fugitif. Il le fit venir à Saint-Magloire, à titre de directeur, et lui donna ainsi l'occasion de composer ses Conférences. Le succès qu'obtinrent ces discours doctrinaux auprès des jeunes novices de l'Oratoire ne permit plus à Massillon de douter de son talent; c'eût été nier l'évidence. Il accepta d'aller faire ses premières armes à Montpellier où il prêcha le Carême de 1698; il donna le Carême de l'année suivante à l'Oratoire de la rue Saint-Honoré avec un tel retentissement qu'il fut désigné pour prêcher l'Avent à la Cour : il y réussit aussi bien qu'à la ville et eut la satisfaction d'être loué publiquement par Louis XIV : « J'ai entendu bien des prédicateurs dont j'ai été content, lui dit le prince, mais, à vous entendre, j'ai été mécontent de moi-même. » Voilà, en dépit de Nisard, un témoignage irrécusable de l'édification que savait faire naître Massillon. En veut-on une preuve plus significative encore? A la suite d'un sermon de lui sur les Pères du désert, les élèves de Rollin se soumirent à des privations et à des austérités volontaires auxquelles leur sage instituteur dut mettre ordre. Si un rhéteur de la chaire (c'est le mot de Nisard) produit de tels effets, que restera-t-il donc à faire à un orateur?

Massillon prêcha encore à la Cour les Carêmes de 1701 et de 1704, après quoi il n'y revint plus. On a cherché à expliquer l'exclusion dont il fut dès lors frappé. Les Jésuites, jaloux de lui, l'auraient calomnié auprès du roi, en interprétant contre ses mœurs certaines apparences dont la malignité mondaine s'empara elle aussi et qui lui valurent l'ennui d'être chansonné avec sa pénitente, la marquise de l'Hôpital. On peut remarquer à ce propos que ni Bossuet ni Bourdaloue ne donnèrent jamais prise à de pareilles attaques. Le tendre Massillon était plus fragile et ce n'est pas pour rien qu'à un curieux lui demandant où il avait puisé sa science profonde de nos faiblesses il répondait : « dans mon propre cœur. » D'ailleurs il n'y eut pas de scandale à proprement parler; ce ne fut qu'un bruit bientôt dissipé et qui n'empêcha nullement la bourgeoisie parisienne de se presser, comme devant, au pied de sa chaire. Il continua à prêcher habituellement le sermon, et ne composa guère d'oraisons funèbres. Celle qu'il fit pour le prince de Conti (1709) fut l'objet de critiques assez vives et d'ailleurs assez mal fondées. Dans celle de Louis XIV il tomba dans cette contradiction de louer la Révocation tout en flétrissant la Saint-Barthélemy; mais il trouva, pour la commencer, ce mot de génie souvent cité : « Dieu seul est grand, mes frères. »

Lorsque le jeune Louis XV fut en âge de comprendre quelques instructions religieuses et de se préparer à la communion, Massillon prêcha devant lui, aux Tuileries (1718), les dix sermons du Petit Carême. Il reçut pour sa récompense l'évêché de Clermont. Il en prit possession en 1719 et n'en sortit guère. Il dut cependant s'absenter dans la première année pour prendre séance à l'Académie française et pour assister au sacre de Dubois. Il faut le plaindre de n'avoir pu se dérober à cette parade sacrilège, où l'on admet sans peine la présence de l'efféminé cardinal de Rohan et du débauché Tressan, évêque de Nantes, mais où le talent et la vertu de Massillon étaient vraiment déplacés.

Il reparut encore à Paris en 1723 pour l'oraison funèbre de Madame, mère du Régent, et ce fut tout. Il vécut, dans son diocèse, une vie douce, un peu indolente, avant tout occupé d'éviter à lui-même et aux autres le contre-coup des querelles de la Bulle, s'attachant à maintenir la paix entre les quelques Jansénistes de l'Auvergne et le Molinisme représenté par les Jésuites de Billom. Il y réussit à peu près.

Il ne prêchait plus depuis longtemps, soit que sa mémoire fût désormais rebelle comme il s'en plaignait, soit que la paresse eût pris le dessus en lui. Le seul travail auquel il se livra encore fut la composition de quelques mandements et discours synodaux, sans parler d'une paraphrase morale des psaumes qui resta inachevée. Il avait préparé lui-même le manuscrit de ses Sermons pour l'impression. Son héritier n'eut qu'à les donner au libraire qui lui compta en échange dix mille écus.

D'Alembert a tracé le portrait de Massillon en chaire : « Son action était parfaitement assortie à son éloquence. Au début, il paraissait vivement pénétré des grandes vérités qu'il allait dire. Les yeux baissés, l'air modeste et recueilli, sans mouvements violents et presque sans gestes, mais animant tout par une voix touchante et sensible, il répandait dans son auditoire le sentiment religieux que son extérieur annonçait. Il se faisait écouter avec ce silence profond qui loue encore mieux l'éloquence que les applaudissements les plus tumultueux. Sur la réputation seule de sa déclamation, Baron voulut assister à l'un de ses discours et s'adressant, au sortir du sermon, à un ami qui l'accompagnait : « Voilà, dit-il, un orateur et nous ne sommes que des comédiens. »

L'œuvre qu'il faisait ainsi valoir par ses qualités physiques, n'a pas trop subi les outrages du temps. Plus écrivain que Bourdaloue, il a gardé plus de lecteurs, et c'est lui qui tient décidément la première place après Bossuet. Quelques-uns de ses discours sont restés classiques. Sans parler du Petit Carême et de ses dix pièces relatives aux Grands et aux dangers comme aux avantages de leur condition, on cite les sermons : sur la Mort du pécheur et sur la mort du juste, sur la Mort, sur le Petit Nombre des élus, sur l'Enfant prodigue, sur le Mauvais riche, sur la Samaritaine, sur l'Impénitence finale, sur l'Aumône, sur le Respect humain, pour la Bénédiction des drapeaux du régiment de Catinat.

A suivre cette énumération, on ne rencontre que des sujets de morale, et il ne s'en trouve guère d'autres chez Massillon. Sauf dans ses Conférences, il ne prêche pas le dogme ; il se l'interdit de propos délibéré, non par insuffisance de talent ou par éloignement de goût, mais par conscience et pour rendre sa prédication plus fructueuse. Il partait de ce principe que les incrédules du temps étaient avant tout des débauchés, que la corruption du cœur avait précédé chez eux les égarements de l'esprit, et qu'il suffisait de guérir l'un pour ramener l'autre. Il s'aventurait peut-être beaucoup en pensant ainsi. Il s'en rapportait au spectacle que nous connaissons déjà de quelques libertins fameux, mourant dans la pénitence et dans les larmes, la corde au col et le cierge à la main, dans la posture la plus contrite. Il ne se rendait pas assez compte de l'état d'âme de la nouvelle génération, de celle qui arriverait à l'âge d'homme sous la Régence et applaudirait aux premiers écrits de Montesquieu et de Voltaire. Cette génération était incrédule d'opinion et non par circonstance ; elle avait plus de conviction philosophique que le prédicateur ne lui en attribuait. Aussi ne se laissa-t-elle pas convertir par lui, tout en rendant justice à son talent de moraliste et d'écrivain.

Le caractère dominant de Massillon, c'est le pathétique. Venu après ce Bourdaloue qui ne songe qu'à instruire, il ne dédaigne pas de plaire, mais cherche surtout à émouvoir. Il attendrit la parole sacrée et y fait circuler un sentiment plus vif des passions humaines. Il pénètre dans les secrets replis du cœur humain de manière à l'étonner et à le confondre ; il en détaille les faiblesses les plus communes avec une telle exactitude qu'il en rajeunit la description ; il effraye et console tour à tour ; il tempère ce que l'Évangile a de plus austère par tout ce que la pratique de la vertu a de plus attrayant. Ce moraliste consommé sait donner à ses peintures saisissantes, à ses réflexions judicieuses ou profondes, la parure d'un style dont l'art se dissimule sous les apparences de la facilité et dont l'harmonie charme l'oreille, en même temps que les expressions parlent à l'imagination ou vont au cœur.

On a reproché à ses plans d'être mesquins à force de simplicité : il faudrait plutôt le louer d'avoir su rejeter ces divisions compliquées, chères aux autres prédicateurs et qui après avoir été le défaut de la jeunesse de Bossuet restèrent jusqu'au bout celui de Bourdaloue : c'est ce dernier qui prêchant sur la misère de l'homme traitait successivement : 1° du comble de notre misère ; 2° de l'excès de notre misère ; 3° du prodige de notre misère ; 4° de la malignité de notre misère ; 5° de l'abomination de notre misère ; 6° de l'abomination de la désolation de notre misère. Mieux vaut pécher par excès de simplicité que d'imposer à un auditoire la peine de retenir ces froides catégories.

D'ailleurs la simplicité de Massillon n'enlève rien à l'abondance et à la richesse de ses développements. Son procédé ordinaire est l'amplification qui consiste à prendre une pensée, à la présenter sous toutes ses faces, à en varier l'expression, à épuiser en quelque sorte tout ce qu'elle peut fournir de traits et de nuances. Il en fait l'emploi le plus heureux et sait se garder du décousu qui en est souvent la conséquence. Tout se tient chez lui, et à défaut d'une composition suivie et graduée, c'est au moins une composition équilibrée dont les parties se correspondent et se font contrepoids de manière à être en quelque sorte inséparables les unes des autres. On peut ajouter que ses exordes sont toujours heureux et qu'il excelle à trouver de ces pensées saisissantes qui, dès le premier mot, font impression sur l'esprit et lui donnent l'idée de quelque chose d'intéressant et qu'il faut écouter avec soin.

A cet art accompli Massillon a su joindre une vue profonde des désordres causés en nous par la passion, une clairvoyance à les distinguer, une éloquence à les dénoncer, une douceur à les plaindre qui le mettent au premier rang des moralistes de la chaire.

Après lui c'en est fait de la prédication. Le clergé abandonne peu à peu les voies laborieuses où il avait trouvé l'influence et la gloire. Il compte sans doute encore des prédicateurs distingués, mais d'ordinaire plus sensibles à leurs succès personnels qu'à l'intérêt de la religion et au salut des âmes. C'est à ces successeurs dégénérés de Massillon que convient l'épithète « de rhéteur » qu'on a eu le tort de lui infliger à lui-même et que la vérité de son observation et son onction pénétrante auraient bien dû lui épargner.

6° La prédication protestante : Saurin. — Notre tableau de la chaire chrétienne au XVIIe siècle serait incomplet si nous ne disions aussi quelques mots de l'éloquence sacrée chez les protestants.

Leur prédication l'avait emporté au début sur la prédication catholique et avait vu les Calvin, les Farel, les Froment, les Bèze, se mettre par la vigueur nerveuse de l'argumentation bien au-dessus de leurs adversaires. Mais elle était restée stationnaire, sans rien changer à ses procédés, et surtout sans se départir du caractère militant qui lui faisait négliger la morale pour discuter le dogme et combattre la papauté. Un sermon huguenot n'est guère, dans la première moitié du siècle, que l'explication d'un texte élucidé à grand renfort d'érudition et dont chaque mot donne lieu à une attaque en règle contre Rome : il se termine invariablement par une conclusion en faveur de la Réforme contre le catholicisme à laquelle se joint parfois, mais pas toujours, une courte exhortation à l'auditoire.

A s'attarder ainsi dans les broussailles de la théologie, à s'interdire le champ immense du cœur humain et de la morale chrétienne, à laisser sans emploi leur imagination et leur sensibilité, les réformés restèrent bien au-dessous des catholiques. En dehors de quelques professeurs des Académies de Sedan, de Saumur, de Genève, on aurait de la peine à citer chez eux des prédicateurs de renom. La liste, en cinquante ans, ne comprend que les noms de Michel Lefaucheux, de Pierre Dumoulin de Sedan, de Daillé de Saumur, de Mestrezat qui soutint une controverse célèbre avec Paul de Gondi, et de Charles Drelincourt.

La première tentative pour renouveler l'éloquence protestante fut faite par le genevois Morus qui vint prêcher à Paris vers 1660 et y fit applaudir sa rhétorique précieuse et ampoulée. Disciple assez maladroit de Balzac, il affectait les hyperboles, les rapprochements singuliers, les mots à effet, les traits inattendus. Son succès passager fut tout personnel et il ne fit pas école. On ne tarda pas à mettre au-dessus de lui des prédicateurs sérieux et édifiants, qui essayaient de porter dans la chaire protestante quelques-unes des qualités de l'éloquence catholique : c'étaient Claude de Charenton, du Bosc de Caen, Basnage de Rouen, David Ancillon de Metz, Abbadie, Allix, Supperville.

La Révocation suspendit, sans y mettre fin, ce mouvement de progrès oratoire. Il reprit sur la terre étrangère, dans les différents refuges à Londres, à Berlin, en Hollande, et il fit éclore un grand orateur, Jacques Saurin (1677-1730).

C'était le fils d'un avocat de Nîmes. Il fut d'abord soldat sous Galloway, puis proposant à Genève, ministre à Londres, où le sage Abbadie qualifia son éloquence d'angélique et de surhumaine : il reçut enfin sa vocation pour l'église des nobles de la Haye et il y remplit les fonctions pastorales jusqu'à sa mort.

Il a publié lui-même cinq volumes de sermons, dont la plus part sont des chefs-d'œuvre. Les quatre volumes, donnés après sa mort par ses héritiers, ne sont pas de la même force. Quant à son discours sur l'Écriture, il ne faut pas, sur la foi du titre, en faire une œuvre oratoire, c'est un traité théologique, une apologie.

Son existence fut traversée de contrariétés et d'épreuves, nées de son intraitable orgueil. Mais ce défaut qui désola sa vie imprima justement un cachet hardi et souverain à sa parole. Par la hauteur et la hardiesse il égale Bossuet; mais il lui est inférieur du côté de l'onction, dont, à vrai dire, il n'avait guère besoin; car au moment où il prêcha, il s'agissait surtout de secouer les consciences, de raviver la crainte de Dieu et de défendre le christianisme contre l'envahissement de la philosophie : il mit toute son énergie à cette tâche.

Saurin renonce à l'appareil didactique de ses devanciers et substitue à leur méthode de discussion théologique des expositions oratoires où il fait entrer des arguments de toute nature, mais toujours rattachés par quelque endroit aux Livres Saints. Il pousse son raisonnement avec une entière vigueur. Il a des mouvements d'une force triomphante. Sa parole dominatrice s'empare de haute lutte des volontés de ceux qui l'écoutent et leur impose la conviction. Si l'on en veut des exemples, on n'a qu'à lire les sermons sur l'Aumône, sur le Renvoi de la Conversion. Ce sont ses chefs-d'œuvres, auxquels il faut ajouter le beau sermon de Jeûne, prononcé (1706) à l'entrée de la campagne qui vit notre défaite à Ramillies.

Il ne faut demander à Saurin ni douceur, ni sensibilité, ni attendrissement; mais partout éclate chez lui le feu d'une imagination ardente, féconde en mots lumineux et saisissants, en traits soudains et irrésistibles.

Il ne lui a manqué pour être un grand écrivain que d'être moins impatient, de savoir contenir un peu le flot débordant de sa parole et de l'endiguer dans un style plus serré. Il n'est ni châtié, ni même toujours correct; il paye un trop large tribut au patois de Chanaan dont il reproduit, faute de meilleurs modèles, le tour gauche et les expressions surannées. Ce n'en est pas moins grâce à lui que la prédication protestante se relève en face de sa rivale, et mérite une place très honorable dans notre littérature du XVIIe siècle.

CHAPITRE III

LES AUTRES MANIFESTATIONS DE L'ACTIVITÉ
LITTÉRAIRE DU CLERGÉ.

1º La philosophie : Malebranche. — 2º L'érudition et l'histoire. — 3º La philologie et les humanités. — 4º La pédagogie.

De l'éloquence de la chaire nous passons aux autres manifestations de l'activité intellectuelle du clergé sous le règne de Louis XIV et tout d'abord à la philosophie.

1º La philosophie. — On sait, sans que nous ayons besoin d'y revenir, ce qu'il faut entendre ici par ce mot, et quelle est sa portée forcément restreinte et incomplète. Il est bien difficile, pour ne pas dire impossible, au prêtre d'être absolument philosophe. Ou bien il partage la commode illusion, pour ne pas dire qu'il emploie le subterfuge, de Montaigne, de Charron, de Descartes, de Gassendi et des autres, et il prétend établir entre la foi et la raison une séparation, une cloison étanche, à l'abri de laquelle il philosophe à l'aise. Ou bien il subordonne la raison à la foi sous prétexte de les concilier, et dans ce cas sa philosophie n'est plus qu'une dépendance de la théologie.

Les prêtres du règne de Louis XIV n'échappent pas à cette loi. Ils ont presque tous abandonné les traces de Charron, et il n'y a guère que Huet, plus érudit d'ailleurs que philosophe, qui s'y obstine encore. Le Gassendisme a eu trop de succès auprès des libertins pour qu'ils puissent s'y ranger honnêtement. Ils s'en tiennent donc au Cartésianisme, pris dans le sens étroit que nous avons dit, et en dehors du principe fondamental qui seul peut en faire une doctrine féconde. Ils tentent invariablement, et avec le succès que l'on devine, de concilier la raison et la foi ; ils cherchent au dogme et à la morale du christianisme de nouveaux motifs d'être cru et pratiquée dans les spéculations de la philosophie. Ces tentatives ne sont pas toujours bien accueillies de leurs confrères. Les Jésuites et la Sorbonne n'aiment pas Descartes et font la guerre à son système ; néanmoins tout ce qui dans le clergé est intelligent, capable de penser, susceptible d'un certain degré de lumières, se rallie à cette doctrine, si bien en harmonie avec l'esprit et les tendances de l'époque. Le Cartésianisme est représenté à Port-Royal par Arnauld et Nicole, dans l'épiscopat par Bossuet et Fénelon, dans le clergé séculier par l'abbé Fleury. Il s'introduit dans les ordres religieux, Oratoire, Minimes, Franciscains, Génovéfains, Bénédictins avec Malebranche et Poisson, avec Mersenne, avec Antoine Legrand, avec le père Bossu, avec dom Lamy. Les Jésuites eux-mêmes n'y échappent pas ; après avoir persécuté la philosophie suspecte en la personne du père André, ils finissent par la tolérer et même la respecter dans la personne du père Buffier.

On peut avancer que presque tous les philosophes du clergé sont Cartésiens ; mais de ces Cartésiens, il n'y en a qu'un qui soit vraiment original, je veux dire Malebranche ; c'est donc le seul qui nous occupera ici.

Malebranche (1638-1715) — Si quelque chose peut prouver l'incompatibilité de la foi et de la raison, c'est bien l'exemple de Malebranche. Né pour la métaphysique et en même temps animé de la piété la plus tendre, il croit pouvoir accorder en lui les deux puissances rivales, et il se flatte de les renforcer l'une par l'autre. Les seuls résultats qu'il obtient de ce mélange, c'est de faire crier à l'hérésie, en infirmant, sans le vouloir, la croyance aux miracles et aux prophéties, en dénaturant le caractère traditionnel de l'incarnation de Jésus-Christ ; c'est aussi et surtout d'arriver fatalement, et en dépit de toutes les distinctions subtiles, aux mêmes conclusions panthéistes que Spinoza.

Il n'en est pas moins un grand homme celui que Cousin a pu définir sans trop d'exagération « le Platon du christianisme, l'ange de la philosophie moderne, un penseur sublime, un écrivain d'un naturel exquis et d'une grâce incomparable ». Il voua sa vie à la métaphysique du jour où la lecture fortuite d'un traité de Descartes lui dévoila sa vocation. Jusque-là, il avait cherché, sans le trouver, un emploi de ses belles facultés. La faiblesse de sa santé, attestée par une difformité corporelle, son caractère calme et pacifique, son amour de la retraite, sa piété profonde, tout en un mot, la grâce comme la nature, avait contribué à faire de lui un homme d'église. Novice de l'Oratoire en 1660, prêtre en 1664, il essaya de s'associer aux travaux historiques du père Lecointe, aux travaux linguistiques de Richard Simon et n'arriva pas à s'y intéresser. L'histoire, en particulier, lui inspira bientôt une sorte d'éloignement, et il en vint même avec le temps à professer un dédain parfait à l'égard de ceux qui s'y plaisaient. Ainsi il avait de l'amitié pour le jeune d'Aguesseau, depuis procureur général et chancelier, et il prenait plaisir à lui enseigner la philosophie ; mais l'ayant surpris un jour avec un Thucydide entre les mains, il conçut aussitôt la plus mauvaise opinion de lui et lui refusa désormais ses conseils et ses leçons. Pour en arriver là, il fallait qu'il eût gardé un bien mauvais souvenir de son apprentissage manqué d'historien.

Ce fut, nous l'avons dit, le Traité de l'homme de Descartes qui le révéla à lui-même, et lui apprit qu'il était métaphysicien. Il se donna tout entier à la philosophie et aux sciences alors inséparables de la philosophie. Il devint même assez habile géomètre pour mériter une place à l'Académie, à quoi il a gagné un bel éloge de Fontenelle.

Il se fit connaître du public par sa *Recherche de la Vérité* qui eut un succès extraordinaire et le sacra philosophe. Il confirma sa réputation en donnant successivement : 1677 les *Conversations métaphysiques et chrétiennes,* 1680 le traité de *la Nature et de la Grâce,* vivement attaqué par Bossuet, Fénelon et Arnauld, 1684 les *Méditations* et le *Traité de morale,* 1688 les *Entretiens sur la métaphysique et la religion,* 1697 le *Traité de l'amour de Dieu* où il combat le quiétisme, 1708 les *Entretiens d'un philosophe chrétien et d'un philosophe chinois.*

La seule énonciation de ces titres prouve que dans la pensée de Malebranche la métaphysique ne se séparait pas de la religion. Aussi sa philosophie n'est elle au fond que théologie. Il est vrai que cette théologie ne fut pas du goût de tous les théologiens puisque Bossuet la qualifiait « pulchra, nova, falsa », mais elle séduisit nombre de mondains à l'esprit délicat et subtil. Quelque chose qui donne une idée de son succès auprès des profanes, c'est que ses Méditations, tirées à 4,000 exemplaires, furent enlevées en quelques jours. On sait d'ailleurs qu'il n'était pas si absorbé dans l'étude qu'il ne trouvât le temps d'entretenir un commerce de lettres très étendu. Il a eu près de quatre cents correspondants, entre lesquels le prince de Condé.

L'originalité de Malebranche consiste à avoir pris la philosophie au point où Descartes l'avait laissée après démonstration de l'existence de Dieu, et à avoir expliqué, à sa façon, le gouvernement de l'Univers physique et moral par la Providence.

Dieu n'est pas seulement à ses yeux, comme à ceux de Descartes, la cause infinie, toute puissante, arbitraire : c'est la cause intelligente, soumettant sa liberté et sa puissance aux deux principes du vrai et du bien inhérents à son être ; c'est la raison universelle. Dieu a créé l'univers par bonté et pour communiquer ses perfections. Pour les mieux faire éclater, il a soumis sa création à des lois, les plus simples et les plus générales, auxquelles il n'apporte aucune modification. C'est pour ne pas substituer des volontés particulières au plan général qu'il laisse se produire le mal moral et le mal physique. Il ne l'empêche pas, car son intervention irrégulière serait pire que le mal lui-même.

Dans l'ordre de la grâce, l'action divine revêt le même caractère que dans l'ordre de la nature. La grâce de Dieu ne se répand pas au hasard suivant le caprice d'une prédilection aveugle : même dans cette sphère surnaturelle, tout marche par des volontés générales. En dépit des apparences contraires, ici encore, Dieu obéit à sa raison et à sa bonté. D'ailleurs, il n'a pas complètement séparé les deux ordres de la nature et de la grâce. Pour rendre sa création digne de lui, il y a mis quelque chose de lui, il y a fait descendre son verbe. L'incarnation entrait dans son plan éternel : résolue de tout temps, elle a eu pour effet d'élever l'homme et avec lui la nature entière à la hauteur de Dieu.

Cette conception de la Providence porte atteinte à la liberté divine. Malebranche ne respecte pas davantage la liberté de l'homme, envisagé dans sa double faculté de connaître et d'agir, et il le soumet lui aussi à une sorte de régularité préétablie. Il substitue partout l'action du Créateur à celle des créatures. C'est Dieu qui produit en nous nos mouvements, nos sentiments, nos idées : tout vient de lui et rien de nous ; les substances créées, essentiellement passives, ne peuvent jouer à l'égard les unes des autres le rôle de causes véritables ; elles n'agissent pas, elles sont agies, l'âme aussi bien que le corps, l'une recevant d'en haut ses idées, l'autre, ses mouvements. Cette théorie est celle des causes occasionnelles ainsi nommée parce qu'elle réduit les substances créées à n'être que des occasions à propos desquelles Dieu intervient et se manifeste.

La philosophie de Malebranche se complète par la vision en Dieu. Partant de ce principe que le néant n'est pas intelligible et que tout ce que l'on comprend existe nécessairement, il constate que Dieu seul est intelligible par soi, donc qu'il est le seul être existant d'une existence nécessaire. La réalité des autres êtres, ne pouvant être directement perçue, est par cela même incertaine : ce n'est que par foi en Dieu que nous croyons aux astres et aux étoiles. De notre âme elle-même nous n'avons qu'un sentiment confus, et notre propre réalité ne se révèle clairement à nous que dans notre pensée qui elle-même n'existe qu'en Dieu : donc c'est Dieu qui existe en nous. Par cette célèbre hypothèse, Malebranche embrasse d'une part l'idéalisme des anciens Éléates, d'autre part le panthéisme de Spinoza, de même que par sa théorie de la Providence il se rapproche de l'optimisme de Leibnitz. Mais il n'est le disciple de personne, sauf parfois de Descartes et d'Augustin. C'est un penseur personnel dont les constructions peuvent paraître et sont sans doute plus ingénieuses et plus hardies que solides, mais qui a tiré son système de lui-même et du travail solitaire de son esprit.

Aujourd'hui sa philosophie n'a plus guère de partisans. On ne lit guère de lui que la première partie de la Recherche de la Vérité, celle où il signale les erreurs des sens et fait le procès à l'imagination, sur laquelle il se venge, pour ainsi dire, par avance des écarts qu'elle ne devait pas tarder à lui faire commettre.

Son style n'a pas seulement les qualités de toute bonne exposition philosophique, à savoir la clarté et la précision. Il a assez d'élévation, d'ampleur, de grâce poétique pour faire de Malebranche un grand écrivain, bien supérieur même à Descartes.

2° L'érudition et l'histoire. — Après la philosophie, ce serait, si notre cadre le comportait, le tour de la science. Le clergé a compté nombre de savants et cela est naturel, car il était alors l'asile de ceux qui aimaient le travail de l'esprit et qui n'avaient voulu se consacrer ni à la médecine ni au droit. Il serait trop long de faire même une simple énumération de tous ceux qui, engagés dans les ordres, ont contribué au progrès des diverses parties de la recherche scientifique. Bornons-nous à rappeler que le célèbre astronome Picart était un prêtre et que le curé Duhamel fut le premier secrétaire perpétuel de l'Académie des sciences.

Les érudits, à défaut des savants, nous appartiennent dans une certaine mesure. Quelle qu'ait été la matière de leurs travaux, ils ont écrit, ils ont fait écrire. Leurs recherches ont abouti à des ouvrages qui ont une forme et une valeur littéraire et à ce titre nous appartiennent. Aussi passerons-nous successivement en revue l'érudition appliquée à l'histoire, et l'érudition philologique.

La fin des guerres de religion amena en France la reprise des études, et tout un mouvement se produisit de recherches historiques. Des hommes utiles et dévoués se donnèrent pour tâche d'interpréter les monuments, de publier les textes, d'éclairer le détail des faits par une critique minutieuse, et de frayer ainsi la voie aux historiens.

Quelques-uns, et non les moins considérables, étaient des laïques : tels, Duchesne qui conçut l'idée d'une édition méthodique et chronologique de toutes les sources; Adrien Valois le fondateur de la géographie historique; les frères Sainte-Marthe qui commencèrent le Gallia Christiana continué par des ecclésiastiques de leur famille; Baluze, le bibliothécaire de Colbert, plus savant que consciencieux, et dont la publication du faux cartulaire de Brioude a entaché la réputation; enfin le plus grand de tous, cet incomparable du Cange, travailleur puissant et savant infaillible, l'auteur des Glossaires de la Basse-Latinité et de la Basse-Grécité.

A ce mouvement d'érudition l'Église de France s'associa dans une large mesure, avec les encouragements et de ses chefs et

LA LITTÉRATURE AU XVIIe SIÈCLE

du pouvoir. Elle se consacra de préférence à l'étude du Moyen-Age et elle y apporta une patience, une méthode, une régularité qui rachètent presque son défaut d'indépendance. C'était d'ailleurs le sujet qui lui convenait le mieux ; en effet, le Moyen-Age est en quelque sorte inséparable de l'Église et ne peut être approfondi qu'avec le secours des sciences ecclésiastiques, droit canon, théologie : à quoi l'on peut encore ajouter que d'innombrables documents étaient accumulés dans les couvents, dans les églises et que le clergé n'avait en quelque sorte qu'à se baisser pour en profiter.

Quelques prêtres séculiers participèrent à ces travaux : nous connaissons déjà Tillemont et son œuvre, nous n'y reviendrons pas. A côté de lui, on peut citer Jean de Launoy, le dénicheur de saints, le critique hardi du martyrologe ; le docteur Ellies Dupin, avec les soixante-un volumes de sa Bibliothèque universelle des auteurs ecclésiastiques ; l'abbé de Longuerue, auteur d'une Description historique et géographique de la France ancienne et moderne.

Mais c'est principalement dans les ordres religieux que les recherches érudites furent en honneur. Elles y provoquèrent non seulement des travaux particuliers, mais des œuvres collectives, continuées au siècle suivant, et dont quelques-unes sont encore tenues à jour par notre Académie des Inscriptions et Belles-Lettres.

Chez les Jésuites, le père Sirmond publie les Conciles de France ; le père Petau développe la science chronologique récemment fondée par Scaliger ; le père Labbe publie d'innombrables manuscrits ; le père Boland, reprenant l'œuvre du chartreux Surius, commence son immense recueil hagiographique poursuivi par plusieurs générations de Bolandistes.

A l'Oratoire, le père Lecointe, savant un peu téméraire, publie ses Annales ecclésiastiques ; le père Lelong, dans sa Bibliothèque, donne le catalogue raisonné de toutes les sources de l'histoire de France ; le père Thomassin écrit un traité définitif sur l'ancienne et la nouvelle discipline ; Richard Simon applique le premier, au grand scandale de Bossuet, la critique à l'histoire sacrée, et son Histoire critique du Vieux Testament peut être considérée comme le point de départ de l'exégèse.

Chez les Bénédictins, les travaux furent plus nombreux et plus fructueux encore. C'est alors que les mots de bénédictin et de savant deviennent synonymes. Les deux congrégations de Saint-Vannes et de Saint-Maur, cette dernière ayant son siège à Saint-Germain des Prés, rivalisent de conscience et d'ardeur. Leurs érudits sont trop nombreux pour qu'on se flatte de les citer tous : bornons-nous aux noms de Ruinart, de Félibien, de Martène, de Luc d'Achéry et surtout à ceux de Mabillon, l'auteur de la Diplomatique, et de Montfaucon qui, dans sa Palæographia Græca et dans son Antiquité expliquée, posa les principes de l'épigraphie grecque et établit l'utilité des monuments figurés. Les Bénédictins entreprirent comme travaux collectifs la suite du Gallia Christiana, le Recueil des historiens des Gaules et de la France, l'Art de vérifier les dates, l'Histoire littéraire, sans préjudice d'une collection d'histoires provinciales excellemment documentées.

Nous pouvons conclure que tous les ordres religieux sous Louis XIV demandèrent à l'étude en même temps qu'à la prière l'occupation de leur vie; il ne faut faire d'exception que pour les Chartreux, représentés seulement en littérature par Vigneul-Marville, ce qui est maigre, et surtout pour la Trappe redevenue, sous l'abbé de Rancé, un ordre de silencieux cultivateurs. L'abbé de Rancé, lui-même, ne prit guère la plume que pour intervenir dans des discussions qui intéressaient la vie monastique ; il se déroba aux sollicitations qui lui venaient de toute part de se communiquer au public par des ouvrages ; il ne se rendit même pas aux instances de l'abbé Nicaise, le correspondant attitré de tous les hommes célèbres, de Leibnitz à Bossuet, et sut se défendre de ce tentateur incorrigible.

Il faut se demander maintenant à quoi ont servi tous ces travaux et à quel moment on a su en tirer parti. La masse des documents ainsi rassemblés n'a été vraiment utilisée que de nos jours. Sans doute au siècle précédent Montesquieu, Voltaire, Gibbon et quelques autres y ont eu recours à l'occasion, mais c'est notre siècle surtout qui en a profité. Quant au règne de Louis XIV, il n'a guère eu que les érudits, sans avoir les metteurs en œuvre. C'est tout au plus si l'on pourrait y citer quatre ou cinq historiens estimables, ayant su se servir, dans une certaine mesure, des recherches d'autrui et au besoin y joindre les leurs. Nous pourrions comprendre dans la liste les huguenots Rapin-Thoyras et Basnage, si nous ne devions les rencontrer ailleurs. Varillas et le père Mainbourg sont trop inexacts pour qu'on les y laisse; Péréfixe n'est qu'un abréviateur; Cordemoy et le Laboureur, malgré des travaux estimables, ne sont pas de véritables écrivains. Nous nous en tiendrons donc à quatre auteurs appartenant tous les quatre au clergé et à qui leurs contemporains ont accordé, non sans un soupçon de complaisance, le talent de l'histoire.

Saint-Réal (1639-1692). — Césard Vichard, plus connu sous le nom d'abbé de Saint-Réal, est un des écrivains que la Savoie a donnés à la France, et de tous c'est celui que le temps a le plus abaissé dans l'opinion. Considéré autrefois comme un maître, rapproché même par Voltaire de Salluste, il ne compte plus aujourd'hui parmi les historiens. C'est d'ailleurs un polygraphe spirituel et instruit et que l'on a pu comparer sans trop de faveur à Saint-Évremond.

Il vécut moitié à Chambéry, moitié à Paris. Pensionné par son souverain et par Louis XIV, possesseur de quelque fortune, il s'arrangea une existence modeste et agréable où l'amitié et le travail avaient leur part. Le seul incident un peu notable de sa vie c'est le voyage qu'il fit en Angleterre à la suite de la duchesse de Mazarin dont il s'était sans doute épris à Chambéry. Mais il se lassa bientôt du séjour de l'étranger et il revint à ses douces habitudes. On a de lui un assez grand nombre de petits ouvrages, sans parler de ceux que les libraires lui ont attribués, sur sa réputation d'esprit. Parmi ceux qui lui appartiennent réellement, on peut citer : *De l'usage de l'histoire* en sept discours ; un recueil d'entretiens en quatre journées sur différents sujets et notamment sur l'histoire romaine, sous le titre de *Césarion;* une *Vie de Jésus* où Jésus-Christ ne reçoit pas une seule fois le nom de Dieu ; et par dessus tout, ses deux histoires longtemps populaires de *Don Carlos* et de la *Conjuration de Venise*. Ces récits ont eu l'un et l'autre la fortune d'inspirer les poètes dramatiques, non seulement en France, mais à l'étranger, témoin Schiller et Otway. Ce seul fait commencerait à créer des présomptions défavorables à l'exactitude de Saint-Réal, si l'on ne savait d'ailleurs qu'il s'était formé à l'école de Varillas et que, par conséquent, il ne craignait pas de romancer, de dramatiser et au besoin d'inventer l'histoire. Son Don Carlos repose au moins sur une base historique, mais il est impossible de dire ce qu'il y a de vrai dans la Conjuration de Venise, attendu qu'on ne trouve nulle part de traces de cet événement. On a beau savoir que le duc d'Ossuna fut mêlé à des intrigues tantôt avec Venise, tantôt contre Venise; on ne peut démêler dans le récit de notre écrivain ce qui provient de lui et ce qui lui a été fourni par la réalité.

S'il était moins sujet à caution sous le rapport de l'exactitude, on pourrait lui donner une place honorable parmi les historiens. Il a un style élégant et pur, il compose bien ses scènes, donne une physionomie à ses personnages, coupe sa narration vive et rapide de réflexions parfois heureuses. Mais l'abus de l'imagination enlève tout leur prix à ces qualités.

Vertot (1655-1735). — On pourrait être tenté de mettre Vertot au même rang que Saint-Réal, sur la foi de telle parole malheureuse qu'on lui prête. A quelqu'un qui lui offrait des documents inédits sur le siège de Rhodes, il aurait eu le tort de répondre : « Mon siège est fait ». Le mot est devenu proverbial, et son auteur en a pâti : on a pris l'habitude de le considérer comme un de ces historiens qui trouvent plus commode d'inventer que de chercher. C'était cependant un travailleur, voire un érudit, et l'un des membres les plus zélés et les plus instruits de l'Académie des Inscriptions. S'il lui arrive de rappeler Saint-Réal, c'est par le mouvement et l'élégance du style, car il lui est bien supérieur par l'exactitude.

Cet homme qui a tant raconté de révolutions et celles du Portugal, et celles de la Suède, et celles de Rome, et à qui le temps seul a manqué pour raconter par surcroît celles de Carthage et celles de Pologne, eut une vie fertile en incidents que l'on a plaisamment appelés les Révolutions de l'abbé Vertot. Tour à tour capucin, prémontré, curé de campagne, homme de lettres aux gages des libraires, il devint sur le tard membre de l'Académie des Inscriptions et secrétaire du fils du régent. Il finit par faire fortune comme ses compatriotes et amis les Fontenelle, les Varignon, les Saint-Pierre. On raconte que sur ses vieux jours il devint amoureux, mais, heureusement pour lui, d'une fille de sens et d'esprit qui n'abusa pas de sa folie. C'était Mlle Delaunay dont nous avons de si curieux mémoires

A part son premier ouvrage, les *Révolutions de Portugal,* trop romanesque et qu'il corrigea depuis, Vertot a répondu par ses autres histoires, même celle de l'*Ordre de Malte,* à l'idée que son siècle se faisait de l'historien. Il a obtenu des suffrages précieux, entre lesquels celui de Bossuet et plus tard de Mably. Il ne faut pas lui demander la physionomie vraie des époques et la couleur locale dont ses contemporains ne se souciaient guère. Il prend les choses par le côté dramatique, il en fait le récit le plus vif et le plus émouvant; pour mieux intéresser, il francise ses personnages, recherchant toutes les analogies qui peuvent rapprocher les mœurs antiques et étrangères des mœurs de son temps et de son pays. Quand il raconte les Révolutions de Rome, il ne fait point de recherches nouvelles; il s'en tient à la Rome de Bossuet ou même à celle de Corneille. Sentiments, mœurs, relations sociales tout prend sous sa plume un aspect moderne ainsi que dans une tragédie de notre théâtre.

Daniel (1649-1728). — Avec le Jésuite Daniel nous rentrons de l'histoire dramatisée ou modernisée dans l'histoire exacte et fondée sur le document. C'est au moins la prétention de l'auteur et de bons juges l'ont ratifiée : Augustin Thierry le loue d'avoir sinon créé, au moins deviné la méthode qui convient à l'histoire et d'en avoir fait un assez heureux emploi dans la première partie de son grand ouvrage. Par contre il a été l'objet des sévérités de Voltaire, de Mably, de Millot, qui lui ont reproché d'écrire en Jésuite et d'apporter dans ses récits les préférences et les antipathies de son ordre. De même les érudits Longuerue et Lenglet-Dufresnoy l'ont repris sur l'insuffisance de son savoir et de ses recherches.

On a de lui une *Histoire de France* en trois volumes in-folio que ses détracteurs accusent d'être partiale et incomplète, d'omettre les détails les plus intéressants relatifs aux mœurs, aux usages, et aux lois, de ne faire, surtout pour la troisième race, qu'un ennuyeux récit de sièges, de combats, d'actions de guerre, enfin de n'avoir ni force, ni élégance, ni pureté dans le style. Il faut rabattre beaucoup de ces critiques et reconnaître que Daniel narre avec netteté et justesse, qu'il est méthodique, simple, clair, plus exact et même plus impartial qu'on ne dit, à moins que les intérêts ou la gloire de son ordre ne soient en jeu.

Son *Histoire de la Milice,* malgré des lacunes inévitables, présente des recherches originales et garde encore une certaine valeur.

Nous ne parlerons pas des deux ouvrages où il s'est attaqué à Descartes et à Pascal. Ils ne lui font pas honneur. On peut lui pardonner encore d'avoir essayé de réfuter Descartes ; mais les entretiens de Cléandre et d'Eudoxe sur les Provinciales sont décidément trop plats.

Fleury (1640-1723). — De tous les écrivains que nous apprécions Fleury est le seul qui par l'étendue du savoir, l'impartialité de l'esprit, la dignité du caractère, réalise toute l'idée que l'on peut se faire d'un historien. Cet homme estimable n'est pas aussi connu qu'il devrait l'être. Il porte la peine du sujet qu'il a traité. S'il eût aussi bien, à la place de l'histoire de l'Église, raconté l'histoire de son pays, son nom serait présent à tous, au lieu que, malgré ses mérites, c'est à peine si on lui accorde çà et là un furtif souvenir.

Fleury est une des figures les plus respectables de notre clergé national. Ses talents et ses vertus le placent immédiatement après Bossuet et Fénelon dont il fut d'ailleurs le collaborateur et l'ami. Après de bonnes études au collège de Clermont, il entra au barreau où il tint un rang honorable. Mais l'ardeur de sa piété et l'amour des lettres sacrées l'attirèrent vers la prêtrise. Il étudia à fond toutes les sciences ecclésiastiques théologie, patrologie, droit canon, etc. Une fois prêtre, il fut chargé de l'éducation des jeunes princes de Conti que l'on élevait avec le Dauphin. C'est là qu'il noua avec Bossuet une amitié durable et qui leur fait honneur à tous deux : il devint la cheville ouvrière des conférences philosophiques et théologiques, tenues sous la présidence du grand évêque. Après avoir été désigné pour l'éducation du comte de Vermandois, qui mourut presque aussitôt, Fleury fut chargé en 1689, à titre de sous-précepteur, d'assister Fénelon dans l'éducation du duc de Bourgogne. Cette tâche remplie, il se retira dans son prieuré d'Argenteuil, et il n'en sortait guère que pour assister aux séances de l'Académie où il avait remplacé la Bruyère. On le tira de son repos studieux pour le nommer en 1718 confesseur du jeune Louis XV, dont un autre Fleury, plus connu mais moins estimable, était précepteur. On l'avait choisi parce qu'il n'était ni janséniste, ni moliniste, ni ultramontain. Il mourut en 1723 après la vie la mieux remplie et la plus édifiante.

C'était un savant homme dans toute la force du terme ; mais en même temps un homme de goût et de jugement, qui savait rendre sa science accessible au public, sans avoir dans son style ni dans ses manières rien de cette sauvagerie abrupte, trop familière aux érudits. Ses ouvrages sont nombreux.

Il débuta en 1674 par une *Histoire du droit français,* longtemps classique. Il y joignit bientôt deux écrits d'instruction religieuse, le *Catéchisme historique* (1679) et les *Mœurs des Israélites,* suivis des *Mœurs des Chrétiens* (1681-82).

On loua dans ces ouvrages la solidité de la doctrine, l'intérêt édifiant de l'exposition et la convenance du style. Il préludait ainsi à son œuvre capitale, l'*Histoire de l'Église*, « la meilleure que l'on ait jamais faite, a dit Voltaire, mais qui est encore surpassée par les *Discours* qui la complètent ». C'est en effet un beau travail et que rien d'ultérieur n'a effacé. On a prétendu y relever quelques fautes de composition et notamment le manque de coordination et de méthode. Il ne faut pas s'en exagérer l'importance : le tout se réduit à quelques redites, bien excusables dans une suite de vingt volumes. C'est d'ailleurs le seul reproche sérieux qu'on lui ait adressé. Car pour ce qui est de sa sévérité à l'égard de certains papes et de certains scandales ecclésiastiques, loin de faire chorus avec les bonnes âmes qui y trouvent à redire, nous y voyons la preuve louable de son impartialité. On lui voudrait parfois un peu plus d'esprit critique à l'endroit des miracles ; mais il ne faut pas trop demander à un prêtre, surtout quand il a montré assez d'indépendance pour scandaliser les ultramontains et être mis par eux à l'Index.

Les Discours, au nombre de huit, ou de neuf si l'on y rattache celui sur l'Église gallicane qu'il n'a pas publié lui-même, sont des morceaux d'une qualité supérieure, la quintessence de ce que l'histoire offre de plus remarquable sur l'établissement de la religion, la discipline de l'Église et ses changements, les Croisades, la décadence des études et les révolutions de l'état monastique, le tout accompagné des réflexions les plus judicieuses.

Le style de ces discours paraît à quelques-uns si nourri, si serré et même si élégant qu'ils osent le rapprocher de celui de Bossuet, mais c'est évidemment trop dire, et, pas plus dans cet ouvrage que dans les autres, Fleury ne s'élève à cette hauteur suprême. Il se contente d'être un excellent écrivain et de parler avec abondance et propriété la langue la plus saine.

Un homme qui avait donné à l'éducation de la jeunesse une part importante de sa vie était tout naturellement appelé à écrire sur l'éducation. Fleury ne s'est pas dérobé à ce devoir et il a donné en 1686 son curieux et solide *Traité du choix et de la méthode des Études*. Il y juge avec indépendance les méthodes en usage, et il émet les idées les plus raisonnables sur les différentes branches de l'enseignement. Ce petit livre atteste une fois de plus l'excellence de son jugement et l'étendue de son savoir. Il est moins connu que l'abondant traité de Rollin. Mais sous son petit format, il renferme plus d'idées et il a plus de portée.

3º **Philologues et humanistes.** — Notre école philologique est en pleine décadence sous le règne de Louis XIV. Déjà dans la première moitié du siècle, elle avait beaucoup perdu de son éclat, et malgré les Saumaise et les Bochart, elle avait dû céder à l'école hollandaise, qui la partagera bientôt avec les Anglais, la palme de l'érudition classique. Le triomphe du Cartésianisme lui porte le dernier coup. Elle n'est plus guère représentée, et c'est insuffisant, que par les Dacier, mari et femme, que nous retrouverons plus loin, et dans le clergé par le père Hardouin et par celui que Bentley a nommé « la fleur des évêques » je veux dire Huet, le docte évêque d'Avranches.

Huet (1630-1721) ne cessa pas un jour, dans sa longue existence de quatre-vingt-onze ans, de lire et de travailler, à ce point que l'abbé d'Olivet a pu le qualifier l'homme de la plus vaste lecture qui eût encore existé. Il était le premier avec cela à reconnaître et à déplorer la ruine de l'érudition, ou, comme il disait improprement, des lettres. « Je les ai vues, disait-il, décliner et tomber dans une décadence presque entière. Je les ai vues mourir et je leur ai survécu. » Il oubliait d'ajouter qu'il n'était lui-même pour rien dans cette décadence et qu'il n'avait rien négligé pour maintenir et perpétuer l'âge d'or. Mais le siècle était décidément plus curieux de la littérature moderne que de l'antiquité, s'intéressant plus aux contemporains qu'aux maîtres d'autrefois, en quoi il n'avait pas autrement tort. D'ailleurs Huet lui-même ne laissait pas de se plaire aux auteurs du temps, du moins à quelques-uns; mais son goût, si sûr dans l'appréciation des anciens, l'abandonnait un peu à l'égard de ses compatriotes, et l'induisait à mettre au-dessus de Boileau et de sa clique (c'était son mot) les Godeau, les Chapelain, les Scudéry.

Né à Caen d'une bonne famille, fils d'un vieillard et d'une femme jeune et spirituelle, il resta orphelin de bonne heure, et son amour précoce de l'étude l'empêcha de trop souffrir de cet abandon. Il passa aux Jésuites de Caen de délicieuses années de travail; il suivit ensuite les cours de Bochart avec qui il fit un voyage en Hollande et en Suède pour se mettre en relations avec les érudits de ces deux pays. Au retour, il mena une vie studieuse et mondaine à la fois et se fit estimer dans les réunions savantes et dans les salons par ses manières avenantes et son urbanité. Il était bien venu des dames, et c'est pour plaire à l'une d'elles, et non la moins aimable, qu'il composa son Essai sur l'origine des romans.

Cependant il approchait de la quarantaine et venait, par la protection de Montausier, d'être nommé sous-précepteur du Dauphin. Il sentit alors le besoin de s'engager plus avant dans la profession ecclésiastique à laquelle il n'appartenait que de nom. Il reçut la prêtrise, après quelques années de préparation, et ne tarda guère à être nommé évêque. Du diocèse de Soissons, où il était encore lorsque la Fontaine lui adressa sa belle épître sur les Anciens et les Modernes, il fut transféré à celui d'Avranches, mais il n'eut guère de succès auprès de ses nouvelles ouailles. Son ardeur au travail étonnait ses diocésains; ils se scandalisaient d'entendre toujours dire : « Monseigneur étudie » et demandaient quand leur évêque aurait fini ses classes. Il se lassa lui-même des distractions que lui imposait l'épiscopat; et il résilia son siège pour venir s'installer chez les Jésuites de la rue Saint-Antoine où il mourut après une vieillesse studieuse et paisible.

Huet a beaucoup écrit, surtout en latin, ce qui nous interdit d'entrer dans de longs détails sur son œuvre. Un de ses titres comme érudit est d'avoir procuré la collection des classiques « ad usum Delphini ». Il a composé nombre de vers latins et grecs, écrit en latin ses Mémoires, un traité sur la traduction, des dissertations de toute sorte et divers ouvrages de théologie et de philosophie « Demonstratio evangelica, Censura cartesiana, Quæstiones de concordiâ rationis et fidei. » Il a donné en français une Histoire du commerce et de la navigation des anciens et surtout un traité philosophique de la Faiblesse de l'esprit humain, où il se montre pyrrhonien déterminé à la religion près. Hors de la foi, dit-il, tout est douteux; et il met en lumière de son mieux cette incertitude des choses pour amener soi-disant son lecteur à la foi. Il est donc, avec plus de science et moins de hardiesse, de l'école de Montaigne et de Charron.

Le Père Hardouin (1646-1729) présente avec Huet, en dehors du savoir qui leur est commun, le plus parfait contraste. D'un côté, c'est la politesse, l'élégance, l'urbanité, un prudent scepticisme. De l'autre, c'est l'érudition hérissée, indigeste, infatuée d'elle-même, et, aboutissant, faute de sens critique, aux plus ridicules inventions. Fils d'un libraire de Quimper, Hardouin dévora dès l'enfance tous les livres de la boutique paternelle; il entra chez les Jésuites qui, démêlant sa vocation, firent de lui le bibliothécaire de leur maison de la rue Saint-Jacques. Ces fonctions étaient vraiment faites pour lui. Levé dès quatre heures du matin et veillant assez tard dans la nuit, il ne quittait le livre que pour prendre la plume; aussi devint-il prodigieusement savant et écrivit-il beaucoup.

Personne n'osant se charger, dans la collection ad usum Delphini, de l'Histoire naturelle de Pline, il assuma cette lourde tâche. Il ne lui fallut que cinq ans pour faire avec succès ce qui, au dire de Huet, eût peut-être été manqué par cinq savants travaillant ensemble pendant cinquante années. Ce tour de force acheva de le rendre célèbre dans toute l'Europe savante, qui le connaissait déjà comme numismate. Les éloges qu'il reçut l'exaltèrent au point de lui faire prendre en dédain tous les érudits ses confrères. Ceux-ci, pour se venger, l'épluchèrent malignement et le prirent assez souvent en faute. Têtu comme un bas-breton, il n'en voulut jamais convenir, et déploya toutes les ressources de son érudition pour prouver qu'il avait raison même là où il avait manifestement tort. Il prit ainsi le goût et l'habitude du paradoxe, et il en vint peu à peu à professer nombre d'opinions extravagantes. En voici un échantillon. En traitant de la chronologie d'après les médailles (1697), il soutint sérieusement que les seuls ouvrages authentiques des anciens étaient Homère, Hérodote, Cicéron, Pline l'Ancien, les Géorgiques de Virgile, les Satires et Épitres d'Horace. Tout le reste avait été fabriqué par les moines du XIIIe siècle. Les mêmes moines avaient refait, d'après ce petit nombre d'écrits, toute l'histoire ancienne. Il s'avisa ensuite de soutenir que Platon était un athée. Mis en goût par cette belle découverte, il entreprit de la compléter et accusa d'athéisme Descartes, Pascal, Nicole, Arnauld, le père Quesnel. A l'entendre, il n'y avait de religion et de piété que chez les Jésuites.

Ces opinions bizarres ont naturellement jeté du discrédit sur l'ensemble de ses travaux; et, à le voir si biscornu, on ne peut se défendre d'un certain scepticisme à l'endroit de l'utilité de l'érudition, si elle peut être compatible avec de telles folies.

Après ce preux de pédanterie, viennent des hommes estimables, mais qui sont moins des érudits que des humanistes. Leur instruction ne dépasse guère certaines limites; ils ne connaissent, ou peu s'en faut, que la fleur de l'antiquité classique. Volontiers poètes latins, ils sont aussi, et très volontiers, grammairiens et puristes en matière de français. Ils reprennent le rôle de Vaugelas, avec moins d'autorité, quoiqu'avec plus de prétention. Ils ne s'en tiennent pas en effet à la seule grammaire; ils s'élèvent jusqu'à la rhétorique; ils se plaisent à disserter sur des sujets de littérature ancienne ou moderne.

De ceux qui ne firent que des vers latins, il n'y a rien à dire ici, malgré le talent de quelques-uns d'entre eux, de Santeuil notamment, qui bien supérieur à Petit, à Dupérier, à Cossart, à Commire, à Rapin, trouva moyen d'être dans une langue morte un vrai poète, un poète-né à qui les vers latins venaient naturellement comme les fruits aux arbres.

De même nous laissons pour une meilleure occasion les grammairiens exclusifs tels que Régnier-Desmarais. Nous nous en tiendrons à l'abbé Fraguier et au père Bouhours comme aux meilleurs échantillons du talent secondaire et varié que nous venons de définir. Nous leur adjoindrions volontiers l'abbé d'Olivet, s'il ne prolongeait pas sa carrière si avant dans le xviii° siècle. Tout au plus pouvons-nous compléter la liste par l'abbé Gédoyn, non sans donner quelque entorse à la chronologie.

Bouhours (1628-1702). — Ce Jésuite, qui servait le monde et et le ciel par semestre, a composé deux sortes d'ouvrages. D'abord des ouvrages de piété dont nous ne parlons que pour mémoire ; sacrés ils sont, que personne n'y touche. Et de fait, ils n'en valent guère la peine. C'est en premier lieu une traduction du Nouveau Testament que Bossuet trouvait pleine d'expressions mignardes, et que Richard Simon déclarait écrite à la Rabutine (Bussy-Rabutin était le héros d'esprit du père Bouhours); viennent ensuite les grotesques biographies où Ignace de Loyola et François-Xavier, pompeusement exaltés pour leurs miracles, sont enfin comparés l'un à César, l'autre à Alexandre. Jamais l'impudeur naïve d'un moine louant les saints de son ordre ne s'était donné plus librement carrière.

Passons aux écrits profanes, les seuls qui doivent nous occuper. Les pricipaux sont « les *Doutes sur la langue française proposés à MM. de l'Académie par un gentilhomme de province* (1674), » et surtout « les *Entretiens d'Ariste et d'Eugène* (1672) » et « la *Manière de bien penser dans les ouvrages de l'esprit* (1687) ».

Dans les Doutes, il se montre grammairien ingénieux, mais son purisme dégénère plus d'une fois en puérilité. Dans les autres traités, son horizon s'élargit ; il s'élève des mots au style lui-même, mais sans atteindre toutefois, en dépit de ses prétentions, jusqu'à la pensée. Son ami Bussy lui écrivait : « La France vous aura plus d'obligation qu'à l'Académie ; elle redresse les paroles, mais vous redressez le sens. » Il ne faut voir là qu'un compliment banal et parfaitement immérité. Quelqu'un qui n'avait guère de goût, mais que l'inimitié rendait clairvoyant (c'est Ménage que je veux dire), écrivait de son côté : « Le père Bouhours était un petit régent de troisième. Depuis sept ou huit ans, il s'est érigé en précieux, lisant Voiture et Sarrazin, Molière et Despréaux, visitant les dames et les cavaliers. Il écrit à la vérité avec beaucoup de politesse, mais il écrit sans jugement. » Ménage a raison. Le jugement est ce qui manque le plus à

Bouhours, il est donc bien incapable de redresser celui des autres.

Sa théorie sur le bien penser peut se résumer ainsi : pour bien penser, il ne suffit pas que la pensée n'ait rien de faux, il faut qu'elle frappe et surprenne ; sans quoi c'est une construction solide mais grossière, ou encore, un diamant non taillé. Il faut embellir le vrai par le piquant, l'imprévu du tour. Ce système transporte tout le mérite de l'écrivain du fond à la forme ; au lieu d'apprendre à bien penser, il détourne de penser.

Nisard s'est évertué à signaler et à démêler dans les doctrines littéraires de Bouhours l'influence persistante de l'esprit précieux ; il aurait encore mieux fait d'y voir le triomphe de l'esprit jésuite, avec cette peur naturelle de la pensée qui le pousse à s'en tenir en littérature comme en éducation aux gentillesses de la forme. En bon jésuite, Bouhours préfère invariablement à la grandeur et à la force le maniéré et le joli. Sans doute il fait volontiers sa révérence à tous les écrivains d'un mérite reconnu et consacré, Descartes et Pascal exceptés. Il est bien trop avisé pour n'avoir pas le culte du succès. Mais après avoir payé son tribut d'admiration officielle, il donne carrière à son goût personnel, et il recommande pour bien écrire en français les procédés ou mieux les recettes que ses confrères employaient pour tourner élégamment leurs vers latins. Il a pu être utile comme grammairien, comme peseur de mots. Comme maître à écrire, il ne peut qu'égarer ceux qui suivraient ses leçons.

Il était d'ailleurs bien vu dans le grand monde, grâce à sa physionomie spirituelle, à sa finesse, à ses manières affables. Il en avait appris les usages en faisant l'éducation des jeunes Longueville et du fils de Colbert. Nicole, dans ses Essais de morale, a parlé d'un religieux bel-esprit qui fait un recueil des mots qui se disent dans les ruelles et dans les lieux qu'il ne doit pas fréquenter et qui paraît plein d'estime pour la galanterie. Bouhours se reconnut dans ce portrait, en quoi il eut raison ; il s'en fâcha et il eut tort, car après tout le bel-esprit l'emportait en lui sur la religion, et l'emportait si bien qu'au lit de mort sa dernière préoccupation fut pour la grammaire et le purisme. Au moment de passer, ne s'avisa-t-il pas de dire : « Je vais ou je vas mourir, car les deux se disent. »

Fraguier et Gédoyn que nous ne séparerons pas furent aussi des ecclésiastiques hommes du monde, habitués des salons et particulièrement de celui de Ninon de l'Enclos. Après avoir débuté l'un et l'autre par la Compagnie de Jésus, ils la quittèrent également pour se livrer avec plus de liberté aux travaux et aux relations de leur choix. Ils furent de l'Académie des Inscriptions dont ils enrichirent le recueil d'utiles mémoires. Ils furent aussi de l'Académie française. Ils semblent être au milieu d'une belle société passionnée pour les modernes, les desservants estimés de l'autel des anciens.

Fraguier (1666-1728) professa la rhétorique aux Jésuites de Caen et devint dans cette ville l'ami de Huet et de Segrais. Une fois rentré dans le clergé séculier, il travailla au journal des Savants et entreprit une traduction latine de Platon. Au cours de ce dernier travail, il contracta une infirmité bizarre. Pour avoir veillé trop au frais pendant trois nuits d'été, il devint soudainement perclus, et s'il recouvra tant bien que mal l'usage de ses membres, sa tête resta inclinée sur sa poitrine sans pouvoir se redresser.

Il a composé des poésies latines assez estimées. Parmi les Mémoires qu'il a insérés dans le recueil de l'Académie, on cite ceux sur Pindare; sur Xénophon; sur Platon; sur l'ironie, les mœurs, le démon familier de Socrate; sur le comédien Roscius; sur la Vie Orphique; sur l'Élégie grecque; sur la Galerie de Verrès.

Après avoir failli être enterré vif dans sa première enfance, Gédoyn (1667-1744), fit ses classes aux Jésuites et prit rang parmi eux. Mais il n'y resta pas; un canonicat de la Sainte-Chapelle bientôt accompagné de deux abbayes lui assura plus que l'aisance, et lui permit de mener une existence agréable, faite de travail et de distractions mondaines.

Il dut à sa traduction de Quintilien, peut-être trop estimée et en tout cas plus élégante qu'exacte, une longue célébrité. Les plus connus de ses Mémoires académiques, recommandables moins par la profondeur des recherches que par le nombre et la justesse des réflexions morales et littéraires, roulent sur l'éducation des enfants; sur les anciens et les modernes; sur le poète Horace; sur les plaisirs de la table chez les Grecs; sur l'urbanité romaine. Il était plus digne que personne de définir l'urbanité, non-seulement la romaine, mais la française, car c'était sa qualité dominante.

4º La Pédagogie. — Nous passons des humanistes à l'éducation de la jeunesse, dont le clergé avait alors le monopole. Nous avons déjà dit ce qu'elle fut à Port-Royal, et quels perfectionnements elle y reçut sous le double rapport des études et des mœurs. Il nous reste à dire quel caractère elle prit chez les Jésuites, à l'Oratoire, dans l'Université, et à tracer, quand nous en serons à cette dernière, le portrait de Rollin, son maître le plus estimé.

Parlons d'abord des Jésuites. Il ne faut pas se laisser éblouir par leur succès étonnant, car il prouve plus leur habileté à séduire les gens que l'excellence de leur méthode. Au temps de leur nouveauté, alors qu'on n'avait encore pu les percer à jour, ils ont obtenu le suffrage de Bacon, et même celui de Descartes : il est vrai que celui-ci a pu leur savoir gré de l'avoir mis, par l'insuffisance de leur enseignement, sur la voie de sa philosophie, et l'on est ainsi fondé à récuser son témoignage intéressé. Mais depuis, les jugements défavorables abondent : c'est Voltaire qui, tout en gardant à certains d'entre eux un affectueux souvenir, constate que les Pères ne lui ont appris que du latin et des sottises ; c'est Leibnitz qui leur reproche d'être restés au-dessous du médiocre. D'ailleurs pour les connaître il n'y a qu'à les écouter ; ils déposent assez haut contre eux-mêmes et par leur code pédagogique, le Ratio studiorum, toujours appliqué et par ces paroles célèbres d'un de leurs généraux, le père Beckx : « Les collèges resteront ce qu'ils sont de leur nature, c'est-à-dire une gymnastique de l'esprit qui consiste beaucoup moins dans l'assimilation des matières réelles, dans l'acquisition des connaissances diverses que dans une culture de pure forme. » On voit que tout ce que nous venons de dire au sujet du père Bouhours trouve ici son application. Le Jésuite veut bien amuser, mais non former et tremper les esprits : de là son enseignement exclusif des langues anciennes ; de là ces textes expurgés non seulement de leurs indécences mais de leurs pensées un peu fortes ; de là ces recueils de morceaux choisis où l'on trouve des passages à admirer sans jamais entrer en communication avec l'auteur lui-même ; de là ces exercices : vers, discours, amplifications, représentions dramatiques. Tout est plaisant, rien n'est sérieux, rien n'est viril.

Quand à l'éducation, elle se résume d'un mot : l'obéissance passive. Le Jésuite travaille, et il y excelle, à former des courtisans dociles et polis, des esprits gentils mais émasculés. Ce n'est pas à dire pour cela qu'il ne soit pas sorti de ses mains de vrais hommes, énergiques par l'esprit et par la conduite ; mais tous ceux de ses écoliers qui ont subi son influence particulière en ont porté la peine et s'en sont vus diminués.

Un autre fait à noter, c'est que si les Jésuites ont eu des maîtres habiles en quantité, ils n'ont presque pas, dans leur trop longue histoire, de maîtres vraiment supérieurs. Pour être supérieur en quelque genre que ce soit, il faut être homme, et si cela est interdit à l'élève selon le cœur du Jésuite, à combien plus forte raison au Jésuite lui-même. Il n'a pas de personnalité. La première qualité de l'instituteur dans la Compagnie est la docilité, l'exacte observation des préceptes donnés soit par le supérieur, soit par le manuel suranné que nous avons dit. On voit maintenant à quoi il faut attribuer un succès matériel indéniable, attesté par les six cent douze collèges que les Pères dirigeaient à la fin du règne de Louis XIV ; c'est à leur politique ; ce n'est pas à leur talent contestable d'éducateurs.

A l'Oratoire aussi, on aime et on recherche le brillant, et on accorde peut-être un peu trop à l'ornement de l'esprit. Chaque collège a son Académie, où les meilleurs élèves des quatre classes supérieures, en présence de toute la maison et d'invités de l'extérieur, siègent solennellement une fois par mois, lisent vers et prose, dissertent, discutent, font assaut d'esprit et d'éloquence, ou si l'on aime mieux de faconde et de prétention. Ce jeu académique ne valait guère plus en son genre que les représentations dramatiques de la Compagnie de Jésus. Mais ce n'était pas là tout l'Oratoire, où il y avait d'ailleurs assez de bonnes et louables pratiques pour racheter ce gros inconvénient. Tant vaut l'homme, tant vaut l'éducateur ; or rien n'empêchait l'Oratorien d'être un homme et de garder au fond l'indépendance de sa personnalité. L'éducation oratorienne se ressentait de cette dignité plus grande du caractère chez ceux qui la donnaient : elle était plus large et plus solide à la fois. A côté des langues anciennes, elle comportait l'histoire, la philosophie et les sciences. Son idéal n'était pas de seriner à ses nourrissons quelques jolis airs, mais de développer leur raison en même temps que leur mémoire, et de compenser par la culture du jugement ses concessions au bel esprit.

L'Université, entre ces deux corporations rivales, ne faisait pas grande figure. La réforme de 1600, toute de discipline et de police, n'avait pas eu de contre-coup salutaire sur son enseignement. Quelques professeurs avaient une réputation méritée ; mais l'ensemble était défectueux, les méthodes surannées, l'enseignement visiblement médiocre. L'institution vivait sur sa réputation et l'usait peu à peu quand, vers la fin du XVIIe siècle, elle trouva un réformateur prudent et ferme à la fois en la personne de Rollin. Avec lui les idées de Port-Royal pénétrèrent assez largement dans la vieille Université pour la rajeunir et la relever.

Rollin est resté après les instituteurs des Petites-Écoles le modèle du vrai maître chrétien. C'est pour cela que nous le classons ici parmi les membres du clergé, quoiqu'il n'eût que les ordres mineurs. Le milieu ne serait pas pour lui déplaire à lui dont le plus grand plaisir était d'assister en surplis aux offices de sa paroisse Saint-Étienne-du-Mont. Avant même d'être universitaire, il est pieux, il est dévot : il subordonne son enseignement à la religion. C'est donc bien ici sa vraie place.

Rollin (1661-1741). — La vocation enseignante était si forte chez Rollin qu'il ne concevait pas d'autre emploi de sa vie. Lorsque son opposition à la Bulle lui fit interdire toute fonction active, il continua par le livre ce qu'il avait fait si longtemps par la parole : il enseigna encore.

Fils d'un coutelier parisien, auquel il devait succéder et qui l'avait déjà fait recevoir maître dans la corporation, il obtint sur la recommandation d'un Blanc-Manteau, dont il servait la messe, une bourse au collège du Plessis. Il y fit de brillantes études et une fois maître ès arts y fut chargé de différentes classes : il finit par remplacer son ancien professeur, M. Hersan, et dans la rhétorique de l'établissement et dans la chaire d'éloquence du Collège royal. Élu recteur pour la première fois en 1694, il inspecta en compagnie des censeurs des Quatre Nations tous les collèges de la faculté des Arts et en réforma les abus. Il interdit les représentations dramatiques, ordonna la récitation journalière de maximes de l'Écriture, fit une place aux auteurs français dans l'enseignement et recommanda, d'après Port-Royal, les méthodes et les procédés qu'il devait plus tard exposer tout au long dans un ouvrage spécial. Il prit en 1699 la direction du collège de Beauvais, mais il dut la quitter pour cause de jansénisme en 1715. Il conserva d'ailleurs sa chaire au Collège de France, continua à siéger en qualité d'émérite dans les conseils de l'Université et fut même réélu une dernière fois recteur en 1720. Il prononça à cette occasion un discours latin sur l'éducation avec un tel applaudissement, qu'on le pria d'en développer les idées dans un livre, qui serait comme le guide du corps enseignant. C'est ainsi qu'il fut amené à composer le *Traité des Études*.

Bien qu'il n'eût encore écrit qu'en latin et qu'il y fût des plus experts, il eut le courage de recourir au français pour la rédaction de ce Traité. Il en fut récompensé par un succès complet. Ce naturel du pays latin qui, passé la soixantaine, se risquait à manier une langue qui n'était pour ainsi dire pas la sienne, sut n'être ni emprunté ni incorrect. Il rencontra du premier coup une agréable abondance, un peu diffuse peut-être, mais que l'on pardonne en faveur de la difficulté vaincue. Son ouvrage, en dépit de quelques protestations dont la plus sérieuse émana de Gibert, professeur de rhétorique à Mazarin, devint le bréviaire de l'Université de Paris.

On a voulu depuis en faire le bréviaire de l'Université de France, où jusqu'à ces dernières années il est demeuré classique, grâce aux singuliers jugements des Villemain et des Nisard, déclarant l'un que « depuis le Traité des études on n'a pas fait un pas », l'autre que « dans les choses d'éducation c'est le livre unique, le Livre ». Ces exagérations sont ridicules. Il y a certes d'excellentes choses dans cet écrit de Rollin, notamment en ce qui concerne le gouvernement intérieur des classes et des collèges, choses dictées par l'expérience, inspirées par le cœur; mais même dans ce maître chapitre tout n'est pas irréprochable et encore moins dans les autres. Rien que le but assigné à l'éducation « faire de véritables chrétiens » lui enlève beaucoup de sa valeur à notre époque, où l'École se propose de former l'homme éclairé, en attendant qu'elle se décide à former le citoyen. Dans les parties où il traite de l'intelligence des langues, de la poésie, de la rhétorique, Rollin se montre dans la plénitude de son talent d'humaniste et de professeur. Ses vues sur la philosophie sont étroites ; en revanche, il recommande l'enseignement de l'histoire encore inusité et c'est une hardiesse dont il faut lui savoir gré. Quant aux réflexions générales du début, elles sont franchement banales et peu dignes d'attention.

En somme si le Traité des Études a été le bien venu en son temps, quoiqu'en retard sur Port Royal, aujourd'hui il est vieux, irrémédiablement vieux et n'a plus qu'un intérêt de curiosité.

Avec l'âge, Rollin devint de plus en plus janséniste ; il le devint jusqu'à se compromettre dans les scènes ridicules du cimetière Saint-Médard, jusqu'à être soupçonné par la police de faire imprimer chez lui les insaisissables Nouvelles-Ecclésiastiques. Des deux fautes la seconde est vénielle si même c'en est une. Mais la première est plus fâcheuse, en ce qu'elle a fait d'un prudent et judicieux éducateur de la jeunesse la pire chose qui soit au monde, je veux dire un fanatique.

Rollin a toutefois racheté cette erreur en consacrant ses loisirs à introduire l'étude de l'histoire dans les collèges de l'Université. Bien qu'il attachât le plus grand prix à la connaissance de l'histoire nationale, il ne croyait pas, bien à tort, qu'elle pût devenir matière d'enseignement public ; il se rabattit sur l'antiquité et entreprit de la raconter en détail à l'usage des écoliers. Il s'y mit à soixante-sept ans, et en huit années il eut terminé les treize volumes de l'Histoire ancienne de l'Orient et de la Grèce. Il se mit incontinent, malgré son âge de soixante-treize ans, à l'Histoire romaine dont il ne put écrire que huit volumes. La mort l'arrêta à quatre-vingt-un ans ; ce fut son confrère Crevier qui termina l'ouvrage auquel le célèbre Lebeau joignit plus tard, en manière de complément, l'histoire du Bas-Empire.

Ces histoires de Rollin ne sont que des compilations dont Hérodote, Xénophon, Plutarque, Tite-Live et autres font les frais. Mais à défaut de recherches originales, il a su donner à cette marqueterie l'unité du ton et il a fondu ses emprunts dans l'abondance et la bonhomie de son style. On sait le mot de Montesquieu : « Un honnête homme a enchanté le public par ses ouvrages. C'est l'abeille de la France. » Cette louange d'un grand homme met le bon Rollin à l'abri de toute critique trop regardante. Et aussi bien pourquoi lui demander plus qu'il n'a voulu faire. Son but a été de donner aux écoliers une série de lectures historiques propres à les intéresser et d'où la leçon morale ne serait jamais absente. Il a réuni ces deux conditions : il serait injuste de lui tenir rigueur de ce qu'il n'a pas fait davantage.

Quand on jette un dernier coup d'œil sur l'œuvre et la personne de Rollin, après lui avoir rendu justice en détail, on ne peut s'empêcher de trouver en lui je ne sais quoi d'humble, de rabaissé, d'effacé qui ne s'accorde guère avec le fait d'avoir été le premier de sa corporation. Cette primauté se traduit d'ordinaire par une supériorité visible, sinon éclatante, dont on ne trouve ici aucun vestige. Si l'on n'en conclut rien contre le personnage lui-même, on n'en a pas une plus haute idée du milieu où il a pu dominer.

Nous touchons au terme de cette étude sur le clergé et nous arrivons au grand homme qui doit la couronner. De Rollin à lui la transition est facile, car il fut lui aussi un éducateur, et il n'y a rien que de naturel à passer du recteur de l'Université de Paris au précepteur du duc de Bourgogne. J'ai dit passer, j'aurais dû dire monter; car pour n'être pas absolument du métier, Fénelon ne laisse pas d'être supérieur à Rollin, même en pédagogie appliquée.

CHAPITRE IV

FÉNELON.

Fénelon était destiné dans l'Église de France à ruiner l'œuvre de Bossuet et à détruire les dernières tentatives d'accord entre la foi et la raison. Bossuet en effet veut une Église nationale indépendante et une piété raisonnable qui ne pousse rien à l'extrême. Fénelon est ultramontain et mystique à la fois.

Les deux systèmes sont en présence dans les dernières années du xviie siècle : Bossuet semble d'abord remporter, et combien péniblement! la victoire. Mais, en dépit des apparences, c'est Fénelon qui triomphe. Encore quelque temps et tout l'épiscopat sera ultramontain. Quant au mysticisme il a déjà vaincu, non sous la forme trop raffinée du quiétisme, mais sous les espèces plus matérielles de l'adoration du Sacré-Cœur.

Il ne faut pas dans cette lutte décisive s'en rapporter aux étiquettes qui pourraient induire en erreur. Perçons jusqu'au fond des choses et nous les verrons telles que je viens de dire. J'ajoute qu'elles ne pouvaient se passer autrement et que, somme toute, ce fut Fénelon qui eut la conduite la plus logique puisqu'il se mit du côté de la fatalité, tandis que Bossuet s'y opposait vainement. Nisard a beau s'écrier avec enthousiasme à propos du succès apparent et momentané de l'évêque de Meaux : ici encore la victoire resta à la tradition sur le sens individuel, à la discipline sur l'indépendance, au nous sur le moi. Ce sont là de belles phrases, et le battu fut en définitive Bossuet qui ne pouvait être que battu.

Fénelon, fils d'un vieillard et d'une femme jeune et belle, naquit en 1651. Ses parents veillèrent avec soin sur son enfance délicate et le firent instruire sous leurs yeux jusqu'à la douzième année. Il eut un excellent précepteur qui lui apprit à fond le latin et le grec. Ce dernier point est à retenir. Sans doute les gens d'esprit ne sont pas rares au XVIIe siècle qui savent assez de grec pour lire les auteurs dans le texte. C'est le cas de Boileau, de Bossuet, de la Bruyère, de Malézieu. Mais savoir le grec et non du grec, avoir pénétré le génie même de la langue dans ses finesses, ses nuances subtiles, ses beautés fugitives et se l'être assimilé, ce n'a guère été en ce temps que le lot de deux hommes, Racine et Fénelon.

Ainsi la culture de celui-ci fut complète et elle embrassa la double antiquité, confondant dans la même admiration Catulle, Horace, Térence, Sophocle et Homère. Elle donna un nouveau lustre à ses qualités naturelles, à son besoin inné de plaire, aux grâces séduisantes qui s'unissaient en lui à la modestie chrétienne, à cette coquetterie vertueuse qu'il garda jusqu'au bout. Dès l'enfance il se fit bien venir de tous, même de ses frères aînés qui jalousaient en lui l'enfant du second lit, celui qui devait rogner d'autant leur héritage. Il finit de les désarmer en se vouant à l'état ecclésiastique où l'appelaient et sa piété et son savoir et sa santé trop faible pour les fatigues de la guerre. Soldat ou prêtre, il n'avait de choix qu'entre ces deux carrières et il se décida naturellement pour la seconde.

Il avait terminé son éducation profane à Cahors et à Paris. Il fit sa théologie à Saint-Sulpice, dont il reste la gloire, sans en être la vraie incarnation, car il en dépasse de beaucoup le niveau et en raffine singulièrement l'esprit. A l'âge où les sentiments tendres ou passionnés se font jour en nous, les riches facultés affectives de son tempérament un peu féminin se portèrent vers la seule issue permise, je veux dire vers la dévotion. Dans l'ardeur et l'effusion débordante de son zèle, il voulait se faire missionnaire, convertir Iroquois ou Turcs. Mais on l'empêcha de donner suite à ces projets, et on lui ferma les missions du Canada aussi bien que celles du Levant. Il resta attaché à Saint-Sulpice et se prépara au ministère et à la direction des âmes.

Il avait vingt-sept ans quand l'archevêque Harlay, avec qui il ne devait pas tarder à se brouiller, lui confia la direction des Nouvelles-Catholiques. C'était une maison d'éducation fondée en 1634 pour les filles protestantes converties de gré ou de force. Le poste était difficile, réclamant à la fois du tact et de la volonté, assez de douceur pour n'effaroucher personne, assez de supériorité d'esprit pour dominer toutes ces intelligences de femmes et leur imposer ses manières de voir. Fénelon était l'homme de la situation : il y réussit à merveille et y gagna d'être mis en lumière.

Si l'on en croit Saint-Simon, c'est vers cette époque que se placeraient ses rapports avec les jansénistes, dont il aurait connu et courtisé les chefs dans le salon de la duchesse de Brancas. La chose est peu vraisemblable ; mais, à supposer qu'il ait jamais eu la moindre envie de lier partie avec eux, il en fut vite guéri. Non seulement son ambition n'y eût pas trouvé son compte, mais son caractère répugnait au rigorisme des disciples de Saint-Cyran. On sait d'ailleurs qu'à ce même moment il devenait le disciple de Bossuet, l'un des hôtes de sa maison de Germigny, l'un des principaux interlocuteurs des fameuses conférences sur l'Écriture. Il lui arriva d'y tenir la plume, au défaut de l'abbé Fleury, dont c'était la fonction ; et il s'y distingua assez pour que le maître se fît remplacer par lui dans les controverses, orales ou écrites, qu'il n'avait pas le loisir de soutenir en personne. C'est ainsi qu'il fut amené à réfuter Malebranche et son livre de la Nature et de la Grâce et à composer contre les protestants le traité du Ministère des Pasteurs.

Lorsque les missions furent organisées pour préparer et bientôt pour compléter la Révocation, il était déjà assez connu pour que l'on songeât à lui en confier une. Il fut chargé de celle du Poitou : il refusa la collaboration des dragons et s'en tint à celle des abbés Fleury, Langeron, Milon, Bertier. Son zèle infatigable et ses manières insinuantes opérèrent des conversions nombreuses. Il est permis de croire que sa science théologique n'y nuisit pas, quoiqu'à vrai dire il s'en tint d'ordinaire à ces deux points dans la prédication et dans la discussion, s'attachant d'abord à prouver que les ministres huguenots n'étaient pas des prêtres, faute d'une consécration valable, et ensuite à dissiper les préventions contre Rome si répandues chez les Réformés. Il avait aussi, et ce n'était pas, semble-t-il, une idée très heureuse, institué des conférences contradictoires où le rôle de défenseur du protestantisme était tenu par un missionnaire. Cela devait tourner forcément à la comédie, et il ne dut pas avoir à se louer beaucoup de l'invention.

Cette mission acheva de le mettre en vue et si elle ne lui valut pas encore l'épiscopat, elle étendit sa réputation et fit ressortir à la fois les ressources de son esprit et l'aménité de son caractère. Toutefois il ne faudrait pas croire que sa douceur à l'égard des persécutés ait jamais été poussée jusqu'à la vraie tolérance; il était bien trop de son temps pour en arriver là. On le voit au contraire dans ses lettres à Seignelay demander main-forte pour retenir les fugitifs. S'il blâme certaines rigueurs, c'est qu'elles lui paraissent maladroites. Il est autant que personne pour le « compelle intrare », mais il le veut habilement pratiqué.

Son retour à Paris fut marqué par un surcroît d'intimité avec quelques personnes pieuses qu'il fréquentait depuis assez longtemps, mais dont il fut désormais le directeur, l'oracle. C'étaient la duchesse de Béthune, la duchesse de Mortemart, Mme de Morstein, les ducs de Chevreuse et de Beauvilliers avec leurs femmes, filles de Colbert. Ces dernières l'initièrent auprès de Mme de Maintenon à laquelle il plut d'abord beaucoup et qui appuya sa nomination comme précepteur du duc de Bourgogne, lorsque le duc de Beauvilliers, déjà gouverneur, le présenta pour cet emploi. Agréé par le roi, il fut ainsi fixé à la Cour pour la plus grande satisfaction du petit clan dévot dont il était l'âme avec Mme Guyon. Mais avant d'en dire davantage sur ce point, il faut le voir à l'œuvre dans son préceptorat.

Il n'y arrivait pas en novice : il avait acquis toute l'expérience voulue à diriger les Nouvelles-Catholiques, et même il avait fixé les résultats de cette expérience dans un livre, peut-être trop admiré de nos jours, mais qui n'en a pas moins une haute valeur, l'*Éducation des filles*. Tout n'est pas d'égale force dans ces treize chapitres où une première partie relève avec vivacité les défauts ordinaires de l'éducation féminine, où la deuxième expose les principes et les méthodes à suivre dans l'éducation en général, où la troisième entre dans le détail des défauts, des qualités, des devoirs de la femme et des études qui lui conviennent. On peut faire entre autres reproches à l'auteur celui de trop restreindre la culture intellectuelle du sexe ; mais la partie où il traite de l'éducation en général est sinon excellente de tous points, au moins riche en observations exactes et en préceptes judicieux.

Fénelon ne croit pas à l'incurable perversité de la nature : il en a au contraire bonne opinion et attend beaucoup d'elle, pourvu qu'elle soit dirigée. Si l'enfant est innocent, il n'en est pas moins faible et de corps et d'esprit. Il faut donc ménager sa santé et retarder l'âge des études pour laisser à son tempérament le temps de se fortifier. Lorsqu'il est en état de commencer ses classes, il faut lui rendre le travail agréable, en opposant à son inattention sa propre curiosité, en lui faisant trouver les choses au lieu de les lui dire, en agissant sur lui par persuasion et insinuation sans recourir à la leçon en forme et au commandement rigoureux. Il ne laisse pas d'y avoir quelque chimère dans cette conception de la pédagogie ; mais on doit reconnaître que Fénelon l'a à peu près réalisée dans l'éducation du duc de Bourgogne, et cependant la tâche n'était pas aisée.

Le jeune prince, au dire de Saint-Simon, « était né terrible. Dur, colère jusqu'aux derniers emportements contre les choses inanimées, incapable de souffrir la moindre résistance sans entrer dans des fougues à faire craindre pour sa vie, opiniâtre à l'excès, passionné pour tous les plaisirs, la bonne chère, la chasse avec fureur, la musique avec ravissement, et le jeu encore où il ne pouvait supporter d'être vaincu et où le danger avec lui était extrême, enfin livré à toutes les passions et transporté de tous les plaisirs, souvent farouche, naturellement porté à la cruauté, barbare en raillerie, saisissant les ridicules avec une justesse qui assommait ; de la hauteur des cieux, il ne regardait les hommes que comme des atomes avec qui il n'avait aucune ressemblance, quels qu'ils fussent ».

Fénelon entra en fonctions en septembre 1689, et le 29 novembre suivant, son élève écrivait : « Je promets, foi de prince, à M. l'abbé de Fénelon de faire sur le champ ce qu'il m'ordonnera et de lui obéir dans le moment qu'il me défendra quelque chose, et si j'y manque, je me soumets à toutes sortes de punitions et de déshonneur. » — Quelques jours après, il lui tenait ce propos souvent répété : « Je laisse derrière la porte le duc de Bourgogne et je ne suis plus avec vous que le petit Louis. » En moins de trois mois, le précepteur avait cause gagnée : il possédait le cœur et la volonté de son élève, et, comme l'esprit était d'excellente qualité, il était fondé à espérer les plus beaux résultats. Il n'y épargna rien d'ailleurs : il sut rendre l'étude attrayante, utiliser une curiosité toujours éveillée de manière à intéresser son disciple aux objets les plus divers et à ne le laisser étranger à rien ; il se donna la peine, comme précédemment Bossuet, mais avec un sentiment plus vif de ce qui convient à l'enfance, de rédiger les sujets de devoirs et les livres de classe dont il se servait. Il n'eut pas, à vrai dire, la satisfaction de diriger cette éducation jusqu'au bout ; mais quand il fut brutalement révoqué il pouvait se rendre cette justice, que tout le monde d'ailleurs lui a rendue, d'avoir déployé dans sa tâche un talent incomparable. Le seul reproche qu'on puisse lui faire c'est d'avoir trop bien réussi. Son succès fait penser à ces phénomènes de suggestion dont on fait si grand bruit de nos jours. Il avait complètement transformé la nature de son élève ; et de l'enfant haïssable et intraitable, sorte de monstre en herbe, qu'on lui avait confié, il avait fait une âme douce, humaine, ouverte à tous les bons sentiments, un esprit instruit, orné, capable de tout comprendre, à moins que la religion ne fût en jeu. Mais il avait oublié de lui donner deux qualités : la modération dans les pratiques dévotes et la volonté. Ce prince, que l'on avait connu et que l'on avait craint si tyrannique, n'osait plus vouloir par lui-même. Il était condamné à n'être plus que l'écho du vouloir d'autrui, gouverneur, précepteur, confesseur, épouse. Il était de plus asservi aux minuties du bigotisme. C'était moins un héritier du trône qu'un séminariste.

En dépit de ses vertus, il n'y a pas à regretter qu'il n'ait pas régné. Son pouvoir eût été l'intolérance même : il eût étendu son inquisition à toutes les choses de la pensée ; il eût donné à la France le pendant peu enviable du règne de Ferdinand II en Allemagne. Nous avons moins perdu à la corruption, aux gaspillages, aux hontes de la régence que nous n'eussions fait à avoir pour roi ce bon dévot.

Il faut ajouter, qu'au-dessus de toutes les personnes de son entourage, Fénelon, même après la séparation, même après des années d'absence et de silence, resta le vrai maître de son cœur. Il lui appartenait tout entier et il est hors de doute que s'il eût vécu assez, son premier soin en arrivant au trône eût été de remettre son autorité à son précepteur, avec des pouvoirs au moins égaux à ceux de Richelieu ou de Mazarin. Mais nous n'en sommes pas encore là, et il nous faut raconter d'abord cette querelle du quiétisme où faillit sombrer la fortune de Fénelon.

Le quiétisme est une forme du mysticisme. Tandis que le gros du peuple catholique se laissait prendre aux imaginations de Marie Alacoque et du père de la Colombière, le beau monde versait dans une dévotion plus raffinée dont la propagatrice était encore une femme, Mme Guyon. Le fond de la doctrine était l'amour pur de Dieu, si pur qu'il ne laisse entrer dans la prière aucune demande, aucun rappel des promesses divines. L'âme doit se hausser jusqu'à cet amour, si bien qu'arrivée à l'état de contemplation parfaite elle ne raisonne ni ne réfléchisse plus, elle reçoive passivement l'impression divine, ne désire point de salut, ne craigne point d'enfer, devienne indifférente à tous les actes extérieurs de la piété.

Cette doctrine, formulée à Rome par l'Espagnol Molinos, avait eu pour complément chez son auteur une immoralité complète. Il professait que l'âme ayant atteint un certain degré d'élévation n'a pas à se mettre en peine des mouvements instinctifs du corps et que celui-ci peut se satisfaire sans qu'elle en soit souillée. Il avait joint pour sa part l'exemple au précepte, et lorsqu'on se décida à l'enfermer pour le reste de ses jours au château Saint-Ange, il y avait plus de vingt deux ans qu'il vivait dans la débauche.

Le Molinosisme, qu'il ne faut pas confondre avec le Molinisme, pas plus que Molinos avec Molina si détesté des jansénistes, le Molinosisme fut introduit en France par Mme Guyon, mais, il convient de le dire aussitôt, rien que dans sa partie avouable. Les turpitudes charnelles auxquelles il avait abouti en Espagne et en Italie non seulement ne s'acclimatèrent pas chez nous, mais y restèrent généralement ignorées ; et les mœurs d'aucun quiétiste en vue n'y furent incriminées sérieusement, pas même celles de Mme Guyon, et Dieu sait cependant si elles prêtaient au soupçon. Veuve de bonne heure, cette dévote quitte famille et enfants (elle en avait cinq), renonce à sa fortune, à la position brillante qu'elle peut avoir dans le monde. Elle se croit appelée à convertir les hérétiques. Elle se met sous la direction du père Lacombe qu'elle dirige bientôt elle-même, et, à deux, ils font des missions en Savoie et poussent des pointes sur le territoire de Genève. Dans cette association, le religieux n'a qu'un rôle secondaire. C'est la femme qui parle et qui écrit. Si sa prose est embarrassée et diffuse, elle ne laisse pas d'être troublante. Quant à sa parole, elle produit sur l'auditoire une sorte d'ivresse. Elle prêche que les âmes doivent courir à Dieu avec le même élan qui emporte le torrent au pied de la montagne; elle improvise sur cette donnée son livre des *Torrents* et elle communique son ardeur dévote à ceux qui l'entourent. Elle compose à l'usage de ces néophytes le *Moyen court et facile pour l'oraison,* par lequel les âmes les plus communes peuvent parvenir à cet état de perfection où un acte continuel et immuable de contemplation et d'amour dispense à tout jamais des autres pratiques religieuses, même de celles réputées indispensables.

Après avoir édifié et scandalisé à la fois la Savoie, le Dauphiné, le Piémont, Mme Guyon vint à Paris où l'archevêque Harlay la fit enfermer. Relâchée au bout de quelques mois, elle soumit sa doctrine à Bossuet, qui, prenant sans doute en pitié son innocence et son exaltation, consentit à la communier de sa propre main et à se porter garant de son orthodoxie, à la condition qu'elle n'écrirait plus et ne ferait plus parler d'elle. Mais il n'était pas en son pouvoir de tenir cette promesse.

Introduite dans le cénacle dévot où dominait Fénelon, elle y conquit tout le monde à commencer par le directeur. Que les autres aient subi le charme capiteux qui émanait de sa personne et de ses discours, cela s'explique assez par la médiocrité d'esprit de la plupart, hommes ou femmes. Mais que Fénelon lui-même s'y soit laissé prendre, ce serait plus étonnant, si l'on n'avait cent histoires d'ecclésiastiques, menés même dans les choses de dévotion par des femmes hallucinées ou intrigantes, si l'on ne savait par exemple comment la béate Rose réussit à duper le Fénelon du jansénisme, Duguet. Ici, il n'y eut pas duperie, mais entraînement réciproque et si vif qu'il n'admit ni réflexion ni résistance. Le fait est curieux à noter chez un homme en qui la sensibilité n'avait jamais exclu la politique. Un autre trait non moins curieux, c'est que cette séduction féminine ait pu s'exercer à la fois sur le directeur et sur ses pénitentes, sans jalousie de la part de celles-ci. On sait que ces sortes de commerces, aussi purs qu'on les suppose, et c'est ici le cas, ne laissent pas de provoquer les mêmes sentiments, les mêmes passions que les liaisons charnelles. Rien n'est plus fréquent que de voir des dévotes se jalouser à propos de leur directeur. Il fallait que l'empire de Fénelon sur la partie féminine de son petit troupeau fût bien grand pour qu'il pût lui interdire les mouvements instinctifs que nous avons dits.

Les nobles amis de Mme Guyon ne tardèrent pas à la présenter à Mme de Maintenon, qui lui ouvrit les portes de Saint-Cyr et l'y laissa prêcher à son aise. On pouvait croire que c'était le triomphe de la doctrine, c'en était au contraire l'écueil. Le supérieur spirituel de la maison, Godet-Desmarais, évêque de Chartres, au cours d'une visite pastorale, s'émut de trouver dans la bouche des élèves et des maîtresses certaines propositions mystiques qui lui parurent malsonnantes; il y regarda de plus près et, après examen, déclara à Mme de Maintenon qu'une hérésie s'était introduite à Saint-Cyr et qu'il fallait y couper court sans retard. Il parlait même d'en référer au roi. Mme de Maintenon à ces mots fut tout effrayée : elle savait la répulsion, l'horreur de Louis XIV pour l'hérésie, elle craignait elle-même de lui être toujours un peu suspecte à cause de son origine hérétique ; son parti fut bientôt pris. Elle écarta Mme Guyon et soumit sa doctrine à une commission composée de Bossuet, de Tronson, de Noailles, et qui, réunie à la maison des Sulpiciens d'Issy, procéda à une étude minutieuse des erreurs dénoncées par Godet-Desmarais.

Fénelon ne fut pas invité à en faire partie; mais il se constitua sous main l'avocat de l'accusée, rédigeant pour elle apologies, mémoires, dissertations avec un zèle infatigable. Un moment toutefois ce zèle se ralentit : la commission venait de condamner les ouvrages de Mme Guyon et d'arrêter le formulaire des trente quatre articles. Fénelon, récemment nommé archevêque de Cambrai et à la veille d'être consacré (il le fut à Saint-Cyr et de la main de Bossuet), signa le formulaire et promit de n'avoir pas d'autre doctrine que celle de son consécrateur. Était-ce politique? Était-ce simplement une promesse imprudente que sa conscience se refusa à tenir? On ne sait trop qu'en dire; mais, en tout cas, Bossuet était fondé à se plaindre d'une sorte de parjure quand Fénelon en 1696 refusa d'adhérer publiquement à la condamnation de Mme Guyon, et surtout quand il publia (janvier 1697) sans prévenir personne ses *Maximes des Saints sur la vie intérieure,* où il plaçait en regard les propositions admises comme vraies ou réputées fausses touchant l'amour de Dieu. L'ouvrage était habilement combiné pour endormir les consciences et le quiétisme y était mis sous la protection des pères et des plus grands saints. Bossuet fut outré de cette déclaration de guerre succédant à un refus de concours. Il hâta l'impression de son Instruction sur les états d'oraison (mars 1697) et porta plainte au roi. Celui-ci, comme on pouvait le prévoir, prit feu au seul mot d'hérésie. Il chassa trois religieuses de Saint-Cyr, exila Fénelon dans son diocèse (août 1697), lui enleva son titre et sa pension de précepteur, disgrâcia ses collaborateurs et ses intimes à l'exception des ducs de Beauvilliers et de Chevreuse, le déféra au pape en lui interdisant de se rendre à Rome pour plaider sa cause.

Tandis que la Curie romaine instruisait lentement l'affaire, les deux adversaires continuaient la lutte et essayaient de gagner l'opinion publique. Les chances restèrent égales jusqu'au bout et les succès balancés, bien que Bossuet eût pour auxiliaires la Bruyère, Boileau, Racine et même Malebranche. Fénelon avait pour lui les Jésuites qui l'appuyaient sous main, quitte à l'abandonner et à prêcher contre lui s'il était condamné. Bossuet essaya d'écraser son contradicteur d'un coup de massue et dans sa Relation du Quiétisme (août 1698) l'appela le « Montan d'une nouvelle Priscille ». L'autre rebondit sous l'injure et riposta avec une éloquence indignée à la fois et touchante. Il fallait en finir; le roi, qui ne voulait pas en avoir le démenti, pesa sur le pape et celui-ci, malgré ses sentiments intimes, prononça une condamnation mitigée contre Fénelon.

Le condamné se soumit publiquement et monta en chaire dans sa propre cathédrale pour rétracter des erreurs qui lui étaient cependant bien chères (12 mars 1699). Malgré cette docilité de commande, il garda un amer souvenir de cette défaite momentanée et onze ans après il écrivait au père Tellier : « Celui qui errait a prévalu, celui qui était exempt d'erreur a été écrasé! Dieu soit béni. » Il aurait pu ajouter que les choses avaient déjà bien changé de face et que le moment était proche où l'œuvre de Bossuet serait anéantie et l'influence de ses doctrines annulée dans l'Église.

Lorsqu'on rapporte cette querelle, il n'est pas rare qu'on fasse pencher la balance du côté de Fénelon et qu'on accuse son adversaire de dureté, voire même de cruauté, pour être resté insensible à la résignation de sa tendre et innocente victime. La victime était, on le sait, un lutteur dangereux et parfaitement en état de se défendre. Quant aux excès de zèle, auxquels se laissa emporter Bossuet, ils s'expliquent en partie par la mauvaise foi, la duplicité qu'il trouva chez Fénelon et aussi par l'intervention de tiers qui passionnèrent le débat. Mais la véritable raison de son acharnement, c'est la conséquence extrême que dans sa clairvoyance il ne pouvait manquer d'attribuer à la doctrine de l'amour pur. En effet, il lui reprochait, au point de vue chrétien, et peut-être n'avait-il pas tort, d'annihiler le rôle du Christ et de rendre sa médiation désormais inutile. Au point de vue humain, il la jugeait funeste à l'activité, à la liberté, à la responsabilité, à la justice, à la vertu.

C'est parce qu'il voyait poindre ce double danger, qu'il se montra si sévère. Quant à Fénelon, il n'avait garde de convenir de ces conséquences, mais elles n'en existaient pas moins. Aussi, loin de blâmer si fort l'animosité de Bossuet, convient-il de lui savoir gré d'avoir soutenu, avec ce qu'il croyait être l'intérêt de sa religion, l'intérêt vrai de la société humaine.

A peine condamné, Fénelon se vit en butte à un nouveau danger. On imprima en Hollande, sur un manuscrit que lui aurait dérobé un serviteur infidèle, son roman-poème de Télémaque composé autrefois pour l'éducation du duc de Bourgogne. Ce livre eut par toute l'Europe un succès prodigieux que son mérite et sa nouveauté ne suffisent pas à expliquer et qui fut aussi provoqué par les applications malignes qu'on fit de certains passages à Louis XIV et à son entourage. Cette publication venait à point pour consommer la ruine du prélat. Louis XIV n'avait jamais eu de goût pour lui et le traitait, même avant tous ces incidents, de bel esprit chimérique ; il n'y avait pas apparence qu'il revînt de sitôt à de meilleures dispositions envers un homme qu'il pouvait considérer comme un hérétique et un pamphlétaire. Fénelon se le tint pour dit et se confina dans son diocèse, n'osant même plus entretenir de relations suivies avec ses amis, toujours fidèles, mais qu'il avait peur de compromettre. Sa distraction, en ces premières années de sa disgrâce, fut de faire la chasse aux jansénistes et de se revancher sur eux de sa condamnation. Au point de vue mondain, le passe-temps est d'un goût douteux. Peut-être est-il plus louable au point de vue ecclésiastique. En tout cas, il ne faut pas oublier que l'archevêque de Cambrai fut un des principaux auxiliaires du père Tellier, presque aussi actif que les cardinaux de Rohan et de Bissy, pour l'obtention à Rome et l'adoption en France de la bulle Unigenitus. Le fait est à retenir, car il donne la mesure de sa tolérance.

Cependant le duc de Bourgogne grandissait et en même temps renaissaient les espérances de Fénelon. Ils avaient pu établir une correspondance secrète, sous le couvert du duc de Beauvillers. Les lettres ainsi échangées étaient presque toutes relatives aux affaires et à la politique. Celles de Fénelon avaient souvent la dimension de Mémoires à consulter, et toujours le ton d'Instructions à suivre.

Ce qui l'encourageait à parler avec cette autorité et cette abondance, c'était, outre la confiance de son élève, sa présence de tous les instants sur le théâtre principal de la guerre déplorable que nous soutenions alors. Son diocèse était sur la frontière, ou pour mieux dire était mi-partie Empire et France, et il portait lui-même le titre de prince du Saint-Empire. Cette circonstance lui créait une situation délicate dont il se tira à son honneur. Il tint la conduite la plus digne et la plus humaine, soignant les blessés des deux armées, mais réservant à l'armée française toutes les provisions que sa prudence avait accumulées au Câteau. Son zèle à soulager les misères, sa charité, son dévouement lui valurent la plus belle réputation et le firent considérer comme un saint homme non seulement en France, mais à l'étranger où, depuis le Télémaque, on le tenait déjà pour un génie. Si cependant l'on y regardait de plus près, on serait fondé à lui contester le sens de l'honneur national et même le simple patriotisme. Si on l'eût cru, on eût renversé Philippe V et consenti à toutes les cessions de territoire afin d'acheter la paix. Quelque grands que fussent les maux de la guerre, et il faut avouer qu'il était bien placé pour en mesurer l'étendue, il n'aurait pas dû, semble-t-il, pousser ainsi aux concessions déshonorantes. Mais quoi, n'est-ce pas lui qui a dit : j'aime ma famille plus que moi-même, ma patrie plus que ma famille, l'humanité (entendez la catholicité) plus que ma patrie? Cette maxime et l'application qu'il en fit au besoin nous gâtent un peu son attitude d'ailleurs très belle en ces années d'infortune publique.

La campagne de 1708 où le duc de Bourgogne, si bien élevé par lui, fit si piteuse figure, dut lui suggérer des réflexions pénibles, mais qui cédèrent bientôt à des idées plus rassérénantes. Il eut un moment de vive espérance, à la mort du Dauphin (14 août 1711) qui ouvrait à son élève le chemin du trône et à lui-même celui du ministère. Mais cet avenir riant ne se réalisa pas. Dix mois après, le duc de Bourgogne succombait à un mal mystérieux et à quelques jours de distance suivait dans la tombe sa femme et son fils aîné. Cette mort, qui renversait ses plans et dissipait ses rêves les plus chers, détacha Fénelon de toutes choses. Il ne prit désormais de plaisir qu'à la littérature, écrivant la Lettre à l'Académie française et échangeant avec la Mothe-Houdart et le chevalier Destouches une correspondance agréablement émaillée de citations d'Horace. Il mourut bientôt, des suites d'un accident de voiture (1715).

La réputation qu'il laissait était belle et grande. Elle était destinée à grandir encore dans le courant du nouveau siècle et, par une singulière fortune, à se voir propagée à la fois par le clergé et par les philosophes. Ceux-ci, en effet, sous prétexte que Fénelon avait été en lutte avec Louis XIV et avec Bossuet, se le sont représenté comme une manière de philosophe indépendant et de philanthrope. Aussi l'ont-ils vanté sur tous les tons et lui ont-ils prodigué des éloges qu'il n'aurait pu lui-même entendre sans en être grièvement offensé.

Notre siècle est revenu à une vue plus nette de son caractère et de son rôle, et voici comment il les définit.

Au lieu d'être un philosophe, Fénelon est le prêtre le plus asservi aux maximes ultramontaines; au lieu d'être en politique l'ami d'une sage liberté, il demande la restauration du gouvernement féodal. Et comme sous ses apparences de douceur, il a la volonté la plus opiniâtre, la plus obstinée, on peut juger de l'avenir qu'il réservait à la France si elle eût eu la malechance de tomber sous sa coupe.

Je viens de parler de son caractère absolu. Il s'affirme à chaque instant dans sa correspondance politique par le ton sec qui est volontiers le sien, par le détail minutieux où il entre, en homme qui se croit appelé à tout régler, à tout dominer. De son asservissement aux maximes ultramontaines, il n'y a pas de meilleure preuve à chercher que son traité latin en l'honneur du Saint-Siège et de ses droits. Quant à sa politique, elle réclame quelques explications : on sait ce que nous pensons de la Politique tirée de l'Écriture Sainte, de ce livre d'esclavage que Bossuet aurait bien dû se dispenser d'écrire, car il ne fait guère honneur à sa raison. Eh bien ! malgré les apparences, la politique de Fénelon est encore plus choquante, parce qu'elle donne plus à l'arbitraire, et les prétendues libertés qu'elle octroye ne sont que des chaînes habilement nouées au cou du peuple qui s'en verrait gratifier.

De ce qu'il parle en différents endroits d'États Généraux, d'élections libres et périodiques, on affecte de le prendre pour un partisan, pour un précurseur du régime parlementaire. L'erreur est manifeste : c'est tout simplement un féodal qui voudrait ramener l'autorité royale au point où elle était sous la féodalité. Que l'on relise en effet les écrits où il traite ce sujet soit directement, soit par allusion, le Télémaque, l'Examen de conscience, les différents Mémoires rédigés de 1708 à 1712, et l'on verra revenir invariablement cette idée, qu'après avoir restitué son empire à la religion, il faut restituer à la noblesse son importance politique et ses privilèges : rien que des nobles dans la maison du roi ; les nobles préférés aux autres dans l'armée et seuls honorés des ordres de chevalerie ; les nobles pourvus des meilleures places de la magistrature ; les mésalliances interdites ; les achats de titres prohibés. Moins d'un siècle avant la Révolution, il a un tel sens des tendances du pays et de la marche des événements qu'il voudrait nous ramener à six cent ans en arrière, en restaurant les castes déjà bien endommagées, et en promulguant des lois somptuaires qui eussent réglé par le menu la dépense de chacun.

On a beaucoup vanté sa morale à l'usage des rois ; elle n'est qu'un tissu de banalités et de contradictions, comme, par exemple, lorsqu'il proscrit le luxe tout en voulant faire fleurir le commerce. Si l'on ajoute qu'il n'a à aucun degré le sentiment de l'honneur national et qu'il a pu écrire au plus fort de la guerre de succession d'Espagne : « J'ai le cœur déchiré par nos malheurs, mais mon fonds ne peut consentir à un succès. Je crois voir qu'un succès gâterait tout ; il faut la ruine pour apaiser Dieu », on se félicite d'avoir échappé à une tyrannie d'autant plus insupportable qu'elle se fût dissimulée sous les dehors de la douceur et de la modération. Bien en a pris aux philosophes du XVIIIe siècle que l'esprit français ait eu la Régence pour se dédommager d'une longue contrainte et commencer son émancipation. Fénelon au ministère, ou simplement, le duc de Bourgogne sur le trône, c'était l'amortissement et l'énervation des esprits, la lumière éteinte ou tenue sous le boisseau, un temps d'arrêt peut-être irréparable dans la conquête du progrès.

Il n'y a donc rien à prendre dans les théories politiques de Fénelon, pas plus qu'il n'y a à regretter qu'elles n'aient pas été mises en pratique. Heureusement pour lui, ses ouvrages sont là qui lui créent des titres plus valables à l'admiration.

Le caractère commun à toute son œuvre, c'est une abondance élégante et de naturelle ; on y sent partout l'aisance d'un esprit riche et orné qui, sans le moindre effort, s'épanche sur tous les sujets en idées belles ou ingénieuses, et qui, même là où il est subtil, l'est sans paraître y prendre peine. Il arrive cependant que cette abondance finisse par être un peu traînante et par lasser, d'autant mieux qu'elle ne fait pas toujours de ses richesses l'emploi le plus habile, et qu'offrant d'abord le dessus du panier, elle réserve ses fruits les plus fanés pour la fin : c'est dire que les développements de notre auteur, toujours brillants au début, finissent souvent par des banalités. Ce défaut vient de l'habitude où il est d'improviser la plume à la main. Il a dit quelque part qu'un homme qui se destine à la prédication devait se faire un fonds suffisant de connaissances, après quoi, il pourrait monter hardiment en chaire et parler de tous les sujets sans préparation nouvelle.

Ce procédé a été transporté par lui de l'éloquence à l'art d'écrire ; il explique avec ses quelques défaillances cet air noblement aisé que l'on admire chez lui.

Nous ne reviendrons pas à ses ouvrages mystiques, pour en avoir suffisamment parlé. Toutefois nous signalerons au passage dans ses *Lettres spirituelles* certain abus d'expressions mignardes et enfantines, tolérables au début du siècle dans un François de Sales, mais qui, à cette date, sont décidément choquantes. Il lui arrive, par exemple, de dire : « Il faut être enfant, ô mon Dieu, et jouer sur vos genoux pour mériter vos caresses. » Ces gentillesses sont d'un goût détestable, au moins en littérature.

Nous avons de lui quelques ouvrages de philosophie proprement dite, dont le plus célèbre est le *Traité de l'existence de Dieu,* œuvre composite où il se montre tour à tour le disciple de Cicéron, d'Augustin, de Platon, de Descartes et de Malebranche. Bien qu'il ait, dans un autre livre, réfuté certaines idées de ce dernier, il a plus d'une affinité avec lui : leurs esprits sont de la même famille, également enclins à s'égarer dans les sublimes chimères de la métaphysique, ou si l'on aime mieux, de la théologie mystique. Le traité, dont nous parlons, est une Démonstration de Dieu et de ses attributs, il se compose de deux parties : la première offre les preuves de l'existence de Dieu tirées de l'aspect général de l'Univers, de la contemplation des merveilles de la nature et de l'étude de l'homme considéré à la fois dans son corps, dans son âme et dans leur correspondance. Elle se termine par une réfutation du système d'Épicure. La deuxième partie contient les preuves métaphysiques de l'existence de Dieu et l'exposé de ses principaux attributs, unité, éternité, immutabilité ; elle finit par une réfutation écourtée et insuffisante du système que les incrédules du temps commençaient à étudier concurremment avec celui d'Épicure, je veux dire du Spinozisme.

De Fénelon orateur sacré il n'y a pas grand chose à dire : il ne nous est guère parvenu que deux échantillons de son éloquence, et cela ne suffit pas pour asseoir un jugement. Toutefois, en dépit, ou si l'on préfère, à cause de la rigueur dont il a fait preuve à l'égard des prédicateurs de son temps, soit dans la Lettre à l'Académie, soit dans les Dialogues sur l'éloquence, il ne paraît pas qu'il ait eu lui-même le don et la vocation oratoires.

La sévérité même de son goût en est la preuve : c'est pour n'avoir pas approfondi les secrets de l'art qu'il s'est montré si exigeant. Sans doute il a dû faire de beaux sermons et réussir à cela comme au reste. Quand même nous n'aurions pas, pour nous en convaincre, les deux sermons pour l'*Épiphanie* et le *Sacre de l'électeur de Cologne,* nous en savons trop sur la facilité de son esprit pour douter un instant de ses succès éventuels. Mais la prédication réclame quelque chose de fort, d'accentué, de retentissant qui ne convient guère à son génie délicat et élégant. La direction était mieux son fait.

Nous arrivons aux ouvrages qu'il a composés pour le duc de Bourgogne ou par lesquels il a préludé à l'éducation de ce prince. Nous rencontrons d'abord, en ce genre, le *Traité de l'éducation des filles,* dont nous avons déjà parlé suffisamment pour n'avoir plus que quelques traits complémentaires à ajouter à notre appréciation. Ce traité constitue un progrès sur la conception habituelle de l'éducation de la femme, mais il a le tort de faire la part trop petite à l'instruction. Il juge avec indépendance les couvents qui, lorsqu'ils sont mondains, deviennent pour les jeunes filles, une école de corruption, et lorsqu'ils sont austères, les laissent dans une ignorance absolue du milieu où elles sont appelées à vivre. La partie la plus intéressante du livre, celle qui constitue aujourd'hui sa valeur, traite de la psychologie enfantine. Fénelon avait étudié de près les enfants et avait pénétré les replis et les secrets de leur nature, aussi a-t-il parlé d'eux à merveille. Sa méthode pour faire tourner au profit de l'instruction les qualités et même les défauts de chaque élève est fort ingénieuse ; toutefois l'on ne peut s'empêcher de trouver qu'il fait la route trop fleurie et qu'il supprime imprudemment l'effort.

Viennent ensuite les *Fables,* les *Dialogues des morts,* le *Télémaque.* Ces ouvrages ont été écrits au jour le jour, au moins les deux premiers, suivant l'inspiration du moment, pour donner au duc de Bourgogne non seulement des sujets de devoirs, mais pour lui servir de correction, d'encouragement, de récompense. Le jeune prince avait-il eu une de ces colères qui terrifiaient son entourage ? aussitôt le portrait du furieux Mélanthe passait sous ses yeux comme un miroir où il pouvait contempler toute la laideur de sa conduite. Faisait-il quelque solécisme dans son thème et se fâchait-il d'en être repris? la fable de « Silène, le faune, et le jeune Bacchus » le faisait rentrer en lui-même, le rendait plus docile aux corrections, plus attentif à son travail.

Envisagés à ce point de vue, les trois ouvrages que nous venons de dire sont admirables. Reste à savoir ce qu'ils valent au point de vue littéraire.

Les Fables, prises en elles-mêmes, ne sont plus que des récits, élégants si l'on veut, mais sans originalité et qu'il n'y a pas lieu de comparer un seul instant aux Fables de la Fontaine. Fénelon d'ailleurs eût été le premier à en juger ainsi, lui qui professait pour le fabuliste une admiration entière, et qui l'a célébré, au lendemain de sa mort, dans une page du latin le plus élégant, destinée à servir de version au duc de Bourgogne, admirateur lui aussi et de plus bienfaiteur du poète.

Les Dialogues ne rappellent que par le titre les satires mordantes de Lucien ou les entretiens philosophiques et précieux de Fontenelle. Il serait d'ailleurs aussi oiseux qu'injuste d'établir un parallèle entre des productions littéraires qui ont la même forme, mais non le même but. Fénelon se proposait, en écrivant ses Dialogues des morts, de donner à son élève des notions soit de morale, soit d'histoire et de politique, soit d'histoire de la littérature, de la philosophie et des arts. Il s'en servait comme d'un moyen de le familiariser sans peine et sans ennui avec ces connaissances variées, indispensables à la culture de l'esprit. L'intention était bonne; l'exécution est ingénieuse, mais il arrive parfois que le fond pèche, soit par inexactitude dans les faits, soit par insuffisance dans les appréciations. Sur les anciens, Fénelon ne se trompe guère, surtout quand il ne s'agit que de littérature; sur les modernes, notamment en histoire, il est sujet à caution : ainsi il a commis un interminable dialogue entre Marie de Médicis et Richelieu, faux de ton et de pensée du premier mot au dernier.

Le Télémaque, lui aussi, a baissé dans l'estime du public. Lorsqu'il parut, ce fut un enthousiasme universel, et à l'étranger encore plus qu'en France. On en sait déjà la raison; mais il convient d'ajouter que le succès persista, même après que la mort de Louis XIV eut enlevé aux développements politiques, si nombreux dans l'ouvrage, leur actualité et leur à-propos. Non-seulement Télémaque fut le livre classique par excellence, la lecture favorite de la jeunesse dans toute l'Europe; mais il resta cher aux lecteurs plus âgés : les philosophes se mirent, d'un commun accord, à en célébrer la morale et à se donner en Fénelon un précurseur inattendu. Seul Voltaire sut échapper à cet engouement et faire, dans le Mondain et ailleurs, les réserves voulues. Mais les autres donnèrent avec ensemble : je ne parle pas seulement de nos Français, car l'on vit David Hume, le gros et sage David, instituer un parallèle entre Fénelon et Homère et accorder la préférence au premier, parce que ses héros sont plus vertueux.

Vertueux, sans doute, ils le sont; mais en sont-ils plus vrais pour cela et plus intéressants? La vertu est une belle chose; mais les sermons interminables de Mentor prouvent de reste qu'elle ne suffit pas à animer et à vivifier une œuvre. Télémaque est bien terne, même lorsqu'il échappe à la férule et qu'il prend ses ébats. C'est un trop bon jeune homme pour qu'on se mette en peine de lui. On sait d'avance qu'il sera canonisé et que ses écarts innocents n'enlèveront pas un rayon à son auréole. Les autres personnages ne sont pas plus vivants : ce sont tout uniment des abstractions personnifiées, à la différence de ceux d'Homère qui sont, eux, de chair et d'os, qui sentent, respirent, agissent.

Si les caractères du poème ne sont pas vrais, les mœurs ne le sont pas davantage : c'est un mélange de mythologie et de christianisme évidemment faux. En outre l'enseignement moral, très pur quand il ne règle que la conduite privée, devient ridicule quand il prétend régler le gouvernement des peuples. La fiction de la république de Salente est une des plus pauvres choses que l'on puisse imaginer.

Tels sont les défauts qui frappent nos yeux et qui, s'ils ont pu échapper aux premières générations de lecteurs, sont désormais et irrémédiablement visibles. Que reste-t-il donc qui recommande l'œuvre? Ce qui reste, c'est une imagination heureuse épanchée tout le long du Télémaque pour l'enrichir de descriptions fleuries, de récits animés et touchants; c'est aussi un flot ininterrompu de réminiscences qui font passer dans notre français les plus jolies ou les plus belles idées des grands poètes anciens. A chaque instant, on tombe sur un trait emprunté à Horace, à Virgile, à Homère. Les tragiques grecs sont mis à contribution pour des passages entiers librement imités. Et comme il n'y a là rien qui ressemble à une marqueterie laborieuse, que tout est fondu dans l'abondance improvisée d'un style large et élégant, que tout s'harmonise et se marie heureusement dans une adaptation géniale, on n'a que du plaisir à rencontrer au passage ces emprunts, légitimés par l'emploi qu'ils reçoivent, et à retrouver en Fénelon comme un abrégé de toutes les beautés de l'antique poésie. Voilà ce qui, en dépit de tant de fautes, fera vivre éternellement le Télémaque.

L'œuvre de Fénelon se complète par deux ouvrages de critique littéraire : les *Dialogues sur l'éloquence* qu'il composa presque à son début, et la *Lettre à l'Académie*.

Les Dialogues, bien que les interlocuteurs n'y soient figurés que par les signes abstraits A, B, C, sont conduits avec habileté et grâce : on y retrouve l'écho des dialogues littéraires de Platon, le Phèdre ou le Gorgias, en même temps qu'une inspiration puisée aux vraies sources chrétiennes. Pénétré du caractère sacré de la prédication, l'auteur voudrait en bannir les ornements frivoles, les faux-brillants, le bel esprit. Il s'attaque surtout aux divisions compliquées et ingénieuses, alors en vogue, et qu'il appelle des tours de passe-passe. Sa critique est fine et judicieuse mais tout en adhérant à sa belle définition de l'orateur en général : « L'homme, digne d'être écouté, est celui qui ne se sert de la parole que pour la pensée et de la pensée que pour la vérité et la vertu », on persiste à se demander s'il s'est vraiment rendu compte des conditions de la parole publique et s'il n'a pas outré la sévérité à l'égard de ses contemporains.

La Lettre à l'Académie fut son chant du cygne. Il l'écrivit à la demande du secrétaire perpétuel Dacier pour être comme un plan et une méthode de travail à l'usage de ses confrères qui, bien entendu, se gardèrent d'en rien exécuter. Dans les dix chapitres qui composent cet opuscule, il y a à faire la part du vrai et du faux. Ce qui concerne les écrivains français ou, d'une façon générale, la langue et la poésie françaises, prête à discussion et à contestation. Ce qui concerne les anciens est excellent. Notez que l'on était en pleine querelle des Anciens et des Modernes. Tout en ayant l'air de se récuser, Fénelon plaide, faut-il dire sans s'en douter? la cause des anciens et leur immole leurs rivaux. Il reproche à notre langue sa pauvreté, comme si elle lui avait jamais refusé les mots nécessaires à l'expression de sa pensée : elle ne lui en a que trop fourni puisqu'il lui arrive d'être redondant et surabondant. Il cherche à notre poésie une querelle bien digne d'un homme qui n'a pu être poète qu'en prose et à qui le vers a toujours été rebelle ; ses essais de versification sont d'une platitude rare : on dirait que c'est une rancune inconsciente qui l'a poussé à mal parler d'un instrument dont il n'avait pas su se servir. Il juge les poètes avec trop de sévérité, visiblement injuste pour Corneille et même pour Racine ; s'il fait grâce à la Fontaine, il prend à partie Molière et sur sa morale et sur son style. Mais sitôt qu'il se met sur le chapitre des anciens, il est exquis. Les citations lui viennent naturellement et de Térence et de Virgile et de Catulle et d'Horace : c'est la mémoire la plus ornée, l'imagination la plus riante, le goût le plus délicat. Malgré ses erreurs et ses injustices, ce petit livre est un ouvrage charmant et qu'on lira aussi longtemps que la belle littérature conservera des amateurs.

C'est à Fénelon que s'arrête cette étude consacrée à la littérature du clergé et aussi que s'arrête cette littérature elle-même. Désormais le clergé ne compte plus guère dans le domaine de l'esprit. Au XVIIIe siècle, les prélats sont exclusivement des grands seigneurs qui ont autre chose à faire qu'à travailler et à écrire. S'il en est qui se mêlent d'entrer en communication avec le public autrement que par des sermons, ils ne réussissent qu'à se rendre ridicules : c'est le cas de Christophe de Beaumont et de Lefranc de Pompignan.

Le clergé du XIXe siècle est plus laborieux et plus écrivain sans beaucoup plus de succès, car il présente ce curieux spectacle de se laisser primer et mener par des laïques non seulement dans les choses de la politique, mais dans celles de la religion. Les laïques ne montent pas encore en chaire; mais, à cela près, ils font ou ils inspirent tout ; ils sont les chefs du mouvement religieux. Quand on écrira l'histoire du catholicisme français en ce siècle, c'est à de Maistre, Bonald, Chateaubriand; c'est à Lamennais (ce laïque égaré dans le clergé), à Montalembert, à Mme Swetchine, à M. de Falloux; c'est à cet intraitable Veuillot; c'est de nos jours à tels laïques bien connus plus qu'aux évêques, plus qu'aux abbés qu'il faudra attribuer l'influence et les résultats. On peut conclure que le xvii⁰ siècle a été l'âge d'or de l'Église de France qui ne renferma jamais dans son sein plus de vertus et plus de talents. Mais cette floraison magnifique fut aussi la dernière; elle semble avoir épuisé l'arbre dont il ne reste guère qu'un tronc creux, imposant par sa masse mais à peu près stérile et duquel on peut dire : Stat magni nominis umbra.

LIVRE SIXIÈME

Les lettres mondaines de la Révocation à la mort de Louis XIV.

CHAPITRE PREMIER

La Révocation coïncide avec l'entrée en scène de Mme de Maintenon. — Influence de cette femme célèbre sur Louis XIV : sa vie et ses ouvrages. — État de la littérature dans la dernière partie du règne.

C'est le 18 octobre 1685 que fut révoqué l'Édit de Nantes. Tout annonçait depuis vingt ans cette faute irréparable, elle était dans la logique des choses, mais il aurait suffi d'un éclair soudain, d'une lueur de bon sens pour l'empêcher. La lumière ne se fit pas dans l'esprit de Louis XIV. Il crut, on lui fit croire que la mission dorée et la mission bottée avaient converti tous les huguenots, que la Révocation n'était en quelque sorte que la consécration du fait accompli, une mesure moins répressive que préventive, une précaution contre les rechutes et les retours à l'hérésie. L'illusion était forte, et il fallait vraiment de la bonne volonté pour s'y laisser prendre. D'ailleurs les événements se chargèrent bientôt de la dissiper. L'émigration, toujours croissante, des protestants renseigna Louis XIV sur l'exactitude des rapports auxquels il avait cru. Il ne tenait qu'à lui de revenir alors à une conduite plus humaine et plus sage.

L'orgueil fut en aide à la dévotion pour lui interdire de se déjuger, et, loin d'atténuer les rigueurs, il les multiplia. On en connaît le détail. Un million cinq cent mille citoyens, les plus tranquilles et les plus laborieux, furent en pleine paix traités comme on ne traite pas des vaincus. Les hommes outragés et torturés ; les femmes moralement et physiquement violentées ; les enfants ravis au foyer ; la sainteté de la famille odieusement méconnue ; les hôpitaux, les prisons, les galères remplis de malheureux dont le seul crime était de ne pas partager la foi du prince ; les échafauds et les bûchers ne comptant plus leurs victimes ; près de quatre cent mille Français passant à l'étranger ; le commerce et l'industrie frappés d'une ruine soudaine ; une partie de l'épargne nationale allant enrichir les peuples voisins ; au bout de quelques années, la guerre civile avec toutes ses horreurs, tels furent les résultats de cet acte de la plus détestable et de la plus maladroite tyrannie. Ce qui n'empêcha pas toute la France catholique de l'approuver et d'y voir la plus belle mesure qu'un roi eût jamais prise.

Il est passé en habitude quand on parle de la Révocation d'en rejeter le tort sur l'époque entière et de blanchir ceux qui y ont participé. Le clergé était, dit-on, dans son rôle en réclamant la suppression du protestantisme. Les ministres n'étaient pas moins dans le leur et les intendants aussi, en déguisant la vérité et en annonçant des conversions prétendues pour faire leur cour ; sans cela, ils s'exposaient au reproche de tiédeur et à l'ennui de se voir remplacés par d'autres moins scrupuleux : mieux valait qu'ils recueillissent le profit de mensonges inévitables que de le laisser à autrui. Mme de Maintenon, toujours un peu suspecte à cause de son origine huguenote, non seulement ne pouvait s'opposer à rien, mais était même forcée de prendre les devants et de pousser à la violence. Quant au roi, il est le moins coupable, étant le plus trompé.

C'est sinon dans ces termes, au moins dans cet esprit, que nous sommes habitués à entendre apprécier la Révocation. On affecte de voir en elle l'œuvre d'un concours de circonstances, d'une fatalité qui a entraîné tout le royaume. On dit que les plus belles choses ont leur revers, que la Révocation est la conséquence et la rançon de la gloire et de la puissance de Louis XIV. On en prend donc son parti et, pour un peu, sans trop se faire prier, on imiterait les courtisans du grand roi, on applaudirait.

Ces complaisances sont indignes en face d'un crime commis par des gens responsables, et dont le plus responsable est justement Louis XIV. Il ne tenait qu'à lui de voir de ses propres yeux, au lieu d'emprunter ceux d'autrui. Il doit porter dans sa réputation la peine de son forfait, comme il l'a déjà portée dans la vie par la ruine de son royaume, par la diminution de sa puissance, par les humiliations qui abreuvèrent sa longue vieillesse.

A vrai dire, il ne se rendit jamais compte de la cause réelle de ses malheurs, puisqu'il persista dans la même voie, et que, près d'entrer dans la tombe, sur la foi de quelques prélats intrigants, il signa d'une main défaillante, instrument d'une volonté trop forte, il signa une nouvelle proscription, celle de tous ceux de ses sujets qui n'adhéreraient pas à la Bulle.

Que si l'on cherche l'explication de cet aveuglement prolongé et de ces coupables abus de pouvoir, elle tient dans un mot : il y a un moment où le dévot dans Louis XIV prend et pour toujours le dessus sur le roi, et dès lors tout est perdu. Ce moment, c'est celui de son mariage secret, celui où Mme de Maintenon se voit enfin récompensée de la stratégie savante qu'elle avait mise à faire le siège du prince, à son profit personnel comme à celui de l'Église.

Louis XIV était, nous l'avons dit, naturellement religieux. Tant qu'il fut à l'âge des passions, très fortes en lui, il laissa volontiers sommeiller sa conscience ; mais un beau jour elle parla. Malgré leur complaisance, les confesseurs jésuites n'avaient pu se dispenser de lui reprocher le scandale de ses amours et de son double adultère : les prédicateurs ne s'en taisaient pas non plus et en parlaient même avec une franchise méritoire. Il essaya donc de se corriger, mais sans réussir ; ses velléités de réforme furent suivies invariablement de rechutes : on sait l'histoire du Jubilé de 1676, et aussi celle de la faveur de Fontanges. Il flottait ainsi entre le plaisir et la dévotion, quand une nouvelle influence s'empara de lui, et, plus efficace que celle des confesseurs, directeurs, prédicateurs et autres gens du métier, détermina sa conversion. Ce fut l'influence de Mme de Maintenon, aidée et secondée d'ailleurs par le clergé séculier et par les sulpiciens

Gouvernante des bâtards, cette personne fut d'abord suspecte à Louis XIV qui la croyait précieuse et maniérée. D'heureuses occasions, je dis heureuses pour elle, mirent en lumière sa raison, sa justesse d'esprit et dissipèrent cette prévention. Le roi la prit bientôt pour confidente et pour arbitre de ses démêlés continuels avec Mme de Montespan. A la confiance succéda un sentiment plus tendre. Celle qui en était l'objet eut l'habileté de le combattre pour le rendre plus fort, elle prêcha, elle chapitra, elle amena une rupture avec la maîtresse, une réconciliation avec la femme légitime, et quand celle-ci mourut, elle recueillit son héritage. Du rang le plus humble, elle monta à celui, non de maîtresse, dont les plus huppées se seraient enorgueillies, mais à celui d'épouse sinon devant le monde, au moins devant l'Église.

Désormais Louis XIV est conquis et fixé; il l'est d'autant mieux que vers cette même époque sa santé s'altère et que la maladie vient à l'appui de la grâce pour consolider sa conversion. Qui dit conversion, dit expiation et rachat : on sait que les princes expient volontiers leurs fautes sur le dos des autres : Louis XIV ne dérogea point à cette habitude.

On lui persuada, et si Mme de Maintenon n'intervint pas directement, elle eut pour fonction de le disposer à la persuasion, on lui persuada que l'œuvre la plus agréable à Dieu était la suppression de l'hérésie : il le crut et agit en conséquence. Dans cette deuxième partie de son règne, il se comporta sans interruption en converti zélé qui veut racheter ses fautes. Il prit plus au sérieux que jamais ce rôle d'évêque extérieur que Bossuet lui assignait; il le remplit avec autant d'aveuglement que de majesté, sans voir un instant que, tout « summus episcopus » qu'on le proclamât, il était de plus en plus un instrument aux mains de ceux qu'il croyait diriger.

Il commence par révoquer l'Édit de Nantes; il finit par admettre la Bulle comme loi du royaume. L'ardeur de son zèle catholique, jointe à son ambition, achève de le rendre odieux à l'Europe protestante; les guerres qu'il entreprend ou qu'il soutient ont un air de croisade, et lorsqu'il meurt après un règne interminable il laisse son pays ruiné, abaissé, en proie à tous les maux de la discorde religieuse.

Ce fut son mariage avec Mme de Maintenon qui accentua l'orientation déjà visible, mais non définitive de son règne. Jusque-là, en dépit de tout, son gouvernement avait été, comme le remarque Michelet, « un gouvernement public et conduit politiquement. Dès lors, c'est un gouvernement où domine l'intérieur, l'habitude domestique, où le roi, devenu homme pour son entourage immédiat, ne sait pas lui résister ni lui rien refuser ». On en a la preuve dans l'élévation scandaleuse des bâtards, ces élèves chéris de Mme de Maintenon. En 1694, ils ont le pas sur les pairs ; en 1711, ils sont admis aux honneurs des princes du sang ; en 1714, ils sont déclarés aptes à succéder à la couronne après les princes du sang ; en 1715, ils sont déclarés princes du sang, le tout au mépris des lois fondamentales du royaume.

Par une contradiction curieuse, à mesure que le père et l'époux deviennent plus faible dans l'intimité, le roi devient à l'extérieur plus rigide et plus rigoriste : il n'y a qu'un moyen de plaire à ce vicaire terrestre de Dieu, c'est d'affecter la sévérité des mœurs et la piété la plus régulière ; il faut courir à la chapelle à son heure précise, sous peine d'être mal noté. Les courtisans se déguisent en dévots, quitte à jeter le masque, quand Louis XIV aura disparu, et à se dédommager d'une longue hypocrisie par un libertinage effréné. Somme toute, la religion de Louis XIV, devenue chaque jour plus intolérante depuis l'entrée en scène de Mme de Maintenon, aboutit en dernière analyse à centupler le nombre des incrédules : c'est un beau résultat.

Il nous faut dire ici quelques mots de cette femme célèbre qui rentre d'ailleurs dans notre cadre, puisqu'elle est un des bons écrivains du temps. Avant d'aborder l'étude de la littérature dans la seconde moitié du règne, il est naturel et même indispensable de faire le portrait de la personne qui fut la compagne de l'âge mûr et de la vieillesse de Louis XIV, le témoin, la confidente et souvent l'inspiratrice de ses actes, celle dont la chambre, séjour habituel du prince, lieu de ses conversations intimes et même des conseils qu'il tenait avec ses ministres, fut pendant vingt-cinq ans la vraie capitale de la France.

Mme de Maintenon (1635-1719). — Notre temps qui trouve des raisons ou des excuses à toutes choses, et qui, dans son besoin d'expliquer, ne garde ni le loisir de juger ni la force de condamner, notre temps, dis-je, est très favorable à Mme de Maintenon. Après les Noailles et les Lavallée, nous avons vu un de nos écrivains les plus graves et les plus séduisants à la fois, maître en éducation, se prendre pour elle d'un bel enthousiasme et la saluer comme le précurseur de la grande œuvre qu'il a lui-même accomplie. C'est bien de l'honneur qu'il lui a fait, et si elle en a conscience, elle doit être fière de cette conquête posthume. Sur la foi de cet auteur éminent, on professe à l'égard de la dame une complaisance qui ressemble à de l'admiration. L'indulgence aurait suffi. Pour notre part, nous n'allons pas plus loin et nous disons avec Sainte-Beuve que Mme de Maintenon a rendu deux services, sans plus, à la France : elle a empêché Louis XIV de s'avilir dans les obscures débauches qui ont déshonoré son successeur, et elle a encouragé Racine à composer Esther et Athalie. Tous ses mérites sont là et ils ne compensent pas, tant s'en faut, le tort qu'elle a eu de se faire auprès de son royal époux l'écho et le porte-voix du clergé. La décence est une belle chose et la littérature aussi ; mais l'intolérance devenant persécutrice est tout ce que l'on peut imaginer d'horrible. Franchement entre le bien qu'elle a fait et le mal qu'elle a accompli ou laissé s'accomplir, il n'y a pas équilibre, et c'est tout au plus si la coupable a droit aux circonstances atténuantes.

Reste Saint-Cyr, cet objet de tant de dithyrambes. Si j'ose dire mon avis, Saint-Cyr me plaît surtout en tant qu'école militaire. Comme institution de jeunes filles, je le trouve moins à mon gré, et, pour trancher le mot, nous n'aurions rien perdu à en être privés. Lavallée a beau dire que « l'œuvre de Mme de Maintenon a empêché pendant un siècle la corruption de la cour de gagner les provinces, qu'elle a maintenu dans les vieux châteaux d'où sortait la plus grande partie de la noblesse de solides vertus, des mœurs simples et antiques », je ne suis pas autrement convaincu et je voudrais qu'on me donnât des preuves à l'appui. De ces mêmes châteaux de province sortirent un jour, on le sait, des émigrés qui ne brillaient ni par le sens ni par la dignité, sans parler du patriotisme, francs écervelés, pour les juger indulgemment, et ces émigrés, qu'étaient-ils, sinon les fils de ces Saint-Cyriennes aux solides vertus?

Quoique Mme de Maintenon répète en plus d'un endroit « il

faut élever nos bourgeoises en bourgeoises : il n'est pas question de leur orner l'esprit; il faut leur prêcher les devoirs de la famille, l'obéissance pour le mari, le soin des enfants », Saint-Cyr ne fut jamais une fabrique de bourgeoises et il en sortit trop souvent des dames de grand air et de petite vertu.

Aussi est-ce chose plaisante de voir aujourd'hui donner en composition à nos futures institutrices : De la jeune personne d'après Mme de Maintenon. — Que serait une jeune fille élevée dans les idées de Mme de Maintenon ? — Faites l'éloge d'une fille spirituelle de Mme de Maintenon. — On les connaît, ses filles, et elles n'ont pas toujours bien tourné, si l'on s'en rapporte à l'exemple des trois plus en vue. Les coquetteries, ou mieux, les galanteries de la duchesse de Bourgogne se sont imposées au souvenir de Saint-Simon que son admiration, très vive cependant, n'a pu forcer au silence; Mme la duchesse qui fut un prodige d'esprit, mais sans la moindre trace de cœur, « passa sa jeunesse dans des plaisirs qui, en tout genre, et toutes les fois qu'elle le put, allèrent à la débauche »; enfin l'aimable Mme de Caylus n'était pas précisément une vertu, puisque sa liaison avec le duc de Villeroy fit scandale et força sa tante à l'éloigner momentanément de la cour. Ce sont là les trois élèves directes de Mme de Maintenon, et leur conduite est bien faite pour inspirer des doutes sur l'efficacité morale de la méthode suivant laquelle elles ont été élevées.

En réalité Saint-Cyr fut un jouet aux mains de sa fondatrice, un jouet qui la passionna, qui eut le don d'éveiller et de réchauffer son vieux cœur sec; mais nous avons tort de nous en faire une merveille. C'est bien assez qu'elle ait pu écrire : « les affaires que nous traitons à la Cour sont des bagatelles, celles de Saint-Cyr sont les plus importantes. Puisse cet établissement durer autant que la France et la France autant que le monde, » sans que nous fassions bénévolement chorus à ces paroles qui seraient impies, si la dernière partie du souhait ne venait à point servir de correctif au reste. Les affaires de la Cour, dont Mme de Maintenon parle si dédaigneusement, c'est la chasse aux protestants et aux jansénistes; c'est le désordre irréparable des finances, presque la banqueroute; c'est la défaite sur toutes les frontières; c'est la France envahie et bientôt entamée : petites affaires en effet que tout cela et le règlement de Saint-Cyr est bien plus intéressant.

Il convient d'ajouter que ce règlement eut besoin de nombreuses retouches. Dans le principe, l'institution était purement laïque, mais cela ne faisait pas le compte du clergé et il fallut la transformer en couvent : aussi, quand on représente Mme de Maintenon comme la fondatrice de l'instruction laïque des jeunes filles, on ne dit vrai qu'à moitié. De plus les premières années furent marquées par des incidents fâcheux : il y eut trop de rapports avec la Cour, notamment pendant les représentations d'Esther, et les études ne furent pas seules à en souffrir. Vint ensuite l'affaire du quiétisme, à laquelle on eut quelque mal à couper court. Ce ne fut qu'après dix ans et plus que la période des tâtonnements fut close, ou du moins que le public cessa d'en recevoir la confidence. On peut conclure avec Michelet, que Sa Solidité Mme de Maintenon (c'est ainsi que Louis XIV la nommait) se trompa plus d'une fois dans l'organisation et dans la conduite de son cher Saint-Cyr.

Ces réserves faites, nous ne contestons pas que les éducatrices de nos jeunes contemporaines ne puissent trouver de bons conseils et d'utiles directions dans l'œuvre pédagogique de Mme de Maintenon, dans ses *Lettres et Entretiens* — dans ses *Conseils aux demoiselles qui entrent dans le monde* — dans ses *Lettres historiques et édifiantes aux dames de Saint-Cyr;* car elle était, à tout prendre, malgré ses erreurs, une fort bonne institutrice, et elle l'était même de vocation et par don naturel. Il peut y avoir profit à l'entendre sur un sujet qu'elle aimait et qu'elle avait pratiqué. C'est d'ailleurs là qu'elle se montre le plus à son avantage, bien qu'elle déploie partout les mêmes qualités d'esprit et de sens, le même talent d'exprimer des idées judicieuses et bien suivies dans un style ferme et presque viril. Quelque utilité que présente pour l'histoire sa *Correspondance Générale* où figurent des magistrats, des grands seigneurs, des femmes du monde, des ministres, des abbés, des religieuses et surtout des évêques, on n'en garde pas une impression aussi favorable que de ses ouvrages d'éducation. Elle y paraît sèche, timorée, étroite de vues, incapable d'un entraînement généreux et, vers la fin, obsédée du rôle auquel elle était si patiemment et si habilement parvenue. L'histoire de son élévation aux honneurs est curieuse, et même, à vrai dire, ce qu'il y a de plus intéressant chez elle, ce ne sont pas tant ses essais pédagogiques, ni ses écrits marqués au coin de la raison, que le détail de ses aventures et cette ironie du sort qui a fait de l'existence de la personne la moins romanesque le plus invraisemblable des romans.

Née dans la prison de Niort, conduite à la Martinique dans son bas âge, rentrée orpheline en France et recueillie par une vieille tante acariâtre et avare qui l'employait au besoin à garder les dindons mais avec un masque pour la préserver du hâle, instruite et convertie aux Ursulines, produite dans le monde où sa beauté et les singularités de son enfance lui valurent le surnom de la belle Indienne, très sage quoique très courtisée, formée aux belles manières par le chevalier de Méré, elle dut, pour faire une fin, épouser un poète perclus et devenir Mme Scarron. Elle se comporta dans ce mariage disproportionné avec décence et sut éviter les mauvais propos. Bientôt veuve et sans ressources, elle trouva le vivre et le couvert à l'hôtel de Richelieu et à l'hôtel d'Albret. C'est là que Mme de Montespan vint la chercher pour être la gouvernante de ses enfants. On sait le reste et comment la veuve Scarron devint, en fait, et sous le titre de marquise de Maintenon, la reine de France. On doit dire à son honneur que, pendant les épreuves de son veuvage, elle avait continué à se préserver des médisances et même des soupçons. Sa réputation de vertu resta intacte, en dépit de la liaison que Saint-Simon lui prête avec Villarceaux et dont Ninon de l'Enclos aurait été la confidente secourable. Or Ninon était la première à dire que son amie, car elles étaient réellement liées, était trop gauche pour l'amour. Ce ne fut pas l'avis de Louis XIV qui s'éprit d'elle, bien qu'elle eût trois ans de plus que lui, et qui s'habitua si bien à sa société qu'il ne la quitta plus d'un pas. A peine avait-elle dans la journée le droit de pousser une courte visite à Saint-Cyr. Le reste de son temps appartenait à son seigneur et maître qui ne lui laissait même pas la liberté d'être malade. Il lui fallait se tenir constamment sous les armes, en grand habit, geler l'hiver dans d'immenses pièces où ses névralgies s'abritaient tant bien que mal derrière les oreilles de son fauteuil, se mettre l'esprit à la torture pour amuser le prince, surveiller enfants et petits-enfants, appointer leurs querelles, être au courant des affaires publiques à la discussion desquelles « Sa Solidité » était invitée à prendre part. Elle tint bon pendant de longues années, mais à la fin le dégoût vint, amer, profond, irrésistible. Elle n'attendit même pas la mort de Louis XIV pour s'évader de Versailles : dès qu'elle le crut en agonie, elle se précipita à Saint-Cyr, tant elle avait hâte de disposer d'elle-même et d'être enfin sa maîtresse. Elle y vécut quatre ans dans une retraite étroite, toute au plaisir d'être seule après avoir eu toute la France sur le dos. La pédagogie eut ses dernières tendresses : elle mourut pour ainsi dire en faisant la classe.

Pour compléter le tableau de cette existence bizarre, et qui fait penser aux aventures que l'on rapporte des sérails de l'Orient, il faut ajouter que cette catholique dévote dont la plus grande faveur coïncida avec la Révocation de l'Édit de Nantes était la petite-fille du fougueux huguenot Agrippa d'Aubigné.

État de la littérature. — Si maintenant nous revenons à la littérature, nous constaterons que depuis la Révocation, ou si l'on aime mieux, depuis le mariage du prince avec Mme de Maintenon, il en est d'elle comme de toutes choses en France, sauf l'influence du clergé : elle décline visiblement, surtout sous le rapport de la poésie. L'accord se rompt peu à peu entre l'esprit et la royauté, par la faute de celle-ci qui rend sa discipline trop lourde. Sans doute la production littéraire ne diminue pas en quantité : il y a toujours des théâtres à servir, des imprimeurs à pourvoir, un public dont l'intelligence réclame un aliment, et cet aliment on le lui donne sans interruption, mais ni savoureux ni substantiel, à quelques exceptions près. Les grandes œuvres se font rares en dehors de l'Église, qui verra bientôt elle aussi s'arrêter son développement. S'il s'en produit quelques-unes, c'est dans un esprit, je ne dirai pas d'opposition ouverte, mais en tout cas de réaction inconsciente contre ce qui avait été l'idéal littéraire de Louis XIV.

Non seulement les tendances ne sont plus les mêmes ; mais il n'est pas jusqu'à la forme qui ne commence à différer, car au style périodique, aux expressions générales jusque-là en honneur se substitue peu à peu une phrase plus courte, plus agile, un choix de mots plus précis.

En même temps, la Cour cesse d'être le Salon unique. Des maisons s'ouvrent et sont en vogue qui ont la prétention justifiée d'être, sinon plus brillantes, au moins plus agréables que le palais du roi; et l'esprit qui règne dans la plupart d'entre elles est en opposition avec celui de Versailles et de Marly. Au Temple et à Anet, chez les Vendôme; au Palais-Royal et à Saint-Cloud chez le futur régent; chez Ninon toujours entourée malgré son grand âge, on s'amuse, on plaisante, on s'égaye aux dépens des hommes, quand ce n'est pas de Dieu. La bru même du roi, la duchesse du Maine, se fait à Sceaux une sorte de palais enchanté d'où les libres propos ne sont pas bannis.

En résumé, à mesure que le règne avance, sa faiblesse en littérature et en art s'accuse comme en politique. Tout ce qui subit directement l'influence royale est médiocre; il n'y a de vivace et de bien venu que ce qui réussit à y échapper.

D'ailleurs, bon gré mal gré, tout le monde est plus ou moins amené, même à son insu, à essayer de se soustraire au joug. Ainsi l'Académie a beau être le temple où la gloire du prince est encensée sans repos par quarante thuriféraires, elle a beau rester fidèle à son adoration jusque par delà le tombeau et expulser de son sein l'abbé de Saint-Pierre, coupable d'avoir dit la simple vérité sur son idole, elle n'en est pas moins dès 1686 le théâtre d'une manifestation bruyante et prolongée contre les tendances qui ont jusque-là dominé dans la littérature. Elle voit éclater, au début de la période qui nous occupe, la querelle des Anciens et des Modernes, qui sembla n'être d'abord qu'une petite guerre littéraire, mais dont la portée réelle dépassait de beaucoup la littérature puisqu'elle posait la question du progrès, autrement dit de l'évolution ou de la révolution, en face d'un trône et d'un autel qui se croyaient également inébranlables.

CHAPITRE II

QUERELLE DES ANCIENS ET DES MODERNES.

1º L'Académie : ses travaux, son démêlé avec Furetière. — 2º Première phase de la querelle des Anciens et des Modernes : Boileau et Perrault. — 3º Deuxième phase de la querelle : Lamotte et Mme Dacier. — 4º Intervention du public dans la querelle : salons et cafés.

Nous ouvrons l'histoire de la dernière période de notre littérature au XVIIe siècle par le récit de la querelle des Anciens et des Modernes ; et comme cette querelle après avoir divisé l'Académie passionna la société lettrée, nous en prendrons occasion pour donner quelques détails sur les milieux où se concentrait peu à peu la vie intellectuelle à mesure qu'elle se retirait de la cour.

1º L'Académie : ses travaux, son démêlé avec Furetière. — L'Académie avait eu un rôle assez effacé dans la première partie du règne, où elle était composée des survivants de la génération précédente et par conséquent en retard sur l'opinion. Mais à cette date de 1686, non seulement elle s'était rajeunie en admettant la plupart des auteurs en vogue depuis vingt ans, mais l'attention et l'estime persistantes du roi l'avaient rendue recommandable au public, désormais attentif à la vie académique qui se trouva, par une rencontre heureuse, plus fertile qu'autrefois en incidents curieux et dignes d'intérêt.

La sage lenteur avec laquelle la compagnie poursuivait la composition de son Dictionnaire lui avait de tout temps valu des épigrammes et même des satires, dont la plus connue est la Requête des dictionnaires de Ménage. Elle lui suscita aussi des concurrences qui firent plus d'effet sur elle que les plaisanteries bonnes ou mauvaises, car insensible aux unes, elle chercha le moyen de supprimer les autres. C'est ainsi qu'elle se fit donner un privilège (1674) qui interdisait toute publication de dictionnaire français avant que le sien eût paru. Elle s'arrogeait de la sorte un monopole au détriment des lexicographes indépendants. Ceux-ci s'en indignèrent sans se décourager et n'en continuèrent pas moins leurs travaux. L'un d'eux Richelet, qui avait justement pour collaborateurs les académiciens Ablancourt et Patru, fit imprimer en 1679 à Genève son « Dictionnaire français contenant les mots et les choses, plusieurs nouvelles remarques sur la langue, ses expressions propres, figurées et burlesques, le tout tiré de l'usage et des bons auteurs ». Il y avait dans l'ouvrage ainsi annoncé de quoi intéresser et instruire ; mais l'auteur ne s'en était pas tenu là : il avait spéculé sur la curiosité et sur la malignité des lecteurs, en faisant des exemples cités autant de traits satiriques. Quinze mille exemplaires, introduits en contrebande à Paris, furent saisis et brûlés par le syndic des libraires. Toutefois ce fâcheux contretemps n'apporta qu'un léger retard au succès On fit aussitôt une réimpression à Lyon, dont la vente facile encouragea l'auteur à préparer une nouvelle édition, plus riche encore de traits satiriques. C'était un assez pauvre sire que ce Richelet, mais un grammairien estimable et formé à bonne école, sous la direction de Patru dont il était le secrétaire. On a aussi de lui une grammaire à l'usage des commençants, et il a retouché et publié un dictionnaire de rimes, composé par Frémont d'Ablancourt, mais qui est connu sous son nom à lui.

L'Académie n'avait pas pu s'opposer à la publication du Richelet, donné soit à l'étranger, soit sous la rubrique d'une ville étrangère et par conséquent sans privilège. Elle n'en fut pas moins très mécontente et elle se remettait à peine de ce coup, lorsqu'elle s'en vit porter un autre plus sensible, par un de ses membres.

C'était **Furetière** (1619-1688), un homme d'esprit et de savoir, qui avait quitté le barreau pour l'Église, afin de se vouer plus librement à la littérature. Il s'était fait une réputation par quelques écrits mordants et par d'incessantes plaisanteries contre ses confrères et surtout contre Chapelain. Pendant quelque temps il avait fréquenté Boileau, Racine, la Fontaine et il avait eu la part principale à la composition du Chapelain décoiffé. Il donna en 1666 le *Roman bourgeois,* que l'on peut considérer comme le complément du Francion et du Roman comique : c'est en effet, dans un style assez bas mais approprié, un tableau piquant et vrai, et qui, bien que mal composé, a l'autorité d'un document.

Furetière annonça vers 1684 l'intention d'éditer un dictionnaire, et il obtint, au moyen d'une petite tricherie, un privilège du grand sceau. En soumettant au visa de l'approbateur le titre et le plan de son ouvrage, il l'avait présenté comme un répertoire exclusif des termes d'art et de sciences, dont la publication ne porterait aucune atteinte au monopole académique. Le visa ainsi obtenu, il avait fait rétablir dans le privilège le titre vrai et se trouvait par suite autorisé à donner un dictionnaire comprenant tous les mots français tant vieux que modernes.

L'Académie, instruite de la chose, se déclara lésée et demanda à Furetière de renoncer à son dessein. Celui-ci ne voulut rien entendre et resta sourd à une démarche amicale de Boileau, Racine et la Fontaine. Il se vit alors appliquer l'article des statuts qui frappait de déchéance tout académicien qui aurait manqué à l'honneur, et en même temps retirer le privilège indûment obtenu (janvier 1685). Il résolut de se venger et publia coup sur coup des *Factums* mordants et injurieux où il prenait à partie ses confrères, et en particulier à la Fontaine, auquel il reprochait son ignorance, l'incapacité dont il avait fait preuve dans ses fonctions de maître des eaux et forêts, les prétendus désordres de sa femme, et, chose plus grave, l'immoralité de ses Contes. La fureur lui avait vraiment fait perdre la tête : la double mesure qui venait de le frapper avait exaspéré son caractère naturellement âpre et bilieux et lui avait ôté tout sentiment de justice, toute mesure. L'ardeur qu'il mit à déchirer ses adversaires et la peine qu'il se donna pour obtenir un nouveau privilège épuisèrent ses forces : il mourut le 14 mai 1688.

Son *Dictionnaire universel* fut publié en Hollande (1694) par les soins de Basnage, et depuis les Jésuites l'ont fait entrer presque en entier dans leur dictionnaire de Trévoux qui emprunte de lui toute sa valeur.

Qu'il y ait eu quelque duplicité dans le procédé de Furetière, cela n'est pas douteux; mais il faut avouer que sa punition fut bien sévère, et que le qualificatif dont on se servit pour l'exclure était hors de proportion avec la faute commise. D'ailleurs l'Académie était la première coupable. Puisqu'elle s'était arrogé un monopole, elle aurait dû presser la confection de son propre dictionnaire ; mais ç'avait été vraiment jusque-là la toile de Pénélope, moins avancée le lendemain que la veille. Elle comprit enfin qu'il ne fallait pas prolonger davantage cette paresse presque scandaleuse ; elle se mit à l'œuvre avec régularité et put faire paraître en 1694 la première édition de son travail où les mots étaient rangés par ordre de racines. C'est Charpentier qui passe communément pour avoir eu la plus grande part à cette édition et c'est bien lui qui en a composé la préface ; mais en réalité, le collaborateur le plus actif et le plus utile fut l'abbé Régnier-Desmarais, secrétaire perpétuel depuis 1684, laborieux et exact, mais d'ailleurs si entêté qu'on le surnommait l'abbé Pertinax. Il donna plus tard au nom de l'Académie une vaste grammaire prolixe et mal composée, mais pleine d'observations judicieuses, et prépara la réimpression du Dictionnaire qui eut lieu en 1718. L'Académie lui dut plus qu'à tout autre, en ces années, de paraître un peu active et de sembler s'occuper avec moins de nonchalance de ses travaux statutaires. Elle le perdit en 1713, mais elle eut la bonne fortune, pendant le demi-siècle suivant, de posséder d'autres grammairiens d'une valeur au moins égale. A défaut du père Buffier, elle eut les abbés d'Olivet et Girard en attendant Dumarsais et Duclos. Grâce à ces hommes, elle devint un centre d'érudition grammaticale et contribua, dans une mesure appréciable, à la constitution de notre grammaire nationale. Mais ces travaux relatifs à la langue ne furent pas ce qui sollicita le plus l'attention du public, au moins dans la période dont nous traitons : sa curiosité fut surtout fut surtout tenue en éveil par la querelle des Anciens et des Modernes.

2° Première phase de la querelle : Boileau et Perrault. — Cette querelle est vieille comme le monde ; elle est de tous les temps et de tous les pays, et, à le bien prendre, on pourrait appeler de ce nom toutes les luttes littéraires. Quand une nouvelle génération essaye de faire sa trouée parmi des devanciers qui ont la vie dure, quand les romantiques se révoltent contre les classiques, quand dans l'antiquité Horace se plaint de l'admiration qui va aux vieux auteurs à son détriment et à celui de ses amis, quand Pindare attaque Simonide et qu'Euripide se moque d'Eschyle, qu'est-ce que tout cela sinon des variétés de la querelle toujours ouverte des Modernes et des Anciens ?

Cette querelle prit chez nous au xviie siècle un caractère particulier. Elle fut au début non seulement littéraire mais religieuse ; elle finit par être plus philosophique que littéraire. Pour en mesurer la portée il ne faut pas s'en tenir aux apparences, aux discussions stériles et puériles dont Homère fut l'objet. Il faut aller au fond des choses et alors on voit distinctement, après une lutte passagère entre la tradition chrétienne et la tradition antique, s'engager la lutte de l'esprit moderne avec l'esprit ancien, soit chrétien, soit païen, et se poser la question du progrès. A vrai dire, pour poser cette grande question, le terrain de la littérature était assez peu propice, elle eût été mieux à sa place sur celui de la religion, de la politique ou de l'organisation sociale, s'ils n'avaient été, comme on sait, réservés. On n'avait donc pas la liberté du choix. Il faut ajouter que ceux qui engagèrent la querelle ne savaient pas d'abord où elle les mènerait : seul Fontenelle s'en doutait probablement, mais ni Perrault ni Lamotte, malgré leur ouverture ou leur finesse d'esprit, n'avaient une juste idée de l'importance philosophique de leur thèse : ils ne croyaient pas être les champions de ce progrès éloquemment défini par Bacon, limité par Pascal à la sphère scientifique, dont ils introduisaient eux-mêmes la notion dans la sphère littéraire, mais que les deux siècles suivants, grâce à Turgot, à Condorcet, à la Révolution, allaient reconnaître comme la loi universelle de l'humanité. La querelle des Anciens et des Modernes au xviie siècle a été, à l'insu des champions qu'elle mit aux prises, une des phases de la lutte pour le progrès. Elle se divise en deux périodes : on pourrait en compter trois, si le premier engagement avait plus d'importance ; mais ce que nous allons en dire prouvera qu'il est insignifiant.

Desmarets de Saint-Sorlin, dont le mysticisme avait brouillé la tête, s'avisa un beau jour de protester contre l'indifférence avec laquelle le public accueillait ses poèmes chrétiens. Non content de soutenir, comme le fera plus tard Chateaubriand, que la religion peut être une source d'inspiration poétique, il se donna le tort d'attaquer et les anciens qui lui semblaient manquer de jugement et les partisans des anciens qu'il accusait d'être excessifs dans leurs éloges et déraisonnables dans leurs préférences; et il ajoutait : « Il n'y a pas de présomption à un chrétien de croire que, par une supériorité venue de Dieu, il fait de la poésie mieux conçue, mieux conduite et plus sensée que celle des païens. » On ne fit pas à Desmarets l'honneur de discuter ses idées. Boileau lui décocha au passage quelques plaisanteries auxquelles ce bon dévot répondit par un déluge d'injures et d'anathèmes, mais il n'y eut pas à proprement parler de polémique. D'ailleurs le siècle ne s'était pas reconnu dans la question ainsi posée entre la littérature moderne et chrétienne et la littérature antique et païenne. En dépit des étiquettes « moderne et antique », il avait bien compris qu'il s'agissait au fond et exclusivement de l'antiquité et de la préférence à donner à l'une des traditions sur l'autre. Car c'était là le fond du débat, analogue à celui que l'on a vu l'abbé Gaume soulever il y a quelque cinquante ans en pédagogie. Cet abbé proscrivait de l'éducation tous les auteurs profanes et n'y tolérait que les auteurs sacrés. Les Pères lui semblaient le seul aliment à donner aux jeunes esprits du XIXe siècle. On se moqua généralement de lui et on n'eut pas tort. De même, deux cents ans plus tôt, on s'était moqué avec autant de raison du sot personnage qui faisait dépendre la beauté poétique de la profession de telle ou telle religion, et qui eût mesuré sans doute le talent individuel à l'ardeur de la dévotion individuelle. La tentative de Desmarets ne compte pas et nous ne l'enregistrons que pour mémoire.

Après une quinzaine d'années, la querelle reprit sur nouveaux frais, et cette fois avec éclat. Avant de la raconter, il est bon de faire connaissance avec celui des deux principaux champions dont nous n'avons rien dit encore : c'est Perrault, le champion des modernes. Quant à Boileau, celui des anciens, nous le connaissons assez.

Perrault (1628-1703). — Né à Paris d'une riche famille bourgeoise, Perrault montra de bonne heure un esprit indépendant, actif, prenant intérêt à tout, et voyant les choses sous un angle plus ouvert que beaucoup de ses contemporains. Il quitta le collège sans finir sa philosophie, parce que son professeur se refusait à satisfaire sa curiosité en répondant à ses objections. Il se livra seul à des études variées, un peu décousues, au hasard de sa fantaisie. Il se fit connaître par des vers d'amateur dans le goût de Quinault, tout en s'initiant, sous la direction de son frère Claude, soit aux arts du dessin et particulièrement à l'architecture, soit aux sciences naturelles. Il devint le premier commis de Colbert aux Bâtiments, l'un de ses conseillers dans l'organisation des Académies, et enfin son représentant attitré à l'Académie française où il introduisit deux innovations, le scrutin secret pour les élections et la publicité des séances de réception. Il se brouilla vers la fin avec son patron et renonça à tout emploi pour vivre dans une retraite studieuse et surveiller l'éducation de ses enfants : c'est pour l'ébattement de son petit monde qu'il écrivit ses *Contes de fées*, avec la naïveté qui convient au genre, et qu'il en forma le modeste et impérissable recueil qui fera vivre son nom autant que notre littérature. Il ne laissait pas d'ailleurs de s'exercer dans des sujets en apparence plus relevés mais qui ne lui réussissaient pas aussi bien. Son poème de *Saint Paulin* dédié à Bossuet, est une pauvre chose. Son poème du *Siècle de Louis le Grand*, sans valoir davantage, fit plus de bruit, et fut le point de départ de la guerre littéraire qui nous occupe. Il donna à cette guerre sept années de sa vie (1687-94) dont la fin fut assez terne. Il mourut en 1703 après avoir publié en 1696 et en 1700 deux volumes de *Portraits des hommes illustres* du temps, série de cent gravures, accompagnées chacune d'une courte biographie. Il y avait mis Arnauld et Pascal, et fut obligé de les retrancher, afin d'obtenir son privilège.

Comme poète, Perrault est des plus médiocres, ce n'est même qu'un plat versificateur; mais sa prose n'est pas méprisable, et, de plus, il a des lumières et une ouverture d'esprit que l'on demanderait vainement à tel de ses contradicteurs, à Boileau par exemple. Aujourd'hui il ne reste plus de lui que deux choses : son livre de Contes, et le souvenir de sa participation à la querelle que nous allons raconter.

Le 27 janvier 1687, l'Académie tint séance. C'était la première fois qu'elle se réunissait depuis que le roi avait été heureusement opéré de la fistule; elle en profita pour joindre ses félicitations et ses acclamations à celles qui s'élevaient de tous les points du royaume et elle entendit la lecture du poème du Siècle de Louis le Grand, spécialement composé pour la circonstance. Perrault y faisait l'éloge du prince et affirmait que grâce à lui et à sa protection les modernes avaient surpassé les anciens. Les vers étaient mauvais, et les jugements sur certains poètes antiques, par exemple Homère et Ménandre, absolument faux ; cependant on y trouvait quelques vues philosophiques acceptables et notamment un passage assez ingénieux sur l'identité des produits de la nature à travers les âges.

Cette lecture scandalisa certains auditeurs. Boileau l'interrompit par des protestations si fortes que Huet crut devoir lui rappeler que d'autres dans la compagnie étaient plus qualifiés que lui pour prendre la défense des anciens. Racine intervint à son tour, mais il donna à sa désapprobation le ton de la plaisanterie. Il félicita Perrault d'avoir si bien soutenu son paradoxe et d'avoir réussi à exprimer si sérieusement des idées dont à coup sûr il ne pensait pas un mot : c'était sans doute une gageure qu'il avait faite, il pouvait se vanter de l'avoir gagnée.

Ce fut le commencement des hostilités. L'Académie se partagea en deux camps, et les hommes de lettres qui n'en étaient pas encore suivirent cet exemple. Du côté des anciens, à la suite de Boileau et de Racine, se rangèrent, par modestie et par reconnaissance, tous les grands écrivains du siècle. Bossuet était trop l'homme de la tradition pour goûter de semblables nouveautés et il se déclara contre elles. La Fontaine dans son épitre à Huet proclama que

> Art et guides tout est dans les Champs Élysées.

La Bruyère, dont les Caractères parurent sur ces entrefaites, lança les traits les plus mordants à l'égard des modernes, de leurs chefs, de leur journal : on connaît « le Mercure Galant qui est immédiatement au-dessous de rien », le portrait de Cydias-Fontenelle, les allusions répétées à Perrault « cet enfant dru et fort d'un bon lait qu'il a sucé et qui bat sa nourrice ».

Perrault eut pour lui la quantité à défaut de la qualité. Tous les auteurs médiocres soutinrent sa thèse ; mais il trouva un précieux auxiliaire dans Fontenelle, qui, non content de lui fournir des idées, traita la question en philosophe dans sa courte Digression sur les anciens et sur les modernes. Fontenelle part de ce fait que les productions de la nature ne changent pas en mal et que par exemple les fruits des arbres ne sont pas aujourd'hui moins savoureux et moins nombreux qu'ils ne l'étaient autrefois. Le génie étant lui aussi un produit de la nature, il en conclut que la même somme de génie en quantité et en qualité doit toujours se trouver dans le monde, quoique peut-être différemment répartie, et que, somme toute, sous ce rapport il y a toujours égalité entre les générations successives. Donc les modernes n'ont rien à envier aux anciens au point de vue des aptitudes. Mais, ajoute-t-il, si le génie est toujours égal, le savoir ne l'est pas, et de ce côté l'avantage reste aux modernes qui se trouvent ainsi forcément supérieurs aux anciens ; et, reprenant les idées et même les termes de Bacon, il soutient à son tour que l'antiquité n'est que l'enfance gracieuse et riante de l'esprit humain lequel touche maintenant à la maturité, mais à une maturité pour ainsi dire éternelle et qui n'a pas à craindre de dégénérer en décrépitude.

Avec l'épître de la Fontaine où respire le vif sentiment des beautés antiques, ces pages de Fontenelle sont vraiment ce que l'on a écrit de meilleur pour et contre le système de Perrault. Elles sont bien préférables aux écrits des deux principaux champions.

Cependant Perrault s'était mis à l'œuvre : il commença dès 1688 à publier son *Parallèle des Anciens et des Modernes*, dont les quatre volumes se succédèrent à des intervalles assez rapprochés. Ils comprennent une suite de cinq dialogues sur les arts, les sciences, l'éloquence et la poésie, où on essaye de prouver que si les anciens sont excellents, les modernes ne leur cèdent en rien et les surpassent en bien des choses. La scène est à Versailles et le premier entretien s'engage sur le grand escalier, c'est-à-dire au centre et au cœur même des splendeurs monarchiques. Les interlocuteurs au nombre de trois sont : un président, savant mais entêté et qui se fâche volontiers; un chevalier léger, agréable, mais impertinent; enfin un abbé instruit mais sensé et d'un esprit aussi indépendant que judicieux : c'est ce dernier qui rétablit la mesure entre les opinions extrêmes et qui représente les idées de l'auteur.

On connaît déjà la philosophie de l'ouvrage : elle est empruntée de cette Digression de Fontenelle que nous venons de résumer. A ces vues philosophiques ingénieuses et vraisemblables, Perrault ajoute des exemples et des jugements de son cru qui ne sont pas toujours des plus heureux. Passe encore quand il parle des arts. Malgré la préférence qu'il accorde à Lebrun sur Raphaël, et à la Colonnade du Louvre sur le Parthénon, il ne déraisonne pas trop souvent. De même quand il se met sur le chapitre des sciences, il ne laisse pas de dire des choses assez justes. Mais quand il en vient à l'éloquence et à la poésie, ce sont partout des fautes de goût et de déplorables erreurs. Ici, Platon est ennuyeux ; là, Démosthène a la taille trop droite, autrement dit, est gauche, raide, gourmé, sans agrément ; Horace n'est qu'un demi-satirique ; Sophocle et Euripide sont inférieurs à Garnier et à Hardy ; Térence manque de vérité ; Homère jouit d'une réputation usurpée, car rien ne vaut chez lui, ni le plan, ni les mœurs, ni la diction.

A lire ces sornettes, il semble que la réfutation de Perrault dût être chose aisée. Cependant Boileau y échoua. Il avait sans doute comme un pressentiment qu'il n'ajouterait rien à sa gloire en s'acharnant à la lutte, car il se montra peu pressé de réfuter le Parallèle. Il s'en serait tenu volontiers à quelques grosses épigrammes comme celle où il parle de Topinamboux et de Hurons. Mais le secrétaire de Louis XIV, le fougueux Toussaint Roze, vint lui crier aux oreilles : « Tu dors Brutus », et il se décida.

Il commença par réduire et circonscrire le débat : il ne se sentait pas une science assez solide pour suivre Perrault dans toute l'étendue de sa discussion ; il élimina tout ce qui n'était pas poésie pure et s'en tint à prouver que son adversaire avait mal jugé Homère et Pindare. Pour défendre ce dernier et pour justifier son « beau désordre, heureux effet de l'art », il composa son ode pindarique, et d'ailleurs très mal venue, sur la prise de Namur. Tout ce qu'il y gagna, ce fut de faire dire au public qu'il fallait que Pindare fût décidément un bien mauvais poète puisque son exemple avait inspiré à M. Despréaux les vers les plus médiocres qu'il eût encore faits, et aussi que le goût de M. Despréaux était moins sûr qu'on ne le croyait généralement.

De Pindare, Boileau passa à Homère, qui désormais porta tout l'effort du débat. Sous prétexte d'ajouter des notes à sa traduction du Sublime de Longin, il composa neuf petites dissertations ou *Réflexions* suivies d'une conclusion, qu'il fit paraître en 1693, mais qui durent circuler plus tôt. Il y attaque Perrault et feu son frère Claude, et en même temps il fait l'apologie d'Homère. Bien qu'il ait raison en beaucoup d'endroits, notamment quand il relève des erreurs matérielles, il faut avouer que sa défense du vieux poète ne prouve pas grand chose et ne vaut guère plus que l'attaque. Sans doute Boileau sentait le génie d'Homère ; mais il n'avait aucun soupçon des conditions où étaient nées les épopées homériques. Il prend Homère pour un poète de cabinet qui compose à tête reposée, après avoir fait un plan, que dis-je? après avoir arrêté d'abord les règles du genre épique, minutieusement discutées, surtout attentif à ne pas se départir de la noblesse de style indispensable à l'épopée. Et là-dessus, il se met en frais pour montrer que tel mot peu noble chez nous était bien porté chez les anciens et que l'oreille des Grecs et des Romains n'était nullement choquée des termes « âne, porc, fumier, et autres semblables que réprouve le goût moderne ». Par cet échantillon on peut juger du reste : la querelle finissait décidément en queue de poisson.

Elle avait pris d'ailleurs la forme d'une brouille personnelle et qui tournait à l'aigre. Les deux adversaires ne perdaient aucune occasion de se piquer et d'échanger des malices. Ainsi quand Boileau publia sa Satire sur les femmes, Perrault riposta aussitôt par une Apologie des femmes. Il ne fallut rien moins que l'intervention du grand Arnauld, leur ami commun, pour les réconcilier en 1694.

La querelle fut suspendue pour quinze ou vingt ans : après quoi elle reprit, mais avec d'autres champions. Perrault était mort depuis longtemps ; quant à Boileau, il n'en vit que les premières escarmouches et mourut bientôt. D'ailleurs eût-il vécu qu'il eût été fort empêché d'intervenir à cause des relations amicales que le principal défenseur des modernes avait eu l'adresse de nouer avec lui.

3° Deuxième phase de la querelle : Lamotte et Mme Dacier. —
Cette fois encore ce fut Homère qui fut l'objet principal du débat. Il semblait aux modernes que s'ils arrivaient à dépouiller de sa gloire le prince des poètes, ils auraient par cela seul cause gagnée. Ils avaient en outre deux très bonnes raisons pour ne pas élargir le débat : je veux dire l'ignorance du public et la leur

propre. Non seulement ils ne se souciaient pas de tomber à leur tour dans les erreurs matérielles que l'on avait pu reprocher à Perrault ; mais ceux pour qui ils écrivaient, chevaliers, jolies femmes et bas-bleus, n'eussent pas résisté à une discussion en règle sur toute l'antiquité. Ils s'en tinrent donc à un seul auteur, à celui dont la querelle précédente avait rendu le nom populaire, et dans cet auteur, ils s'en tinrent au seul poème qui fût traduit en français, c'est-à-dire à l'Iliade. Ils ne soufflèrent mot de l'Odyssée dont la traduction ne parut qu'en 1716, tandis que celle de l'Iliade était antérieure de cinq ans. Par une ironie curieuse du sort, l'auteur de ces deux traductions, dont la première en date devait servir de machine de guerre contre Homère, était Mme Dacier, l'admiratrice fervente d'Homère et des anciens. C'était elle en quelque sorte qui avait fait brèche dans la place, quitte à la défendre ensuite de son mieux. Car, nous l'avons déjà dit, elle fut l'apologiste de l'antiquité contre Lamotte qui menait au combat les partisans des modernes. Avant de les mettre aux prises, traçons d'eux un rapide portrait.

Lamotte-Houdart (1672-1731). — A cette fin du règne de Louis XIV, Lamotte était avec Fontenelle le premier des beaux-esprits et le plus goûté des écrivains de société. Il faisait les délices des salons où ses pensées fines et ingénieuses avaient un vif succès, redoublé par l'aménité de ses manières et son exquise politesse. Sa cécité achevait de le rendre intéressant. Il jouissait, même en dehors des cénacles mondains où on le choyait à l'envi, d'une réputation assez grande auprès du gros public : aussi bien y avait-il pris peine en portant son activité sur tous les genres.

Né en 1672, fils d'un honnête chapelier, il fit son droit au sortir du collège, et essaya bientôt de la littérature. Sa première pièce, les *Originaux*, tomba aux Italiens en 1693. Il en eut un tel chagrin qu'il alla du coup s'enterrer à la Trappe. Il n'y resta pas plus de deux mois et en sortit avec la ferme résolution de ne rien prendre désormais au tragique. Il tint parole, et on ne le vit plus se mettre en colère ni contre les choses ni contre les hommes.

Il reparut au théâtre et réussit dans l'opéra avec *Amadis, Martésie*, le *Triomphe des arts, Canente, Alcyone*. La comédie lui fut moins favorable, et cela se comprend, car le genre est plus difficile : il échoua avec la *Matrone d'Éphèse*, le *Talisman*,

Richard Minutolo. Les deux actes du *Magnifique* et les cinq actes de l'*Amant difficile* eurent une meilleure fortune. Notons en passant que tous ces sujets sont empruntés des Contes de la Fontaine, ce qui ne prouve pas une grande fertilité d'imagination. Dans la tragédie, il obtint un des grands succès du temps. *Inès de Castro* (1723) fit couler des ruisseaux de larmes. La condamnation qui frappe l'héroïne dès le début de la pièce, la grâce qu'elle obtient, la fureur de sa marâtre qui, par un crime, rend cette grâce illusoire, la mort d'Inès empoisonnée, cette suite de coups de théâtre causèrent une profonde émotion. D'ailleurs de toute l'œuvre dramatique de Lamotte, c'est la seule pièce dont le nom ne soit pas oublié aujourd'hui avec, toutefois, celui de l'*Œdipe* en prose, perpétué par une raillerie célèbre de Voltaire.

Le théâtre n'était pas l'unique objet de ses soins : il s'exerçait à la poésie proprement dite, où il passait du grave au doux, du plaisant au sévère, alternant de la fable à l'ode, sans dédaigner l'idylle. Ses *Fables* eurent beaucoup de succès, surtout quand il les lisait lui-même. On y admirait l'originalité des sujets (c'est le seul endroit où il ait montré de l'invention) et la finesse ingénieuse de la morale. Ces qualités nous plairaient encore, si le style était moins précieux et si l'on y trouvait la moindre trace de poésie : double défaut qui nous empêche de mettre Lamotte à côté de Florian ; car, de le comparer à la Fontaine, il ne saurait aucunement en être question. Ses *Églogues* au nombre de vingt parurent plus naturelles, entendez un peu moins prétentieuses, que celles de Fontenelle : mais ce prétendu naturel ne ressemble en rien à celui des Virgile et des Théocrite. Ses *Odes*, très vantées, sont décidément illisibles. Maniérées dans les sujets dits anacréontiques, elles ne peuvent viser au sérieux et au grand sans devenir glaciales. Ce ne sont que de monotones lieux communs, comme on peut en juger par leurs titres : le devoir, la fuite de soi-même, la réputation, l'immortalité, l'émulation, la paix.

On voit que le bagage poétique de Lamotte était assez considérable pour faire illusion aux contemporains. Aujourd'hui ses vers ne comptent plus. On accorde une certaine estime à ses œuvres en prose : ce sont presque exclusivement des essais de critique, où tout n'est pas juste tant s'en faut, mais où tout est ingénieux, et où la forme, souvent heureuse, ne dépare pas le fond. Tels, son *Discours sur la poésie en général et sur l'ode en particulier,* ses *Réflexions sur la critique,* ses *Réflexions sur la tragédie, la fable et l'églogue.*

Il avait lui-même une conscience très nette de la supériorité de sa prose sur ses vers; mais au lieu d'en conclure avec modestie qu'il avait trop souvent rimé malgré Minerve, il s'imagina tout bonnement que le vers est un langage d'ordre inférieur, asservi à des règles inutiles et bizarres, surchargé à plaisir des difficultés de la césure, de la quantité, de la rime, au détriment de l'expression qui s'énerve en molles périphrases et en chevilles. Il partit de là pour soutenir que la prose est la forme littéraire par excellence, la seule qui respecte l'idée dans sa force ou dans sa finesse, la seule qui doive être employée, même dans les sujets poétiques. A l'appui de son dire, il citait naturellement le Télémaque dont il faisait un éloge outré; il allait plus loin, il composait son Œdipe en prose, et le donnait comme une preuve péremptoire de sa thèse; il poussait enfin l'audace jusqu'à mettre en prose des scènes entières de Racine qu'il déclarait, sous cette nouvelle forme, bien supérieures à l'original. Ces hérésies furent lentement insinuées par leur auteur, non dans le grand public qui continua à goûter les vers de Racine et bâilla à l'Œdipe en prose, mais dans les salons et les cafés où il fréquentait. Il les développa habilement, pendant les longues séances qu'il faisait chez la veuve Laurens et plus tard chez Gradot, dans ses promenades du matin sur le trottoir ensoleillé de la galerie du Louvre, dans les fameux mardis de l'Hôtel de Lambert. De ses auditeurs il n'y en eut guère qu'un qui protesta : Lafaye prit la défense du vers dans une ode dont on a retenu une strophe assez heureuse. Les autres laissèrent dire ou même se rallièrent à son opinion, en gens à qui l'amour du joli avait ôté le sens du beau. Ce fut d'ailleurs un succès tout platonique, et il ne s'en composa pas un vers de moins.

Le système de Lamotte, malgré la faveur dont il jouit dans certains milieux littéraires, resta à l'état de théorie, ce qui ne l'empêcha pas d'être, quelques années plus tard, réfuté par Voltaire. Dans notre siècle on l'a repris en le modifiant, et on en a fait l'application. Certains auteurs ont prouvé, par leurs œuvres, que l'on pouvait être poète en prose; mais ils n'ont nullement démontré que la prose fût, pour l'expression des idées poétiques, préférable au vers. Il reste toujours vrai, que la meilleure manière d'être poète, c'est de l'être en vers et d'avoir le don de penser directement et de concevoir sous la forme versifiée.

Avant de s'engager dans cette affaire de la prose et du vers, Lamotte s'amusa à une reprise de la querelle des Anciens et des Modernes, que nous raconterons aussitôt après avoir fait le portrait de son antagoniste, Mme Dacier. Pour en finir avec lui, ajoutons qu'il mourut jeune encore, mais accablé d'infirmités en 1734. Aveugle de bonne heure, et d'une santé complètement ruinée, il garda jusqu'au bout, et ce n'est pas un mince mérite, sa douceur de caractère. On sait sa réponse à ce jeune homme auquel il avait marché sur le pied par mégarde et qui lui avait donné un soufflet : Vous serez bien fâché, Monsieur, lui dit-il, quand vous saurez que je suis aveugle. Sa vie fut honnête et digne : la seule chose qu'on puisse lui reprocher c'est d'avoir prêté sa plume à l'archevêque Tencin contre les Jansénistes, et d'avoir rédigé les discours, déclarations, etc., qui aboutirent à la condamnation de Soanen par le concile d'Embrun. On souffre de le voir ainsi se mettre aux gages d'un intrigant notoire, pour ne pas dire d'un malhonnête homme.

Mme Dacier (1654-1720). — Cette docte personne dont l'érudition rappelait le XVIe siècle, n'était pas cependant une pédante enrouillée, ni même un bas-bleu. Elle avait gardé la modestie qui chez la femme doit être la rançon du savoir; elle était aussi discrète que savante. A la voir et à l'entendre, on n'eût jamais dit qu'elle possédait la connaissance intime de l'antiquité. La chose était rare au XVIIe siècle, car cette époque qui a tant imité et admiré les anciens les connaissait au fond très mal. Même ceux qui passaient pour être le plus au courant, nous l'avons vu par Boileau, n'avaient sur la matière que des notions incomplètes et souvent erronées. Au contraire, quand Mme Dacier parle des Latins et des Grecs, il se peut qu'elle n'en parle pas dans le meilleur style, mais elle a plus que personne qualité pour parler d'eux.

Elle avait de qui tenir. Son père Tanneguy Lefèvre était un savant doublé d'un homme d'esprit, qui se fit calviniste on ne sait pourquoi, et dont ce changement de religion brisa ou arrêta la carrière. Il ne put avoir part aux libéralités du roi, ni faire briller son érudition à Paris ; il dut se contenter d'une chaire de troisième à l'Académie de Saumur. Sa classe faite, il se livrait à des travaux particuliers qui lui valurent des tracasseries de la part de ses coreligionnaires. Le consistoire le prit à partie sur son commentaire de Sapho, pour avoir dit qu'en faveur de l'*Ode à une bien-aimée* on serait tenté de pardonner à la poétesse ses erreurs amoureuses. Il apprit à ses dépens que les bigots sont de redoutables voisins, et il se le tint pour dit. Il se partagea désormais entre sa classe et son jardin. Cependant son ami Urbain Chevreau, qui souffrait de le voir dans une situation inférieure, entreprit de lui procurer de l'emploi en Allemagne. Par ses soins, Lefèvre obtint une chaire à l'Université d'Heidelberg, et il se disposait à aller l'occuper, lorsqu'il mourut inopinément à cinquante-sept ans.

Cet aimable érudit avait sur l'éducation des vues aussi justes, mais moins austères que celles de Port-Royal. Sa méthode pour commencer les humanités grecques et latines serait à consulter encore aujourd'hui, quoique les préceptes en conviennent plutôt à l'éducation privée qu'à l'éducation publique. Le premier de ces préceptes est de rendre l'étude agréable et riante, sans surcharge de minuties grammaticales, en donnant le pas sur le thème à la version comme plus facile et plus intéressante. Ses enfants furent élevés d'après cette méthode. Il ne l'appliqua d'abord qu'à ses fils ; mais sa fille, qui assistait aux leçons en travaillant à quelque ouvrage de femme, ne perdait pas un mot de ce qu'elle entendait et par le seul effet d'une mémoire attentive, sans livres et sans papier, retenait mieux que ses frères tout ce qu'on leur enseignait. Son père s'en aperçut un jour, et fier de trouver en elle un esprit fait pour l'érudition, il n'épargna rien pour l'instruire. Lorsqu'il mourut, elle était déjà en état de se livrer à des travaux personnels. Huet l'associa à la publication des auteurs ad usum Delphini : elle y donna Florus, Dictys de Crète, Aurélius Victor et Eutrope, tout en publiant pour son compte un Callimaque grec-latin (1675).

Ces éditions la firent connaître et, comme elle était modeste et réservée, et qu'on ne pouvait pas attribuer à la laideur de son visage son amour de l'étude, rien de ridicule ne s'attacha à sa réputation. Elle épousa en 1683 André Dacier, le meilleur élève de son père. Protestants l'un et l'autre, ils se convertirent de concert après une année d'études théologiques, année qu'ils passèrent, pour plus de tranquillité, dans la patrie de Dacier, à Castres. Leur exemple et leurs exhortations décidèrent beaucoup de Castrais à les imiter.

Ils furent récompensés de cette conduite, où leur sincérité se trouvait être aussi de l'habileté et de la prudence, par une pension, un logement au Louvre, et le titre, réversible sur la femme en cas de veuvage, de garde des livres du cabinet du roi. Dès lors, ils travaillèrent en commun et les écrits que Dacier signa ne perdirent rien à cette collaboration, puisque sa femme était plus forte que lui. Dans leurs ouvrages, disait Boileau, c'est elle qui est le père.

Elle donna d'ailleurs, sous son propre nom, de nombreuses traductions françaises : *Anacréon et Sapho* en 1681 ; trois comédies de *Plaute* en 1683 ; les *Nuées* et le *Plutus* en 1684 ; *Térence* en 1678 ; l'*Iliade* en 1711 ; l'*Odyssée* en 1716. Ce sont d'estimables essais de vulgarisation, dont le plus célèbre est celui qui concerne Homère et surtout son Iliade. Mme Dacier a traduit ce poème dans une langue peu relevée, mais dont l'abondance naturelle et coulante a quelque chose d'homérique. Elle a elle-même caractérisé son travail en le comparant à une momie de belle femme retrouvée dans quelque hypogée d'Égypte : la vie n'y est plus, ni la carnation, ni l'éclat du regard, mais il reste encore les proportions, les formes, les contours. L'image est plus ingénieuse qu'agréable, mais ne laisse pas d'être juste. Dans la même préface où elle se juge ainsi, Mme Dacier fait d'Homère un éloge complet. Elle le met, pour l'intérêt, bien au-dessus de ces romans où la galanterie règne sans partage ; elle insiste sur son génie créateur, sur ce talent qu'il a de former des personnages vivants et distincts, de donner la vie aux choses par sa diction. Le malheur est qu'après avoir ainsi loué ce qui est louable, elle loue par surcroît ce qui n'existe pas, je veux dire la symétrie dans la composition et l'observation intuitive des règles, si bien devinées d'Homère, dit-elle, qu'il défierait, à ce point de vue, toute critique.

Les contemporains lurent avidement cette traduction de l'Iliade, qu'ils prirent, en dépit des réserves de la traductrice, pour l'équivalent exact d'Homère. Elle leur donnait enfin le moyen de connaître et de juger, surtout de juger, le meilleur poète de l'antiquité, et ils ne s'en firent pas faute, car incontinent la querelle des Anciens et des Modernes recommença. Nous verrons bientôt la part qu'y prit Mme Dacier.

Cette docte personne mourut en 1720, deux ans avant son mari que sa mort laissa inconsolable. Elle menait depuis longtemps l'existence la plus casanière, ne sortant presque jamais du Louvre et en tout cas ne s'éloignant jamais de son quartier. Elle ne laissait pas cependant d'avoir des relations étendues. Après avoir donné ses matinées au travail, elle consacrait l'après-dîner à ses amis au nombre desquels figuraient presque tous les collègues de Dacier aux Inscriptions et à l'Académie française.

La **seconde phase** de la querelle des Anciens et des Modernes fut plus longue encore que la première et occupa davantage l'opinion ; car le public avait sous la main ce qu'il croyait être les vraies pièces du procès, à savoir l'*Iliade française* de Mme Dacier, et l'*Abrégé de l'Iliade* en vers par Lamotte, et il se flattait, bien à tort, de pouvoir prononcer en connaissance de cause. Voici comment la question se posa.

Pour bien prouver la supériorité des modernes sur les anciens, Lamotte eut l'idée de rajeunir Homère et de l'habiller à la mode du XVIIe siècle finissant. Il ne savait pas lui-même le grec, mais cette ignorance n'était pas un obstacle à son dessein, puisqu'il avait cette excellente (c'est lui qui parle), cette incomparable traduction de Mme Dacier qui rendait à la lettre l'original, beautés et défauts compris. Avec ce secours, on pouvait pénétrer à fond le vieux poète. Sur ce beau raisonnement, il se mit à l'œuvre. Il retrancha à peu près la moitié de l'Iliade, comme inutile ou déraisonnable et il mit le reste en vers français. Avant de donner au public cet Homère corrigé et expurgé, il crut devoir prendre quelques précautions, pour désarmer les défenseurs présumés des anciens et les mettre dans l'impossibilité de protester. Il avait de longue main fait sa cour à Boileau, le traitant d'Horace français, célébrant ses écrits sublimes, de manière à rogner les ongles à ce vieux lion, qui mourut d'ailleurs avant que la querelle eût commencé. Il se mit en relations avec l'archevêque de Cambrai et échangea avec lui force lettres courtoises et spirituelles qui l'assuraient au moins de la neutralité du prélat. Enfin il alla lire à Mme Dacier elle-même un chant manuscrit de son imitation et il reçut d'elle des compliments en l'air qu'il n'eut garde de ne pas prendre au sérieux.

Il se décida alors à lancer son Iliade en douze chants : au devant du livre se voyait une estampe où Homère remerciait son correcteur de l'avoir mis à la raison et « de lui avoir sauvé l'affront d'ennuyer ». Puis venait un discours explicatif insinuant et insidieux qui à l'éloge de la traduction de Mme Dacier joignait la critique d'Homère et la démonstration de la supériorité des modernes.

Cette publication fit événement. La majorité du public prit pour argent comptant les déclarations et les prétentions de Lamotte. L'Homère corrigé parut supérieur à l'autre, et les modernes triomphaient aux dépens des anciens quand Mme Dacier lança son *Traité des causes de la corruption du goût,* protestation indignée contre les mutilations infligées au poète grec. Moins timide que Fénelon ou tel autre partisan des anciens, sans se laisser arrêter par aucune considération de politesse, ni même par cette idée qu'elle avait autrefois loué l'entreprise de Lamotte avant d'en connaître la portée, elle se fit un devoir d'éclairer le public et de le mettre en garde contre une fausse théorie. Mais son livre, où l'esprit ne manque pas et où la science surabonde, présentait des défauts qui devaient lui nuire dans l'opinion. Je ne parle pas seulement du passage erroné et injuste où l'auteur soutient que la seule imitation a fait toute notre littérature; mais je parle des maladresses, des invectives, des violences de langage, bien propres à faire rire la belle société du temps. Ainsi Mme Dacier se donnait le ridicule de citer à chaque instant son mari comme une autorité, « maritus dixit » ; elle s'espaçait sur le compte de Lamotte avec une liberté digne du xvie siècle : par exemple, après avoir rappelé l'histoire du rhéteur soufflété par Alcibiade parce qu'il n'enseignait pas Homère à ses élèves, elle demandait ce qu'Alcibiade eût fait aux modernes contempteurs d'Homère et de quel châtiment il eût puni leur sacrilège ; elle invitait l'Académie française à intervenir dans le débat et à se déclarer ouvertement pour les anciens. Ces traits et bien d'autres firent mauvais effet, et ôtèrent leur autorité aux critiques les plus justes. Pour comble, un maladroit ami vint se mettre de la partie, et jeter sur le malheureux Homère le pavé le plus formidable que jamais ours ait asséné. Le docte père Hardouin, ce cerveau biscornu, le même qui voyait partout des athées et des ouvrages apocryphes, publia une apologie du poète grec, ou après avoir vanté son art et sa puissance, il annonçait que personne encore n'avait compris le vrai sujet de l'Iliade, enfin découvert par lui Hardouin, et il se mettait en devoir de le révéler. Cette intervention malencontreuse fit la joie du public en scandalisant Mme Dacier qui prit aussitôt, mais en vain, la plume pour réfuter les visions de l'érudit jésuite. L'effet était produit : il était acquis que les partisans les plus qualifiés de l'antiquité ne s'entendaient entre eux ni sur la valeur ni même sur le sens de leurs auteurs préférés.

Déjà Lamotte avait mis les rieurs et les beaux-esprits de son côté par ses Réflexions sur la critique, dont les idées ingénieuses et le ton poli contrastaient heureusement avec la violence de Mme Dacier. « L'ouvrage de celle-ci, a dit Voltaire, était digne d'un savant homme ; celui de son contradicteur était digne d'une femme d'esprit. » Le succès des modernes fut encore augmenté par l'indignité de certains champions des anciens, tels que Gâcon. La querelle fut si vive qu'elle provoqua une foule d'ouvrages aujourd'hui oubliés et donna lieu sur les petits théâtres à des allusions et même à des imitations très reconnaissables. L'avantage du nombre appartint dès le premier jour aux modernes en faveur de qui se déclara la jeunesse, non seulement la jeunesse spirituelle et malicieuse dont étaient Marivaux et l'abbé de Pons, mais la jeunesse sérieuse et raisonneuse représentée par l'abbé Terrasson. Celui-ci publia une dissertation critique en deux volumes où il s'attacha, non sans tomber dans de grosses erreurs littéraires, à faire ressortir la portée philosophique du débat. Descartes, disait-il en substance, a renouvelé l'esprit humain en substituant la raison à la prévention. Celle-ci, vaincue dans les sciences et notamment dans la physique, existe encore dans la littérature où l'on a la superstition d'Homère et d'Aristote. Il faut se guérir de ce reste de maladie et recouvrer l'entière liberté de son jugement. La littérature doit admettre enfin cet esprit de philosophie, cette supériorité de raison qui nous fait rapporter chaque chose à ses principes propres et naturels, indépendamment de l'idée qu'en ont eue les autres hommes. Les Latins ont été supérieurs aux Grecs, ajoute Terrasson, et en cela il s'aventure beaucoup ; ils leur ont été supérieurs par la seule loi du progrès et sans oser en avoir conscience. Nous serons nous aussi supérieurs aux Latins, mais nous le serons d'autant mieux que nous aurons secoué le joug. Indépendance de la raison, foi au progrès, tels sont les deux traits dominants de cette dissertation curieuse qui classe son auteur parmi les précurseurs de Turgot et de Condorcet.

Après quelques années, la querelle s'éteignit d'elle-même et depuis elle n'a pas été reprise au moins sous la même forme, car elle a été transportée en notre siècle sur le terrain de l'éducation, où elle dure depuis plus de soixante ans sans que l'on ait encore abouti à une solution.

Mme Dacier s'était retirée de la lutte en 1716 après deux ans de la plus vive polémique. Des amis communs s'étaient entremis pour la réconcilier avec Lamotte. Le sage père Buffier avait commencé l'œuvre ; M. de Valincour, l'ancien ami de Racine et de Boileau, eut la gloire de l'achever en faisant asseoir à sa table et fraterniser le verre en main anciens et modernes en la personne de leurs deux principaux soutiens, qui consentirent à ne plus se disputer, mais dont chacun, bien entendu, garda son sentiment et la conviction intime d'avoir raison.

S'il nous faut dire maintenant notre avis personnel sur la question, les partisans des modernes n'avaient pas si grand tort de ne pas vouloir immoler aux anciens les auteurs de leur temps et la gloire littéraire de leur pays à celle de l'antiquité. En effet notre XVIIe siècle est aussi fécond en belles œuvres que n'importe quelle période de l'antiquité, siècle de Périclès, d'Alexandre ou d'Auguste. Joint aux XVIIIe et XIXe siècles, il forme un ensemble majestueux qui éclipse la littérature latine et égale au moins la littérature grecque. L'événement a donc fini par donner à peu près raison aux modernes, c'est un fait indéniable. Quant à la façon dont ils ont soutenu leur thèse, il n'y a pas à la défendre : elle est toujours détestable, lorsqu'ils en viennent aux appréciations de détail sur les auteurs ; et si les vues philosophiques que nous avons signalées chez Fontenelle et chez Terrasson donnent au système une apparence spécieuse, il n'en reste pas moins faux par plus d'un endroit. La loi du progrès s'étend, je suis le premier à le reconnaître, à toutes les branches de l'activité humaine. Mais de même que le progrès subit des arrêts dans sa marche, (on connaît l'exemple fameux et prolongé du Moyen-Age), il laisse au moins deux choses en dehors de son influence, le génie et le caractère. Même en professant qu'il y a toujours eu et qu'il y aura toujours la même somme de forces intellectuelles et morales dans l'humanité, on est fondé à croire que, dans la répartition de ces forces, un homme peut se trouver avantagé à un degré tel que nul, avant lui, ne l'ait été ou ne doive, après lui, l'être autant. Cela n'empêche pas les choses d'aller leur cours et le progrès d'étendre de plus en plus son bienfait à la société entière : le domaine de la science s'élargit et s'enrichit chaque jour ; les mœurs sont constamment modifiées dans le sens de la douceur et de la tolérance ; la culture artistique et littéraire s'affine à la fois et s'étend au point de tout comprendre et de tout expliquer, voilà la part du progrès ; mais il peut parfaitement se faire que soit dans les sciences, soit dans les arts et les lettres, soit dans la morale, il ne surgisse pas à chaque époque d'individualités égales à celles du passé. J'ajoute que la grandeur individuelle, de quelque nature qu'elle soit, est moins favorisée dans son développement par les périodes de civilisation avancée. Le génie naturel subit alors la concurrence des talents acquis ; il paraît moins haut, sa supériorité n'éclate pas aussi brillante ni surtout aussi prompte. Aux périodes primitives, la puissance géniale ne laisse pas de trouver des obstacles, mais elle n'a pas de voisinage qui la diminue. C'est un fait qu'il faut reconnaître, mais dont il est facile de prendre son parti ; car, du moment que l'ensemble de l'humanité est en progrès, il n'y a pas de regrets à concevoir pour telle inégalité particulière qu'une époque peut présenter.

Notre avis définitif sur cette querelle, c'est que les modernes se trouvent en dernière analyse avoir eu raison, mais seulement pour le résultat qu'ils annonçaient et nullement dans la façon dont ils soutenaient leur thèse. Toutefois avant de passer à un autre sujet, il nous faut donner quelques détails sur la société qui fut le témoin intéressé et le juge souvent partial de la guerre littéraire que nous venons de raconter.

4° La Société. — Les dernières années du règne de Louis XIV virent une modification sociale dont nous avons déjà dit un mot. Sous l'influence absorbante de la dévotion, l'esprit finit par se trouver à l'étroit à Versailles et il émigra. Vers 1662 la Cour avait éclipsé tous les salons de la ville, qui pouvaient bien exister encore mais ne comptaient plus, les réputations se faisant et se défaisant à la Cour. Entre 1690 et 1700 c'est le phénomène contraire qui se produit. La ville reprend le dessus : les salons littéraires se reforment et se repeuplent, et l'on voit s'ouvrir les cafés, bien préférables aux cabarets d'autrefois, en ce que les esprits s'y affinent en de piquantes conversations, au lieu de s'abandonner aux éclats toujours un peu grossiers d'une gaieté avinée. La querelle des Anciens et des Modernes nous fournit la preuve des faits sociaux que nous constatons. Dans sa première phase, elle a pour théâtre l'Académie et la Cour : c'est sur le grand escalier de Versailles que Perrault se place pour embrasser d'un coup d'œil toute la splendeur du règne. Dans la deuxième phase, il n'est plus question de la Cour. On ne parle que de l'Académie et des belles sociétés de la ville, des centres littéraires où se rencontrent gens de lettres et beaux-esprits. Le moment est favorable pour dire un mot de ces réunions mondaines qui recommencent après un demi-siècle, mais avec plus de portée et moins de prise au ridicule, les ruelles précieuses et l'hôtel de Rambouillet.

Les Salons. — Ninon de l'Enclos (1616-1706). — Même au beau temps de la Cour, certains salons parisiens avaient conservé quelque autorité. Mme de Lafayette, Mme de la Sablière et Ninon groupaient autour d'elles des hommes du monde et des auteurs. Mais à l'époque où nous sommes (1690), les deux premières allaient mourir ; la troisième, plus avisée, prolongea son existence d'une quinzaine d'années. C'est donc la seule dont nous ayons à parler ici. Nous connaissons d'ailleurs ses deux rivales d'influence; mais si nous avions besoin de nous les remettre en mémoire, nous n'aurions qu'à rappeler le jugement que Ninon portait sur chacune d'elles. Mme de Lafayette, disait-elle, est comme un beau champ de blé en Beauce ; Mme de la Sablière est un joli parterre qui réjouit les yeux. Il est fâcheux que Ninon n'ait pas songé à se définir elle-même, car elle n'eût pas manqué de trouver quelque trait exact et piquant, dont nous ferions notre profit.

Son salon resta ouvert sans interruption presque pendant tout le règne de Louis XIV, mais ce fut surtout à la fin qu'il eut une importance philosophique et littéraire. Tant que la dame du logis fut à l'âge des amours, et elle y fut longtemps, on s'imagine sans peine que les conversations, auxquelles elle présidait, ne durent pas toujours être bien sérieuses. Mais du jour où des deux parties composantes de Ninon, la jolie femme et l'honnête homme, il ne survécut que l'honnête homme, sa maison devint l'asile du goût, des belles manières et de l'indépendance d'esprit. Les mères de famille y envoyaient leurs fils ; les philosophes n'avaient garde de négliger la moderne Léontium ; le clergé y fréquentait en la personne des abbés Gédoyn, Régnier-Desmarais, d'Olivet, de Châteauneuf, ce dernier le parrain de Voltaire et qui valut à son filleul d'être porté pour 2,000 livres sur le testament de Ninon.

Ce salon, comme on le voit, n'avait rien d'exclusif : il servait de trait d'union entre la Cour et la bonne bourgeoisie parisienne. Pour se faire une idée de l'esprit et du genre de conversation qui y était en honneur, il suffit, je ne dis pas de se rappeler les innombrables saillies de la maîtresse de la maison, mais de relire sa correspondance avec Saint-Évremont, son vieil ami, ou encore de consulter le jugement que Saint-Simon a porté sur elle. « Jamais ni jeu, ni ris élevés, ni disputes, ni propos de religion ou de gouvernement ; beaucoup d'esprit et fort orné ; des nouvelles anciennes et modernes, des nouvelles de galanterie et toutefois sans ouvrir la porte à la médisance : tout y était délicat, léger, mesuré et formait les conversations qu'elle savait soutenir par son esprit et par ce qu'elle savait de faits de tout âge. » Voilà qui donne une haute idée de la personne : il y a cependant deux retouches à faire au portrait. Saint-Simon donne trop de délicatesse à Ninon : elle était avant tout gaie et hilare : n'est-ce pas elle qui a dit : la joie de l'esprit en marque la force. De même, il la fait trop réservée en ce qui concerne la religion. Que l'on s'abstînt chez elle d'en parler les jours d'assemblée, c'est fort possible ; mais en petit comité on ne s'en faisait pas faute. Elle était elle-même un véritable esprit fort : elle écrivait un jour à Saint-Évremont dans une lettre de condoléance : « Si l'on pouvait penser, comme Mme de Chevreuse, qui croyait en mourant qu'elle allait avec tous ses amis en l'autre monde, il serait doux de le penser. » Il est visible qu'elle ne le pensait pas : elle appartenait irrévocablement à l'école épicurienne et sceptique de Montaigne et de Charron.

Le Temple. — Le même esprit philosophique régnait dans le cercle intime de quelques hauts personnages, à l'Ile-Adam chez le prince de Conti, au Palais-Royal chez le futur régent, et au Temple chez les Vendôme. De ces réunions princières, celle-ci est la plus célèbre : il faut en dire deux mots. Vendôme, le célèbre général, et son frère le Grand Prieur étaient deux épicuriens dans toute la force du terme, sans rien de cette retenue qui assaisonne le plaisir. C'étaient deux goinfres en fait de jouissances, et leurs orgies ne se passaient pas seulement en paroles. Pour connaître leurs mœurs, il suffit de feuilleter Saint-Simon et l'on est vite édifié. C'étaient d'ailleurs deux hommes d'esprit que les scrupules d'aucune sorte, surtout les religieux, n'embarrassaient guère, et qui groupaient autour d'eux grands seigneurs et hommes de lettres, ne leur demandant que d'être de bonne ou de mauvaise compagnie. L'esprit était la meilleure introduction auprès d'eux. Aussi eurent-ils constamment une cour littéraire dont les figures les plus connues sont Chaulieu et Lafare. On ne se piquait pas au Temple d'imiter la réserve dont Ninon se précautionnait en public sur la religion et le gouvernement : on s'y espaçait, en toute liberté, sur l'espèce humaine et on ne s'en tenait pas à elle. On sait en effet que lorsqu'Hamilton avait assez entendu de sermons à Saint-Germain il venait au Temple se ragaillardir par une petite débauche d'incrédulité, et il était toujours sûr d'y trouver quelqu'un qui lui donnerait la réplique. Le janséniste Nicole pensait aux habitués du Temple quand il écrivait : « la grande hérésie du moment, c'est l'athéisme. » Il faut noter ce courant d'indépendance sceptique conservé sous une surface toute d'orthodoxie et se faisant plus fort à mesure que l'intolérance augmente. Comme la maison de Ninon de l'Enclos s'était ouverte à l'enfance de Voltaire, la maison de Vendôme s'ouvrit à sa jeunesse; il avait reçu dans l'une le baptême de l'incrédulité, il reçut dans l'autre la confirmation. Mais il ne s'en tint pas au scepticisme voluptueux qu'il y voyait pratiquer; il se rendit bientôt compte de l'insuffisance de ce beau monde, où chaque épicurien était trop souvent doublé d'un égoïste et d'un inutile, et il conçut la noble ambition d'être utile à ses semblables en les éclairant. Il dépasse sensiblement le niveau moral de ces milieux qui accueillirent ses premières années.

La marquise de Lambert (1647-1733). — Il ne faut pas s'attendre à trouver la moindre trace des licences de conduite et de pensée que nous venons de dire dans la maison discrète de Mme de Lambert. Son salon ouvert de 1710 à 1733 jouit pendant tout ce temps d'une vogue ininterrompue. Les habitués étaient des mathématiciens, des hommes de lettres, des femmes du monde sur le retour et quelques grands seigneurs. On s'y réunissait à jours fixes, en général le mardi. C'étaient là que se préparaient ou mieux que se faisaient les élections académiques.

Ni jeu, ni galanteries autrement qu'en paroles, telle était la devise de la maison. La seule opposition qu'on s'y permit, ce fut, sous la Régence, l'opposition des bonnes mœurs; pour tout le reste on ne se départait pas d'une prudence et d'une réserve de bon ton. Les causeurs les plus écoutés étaient, avec Lamotte et Fontenelle, le marquis de Saint-Aulaire, l'abbé Mongault qui fit du fils du Régent une manière de capucin, l'avocat Sacy traducteur de Pline, le père Buffier, le président Hesnault, le physicien Mairan et tous ces abbés que nous avons vus groupés autour de Ninon et qui étaient passés à Mme de Lambert, comme par droit d'héritage.

La grande affaire de ces beaux esprits était de donner un tour piquant à leurs idées : ils ne reculaient pas, au besoin, devant un peu d'affectation. La « raison ornée », c'était le mot, avait pris la place que le précieux occupait à l'hôtel de Rambouillet, mais avec moins de prétention et surtout de frivolité. La maîtresse de la maison était elle-même une femme instruite et agréablement sérieuse. Fille d'une mère coquette, elle ne fit jamais parler d'elle et lorsqu'elle se trouva veuve après vingt ans de mariage, elle donna des soins éclairés à l'éducation de son fils et de sa fille, pour chacun desquels elle rédigea un plan de conduite sous le titre modeste « *d'Avis d'une mère* ». Ses idées sur l'éducation ressemblent assez à celles de Fénelon dont elle était d'ailleurs la correspondante : cependant elle diffère de lui en ce qu'elle fonde ses conseils sur l'honnêteté mondaine plus que sur la religion. Elle encourage chez son fils l'ambition et l'amour de la gloire en y apportant tous les correctifs nécessaires, humainement parlant; à sa fille, elle recommande les vertus qu'elle avait elle-même pratiquées, réserve, politesse, chasteté.

En personne avisée qui sait ne parler que de ce qu'elle connaît bien, Mme de Lambert qui fut une amie fidèle et une aimable vieille a écrit un traité de l'*Amitié* et un autre de la *Vieillesse*. Il va sans dire que ni dans l'un ni dans l'autre elle ne s'est élevée à la hauteur de Cicéron, mais elle a fait preuve de finesse et d'agrément. Une célèbre dévote de notre siècle, Mme Swetchine, a écrit aussi sur la vieillesse, et à mon sens, elle a moins bien réussi que la judicieuse marquise. Celle-ci ne se contentait pas d'être spirituelle et sensée : elle était savante, mais sans enseigne; elle s'entendait à ces questions d'astronomie et de philosophie auxquelles Fontenelle essayait d'initier le beau monde.

Le rôle de son salon et sa grande utilité fut de servir de modérateur et de correctif aux autres centres mondains et littéraires. A Sceaux on risquait de devenir trop frivole; dans les cafés on disputait trop haut et l'urbanité en souffrait. Une visite à Mme de Lambert était le préservatif contre ce double inconvénient : elle vous rendait sérieux et bonne compagnie.

La duchesse du Maine (1676-1753). — Nous venons, à propos de la duchesse du Maine et de sa maison de Sceaux, de parler de frivolité. Le mot doit être retenu : il caractérise à merveille l'esprit de l'endroit.

La duchesse, petite-fille du grand Condé et épouse du bâtard préféré de Louis XIV, eut bientôt fait d'annihiler son mari et de le réduire à la docilité. Elle s'ennuyait d'être en sous-ordre à la Cour; elle voulut avoir son chez soi où elle recevrait des hommages au lieu d'en rendre. Le roi n'aimait pas ces sortes d'établissements, préjudiciables à l'éclat de sa cour; mais comme il s'agissait de son fils chéri, il ferma les yeux. La terre de Sceaux fut achetée 900,000 livres à la succession de Seignelay, et elle devint le théâtre de fêtes et de plaisirs où l'intelligence avait toujours quelque part. La duchesse voulait que la joie même eut de l'esprit. Toujours en mouvement, toujours en quête d'inventions, faisant de la nuit le jour, elle multipliait les divertissements et mettait son monde sur les dents sans jamais se fatiguer elle-même. En dehors des représentations dramatiques où elle jouait son rôle, c'étaient des bals, des déguisements bocagers et romanesques, des parodies de l'ancienne chevalerie. L'Astrée et la Table ronde y avaient également leur part. Elle avait en outre fondé un ordre de la Mouche à miel qui comptait trente-neuf chevaliers et où l'on jurait par l'Hymette : elle en était la présidente et, en bonne reine de la ruche, elle avait pris pour devise : « Je suis petite, mais je fais de cruelles blessures. » Le mot ne manquait pas de justesse; elle était volontiers méchante comme tous les Condé ; elle était surtout petite, mais d'une petitesse presque ridicule, qui lui avait valu le surnom ironique de « poupée du sang ».

On a beaucoup vanté les nuits enchantées de Sceaux : à y regarder d'un peu près, tous ces jeux factices deviennent choquants, surtout quand on en connaît les acteurs. Passe encore pour l'abbé Genest, joyeux compère au nez énorme et qui avait gardé toute la gaillardise de son premier état de maquignon. Celui-là faisait son métier d'amuseur à Sceaux, comme autrefois à Versailles auprès du duc de Bourgogne et de ses frères. On ne l'employait pas d'ailleurs qu'à bouffonner : il avait le vers facile et on en profitait pour lui faire écrire des tragédies dont la plus connue est celle de Joseph. Mais quant on voit le cardinal de Polignac et le président de Mesmes, pour ne parler que de ceux-là, se déguiser en bergers d'Arcadie, on ne laisse pas de trouver le passe-temps déplacé. L'air de la maison portait à la puérilité. Pour s'en convaincre, on n'a qu'à lire les incroyables lettres que Lamotte, si judicieux d'ordinaire, écrivait à la duchesse du Maine, elles sont d'une galanterie fade et presque écœurante.

On se fera une idée de la vie habituelle de Sceaux, en consultant les Mémoires de Mme de Staal-Delaunay qui fut la femme de chambre confidente et un peu le souffre douleur de la duchesse, mais qui s'est bien vengée de sa maîtresse rien qu'en disant sur elle l'exacte vérité. C'est là qu'on voit la frivolité, la mesquinerie, la pauvre tête de ce bout de femme dont l'esprit semblait de vif argent ou de salpêtre, mais à qui en définitive une mémoire imperturbable et un trémoussement perpétuel tenaient lieu d'intelligence. Elle se piquait de philosophie, et Fontenelle lui enseignait le système de Descartes, tandis que le cardinal de Polignac lui expliquait sa réfutation de celui d'Épicure. Elle écoutait, retenait, répétait sans vraiment comprendre, comme plus d'un enfant fait de son catéchisme. Elle avait d'ailleurs, sous la main, pour parer à ses ignorances ou à ses erreurs, une manière d'homme universel, Malézieux, l'ancien précepteur de son mari qui était devenu son confident à elle, l'âme de ses plaisirs mondains ou savants. Il répondait aux madrigaux dont elle était accablée; il était régisseur de théâtre et maître de ballet; toujours prêt par surcroît à expliquer du Sophocle ou de l'Euripide à livre ouvert, à démontrer un théorème de géométrie, à faire une expérience de physique ou une leçon d'astronomie. On le trouvait toujours au besoin. Cet habile homme donne la mesure et le degré de l'esprit qui régnait à Sceaux. Son savoir, tout en surface, était celui d'un amateur plus que d'un homme profondément instruit. Il ne faut donc pas s'étonner si nous concluons que l'influence de la duchesse du Maine et de son entourage immédiat se borna à maintenir le goût des lettres dans le monde, sans contribuer à leur développement, et sans concourir au progrès des idées.

Les Cafés. — Vers la même époque, s'ouvrirent à Paris les premiers cafés, auxquels Michelet a consacré un curieux passage : « Paris, dit-il, devient un grand café. On prend la précieuse liqueur partout, dans les salons, aux parloirs des couvents, dans les cafés eux-mêmes..... Jamais la France ne causa mieux et plus. De cette explosion étincelante nul doute que l'honneur ne revienne à l'heureuse révolution du temps, au grand fait qui modifia les tempéraments en créant de nouvelles habitudes : l'avènement du café. L'effet en fut incalculable. Le cabaret est détrôné, l'ignoble cabaret où se roulait la jeunesse entre les tonneaux. Moins de chants avinés la nuit, moins de grands seigneurs au ruisseau. La boutique élégante de causerie, salon plus que boutique, change, ennoblit les mœurs. Le règne du café est celui de la tempérance. Le café, la sobre liqueur, puissamment cérébrale, tout au contraire des spiritueux augmente la netteté et la lucidité; le café supprime la vague et lourde poésie des fumées d'imagination, et du réel bien vu fait jaillir l'étincelle et l'éclair de la vérité. »

Bien que ce dithyrambe en l'honneur du café se rapporte plutôt à l'époque de la Régence, il n'en est pas moins vrai que depuis assez longtemps il y avait des cafés à Paris et que les gens de lettres s'y donnaient rendez-vous. Le premier fondé fut celui de Procope situé en face de la Comédie, et destiné à une longue célébrité. Procope eut plus d'un imitateur. L'un des plus achalandés, Duverger, quai des Augustins, était pendant l'hiver l'hôte des nouvellistes qui se réunissaient en été au Luxembourg sous l'arbre de Cracovie. Mais les nouvellistes n'ont rien ou presque rien de commun avec les lettres et c'est ailleurs qu'il faut chercher les écrivains. Nous en trouvons toute une colonie, rue Dauphine, chez la veuve Laurens : là se rencontraient Lamotte, Saurin, Danchet, Crébillon, Lafaye et vingt autres; là éclata cette fameuse affaire des couplets satiriques, qui n'a jamais été bien éclaircie et qui s'est terminée par le bannissement de J.-B. Rousseau. Le scandale de ce procès fit abandonner la veuve Laurens. Les poètes et littérateurs proprement dits s'en furent au café Gradot, quai de l'École; les philosophes et les savants se fixèrent chez Procope : d'une part, Lamotte, Lafaye, Danchet, l'abbé de Pons, etc.; de l'autre, Boindin, Saurin, Terrasson, Fréret, Dumarsais. Le public les y suivit, et désormais on arriva à la réputation par le café aussi bien que par le salon. La fortune de Duclos eut pour point de départ ses succès de conversation chez Procope. Si l'on ajoute à ces établissements celui de la Régence, on connaît les cafés qui eurent le plus de vogue au XVIIIe siècle.

Cette vogue, dans la seconde moitié du règne de Louis XIV, ne fait sans doute que commencer, mais elle est déjà assez grande pour qu'on la mentionne.

Il faut retenir de tout ce qui précède que l'appréciation des œuvres littéraires passe, dès cette époque, de la Cour à la ville, de l'entourage du prince à la belle société parisienne et que les centres d'activité littéraire sont, avec l'Académie, les cafés et les salons. Ce fait ne doit pas être perdu de vue pour qui veut vraiment connaître la littérature du temps.

Que cette double influence ait eu à la longue quelques mauvais effets sur les auteurs eux-mêmes, on ne saurait guère le contester, à voir avec quel ensemble les plus grands écrivains s'y dérobent pendant des mois et même des années : mais elle a été excellente sur le public qu'elle a dressé, qu'elle a formé, qu'elle a développé et rendu plus nombreux. Le niveau moyen des esprits est bien plus élevé dès le lendemain de la mort de Louis XIV qu'il ne l'avait été pendant la période la plus brillante de ce prince.

CHAPITRE III

LA POÉSIE

1° La Tragédie. — 2° La Comédie. — 3° La poésie proprement dite.

Depuis la Révocation, la poésie sous toutes ses formes est en décadence : les grands hommes disparaissent un à un ou cessent de produire ; l'inspiration chez leurs imitateurs est plus courte et moins heureuse. Il faut décidément reconnaître que le bel âge de notre poésie est fini, après une floraison qui n'aura pas duré plus de cinquante ans : voyons le détail de chaque genre en commençant par le théâtre.

1° La Tragédie. — Le théâtre était depuis Corneille devenu une institution nationale. Les prédicateurs avaient beau tonner contre lui, ils n'arrivaient pas à le discréditer dans l'opinion. Tout au plus leurs invectives réussirent-elles, un certain temps, à y faire multiplier les essais de tragédie sacrée. Encouragés par le succès d'Esther à la Cour, les poètes donnèrent à la ville des pièces analogues. L'abbé Boyer écrivit sa Judith ; l'abbé Brueys, sa Gabinie ; l'abbé Nadal, son Saül et son Hérode ; l'abbé Genest, son Joseph ; Duché, son Absalon et son Jonathas : grâce à ces « comédies de dévotion » la Comédie-française sembla quelque temps la succursale du théâtre scolaire des Jésuites ; mais cette veine pieuse se tarit et l'on revint à la tragédie profane.

Il ne paraît pas d'ailleurs, que même au plus fort de la dévotion de Louis XIV, les représentations aient été moins rares à Versailles. Elles suivaient leur marche ordinaire à Paris où les théâtres des foires Saint-Germain, Saint-Laurent, faisaient concurrence à l'Académie royale de musique et aux Comédiens du roi, ces derniers, héritiers des trois troupes rivales du Marais, de l'Hôtel de Bourgogne et de Molière qui en 1680 s'étaient fondues en une seule. Il y avait en outre une quinzaine de troupes ambulantes qui battaient heureusement la province. Le théâtre était donc toujours populaire : aussi faut-il s'imaginer que toutes les formes dramatiques alors usitées, opéra, tragédie, comédie, furent abordées par tous les poètes qui voulaient se faire un nom. C'était le meilleur chemin et le plus court pour aller à la réputation et à la fortune. Mais de ce grand nombre d'appelés, bien peu furent élus par les contemporains, et encore moins par la postérité.

Dans l'opéra, personne ne recueillit la succession de Quinault. Fontenelle obtint un succès immérité avec Thétis et Pélée ; J.-B. Rousseau échoua dans toutes ses tentatives ; Lamotte fut un peu plus heureux ; Danchet le fut plus que de raison grâce au musicien Campra ; Duché ne laissa pas de l'être à l'occasion. Mais qu'ils réussissent ou non auprès de leurs premiers auditeurs, ces paroliers ne s'élèvent pas au-dessus du médiocre dans un genre cependant facile. Là où les défauts de Quinault, grâce à une convenance préétablie, s'étaient presque changés en qualités, les défauts des autres ne firent que s'accentuer davantage, à ce point que leurs pièces ne méritent pas le nom d'œuvres littéraires.

La tragédie, de son côté, fut l'objet d'une émulation plus ardente qu'heureuse. La scène était occupée par des imitateurs maladroits de Racine qui s'attachaient à reproduire la contexture et l'extérieur de ses pièces, en lui laissant invariablement l'intérêt de ses actions, la vérité de ses mœurs, la sensibilité de ses caractères féminins, la noblesse et la convenance de son style. L'assiduité du public n'en fut pas diminuée ; il s'accommoda du médiocre en attendant le bon ; il fit un accueil plus que favorable à tel auteur qui, comme Crébillon, semblait apporter une formule nouvelle, ou, si l'on aime mieux, faire jouer un ressort nouveau. De tous les tragiques qui font la transition entre Racine et Voltaire, Crébillon est celui qui donne le plus l'idée d'une vocation réelle et d'une inspiration vraie. Quant aux autres, ils ont rimé ordinairement en dépit de Minerve, et c'est tout au plus si l'on peut citer d'eux quelques vers passables.

Parmi ces pâles remplaçants de Racine, on nomme **Duché** (1668-1704) qui composa d'abord des tragédies lyriques, Céphale et Procris, les Fêtes galantes, Théagène et Chariclée, Iphigénie en Tauride, celle-ci vantée par Voltaire. Devenu le protégé de Mme de Maintenon, il écrivit pour Saint-Cyr trois tragédies sacrées. *Débora* et *Jonathas* ne valent rien et la seule invraisemblance du sujet les condamnait à ne rien valoir. *Absalon* a quelque mérite, malgré des allées et venues trop multipliées, l'inutilité de certains rôles et la froideur du cinquième acte. Mais la marche des quatre premiers est assez bien entendue, et les caractères principaux assez proprement tracés. Le style, moins incorrect que d'habitude, y est plein de réminiscences de Racine.

La même tendance à s'inspirer du même modèle se remarque chez **Campistron** (1656-1723). Venu de Toulouse à Paris pour échapper aux suites d'un duel, et recommandé par Racine au duc de Vendôme, il fut, après avoir composé un divertissement lyrique pour ce prince, nommé son secrétaire des commandements et le suivit désormais même à la guerre où il montra de la bravoure. Il obtint à la scène de très grands succès, assez peu explicables, si on ne les expliquait par le talent de l'acteur Baron. Il débuta en 1683 par *Virginie*, bientôt suivie d'*Arminius*, d'*Andronic*, d'*Alcibiade*, de *Phraate*, de *Phocion*, de *Tiridate*, d'*Aetius*. Quand le jeu d'un grand comédien ne vint plus relever la fadeur des conversations amoureuses qui remplissent ses pièces, elles tombèrent à plat, et c'était justice. Elles sont d'ordinaire la faiblesse même, sans un caractère marqué, sans une situation frappante, sans une scène enlevée, sans une tirade bien venue. La versification n'y est que d'un degré au-dessus de celle de Pradon : c'est une prose, assez facilement rimée. Son Tiridate peut à la rigueur présenter quelque intérêt grâce à une imitation parfois ingénieuse de Phèdre : mais son Andronic est encore ce qu'il a de plus supportable. Sous des noms anciens, il y a représenté la dramatique histoire de don Carlos, fils de Philippe II, mais sans couleur et sans relief.

Nous avons traité de **Lamotte** en son lieu : il n'y a guère qu'à enregistrer ici ses *Macchabées*, qui, donnés anonymes, furent pris, Dieu sait comment! pour un ouvrage posthume de Racine, son *Romulus,* son *Œdipe* en prose, et à rappeler le succès de son *Inès.*

La Chapelle (1655-1723) donna de pauvres tragédies, *Zayde, Téléphonte, Cléopâtre, Ajax* que ses relations mondaines et le secours de Baron firent réussir momentanément.

Longepierre (1659-1721) savant en grec, composa sans grand résultat un *Sésostris* et une *Électre,* et rencontra une heureuse inspiration dans sa *Médée,* où il est arrivé à produire une impression de terreur.

Lagrange-Chancel (1676-1758) n'est guère connu aujourd'hui que par les satires indécentes qu'il composa contre le Régent, et qui lui valurent la peine relativement douce de la prison et de l'exil : avec Louis XIV, il n'en eût pas été quitte pour si peu. Sa conduite en cette affaire est, au demeurant, peu estimable, car sous ses injures de commande on ne sent pas la conviction ; il a l'air d'écrire sous la dictée.

Ce satirique peu sincère avait de très bonne heure réussi au théâtre : ç'avait été une sorte d'enfant prodige, un versificateur précoce qui excellait à improviser des bouts-rimés. Ce talent lui valut la protection de la duchesse de Conti qui pria Racine de le diriger dans l'étude de la poésie dramatique. Il ne profita guère des leçons de ce grand homme, car la seule partie de l'art qu'il ait bien connue c'est l'entente de l'intrigue. Il s'y initia dans la Calprenède dont il aimait et imitait les romanesques inventions.

Il débuta à dix-sept ans par *Asdrubal,* avec un succès complet. Il continua par *Amasis* (1701), *Oreste et Pylade* (1697), *Méléagre* (1699), *Athénaïs* (1699), *Alceste* (1703), *Ino et Mélicerte* (1713), *Érigone,* sans parler de quelques autres pièces qui n'ont pas été représentées. Toutes ces tragédies, après des fortunes diverses, se sont ensevelies dans le même oubli et de très bonne heure. Oreste et Pylade fut éclipsé par l'Iphigénie en Tauride de Guimont de la Touche ; Amasis, par la Mérope de Voltaire. On ne parle plus même d'Ino, son chef-d'œuvre. Lagrange est un très mauvais versificateur, habituellement dur, prosaïque, incorrect. Chez lui, le sentiment est trivial et prolixe ; il a quelquefois de la force dans les idées, presque jamais dans le style ; il ne sait pas exprimer la passion sans déclamer.

Lafosse (1653-1708) après avoir rempli un emploi subalterne à la légation de Florence et s'être distingué à la bataille de Luzzara, devint secrétaire du duc d'Aumont et donna successivement quatre tragédies : *Polyxène* (1686), *Manlius Capitolinus* (1698), *Thésée* (1700), *Corésus* (1703).

Le romanesque domine dans ces pièces, sauf dans Manlius, qui est une véritable tragédie. Tous les caractères y sont heureusement traités : Manlius, Servilius, Rutile, Valérie agissent et parlent avec justesse. L'intrigue est menée avec art, et l'intérêt gradué jusqu'à la dernière scène. Il ne manque à l'ouvrage pour être au premier rang que cette poésie de style, ce charme d'expression que l'on goûte dans Racine. Le sujet n'est autre que la Conjuration de Venise sous des noms anciens. L'auteur s'est inspiré de la Venise sauvée d'Otway, et il a emprunté plus d'un trait à l'histoire de Saint-Réal.

Crébillon (1674-1762). — Quand on parle de ce poète, il faut, quoiqu'il en coûte, prononcer le mot de génie, car cet homme singulier dut tout à la nature dont il ne perfectionna jamais les dons par l'étude. Son mérite est d'avoir imaginé, ou mieux, renouvelé un ressort tragique que Racine n'avait jamais employé, et que Corneille n'avait fait jouer que dans Rodogune : je veux dire le pathétique du crime. C'est en combinant les actions les plus noires que Crébillon prétend agir sur les spectateurs : son triomphe est de leur donner la chair de poule. Il disait lui-même, non sans orgueil : Corneille a pris le ciel; Racine, la terre; moi, je me précipite dans les enfers. Il y a en effet quelque chose d'infernal dans ses tragédies; mais ce n'était pas une raison pour se mettre ainsi, sans plus de gêne, à côté de nos deux grands tragiques. S'il y a place pour quelqu'un auprès d'eux, ce ne peut être que pour Voltaire.

Crébillon ne débuta qu'à trente ans. Il eut du succès avec *Idoménée* (1703), *Atrée et Thyeste* (1707), *Électre* (1708), *Rhadamiste et Zénobie* (1711). L'échec de *Xerxès* (1714) et de *Sémiramis* (1717) le découragea un peu. Il attendit jusqu'en 1726 pour donner *Pyrrhus* qui n'eut pas une meilleure fortune. Il prit alors le parti du silence. Pauvre, solitaire depuis son veuvage, taciturne et sans doute misanthrope, il vivait dans son grenier entouré d'animaux auxquels il donnait la pâtée, et passait son temps à culotter des pipes en composant de tête, et sans jamais écrire, d'interminables romans. Il fut élu en 1731 à l'Académie, mais ne se remit pas pour cela au travail. Ce ne fut qu'après vingt-deux ans d'absence qu'il reparut au théâtre, avec Catilina (1748), sur les encouragements, ou pour mieux dire, sur l'ordre de Mme de Pompadour. A défaut d'un meilleur instrument, la dame se servit de lui pour faire pièce à Voltaire dont elle avait entrepris, sur je ne sais quel mécontentement futile, de ruiner la réputation, comme si cela eût dépendu d'elle. Elle mit tout en œuvre pour surfaire Crébillon, qu'elle prônait comme le rival heureux de Corneille et de Racine. Elle lui obtint une pension du roi, fit jouer ses tragédies en grande pompe à la cour, les joua elle-même sur son théâtre, fit imprimer luxueusement ses œuvres à l'imprimerie royale, et lui procura ainsi les plus vives satisfactions d'amour propre. Le public ne se prêta pas à cette tactique, sauf au début, où il applaudit Catilina, malgré sa faiblesse notoire. Mais quand le vieux poète s'avisa de récidiver avec le Triumvirat, il lui refusa son approbation. Mme de Pompadour pensa bientôt à autre chose et son favori d'occasion retomba dans l'oubli, ne gardant de son court triomphe que les éloges intéressés de Fréron et l'admiration de son propre fils.

De nos jours on lui sait quelque gré d'avoir voulu mettre du nouveau dans la tragédie, mais on constate l'avortement de sa tentative. On ne lit plus son théâtre, où il n'y a guère qu'Électre et surtout Rhadamiste qui méritent un souvenir. Dans Électre, la reconnaissance entre le frère et la sœur est touchante, mais les amours d'Électre et d'Itys, d'Iphianasse et de Tydée surchargent inutilement l'action. Rhadamiste rachète l'obscurité de son intrigue trop compliquée par trois situations vraiment dramatiques : la reconnaissance de Rhadamiste et de Zénobie, l'aveu que Zénobie fait à Rhadamiste de son amour pour Arsame, le désespoir de Pharasmane meurtrier involontaire de son fils. Laharpe prétend qu'il ne manque à cette tragédie que d'avoir un autre début et d'être mieux écrite pour mériter le nom de chef-d'œuvre. Ce sont effectivement les deux grands défauts de Crébillon. Ses expositions sont toujours obscures et remplies de faits invraisemblables : il y abuse du déguisement, qui est plutôt un procédé de comédie. Quant à son style, c'est celui d'un barbare,

Même dans les endroits où son inspiration se soutient le mieux, il n'a pas dix vers de suite, sans quelque incorrection, quelque métaphore incohérente, quelque accès de galimatias. C'est en vain qu'on voudrait être surtout sensible à ses qualités : il n'y a pas moyen, quoiqu'on en ait, de le considérer comme un grand poète, et l'on se résigne à le plaindre d'avoir si mal employé des dons naturels qui étaient grands.

2° La Comédie. — La décadence fut moins sensible dans la Comédie que dans la Tragédie. Il y eut cependant décadence au double point de vue de l'art et de la morale. Non seulement la comédie d'intrigue ou la comédie anecdotique prit le dessus sur la comédie de caractère; mais les plus mauvaises mœurs s'étalèrent sur la scène avec un cynisme parfait : les personnages comiques ne se contentèrent plus d'être plaisants ou ridicules, ils devinrent méprisables et sans que leurs peintres eussent l'air de s'en douter : en effet, rien n'indique qu'ils blâment les habitudes et la conduite dont ils font complaisamment le tableau. Sous ce rapport, comme sous les autres, ils sont sensiblement inférieurs à Molière.

Nous n'avons pas parlé des contemporains de ce grand homme; il en est cependant deux ou trois qui méritent une mention.

Je n'insiste pas sur le comédien **Hauteroche** (1617-1707) qui, après une jeunesse agitée, devint l'un des bons acteurs de l'hôtel de Bourgogne, qu'il fournissait à l'occasion de comédies. Il ne faut pas demander à ces pièces autre chose qu'une certaine entente de l'intrigue et du dialogue. On n'en cite guère que trois, pour être restées longtemps au répertoire : Crispin médecin, le Deuil, le Cocher supposé.

Brueys (1640-1721) et **Palaprat** (1650-1751) ont droit à plus d'attention. C'étaient des méridionaux, originaires l'un d'Aix, l'autre de Toulouse, l'un ancien pasteur protestant devenu prêtre catholique, l'autre ancien capitoul de sa ville et secrétaire du grand prieur. Leur étoile les fit se rencontrer, et de leur collaboration sortirent quelques bonnes pièces dont deux sont restées presque classiques. Réduit à ses seules forces, chacun n'eût probablement rien fait de bon. Ils mirent en commun leurs qualités : Palaprat, sa verve et sa gaieté gasconnes; Brueys, son habileté à agencer et à combiner, et ils finirent par produire quelque chose d'assez heureux. Si le *Sot toujours sot,* les *Quiproquo,* l'*Important* sont oubliés, le *Muet* se recommande par des situations ingénieuses, et l'*Avocat Patelin* est une adaptation assez réussie du chef-d'œuvre de la farce gauloise. Les personnages sont vrais; le dialogue, plein de traits naïfs et plaisants passés en proverbes. Le *Grondeur* a sur l'Avocat Patelin le mérite d'être original. Le troisième acte tourne à la farce, mais les deux premiers actes sont bien faits et mettent en lumière un caractère nettement dessiné, soutenu d'un bout à l'autre, et toujours en situation, celui de M. Grinchard.

Boursault (1638-1701), qui vient ensuite, est une curieuse physionomie de ce temps, et il ne lui manque pour être vraiment sympathique que de n'avoir pas figuré parmi les détracteurs de Molière. On lui passe sans peine ses démêlés avec Boileau et sa *Satire des Satires,* d'autant mieux qu'il se réconcilia avec son illustre adversaire dans les conditions les plus honorables; mais on lui reproche toujours d'avoir écrit contre l'École des femmes le ridicule *Portrait du peintre* et d'avoir ainsi fait cause commune avec la rancune des comédiens de l'Hôtel de Bourgogne, le parti-pris des courtisans et l'intolérance des bigots.

Boursault s'est formé lui-même. Lorsqu'il vint à Paris, à l'âge de treize ans, il ne savait que le patois de sa province. Il apprit assez bien le français pour devenir un écrivain agréable; mais il est à remarquer qu'il ne sut jamais le latin, ce qui l'empêcha d'accepter le sous-préceptorat du Dauphin et plus tard de demander une place à l'Académie. C'était un esprit entreprenant et fécond et qui s'est exercé en plus d'un genre. Il a composé non sans succès de petits romans ; le *Marquis de Chavigny, Artémise et Poliante.* Il a rédigé une gazette rimée qui lui valut d'abord une pension de la cour et qui, suspendue une première fois sur la plainte d'un prédicateur, fut supprimée à cause d'une épigramme sur Guillaume d'Orange avec lequel on était en pourparlers pour la paix. Il a composé un traité pédagogique, la *Véritable Étude des Souverains.* — Enfin, son théâtre comprend seize tragédies ou comédies : sa tragédie de *Germanicus* a eu un grand succès mais sans lendemain. Ses comédies ont duré davantage. Sans parler d'une curieuse satire des néologismes du temps « *Les mots à la mode* », il y en a trois qui sont restées au répertoire. C'est d'abord le *Mercure Galant* (1683) appelé aux premières représentations la « Comédie sans nom » parce que le propriétaire du Mercure n'avait pas voulu laisser le titre de son Journal sur l'affiche. Le sujet était des mieux choisis pour faire défiler sur la scène nombre de figures comiques : Boursault a su en tirer parti. Beaucoup de scènes sont d'une exécution heureuse, plaisamment inventées et remplies de jolis vers. Les personnages sont bien choisis : Boniface Chrétien, la Rissole, les deux procureurs, l'abbé Beaugénie sont excellents en leur genre. Ses deux autres pièces connues sont *Esope à la ville* et *Esope à la cour*. La première est gâtée par la faiblesse du style et surtout par l'insuffisance des fables que débite Ésope ; la seconde, qui montre le fabuliste amoureux et aimé en dépit de sa figure, offre des scènes comiques également morales et instructives.

Il faut remarquer que Boursault n'a réussi que dans le genre inférieur de la comédie à tiroir, et qu'il n'a qu'à un degré médiocre ce talent de combiner et de composer que doivent posséder les auteurs dramatiques.

Cet écrivain provoqua vers la fin de sa vie une querelle littéraire et religieuse dont il faut dire quelques mots. Un de ses fils, religieux théatin, l'avait mis en relations avec son confrère, le Sicilien Caffaro, qui tenait de son origine italienne une certaine indulgence pour la comédie et avait même composé une apologie latine du théâtre. Cette apologie, traduite en français, servit de préface à une édition des comédies de Boursault sous le titre de « Lettre d'un théologien etc., consulté par l'auteur pour savoir si la comédie peut être permise, ou doit être absolument défendue. » On y lisait que les anathèmes des Pères et les censures de l'Église tombaient uniquement sur les jeux cruels et licencieux de l'amphithéâtre et qu'il n'y avait pas lieu de les appliquer à la comédie du xviie siècle, « épurée à un point qu'il n'y a rien que l'oreille la plus chaste ne puisse entendre ».

Bossuet ne fut pas de cet avis et il composa (1694) ses Maximes et réflexions sur la Comédie, où il fait insulte à la cendre de Molière et accuse Corneille lui-même d'immoralité, sous prétexte que « le poëte travaille à nous rendre, comme ses héros, épris des belles personnes, sentiment coupable même quand il aboutit au mariage, parce que le mariage présuppose la concupiscence qui est, selon les règles de la foi, un mal auquel il faut résister. » On pense bien qu'après avoir traité ainsi les auteurs, Bossuet n'est pas tendre pour les acteurs. Il flétrit leur art infâme et leurs gains aussi illicites et honteux que ceux de la prostitution. Il oublie d'ajouter que de ces gains l'Église de France acceptait volontiers la dîme, quitte à répondre aux comédiens, quand ils demandaient si leurs libéralités ne devaient pas les mettre à l'abri de l'excommunication : nous avons des mains pour recevoir vos aumônes, mais nous n'avons pas de langue pour vous répondre.

Ainsi réfuté par l'évêque de Meaux, et de plus censuré par l'archevêque de Paris, le père Caffaro désavoua son écrit et accusa Boursault de l'avoir publié à son insu. Celui-ci eut la générosité de ne pas protester contre ce mensonge.

Nous passons maintenant à une autre génération d'auteurs qui débutent dans le dernier quart du siècle et qui n'ont pas ou presque pas connu Molière. Les principaux d'entre eux sont Dufresny, Dancourt, Lesage et Regnard ; mais comme Lesage est encore plus célèbre comme romancier que comme comique, nous ne retiendrons ici que les trois autres.

Dufresny (1648-1724) passait pour être le petit-fils de Henri IV. Il descendait, en effet, d'un bâtard que le Béarnais avait eu d'une jardinière d'Anet et portait dans sa physionomie la trace visible de cette origine. Louis XIV qui l'aimait pour cela et pour son esprit essaya de faire sa fortune : il lui donna, avec de nombreuses gratifications, le privilège de la Manufacture des glaces et celui du Mercure ; mais notre homme les aliéna aussitôt, moyennant une pension à laquelle il ne tarda pas à renoncer aussi pour une somme une fois comptée. Il tomba dans une pauvreté si grande qu'il dût épouser sa blanchisseuse, faute de pouvoir la payer. Le Régent, qui lui voulait du bien, essaya à son tour de rétablir ses affaires et y dépensa 200,000 livres sans résultat.

Ce prodigue n'était pas qu'un homme de plaisir : il s'entendait aux lettres et aux arts, particulièrement à la musique. Il avait le talent de dessiner les jardins dans le goût anglais et les premiers de ce genre que l'on ait vus en France sont de sa façon. C'était donc un artiste et un homme d'esprit. Toutefois, il n'avait pas un jugement très sûr, puisqu'il donna dans cette erreur, partagée plus tard par Marivaux, de trouver Molière peu spirituel. Il n'était pas moliériste (le mot est de lui) et c'est mauvais signe pour un faiseur de comédies. On lui pardonne plus aisément de n'avoir pas rendu justice au talent de Regnard. Il avait quelques raisons pour cela, s'il est vrai qu'après lui avoir acheté à beaux deniers le sujet de « Attendez-moi sous l'Orme » son joyeux confrère lui ait emprunté, et cette fois gratis, le sujet du Joueur. On ne sait ce qu'il y a de vrai dans cette allégation; mais à supposer que Regnard ait commis la faute, on ne peut que dire « felix culpa ! » Quelle différence, en effet, entre le *Chevalier joueur* de Dufresny et le Joueur, et combien de ces deux prétendus jumeaux, celui qui a reçu les soins d'un habile nourricier est plus dru et mieux venu que celui qui n'a pas quitté le toit paternel?

On a de Dufresny quinze pièces dont les cinq dernières seulement sont en vers, mais en vers secs et parfois obscurs. Sa prose est meilleure, quoiqu'on puisse lui reprocher un excès de concision. Ses principales comédies sont : la *Coquette de village*, la *Réconciliation normande*, le *Dédit*, le *Mariage fait et rompu*, la *Malade sans maladie*, l'*Esprit de contradiction*. Elles pèchent plus ou moins par le plan, par la complication et l'invraisemblance des intrigues; mais on y trouve de jolis détails, des traits heureux et parfois de bonnes scènes. L'esprit y abonde, mais c'est toujours le même esprit. Qu'il nous montre des paysans, des citadins, des gens de cour, Dufresny ne met pas de différence dans le ton qu'il leur donne, et s'il fait parler patois à ses rustres, il les dépouille de leur grossièreté native en leur prêtant ses saillies et ses bons mots. Il publia, en 1707, un livre à intentions satiriques et morales, « les Amusements sérieux et comiques d'un Siamois » qui a pu fournir à Montesquieu le cadre des Lettres Persanes.

Dancourt (1664-1725) joue à la fin du xviie siècle le même rôle que jouera au début du xixe l'aimable Picard, dont il est comme la première édition. C'est la même profession d'acteur-auteur, le même don d'improviser d'agréables pièces, la même gaieté, la même vérité dans les peintures, avec cette différence toutefois que Picard semble avoir mis encore plus de talent dans ses combinaisons scéniques et surtout professé moins d'indifférence pour la morale. La société que reproduit Dancourt est corrompue jusqu'aux moelles, sans qu'il en soit le moins du monde scandalisé ou même étonné. Il ne fait pas comme Molière qui, dans ses pièces les plus risquées, introduit toujours quelque personnage honnête et sait notamment ne pas dégrader ses amoureux. Ceux de Dancourt sont ou de vils chevaliers d'industrie, ou de jeunes seigneurs ruinés, non moins vils, entretenus par de vieilles folles et par des bourgeoises entêtées de la qualité. Il n'est pas jusqu'à ses filles à marier qui n'affectent une liberté choquante et invraisemblable de propos et de manières. Ce sont des demoiselles comme il n'y en eut jamais. Aussi arrive-t-il que, tout en riant aux saillies du poète, on ne s'intéresse à aucun de ses héros et que ses pièces ne produisent qu'un effet de gaieté passagère.

Il appartenait à une famille de bonne bourgeoisie. Élève du père la Rue, il ne se laissa pas attirer chez les Jésuites et entra au barreau. Mais il devint amoureux de la fille du comédien Lathorilière, l'épousa malgré ses parents, et se fit acteur en 1683. La même année il débuta comme auteur avec le *Notaire obligeant,* et poursuivit dès lors sa double carrière avec un égal succès. Il était un des meilleurs de la troupe, surtout dans le haut comique. Il avait l'oreille du public; il était apprécié de Louis XIV pour la netteté et l'élégance de son langage. L'exercice de sa profession ne lui valut qu'une mésaventure : un beau soir le marquis de Sablé, étant entre deux vins, le souffleta parce qu'il avait cru entendre ridiculiser son nom sur la scène. Il s'agissait en l'espèce de « poireaux et de choux à sabler » et il n'y avait qu'un ivrogne pour voir là une allusion maligne.

Il faut dire toutefois que sous ce rapport Dancourt était sujet à caution. Il reproduisait volontiers, pour plus d'exactitude, la réalité scandaleuse du temps. Ses petites pièces ont souvent trait à des modes et à des travers du jour : ce sont des à-propos, des allusions à une anecdote qui court, à une intrigue qui a fait du bruit. Ainsi il empruntera à la chronique l'histoire d'un abbé, surpris avec la femme d'un teinturier, et forcé par le mari à prendre un bain complet dans une cuve de teinture verte, et il intitulera sa comédie : le *Vert Galant.* On pourrait mieux choisir ses sujets et être moins facile en fait d'esprit. Mais Dancourt a le défaut de travailler au jour le jour; c'est un marchand qui flatte les caprices et satisfait les goûts de sa clientèle; il n'a pas la préoccupation de l'art. Rien chez lui ne rappelle la manière large et complètement vraie que Molière porte jusque dans la farce. Ses personnages, même ceux qu'il a le plus de chance de bien connaître, ne sont jamais pénétrés à fond. « Paysans malins et naïfs, chevaliers d'amour et d'industrie, femmes d'intrigue et procureuses », tout cela est vrai d'une vérité approchée, sans que le fond de la nature soit jamais atteint. C'est ce qui explique qu'il y a peu à prendre chez lui, au point de vue artistique et moral et qu'il n'a plus guère à nos yeux qu'une valeur documentaire comme peintre de son temps. Bien que Voltaire ait dit : Dancourt est à Molière dans la farce, ce que Regnard est à Molière dans la haute comédie, ce rapprochement choque un peu; il semble que Regnard ait sur Dancourt une autre supériorité que celle du genre où il s'est exercé.

Le théâtre de Dancourt comprend de nombreuses pièces, d'un dialogue vif et enjoué, et la plupart en prose.

Les plus importantes sont : les *Bourgeoises à la mode,* les *Trois cousines,* la *Femme d'intrigue,* le *Chevalier à la mode* On cite parmi ses piécettes les mieux réussies : les *Vacances,* les *Vendanges de Suresnes,* le *Moulin de Javelle,* le *Curieux de Compiègne,* la *Maison de Campagne.*

Regnard (1655-1709) est, après Molière, le grand comique de cet âge, mais sans posséder le même ensemble de qualités. Il n'a ni la raison supérieure, ni la portée morale, ni l'esprit d'observation de son devancier. Ses situations sont moins fortes, mais elles sont au moins aussi comiques. Ce qui le caractérise, c'est une gaieté soutenue, un fonds inépuisable de saillies et de traits plaisants. Il ne fait pas penser, il fait rire. Il lui arrive bien parfois de nous intéresser à un caractère, comme dans le *Joueur;* mais ce n'est pas vraiment son but : il veut nous égayer et il y réussit par la largeur aisée de sa joie communicative. Son rire sauve tout et l'insuffisance de son objectif et l'insuffisance de sa morale : car il n'y a pas chez lui au fond du comique cet honnête homme que nous trouvons ailleurs, quelque peu misanthrope, mais attentif au bien et au mal, au vice et à la vertu; il n'y a qu'un bon vivant, un homme de plaisir, indifférent à tout le reste, et à qui la vie est un pur carnaval. Les mœurs qu'il représente sont détestables; la plupart de ses personnages sont des gens tarés;

mais plus heureux que Dancourt, il a de quoi sinon racheter au moins faire oublier cette immoralité qui ne se constate chez lui qu'à la réflexion, car, ni à la représentation, ni même à la lecture, on n'a le temps de s'en apercevoir. On est emporté par le courant de sa verve, ébloui par le feu d'artifice de ses saillies; on n'a que le temps de rire et d'applaudir.

Ce poète, qui tient tous ses dons de la nature, naquit à Paris sous les piliers des Halles, non loin du berceau de Molière. On ne sait rien de son enfance, sinon qu'elle fut marquée par une facilité à versifier, digne d'un Ovide. Il était orphelin de père et fut élevé convenablement par les soins de sa mère et de ses grandes sœurs. Après ses exercices d'académie, dès l'âge de dix-sept ans, il se mit à voyager et poussa jusqu'à Constantinople, traversant deux fois l'Italie à l'aller et au retour. Joueur et joueur heureux, il gagna dans son voyage plus de 10,000 écus. La vie qu'il y mena dût être à peu de choses près celle dont Casanova, le joyeux vénitien, tracera plus tard un leste récit. De retour à Paris, il fut mis en possession de l'héritage paternel qui le fit riche. Il repartit bientôt pour l'Italie avec son ami Fercourt et y séjourna près de deux ans. Il connut à Bologne et à Naples un gentilhomme provençal, M. de Prade, dont la femme lui inspira un sentiment assez vif. Le hasard ou autre chose le réunit à ce couple ami sur le même bateau dans une traversée de Gênes à Marseille. Ils furent attaqués et capturés par des corsaires algériens et, après deux mois de course, débarqués à Alger et vendus aux enchères. Fercourt, Regnard et de Prade échurent au même maître : Mme de Prade devint le lot d'un autre. Regnard se fit bien venir du sien par son talent pour la cuisine. Au bout de huit mois, il fut racheté avec Fercourt, et il se fit rabattre sur le prix convenu 4,000 livres qui servirent à racheter le valet de Fercourt et Mme de Prade. Après avoir rendu celle-ci à sa famille, Regnard rentra à Paris et se remit pendant quelque temps de ses aventures dont il a fait un récit romancé dans sa nouvelle *La Provençale*. Puis en compagnie de son inséparable Fercourt, il partit en 1661 pour le Nord, traversa les Pays-Bas, le Danemark, la Suède, et poussa jusqu'en Laponie. Il y séjourna deux mois et grava sur un rocher de Pescomarca une inscription latine plus élégante qu'exacte :

> Gallia nos genuit; vidit nos Africa, Gangem
> Hausimus, Europamque oculis lustravimus omnem.
> Hic tandem stetimus, nobis ubi defuit orbis.

Il se rendit de Stockholm en Pologne où il fut présenté à Sobieski; et prenant sa route par la Hongrie, l'Autriche et l'Allemagne, il revint définitivement à Paris en 1682. Il y acheta une de ces charges de finances qui étaient de veritables sinécures et dès lors vécut en épicurien. Il avait sa petite maison près de la porte Richelieu. Il y menait sans bruit une joyeuse existence où il avait pour commensaux les plus grands seigneurs, par exemple les fils de Sobieski, le prince de Conti, et M. le Duc. Il possédait aussi le château de Grillon près Dourdan, où pendant l'été il tenait table ouverte. Il a décrit lui-même, en vers faciles, son train de vie :

> Grand chère, vins délicieux,
> Belle maison, liberté toute entière,
> Bals, concerts, enfin tout ce qui peut satisfaire,
> Le goût, les oreilles et les yeux. etc.

En homme avisé, qui sait dans la recherche du plaisir faire la part de l'esprit, Regnard mit à profit sa veine, et improvisa à l'occasion de lestes épîtres et de gaies satires en attendant d'aborder la comédie. Il répondit à la Satire des femmes de Boileau par une *Satire des maris,* qu'il montre brutaux, mal complaisants, avares, négligés, débauchés, ivrognes et joueurs, et surtout tyrans de leurs femmes qui font bien de se défendre à leur façon et de se venger. Boileau s'empressa de caser le nom de son contradicteur dans un vers de sa dixième épître. L'autre riposta par le *Tombeau de M. Despréaux*, grotesque peinture de l'enterrement supposé du satirique en qui il affectait de voir un pédant du quartier latin. Les choses en restèrent là : bientôt une réconciliation intervint et Regnard dédia même une de ses pièces à Boileau avec une dédicace où il disait :

> Le bon sens est toujours à son aise en tes vers,

Il avait débuté au théâtre dès 1690 et donné en prose quelques bluettes sans prétention, mais non sans esprit, dont les plus connues sont : *Attendez-moi sous l'orme* et la *Sérénade* (1694), cette dernière avec un rôle d'ivrogne pris sur le vif. C'est dans le *Bal* qu'il donna le premier échantillon de son vers comique, si vif, si nourri, si pétillant, si propre à faire valoir son esprit. Il produisit successivement le *Joueur* (1696), les *Folies amoureuses* (1703), les *Ménechmes* (1705), le *Légataire* (1708), toutes pièces qui au seul point de vue de l'action sont mieux montées peut-être, mieux intriguées, mieux dénouées que certaines de Molière.

Le Joueur est d'une observation excellente : les variations du héros, amoureux quand il perd, joueur quand il gagne, ses alternatives de joie et de désespoir sont peintes à merveille. Angélique est d'une belle venue, et si quelques personnages épisodiques, la comtesse, le faux marquis laissent à désirer, le dénouement est amené de la plus jolie façon.

Les Folies amoureuses sont brodées sur un de ces canevas italiens, où il y a invariablement un docteur dupé par des inventions grotesques, un mariage, des danses, etc. Mais Regnard s'y est mis tout entier avec toute sa puissance de gaieté. « Cette Lisette, ce Crispin nous enlèvent par leur feu roulant d'esprit sans effort. Agathe, dans ses déguisements, est le plus ravissant lutin ».

Les Ménechmes, imités de Plaute, sont supérieurs à l'original. Regnard multiplie les méprises et met à de plus grandes épreuves la patience du ménechme campagnard. La ressemblance, qui ne produit chez l'auteur latin que des friponneries assez froides, donne lieu ici à une série de situations de plus en plus réjouissantes.

Le Légataire est le chef-d'œuvre de la comédie gaie, de celle qui se borne à faire rire. Remplie de situations qui approchent du grotesque, par exemple le déguisement de Crispin en veuve, en bas-normand, mais qui ne sont ni basses ni triviales, cette pièce ne sort point trop de la vraisemblance car le testament supposé figure dans une anecdote contemporaine. On peut contester la moralité du tour, mais ici au moins une leçon se dégage de la pièce, celle des dangers qui attendent la vieillesse infirme d'un célibataire.

Regnard mourut à cinquante-cinq ans dans son château de Grillon, soit d'une indigestion, soit, comme on l'a dit, par le suicide où l'avait poussé le chagrin de se voir défiguré par une dartre. Que l'on adopte l'une ou l'autre version, il n'en a pas moins succombé à l'abus du plaisir. Ç'a été plus d'une fois le châtiment des épicuriens.

3° La poésie proprement dite. — Si le théâtre lui-même est en décadence, malgré les succès de Regnard dans la Comédie, à plus forte raison en est-il ainsi de la poésie proprement dite. On peut sans doute citer beaucoup de poètes surtout dans le genre familier : les salons renaissants faisaient la même consommation de petits vers qu'autrefois l'hôtel de Rambouillet ; le madrigal et l'épigramme, le bouquet à Chloris, l'élégie, l'idylle, etc., étaient naturellement en vogue, sans oublier le conte licencieux mis en honneur par la Fontaine. Mais dans cette foule de versificateurs, il en est bien peu qui méritent une mention :

Charleval (1612-1693) fut le fidèle ami de Ninon. Il avait de l'esprit, un talent agréable et délicat, mais point de verve. Sa muse, au dire de Scarron, n'était nourrie que de blanc-manger. Ses pièces ont couru manuscrites, et quelques-unes ont été recueillies dans les anthologies, mais il n'a pas pris la peine de les réunir en volume. La négligence n'est pas autrement regrettable.

La Sablière (1624-1679) était le mari aussi indulgent qu'infidèle de la protectrice de la Fontaine. Plus sensible et plus spirituel qu'il ne semblait alors appartenir à un financier, il tourna pour sa maîtresse Manon van Ganghel des madrigaux naturels, tendres et fins. Il mourut, dit-on, du chagrin que lui causa l'annonce brutale de la mort de son amie.

Ferrand (1678-1719), conseiller à la Cour des aides, se fit une réputation par ses madrigaux et ses épigrammes, ces dernières quelquefois citées.

Pavillon (1632-1705), neveu de l'évêque d'Aleth, se démit de sa charge d'avocat-général à Metz pour venir vivre à Paris en bel-esprit épicurien. Il composa d'agréables vers de circonstance, goûtés de son entourage, et parfaitement oubliés de la postérité.

C'est aussi le cas du liégeois *Lainez* (1650-1710) qui appartenait au même monde et dont on ne connaît guère qu'un madrigal ingénieux à Mme de Fontaine.

Saint-Aulaire (1643-1742), qui vécut cent ans, dut sa réputation de poète et sa place à l'Académie, à un madrigal qu'il adressa à la duchesse du Maine. C'était un grand seigneur à qui l'on sut gré d'être assez aimable pour condescendre à montrer quelquefois son esprit, sans faire concurrence aux gens de lettres par trop de fécondité.

Nous arrivons aux imitateurs des contes de la Fontaine. *Vergier* (1655-1720), qui fut l'ami du grand poète, et son commensal chez les Hervart, ne réussit pas trop mal dans la chanson de table ; mais en dépit de sa gaieté et de son esprit, il ne sut pas se défendre, dans le conte, des longueurs monotones et du prosaïsme.

Sénécé (1643-1737) a de l'agrément en ce dernier genre On lit encore son Caïmak et sa Camille, d'où Musset a tiré le proverbe de Barberine ; mais son poème mythologique des travaux d'Apollon est décidément ennuyeux.

Le bourguignon *La Monnoye* (1641-1728), érudit autant que poète, versifia non seulement en français, mais en latin et en grec. Il réussit dans l'épigramme, grâce à son esprit plaisant et salé qui fait de lui comme la première ébauche de Piron. On lit toujours son Ménagiana. Mais ce qu'il a de meilleur, ce sont les Noëls de Gui Barozai en patois bourguignon.

On peut citer dans le même genre, le joyeux génovéfain *Sanlecque* (1652-1714) qui se moqua agréablement de la componction des directeurs de dévotes, de la gesticulation des prédicateurs et du dédain des évêques pour la résidence ; *Grécourt* (1684-1743) qui a mis dans ses Contes de l'esprit, mais plus grossier que gai, et dont le poème de Philotanus, sur la querelle de la Bulle, finit par lasser malgré l'abondance de vers plaisants qu'il contient.

Au-dessus de ces écrivains d'ordre inférieur, se placent deux versificateurs de talent, J.-B. Rousseau et Louis Racine, et surtout un poète de race, l'abbé de Chaulieu.

J.-B. Rousseau (1669-1740) que le xviiie siècle a appelé son grand lyrique est aujourd'hui bien oublié. On ne lit plus ses Odes et pour cause ; et si l'on parle encore de lui, c'est qu'on le trouve mêlé à des incidents, à des querelles où il ne joue jamais le beau rôle. Il fut un assez triste personnage et ses malheurs, quelque grands qu'ils aient été, n'excitent guère de compassion. Sa vie se partage en deux périodes, avant et pendant l'exil. Il a prétendu que la première était digne d'envie, la deuxième digne de pitié ; on peut ajouter qu'il ne montra ni honnêteté dans l'une, ni dignité dans l'autre.

Né en plein règne de Louis XIV, d'un père cordonnier (il eut, dit-on, le mauvais goût d'en rougir), son enfance nous est mal connue, et il semble que lui-même ait pris soin de la tenir dans l'ombre. On sait seulement qu'il fit de bonnes études et s'annonça bientôt comme un versificateur doué, comme un habile ouvrier du vers. Ce talent lui valut les encouragements de Boileau. L'emploi qu'il en fit lui procura la faveur de quelques grands personnages. Ses épigrammes licencieuses l'initièrent dans le monde où l'on s'amuse ; il fut le familier des Breteuil, des Bonrepaux, de M. de Tallard qui le mena en Angleterre et lui fit connaître Saint-Evremont. Bien vu du ministre Chamillard, il était en bonne réputation auprès de Mme de Maintenon, à cause de ses paraphrases des psaumes, tandis qu'on lui faisait accueil au Temple pour ses vers satiriques et obscènes. Ce double jeu est d'une moralité contestable ; il le jouait habilement, et sa fortune ne semblait pas devoir en souffrir, loin de là. Membre des Inscriptions, désigné pour l'Académie française, objet des libéralités de la cour, tout lui présageait un brillant avenir. Son méprisable caractère l'arrêta dans son essor et le ruina misérablement.

Il avait fréquenté longtemps un des cafés littéraires dont nous avons parlé, celui de la veuve Laurens, et, par son humeur médisante, s'était rendu désagréable à la plupart des habitués, qui se réjouirent tout haut de voir échouer ses deux comédies du *Flatteur* et du *Capricieux*. Cette joie lui déplut, et lui inspira des couplets, richement rimés, où il insultait ses détracteurs, mais en gardant l'anonyme. Malgré cette précaution, il fut reconnu et Lafaye, un de ceux qu'il avait le plus maltraités, le gifla publiquement. Il fit grand bruit de cette injure, prit à témoin le ciel et la terre qu'il se vengerait, et finit par accepter un dédommagement pécuniaire.

La querelle s'assoupit pour quelque temps. Mais en 1710 de nouveaux couplets parurent, si orduriers, si infâmes, que Rousseau, accusé d'en être l'auteur, protesta de toutes ses forces et en attribua la paternité au géomètre Saurin. Celui-ci porta l'affaire au parlement ; un procès s'engagea et, malgré la protection d'un ministre et de nombreux grands seigneurs, Rousseau fut puni, pour diffamation et calomnie, du bannissement perpétuel. A vrai dire, sa culpabilité ne fut pas démontrée en ce qui concerne les derniers couplets, et elle ne l'est pas encore. Il paraît même que son adversaire Saurin ne valait guère plus que lui. Mais sa réputation en ce genre était si bien établie, que les juges purent sans invraisemblance, sinon sans injustice, le déclarer coupable et déférer ainsi à l'opinion qui le condamnait hautement.

Il partit pour l'exil en 1712, et il y mourut en 1740. Il y trouva des protecteurs : à Genève, notre ambassadeur en Suisse, M. du Luc ; à Bruxelles, le prince Eugène et le duc d'Arenberg. Cette dernière ville fut son quartier général : il y revenait après chacun de ses voyages en Allemagne et à Vienne. Dans le milieu où il vivait, dans la catholique Autriche comme dans les dévots Pays-Bas, il fallait montrer de la religion. Ce n'était pas une difficulté pour lui ; il en fut quitte pour renoncer à ce qu'il appelait autrefois les Gloria Patri de ses psaumes, je veux dire aux vers libertins. Il fit grand étalage de principes religieux et moraux, et se rangea parmi les adversaires déclarés de la philosophie naissante. Il menait grand bruit, mais n'avait guère de conviction, ou plutôt il en avait une, c'est que le principal représentant de cette philosophie, Voltaire, prenait trop d'importance en France et en Europe, et qu'il fallait s'opposer à son succès personnel par tous les moyens. Il était tout uniment jaloux de l'auteur de la Henriade, et n'avait pas de plus chère occupation que de le dénigrer ; il n'eut pas toujours à se louer de cette conduite, car dans la lutte il reçut de cruelles blessures. Mais c'est trop s'occuper d'une vie méprisable. Laissons l'homme pour voir l'œuvre.

Il disait, ce prétendu grand lyrique, que la poésie ne consiste que dans le style et que l'idée n'y compte pas. A Brossette, qui avait relevé dans une de ses Odes une imitation de Lucrèce, il en faisait l'expresse déclaration. Cela suffit à le juger. C'est un metteur en œuvre, un rhéteur du vers, mais non pas même en son genre l'égal d'Isocrate ou de Gorgias, qui ont au moins innové et perfectionné dans leur domaine restreint, au lieu que lui n'a eu garde de rien inventer. Ode et stance, il reçoit tout des mains de Malherbe et de ses autres devanciers : il ne trouve ni un rhythme, ni une cadence ; sa gloire — si c'en est une — est d'avoir rimé richement, et j'ajoute platement ; car il n'a tiré de la rime aucun parti, pas plus pour l'effet pittoresque, que pour la mise en valeur de l'idée. S'il a quelque épithète banale ou quelque mot commun à placer, on peut être sûr que ce sera à la fin du vers.

Il a écrit à grand renfort de chevilles un livre d'*Odes sacrées* et trois livres d'*Odes profanes*. Des premières il ne faut point parler : elles sont manifestement inférieures aux chœurs d'Esther et d'Athalie, aux stances de Polyeucte, aux deux psaumes paraphrasés par Malherbe. Laharpe dit y avoir trouvé de l'onction, mais il est le seul à avoir fait cette découverte. Le moyen qu'il y ait de l'onction là où la conviction fait défaut ?

Les Odes profanes ont la prétention, aussi mal justifiée, d'imiter et de reproduire les beautés de Pindare. Celles qui célèbrent le comte du Luc, le prince Eugène, le duc de Vendôme (ce sont les plus connues) sont d'une pauvreté d'invention qui interdit même le plus lointain rapprochement avec le poète thébain. Les développements hardis du modèle deviennent dans la copie de banales digressions. Les souvenirs mythologiques de Rousseau sont d'une froideur glaciale au prix des évocations que Pindare fait des héros et des Dieux. Celui-ci est un croyant qui chante pour des croyants ; l'autre n'est qu'un compasseur de mots sonores, visiblement détaché des idées qu'il exprime.

On a beaucoup vanté les *Cantates* et particulièrement celle de Circé. Mais ce ne sont que de médiocres libretti où l'harmonie de la forme compense mal l'indigence du fond.

Les *Épîtres*, contournées, bistournées, d'un français douteux, sont de pauvres et laborieuses imitations du gaulois élégant et naïf de Marot.

Les *Allégories* sont la plupart du temps incompréhensibles.

Restent les *Épigrammes*, inférieures pour la verve à celles de Piron, pour le naturel à celles de Marot, mais supérieures pour la méchanceté et pour la noirceur. Le sel en est amer et mélangé de fiel, mais le sel y est et cela les a conservées.

Nous nous sommes déjà expliqué sur les causes de la pauvreté de notre poésie lyrique classique, qui ne pouvait être que stérile dans les conditions sociales où elle se développait. Placé entre Malherbe et Lebrun, J.-B. Rousseau est sensiblement au-dessous et du premier dont il n'a pas la vigueur d'expression et l'élévation morale, et du second qui, dans son style tourmenté, a du moins, à défaut de sensibilité, je ne sais quel souffle cornélien. Lui n'a d'autre ambition que de rimer richement. Il vérifie à merveille le mot de Boileau :

> Le vers se sent toujours des bassesses du cœur.

Louis Racine (1692-1763) était le plus jeune fils du tragique. Pieux héritier d'un grand nom, il ne crut pas que la meilleure manière de l'honorer fût de s'ensevelir dans une retraite plus ou moins studieuse. Tandis que son frère aîné profitait de la mort de leur père pour dire adieu à la diplomatie et n'être plus qu'un bourgeois ignoré, le petit Lionval, comme on l'appelait en famille, eut la hardiesse généreuse de vouloir lui aussi être poète.

Il avait un certain talent auquel il n'a manqué pour prendre l'essor qu'un milieu plus favorable. Mais son jansénisme l'isola du monde, lui ferma la cour et l'Académie, ne lui permit en fait de fréquentations littéraires que celles plus édifiantes qu'excitantes de Rollin et de d'Aguesseau, et finalement l'amena à traiter les sujets les moins propres à intéresser.

Faute d'une pension qui lui permît de vivre à Paris, il dut se confiner dans d'obscurs emplois provinciaux. Son esprit s'y rapetissa, son caractère y devint morose à ce point que l'abbé Fraguier l'appelait, sans scandaliser personne, Racine fi!

Il perdit, sur le tard, un fils dont il augurait bien, et dont le talent précoce se faisait admirer de ses jeunes contemporains, notamment de Lebrun-Pindare. Ce malheureux enfant s'en alla mourir au tremblement de terre de Lisbonne. Sa perte fut insupportable à son père ; et les consolations de la religion ne lui suffisant plus, il paraît qu'il en chercha d'autres. Lorsqu'il mourut, huit ans après, on put dire de lui en guise d'oraison funèbre qu'il était depuis longtemps « abruti par le vin et la dévotion ».

On a de lui quelques ouvrages en prose : un *Traité de la poésie dramatique*, des *Remarques sur les tragédies* de son père, des *Réflexions sur la poésie,* une *Traduction en prose de Milton*, avec un discours sur l'épopée, et surtout, des *Mémoires* intéressants, bien que parfois inexacts, sur la vie et les ouvrages de J. Racine (3 volumes 1747). Ces Mémoires sont l'unique chose qu'on lise encore de lui.

Comme poète il a écrit des *Odes sacrées,* des *Poésies diverses* où l'inspiration languit, et les deux poèmes didactiques de la *Grâce* et de la *Religion*. Le premier traite en quatre chants de la grâce, don pur et gratuit de Dieu mais auquel l'homme peut résister : beau sujet à mettre en vers et bien intéressant! Le second était au moins sur une meilleure donnée : la religion peut inspirer un grand poète : Dante, Milton, Châteaubriand en sont la preuve, mais elle n'a pas inspiré Louis Racine. Il emploie ses six chants à prouver l'existence de Dieu et la nécessité de la révélation, à combattre les philosophes, à ramener les incrédules. Il a dit, en manière de glorification :

> La raison dans mes vers conduit l'homme à la foi ;

et c'est justement le défaut qu'on peut lui reprocher. Il est trop raisonnable pour un poète, il manque d'imagination et d'enthousiasme. Laharpe devenu dévot a essayé de réhabiliter cette œuvre dévote : mais force lui a été de reconnaître qu'au lieu de faire jaillir du grand édifice de la religion les sources de pathétique qui y sont renfermées, Louis Racine n'a réussi qu'à versifier correctement, et parfois avec quelque élégance, six monotones sermons.

Chaulieu (1639-1720.) — Avec Chaulieu nous changeons de milieu social et nous nous élevons d'un degré en poésie. Quoiqu'abbé, Chaulieu n'a rien d'un dévot et encore moins d'un janséniste : il a, par contre, les dons naturels du poète, à savoir une imagination chaude et colorée, une sensibilité prompte à s'émouvoir. Il ne lui a manqué pour être au premier rang que d'être un peu moins négligé. Mais quoi! c'était un homme de plaisir qui voulait bien s'amuser aux vers mais non y prendre peine. Il fut pendant quarante ans l'âme de la société libertine et voluptueuse du Temple, dont on l'a justement surnommé l'Anacréon.

Issu d'une bonne famille de Normandie, il essaya de se pousser dans le monde; mais son humeur fière l'empêcha de réussir tout d'abord autant que son esprit l'eût mérité. Il chercha fortune jusqu'en Pologne où il croyait pouvoir compter sur la protection de la reine, femme de Sobieski (c'était une française, de la maison d'Arquien). Il en fut pour ses espérances. A son retour, il rencontra le Grand-Prieur et contracta avec lui une amitié durable, malgré ou peut-être à cause de la disproportion de l'âge. Il avait lui même quinze ans de plus que ce prince dont il devint le conseiller et le factotum. Il ne se mit guère en peine, semble-t-il, de lui donner de bons conseils et encore moins de bons exemples. La seule morale qu'il lui ait jamais prêchée peut se résumer en ces mots : « Pourvu que la raison conserve son empire, tout est permis. On est un voluptueux ou un débauché, selon l'usage que l'on fait des plaisirs. Le voluptueux se reconnaît à la délicatesse et au sentiment. » Chaulieu se croyait et était peut-être un voluptueux, au sens qu'il disait ; mais autour de lui, combien de débauchés, en qui la raison ne conservait plus son empire, à commencer par les deux Vendôme, ces deux vrais pourceaux d'Épicure ! Il ne se contentait pas, pour sa part, d'être libertin par la conduite, il l'était par les opinions. Sa conviction philosophique était si forte qu'elle ne l'abandonna pas même au dernier moment. Il l'emporterait par là sur tous les poètes de son école, s'il ne les surpassait encore par la richesse de l'inspiration.

Ses pièces, d'un tour heureux et original, mêlent agréablement la verve lyrique à la douceur de l'élégie et aux traits d'une philosophie hardie et enjouée. On cite de lui les stances sur la *Goutte*, sur la *Mort*, sur la *Retraite*, sur sa *Maison de Fontenay* dont Voltaire a pu dire : « elles ne sont pas châtiées ; ce sont des statues de Michel-Ange ébauchées ». Ce seul rapprochement, fait sans sourciller par le meilleur juge, indique assez quelle estime il faut faire du talent de Chaulieu.

Lafare (1624-1712). — L'usage veut que l'on ne sépare pas de ce poète épicurien son ami Lafare, épicurien lui aussi et poète. C'était un gentilhomme du Vivarais qui s'était distingué de bonne heure par son esprit et son courage. Bien vu du roi, estimé de Condé, cher à Turenne, il était en passe d'une haute fortune militaire lorsqu'il s'avisa de marcher sur les brisées de Louvois et de faire la cour, par désœuvrement, à la maréchale de Rochefort. Dès lors son avancement fut arrêté. Il en prit son parti, vendit sa charge, et quitta la cour pour Paris, dont il fréquenta les salons. Il se fit aimer de Mme de la Sablière, et leur liaison fut citée d'abord comme un modèle d'amour tendre et distingué : mais il s'en lassa bientôt. L'épicurien qui était en lui voulait d'autres satisfactions; ses appétits parlèrent et il les écouta. Après trois ans, il abandonna sa maîtresse qui en fut inconsolable; et il se donna aux plaisirs de la table, auxquels il joignit, en guise d'apéritif et de digestif, la bassette et les coulisses de l'opéra. Il mourut d'indigestion. On voit qu'il n'avait pas su, pour employer les expressions de Chaulieu, s'en tenir à la volupté et qu'il était tombé en plein dans la débauche. C'est, il faut bien le dire, le sort trop ordinaire des existences vouées au plaisir, sans autre but que la jouissance, sans autre règle que le caprice : le corps prend le dessus ; l'esprit capitule, obscurci ou éteint, et l'animalité règne en maîtresse. Rares sont les épicuriens qui savent jusqu'au bout maintenir l'équilibre entre les deux puissances rivales. Encore peut-on remarquer que la vie épicurienne, même quand elle reste dans les bienséances, est médiocrement estimable : elle est propre à faire des égoïstes, ou tout au moins des inutiles; et elle ne semble guère compatible avec les vrais devoirs de l'homme et du citoyen.

Lafare a laissé des *Mémoires* sur le règne de Louis XIV. Victime non du prince lui-même, mais de son ministre, il fait du gouvernement la critique la plus fine et la plus précise, sans tomber dans une hostilité systématique. Il y exprime souvent les mêmes idées que Saint-Simon, mais il se contente de marquer au passage et d'un trait rapide ce que l'autre développe à satiété. Des deux, c'est souvent lui qui donne la note la plus juste, ce qui ne veut pas dire, loin de là, que son œuvre soit égale au monument historique de Saint-Simon.

Il a improvisé des *Poésies légères,* pleines d'aisance, de naturel, de grâce négligée dans l'expression, d'abandon dans les sentiments, et où la volupté cède parfois la place à la réflexion. On lui fait encore, comme à Chaulieu, l'honneur de lire et de citer quelques uns de ses vers.

Ici s'arrête l'histoire de la poésie sous le règne finissant de Louis XIV. Nous passons à la prose, dont nous répartirons les représentants selon le genre où ils se sont exercés. Pour que la transition soit moins brusque, nous commencerons par deux philosophes qui ont un certain nombre d'idées communes avec Chaulieu et qui sont eux aussi des libertins, non par la conduite, ils n'en ont garde, mais par les idées.

CHAPITRE IV

LES PHILOSOPHES.

1° Fontenelle. — 2° Bayle. — 3° Les compagnons d'exil de Bayle : les différents Refuges.

Les philosophes dont nous allons traiter ne sont pas des métaphysiciens comme Malebranche. Nous ne risquons pas en les suivant de nous égarer dans les nuages d'une doctrine ingénieuse et obscure, sans application directe et sans influence sur la marche des esprits. Ils ne perdent pas la terre de vue. Leur œuvre, toujours abordable et intelligible, n'en est que plus féconde. Ils sont les représentants de cette philosophie qui insinue un doute fécond, qui ruine les préjugés et dissipe les erreurs. Ils essayent à leur façon, et avec les moyens réduits dont ils disposent, ce que Voltaire fera plus tard en grand et à fond. La chaîne que nous avons montrée reliant Rabelais à Montaigne, Montaigne à Charron, Charron à Gassendi et à Lamothe-le-Vayer, risquait de s'amincir jusqu'à rompre, si elle n'avait eu que des poètes pour forger et souder ses anneaux. Fontenelle et Bayle survinrent à propos pour la consolider, la renforcer et la prolonger sans interruption jusqu'au xviii° siècle, à travers le gouvernement défavorable ou mieux franchement hostile de Louis XIV.

1° **Fontenelle (1657-1757).** — Né à Rouen en 1657, mort à Paris un siècle après, Fontenelle est le plus bel exemple de longévité que présente notre littérature. Bien lui en a pris de vivre longtemps et de durer au delà des limites ordinaires : sa réputation y a gagné d'autant mieux qu'il a gardé jusqu'au bout la finesse et la pénétration de son esprit. A cheval sur les deux siècles, il fait entre eux la transition et, par sa philosophie discrète, fraye doucement la voie aux doctrines plus hardies qui vont se faire jour. Il y aurait de l'exagération à se le représenter comme le promoteur de tout le XVIIIe siècle : ce rôle en dehors et en vue n'est pas le sien. Mais il a parfaitement conscience de ce qui se passe autour de lui, de ce qui se prépare pour un temps qu'il croyait toutefois (et c'est sa seule erreur) moins rapproché qu'il ne l'était en réalité. Il lui est arrivé d'écrire après la mort de Louis XIV : « Nous sommes dans un siècle où les vues commencent sensiblement à s'étendre de tous côtés. Tout ce qui peut être pensé ne l'a pas été encore. L'immense avenir nous garde des événements que nous ne croirions pas aujourd'hui, si quelqu'un pouvait les prédire. »

Normand comme les trois quarts des littérateurs de cette époque, fils d'un père insignifiant et de la sœur des Corneille qui était une femme d'esprit en même temps qu'une dévote quiétiste, il fit d'excellentes études aux Jésuites de Rouen. Ses maîtres le qualifiaient de « juvenis absolutissimus » et, de fait, il était le premier à tous les exercices de l'esprit : il allait jusqu'à composer des vers grecs, « aussi bons que ceux d'Homère, disait-il plus tard, car ils en étaient ». Après ses succès de collège, il eut beau étudier le droit, suivant la coutume de Normandie, le barreau ne put le retenir. La littérature le réclamait. Il vint à Paris faire ses débuts, et commença par des ouvrages d'imagination, je n'ose dire de poésie. Justement sifflé pour sa tragédie d'*Aspar,* il se tourna du côté de l'opéra où il réussit un peu mieux, sans l'avoir mérité davantage, avec *Psyché, Lavinie, Thétis* et *Pélée.* En même temps il donna au Mercure, ce journal des Normands, la primeur de ses *Églogues* dont le recueil parut en 1688. On y chercherait vainement la moindre trace de la simplicité indispensable au genre. Bergers et bergères y connaissent le fin du fin en amour et s'expriment dans le langage à la fois le plus maniéré et le plus prosaïque. Laharpe a cru trouver dans trois de ces pièces, la première, la neuvième, la dixième, un ton un peu moins faux et une peinture de l'amour moins éloignée de la naïveté villageoise. C'est bien de l'indulgence.

Si l'on ajoute à ces églogues trois morceaux détachés, le Portrait de Clarice, le sonnet de Daphné, l'Apologue de l'amour et de l'honneur, on en aura fini avec l'œuvre versifiée, très peu estimable, de Fontenelle. Il est en ce genre, pour le définir d'un mot, un bel esprit précieux de l'école de Benserade, qui pense avec subtilité ou prétention, mais qui rime platement et pauvrement.

Ce tour de préciosité que nous lui reprochons ici, il le garda assez longtemps dans sa prose; il en abusa même dans ses *Lettres du chevalier d'Her*..... (1683) où, avec le désir d'imiter le badinage désinvolte de Voiture, il ne réussit qu'à faire la figure d'un galant suranné. Les *Dialogues des morts* sont de la même année, mais présentent une autre valeur. Il ne s'y donne plus pour unique tâche de compasser des phrases alambiquées sur l'amour; il y déploie, à propos des sujets les plus variés, les plus inattendus, une instruction solide et une raison hardie, qui contrastent heureusement avec la recherche souvent puérile et l'affectation de son style. Un point à noter, c'est que dans cette œuvre de jeunesse (il avait alors vingt-six ans), il se montre beaucoup plus pessimiste qu'il ne le sera dans la vieillesse : il y conclut en somme que tout est chimère et les grandes renommées et les grandes actions, et la vertu et les plaisirs, et la science et la philosophie : il démolit tout pour ne laisser sur le trône que cette faculté décevante de l'imagination, la reine du monde, à son dire comme à celui de Pascal. Il professe que tout est fiction et illusion, et que la seule ressource pour n'être pas dupé, c'est d'être dupeur.

Nous le verrons plus tard se ranger à une philosophie moins désolante. Mais, à cette date, il cherche sa voie, il ne songe qu'à semer des doutes, à jeter des germes de polémique, à pousser sa pointe dans tous les sens. Il avait déjà donné au public les Églogues, les Lettres et les Dialogues quand il fut travesti par la Bruyère en *Cydias,* avec plus de malice que de vérité, car même à cette époque il y a plus qu'un bel esprit chez Fontenelle. Il l'avait certainement prouvé dès 1686, en faisant insérer dans le journal que Bayle rédigeait en Hollande, les Nouvelles de la République des Lettres, une prétendue *Relation de l'Ile de Bornéo* qui n'était qu'une allégorie transparente sur Rome et Genève, désignées comme deux sœurs rivales sous les noms de *Méro* et *Énégu*. Méro était une magicienne tyrannique : elle exigeait que ses sujets vinssent lui déclarer leurs plus secrètes pensées et lui apporter tout leur argent. Elle forçait les gens à lui baiser les pieds, à adorer des os de mort, à en passer par ses plus ridicules caprices. Enfin ses sortilèges et ses fureurs soulevèrent un grand parti contre elle, et sa sœur, Énégu lui enleva la moitié de son royaume. L'allégorie était facile à saisir : elle fut comprise et fit grand bruit, non seulement en Hollande, mais en France. On en connut ou plutôt on en soupçonna l'auteur et on l'eût envoyé à la Bastille, s'il n'eût détourné l'orage en faisant de mauvais vers à la louange de la Révocation.

Désormais Fontenelle sera plus circonspect mais il n'en sera pas plus dévot. Aussi bien ne s'y trompait-on pas dans son entourage, et sa mère lui disait-elle souvent de sa voix douce : « mon fils, vous vous damnerez. » La damnation ne l'inquiétait pas autrement, mais la persécution ne lui allait pas le moins du monde, et il se mit en devoir d'y échapper. Il laissa de côté les sujets dangereux ou compromettants, et s'attacha désormais à vulgariser la science dans des ouvrages d'un ton agréable et d'une clarté lumineuse. Avant d'aborder ces écrits dont il tient le meilleur de sa gloire, il faut entrer dans quelques détails sur son caractère et sur sa vie.

On a prétendu qu'il était tout esprit et qu'il n'avait ni cœur ni sensibilité. Mme de Tencin, une connaisseuse en matière de sentiment, lui reprochait d'avoir du cerveau dans la poitrine comme dans la tête, et ce mot piquant a été pris pour parole d'Évangile. Grimm n'a pas manqué d'y ajouter foi et de l'appuyer de quelques anecdotes topiques, dont la plus connue est celle des asperges. Fontenelle avait invité l'abbé Terrasson à venir partager avec lui la première botte d'asperges qu'il eût pu se procurer de la saison. Ils raffolaient également de ce mets, mais le mangeaient à une sauce différente, l'un au beurre, l'autre à l'huile. Au moment de se mettre à table, l'amphitryon apprend que son convive vient de tomber en apoplexie. Aussitôt, sans s'attarder à le plaindre, il se précipite à la cuisine en criant, « toutes à l'huile ! toutes à l'huile ! » et il dévore ses asperges avant de demander d'autres nouvelles du malheureux abbé. Cette anecdote est bien invraisemblable.

La férocité de gourmandise et d'égoïsme qu'elle prétend démontrer se trouve démentie par les détails qui accompagnent le fait principal. Fontenelle aurait eu, dans ce cas, une passion, celle des asperges, et on sait qu'il n'a jamais eu de passion d'aucune sorte; il aurait crié, il aurait couru, et cela est inadmissible de la part d'un homme qui n'avait jamais ri ni pleuré, ou, pour employer son mot, qui n'avait jamais fait ni hi! hi! ni ah! ah!

L'historiette ne mérite donc aucune créance, et je persiste, pour ma part, à retrancher beaucoup de l'appréciation qui fait de Fontenelle un égoïste et un insensible. Qu'il ait de bonne heure jugé le milieu où il devait vivre, qu'il se soit arrangé pour y mener l'existence la plus confortable, que la première condition de cette existence lui ait paru l'indifférence aux personnes, cela est bien possible, mais de là à soutenir qu'il était incapable d'un sentiment affectueux, il y a quelque distance. Quoiqu'on en dise, il a eu des amis auxquels il est resté fidèle du premier au dernier jour, l'abbé de Saint-Pierre, Varignon, Vertot, et ce Brunel dont la mort l'a certainement affecté. Quand il disait, non sans plaisanterie: « il y a quatre-vingts ans que j'ai relégué le sentiment dans l'églogue », il parlait sans doute de l'amour qui ne l'avait jamais beaucoup tenté, mais non de l'amitié. Il a eu, même dans l'extrême vieillesse, des paroles de sensibilité, témoin celles qu'il adressait à quatre-vingt-cinq ans à ses confrères de l'Académie : « il m'est permis d'avoir pour vous une sorte d'amour paternel, pareil cependant à celui d'un père qui se verrait des enfants fort élevés au-dessus de lui et qui n'aurait guère d'autre gloire que celle qu'il tirerait d'eux. » D'où l'on peut conclure, je crois, que s'il n'était pas trop expansif, il n'était pas non plus l'être sans entrailles que l'on a dit.

Ajoutons qu'il a fait honneur aux lettres par la dignité de sa conduite. Dans ce grand monde qu'il fréquentait, chez la duchesse du Maine, au Palais-Royal et ailleurs, il sut se faire bien venir et se faire respecter, sans s'exposer à des familiarités dangereuses pour la considération. On lui a reproché d'avoir loué, voire même d'avoir flatté le cardinal Dubois, auquel il a été en effet trop complaisant; mais il a continué à parler de Dubois mort comme il faisait de Dubois vivant, ce qui prouve que dans sa pensée l'éloge n'avait rien d'une flatterie. Quand l'Académie vota l'exclusion de l'abbé de Saint-Pierre, à l'unanimité moins une voix, cette voix fut la sienne et il eut le courage de s'opposer, même seul, à un acte injuste et maladroit. Ce sont là des traits honorables et qu'il ne faut pas omettre.

Après cela nous ne ferons pas difficulté d'avouer qu'il a surtout vécu par l'esprit. La nature l'y avait en quelque sorte prédisposé, en le mettant à l'abri, même dans son corps, de tout état violent et aigu. Quand il était malade, il languissait sans éprouver de douleur. La goutte l'empêchait de marcher, mais ne le faisait pas souffrir. Proche du terme, à ce moment où à un indiscret qui lui parlait du grand voyage il disait : Chut! en homme qui ne veut pas éveiller l'attention de la mort, il ne se plaignit jamais que d'une certaine difficulté à vivre. Ce qu'il était au physique, il l'était au moral : rien d'ardent, rien de passionné ; mais partout l'égalité la plus complète, une douce habitude de voir les choses et les gens sans parti-pris, avec une sorte d'impassibilité, et de filer sans bruit d'agréables et ingénieuses réflexions.

Il eut cependant à la fin du règne de Louis XIV un autre orage à essuyer, malgré sa prudence. Les Jésuites l'avaient pris en haine, et leur père Tellier, le confesseur du roi, essaya de lui faire un mauvais parti. Heureusement le lieutenant de police, d'Argenson, eut l'habileté et le courage de détruire les préventions que l'on avait fait naître dans l'esprit du roi et le philosophe fut épargné : il a témoigné depuis sa reconnaissance en faisant de son défenseur un Éloge qui est un chef-d'œuvre.

Ce danger esquivé, l'existence de Fontenelle s'écoula calme et heureuse, partagée entre les relations mondaines et la vulgarisation des découvertes scientifiques. Il débuta dans ce genre en 1687 par sa *Pluralité des mondes,* livre ingénieux et agréable, où quelques traits de préciosité, et notamment au chapitre de la lune la dissertation sur les beautés brunes et les beautés blondes, n'enlèvent rien de sa clarté à l'exposition du système du monde d'après Copernic, Galilée et Descartes. L'ouvrage est sous forme d'entretien entre une marquise et un astronome. Celui-ci ne se départ jamais du ton de la conversation mondaine ; il ne se hausse jamais à l'éloquence ou à la poésie, il n'a pas d'envolées à la Pascal, et encore moins de ces transports lyriques, trop familiers peut-être à tel vulgarisateur de nos jours. Il se compare tout uniment, lui astronome révélant les mystères du ciel, à un machiniste de théâtre qui expliquerait les vols, les changements, les apothéoses d'opéra et initierait les gens au secret des ficelles de chaque truc.

Malgré ce défaut d'élévation, le mérite de l'auteur reste grand. Il sait voir en réalité et il ose exprimer, quoiqu'avec discrétion, les vérités naturelles. Ce n'est pas qu'il ne soit sujet à quelques erreurs : il croit au système des tourbillons et il continuera d'y croire jusqu'au bout, même au milieu du triomphe de Newton. Il n'est pas cependant un cartésien absolu. Il a dit : « Il faut toujours admirer Descartes et le suivre quelquefois. »

Il donna presque en même temps sa *Digression sur les anciens et les modernes,* que nous connaissons déjà. Je n'en citerai qu'une pensée curieuse : « On nous admirera avec excès dans les siècles à venir. Avec quel mépris ne traitera-t-on pas, en comparaison de nous, les beaux-esprits de ce temps-là qui pourront bien être des Américains. »

C'est encore à la même époque qu'il publia l'*Histoire des Oracles,* traduction ou plutôt adaptation excellente d'un gros et lourd traité du Hollandais Van Dale. Il en fit un charmant petit livre, l'un des premiers essais de cette polémique contre la superstition qui remplira le xviiie siècle, attaque formelle quoique détournée et déguisée sous une apparence d'innocente candeur. Il veut prouver qu'il n'est pas vrai que les oracles aient été rendus par les Démons (beaucoup de théologiens professaient cette thèse) et que l'on a tort de voir du merveilleux dans des supercheries très humaines. Il coupe sa démonstration de réflexions et d'anecdotes, comme celle de la dent d'or du petit Silésien, et il amène son lecteur à conclure in petto qu'il n'y a pas de miracles opérés par les puissances infernales, ni même par les puissances célestes, pour changer l'ordre immuable de la nature.

Il ne tarda pas à entreprendre la double série de travaux qu'il poursuivit jusqu'à l'âge de quatre-vingt-quatre ans et qui, plus que tout le reste, ont contribué à sa gloire. Il avait remplacé comme secrétaire perpétuel à l'Académie des sciences le curé Duhamel, 1697, et il en remplit les fonctions jusqu'après 1740. Pendant ce laps de temps il écrivit, non en latin, comme son prédécesseur, mais en un français toujours ingénieux, quoique de plus en plus sobre d'ornements, l'histoire des travaux de la Compagnie et la biographie ou l'éloge de ceux de ses membres qui venaient à mourir. Il lui fallait vraiment une aptitude, une faculté d'assimilation extraordinaire pour embrasser ainsi toutes les branches de la science et pour parler avec une égale autorité de toutes les découvertes qui intéressaient le monde savant. Il fut, en quelque sorte, une encyclopédie vivante, et, à ce titre, il mérite bien d'être considéré comme le précurseur du siècle de l'Encyclopédie.

Son *Histoire de l'Académie* est moins lue que ses *Éloges,* non qu'elle n'ait de précieuses et rares qualités, à commencer par une clarté lumineuse qui se projette sur tous les points traités, et par un style qui, même lorsqu'il est un peu trop orné, ressemble, au dire de Voltaire, à ces moissons abondantes au milieu desquelles les fleurs croissent naturellement avec les épis. Mais il faut reconnaître que les Éloges sont encore supérieurs et leur faire une place parmi les chefs-d'œuvre de notre littérature. Fontenelle n'est pas le seul représentant du genre, cultivé après lui par Condorcet, Cuvier, Arago, etc.; mais il en est à la fois le créateur et le maître : nul ne l'a surpassé, ni même égalé.

On peut remarquer qu'il a eu plus d'une fois cette bonne fortune que les académiciens à louer n'étaient pas tant des savants, que des amateurs de science doublés tantôt d'un homme de guerre, tantôt d'un magistrat, tantôt d'un prince régnant ; ce qui lui donnait l'occasion de montrer la souplesse et la fertilité de son talent, comme il l'a fait par exemple à propos de Vauban, de M. d'Argenson ou du tzar Pierre le Grand. Mais même quand, au lieu de ces riches sujets, il en traite de plus effacés et de moins abondants en apparence, il accomplit sa tâche avec le même bonheur. Il commence par tracer, d'un pinceau magistral, le tableau idéal de la fonction que son héros a exercée, de la science qu'il a particulièrement cultivée ; puis il rapporte à ce tableau les traits les plus saillants de la vie publique ou scientifique de ce héros, il analyse et apprécie ses travaux, il sait, tout en restant complet, généraliser le technique et éclaircir l'obscur. Il ne s'en tient pas là ; il entre dans le détail de la vie privée : nouveau Plutarque, et aussi intéressant que l'ancien, il nous met sous les yeux les habitudes de travail désintéressé et d'autant plus ardent, la simplicité de manières, la modestie des savants qu'il loue ; il nous apprend à les estimer et à les aimer. Comme l'a dit Voltaire, il a su, par ses éloges, rendre les sciences respectables jusque dans la personne de ceux qui les cultivent. Il ne manque pas, chemin faisant, de semer d'ingénieuses réflexions, des pensées utiles pour l'usage de la vie, des vues morales sur le caractère des hommes, et, bien qu'il y mêle toujours un peu d'ironie sceptique, il y a décidément chez lui un fond de justice et de bienveillance que l'on n'eût pas attendu de l'auteur des Dialogues. C'est que, en avançant en âge, il avait pu voir l'humanité sous un meilleur jour et dans ses plus estimables échantillons : il était revenu peu à peu de ce pessimisme sceptique auquel s'était complue l'inexpérience de sa jeunesse.

Bien qu'il ne hausse presque jamais le ton et qu'il n'ait ni mouvements oratoires, ni transports lyriques, on peut dire qu'il a élevé dans ses Éloges un monument en l'honneur de la science, propre à donner d'elle la plus haute idée. De plus, à une époque qui avait besoin d'être initiée aux résultats de toutes les sciences pour émanciper son esprit, il a été un vulgarisateur incomparable, et, par cela même, il a contribué dans une large mesure à cette émancipation. Il convient de lui en être reconnaissant.

2° Bayle (1647-1706). — En même temps que Fontenelle vulgarisait la science en bel esprit et en philosophe, un autre homme apportait à la liberté de penser le secours de son érudition, de sa dialectique, de son scepticisme et, sans déclaration préalable de ses principes et de son but, imprimait une puissante impulsion à l'affranchissement des esprits et à la conquête de la tolérance. C'est le protestant Bayle, qui, dans sa studieuse retraite de Hollande et malgré les vexations dont il fut l'objet, écrivit de nombreux ouvrages, marqués au coin d'un savoir riche et sûr et d'une raison solide autant que plaisante. Ces ouvrages ont tous une portée philosophique et constituent, sous une apparence inoffensive, un dissolvant énergique de l'autorité en matière de croyance. Ils ont encore pour caractère d'avoir fondé chez nous la critique littéraire, telle que notre siècle l'a pratiquée, et d'en avoir donné, avec la première idée, les premiers modèles.

Bayle est un peu délaissé aujourd'hui : il a contre lui son style, lâche et traînant dans la contexture des phrases, et surtout le format incommode de son principal ouvrage : cela ne l'empêche pas d'être l'un des hommes qui ont le plus su, le plus raisonné, et raisonné le plus juste. Tout est chez lui, a-t-on dit, il ne s'agit que de l'en tirer. La tâche peut sembler au premier abord assez rebutante, mais on finit par s'y plaire.

Pierre Bayle naquit au Carlat dans le comté de Foix. Fils et frère de pasteurs calvinistes, il eut, dès la première enfance, un amour passionné de la lecture : son plus grand plaisir était d'avoir un livre sous les yeux et, quoiqu'il ait parlé plus tard de temps perdu à la chasse aux grives et à la surveillance des vignerons, il fit un tel abus de l'étude, qu'à dix-huit ans il tomba gravement malade, et depuis lors n'eut plus qu'une santé assez faible. Il était sujet à des migraines dont il ne venait à bout que par un jeûne complet, prolongé quelquefois pendant quarante-huit heures, et par un redoublement d'ardeur studieuse; car le travail avec lui ne perdait jamais ses droits. De bonne heure, il prit la louable et périlleuse résolution de faire passer la raison et la vérité devant toutes choses, et de leur obéir en toute sincérité : il fit de cette règle de conduite, dès la vingtième année, une double application assez malencontreuse, mais qui n'a rien que d'honorable pour son caractère.

Il était venu suivre les cours de l'université de Toulouse et les leçons de ses professeurs, la plupart Jésuites, autrement dit gens avisés et subtils, lui persuadèrent que le catholicisme était la vraie religion. Une fois cette conviction acquise, il abjura sans tenir compte de rien, sans se laisser arrêter par la pensée du scandale que ferait son abjuration à lui, fils de pasteur. Il reconnut bientôt qu'il s'était trop hâté. Les dogmes et les rites de sa nouvelle foi ne tardèrent pas à lui paraître moins satisfaisants; il consulta des gens instruits et désintéressés; il lut de nouveaux livres et finit par conclure que le protestantisme était encore préférable au catholicisme. Il y revint par une abjuration nouvelle et, comme des peines sévères frappaient les protestants relaps, il dut s'expatrier momentanément et se rendre à Genève.

Pour se faire une juste idée de l'état d'esprit qui est déjà et sera de plus en plus celui de Bayle, il ne faut pas oublier qu'à partir de son retour au calvinisme, il n'eut pas de lecture plus agréable que celle de Montaigne. Il s'était laissé surprendre par un accès de fièvre dévote : de là sa conversion. Mais cette fièvre tomba vite et, malgré sa rentrée apparente dans la communion protestante, il ne fut plus intérieurement qu'un esprit libre de toute croyance positive. Il ne rompit jamais avec sa religion : ni les mœurs du temps ni l'intolérance des gouvernements ne le permettaient. Un homme qui se fût déclaré publiquement sans religion eût été mis hors la loi et hors la société; mais on peut avancer qu'à partir de 1670 il n'a plus à l'égard des religions en général et de la sienne en particulier qu'une tiédeur voisine de l'indifférence.

Il termina ses études à l'Université de Genève. La Rome protestante, pauvre jusque-là en écrivains de mérite, n'en était pas moins un centre d'études théologiques et philosophiques et elle renfermait des hommes estimables par leur savoir, les Diodati, les Tronchin, les Turretin, les Courcelles, les Pictet, les Burlamaqui. Bayle se lia avec ces personnages et suivit particulièrement les cours du professeur Chouet qui enseignait le cartésianisme. Jusque-là il n'avait guère pratiqué que la scolastique. La connaissance de cette philosophie nouvelle lui fut agréable mais ne l'induisit pas à mépriser l'ancienne, qu'il estimait pour l'habitude qu'elle donne de la dialectique. D'ailleurs il apprit à fond l'une et l'autre et on le verra, quand il sera lui-même professeur, modifier son enseignement selon les exigences du milieu, scolastique à Sedan, cartésien à Rotterdam, au fond toujours sceptique.

Cependant il fallait penser à se faire une situation. Il accepta, à son corps défendant, un préceptorat à Coppet, chez le comte de Dhona. C'est lui qui a commencé l'illustration littéraire de cette maison de Coppet, si célèbre depuis par le séjour de Mme de Staël et de ses amis, Benjamin Constant, les deux Schlegel, Barante, Sismondi, Fauriel, Bonstetten et tant d'autres. On sait que Mme de Staël n'aimait guère la campagne et s'ennuyait à Coppet. Bayle s'y ennuya encore plus, si possible, et bientôt n'y put plus tenir. Il prétexta une maladie de son père et s'en alla.

Son ami Basnage lui procura un autre préceptorat à Rouen. De cette ville à Paris la distance était courte ; il la franchit plus d'une fois et s'initia un peu au monde des savants et des littérateurs : il connut Conrart, déjà bien vieux, assista à quelques Mercuriales de Ménage, mais n'eut pas le temps de prendre vraiment langue et de se faire connaître. Le détail est à noter : Bayle s'est formé tout seul, sans avoir reçu cette culture parisienne qui semblait dès lors indispensable. Il avait l'esprit assez bon pour s'en passer à la rigueur, mais elle n'eût pas nui à son style. Il n'eût pas mieux demandé que de faire un long séjour dans cette ville qui était pour lui la terre promise ; il dut se contenter d'en deviner les délices sans en profiter.

Il fut nommé au concours professeur de philosophie à l'académie de Sedan où il devint le collègue et même l'ami de ce Jurieu qui depuis..... mais alors il se contentait d'être exalté et n'était pas encore jaloux. Son enseignement eut du succès ; aussi, lorsque l'arrêt de 1681 eut fermé en France toutes les écoles protestantes, se vit-il offrir la chaire de philosophie à l'École illustre de Rotterdam, fondée depuis peu. Il l'accepta et fit donner à Jurieu la chaire de théologie dont on voulait aussi l'investir.

C'est vers ce moment que Bayle commença à écrire : il avait passé la trentaine et il avait si bien employé son temps que son érudition était pour ainsi dire universelle. Il pouvait légitimement se laisser aller à la pente de son esprit qui le portait ou à redresser, plume en main, les erreurs de fait et de raisonnement qu'il trouvait dans les livres, ou à combattre les préjugés populaires, ou à prêcher la tolérance. Il publia coup sur coup de nombreux ouvrages, mais sans mettre son nom à aucun d'eux, sauf cependant à son Dictionnaire et à son Journal, où il le mit sur l'ordre des États de Hollande qui ne lui accordèrent de privilège qu'à cette condition. Il laissait les autres productions de sa plume courir anonymes et même il lui arrivait d'y introduire certaines idées, propres à donner le change et à détourner les suppositions. S'il agissait ainsi, ce n'était pas exclusivement par prudence, c'était aussi par modestie, par indifférence pour la réputation. Pourvu que la vérité y trouvât son compte, il y trouvait toujours le sien.

Il écrivit son premier livre : *Pensées diverses sur les Comètes,* à l'occasion de la Comète de 1680 dont on redoutait la mauvaise influence. Il l'avait rédigé d'abord sous forme de lettre et l'avait envoyé au Mercure galant. Pour qu'il fût d'insertion plus facile, il s'était amusé à prendre par instants le ton d'un catholique romain et même à imiter le style de Visé, l'écrivain du journal. Malgré ces précautions, le Mercure n'inséra pas. Bayle reprit alors son écrit et le remania, mais sans lui enlever l'étiquette orthodoxe et royaliste. Il y développait les idées suivantes : c'est une hérésie et une absurdité de croire à l'influence des comètes, et il n'y a rien dans l'Écriture qui autorise cette croyance. Prétendre que les comètes annoncent aux hommes la colère de Dieu, c'est prétendre que Dieu fait des miracles pour confirmer et pour exalter l'idolâtrie dans le monde. Cette thèse ingénieuse, qui utilisait la religion au profit de la raison, eut du succès dans les cercles littéraires où une heureuse indiscrétion fit connaître et estimer l'auteur.

Il donna ensuite, et encore sous le voile de l'anonyme, 1682, une *Critique de l'histoire du calvinisme de Maimbourg* en vingt-neuf lettres, auxquelles il en joignit vingt-deux autres en 1685. La force du raisonnement, l'exactitude à relever les erreurs, la modération du ton recommandèrent cet ouvrage aux connaisseurs. Maimbourg en fut d'autant plus affligé que son contradicteur ne donnait prise à aucunes représailles, ce qui ne lui laissait que la ressource de recourir au bras séculier : il obtint que l'ouvrage fût brûlé par la main du bourreau. Puisque nous en sommes sur ce chapitre des polémiques entre catholiques et calvinistes, il faut dire la part que Bayle y a prise, au détriment de son repos. Il n'approuvait ni la persécution organisée en France, cela va sans dire, ni les violences de langage de ses compagnons d'exil. Son esprit, habitué à tenir le juste milieu à égale distance des extrêmes, ne sut pas résister à la tentation répétée de prêcher la modération aux violents et de les exhorter à la raison. Il le fit à plusieurs reprises, sans se départir des précautions qui lui étaient habituelles, mais qui, si elles l'empêchèrent d'être formellement reconnu, le laissèrent en butte à de véhéments soupçons.

C'est ainsi qu'il publia « la *France toute catholique sous le règne de Louis le Grand* » suite de trois lettres, dont l'une très violente est sous le nom d'un réfugié français de Hollande, l'autre presque aussi violente est sous celui d'un chanoine catholique de Saint-Omer ; la troisième judicieuse et invitant au calme est censée venir d'un protestant d'Angleterre. Cet Anglais, qui n'est autre que Bayle, dit tout doucement leur fait aux énergumènes des deux partis. Il continua cette campagne en faveur de la modération par « l'*Avis aux réfugiés* » où, en prenant le ton d'un catholique fervent, il protesta contre la virulence et les excès de langage de Jurieu. Celui-ci devina d'où partait le coup, mais, comme il n'y avait pas moyen de convaincre Bayle d'être l'auteur du livre, il lui fit un procès de tendance pour tel de ses écrits avoués et pour son enseignement, et l'accusa d'impiété et d'athéisme. Il assourdit de ses plaintes le Conseil des bourgmestres de Rotterdam jusqu'à ce qu'il lui eut arraché une révocation, 1694. Notre philosophe prit son parti de cette injustice sans trop de peine ; il avait connu de plus grands malheurs et surtout deux déménagements qui avaient brouillé ses livres, ses papiers et changé ses habitudes : gros ennui auquel il fut beaucoup plus sensible qu'à sa destitution. Au contraire, il fut ne pas éloigné de se réjouir de cette dernière, parce qu'elle lui laissait plus de temps pour travailler : mais elle ne le mettait pas à l'abri des polémiques auxquelles il était condamné par la nature même de ses travaux les plus importants. Ce que nous avons vu de lui jusqu'ici n'est que l'accessoire. Il nous reste à parler de son Journal et surtout de son Dictionnaire.

En 1684, il avait entrepris un ouvrage périodique sous le titre de *Nouvelles de la République des Lettres*. Il le rédigea pendant trois ans, composant chaque mois un petit volume où il analysait les ouvrages récents et surtout les ouvrages philosophiques. Il y renonça à la suite d'une maladie et passa la main à d'autres rédacteurs. Ces Nouvelles, tout le temps qu'il les a écrites, ont été un excellent journal littéraire, supérieur à la Bibliothèque Universelle de Jean Leclerc et à l'Histoire des ouvrages des savants, de Basnage de Beauval. La Fontaine, qui le lisait assidûment, l'a ainsi apprécié :

> Bayle est, dit-on, fort vif, et s'il peut embrasser
> L'occasion d'un trait piquant et satirique,

> Il la saisit, Dieu sait, en homme adroit et fin.
> Il trancherait sur tout, en enfant de Calvin.

A ce suffrage du fabuliste, Bayle a joint plus tard, non pour son Journal qui ne paraissait plus, mais pour l'ensemble de ses œuvres, le suffrage non moins précieux de Boileau. Un ami commun, l'avocat Marais, les avait mis en relations et ils échangeaient, par son intermédiaire, les témoignages d'une mutuelle et très vive estime. On conçoit que les auteurs dont Bayle parlait dans ses Nouvelles lui aient cherché plus d'une chicane et fait plus d'une querelle; mais il n'eut pas qu'eux pour adversaires, et il lui arriva d'avoir sur les bras des affaires plus embarrassantes. Une fois, par exemple, il avait inséré une lettre de la reine Christine contre la Révocation, non sans faire observer qu'on y sentait comme un vieux levain persistant de protestantisme. L'ex-reine de Suède prit mal la chose; elle envoya à notre journaliste deux lettres pleines de hauteur et de dureté, sous le nom d'un de ses serviteurs. Dans l'une on lisait ce passage qui pouvait faire penser à l'aventure de Monaldeschi : « Vous pourriez vous vanter d'être le seul au monde qui eût offensé impunément cette princesse. » Bayle s'empressa de faire amende honorable à cette vindicative Majesté et il la désarma si bien qu'elle voulut avoir une correspondance avec lui pour tous les objets de science et de littérature.

Nous arrivons au *Dictionnaire* : l'auteur avait d'abord conçu le plan d'un répertoire alphabétique où il aurait relevé toutes les fautes échappées aux biographes et bibliographes du temps. Il en publia le prospectus avec des spécimens d'articles; mais, devant la froideur du public, il crut devoir y renoncer, et se contenta de refaire le dictionnaire de Moréri, non de fond en comble, mais seulement dans les articles où celui-ci s'était manifestement trompé. Il était trop juste pour vouer à l'oubli l'œuvre entière d'un vaillant travailleur; il se borna à en corriger les erreurs et à en combler les lacunes. Son propre Dictionnaire n'avait donc pas de prétentions à l'universalité, et, par la nature même des choses, il devait contenir plus de noms inconnus que de noms illustres : il n'en est pas moins le plus intéressant de tous les ouvrages de ce genre. Chaque article s'y compose de deux parties : le texte, qui est peu de chose et n'a d'autre mérite que la sèche exactitude; les notes, abondantes et piquantes, pleines de citations heureuses, d'anecdotes bien venues, d'observations malignes, où la raison et l'esprit ne sont jamais noyés par l'érudition.

C'est un savant d'une rare espèce que Bayle; il n'a rien du pédant : son intelligence soutient le poids de ses connaissances, sans en être accablée. Il a toujours la tête libre et le regard sûr. Aussi est-ce plaisir et profit de le suivre dans ses digressions, dans les pointes capricieuses qu'il pousse en tout sens, dans les controverses qu'il ne perd pas une occasion d'instituer. Il arrive que ce sont les articles en apparence les plus ingrats qui se trouvent les plus suggestifs et les plus intéressants. Il est bien en cela le disciple de Montaigne, décousu, désordonné comme son modèle, mais sachant faire de cette absence d'ordre, qui n'est jamais confusion, un agrément de plus. Il corrige au passage les littérateurs; il redresse les historiens aux récits desquels il est toujours tenté de n'ajouter foi que par provision et jusqu'à plus ample informé; il rabaisse l'orgueil des théologiens et des philosophes, qu'il accuse d'être trop dogmatiques; il se fait un malin plaisir d'ébranler leur assurance et de leur montrer que certaines assertions qu'ils regardent comme évidentes sont environnées et obscurcies de tant de difficultés qu'ils feraient prudemment quelquefois de suspendre leur décision. C'est de là que découle l'utilité la plus immédiate de son livre. Il apprend à penser en faisant douter, il donne de bonnes habitudes à l'esprit. Sans attaques directes, rien qu'en faisant son métier d'« assembleur de nuages », il excelle à discréditer les doctrines où la raison n'a point de part.

Cette promenade d'un sceptique à travers toutes les provinces de l'histoire fut agréable à d'autres qu'à lui, qui s'y était cependant beaucoup amusé. Le Dictionnaire composé en quatre ans, et paru en 1697, eut un grand nombre de lecteurs. On s'en disputait les volumes dans les bibliothèques. Chez nous, à la Mazarine, on faisait queue dès le matin pour en avoir un. Le fait est consigné dans la relation latine que le Molière Danois, Holberg, a faite de son voyage en France.

Ce succès devait être pour l'auteur une nouvelle source d'attaques. Le jaloux Jurieu se déchaîna de plus belle et il se trouva des gens qui firent chorus avec lui. Le Consistoire de Rotterdam reprocha à Bayle de s'être permis des pensées et des expressions obscènes, d'avoir fait de l'article David une espèce de diatribe contre ce roi, d'avoir rapporté tous les arguments des Manichéens sans les réfuter et même de leur en avoir prêté de nouveaux ; d'avoir procédé de même à l'égard du pyrrhonisme ; d'avoir donné des louanges outrées aux athées et aux épicuriens, et enfin d'avoir pris la défense de quelques papes contre les apologistes de la réforme. De tous les griefs allégués, le dernier était le plus grave aux yeux du Consistoire, tandis qu'il se change en éloge à nos yeux. Mais il est fondé ainsi que tous les autres, sauf peut-être le premier.

En effet le mot d'obscénités semble trop fort pour désigner les libertés de langage que Bayle a pu prendre. Ses licences sont d'ordinaire gentillesses d'érudit, auxquelles on ne trouverait rien à dire si elles étaient en latin ou en grec. Elles sont d'ailleurs très explicables chez lui et en parfait accord avec la nature de sa philosophie. Le sceptique est instinctivement porté à la recherche de tout ce qui peut rabaisser la superbe de l'homme ; de là son attention à toutes nos faiblesses, particulièrement à celles où le corps a plus de part encore que l'esprit. Rien d'étonnant que Bayle, érudit et philosophe, ait mis en lumière les sottises que l'amour et la chair ont inspirées aux hommes, et que, étant donné le tour de son caractère, il s'en soit égayé. On peut en dire autant de Montaigne : celui-ci s'est vanté dans les Essais de ne se montrer lui-même qu'autant que la révérence publique le permet ; mais on sait quel compte il a tenu de la dite révérence et comme il lui a fait la nique en toute occasion. J'ajoute qu'on serait mal venu à incriminer, sur quelques écarts de langage, les mœurs même de Bayle. Il était fondé à dire après Martial, mais à bien plus juste titre :

Lasciva est nobis pagina, vita proba.

Comme les matériaux réunis pour le Dictionnaire n'avaient pas tous pu y entrer, il en réunit le surplus dans une compilation en cinq petits volumes, qu'il intitula : *Questions d'un provincial*. C'est une suite de dissertations d'histoire, de philosophie, de littérature où l'on retrouve les mêmes qualités agréables et instructives que dans le Dictionnaire lui-même.

Bayle avait répondu à la censure du Consistoire de Rotterdam en promettant d'effacer les passages qui avaient paru les plus scandaleux ; mais quand il vit que le public témoignait, par son empressement à les lire et à les approuver, qu'il n'avait pas les mêmes scrupules, il préféra le suffrage des lecteurs à celui des théologiens et ne fit, à la réimpression, aucune des retouches annoncées. Deux nouveaux ennemis, Leclerc et Jaquelot, s'élevèrent alors contre lui et attaquèrent sa religion, non sans quelque vraisemblance. D'autres allèrent plus loin et l'accusèrent d'être l'ennemi de sa nouvelle patrie. Il fut à la veille, sur cette imputation, d'être banni du territoire des Sept Provinces. Il mourut au milieu de ces querelles (28 décembre 1706,) mais il mourut la plume à la main, en pleine possession de son intelligence, plus heureux que son rival Leclerc, tombé en enfance de longues années avant de mourir, continuant à écrire tout le jour, mais n'écrivant que des sottises.

Le testament de Bayle, malgré les lois portées contre les réfugiés, fut déclaré valable par le parlement de Toulouse, qui, dérogeant pour une fois à son intolérance traditionnelle, proclama qu'un tel homme n'avait pas pu perdre sa qualité et ses droits de Français.

Nous avons suffisamment parlé du rôle philosophique de notre auteur pour n'avoir pas à y revenir ; il nous reste à définir son rôle littéraire. Ce serait lui faire injure que de l'assimiler aux compilateurs, collecteurs d'anecdotes, faiseurs de dictionnaires et de recueils, comme le furent au XVIe siècle La Croix du Maine et du Verdier ; au XVIIe Baillet, Moréri et tant d'autres ; au XVIIIe Dreux du Radier, l'abbé Goujet et Nicéron, pour ne citer que ceux-là. Non qu'à tout prendre ces auteurs ne soient estimables dans une certaine mesure ; comme le disait le vieux Scaliger à propos de La Croix : « Telles gens sont les crocheteurs des hommes doctes qui nous amassent tout. Cela nous sert beaucoup. Il faut qu'il y ait telles gens. » Bayle est jusqu'à un certain point de leur famille par la nature de ses travaux, mais il s'élève bien au-dessus d'eux par son esprit et son jugement. C'est un véritable critique, non pas un critique dogmatique, toujours prêt à juger les vivants et les morts comme le fut Laharpe, mais un critique à l'esprit ouvert, curieux et sans parti-pris, capable de tout comprendre, avide de tout expliquer, moins attentif à l'observation des règles et à la forme d'un ouvrage qu'à l'esprit et au caractère de son auteur. Il est vraiment le créateur de la critique telle que Sainte-Beuve l'a si bien pratiquée de notre temps, et ce n'est pas un mince mérite que d'avoir été le précurseur et l'un des pères spirituels de ce maître accompli.

3° **Les compagnons d'exil de Bayle : les différents Refuges.** — Nous joignons, comme un appendice nécessaire, à cette étude sur Bayle une revue rapide des différents Refuges où nos protestants exilés trouvèrent un abri et où, soit pour défendre leur foi et leur conduite, soit pour gagner leur vie, ils composèrent de nombreux ouvrages.

On a l'habitude de dire que sous le règne de Louis XIV l'esprit français domina dans toute l'Europe dont notre littérature devint en quelque sorte la littérature commune et nationale. Le fait est vrai, mais on oublie de dire comment il s'est produit. On donne volontiers à entendre que c'est à l'astre seul de Louis XIV et à son rayonnement irrésistible qu'il faut attribuer ce résultat. Or si le roi y a part, c'est surtout comme auteur de la Révocation; car c'est la Révocation qui a été la cause déterminante de cet effet. L'émigration protestante, fatale à notre industrie, à notre commerce, à notre puissance maritime et militaire, eut, au point de vue de la popularité de notre esprit et de notre littérature d'heureuses conséquences. Grâce aux réfugiés, le français devint dans tout le Nord la langue des gens cultivés et du beau monde.

Les principaux Refuges furent ceux de Genève, de Londres, de Berlin, et surtout de Hollande. Ils eurent tous des hommes distingués et des écrivains de mérite, qui pouvaient bien présenter dans leur style quelques traces de parler provincial ou étranger, mais qui rachetaient en général par la solidité du fond les défectuosités de la forme. Ce que nous avons dit des écrivains jansénistes au style terne et banal, mais à l'esprit judicieux et à la raison sûre, peut se redire des écrivains réfugiés, souvent plus utiles qu'agréables, mais qui n'en méritent pas une moindre estime.

Parmi ceux qui marquèrent le plus, on peut citer à Genève ou à Lausanne le pasteur Court qui fonda les missions du désert et le professeur Barbeyrac, commentateur de Grotius et de Puffendorf, célèbre pour avoir mis un jour la morale des Pères au-dessous de celle des anciens philosophes. Genève ne fut d'ailleurs qu'un lieu de passage pour les exilés. L'exiguïté des ressources et le soin même de la sécurité de la république empêchaient qu'il en fût autrement. L'hospitalité première y fut très généreuse; mais quand il fallut songer à des établissements durables, force fut aux écrivains et aux savants de chercher un milieu plus rémunérateur et moins encombré.

Un centre d'études se forma à Berlin et l'on y vit se distinguer les Ancillon, Beausobre savant historien du Manichéisme, Larrey qui écrivit une histoire d'Angleterre, Lenfant prédicateur et historien du concile de Constance, le prodigieux érudit Lacroze, sans oublier cet étonnant Baratier qui mourut trop jeune, semblable à ces vaisseaux surchargés et qui sombrent avec leur cargaison dès le port. Ces réfugiés de Berlin firent des œuvres estimables, mais, à eux tous, ils composèrent pour nos péchés un chef-d'œuvre indiscuté : ils élevèrent, formèrent, trempèrent Frédéric II, l'ami de nos écrivains et l'ennemi de notre influence en Europe, l'initiateur de cette politique prussienne dont nous n'avons que trop senti les effets.

En Angleterre, autour de l'Église de Savoye, se groupèrent aussi un certain nombre d'écrivains, dont les moins oubliés sont le pasteur Abadie, judicieux apologiste du christianisme, Colomiez, auteur de compilations utiles en leur temps, et Rapin-Toyras qui donna aux Anglais leur première histoire estimable en attendant celle de Hume.

Mais ce fut surtout en Hollande que la littérature réfugiée se développa. On peut en donner plusieurs causes : d'abord la liberté dont jouissait le pays et la facilité que l'on y trouvait à faire imprimer toutes sortes d'ouvrages; ensuite, l'absence d'écrivains nationaux, qui permettait aux étrangers de faire valoir leur esprit, sans jalousie ni rivalité de la part des naturels du pays. « La Hollande, qui a par elle-même une place très considérable dans l'érudition au xviie siècle, n'en aurait pour ainsi dire aucune en littérature sans les réfugiés.

Elle leur doit d'avoir participé au mouvement de la pensée en Europe. »

Sans doute tout n'est pas d'égale valeur dans les œuvres innombrables que virent éclore les Provinces-Unies après la Révocation. Les journaux y furent souvent des pamphlets, comme telles prétendues histoires des contes à dormir debout : Sandras de Courtilz et Gregorio Leti ne trouvèrent que trop d'imitateurs. Mais il ne faudrait pas s'autoriser de quelques noms justement décriés pour tenir en suspicion tous les auteurs du pays et de l'époque. Citons les principaux.

Nous avons déjà parlé du prédicateur Saurin, source vive d'éloquence et qui le cède au seul Bossuet. Il faut rappeler après lui Claude, savant théologien, noble et sage caractère ; l'exalté Jurieu que nous retrouverons ailleurs ; Supperville estimé pour ses sermons, et surtout **Basnage** (1653-1723) qui fut vraiment le chef du refuge par la dignité de sa conduite et par ses lumières. Cet homme, a dit Voltaire, était fait pour être ministre d'État et non ministre de paroisse. Il n'en remplit pas moins ces humbles fonctions à Quevilly et à Rouen d'où la persécution le fit passer en Hollande. Il desservit d'abord à Rotterdam l'église wallonne, mais passa bientôt à la Haye sur les instances du grand pensionnaire Heinsius. Tout en vaquant à ses devoirs de pasteur, il composait une *Histoire des Églises Réformées* en réponse à l'histoire des Variations, des *Entretiens sur la religion*, un *Traité de la conscience*, une *Préface de l'histoire de la Bible*. Il fut choisi par les États pour être l'historiographe officiel des Provinces-Unies : il s'acquitta heureusement de cette tâche et dans ses *Annales*, écrites d'un style noble et grave, il refit et continua l'œuvre de Wiquefort avec impartialité et sens critique. Il sut rester patriote dans l'exil, et pendant les malheurs de la succession d'Espagne et les embarras politiques de la régence, il ne se contenta pas de faire des vœux pour la France, il mit à son service l'influence réelle dont il disposait.

Si des pasteurs nous passons aux littérateurs proprement dits nous retrouvons les trois journalistes qui marchèrent non sans succès sur les traces de Bayle : Leclerc, Basnage de Beauval et le Dauphinois Bernard qui reprit, après une longue interruption, les Nouvelles de la République des lettres. On peut citer encore

Thémiseul de Saint-Hyacinthe, que de mauvais plaisants ont prétendu contre toute vérité être le fils de Bossuet et de Mme de Mauléon et à qui l'on doit la plaisanterie trop vantée du Mathanasius et surtout Beaufort dont le scepticisme fécond déblaya d'un grand nombre de fables les origines de Rome et fraya ainsi la voie à Niebuhr.

Il ne faut pas quitter la Hollande sans rappeler que, non contente d'être hospitalière à nos réfugiés, elle favorisa l'éclosion des principaux ouvrages de notre xviiie siècle, rachetant ainsi dans une certaine mesure son ingratitude politique et l'oubli des services qu'elle avait reçus de Henri IV et du président Jeannin, à l'heure décisive de son émancipation.

CHAPITRE V

PEINTRES ET ANALYSTES SOIT DE L'HOMME EN GÉNÉRAL SOIT DES FRANÇAIS DE LA FIN DU SIÈCLE.

1º La morale proprement dite : la Bruyère. 2º Le roman : Lesage.
3º Les Mémoires : Saint-Simon.

De la philosophie nous passons naturellement à la morale, ou si l'on aime mieux, aux genres littéraires dont l'observation morale fait le fond : nous allons donc traiter dans le même chapitre des peintres et des analystes soit de l'humanité soit des mœurs contemporaines, en commençant par la Bruyère.

1º La morale proprement dite : La Bruyère (1645-1695). — On fait d'ordinaire cette différence entre la Bruyère et ses prédécesseurs la Rochefoucauld et Pascal que ceux-ci sont des moralistes philosophes et lui un moraliste littérateur. Ils savent, dit-on, « sans ordonner des séries de formules abstraites, porter un jugement original sur la vie, voir les affaires humaines sous un jour nouveau, présenter un corps d'idées liées et précises sur la fin de l'homme, son bonheur, ses facultés, ses passions, tandis que la Bruyère n'a aucune pensée d'ensemble ni en morale ni en psychologie et ne découvre que des vérités de détail ». Est-ce un motif de conclure, comme la plupart des critiques, à l'infériorité de la Bruyère? Je ne le pense pas. Il me semble au contraire avoir échappé, grâce à ce que l'on nomme trop facilement une insuffisance ou une lacune, à l'esprit de système qui a égaré les autres. Le bel avantage d'inventer de toutes pièces une théorie si elle doit se trouver fausse, comme c'est le cas et pour la

Rochefoucauld et pour Pascal? Mieux vaut encore n'être qu'un littérateur si le titre de philosophe est à ce prix.

La biographie de la Bruyère est incomplète et l'on s'accorde à penser que c'est grand dommage, vu le genre dans lequel il s'est exercé. De tous les auteurs le moraliste est celui que l'on voudrait le plus connaître. Lui qui s'arroge le droit de juger ses semblables, on aimerait à savoir comment il a vécu et à citer à l'appui de ses observations l'exemple autorisé de sa conduite. Mais bien que nous en soyons réduits aux conjectures sur le détail de la vie de notre écrivain, il est du moins une chose en lui qui échappe au doute, c'est sa probité parfaite, attestée cent fois par les contemporains et qui d'ailleurs respire et se manifeste à chaque page de ses Caractères. L'abbé d'Olivet l'a représenté « comme un philosophe songeant à vivre tranquille avec des amis et des livres, faisant un bon choix des uns et des autres, ne cherchant ni ne fuyant le plaisir, toujours disposé à une joie modeste et ingénieux à la faire naître, poli dans ses manières et sage dans ses discours, craignant toute sorte d'ambition, même celle de montrer de l'esprit ». Tout n'est pas vraisemblable ni exact dans ce portrait; la disposition de la Bruyère à la joie a été contestée par de bons témoins, et, sans faire de lui, comme l'a fait M. Taine, un misanthrope à la façon de Jean-Jacques, il y a lieu de penser qu'il était en temps ordinaire moins joyeux que mélancolique : de même pour ce qui est de l'esprit, il ne semble pas en avoir été si ménager dans le monde, et sur ce point Valincour contredit d'Olivet. Mais où il y a accord parfait, c'est quand l'on vient à parler de l'honnêteté de sa vie et de son désintéressement. Il était donc absolument digne de juger ses semblables, et si nous nous plaignons encore des lacunes de sa biographie, c'est simplement parce qu'elles nous empêchent de comprendre à fond certains passages de son livre. Nous voudrions savoir ce qui lui a inspiré ses pensées délicates sur l'amitié et sur l'amour, ses pensées amères sur la brièveté de nos regrets, sur la tristesse de la vie. Il n'est pas jusqu'à ce fameux morceau sur les paysans, qui rompt, de façon si éclatante, l'harmonie du concert officiel qui ne nous laisse indécis sur le sentiment qui l'a dicté, compassion d'un cœur attendri ou recherche d'un effet pathétique à produire. Voici cependant le peu que l'on sait de lui.

Il appartenait à une famille bourgeoise de Paris, dont deux membres avaient figuré dans le conseil de la Ligue. Son père était contrôleur de rentes. On ne sait rien de son enfance. Les gens qui veulent tout expliquer infèrent de son fameux tableau de la misère des paysans qu'il dut passer ses premières années à la campagne, comme ils concluent de sa description satirique de la petite ville qu'il dût y coucher plus d'une nuit. Ces conjectures sont encore plus puériles qu'ingénieuses et il n'y a pas à s'y arrêter. Il fit sans doute ses études à l'Oratoire et il les fit bonnes à en juger par la façon dont il parle des auteurs anciens toutes les fois que s'en présente l'occasion. Peut-être eut-il un instant la pensée de prendre rang parmi les Oratoriens, et Adry a cru pouvoir lui faire une place dans sa biographie de la Congrégation; mais il ne donna pas suite à ce projet. Il fit son droit, fut inscrit au barreau pour la forme, car il ne semble pas qu'il ait jamais plaidé, quoiqu'à l'occasion il ait parlé en fort bons termes de l'éloquence judiciaire et de ses difficultés. Toute sa jeunesse se passa dans une retraite studieuse et réfléchie, au sein d'une obscure médiocrité. L'indiscret Vigneul-Marville nous l'a montré vivant tout en haut d'une pauvre maison, sous le toit, dans une chambre divisée en deux par un rideau : c'était tout son appartement; mais, ajoute son visiteur, il n'avait pas l'air de s'y déplaire. Ces années de travail solitaire ne furent pas perdues pour lui; son esprit y prit son tour et sa trempe; son style dut y recevoir une première formation dans des essais répétés et prudemment supprimés; il y fit son apprentissage, sans souffrir de l'isolement auquel il était voué. N'est-ce pas lui qui a dit « le sage évite le monde de peur d'en être ennuyé » ? Cependant, il ne pouvait toujours l'éviter. Son intérêt bien entendu lui faisait un devoir d'y paraître enfin. Il fallait agrandir son horizon, élargir son angle visuel : la portée de son œuvre était à ce prix. Un héritage lui permit d'acheter une charge de finances qui lui donnait un titre honorable et pouvait lui servir de passe-port dans certaines sociétés. Il l'acheta d'un parent de Bossuet, et ce lui fut une occasion de relations avec l'évêque de Meaux : il plut au prélat par son savoir, sa piété raisonnable, son esprit, si bien qu'il fut admis dans son intimité. Il s'initia ainsi dans un monde supérieur à celui de la robe ou de la finance. Bientôt, grâce encore à Bossuet, il fut introduit dans la plus haute société. On cherchait un précepteur pour M. le duc, c'est-à-dire pour le petit-fils du grand Condé, mais un précepteur qui donnât la dernière façon à sa culture par des conversations savantes sur l'histoire, la littérature, la philosophie. Présenté par son protecteur, la Bruyère fut agréé et entra pour n'en plus sortir dans cette maison princière. Il n'avait point d'attaches au dehors : il avait reculé devant le mariage, soit pour ne pas aliéner sa liberté, soit pour ne pas s'enterrer dans la petite bourgeoisie sans espoir d'en sortir. Ce fut une bonne fortune pour lui que cette introduction chez les Condé. Il était désormais de la cour et du grand monde, en état d'observer non plus seulement les grotesques de la ville, dont il avait dû se contenter si longtemps, mais les mille et un caractères de cette société brillante et non moins corrompue sous la régularité de ses dehors. Son talent avait enfin trouvé un objet digne de lui. Resté à Paris, il n'eût pu s'élever au-dessus d'une certaine médiocrité; faute de matière, son œuvre n'eût jamais été bien intéressante. Il lui fallait le spectacle de la cour, gardant encore pour quelques années sa suprématie et restant le centre et le cœur du pays. A l'agrément de l'étudier de près il joignit celui d'échapper à toute poursuite, à toute vengeance de ceux qui se croiraient visés dans ses réflexions. Il pouvait compter sur une absolue sécurité, en tant que domestique des Condé, car ses maîtres avaient la réputation justifiée de couvrir tout ce qui était à eux. Aussi quand Malézieu disait à la Bruyère en lui rendant son manuscrit, « voilà de quoi vous faire beaucoup d'ennemis », il aurait dû ajouter, pour être exact, que ces ennemis n'étaient pas à craindre.

Un autre avantage de cette nouvelle situation était la fréquentation d'une société choisie, où M. le prince donnait le ton et où l'esprit régnait en maître. Mais la médaille avait un revers. Les Condé étaient d'étranges gens à l'esprit brillant mais bizarre, dont la raison était malsaine et le caractère naturellement méchant. Leurs inférieurs étaient exposés à mille mécomptes, manque d'égards ou mauvais traitements. Santeuil en sut quelque chose, lui qui, sans parler du vilain tour auquel on attribue sa mort, reçut un jour en pleine face un verre de vin précédé d'un soufflet de la propre main de la future duchesse du Maine, la sœur de l'élève de la Bruyère. Il est vrai que Santeuil était un grotesque, un bouffon; mais avec de tels maîtres on ne pouvait répondre de rien. Notre moraliste, à force de prudence et de tenue, réussit à éviter des désagréments trop scandaleux; mais rien ne garantit qu'il n'ait pas eu ses froissements et ses déceptions. En somme il avait sacrifié son indépendance à son œuvre et, si l'on s'en rapporte aux apparences, le sacrifice ne coûta pas trop cher à sa dignité.

Il trouva d'ailleurs dans l'entourage de ses princes des hommes distingués avec lesquels il se lia et dont il fut hautement apprécié. Dès l'apparition de son livre, il jouit à la cour d'une estime analogue à celle que l'on accordait à Boileau, au médecin Maréchal et à quelques autres honnêtes gens. Des auteurs il fut moins goûté, et pour cause : il avait eu du succès et cela choquait; il avait d'ailleurs fait de cruelles blessures à certains amours-propres ; double raison d'être mal vu. On lui fit attendre sa nomination à l'Académie pendant plus de quatre ans; il échoua d'abord contre Fontenelle, se vit préférer Tourreil, s'éclipsa devant Fénelon et Bignon. A l'élection de mai 1693 où il passa, il ne fallut rien moins que l'intervention du ministre Pontchartrain pour le débarrasser de son concurrent Laloubère. Les mêmes inimitiés, qui avaient retardé sa réception, firent échec à son discours, l'un des meilleurs cependant et des moins creux qui aient été prononcés dans le XVIIe siècle.

Il continua, jusqu'au bout, à donner à son ouvrage les soins les plus attentifs, le remaniant, l'augmentant, le développant au double point de vue de la vérité morale et de l'art. La première édition des « *Caractères ou Mœurs de ce siècle* », donnée en 1688 n'avait que quatre cent dix-huit articles, la neuvième en contient mille soixante-treize. Au début c'étaient les réflexions abstraites qui dominaient; bientôt elles cèdent la place aux portraits qui font du livre comme une vaste galerie, où figurent en belle vue tous les originaux de cette fin de siècle.

L'ouvrage définitif se compose de seize chapitres, entre lesquels on a essayé d'établir un lien et une gradation, sans y trop réussir. Ce qu'on a dit de plus judicieux, c'est qu'on peut y reconnaître deux parties : l'une traitant des contemporains en neuf chapitres et se terminant par un éloge du souverain (dixième chapitre) propre à faire passer toutes les hardiesses antérieures, toutes les railleries prodiguées aux gens de la ville et de la cour, aux financiers et même aux grands seigneurs; l'autre traitant de l'homme en général, et s'élevant enfin de la créature au créateur, dans les deux chapitres « de la chaire et des esprits forts » où l'auteur expose comment il faut annoncer la parole de Dieu et quelles raisons nous avons de croire en l'existence de ce Dieu. Quant à vouloir rattacher chaque chapitre au précédent et au suivant, c'est une entreprise inutile, attendu qu'ils rentrent volontiers les uns dans les autres, et que tel caractère qui figure ici pourrait avec tout autant de raison figurer là. A l'intérieur de chaque chapitre, c'est le même décousu; les *Mœurs* (autrement dit les réflexions), les *Caractères* ou portraits se succèdent capricieusement, au gré d'une ingénieuse fantaisie. Boileau, qui savait par expérience ce qu'il en coûte d'enchaîner et de souder les parties d'une même œuvre, quand on a l'inspiration courte, a reproché à la Bruyère d'avoir évité ce qu'il y a de plus difficile dans l'art, c'est-à-dire les transitions. Les autres lecteurs, ceux du début comme ceux d'aujourd'hui, ont été plus indulgents pour ce prétendu défaut qui d'ailleurs est commun à la Bruyère avec tous ses prédécesseurs, Montaigne, la Rochefoucauld, Pascal.

Aussi bien un livre de réflexions morales n'a-t-il pas besoin d'un enchaînement aussi rigoureux. Il se propose de distraire et de faire penser; il ne veut pas être lu de suite, mais dégusté à petits coups. Dès lors la suite ne compte guère, puisqu'on ne va qu'à bâtons rompus. Il suffit que les pensées soient justes, ingénieuses ou fortes, piquantes ou profondes; le tour, imprévu et original. Ces qualités on les trouve chez la Bruyère et assez développées pour faire de lui un grand écrivain. Nous avons déjà dit que nous l'excusons volontiers de n'avoir pas essayé de formuler ses observations de détail en une vue d'ensemble, en un système. L'avantage qui en résulterait, je veux dire l'unité prétendue de l'œuvre, serait d'une mince valeur; d'autant que cette unité est très convenablement assurée par l'esprit et par le style. Qu'importe après cela qu'il se soit dispensé de formuler son jugement définitif sur l'humanité en quelque bonne grosse sentence bien rigoureuse et bien injuste? Cette condamnation en bloc, cette exécution en masse n'a pas été de son goût et il faut plutôt lui en savoir gré. Cela ne l'empêche pas d'ailleurs d'être sévère dans le détail, de montrer le ridicule d'une mode, l'odieux d'un vice avec autant de perspicacité rigoureuse qu'un autre pourrait le faire, et de juger à leur valeur les échantillons de l'humanité qu'il a sous les yeux. Il n'est dupe de personne, et à travers les belles attitudes, les apparences, les déguisements, il excelle à atteindre la faiblesse ou la perversité de ses contemporains. On lui a reproché d'avoir fait trop de personnalités, et on a cité, à l'appui, les clefs qui circulèrent aussitôt après la publication de son ouvrage. Si ces personnalités étaient telles que chaque caractère décrit ne dût plus avoir d'application à une autre époque, il faudrait les condamner. Mais comme les caractères, même ceux qui sont évidemment calqués sur tel contemporain connu de la Bruyère, restent vrais encore aujourd'hui et que nous en trouvons la vérification à chaque pas, il faut bien admettre que l'auteur a su doser heureusement, dans ses figures, les traits particuliers propres à attirer les lecteurs du temps et les traits plus généraux qui seuls pouvaient fixer l'attention de la postérité.

Il a percé à jour la corruption de son époque ; il l'a définie en toute vérité en parlant de ces courtisans dévots sous un roi dévot et qui seraient athées sous un roi athée. Malgré son enthousiasme sincère et non de commande pour la personne et le génie de Louis XIV, on voit qu'il juge le gouvernement à défaut du prince, et qu'il n'est pas éloigné de le rendre responsable de la misère publique. Il a ressenti d'ailleurs la gêne qu'une discipline trop étroite faisait peser sur la pensée, et il s'en est plaint en disant : « Un homme né chrétien et Français se trouve contraint dans la satire. Les grands sujets lui sont défendus. »

En résumé la Bruyère n'est pas sensiblement inférieur à ses devanciers. Je veux bien qu'on ne l'égale pas à Pascal dont le génie prime tout ; mais je ne fais pas difficulté de le mettre au moins au rang de la Rochefoucauld, dont il égale et au-delà les mérites. Ce qui a fait le succès de l'auteur des Maximes, ce n'est pas tant l'originalité du fond, on le sait, que l'originalité de la forme. C'est un peu le cas de la Bruyère qui lui aussi sait compenser par le style ce qui manque à l'idée en nouveauté ou en profondeur. Il s'éloigne des écrivains du pur XVIIe siècle, dont il n'a ni le style périodique ni les termes généraux; il coupe sa phrase, il emploie le mot propre, et par là il annonce le xviii° siècle, comme par la recherche de l'expression pittoresque, par le souci de l'image et du trait il semble être du xix° siècle. De tous nos anciens classiques il a le moins vieilli et il a eu l'honneur de servir de maître a plus d'un de nos écrivains contemporains.

Artiste consommé, il connaît tous les moyens de mettre sa pensée en relief et d'attirer l'attention. Tantôt ce sont des portraits avec des noms propres, tantôt des dialogues et des scènes dramatiques, des apostrophes directes, des discours aboutissant à une chute imprévue, des prosopopées, des énigmes ou des naïvetés apparentes, des antithèses et au besoin des hyperboles, pour rendre la peinture plus expressive. Sous sa plume les vérités les plus triviales prennent un tour nouveau qui les rend au premier abord méconnaissables. Il excelle à trouver des paradoxes simulés, des alliances de mots, des contrastes calculés, des phrases heurtées, des constructions brusques, le tout revêtu d'imagination et d'esprit. On comprend après cela et l'étendue et la durée de son succès. Il est vrai que l'emploi constant de ces procédés artistiques a l'inconvénient de fatiguer l'esprit. Aussi la Bruyère n'est-il agréable que pendant une courte lecture; mais si l'on en lit peu à la fois, on y revient souvent. C'est un de ces auteurs que l'on a toujours sous la main, et pour en finir, sinon le plus grand, au moins le plus justement populaire de nos moralistes.

Après lui, le genre décline, il n'est plus représenté au xvii° siècle que par des auteurs secondaires, Mme de Lambert que nous connaissons déjà, le marquis de Lassay que Sainte-Beuve a surnommé un figurant du grand siècle et qui n'a été qu'un moraliste de salon. Au xviii° siècle, Vauvenargues s'élève à une hauteur où Duclos ne le suit pas. Quant à Chamfort qui ferme la liste, c'est moins un moraliste qu'un satirique. Faut-il conclure de cette décadence, comme on le fait, qu'on a moins bien connu l'homme après le xvii° siècle et que cette heureuse époque a eu des lumières spéciales sur les vices et les misères de l'humanité? Si le genre est moins heureusement cultivé, cela prouve surtout qu'il a fait son temps et qu'on a tiré de lui tout ce qu'en pouvait supporter le public, désormais inattentif à des œuvres forcément monotones. Quant à la connaissance de l'homme elle n'a pas pu rétrograder, puisqu'aux documents légués par le XVIIe siècle nous avons joint des expériences politiques et sociales de tout genre.

2° **Le Roman.** — Le moraliste et le romancier offrent ce trait commun qu'ils étudient tous deux l'âme et la vie humaine. Mais tandis que l'un présente ses observations directement et en nature, l'autre les enveloppe d'une fable de son invention. Or il arrive plus d'une fois que la fable prend le dessus sur l'analyse morale au point de l'annihiler. C'est le défaut que nous signalerons chez les représentants du genre autres que Lesage. Ces représentants sont pour la plupart des femmes qui se sont disputé mais sans résultat la succession de Mme de Lafayette. Imaginations fertiles et pauvres raisons, elles ne s'inquiètent pas de voir le monde tel qu'il est, elles trouvent plus facile de le forger de toutes pièces.

Mme d'Aulnoy (1650-1715) improvisa d'une plume facile des romans soi-disant historiques (le plus connu est *Hippolyte, comte de Duglas*), où les fictions romanesques dénaturent à chaque instant l'histoire et où les personnages parlent le jargon de la plus fade galanterie. Elle a mis quelque naïveté et quelque finesse dans ses *Contes de fées*, agréables quoique bien inférieurs à ceux de Perrault. Elle avait voyagé, ce qui lui a permis de déployer une certaine exactitude sinon dans des « *Mémoires historiques de ce qui s'est passé de plus remarquable en Europe de 1672 à 1679* », au moins dans ses « *Mémoires de la cour d'Espagne suivis d'une relation du voyage d'Espagne* ».

Mlle de la Force (1651-1724) eut avant d'écrire des romans une existence assez romanesque, mariée, démariée, accusée d'être trop bien avec l'acteur Baron. Elle a raconté sous le titre obligé d'*Histoires secrètes* les prétendues aventures de Marie de Bourgogne, de Catherine duchesse de Bar, les amours de Henri IV, ceux de Gustave Wasa. Femme de chambre ou confidente de la duchesse de Guise, elle avait l'habitude des dessous de la vie princière et elle s'est crue obligée de faire profiter le public de son expérience spéciale, mais en la généralisant et en l'appliquant, Dieu sait comme, à la vie de princes et de princesses d'autrefois.

Mme de Villedieu (1631-1683) eut aussi la vie la plus agitée. A seize ans elle quitta la maison paternelle, séduite par un sien cousin. Abandonnée de lui, elle trouva un refuge chez la duchesse de Rohan et s'y laissa aimer de Villedieu, capitaine d'infanterie, qui lui promit mariage. Comme il ne se pressait pas de tenir sa promesse elle la lui rappela un beau jour, le pistolet au poing, et apprit alors la vraie raison de ses lenteurs, à savoir qu'il était marié. Elle accepta cependant de l'accompagner en Hollande où il ne tarda pas à mourir, lui léguant son nom pour tout héritage. Elle revint à Paris. La protection suspecte de l'archevêque Harlay lui valut une place dans un couvent. Mais on l'en fit bientôt sortir. Elle vécut dans des sociétés interlopes, moitié tripots, moitié ruelles : elle y connut un vieux gentilhomme qu'elle consentit à épouser. Mais le marquis de Chattes, qui se disait veuf, ne l'était pas, et avait simplement oublié sa première femme. Le mariage fut cassé. Pour en finir Mme de Villedieu se maria sur le tard avec son premier séducteur Desjardins, qui la rendit fort malheureuse. Cette aventurière a beaucoup écrit. Il va sans dire qu'elle avait de l'imagination, et qu'elle ne s'embarrassait pas autrement des bienséances; il y paraît à ses ouvrages où l'on trouve du moins un style facile et naturel. Ses pièces de théâtre le *Favori, Nitétis, Manlius Torquatus* sont tombées dans un oubli mérité, mais certains de ses romans ont été longtemps populaires. Exemple : les *Désordres de l'amour,* les *Annales Galantes,* les *Exilés de la cour d'Auguste,* les *Amours des grands hommes.* — On disait d'elle qu'elle avait écrit avec une plume tirée de l'aile de l'amour; ce qui semblerait indiquer qu'elle s'était élevée quelquefois de la galanterie jusqu'à la peinture de la passion.

Les Mille et une Nuits (1704-1708). — Bien au-dessus de ces œuvres féminines, mais sans sortir du domaine de l'imagination pure, il faut placer une série de nouvelles, exhumées de la poussière des bibliothèques, traduites après mille ans dans notre langue et dévorées avidement par tout le public. Je veux parler des *Mille et une Nuits* données par Galand (1646-1715).

Orientaliste, archéologue, numismate, travailleur et voyageur acharné, supportant en brave une pauvreté qui confina longtemps à la misère, Galand ne connut un peu de bonheur que lorsqu'il fut nommé professeur d'arabe au collège royal, neuf ans avant sa mort. Pour se reposer de ses travaux scientifiques, il procura l'ouvrage que nous venons de dire. Il avait eu la bonne fortune de mettre la main sur un trésor, entendez un trésor littéraire, il eut l'esprit de l'apprécier à sa valeur et l'amabilité d'en faire part à autrui. Comme les manuscrits arabes sur lesquels il travaillait étaient tous incomplets, il se décida à y intercaler, pour compléter le nombre de mille et un, une certaine quantité de contes turcs parmi lesquels la Lampe merveilleuse, Ali-Baba, le Dormeur éveillé. La fable qui sert de cadre à toutes les histoires du recueil est celle d'un souverain oriental qui a résolu de faire mourir sa femme Schéhérazade et qui remet de jour en jour l'exécution de son sinistre projet, pour avoir le plaisir d'entendre chaque nuit la suite ou la fin d'une histoire commencée par la sultane. Tout l'Orient revit dans ce livre avec ses mœurs voluptueuses et sanguinaires, ses hommes fanatiques et rêveurs, ses femmes indolentes et rusées, ses esclaves et ses eunuques fripons.

Galand dut faire de nombreux retranchements à son texte, pour ne pas déplaire à son public. C'est ainsi qu'il a changé le dénouement, supprimé certaines formules monotones, omis les citations poétiques et les nombreux passages en vers. Il n'en est pas moins considéré comme un interprète fidèle.

Il eut un imitateur dans Pétis de la Croix (1653-1713), fils et père d'orientalistes, orientaliste lui-même et qui, après avoir voyagé dix ans en Syrie et en Perse, revint à Paris traduire dans les principales langues orientales des ouvrages destinés à répandre en Orient la gloire de Louis XIV. Entre temps il donna eu français les *Mille et un Jours*. Mais son recueil n'eut pas autant de succès que celui de Galand. Les Mille et une Nuits, malgré leur incorrection, rachetée d'ailleurs par le naturel et la simplicité, ont eu chez nous une fortune comparable à celle du Plutarque d'Amyot. Elles sont devenues en quelque sorte un livre classique et elles ont donné l'essor à tout un genre littéraire, je veux dire le roman ou le conte oriental, dont les Lettres Persanes et Zadig sont chez nous le chef-d'œuvre. Il est bien entendu que, dans ces derniers ouvrages, c'est le cadre seul qui est emprunté à l'Orient, tandis que le fond est français et très français. La même observation est à faire à propos des romans prétendus espagnols de Lesage dont les personnages peuvent bien porter le sombrero et le manteau castillan ou racler de la guitare, sans cesser d'être la fidèle reproduction de nos Français de la fin du règne de Louis XIV et de la Régence.

Lesage (1668-1747). — C'est une physionomie originale que celle de ce romancier qui connut si bien les hommes et qui en fit des images si gaies et si vraies à la fois. Né en Bretagne en 1668, non loin du berceau d'Abélard, il n'aurait rien des traits de son pays natal et ce serait un fils inattendu de la Bretagne, s'il n'avait ce caractère entier, cette volonté tenace, cette humeur indépendante dont les Bretons sont volontiers possesseurs. Autrement nul rapport à établir entre lui et les Chateaubriand, les Lamennais, les Renan, les Jules Simon. Seul Duclos lui ressemble sous certains rapports. Il affirma son caractère et sa probité en toute circonstance. A une époque où les auteurs étaient les favoris du beau monde, mais à condition d'acheter cet honneur par toutes sortes de complaisances, il sut se tenir à l'écart du beau monde ; aux salons où il se trouvait esclave il préféra les cafés où il était libre et où son franc-parler n'avait besoin de se contraindre pour personne. Une fois il accepta de lire son Turcaret chez la duchesse de Bouillon, et, par une circonstance indépendante de sa volonté, il fut en retard d'une heure. Accueilli, à son arrivée, par des reproches hautains sur son manque d'exactitude, il répondit que « pour se punir d'avoir fait perdre une heure à la société, il allait lui en faire gagner deux ». Sur quoi, il mit son manuscrit dans sa poche et s'en alla. Aucun auteur du temps n'eût été capable ni du retard ni de la repartie.

Ses études commencées à Vannes se terminèrent à Paris, à l'Université, où il connut Danchet qui resta son ami. Il donna sa première jeunesse à la dissipation. Il était bel homme et il en profita. Mais à l'âge de vingt-six ans, sa gourme jetée, il se maria et dès lors mena l'existence la plus régulière. Il demanda l'entretien de sa famille à un emploi de finance ; il fut bientôt écœuré des pilleries et des vols dont il était le témoin et, après quelque séjour en province, il rentra à Paris, pour y vivre de sa plume. Ses premiers essais ne furent pas heureux. Il chercha longtemps sa voie et faillit s'égarer dans l'érudition, comme l'atteste sa traduction d'Aristénète. Ce ne fut guère qu'en 1707, à l'âge de quarante ans qu'il commença à se faire connaître. Il essaya à la fois du théâtre et du roman, portant de part et d'autre les mêmes qualités. Mais il dut bientôt renoncer à la comédie proprement dite, car il se brouilla avec les acteurs de la Comédie française dont il ne pouvait supporter les arrogants dédains. Il continua cependant à écrire des arlequinades et des vaudevilles pour les comédiens de la foire. Dans ce genre inférieur, où il était passé maître (ce qui n'est pas beaucoup dire, car il y était en mauvaise compagnie et son esprit risquait de s'y altérer à la longue, comme sa main de s'y gâter), il ne composa pas moins de cent pièces parmi lesquelles on cite encore la *Foire des fées* et le *Monde renversé*. Cette fécondité s'explique par sa pauvreté. Ces vaudevilles faits à la diable, improvisés, étaient son gagne-pain.

Devenu sourd vers la quarantaine, il en prit philosophiquement son parti, se félicitant de pouvoir, grâce à son cornet acoustique, jouir au besoin de la conversation des gens d'esprit et éviter à son gré celle des sots. Sa bienveillance naturelle n'en reçut aucune atteinte et il ne tourna pas au misanthrope. Il ne détestait, mais c'était de bon cœur, que deux sortes d'hommes les traitants et les comédiens. Aussi un de ses grands chagrins fut-il de voir son fils Montmesnil prendre place parmi ces derniers. Il ne voulut plus entendre parler de lui, et sa colère dura jusqu'au jour où, ayant été conduit par des amis à la Comédie, il le vit faire merveilles dans Turcaret. La satisfaction de l'auteur vint en aide à l'affection du père pour mettre fin à la brouille. Dès lors, il s'intéressa aux succès de Montmesnil. Il le perdit prématurément et ne s'en consola jamais. Il avait un autre fils qui était chanoine à Boulogne-sur-Mer. Il prit le parti, sur ses vieux jours, de se retirer chez lui, et il y vécut quelques années, languissant, atteint non seulement dans son corps, mais dans ses facultés qui suivaient, chose curieuse, le mouvement ascendant ou descendant de la lumière. En plein midi, surtout par les beaux jours, il avait de l'esprit. Puis il retombait peu à peu dans son hébétude qui était complète au coucher du soleil. Il mourut en 1747. Le comte de Tressan, homme d'esprit et auteur lui-même, qui commandait en Boulonnais, lui fit faire des funérailles solennelles, et cet homme qui avait vécu si simplement quitta ce monde comme un personnage. Il n'en sut rien, sans quoi il en eût bien ri.

L'œuvre de Lesage comprend, outre les pièces de la foire que personne ne lit plus, des comédies et des romans. Les premières sont : la *Tontine,* qui, reçue en 1708, ne fut jouée que vingt-quatre ans après, avec quelque succès ; la joyeuse bouffonnerie intitulée *Crispin rival de son maître,* et *Turcaret.* Il n'y a guère que cette dernière qui compte aujourd'hui. Mais c'est un chef-d'œuvre à tous les points de vue, et qui fait de son auteur le véritable héritier de Molière, à plus juste titre même que Regnard. Si ce dernier en effet possède au plus haut degré cette verve et cette gaieté débordante que l'on admire dans Molière, il n'en a pas à beaucoup près la portée morale. Peu lui importe, quand il a fait rire, d'avoir donné à penser et d'avoir instruit. Lesage au contraire, sans être moins gai, est plus sérieux. Sa comédie est à la fois une comédie de caractère et une comédie de mœurs. Il s'y élève à une hauteur inconnue de ses contemporains, et il a le mérite d'être absolument original. C'est lui qui le premier a mis à la scène ce type du traitant, l'un des plus odieux de l'ancien régime, engraissé de la misère des provinces, sangsue inassouvie du peuple et du roi, de qui l'on a dit plaisamment et fortement qu'il soutenait l'État comme la corde soutient le pendu. Ce type avait échappé à Molière ou peut-être, si l'on en croit Chamfort, lui avait-il été interdit par Colbert. Il fallut à Lesage une noble hardiesse pour oser s'en emparer. Il s'exposait à la colère d'une classe puissante et peu scrupuleuse. Il n'en eut cure, et ne tint compte ni des menaces ni des propositions d'accommodement (on lui offrit jusqu'à 100,000 fr. pour se taire) ; il sut chercher, et ce fut la première fois que cela lui arriva, de hautes protections pour forcer les comédiens à jouer sa pièce. Ils s'y décidèrent sur l'ordre du Dauphin, et il eut enfin la joie de voir bafouer, aux applaudissements du public, ces financiers qu'il méprisait et qu'il détestait en connaissance de cause. Il y a vraiment quelque chose de prophétique dans l'à-propos avec lequel fut lancé Turcaret. Il vint à son moment, juste avant le système de Law, et comme pour prémunir les Français contre l'agiotage et ses dangers. Mais Lesage en fut pour ses conseils : les traitants continuèrent à s'engraisser aux dépens du public sans perdre un coup de dent ; le public rit des traitants et se laissa duper par eux à son habitude.

Turcaret est la peinture incisive d'un homme qui n'a eu d'autre esprit que celui de faire fortune par l'extorsion, l'usure et le vol. Impitoyable avec les petits, prodigue avec les femmes qui le flattent, surtout avec les femmes titrées, vaniteux à plaisir et bête à proportion pour tout ce qui n'est pas affaires de finances, inaccessible à tout sentiment humain en dehors de ses toquades passagères, on pourrait lui reprocher par surcroît d'être un mauvais frère et un mauvais mari, si la sœur qu'il méconnaît et la femme qu'il abandonne n'étaient pas de la même boue que lui. En tout cas, il se donne le ridicule de rougir d'elles. C'est le parvenu non seulement grotesque, mais révoltant. Il est entouré et exploité par une bande de coquins du même acabit : une baronne de rencontre, qui le pille pour nourrir un chevalier joueur ; des commis, des laquais, des soubrettes qui volent à qui mieux mieux. Le seul personnage qui ne soit pas absolument malhonnête c'est un marquis à qui l'amour du vin ne laisse pas le temps de mal faire.

Il semble que cet abject assemblage soit fait pour donner la nausée. Mais le poète a racheté l'odieux du fond par les agréments de la forme. La pièce est très bien conduite et d'un mouvement rapide. Les situations sont heureuses et plaisamment imaginées ; les caractères sont naturels ; l'esprit est jeté à pleines mains, à ce point qu'on a retenu plus de traits de cette œuvre en prose que de beaucoup d'œuvres en vers. En dépit des tristes réflexions qu'elle risque de suggérer, c'est une comédie et une comédie plaisante, où l'on rit autant qu'à Regnard et plus qu'à Dancourt, mais d'où l'on emporte cette impression, inconnue chez les autres, que l'auteur déteste les vices de son personnage principal et méprise les vices des comparses dont il l'a entouré. Cette intention morale achève d'assurer la supériorité de Turcaret sur toutes les autres comédies du temps.

Lesage n'eût-il fait que ce chef-d'œuvre, c'en serait assez pour le rendre immortel. Il a eu la bonne fortune d'en composer un autre, supérieur encore, je veux dire Gil-Blas. C'est son œuvre capitale, et à vrai dire, la quintessence de son talent. Tout ce qu'il a fait avant n'en a été que la préparation ; tout ce qu'il a fait depuis n'en a été que l'écho trop souvent affaibli et brisé. Il y avait préludé par la composition du *Diable boiteux* et par la traduction de la suite du Don Quichotte d'Avellaneda ; il finit d'exploiter le peu qui lui restait de cette veine heureuse par le *Bachelier de Salamanque*.

Un trait à noter tout d'abord, c'est que tous ces ouvrages portent l'estampille espagnole, ce qui ne laisse pas d'être une singularité à cette fin du xviie siècle. La chose n'aurait rien d'étonnant, si Lesage avait été un contemporain de Corneille et de Scarron. Elle s'explique cependant par plusieurs raisons faciles à comprendre. La première c'est que Lesage n'a guère des deux dons qui caractérisent le romancier que celui de l'observation, et c'est d'ailleurs le plus important. Le talent de l'invention, j'entends l'invention du cadre et de l'intrigue, semble lui avoir fait défaut. Peut-être n'était-ce chez lui que paresse ; en tout cas, il dut s'estimer heureux, même dans cette dernière supposition, d'être mis à même de la littérature romanesque et picaresque, si riche en Espagne, et de pouvoir tirer de cette mine féconde, abandonnée par nos Français depuis un demi-siècle, des intrigues et des incidents heureusement imaginés, qui le dispensaient de se mettre en frais et de forcer son propre talent. Il dut cette connaissance des lettres espagnoles à son ami l'abbé de Lionne, épicurien assez maltraité par Saint-Simon et avec quelque raison, mais à qui il faut pardonner beaucoup pour avoir été le parrain de Gil-Blas. Initié par lui à la langue et à la littérature romanesque de l'Espagne, Lesage débuta en ce genre avec le Diable boiteux qui parut en 1707 et se fit lire de tout le monde, même des gens du peuple et des laquais. On raconte que Boileau en surprit un exemplaire entre les mains de son petit domestique et qu'il entra aussitôt dans une violente colère, menaçant de chasser quiconque introduirait chez lui de semblables livres. C'était vraiment trop de rigueur. Mais Boileau n'était plus alors que l'ombre de lui-même, un vieillard infirme et morose.

Le Diable boiteux pétille d'esprit, mais on peut lui reprocher de n'avoir pas coûté assez de travail. C'est un merveilleux d'un emploi trop commode que de se faire transporter par le diable sur le toit de chaque maison, pour voir ce que s'y passe et avoir ainsi l'occasion de raconter une aventure que rien ne lie à celle qui précède ou à celle qui suit. Rien n'empêcherait de multiplier ces histoires à l'infini. Or quand il y a si peu de difficulté, il y a aussi moins de mérite. Toutefois Lesage avait su tirer un excellent parti de cette donnée peu artistique. Il avait utilisé ce cadre, emprunté à un auteur espagnol, pour faire une satire ingénieuse de la vie parisienne. Les contemporains s'y reconnurent et sans peine. Le livre eut deux éditions en moins d'un an, et deux seigneurs mirent l'épée à la main, dans la boutique de Barbin, pour s'en disputer le dernier exemplaire.

Le succès de cette première tentative de satire morale mit Lesage en goût de mieux faire encore. Au lieu d'anecdotes et de fragments sur la vie humaine, il entreprit d'en tracer un tableau complet qui participerait à la fois de Molière et de la Bruyère et où les caractères du second se trouveraient encadrés dans de vastes peintures dignes du premier. Il se mit à composer son *Gil-Blas*.

La fable du roman est encore espagnole, et ce seul fait a donné lieu à des revendications aussi bruyantes que mal justifiées. Les critiques d'Outre-Pyrénées ont crié au plagiat, mais sans rien enlever à l'originalité réelle de Lesage, car on peut dire de lui, comme de Molière, qu'il a pris son bien où il le trouvait et aussi qu'il a enterré ses modèles, désormais inutiles et hors d'état de soutenir la comparaison avec lui. Les Espagnols ne seraient guère fondés à revendiquer de l'œuvre que ce qui l'alourdit et en ralentit parfois l'intérêt : je veux dire les histoires galantes qui interrompent çà et là les aventures du héros. Ces histoires sont dans les habitudes du roman espagnol, et Lesage, comme avant lui Scarron, aurait bien fait de les négliger. Pour sa part, il réussit très médiocrement à ces récits d'amour où il ne sait mettre ni finesse d'analyse, ni sensibilité. On peut en inférer que l'idéal ne tient qu'une place fort réduite, si même il en a une, dans Gil-Blas; c'est ce que Joubert a voulu exprimer quand il a dit : « les romans de Lesage ont l'air d'avoir été écrits sur une table de café, entre deux parties de domino. » Le jugement, venu de tout autre que d'un platonicien raffiné, aurait de quoi surprendre; mais, si on le réduit à ses justes proportions, il signifie tout uniment que Lesage peint la partie la moins noble de l'humanité, autrement dit la plus nombreuse, celle qu'il avait sous les yeux et que l'expérience lui avait montrée sous son vrai jour. J'ajoute qu'il ne faut pas s'en prendre à lui mais à l'humanité de cette vulgarité de ses personnages. Le peintre n'a fait que reproduire son modèle.

L'ouvrage ne fut pas publié tout d'un trait. Les deux premiers volumes parurent en 1715, le troisième en 1724, le quatrième en 1735.

C'est l'histoire d'un enfant de la petite bourgeoisie ou même du peuple, qui, livré de bonne heure à lui-même et cherchant fortune à travers le monde, nous raconte sans prétention aucune, avec esprit et bonne humeur, les innombrables aventures qui lui sont arrivées, et nous fait connaître successivement tous les étages et toutes les classes de la société. Dupé par un parasite, par un valet dévot, par plus d'une femme, il prend, à chaque école, un peu plus d'expérience, mais sans mauvaise humeur. Il se montre comme un esprit sain, éducable, apte à tout, au bien comme au mal, quoiqu'au fond il préfère le bien, mais ne se faisant pas faute de hurler avec les loups. Moins scélérat et moins verveux que Panurge, plus raisonnable que Figaro, dont la plaisanterie aiguë se mouille trop souvent des larmes d'une sensibilité factice, d'ailleurs peu délicat comme il convient à un gaillard qui a été voleur, à son corps défendant il est vrai, et qui a été laquais, il n'en met pas moins à notre service des trésors d'observation et d'expérience, et il nous donne une leçon perpétuelle de gaieté et de modération. Il ne faut pas toutefois lui demander des exemples de volonté et de parti-pris obstinément poursuivi. C'est le plus souvent le hasard qui décide de son avenir, et il se laisse faire par lui. Des circonstances fortuites l'engagent dans des routes diverses qu'il abandonne par lassitude et par caprice. Il passe successivement par toutes les épreuves de la vie, par toutes les conditions de la société civile, jusqu'à ce qu'une rencontre heureuse le porte enfin à la fortune et lui fasse obtenir sans peine et contre son attente ce qu'il a longtemps désiré sans succès, ce qui se refuse presque toujours à la persévérance des efforts et à l'éclat du mérite. La prospérité le corrompt, mais la disgrâce l'éclaire et le corrige; désabusé du monde et de ses faux biens, il comprend par expérience que le bonheur est dans une retraite agréable, dans une honnête médiocrité. C'est au milieu des jouissances paisibles de la vie privée, à portée d'une bibliothèque bien fournie, avec Horace, Lucien, Érasme comme livres de chevet, qu'il achève doucement ses jours.

Au cours de son odyssée, il nous fait connaître une foule de personnages, voleurs, chanoines et dévots, courtisans, médecins, auteurs, comédiens, grands seigneurs et ministres, et de tous il nous trace des portraits étincelants de vérité et d'esprit. Sa galerie est aussi complète, mais elle est plus vivante que celle de la Bruyère.

Sans aller jusqu'à dire avec Patin que Lesage a créé le roman de mœurs, on doit reconnaître qu'il en a donné le plus parfait modèle. Nulle part on ne trouvera une peinture plus générale de la vie humaine, une revue plus complète des diverses conditions de la société, une censure plus vive du vice et du ridicule, une narration plus rapide, un style plus franc, plus vrai, plus naturel, plus de bon sens et d'esprit tout ensemble, plus de naïveté et plus de verve satirique. Walter-Scott, un bon juge, ne parlait pas autrement du roman-comédie de Lesage « excellent ouvrage, disait-il, et qui laisse le lecteur content de lui-même et du genre humain. »

Après la composition de Gil-Blas, Lesage, à bout de verve et d'inspiration, ne produisit que des œuvres médiocres, sur lesquelles il n'y a pas à s'arrêter. Nous n'avons plus à parler que de son style. Il est, comme son esprit, net, précis, vif, plein de propriété dans l'expression, d'allure dégagée; il annonce et il prépare celui de Voltaire. C'est d'ailleurs le même que nous admirerons dans Hamilton, dans Mme de Caylus, dans Mme de Staal-Delaunay, tous esprits judicieux et agréables, et qui ont su faire passer dans l'expression les qualités dominantes de leur pensée. Ce n'est pas un mince mérite pour Lesage que d'avoir parlé d'instinct la langue que l'usage du grand monde avait apprise aux écrivains que nous venons de citer. On sait déjà qu'il ne fréquentait pas les salons. Il leur en voulait d'être des bureaux d'esprit où l'on méprisait sans motif la comédie et le roman, tandis qu'on s'y extasiait sur des poésies sans sel ni sauge, odes, églogues, madrigaux. Il détestait d'ailleurs tout ce qui est coterie, et malgré les exhortations de son ami Danchet il ne consentit jamais à se présenter à l'Académie. Le seul titre dont il se parait volontiers, c'était celui de bourgeois de Paris. Ce dernier trait achève de le peindre, Il était bien le digne père de son Gil-Blas.

3° **Mémoires.** — Traiter des auteurs de mémoires après les moralistes et les romanciers c'est continuer en quelque sorte la même sujet : après ceux qui ont peint une époque en général, c'est s'adresser à ceux qui en ont vu le détail et les particularités; c'est vérifier pour ainsi dire l'exactitude des premiers. Nous allons donc passer en revue ceux qui ont écrit des souvenirs personnels sur Louis XIV et son règne, sans revenir, bien entendu, à ceux que nous avons déjà eu l'occasion de signaler, par exemple, à Mme de Lafayette et à Lafare.

Gourville (1625-1707). — Il en est un dans le nombre qui était digne de figurer dans la galerie de Lesage, vrai Gil-Blas avant la lettre, et qui, comme le héros du romancier, a su garder dans la vie la plus agitée la bonne humeur la moins altérable et l'esprit le plus avisé. C'est Gourville que je veux dire.

Ses souvenirs ont été dictés ou écrits dans les quatre derniers mois de sa vie. Condamné par l'obésité à ne plus sortir de sa chambre, il employa les loisirs de sa réclusion à raconter l'histoire de sa vie, et comme elle a été fertile en incidents, rien que ses aventures personnelles suffiraient à attacher. Mais il a été mêlé aux grandes affaires, il a vécu dans l'intimité des plus hauts personnages et il en résulte pour son livre un surcroît d'intérêt. Il fut d'abord laquais chez les la Rochefoucauld, valet de chambre de l'abbé de Marsillac, maître d'hôtel du futur moraliste, et l'homme de confiance de toute la maison. Il avait naturellement le don de s'insinuer et de se faire aimer, et il était de bon conseil. Le surintendant Émery, à qui il eut l'occasion de parler, lui reconnut aussitôt l'étoffe d'un financier ingénieux et sans scrupule, et lui procura, par amitié, l'occasion de quelques petits bénéfices. Engagé dans la Fronde, Gourville devint un personnage, travaillant comme de juste pour son maître et pour les amis de son maître, Condé, Conti, Longueville, mais gardant des relations dans l'autre parti. Il fit quelques bons tours et qui sentaient la corde; mais on ne lui en tint pas rigueur. Mazarin se servit de lui pour négocier la pacification de Bordeaux et pour essayer de ramener le prince de Condé. Cette dernière tentative échoua, mais l'autre réussit pleinement. En récompense, Gourville, sur la recommandation du cardinal, entra dans l'administration des finances et devint receveur général en Gascogne. Il y fit une fortune considérable qu'il eut la prudence de tenir disponible. Bien lui en prit, car il fut enveloppé dans la disgrâce de Fouquet, décrété de prise de corps, condamné par contumace et pendu en effigie. Caché à Paris, il en partit après avoir constaté que le mannequin qui le représentait à la potence n'était pas très ressemblant, et se retira en Hollande. Philosophe autant qu'un Saint-Évremont, il se fit une agréable existence, partagée entre les affaires et les plaisirs. Les voyages furent aussi de la partie : partout bien venu, soit auprès des gros marchands d'Amsterdam et des cavaliers de la Haye, soit à la cour de Charles II, soit chez les princes d'Allemagne, il garda toujours les sentiments et la conduite d'un Français qui n'a pas perdu l'espoir de rentrer dans sa patrie. Le ministre Lionne l'utilisa pour des négociations secrètes dont il se tira à merveille, si bien que son exil eut surtout pour effet de mettre dans un plus beau jour ses qualités d'habile homme et de rendre sa réputation européenne. En reconnaissance de ses services, le roi lui permit de rentrer, malgré Colbert; d'ailleurs le ressentiment de celui-ci ne put tenir longtemps contre la bonne humeur, l'esprit, l'habileté de Gourville et il finit par en faire son confident. Consulté aux finances, notre homme ne l'était pas moins aux affaires étrangères et à la guerre. Il avait vu beaucoup et n'avait rien oublié. Il faillit à la mort de Colbert devenir contrôleur général. Mais il ne regretta pas autrement cette haute position, occupé qu'il était ailleurs. De tout temps estimé du prince de Condé, il était devenu son ami, son homme de confiance; il s'était donné la tâche de mettre de l'ordre dans sa fortune très embrouillée. Il y consacra sa vieillesse, qui s'écoula ainsi au sein du plus grand monde.

C'est une curieuse histoire que celle de ce laquais qui devient un personnage, sans jamais se méconnaître ni oublier ses commencements, familier et liant avec respect, également éloigné de la morgue et de la bassesse, bien vu des dames et de tout temps ami de Ninon. Il était homme à réconcilier Lesage, s'il l'eût connu, avec les gens de finance, et à lui faire avouer qu'en suivant la même carrière que Turcaret on peut ressembler à Gil-Blas. Ses *Mémoires* sont d'une lecture attachante, d'un style aisé, naturel, qui sent l'homme de bonne compagnie, agréable causeur, net et précis par surcroît comme il convient à un homme d'affaires. La note dominante est la bonne humeur. Il prend son parti de tout ce qui lui arrive de fâcheux et ne se plaint jamais. Peut-être pourrait-on voir, sous cette égalité de caractère, je ne sais quelle indifférence au bien et au mal, au vice et à la vertu. La chose est bien possible, et la vie qu'il avait menée ne le disposait pas à être un moraliste bien sévère. Cela ne l'empêchait pas d'être, au point de vue mondain, un habile et un sage, le plus sage des Français, disait Charles II. Il n'en est pas le moins agréable.

Cosnac (1630-1708) est de la même famille morale que Gourville ; seulement il tient moins de Gil-Blas que de d'Artagnan. C'est d'Artagnan devenu évêque. Petit gentilhomme limousin, mais digne d'être gascon, voué à l'Église par sa pauvreté, comme par sa mauvaise mine, il entre chez le prince de Conti en qualité de maître de chambre. Il s'empare de sa confiance, l'entoure de créatures à lui, contribue à le marier à une nièce de Mazarin et, pour prix de ce service, reçoit à vingt-quatre ans l'évêché de Valence. Il nous a raconté lui-même sa consécration et la scène est piquante. Il va demander à l'archevêque de Paris de vouloir bien le consacrer, à quoi l'autre consent avec plaisir. — Mais préalablement il faudrait me faire prêtre. — Qu'à cela ne tienne, êtes-vous satisfait ? — Mais il y a encore une difficulté, je ne suis pas diacre. — On y pourvoira. — Ni sous-diacre. — Qu'êtes-vous donc ? et êtes-vous bien sûr d'être baptisé ? — On voit quelle vocation épiscopale devait avoir Cosnac. Aussi bien fut-il, aussi longtemps qu'il le put, un prélat de cour. Il avait acheté une charge d'aumônier de Monsieur, frère du roi, et il essaya de jouer un rôle au Palais-Royal. Il se heurta à la paresse du prince et à l'influence rivale du chevalier de Lorraine ; d'ailleurs le charme de la duchesse d'Orléans opéra sur lui et, dans les brouilles domestiques, il prit parti pour la princesse contre son mari. Celui-ci lui fit donner ordre par le roi de ne point quitter son diocèse. Il crut pouvoir malgré la défense venir incognito à Paris ; il en fut puni par une arrestation immédiate, suivie de mise au secret, confiscation de papiers etc., et couronnée par un exil de deux ans à l'Ile-Jourdain. Il rentra en grâce après quelques années, fit bonne figure dans les assemblées du clergé notamment dans celle de 1682, compta parmi les grands convertisseurs de protestants grâce à son hôpital de Valence dirigé par le trop fameux Hérapine, et fut enfin nommé au poste important d'archevêque d'Aix. Il l'occupa à la satisfaction du gouvernement. C'était avant tout un homme d'affaires, un évêque de la même école que Harlay de Champvallon, son protecteur et son ami. La religion ne venait pour lui qu'au second rang, et s'il fut persécuteur ce fut moins par zèle que par politique. Il n'en est pas plus estimable.

Ses *Mémoires,* dont Voltaire a réclamé quelque part la publication, sont au premier abord d'une lecture un peu sèche. A y regarder de près ils deviennent plus intéressants, soit par ce qu'ils nous apprennent de l'auteur lui-même et du monde où il a vécu, soit par les détails précieux qu'ils renferment sur Henriette d'Angleterre. Il s'y montre libre, badin, hardi, et sous ces apparences habile et judicieux. Sa fougue gasconne se marie très bien à une raison froide et sûre.

Choisy (1644-1724). — Ce n'est pas à l'abbé de Choisy qu'il faut rien demander de semblable. Fils d'une précieuse, qui l'avait élevé en fille à ce point qu'à dix-huit ans il allait encore en jupes, il avait reçu d'elle, pour toute règle de conduite, le conseil d'être doux, accommodant, sans humeur, et aux petits soins avec les puissances. Il profita trop bien de la leçon, et fut, par le caractère comme par l'habitude du corps et le costume, une manière d'androgyne, une créature efféminée. Tant qu'il garda une figure un peu fraîche (il était d'ailleurs imberbe) sa joie fut de s'habiller en femme et de paraître ainsi même au théâtre. Il s'aventura un jour dans la loge du Dauphin, mais le sévère Montausier l'en chassa honteusement. Il habita sous le nom de comtesse de Sancy le faubourg Saint-Marceau, et sous celui de comtesse des Barres un château du Berry où sa conduite fut assez scandaleuse.

Cependant il vint un moment où sa figure ne se prêta plus au déguisement. A l'amour de la toilette il substitua celui du jeu et se ruina. C'est alors que pendant une grave maladie il fut touché de la grâce. Il se rendit, à peine guéri, aux Missions Étrangères, d'où il partit pour Siam avec l'ambassade qu'on y envoyait. Il prit les ordres pendant la traversée, essaya sans succès de faire l'apôtre et ne tarda pas à revenir, faute de pouvoir s'employer à quelque chose d'utile. Dès son retour, il fut reçu de l'Académie française et se mit à écrire d'une plume facile et familière sur tous les sujets. Dans une période de trente-cinq ans, il eut le temps de composer de nombreux ouvrages, une *Histoire de David et de Salomon,* un *Charles V,* un *Saint-Louis,* d'autres livres historiques, et notamment une *Histoire de l'Église,* en onze volumes. On raconte qu'après l'avoir terminée, il dit : « Grâce à Dieu, mon histoire est faite, je vais me mettre à l'apprendre. »

Ce qui a conservé son nom, outre les singularités de sa vie, ce sont ses *Mémoires,* soi-disant consacrés à Louis XIV, mais où il parle de tout ce qui lui vient à l'esprit, sans suite et sans ordre, souvent même sans terminer ce qu'il a commencé. Ce défaut de composition est de peu d'importance dans un livre familier, d'autant mieux que, en dépit de quelques erreurs de dates, Choisy est un narrateur fidèle, qui sait prendre le ton et garder l'esprit des choses. Initié de tout temps au plus grand monde, sachant beaucoup par lui-même, ayant de plus le talent de faire causer les gens et de feuilleter les vieux répertoires, c'est ainsi qu'il appelle les vieillards de la cour, il abonde en anecdotes piquantes et instructives. Il a d'excellents portraits : Fouquet, Letellier, Lionne, Colbert, et sa langue est d'un tour léger et négligé qu'on dirait d'une femme. C'est tout ce qu'il a gagné à porter des jupons pendant sa jeunesse. Son style y a contracté quelque chose des agréments féminins. Il va sans dire que, même sous ce rapport, l'imitation ne vaut pas la nature et qu'une femme telle que Mme de Caylus reste infiniment supérieure à l'abbé de Choisy, même là où il est le plus agréable.

Mme de Caylus (1673-1729). — Cette nièce de Mme de Maintenon fut une des plus aimables personnes de son temps. Elle avait tout ce qui gagne les cœurs ; l'esprit, le liant du caractère, la bonté, la beauté. Cette perle fut, par la volonté, et on aime à le croire, par l'erreur de sa tante qui fit le mariage, mise aux mains d'un rustre qui ne dessaoulait pas, et qu'on finit par tenir perpétuellement à l'armée, avec défense d'en bouger. Sa femme n'en fut pas plus heureuse ; elle laissa trop voir son inclination pour le duc de Villeroy et il lui fallut quitter la cour.

Elle trouva à la ville des adorateurs, notamment Lafare qui lui a consacré quelques-uns de ses plus beaux vers. Cependant elle se montra sage, une fois sa passion calmée, et se fit même un peu dévote. Mais elle eut la malechance de se mettre aux mains du père de Latour suspect de jansénisme : si elle avait compté sur ce genre de conversion pour regagner sa tante, elle s'était trompée. Enfin elle finit par rentrer en grâce, et rappelée à Versailles elle fit partie du cercle intime où quelques amies de Mme de Maintenon l'aidaient à divertir le roi. Dire qu'elle réussit à merveille dans cette fonction d'amuseuse d'une Majesté blasée, ce n'est pas faire un mince éloge de sa gaieté et de sa fertilité d'esprit. A la mort de Louis XIV, elle redevint parisienne et continua à faire les délices de la belle société. Ç'avait été une excellente mère. Si elle ne réussit pas à communiquer un peu de sa grâce, de son aménité, de son urbanité à son fils, elle le préserva du moins des vices paternels, et en fit un homme utile et éclairé. C'est le comte de Caylus, « cet antiquaire acariâtre et brusque », mais qui ne laissait pas de se connaître aux belles choses et d'encourager les artistes avec une générosité entendue.

On a de Mme de Caylus, outre sa correspondance câline avec Mme de Maintenon, un petit volume de *Souvenirs*, d'une centaine de pages au plus, mais qui par la délicatesse du tour, la finesse du récit, l'art des nuances est un des joyaux de notre langue. Jamais on n'a écrit avec plus de grâce et de mesure et avec moins d'effort. Quelques portraits de femmes, Montespan, Fontanges, sont incomparables ; enfin tout le monde connaît cette jolie scène du Jubilé de 1676 où Louis XIV se réconcilie avec Mme de Montespan, au nez des évêques et des matrones, qui avaient autorisé une dernière et définitive entrevue entre les amants, désormais séparés, et la sanctifiaient de leur présence. C'est comme œuvre d'art que comptent surtout les souvenirs de Mme de Caylus.

Hamilton (1646-1720). — Le même mérite recommande les *Mémoires de Grammont*, rédigés par Hamilton. Ici encore, le fond est des plus minces, mais l'exécution est si heureuse que le petit volume sera en possession de plaire, aussi longtemps que la langue subsistera. Ce succès, dû au style, est d'autant plus surprenant qu'il a été obtenu par un homme qui n'était pas Français de naissance. Je sais qu'à cette époque on parlait à Londres, je veux dire à la cour, autant français qu'anglais, et que notre Saint-Évremont trouvait d'aussi fins causeurs dans l'entourage de Charles II qu'il eût fait à Versailles ; mais malgré tout, cette pureté, cette absence de tout accent, cette science des nuances et des délicatesses ne laissent pas de paraître admirables chez un étranger. Ajoutons toutefois qu'Hamilton ne l'était qu'à moitié puisqu'il avait été élevé en France pendant le Protectorat de Cromwell. Après avoir tenu sa place à la cour des Stuarts, fidèle au malheur, il émigra avec Jacques II et vécut dans cette dévote retraite de Saint-Germain, peuplée de jésuites et de nonnes. Il s'en échappait le plus souvent possible pour venir retrouver ses amis du Temple et de Sceaux, qui appréciaient justement son esprit et ses talents d'écrivain.

Dans ces milieux lettrés et mondains on goûtait beaucoup ses petits vers et ses contes : *Zénéide, Fleur d'épine,* les *Quatre facardins :* tout cela est oublié aujourd'hui. Mais on lira toujours les Mémoires du comte de Grammont.

Ce personnage, l'un des plus brillants du siècle, était célèbre par ses bons mots, ses galanteries, son bonheur au jeu, son sang-froid imperturbable. Hamilton, qui était son beau-frère et qui connaissait par le menu ses aventures, s'amusa à raconter les plus intéressantes d'une plume légère et aiguisée, sur un ton de raillerie perpétuelle mais presque insensible. Jamais on n'a poussé plus loin l'art de médire agréablement. Tout le monde connaît la rencontre de M. Cerise, le siège de Turin en compagnie de Matta, le siège de Lérida et l'aumônier Poussatin, le sable mouvant de M. Termes, les aventures des filles d'honneur de la cour d'Angleterre. Ce sont des récits inimitables et auprès desquels tout risque de paraître grossier et forcé.

Chez **Mme de Staal-Delaunay** (1693-1750), qu'il ne faut pas confondre avec Mme de Staël l'illustre fille de Necker, nous avons à faire à une œuvre plus instructive au point de vue soit de l'histoire politique, soit de l'histoire littéraire, et recommandée elle aussi par des mérites indiscutables de composition et de style. Grimm a dit qu'après celle de Voltaire la prose la plus agréable qu'il connût était celle de Mme de Staal ; et il lui attribue comme qualités dominantes, la rapidité de la narration, la finesse et la légèreté de la touche, la ressemblance des portraits, la justesse des réflexions, la persistance du naturel. En tout cela il a raison, mais, pour être complet, il faut ajouter que jamais on n'a vu femme plus vraie et plus sincère, ni qui sacrifie moins aux petites hypocrisies de la société. Elle a pu dire en parlant d'elle-même et c'est le meilleur éloge à répéter sur son compte : « Mon esprit n'emploie ni tours, ni figures, ni rien du tout de ce qui s'appelle invention : frappé vivement des objets il les rend comme la glace d'un miroir les réfléchit, sans omission ni changement. »

Ce n'est pas une personne ordinaire que celle qui, dans une condition subalterne et au milieu d'une société mondaine, trouve moyen d'allier cette inaltérable sincérité aux agréments de l'esprit, à la droiture de la raison, à l'étendue du savoir. On a voulu, sous prétexte des humbles fonctions qu'elle avait remplies auprès de la duchesse du Maine, la traiter en soubrette qui médit de ses maîtres, en femme de chambre qui fait de l'esprit à leurs dépens. C'est être gratuitement injuste : elle a été de tout temps supérieure à sa condition, et peut-on dire, à sa destinée. Ses *Mémoires* en sont la preuve.

Parisienne et fille d'un peintre, elle fut élevée par charité au couvent de Saint-Sauveur puis à celui de Saint-Louis à Rouen, et devint, grâce à son esprit et à sa gentillesse, l'enfant gâtée de la supérieure de cette dernière maison, Mme de Grieu. Son intelligence, aussi sûre que précoce, s'attaquait à tout, aux sciences et à la philosophie comme aux lettres. A quatorze ans elle savait la géométrie et discutait pertinemment sur Descartes et Malebranche. On la citait dans la province comme une merveille. Elle fit des passions sans sortir de son couvent. Mais elle ne se contenta pas d'être aimée; elle aima le frère d'une de ses amies, le marquis de Silly, et ne fut pas payée de retour.

En 1710, la mort de Mme de Grieu la força de quitter Rouen. Elle vint à Paris et se mit, faute de mieux, sous la protection de la Maréchale de la Ferté qui l'exhibait à Versailles comme une curiosité. Elle eut dès lors quelques relations avec Malézieu, avec Fontenelle, avec l'anatomiste du Verney, avec Valincour, avec l'abbé de Saint-Pierre. Mais tout cela ne la nourrissait pas, et elle fut obligée d'entrer, pour ne pas mourir de faim, comme femme de chambre chez la duchesse du Maine. Dans cette position humiliée, personne ne voulait plus la reconnaître. Elle se remit en lumière par une lettre railleuse qu'elle écrivit à Fontenelle sur je ne sais plus quelle somnambule examinée par lui à la prière du duc d'Orléans. La lettre eut du succès; la duchesse daigna enfin remarquer sa suivante et lui parler quelques fois ; les hommes de lettres la reprirent en gré et elle se fit parmi eux un petit cercle d'amis, au nombre desquels était Chaulieu. En même temps que spirituelle et instruite, on la savait femme de tête, de sens et de volonté; on la mit dans le secret de la conspiration de Cellamare, et elle fut particulièrement chargée d'embaucher les conjurés subalternes. La conspiration découverte (décembre 1718), elle ne pouvait manquer d'être arrêtée. Elle fit bonne figure aux interrogatoires, sans se laisser prendre aux ruses ni démonter aux menaces de d'Argenson et de Leblanc. Elle resta deux ans à la Bastille, où elle dédaigna l'amour de son gardien, M. de la Maisonrouge, et rechercha celui d'un de ses compagnons de captivité, M. du Mesnil. Elle fut abandonnée de lui après leur libération commune et son chagrin fut si vif qu'elle en vint à regretter l'heureux temps où elle était en prison.

Relâchée en 1722, elle fut accueillie avec joie par ses amis, avec indifférence par sa maîtresse. Elle parla alors de se retirer à Saint-Louis de Rouen, et comme, à tout prendre, sa société était agréable, la duchesse du Maine l'éleva au rang de dame de compagnie Elle la maria une dizaine d'années plus tard à un gentilhomme suisse, M. de Staal.

Outre ses *Mémoires,* Mme de Staal-Delaunay a laissé deux comédies en trois actes : l'Engouement, la Mode, et une correspondance assez étendue.

On sait déjà que la qualité dominante de ses Mémoires est la véracité. Tous ses récits la respirent à tel point qu'on ne regrette pas qu'elle ne les ait pas toujours accompagnés de jugements en forme. Chez elle les faits suffisent à louer et à blâmer. Par exemple elle ne parle jamais en mal de la duchesse du Maine, mais rien que par les détails qu'elle donne sur elle elle la fait détester.

Le principal mérite de son livre, sous le rapport historique, est d'avoir remis au point ce petit monde de Sceaux que, sans elle, on eût admiré de confiance, prenant des galantins comme Mesmes et Polignac pour des politiques, la dame du lieu pour un esprit philosophe et d'une haute portée, son entourage ordinaire pour une élite d'écrivains et de penseurs. Quand on a lu les Mémoires on est moins prompt à l'engouement. On prend Sceaux pour ce qu'il fut, c'est-à-dire pour un rendez-vous de beaux esprits prétentieux et précieux, à la plupart desquels, Fontenelle et Lamotte exceptés, le sérieux en toute chose a manqué.

Saint-Simon (1675-1755). — Nous sommes enfin arrivés par degrés au maître du genre, à Saint-Simon que nous rangeons lui aussi parmi les écrivains du xviie siècle finissant, quoiqu'il ait prolongé sa carrière encore plus avant dans le xviiie siècle que Mme de Staal-Delaunay. Ce contemporain de Voltaire et de Montesquieu n'a rien de commun avec eux. Loin de jamais être de son temps, il vit obstinément dans le passé ; il n'est même pas de l'époque de Louis XIV ; la patrie de son cœur c'est le règne de Louis XIII. Il professe à l'égard de ce prince, le bienfaiteur de sa maison, l'enthousiasme le plus exalté. Il fait de cet homme plus qu'ordinaire le parangon de l'humanité. Ennemi juré lui-même des empiétements du pouvoir absolu et de l'abaissement de la noblesse, il entoure du culte le plus tendre la mémoire du roi sous lequel le pouvoir a le plus empiété et la noblesse a été le plus ravalée. On peut en conclure qu'il sait mal résister à la passion, quand elle s'est une fois emparée de son âme. En effet il est tout passion et c'est de là qu'il tire sa valeur à la fois et ses taches comme écrivain et comme historien.

Ses *Mémoires* nous le font connaître en détail. Fils d'un gentilhomme de bonne noblesse qui avait gagné, étant page, l'amitié de Louis XIII par la rapidité et la propreté de son service à la chasse (il savait présenter commodément le cheval de rechange et sonner d'un cor sans y cracher), et qui en était finalement devenu duc et pair, il naît entiché de sa couronne ducale et pénétré du rang qu'elle lui assure dans l'État. Dès l'enfance, il n'a de préoccupation que les droits et prérogatives de sa pairie ; il déteste d'instinct tous ceux qu'il suppose ou qu'il voit capables d'y attenter. Princes légitimes, princes lorrains, membres du parlement, tous ceux qui se mettent au-dessus des pairs, ou veulent traiter d'égal à égal avec eux, lui sont également odieux et il les déchire à belles dents. C'est comme un coin de manie native qu'il faut connaître pour le comprendre lui-même.

Il fit d'assez bonnes études pour un gentilhomme et s'adonna de préférence à l'histoire. Il paraît qu'il étudia aussi l'allemand, sans doute en vue de la carrière militaire et politique qu'il rêvait, et qui d'ailleurs lui fit défaut.

Présenté à la cour par son père, il sert comme mousquetaire et bientôt comme capitaine de cavalerie. Ayant ainsi débuté, il obtient permission d'acheter un régiment et fait campagne soit sur le Rhin, soit en Flandre. Il assiste à Namur, à Nerwinden, est promu brigadier et se retire du service après quelques années, en 1702, trouvant qu'on est trop long à le nommer maréchal de camp.

Il avait pris séance au parlement comme duc à la mort de son père en 1693. Dès le lendemain il avait plaidé le duc de Luxembourg sur une question de préséance, et s'était posé en toute occasion comme le défenseur de la pairie. Cette attitude lui avait nui dans l'esprit du roi qui le considérait comme un artisan de cabales, comme un brouillon. Il ne fut toléré à Versailles que grâce à sa femme, Mlle de Lorges, dont la bonne grâce et la sagesse corrigeaient ses écarts et suspendaient la colère du prince. Ce devait être un singulier courtisan que Saint-Simon, avec sa langue trop libre, son humeur marquée et indépendante, son attitude de mécontent et d'opposant; il semble à première vue que, chassé de la cour, il lui eût été facile d'en prendre son parti. Au contraire, cette disgrâce eût été le plus grand malheur qui pût lui arriver, malheur dont nous aurions subi nous-mêmes le contre-coup. Car elle l'eût empêché de composer ses Mémoires.

Versailles lui était nécessaire pour faire sa moisson d'anecdotes et de faits, pour faire causer les survivants du passé et pour traire les ministres Chamillart, Pontchartrain, Beauvilliers. Il n'avait pas d'ailleurs renoncé à toute idée d'avenir, et les instants qu'il passait dans le petit cabinet noir où il se cachait aux indiscrets étaient partagés entre la préparation de son œuvre historique et l'élaboration des réformes politiques qu'il rêvait d'accomplir. Il s'était introduit auprès du duc de Bourgogne auquel il avait plu par sa piété, par sa droiture et surtout parce qu'il professait à peu près les mêmes utopies que Fénelon sur le partage de l'autorité entre le roi et la noblesse. Il avait avec lui de fréquents et secrets entretiens, lui soumettait plans sur plans, mémoires sur mémoires, et se promettait déjà un rôle important sous son règne, lorsque la mort vint couper court à toute espérance de ce côté et ne laisser place qu'à des craintes. En effet le roi pouvait, en inspectant les papiers du défunt, tomber sur les écrits de Saint-Simon où il n'était pas ménagé et manifester son mécontentement. Il n'en fut rien, la prose de Saint-Simon ayant passé inaperçue par la connivence de son ami Beauvilliers. Cependant, plus heureux que bien d'autres, Saint-Simon n'avait pas tout perdu à la mort du second Dauphin; il avait une autre corde à son arc. Il était l'ami d'enfance du fils de Monsieur, du futur régent, et il n'avait jamais interrompu ses relations avec lui. Quoique la vie scandaleuse du Palais-Royal courrouçât sa piété et sa vertu, il ne tenait pas rigueur au prince et le fréquentait quand même. Il lui resta fidèle dans les épreuves auxquelles il fut en butte, et le défendit contre les calomnies dont on essaya de le noircir. Aussi fut-il des premiers appelé par le régent à siéger dans les conseils qui devaient remplacer les ministères. Il eut une part importante à la cassation du testament de Louis XIV et aux mesures prises contre les bâtards. Quant au reste, il essaya sans succès de jouer un rôle; il n'était pas fait pour l'action et on le vit bien. Il abondait en projets impraticables dont voici un échantillon.

Partant de ce principe évidemment faux que le roi n'est pas tenu aux engagements de son prédécesseur, et que, venant au trône en vertu d'un fidei-commis, il acquiert le bien sans les charges, il aurait voulu que les États généraux fussent réunis à seule fin de proclamer la banqueroute. La bourgeoisie en eût fait les frais, et le royaume eût été ainsi sauvé de tous ses maux. Le moyen de salut était vraiment bien trouvé. Désormais on laissa parler Saint-Simon sans l'écouter, et il ne fut plus de rien. On l'envoya cependant en Espagne, à l'occasion du double mariage, comme ambassadeur extraordinaire. Il en rapporta une grandesse pour son second fils.

Après la régence, il tomba dans l'obscurité et résida soit à Paris, soit dans ses terres, le cardinal de Fleury lui ayant fait dire que l'air de la cour ne valait rien pour lui, ce qui était un congé à peine déguisé. Il ne vécut plus dès lors que pour ses Mémoires, tournant le dos au présent, ignorant ses contemporains et persistant à ne voir dans Voltaire, par exemple, qu'un garçon d'esprit mais mauvais sujet, et, pour tout dire, le fils d'Arouet qui avait été son notaire. On voit que nous n'avons pas eu tort de le mettre avec les auteurs du xviiᵉ siècle.

Pour en finir avec lui, Saint-Simon était de petite taille et ne payait pas de mine ; avec son teint jaune et ses yeux noirs, il ressemblait, a dit Jean-Baptiste Rousseau, à une omelette dans laquelle on aurait enfoncé deux charbons éteints. Ce grand seigneur, si entiché de son rang, manquait du physique nécessaire pour le soutenir. Rien de moins imposant que lui, et ses prétentions, déjà ridicules par elles-mêmes, devaient le paraître encore plus quand on considérait de quel bout d'homme elles partaient. Il mourut en 1755. Comme il avait été mêlé aux affaires de l'État, et qu'on le soupçonnait d'en avoir écrit, on saisit tous ses papiers pour les déposer aux archives où ils sont encore. Ils se divisent en deux parties ; les *Écrits politiques,* la plupart encore inédits et qui ne semblent pas avoir beaucoup de valeur ; les *Mémoires,* qui après bien des vicissitudes ont fini par être publiés complètement.

Il les avait rédigés de 1740 à 1746, sur ses propres notes et sur le journal de Dangeau, minutieux et fastidieux recueil des faits et gestes de la vie, non seulement publique, mais privée et intime de Louis XIV. Ce document dût lui être d'un grand secours pour vérifier et pour rectifier.

Ce ne fut qu'en 1784 qu'on essaya une publication partielle de Saint-Simon sous la forme d'anecdotes. Son manuscrit avait été d'ailleurs communiqué par le duc de Choiseul à Duclos, qui s'en était servi pour son livre sur Louis XIV, et à Mᵐᵉ du Deffant, qui s'était divertie à entendre cette lecture, en dépit, disait-elle, de la mauvaise qualité du style. Le premier recueil ayant eu quelque succès, on en donna un second plus abondant en 1788-89. Il ne fut plus question de Saint-Simon jusqu'en 1818, où on en fit encore une publication partielle en attendant l'édition complète mais fautive qui est de 1829. C'est M. Chéruel qui a donné, il y a une trentaine d'années, l'édition définitive.

Les Mémoires se divisent en deux parties à peu près égales pour la longueur, mais d'inégal intérêt : le règne de Louis XIV et la Régence. Dans cette dernière Saint-Simon n'a pas été seulement témoin et observateur des faits, il y a pris part en qualité d'acteur. Il semblerait que son récit dût y gagner en attrait ; c'est le contraire qui a lieu ; et soit qu'il ait accordé trop d'importance à de menus détails, soit que les faits eux-mêmes présentent réellement moins d'intérêt, cette partie est bien inférieure à la première, à celle qui traite de Louis XIV. C'est quand il parle de ce prince que Saint-Simon a toute sa valeur et elle est grande, puisqu'on a pu sans exagération le comparer à Tacite. La comparaison n'est pas toutefois d'une exactitude parfaite en ce qui touche la composition, plus serrée dans Tacite, et le ton qui y est aussi moins familier. Mais c'est dans les deux œuvres le même accent d'honnêteté, la même vigueur de pinceau : peut-être même sous ce dernier rapport, l'avantage resterait-il à Saint-Simon. En tout cas, si Tacite est le plus grand peintre de l'antiquité, Saint-Simon est le plus grand peintre de toute notre littérature.

Il a suffi que ses Mémoires fussent publiés en leur entier pour éclipser tout ce qui s'était écrit jusque-là sur le même sujet. Le voisinage de ce livre puissant a enlevé, même à Voltaire, en tant qu'historien de Louis XIV, je ne dis pas son autorité toujours considérable, mais la plus grande part de son intérêt. Il a fait paraître froid, décoloré, confus, un tableau qui avait si longtemps été admiré pour sa netteté de dessin et son éclat de coloris. Il faut cependant se demander si les peintures de Saint-Simon sont aussi vraies qu'elles ont de couleur et de relief. On a pu le contester, sans trop d'injustice, et l'on a cité maint exemple à l'appui. Cependant, quoiqu'on l'ait pris en flagrant délit d'inexactitude sur Lamoignon, juge du frondeur Fargues, sur Saumery dont il fait à tort un espion, sur Harlay et sur Noailles qu'il dénigre ou même qu'il calomnie avec fureur, on serait mal venu à infirmer et la vérité générale de son récit et surtout sa propre véracité. Celle-ci reste entière : il a pu être égaré par sa passion, induit en erreur par de faux récits, par des renseignements incomplets ; mais il n'a jamais altéré sciemment la vérité ; s'il nous trompe, ce n'est qu'après s'être ou avoir été trompé lui-même. Il a un accent de sincérité auquel il est impossible de se méprendre. D'ailleurs, on ne serait pas en peine de citer, avec Sainte-Beuve, des preuves à l'appui de son impartialité ou plutôt de sa volonté d'être impartial ; d'abord sa dévotion pleine de scrupules ; puis son goût déclaré pour les honnêtes gens de tout ordre, Rancé, Beauvilliers, Maréchal, la Bruyère ; enfin sa curiosité toujours en éveil, trop contente de trouver des faits pour jamais prendre le temps de les altérer. Ajoutons qu'il ne se trompe guère du tout au tout, et que, lorsqu'il en a à quelqu'un, c'est d'ordinaire que le personnage n'est pas irréprochable. Ses inimitiés particulières l'ont certainement conduit à exagérer, mais elles n'ont pas mis complètement son flair en défaut.

D'ailleurs si quelques individus ont à se plaindre de lui, le siècle de Louis XIV peut lui être reconnaissant de la lumière qu'il y a versée à pleines mains. M. Taine a dit qu'avec Shakespeare et Balzac, Saint-Simon est un des plus amples magasins de documents humains que nous puissions consulter. Je n'aime pas ce mot de magasin qui semble évoquer je ne sais quelle idée de momification, aussi déplacée avec Saint-Simon qu'elle l'est d'ailleurs avec les deux grands hommes auxquels on le compare ici. Tout est vivant et animé dans son œuvre. Cette Cour de Louis XIV, qui apparaissait autrefois comme une foule indistincte et confuse où, sous les chamarrures et les robes de gala, tout le monde se ressemblait, est devenue grâce à lui un pays de connaissance où l'on se retrouve sans peine, où l'on circule avec aisance, mettant les noms sur les figures, et saluant chacun au passage d'un souvenir. Sans doute le règne de Louis XIV est un grand règne; mais il doit une bonne part de l'intérêt que le XIXe siècle prend à lui aux Mémoires de notre auteur. Ce sont eux qui l'ont remis en vue et qui le préserveront désormais de l'oubli. Un puissant évocateur lui a assuré un regain de vie et une supériorité marquée sur toutes les époques qui, pour brillantes qu'elles soient, n'auront pas eu de Saint-Simon.

Il est vrai que ces peintures si attachantes ne sont pas toujours des plus flatteuses. Le peintre nous révèle impitoyablement les dessous de cette société si uniformément brillante, si compassée dans son étiquette de surface; il nous montre la brutalité et la folie de tel prince, bourreau de sa femme et tyran de sa famille; la platitude des courtisans aux petits soins avec la bonne de la Maintenon ou le valet de chambre du roi, ou la maîtresse du Dauphin; les écarts des princesses se livrant à des orgies de corps de garde; le désordre général et la corruption des mœurs, et ce n'est pas précisément un sentiment d'estime pour ce beau monde mordoré, vêtu de velours et de soie, qu'il nous inculque en dernière analyse.

Mais son art est tel qu'il n'y a pas moyen d'oublier ce qu'il nous a montré ou d'interrompre la lecture commencée. Il a des récits qui sont de véritables drames et qui en ont le puissant intérêt dans l'abondance de leur développement : tels, la mort du Dauphin ou encore la dégradation des bâtards. Quant aux portraits, longs ou courts, travaillés ou enlevés d'un trait, ils sont inoubliables.

Lorsqu'un auteur arrive à produire de tels effets, il faut nécessairement que ce soit un grand écrivain. On a longtemps refusé ce titre à Saint-Simon; on l'a appelé le premier des barbares, on a dit qu'il écrivait à la diable pour l'immortalité. Nos contemporains lui ont rendu meilleure justice et l'ont mis à son rang, c'est-à-dire au niveau de nos plus illustres prosateurs.

Il déconcerte à première vue, par la construction insolite de ses phrases, toujours longues, surchargées d'incises et de parenthèses. A les mesurer du regard, on se dit qu'on n'y comprendra jamais rien; mais il suffit de quelques pages déchiffrées pour qu'on se retrouve dans le reste et qu'on circule aisément dans ce dédale. Quant à l'expression, elle est toujours pittoresque et d'une exactitude quasi géométrique. Il n'y a que lui pour arriver à cette netteté d'impression, à cette précision de contour. Il va sans dire qu'il n'a aucun scrupule de précieux ni de puriste et que tous les vocabulaires lui sont bons quand il faut rendre énergiquement sa pensée.

En somme, il reste le maître du chœur parmi les auteurs de Mémoires, supérieur même à Retz; et, en dépit de ses exagérations passionnées, il compte parmi les historiens pour avoir su faire d'une grande époque un tableau saisissant et où tout déborde de vie.

CHAPITRE VI

LITTÉRATURE JUDICIAIRE ET POLITIQUE : AVOCATS ET PUBLICISTES.

Pour en finir avec les lettres sous Louis XIV, il ne nous reste plus qu'à passer en revue les essais de littérature politique qui, préparés sous son règne, firent éclosion à la Régence, et dont quelques-uns même s'étaient risqués à paraître sous son gouvernement. Toutefois, avant d'aborder les publicistes, nous dirons quelques mots des orateurs judiciaires du temps, bien qu'à vrai dire il n'y ait à ce moment qu'un rapport lointain entre les deux professions. Précédemment il suffisait de prononcer le mot de politique pour évoquer aussitôt l'idée de magistrature et de parlement. De nos jours, il est impossible de penser à la tribune, sans penser au barreau. Mais à cette date de 1715 il n'en est pas ainsi. Le parlement est presque aussi docile aux volontés du régent qu'à celles de Louis XIV, et ce n'est que plus tard, et dans une période qui ne nous regarde plus, qu'il retrouve assez d'indépendance pour protester contre la Bulle par la voix éloquente des conseillers Pucelle et Menguy.

Néanmoins, comme l'éloquence judiciaire est la compagne traditionnelle de l'éloquence ou de la littérature politique, on nous pardonnera de les laisser ensemble, même ici.

1° Orateurs du barreau. — Nous en sommes restés dans notre histoire du barreau à Patru, Lemaître et Pellisson, et nous avons noté les progrès que les plaidoyers ou les mémoires de ces hommes distingués avaient introduits dans la langue et dans le style des avocats. Pendant le demi-siècle qui suivit, l'éloquence judiciaire fut représentée, à défaut d'hommes supérieurs, par des sujets estimables, bons jurisconsultes et parleurs habiles. La liste n'en est pas très longue et elle ne comprend pas plus de cinq à six noms.

C'est d'abord Gauthier surnommé la Gueule à cause de sa voix tonnante et de son esprit mordant, mais qui, à en juger par ce sobriquet, ne devait pas briller par la distinction. C'est Fourcroy, cité avec éloge par la Bruyère; c'est Pucelle, le beau-frère de Catinat et le père du célèbre conseiller dont nous venons de parler ; c'est Érart dont le plaidoyer pour Mazarin contre Mancini est resté longtemps classique ; c'est Terrasson que ses consultations écrites firent surnommer la plume d'or. Voilà pour les avocats. Quant aux gens du roi, les plus célèbres sont les Talon, les Lamoignon, les Harlay, mais ce n'est pas seulement à leur talent de parole qu'ils doivent leur renom.

Il faudrait s'en tenir là si la fin du siècle n'avait donné à la robe un orateur illustre dans la personne du chancelier Daguesseau, qui passa en son temps pour le maître et le modèle de l'éloquence judiciaire, et qui, sans être maintenu à ce haut rang, ne laisse pas d'avoir gardé l'estime de la postérité.

Daguesseau (1668-1751). — Fils d'un intendant de province qui eut en Limousin et en Languedoc la réputation d'un administrateur habile, intègre et pieux, il fut élevé avec le plus grand soin dans les sciences sacrées et profanes, sous les yeux toujours attentifs de son père. Cette surveillance, qui venait à l'appui d'une facilité naturelle à apprendre et d'un goût marqué pour l'étude, opéra des prodiges. Dès l'enfance, Daguesseau était une encyclopédie vivante ; il savait les langues anciennes et modernes, les lettres, la philosophie, l'histoire, les sciences ; tout cela s'était logé dans sa mémoire et dans sa raison, prêt à se montrer au commandement. Il était de l'aveu de ses contemporains les plus difficiles, de Fontenelle notamment, l'homme le plus savant et de la culture la plus variée que l'on pût voir. Toute médaille a son revers. Chez Daguesseau, les idées d'autrui s'étaient si bien logées qu'elles avaient pris la place des siennes propres, et qu'il était condamné à ne pas avoir d'originalité. C'est un écho sonore et pur, mais ce n'est guère qu'un écho.

Il faut noter qu'entre les différents objets de son application, les lettres eurent toujours la préférence. Il avait pour elles un culte, ou, si le mot n'est pas déplacé avec un si grave personnage, une vraie passion, qui s'est exprimée par des mots de caractère comme celui-ci : un jour qu'il expliquait, avec l'helléniste Boivin, une pièce de Sophocle : « Hâtons-nous, disait-il, nous n'aurions qu'à mourir avant d'avoir achevé. » Cet amour des lettres lui faisait rechercher ceux qui les cultivaient sans s'éloigner de la religion et de la vertu. Il fut l'ami de Racine, de Boileau, de Rollin, de Valincour; il protégea Louis Racine. Il aurait été volontiers l'ami de Malebranche, mais il eut le malheur de lui laisser voir qu'il accordait quelque estime à l'histoire, et le philosophe le prit dès lors en pitié.

Avocat général à vingt-deux ans, procureur général à trente-deux, il prononça en cette qualité des *Plaidoyers,* des *Discours de rentrée,* des *Mercuriales,* qui firent sensation dans ce milieu un peu arriéré du parlement. L'ampleur cicéronienne de sa parole était encore relevée par sa bonne mine, par sa gravité précoce tempérée d'affabilité et de politesse. Il remplit ces hautes fonctions à la satisfaction générale et on admira le courage avec lequel il refusa en 1715 de présenter au parlement la déclaration royale relative à la Bulle. Pour se montrer aussi ferme, il avait dû prendre beaucoup sur son caractère timide et indécis. Il ne se trouva pas une seconde fois capable du même effort et on le vit quelques années après accorder à Dubois ce qu'il avait refusé à Louis XIV. Il avait été fait chancelier en 1717. Ce poste ne lui fut pas avantageux. Il ne sut pas s'y défaire de ses préjugés de caste et resta un robin au lieu de devenir un homme d'État. Il avait de plus le défaut commun aux gens qui savent trop, il était incapable de prendre un parti, parce qu'il voyait trop bien le pour et le contre, et que les inconvénients lui semblaient toujours surpasser les avantages. Il fut, avec toutes ses qualités et ses vertus, manifestement inférieur à la tâche, et le public le vit plus d'une fois exilé dans ses terres et dépossédé des sceaux, sans compatir autrement à des disgrâces qu'il trouvait presque méritées. Exilé une première fois de 1718 à 1720, une deuxième de 1722 à 1727, il fut rappelé par Fleury à cette dernière date. Il donna sa démission en 1750 et mourut en 1751. Il avait passé philosophiquement le temps de sa disgrâce dans sa terre de Fresnes tout entier à la littérature ; lorsqu'il fut réintégré, il se renferma dans la surveillance des tribunaux et dans la réforme de la justice. Par de sages ordonnances, il établit l'unité de jurisprudence dans les donations, les testaments, les substitutions ; mais trop respectueux de la tradition, il s'arrêta à moitié chemin et n'osa pas aller jusqu'à l'unité complète.

Outre les œuvres oratoires que nous avons énumérées on a de lui : 1° dix *Méditations* sur les vraies et les fausses idées de la justice (il admet la justice indépendamment de la révélation et croit à la justice de l'humanité); 2° cinq *Instructions* à son fils sur la religion et le droit, sur l'histoire, sur les belles-lettres, sur les fonctions d'avocat du roi, sur le droit ecclésiastique; 3° un *Discours sur la vie de son père* où l'on trouve du naturel, de l'onction, de la sensibilité et qui est décidément ce qu'il a écrit de plus intéressant pour nous. Le reste est d'un style pompeux, tout en périodes, en termes généraux et vagues. Les faux ornements y abondent. La gravité du ton y est compromise par la symétrie du tour, au détriment du naturel et de la force. Daguesseau eut plutôt les artifices que l'inspiration de l'éloquence ; ce fut un écrivain habile, mais non pas un grand écrivain.

En sa qualité de chancelier, il avait la haute main sur la librairie ; et il n'était pas, dans l'exercice de cette censure littéraire, plus libéral que de raison. Tout ce qui lui paraissait entaché d'esprit philosophique était impitoyablement rejeté. Il refusa un privilège à la philosophie de Newton, ce qui lui valut d'être appelé par Voltaire demi-savant et demi-citoyen. Dans son zèle catholique il imposa à l'abbé Prévost, comme condition à l'octroi du privilège, la conversion de Cléveland. Aussi en est-on à se demander comment, sur ses vieux jours, il accorda le privilège de l'Encyclopédie à Diderot, déjà connu et mal noté pour son irréligion. Il faut que celui-ci, dans l'entrevue où il sollicita et obtint cette faveur inespérée, ait fait des miracles d'éloquence et ait véritablement ensorcelé le chancelier. Admirons ici l'ironie des choses : c'est la main défaillante d'un chrétien fervent qui autorise l'impression de l'œuvre la plus hostile au Christianisme.

2° Les publicistes. — La littérature politique avait été en grand honneur au XVIᵉ siècle, et cela, par toute l'Europe, témoin les noms célèbres de Machiavel, de Bodin, de Paruta, de Fra Paolo, d'Hotman, d'Hubert Languet, de Suarez, de Mariana, de Bacon, de Morus, de Campanella.

Au XVIIe siècle tandis que Hobbes et Filmer en Angleterre, Grotius et Puffendorf en Allemagne, exprimaient leurs idées sur la nature et la marche des gouvernements, la France jusqu'après la Fronde prit plaisir aux mêmes études et compta en ce genre plus d'un écrivain. Le plus célèbre est le cardinal de Retz.

Pendant la première partie du règne de Louis XIV, on se désintéressa dans le public de ces questions ou plutôt on s'en éloigna prudemment. Sous un gouvernement aussi absolu, il n'y avait place que pour l'expression de la politique orthodoxe, et c'est alors en effet que Bossuet composa sa Politique tirée de l'Écriture sainte, où il subordonne avec une imperturbable conviction le trône à Dieu et l'État à la religion, mais où, en revanche, il enchaîne les peuples aux pieds des rois.

Après la Révocation les choses ne se passèrent tout à fait plus ainsi. Il se trouva aussitôt parmi les protestants un homme (notez qu'il n'y en eut pas deux, tant la croyance au droit divin était forte) pour s'élever contre les théories de Bossuet. Mais le cas resta isolé; et il fallut encore un laps de vingt années, et surtout une aggravation lamentable de la misère publique, pour ouvrir les yeux à quelques esprits généreux et leur montrer que tout n'était pas pour le mieux dans le plus beau des royaumes et sous le plus grand des rois. Ils le pensèrent et quelques-uns eurent le courage de le dire, tandis que les autres remettaient à des temps plus propices l'expression de leurs sentiments. Ce sont ces hommes que nous allons passer brièvement en revue, en insistant encore une fois sur ce fait que, vers la fin du règne, un changement manifeste se produit dans les esprits, et que le pouvoir absolu, longtemps indiscuté, commence à être contesté et critiqué, en attendant qu'il soit battu en brèche.

Jurieu (1637-1713). — Fils de pasteur et destiné lui-même au ministère, Jurieu fit ses études à Saumur, les continua en Hollande et en Angleterre, et, après avoir rempli les fonctions sacerdotales à Mers dans l'Orléanais, devint pasteur et professeur de théologie à Sedan. C'est là que commencèrent ses rapports avec Bayle, sur lesquels nous ne reviendrons pas.

Les mesures préparatoires de la Révocation lui inspirèrent

deux ouvrages remarquables, le *Préservatif contre le changement de religion* où il essayait de réfuter l'Exposition de la doctrine catholique de Bossuet (1680), et la *Politique du clergé de France* (1681).

Établi à Rotterdam, il prétendit à la direction du parti protestant, attaquant et au besoin calomniant les tièdes, faisant l'inquisiteur, jouant un assez vilain rôle, un peu excusable toutefois, si l'on réfléchit que les malheurs de ses coreligionnaires l'avaient aigri, rendu soupçonneux et méfiant, et avaient lâché la bride à cette fougue et à cette jalousie qui étaient au fond de son caractère. En face des indifférents comme Bayle, des modérés comme Basnage et Claude, il représente la violence et l'appel à la force. Si l'on fait la part des exagérations de son zèle et de son langage, il n'est pas prouvé que la ligne de conduite recommandée par lui n'eût pas encore été la meilleure.

Il est vrai que les apparences de déraison et de folie qu'il se donnait bénévolement étaient de nature à discréditer ses conseils. En 1686, il lance un récit mystique et polémique, intitulé l'*Accomplissement des prophéties et la délivrance prochaine de l'Église*. Les temps sont proches, dit-il en substance. L'Antechrist a paru, il n'est autre que le pape. Et il part de là pour calculer d'après l'Apocalypse le moment du triomphe de la vérité. Il l'assigne au mois d'avril 1689. Michelet, qui a un faible pour Jurieu, insinue qu'après tout il ne s'est pas trompé puisqu'en avril 1689 l'Angleterre couronna Guillaume d'Orange et assura ainsi le triomphe relatif du protestantisme en Europe. C'est se contenter à peu de frais. Mieux vaut dire que le côté mystique est embarrassant dans Jurieu, autant que le côté sectaire y est odieux, et que, si rien de plus ne recommandait le personnage, il n'y aurait pas à lui accorder grande estime. A partir de 1688, Jurieu publia ses *Lettres pastorales*, redoutable journal où l'on trouvait le martyrologe de la persécution et la légende dorée du protestantisme. Sa crédulité s'y donnait carrière, notamment quand il exaltait la puissance prophétique de la bergère de Crest; mais à côté de ces détails émouvants ou déconcertants, on trouvait des déclarations de principes, des théories politiques sur lesquelles il faut s'arrêter, car elles ne manquent pas d'une certaine grandeur.

En ces années terribles, Bossuet poussait impitoyablement sa thèse de l'obéissance absolue à l'Église et à la royauté. Il avait écrit les Variations, bientôt suivies des Avertissements, et son argumentation avait été assez habile pour déconcerter les meilleures plumes du protestantisme. Jurieu seul ne se laisse pas surprendre à cette logique captieuse. Il passe condamnation sur les Variations ou plutôt il s'en glorifie ; elles lui semblent dans l'ordre et il déclare que c'est successivement, par degrés et par morceaux, que la vérité a été révélée aux hommes : quant à l'obéissance passive, il la condamne au nom de la religion, et proclame avec une énergie croissante le droit de résistance à la tyrannie, droit qui a pour conséquence nécessaire la souveraineté du peuple. C'est en 1689, un an avant Locke, que Jurieu émet ces grandes idées, dont on fait ordinairement et à tort honneur à l'Angleterre. Sans doute Algernon Sidney les avait déjà exprimées, mais dans un ouvrage resté inédit, de telle sorte qu'il ne peut disputer à Jurieu la priorité. Un seul homme pourrait la lui disputer, et c'est encore un protestant francais mais du XVIe siècle, Hubert Languet, qui mêlant l'esprit juridique à l'esprit biblique transporta dans la politique les idées de contrat, d'action, de prévarication, de prescription, et formula dans le « Vindiciæ contra tyrannos » les trois principes suivants : On n'obéit pas au prince qui viole la loi divine. — On résiste au prince qui viole la loi divine. — On résiste au prince qui opprime ses sujets. Ces principes sont déduits par lui de l'hypothèse du double contrat : 1° entre Dieu et les rois et les peuples ; 2° entre les rois et les peuples. Ce dernier contrat est toujours revisable et les droits des contractants ne sont jamais soumis à la prescription. On a beaucoup raillé cette idée du contrat, on a demandé où et quand l'acte avait été passé et devant quel notaire ? Ces plaisanteries faciles n'enlèvent rien à la hardiesse et à la justesse de la théorie, qui revient somme toute à dire que l'autorité n'est et ne doit être qu'une délégation du peuple en qui réside toute souveraineté. C'est l'honneur du protestantisme d'avoir trouvé et mis en circulation ces doctrines, et il faut d'autant plus savoir de gré à un Français du XVIIe siècle de les avoir renouvelées qu'il y était moins préparé par son éducation monarchique. L'idée du contrat est une idée française que les Anglais ont eu l'honneur de pratiquer les premiers, mais qu'ils ont apprise de Jurieu.

Après les Lettres pastorales, vinrent les *Soupirs de la France esclave* (1689-1690). C'est une série de quinze mémoires où la politique prend le pas sur la religion. Le théologien dans l'auteur fait place au publiciste, au citoyen : il parle non plus au nom de la secte, mais en celui de tous les Français opprimés. Ici ce n'est plus à Languet, c'est à Hotman et à son Franco-Gallia que l'auteur emprunte son système. La France, dit-il, à l'exemple du vieux publiciste, était autrefois un pays monarchique, elle est devenue la proie du despotisme; il faut la ramener à la monarchie, autrement dit, au gouvernement représentatif, en convoquant les États généraux.

On voit que dans cette tête illuminée de Jurieu, dans ce cerveau bafoué par les catholiques et les modérés protestants, germaient cependant des idées généreuses et indépendantes, qui font penser, comme d'ailleurs son caractère, à Rousseau dont il peut être considéré comme le précurseur. J'ajoute qu'il lui a fallu plus de courage qu'à Rousseau pour exprimer ces théories de contrat et de liberté. Quelles que soient les laideurs de sa conduite, il faut lui pardonner beaucoup comme à l'initiateur de la politique d'émancipation en Europe au commencement du XVIIIe siècle.

Avec les autres écrivains qui nous attendent, nous tombons forcément de plusieurs degrés. Ils vivent en France, ils subissent l'influence du milieu. Les uns limitent leurs innovations à une seule partie de la chose publique; les autres au lieu d'innover veulent revenir en arrière. Il n'y a guère que l'abbé de Saint-Pierre qui aille résolument de l'avant, mais avec la légèreté d'un utopiste. Quoi qu'il en soit de leurs mérites personnels et des directions diverses qu'ils suivent, ces publicistes concourent ensemble à rendre un grand service : ils ramènent l'attention du public sur des questions trop longtemps négligées et laissées dans l'oubli; ils invitent les Français à s'occuper de leurs intérêts, ce qui devait les conduire infailliblement à s'enquérir bientôt de leurs droits.

Boisguillebert et **Vauban,** dont nous nous occuperons tout d'abord, ne sont pas tant des politiques que des économistes. Il convient de les rapprocher, parce que, sans préjudice de leurs liens d'amitié ou même de parenté, ils ont plus d'une opinion commune et sont animés l'un et l'autre de la passion du bien public.

Boisguillebert (?-1714) était un magistrat rouennais, parent des Corneille et des Fontenelle, qui après avoir traduit Xiphilin et Hérodien et composé une nouvelle historique sur Marie Stuart, s'aperçut que sa voie n'était pas dans les lettres, mais bien dans l'étude de notre situation économique et des améliorations à y apporter. Il se livra à des recherches considérables qui cependant ne furent pas toujours assez minutieuses, et publia vers 1695 son *Détail de la France*.

Cet ouvrage, bizarrement écrit, mais où on sent partout la fougue d'un homme ardent et plein de son sujet ne vaut guère, en dépit du titre, par les détails souvent peu exacts. Il tire son mérite d'un puissant esprit de généralisation qui devine ou découvre les vraies lois économiques. Boisguillebert y ébauche une théorie scientifique de la richesse publique, où après avoir défini les choses à sa façon il insiste sur la solidarité des classes et sur la nécessité de la libre concurrence entre producteurs. Il conclut par cet aphorisme : « c'est à la nature et non aux hommes qu'appartient la police de l'ordre économique. » Les innovations qu'il préconise, comme remède au mal dont souffre la France, tiennent en deux mots. « Les impôts ne sont pas trop forts, ils pourraient même être augmentés jusqu'à concurrence de 300 millions ; mais ils sont mal répartis. Il faut rendre la taille équitable, la proportionner aux revenus et ne plus accorder de dispense aux roturiers. Si toute la roture paye, sans recourir même à la noblesse et au clergé, les finances seront à flot. De plus, une légère augmentation de la taille et un impôt sur les cheminées permettront de supprimer tous les impôts indirects, ce qui amènera libre circulation et abondante consommation. » Ce système avait le défaut de faire la part trop belle aux classes privilégiées qu'il dispensait des impôts indirects, sans les soumettre à l'impôt direct, et de laisser injustement sur les épaules du peuple tout le poids du fardeau. Il ne valut d'ailleurs à son inventeur que des risées. Celui-ci s'était présenté assez bizarrement au ministre Pontchartain, en lui disant : « Vous me prendrez pour un fol, mais..... » c'est une affaire entendue, dit le ministre en lui coupant la parole, et il le renvoya sans en entendre davantage.

Une dizaine d'années après, Boisguillebert publia une édition corrigée de son livre sous le titre de *Factum de la France*. Il y avait mis une préface énergique, où il constatait en termes saisissants l'excès de la commune misère : « Tout a pris fin, disait-il, faute de matière. » Et il proposait encore sa taille égalisée et mieux répartie, mais en y joignant la dîme sur les revenus, telle que Vauban venait de la proposer. Le ministre Chamillart, choqué de la violence de quelques expressions, exila notre auteur en Auvergne, tout en faisant un essai partiel de son système dans l'Orléanais. Il va sans dire que l'essai ne réussit pas, par la faute des gens qui en étaient chargés et qui avaient intérêt à son insuccès.

En résumé, Boisguillebert fut un homme utile et éclairé, qui eut compassion des maux de son pays et employa sa vie à en trouver le remède. Il faut lui en être reconnaissant, sans toutefois tomber dans l'exagération de Michelet, qui le proclame un grand citoyen, et, entre autres mérites, lui attribue la première idée de l'égalité en matière d'impôts. Or ce principe de l'égalité de tous les Français devant les charges publiques n'a jamais été que risqué timidement par Boisguillebert, au lieu qu'il a été expressément formulé par Vauban (1633-1701).

Cet illustre personnage, vrai cœur de patriote, ne s'était pas confiné dans sa spécialité d'ingénieur. Il était attentif à tout ce qui pouvait augmenter ou rétablir la prospérité de la nation. Appelé par ses fonctions à parcourir toute la France, il s'enquérait des ressources de chaque province, il faisait pour son compte une vaste enquête sur l'état économique du pays. Il en a consigné les résultats dans un recueil manuscrit de douze volumes, intitulé *Mes Oisivetés,* ce qui a fait dire à Fontenelle : « S'il était possible que les idées qu'il propose s'exécutassent, ses Oisivetés seraient plus utiles que tous ses travaux. »

Les conclusions définitives de son enquête étaient si peu satisfaisantes qu'il crut devoir aviser au plus tôt. Il publia en 1707, sans nom de libraire ni de ville, son livre de la *Dîme royale.* Il y établissait que parmi les Français il y avait un dixième de mendiants, cinq dixièmes d'indigents, trois dixièmes de gens embarrassés dans leurs affaires, un seul dixième de gens dans l'aisance, grands seigneurs comblés par le roi, gros marchands et traitants. A cette misère générale il opposait la richesse naturelle du pays, le plus riche de tous, disait-il, parce qu'il est le plus abondant en denrées.

Et il faisait voir que l'indigence y naissait de l'injustice avec laquelle les taxes étaient réparties et levées, sans égard pour le menu peuple, si utile cependant.

Il proposait l'abolition de tous les impôts existants, taille, capitation, vingtième, à l'exception des quelques impôts indirects ou pour mieux dire de quelques monopoles qu'il concédait à l'État ; il pourvoyait à tous les besoins publics par un impôt unique sur le revenu, d'un taux variable, mais ordinairement de un dixième, d'où son nom de dîme, et pouvant être perçu en nature. Cet impôt portait sur tous les Français sans exception, qu'ils fussent nobles, ecclésiastiques, roturiers ; car Vauban posait en principe que tous les habitants d'un pays, par le seul fait de leur naissance ou de leur résidence dans ce pays, sont obligés de contribuer à ses dépenses, et que les exemptions accordées à des privilégiés sont autant de vols faits au public.

L'ouvrage respirait d'un bout à l'autre la sagesse et l'humanité ; il contenait à l'adresse du roi les exhortations les plus touchantes, les plus propres à émouvoir les entrailles paternelles que Vauban lui supposait. On sait quel en fut le succès et comment, sans considération pour les services et les intentions de l'auteur, le livre fut condamné au feu et publiquement brûlé par le bourreau. Cet affront fut si sensible à Vauban que ses jours en furent avancés. Telle fut la dernière récompense d'un homme de qui son panégyriste, Fontenelle, a pu dire justement : « Passionnément attaché au roi, plein d'une fidélité ardente et zélée, nullement courtisan, il aurait infiniment mieux aimé servir que plaire. Personne n'a été si souvent que lui, ni avec tant de courage, l'introducteur de la vérité : il avait pour elle une passion presque imprudente et incapable de ménagements. Ses mœurs ont tenu bon contre les dignités les plus brillantes et n'ont même pas combattu. En un mot c'était un Romain qu'il semblait que notre siècle eût dérobé aux plus heureux temps de la République. »

Nous arrivons maintenant à un écrivain qui, sans dédaigner d'entrer parfois dans le détail des affaires, fut surtout un théoricien politique, de la même école que Saint-Simon et Fénelon, je veux dire un partisan de la monarchie aristocratique. C'est le comte de **Boulainvilliers** (1658-1722), un des caractères les plus originaux de ce temps. Après de bonnes études à Juilly, il eut, au sortir du collège, à débrouiller une succession embarrassée qui nécessita de sa part de longues recherches dans les archives de sa maison. Il y prit insensiblemennt le goût de l'histoire, et il devint dans cette matière le plus savant gentilhomme de France et le plus capable d'être historien, s'il eût été moins systématique. C'est Voltaire qui lui accorde cet éloge. D'ailleurs l'activité de son esprit ne se borna pas à l'étude de notre histoire nationale : elle s'étendit aux choses les plus différentes. Sa vie, toute studieuse, fut consacrée à trois grands objets. Nous connaissons le premier : les origines nationales étudiées au point de vue de la caste féodale. Le deuxième est l'étude des sciences occultes et de l'astrologie, combinée avec des recherches métaphysiques qui aboutissent au spinozisme. Le troisième consiste en recherches statistiques et en plans de réformes, où l'on trouve des vues saines et des sentiments patriotiques. Le tout sans préjudice d'une admiration extraordinaire pour Mahomet et sa religion, dont il a retracé l'histoire ou plutôt fait le panégyrique en style oriental.

Beaucoup d'écrits de Boulainvilliers sont encore inédits : ceux qui nous intéressent parurent en 1727, cinq ans après la mort de l'auteur. Ils comprennent : 1° un *Recueil de six Mémoires* adressés au régent sur les moyens d'augmenter la puissance et les revenus du royaume, le premier de ces moyens étant la convocation des états généraux; 2° une *Histoire de l'ancien gouvernement de la France,* complétée par des lettres sur les parlements. C'est dans ce dernier travail qu'il a développé sa fameuse théorie. Il part de ce principe que la féodalité a été l'âge d'or de la France et que le gouvernement féodal est le chef-d'œuvre de l'esprit humain. Il s'autorise de ce beau départ pour soutenir que les progrès de l'autorité royale, l'extension des libertés civiles ou municipales des roturiers, ont été autant d'usurpations coupables à l'égard de la noblesse, seule héritière des anciens Francs conquérants de la Gaule. On voit d'ici la conclusion : rétablir les choses dans leur état primitif et ramener la France à la féodalité. Ce livre n'eut qu'à paraître pour soulever un beau tapage. La noblesse y applaudit naturellement; la plupart de ses membres pensaient et quelques-uns même, Fénelon et Saint-Simon, avaient écrit ou écrivaient à peu près la même chose. Mais la descendante des anciens Gaulois, la bourgeoisie, ne fut pas autrement flattée du système. Elle n'osa répondre comme le fit plus tard Sieyés : « si MM. les héritiers des Francs ne sont pas contents de leur lot, ils n'ont qu'à le dire ; on les renverra au-delà du Rhin, dans le berceau de leurs ancêtres. » Le temps ne prêtait pas à de semblables libertés. Elle ne s'avisa même pas de soutenir que les droits invoqués étaient périmés depuis longtemps et qu'il n'y avait aucune raison de les rétablir. Elle aima mieux contester ces droits et au système historique de Boulainvilliers opposer un système contraire. Ce fut l'abbé **Dubos** (1670-1742) qui se chargea de le formuler. Cet habile homme s'était fait un nom dans les lettres par ses *Réflexions critiques sur la peinture et sur la poésie;* dans l'érudition proprement dite par son *Histoire des quatre Gordiens* d'après les médailles; dans l'histoire par sa *Ligue de Cambray;* dans la controverse diplomatique par son *Intérêt de l'Angleterre mal entendu dans la présente guerre* (1703) où il prédisait à brève échéance la révolte et la séparation des colonies anglaises. Ses connaissances en droit public avaient été utilisées successivement par Torcy et par Dubois. Plus tard, il entra à l'Académie française dont il devint le secrétaire perpétuel en 1722. C'était d'ailleurs un philosophe qui regardait la mort sans trembler et qui fut si ferme devant elle qu'on le soupçonna sans raison d'être allé au devant et de ne pas l'avoir attendue. Tel était l'homme qui se chargea de réfuter Boulainvilliers.

Il le fit dans son *Histoire critique de l'établissement de la monarchie française dans les Gaules,* en trois volumes (1734), tout inspirée du vieil esprit bourgeois, et où les recherches les plus profondes servent de point d'appui à des assertions souvent paradoxales. Sa thèse est qu'il n'y a pas eu de conquête franque; que les Francs sont venus en Gaule, non en ennemis, mais en gouvernants appelés par la nation; que leur monarchie a succédé par voie amiable aux droits de l'Empire romain; que la vie municipale a pu, ainsi que plusieurs institutions romaines, fonctionner sous les Mérovingiens; enfin que la féodalité s'est établie par voie de pure usurpation plusieurs siècles après. C'était habilement répondre que de montrer, dans les prétendues victimes de l'usurpation, les premiers et les plus blâmables usurpateurs. Le système de Dubos fut adopté aussitôt par les Académies et effaça complètement celui de Boulainvilliers. Plus tard Montesquieu entreprit de reviser ce procès qui lui semblait mal jugé et il conclut dans le sens que l'on devine quand on connaît ses propres préjugés favorables au gouvernement féodal. Pour lui la thèse de Dubos est un colosse aux pieds d'argile, où le faux l'emporte sur le vrai. Quant à Boulainvilliers, s'il ne l'approuve pas complètement, il le loue » d'avoir écrit avec la simplicité, la franchise, l'ingénuité de l'ancienne noblesse d'où il était sorti, d'avoir dit de belles choses, d'avoir eu plus d'esprit que de lumières, plus de lumières que de savoir, mais d'avoir su néanmoins les grandes choses de l'histoire et des lois». Notre siècle a longtemps acquiescé à cette appréciation de Montesquieu ; mais, en ces dernières années, la science impeccable de Fustel de Coulange a repris et remis en honneur quelques-unes des conclusions de Dubos. Je ne veux pas en inférer que celui-ci ne s'est jamais trompé. Il a des erreurs, et visibles : mais celles de Boulainvilliers sont plus graves, et surtout elles étaient au début plus dangereuses, puisqu'elles n'allaient à rien moins qu'à soulever une réaction ridicule et à remettre la France sous un joug qu'elle avait eu tant de peine à secouer.

L'abbé de Saint-Pierre (1658-1743), par lequel nous terminerons, appartenait à ce groupe de Normands qui vint s'établir à Paris vers 1680 et dans lequel nous connaissons déjà Fontenelle et Vertot. Il n'avait guère que 1,800 francs de rente ; il les partageait généreusement avec le géomètre Varignon qui lui dut de pouvoir continuer ses études. Il fut reçu à l'Académie française en 1695, à cause de ses relations mondaines plus que de ses travaux, car il n'avait encore rien publié de remarquable. Son discours de réception, qu'il communiqua d'avance à Fontenelle, fut trouvé médiocre par ce dernier : « Tant mieux, dit-il, il me ressemblera davantage », et il le lut sans y rien changer. On sait comment, vingt-trois ans plus tard, il fut indignement exclu de cette même Académie, à la demande du cardinal de Polignac, son ancien ami, qui lui en voulait, moins d'avoir mal parlé de Louis XIV, que d'avoir pris parti pour le régent contre le duc du Maine. La chose était cependant toute naturelle, et notre abbé, aumônier de la duchesse d'Orléans, ne pouvait pas se mettre en guerre avec le Palais-Royal.

C'était un digne homme que l'abbé de Saint-Pierre, passionné pour le bien public, inventeur même du mot de bienfaisance qu'il était digne d'inventer, lui qui avait pris pour devise « donner et pardonner ». Il était si éloigné de tout ce qui peut semer la division entre les hommes qu'il évitait à l'occasion d'exprimer des idées qu'il croyait vraies. Moliniste d'opinion, il ne voulut jamais se déclarer tel parce que la bienfaisance, disait-il, défend d'être d'un parti persécuteur. Il passait son temps à imaginer des plans de réforme sur les sujets les plus variés, portant son attention du gouvernement à l'éducation, de l'éducation à l'orthographe. La liste de toutes les innovations qu'il a proposées serait interminable. Il aurait voulu substituer la taille proportionnelle à la taille arbitraire, détruire la vénalité des charges, diminuer les procès, éteindre la mendicité, activer le commerce, empêcher le duel, améliorer le sort du soldat, mettre des bornes au jeu et au luxe, autoriser le mariage des prêtres, abolir le mahométisme, consacrer les concours de l'Académie française à l'éloge des grands hommes, etc., etc. Qu'il y ait beaucoup de chimères dans tous ces projets, la chose est indiscutable; il n'en est pas moins vrai qu'ils partent tous du cœur le plus humain, et à ce titre ils se font excuser. Peut-être même serait-on tenté d'en louer parfois certaines parties, s'ils étaient exposés dans un style moins mauvais, moins rebutant. Car il faut bien dire que l'abbé de Saint-Pierre est un détestable écrivain; en quoi il ressemble d'ailleurs à tous les publicistes que nous venons de dire, Dubos excepté. La plupart de ses œuvres sont restées en manuscrit. On les confia plus tard à Jean-Jacques pour les mettre au point. Il dut renoncer à la tâche, décidément fastidieuse, malgré son estime pour la philanthropie de l'abbé de Saint-Pierre à qui il accordait même plus d'esprit qu'on ne fait d'ordinaire.

Les projets politiques de Saint-Pierre peuvent se ramener à trois : le premier concerne l'*Académie politique et l'Election des administrateurs*. Il y propose la création d'une compagnie dont les membres au nombre de quarante seront choisis par le roi sur des listes formées par un corps électoral de quatre-vingt-dix membres, savoir trente représentants de la noblesse, trente du clergé, trente de la robe. La compagnie ainsi constituée sera d'abord une académie, chargée de recevoir, de juger et surtout de récompenser par de riches pensions les mémoires utiles à l'État;

ce sera aussi une manière de tribunal administratif qui, entre autres attributions, aura celle de désigner les maîtres des requêtes et les rapporteurs au Conseil. Ces deux groupes de fonctionnaires désigneront à leur tour les intendants des provinces; les intendants désigneront les conseillers d'État, parmi lesquels le roi choisira ses ministres. Ainsi du haut en bas de l'échelle, les administrateurs et les détenteurs du pouvoir seront élus par leurs pairs ou leurs inférieurs, en vertu de leurs titres bien constatés et sans que la faveur y soit pour rien. Le projet était plus ingénieux que pratique; on s'est dispensé de l'appliquer.

Vient ensuite la *Polysynodie* qui reçut un commencement d'exécution sous la régence, mais à laquelle une expérience de quelques mois porta le coup fatal. Le royaume, disait l'abbé de Saint-Pierre, a été jusqu'ici soit un vizirat, par exemple sous Richelieu ou Mazarin, soit un demi-vizirat lorsqu'il a été gouverné par plusieurs ministres, mais sans ministre dirigeant. A cette forme de gouvernement arbitraire, volontiers despotique et qui permet tous les abus, il faut substituer des conseils ou comités en aussi grand nombre qu'il y aura de branches principales dans l'administration. On y gagnera de mieux connaître les faits et de prendre des résolutions mieux fondées, de voir l'intérêt public préféré au particulier, de rendre les charges moins pesantes et mieux réparties par l'impossibilité de tenir secrètes les faveurs et les privilèges, de fonder plus d'établissements utiles, d'empêcher les vexations, enfin de pouvoir associer dans une plus large mesure la noblesse au gouvernement du pays. Ce qu'on y gagna, ce fut de faire de l'administration une pétaudière et d'être forcé de revenir à bref délai au système des ministres. Car mieux valait encore le vizirat que l'anarchie.

Le troisième projet de l'abbé de Saint-Pierre est celui de la *Paix Perpétuelle*. Il le conçut en accompagnant aux conférences d'Utrecht ce même abbé de Polignac qui devait le faire chasser de l'Académie. Son cœur ingénu se dit qu'il ne serait pas autrement difficile de mettre fin au mal de la guerre. Il n'y avait pour cela qu'à décider les principaux souverains et chefs d'État à signer les cinq articles suivants : 1° alliance perpétuelle entre les États ; 2° contribution proportionnelle de chaque État aux dépenses de l'alliance; 3° arbitrage en cas de dispute; 4° prise d'armes contre les récalcitrants; 5° décisions prises dans l'assemblée des plénipotentiaires à la majorité des voix. Dans l'écrit où il proposait naïvement cette réforme extraordinaire, l'abbé en faisait ressortir à sa façon les avantages. C'était, disait-il, la fin non seulement des guerres étrangères, mais des guerres civiles, la consolidation des trônes, la réduction à presque rien des dépenses d'armement, l'augmentation incalculable des revenus publics, grâce à la sécurité partout régnante. Il est inutile d'ajouter que nous attendons encore l'exécution de ce trop beau projet. Le cardinal Dubois l'appelait « le rêve d'un homme de bien », en quoi il avait raison, et quand il parlait de rêve et quand il parlait d'homme de bien, quoiqu'il n'eût guère qualité pour refuser ou décerner ce titre.

Nous touchons au terme de notre carrière : nous avons fini de raconter l'histoire littéraire de la deuxième moitié du règne de Louis XIV, moins brillante à coup sûr que la première, et où la décadence n'épargne guère, nous l'avons montré, que les œuvres inspirées d'un esprit nouveau. L'esprit monarchique et religieux est désormais stérile. Une lassitude visible, dont la trace se trouve plus ou moins profonde dans les ouvrages du temps, s'est emparée de toute la France. On a hâte d'en finir avec un règne qui a trop duré, dont la gloire a pâli jusqu'à risquer de s'éteindre, où l'autorité s'est changée en oppression. Une génération nouvelle s'annonce, avide de liberté, au moins dans le domaine de la pensée. Les hommes qu'elle reconnaîtra pour ses chefs touchent déjà à la jeunesse et se sont formés à l'école de Fontenelle et de Bayle. A la mort de Louis XIV, Montesquieu a vingt-quatre ans, Voltaire en a vingt et un. Ils seront bientôt prêts pour la lutte, et, après quelques années, on verra le grand siècle, celui de la vraie philosophie, s'ouvrir pour la France.

TABLE ANALYTIQUE

A

Ablancourt	120
Académie (fondation de l')	109
— (but de l')	111
— (organisation de l')	110
— (influence de l')	113
Anciens et Modernes (Querelle des)	507
— 1re phase : Boileau et Perrault	507
— 2e phase : Lamotte et Mme Dacier	514
Anselme (l'abbé)	424
Arnauld (l'avocat)	11
— (le docteur)	248
Assoucy (d')	205
Aubigné (d') : le poète	42
— le pamphlétaire	44
— l'historien	45
Aulnoy (Mme d')	591

B

Balzac	101
Barreaux (des)	216
Basnage	581
Bassompierre	25
Bayle	569
Benserade	368
Bergerac (Cyrano de)	208
Bernier	225
Billaut (Adam)	369
Boileau : sa vie	303
— son influence	305
— son œuvre	309
Boisguillebert	625
Bossuet : l'homme et le prêtre	390
— l'écrivain	394
— l'orateur	410
Bouhours (le père)	462
Boulainvilliers	628
Bourdaloue	431
Boursault	542
Brantôme	27
Brébeuf	131
Brueys	541
Bruyère (La) : l'homme	583
— le moraliste	587
— l'écrivain	590
Burlesque (Le)	250
Bussy-Rabutin	283

C

Cafés en 1700	532
Campistron	537
Caylus (Mme de)	606
Chaire sous Louis XIV (La)	407
Chapelain	118
Chapelle	217
Chapelle (La)	538
Charron	49
Chaulieu	557
Cheminais	421
Choisy (l'abbé de)	605
Clergé sous Henri IV (Le)	7

Clergé sous la Fronde (Le)	233	**Etat des lettres** à la fin du règne de Louis XIV	502
— sous Louis XIV	362		
Comédie avant Molière (La)	332	**F**	
— après Molière	540		
Conrart	117	**Fayette** (Mme de La)	378
Corneille : sa vie	161	**Fénélon** : sa vie	472
— son caractère	163	— son œuvre	483
— sa carrière poétique	164	**Fléchier**	427
— appréciation de son œuvre	168	**Fleury**	456
		Fontaine (La) : sa vie	356
Corneille (Thomas)	329	— son œuvre en général	361
Cosnac	604	— ses fables	365
Crébillon	539	**Fontenelle**	561
		Fraguier	464
D		**Fromentière**	423
		Fronde (la)	199
Dacier (Mme)	518	— les lettres sous la	201
Daguesseau	619	**Furetière**	505
Dancourt	545		
Daniel	455	**G**	
Descartes : sa vie	178		
— son caractère	182	**Gaillard**	421
— son œuvre	186	**Gassendi** : sa vie	210
— son influence comme philosophe	192	— sa doctrine	211
		Gedoyn	464
— son influence comme écrivain	195	**Godeau**	134
Deshoulières (Mme)	369	**Gombault**	135
Desmarets de Saint-Sorlin	146	**Gomberville**	142
Dubos (l'abbé)	630	**Gournay** (Mlle de)	125
Duché	537	**Gourville**	602
Dufresny	544	**Guirlande** de Julie	133
Duguet	252	**Guy-Patin**	223
Duperron	8		
Duplessis-Mornay	24	**H**	
Duvair	16		
Duryer	176	**Hamilton**	607
		Hamon	247
E		**Hardouin** (le père)	460
		Hauteroche	541
Education à Port-Royal (L')	465	**Henri IV** : le roi	2
— chez les Jésuites	465	— l'écrivain	6
— à l'Université	467	**Hesnault**	216
— à l'Oratoire	466	**Huet**	458
Enclos (Ninon de l')	526		
Erudits du clergé	450	**J**	
Estoile (L')	36	**Jansénisme** (le)	236

TABLE ANALYTIQUE

Jansénisme (le) pendant la période du Droit et du Fait..... 238
Jeannin....................... 22
Jésuites (procès avec l'Université)........................ 12
Jobelins et Uranistes (querelle des)......................... 137
Jurieu........................ 622

L

Lafare........................ 558
Lafosse....................... 539
Lagrange Chancel............. 538
Lamotte-Houdart.............. 515
Lancelot...................... 247
Langue en 1630 (Etat de la).... 99
Lapopelinière................. 39
La Rue (le père).............. 422
Leboux........................ 423
Legrain....................... 39
Lemaistre..................... 246
Lemoyne....................... 130
Lesage........................ 594
Libertins (les)............... 215
Lingendes..................... 410
Longepierre................... 538
Louis XIV..................... 289

M

Maynard....................... 76
Maine (duchesse du)........... 530
Maintenon (Mme de)....... 497
Mairet........................ 155
Malebranche................... 446
Malherbe : sa vie............. 67
   — son œuvre............ 69
   — sa réforme........... 73
   — sa querelle avec Régnier................ 78
Malleville.................... 135
Marie de Médicis.............. 4
Mascaron...................... 425
Massillon..................... 136
Mathieu....................... 38
Mazarin....................... 198

Mazarinades (les)............. 204
Ménage........................ 436
Mercure françois (le)......... 37
Méré.......................... 231
Mézeray....................... 122
Mille et une Nuits............ 592
Molière : sa vie.............. 336
   — son œuvre et son génie. 346
   — son style............ 350
   — portée morale de son œuvre................. 351
   — son influence........ 353
Mothe Le Vayer (La).......... 218
Motteville (Mme de)...... 275

N

Naudé......................... 221
Nicole........................ 250

O

Ossat (d')................... 21

P

Palaprat...................... 541
Palma Cayet................... 37
Pascal : sa vie............... 253
   — les Provinciales..... 255
   — les Pensées.......... 263
Pasquier...................... 13
Patru......................... 121
Pellisson..................... 124
Perrault...................... 509
Petits poètes................. 551
Poésie avant Malherbe (La).... 65
   — sous Richelieu....... 128
   — lyrique.............. 132
   — épique............... 130
   — mondaine............. 133
Port Royal.................... 236
   — Influences diverses de Port-Royal... 241
   — Les Petites Écoles de Port-Royal....... 243
   — Les écrivains de Port-Royal............ 246

Pradon 328
Progrès en littérature (du).... 525
Prose française (considérations sur la)..................... 4

Q

Quinault..................... 329

R

Racan 77
Racine (Louis)............... 556
Racine (Jean) : sa vie........ 313
— son œuvre...... 321
Rambouillet (Hôtel de)........ 95
Refuges protestants.......... 579
Régnard..................... 546
Régnier: sa lutte avec Malherbe. 78
— son œuvre........... 80
Retz (le cardinal de)........... 278
Révocation de l'édit de Nantes 493
Richelieu.................... 88
Rochefoucauld (La).......... 270
Rohan....................... 33
Rollin....................... 407
Roman (le)............ 138, 379, 591
Rotrou....................... 173
Rousseau (J.-B.)............. 552

S

Sacy (de).................... 246
Saint-Amand................. 144
Saint-Cyran 236
Saint-Evremond.............. 228
Saint-Pavin.................. 216
Saint-Pierre (l'abbé de)....... 631
Saint-Réal................... 453
Saint-Simon................. 611
Sales (St François de)......... 53
Salons en 1700............... 526
Sancy....................... 28
Sarrazin..................... 135

Saurin....................... 442
Savaron..................... 13
Scarron..................... 206
Scudéry (Mademoiselle de)...... 140
Scudéry..................... 175
Segrais...................... 308
Senault 410
Serres (Jean de)............. 38
Serres (Olivier de)........... 57
Sévigné (Madame de) : sa vie... 372
— — ses lettres. 375
Soanen...................... 423
Société polie (La)........... 93, 97
Sorbière.................... 227
Sorel....................... 145
Staal-Delaunay (Mme de)...... 608
Sully....................... 29

T

Tallemant des Réaux 287
Tavannes.................... 6
Temple (Le)................. 528
Théophile................... 84
Thou (de) 39
Tillemont................... 248
Tragédie avant Corneille (La)... 150
— après Corneille........ 176
— après Racine......... 535
Tristan l'Hermite 176

U

Unités (importance des trois)... 157
Urfé (Honoré d').............. 60

V

Valois (Marguerite de)......... 27
Vauban...................... 627
Vaugelas.................... 115
Vertot 454
Villedieu (Mme de)............ 591
Villeroi..................... 23
Voiture..................... 104

TABLE DES MATIÈRES

	Pages.
Avertissement............	I
Introduction. — Sujet, esprit, plan de l'ouvrage. — Coup d'œil d'ensemble sur le xviie siècle.........	III

LIVRE PREMIER

Les lettres en France sous Henri IV et sous Marie de Médicis jusqu'au second et définitif ministère de Richelieu (1598-1624).

Chapitre I. — 1° Coup d'œil sur la littérature du temps. — Influence personnelle du roi, de la régente ; influence de leur gouvernement. — 2° Considérations sur la prose et la poésie françaises. — 3° Revue de la prose : Œuvres de Henri IV. — La chaire et le barreau ; prosateurs du clergé et de la robe : Duperron, Pasquier, Duvair... 1

Chapitre II. — La Prose (suite). — Littérature historique : 1° Négociations ; 2° Mémoires ; 3° Histoires particulières et générales....... 20

Chapitre III. — La Prose (fin). — Les quatre ouvrages caractéristiques du temps : 1° la Sagesse ; 2° l'Introduction à la vie dévote ; 3° le Théâtre d'Agriculture ; 4° l'Astrée............... 49

Chapitre IV. — La poésie : Malherbe, son œuvre, sa réforme, ses disciples, ses adversaires................................ 65

LIVRE SECOND

Les lettres sous le cardinal de Richelieu.

Chapitre I. — 1° Intervention directe du gouvernement dans la littérature. — 2° Richelieu, son caractère, ses œuvres. — 3° Constitution de la société polie : l'hôtel de Rambouillet. — 4° Premiers progrès de la prose : Balzac et Voiture............. 87

Chapitre II. — La langue et ses progrès (suite). — 1° L'Académie : son histoire et son influence. — 2° Ses intermédiaires auprès du public : Vaugelas, Chapelain, Conrart, Patru, Ablancourt, Pelisson. Un gaulois égaré parmi les puristes : Mézeray. — 3° Adversaires de la réforme du langage : Mlle de Gournay, la Mothe le Vayer.................................. 108

Chapitre III. — Littérature de salon : poètes et romanciers. — 1° Insuccès relatif de la poésie auprès du grand public qui ne s'intéresse qu'à la poésie dramatique. — Faiblesse de la poésie épique

TABLE DES MATIÈRES

et lyrique : causes de cette faiblesse. — La poésie galante : Guirlande de Julie, Godeau, Gombault, Malleville, Sarrazin, Ménage. — Petites guerres poétiques : Uranistes et Jobelins. — 2° Le roman dit héroïque, plus ridicule encore qu'invraisemblable : son succès passager. Mlle de Scudéry, Gomberville, la Calprenède. — 3° Réaction contre la littérature de salon ; Saint-Amand et la poésie de cabaret ; le roman satirique : Sorel ; les Visionnaires de Desmarets............ 128

CHAPITRE IV. — La tragédie : Corneille. — 1° La Tragédie depuis la Pléiade. — 2° Mairet et la tragédie régulière. — 5° Influence de Richelieu. Les trois unités et leurs effets. — 4° Corneille, sa vie et son œuvre. — 5° Poètes de la génération de Corneille. — 6° Poètes qui font la transition entre Corneille et Racine . 150

CHAPITRE V. — La Philosophie : Descartes. — 1° Sa vie. — 2° Son œuvre. — 3° Son influence.................................... 178

LIVRE TROISIÈME

Les lettres sous la Fronde, ou mieux sous le ministère de Mazarin (1643-1661).

CHAPITRE I. — 1° Coup d'œil général sur l'époque. — 2° Indépendance relative des esprits sous le gouvernement de Mazarin. — Influence de la Fronde sur la littérature. — 3° Revue des lettres : les Mazarinades. Une fronde littéraire : le burlesque......... 197

CHAPITRE II. — Une Fronde philosophique : Sceptiques et Libertins. — 1° Les libertins groupés autour de Gassendi restaurateur de la philosophie épicurienne. — Examen de sa doctrine. — Ses prétendus disciples exagèrent ses idées. — 2° Poètes libertins : des Barreaux, Saint-Pavin, Hesnault, Chapelle. — 3° Prosateurs indépendants : La Mothe le Vayer, Naudé, Guy-Patin, Bernier, Sorbière, Saint-Évremont, le chevalier de Méré..................................... 210

CHAPITRE III. — Les affaires religieuses sous la Fronde. — 1° Le mouvement religieux dans la première moitié du XVIIe siècle. — 2° Le jansénisme en France : Port-Royal ; la période du Droit et du Fait. — 3° Influence de Port-Royal sur le caractère national, l'éducation de la jeunesse, la littérature. — 4° Principaux écrivains port-royalistes........................ 233

CHAPITRE IV. — Pascal. — 1° Sa vie. — 2° Les Provinciales. — 3° Les Pensées. 253

CHAPITRE V. — Témoins et juges de la Fronde. — 1° Les Maximes de la Rochefoucauld, ou l'humanité vue à travers la Fronde. — 2° Les mœurs politiques de la Fronde mises en lumière par Mme de Motteville et le cardinal de Retz. — 3° Les dessous de la belle société pendant le ministère de Mazarin : Bussy-Rabutin et Tallemant des Réaux..................................... 270

LIVRE QUATRIÈME

La littérature mondaine sous Louis XIV, de 1661 à 1685. La poésie sous toutes ses formes, la Lettre, le Roman.

CHAPITRE I. — Louis XIV et Boileau. — 1° Louis XIV incarnation de son temps : son portrait. — 2° Protection accordée aux lettres : les pensions, l'Académie. — L'art en progrès à défaut de la pensée. Perfection de la langue et du style sous l'influence de la cour. — Belle période de vingt-cinq ans suivie de décadence après la Révocation. — 3° Les œuvres dites de Louis XIV. — 4° Revue de la littérature mondaine dans la première partie du règne : Boileau indispensable instrument du progrès poétique accompli sous Louis XIV. — Action de Boileau comme critique et « législateur du Parnasse ». — Son œuvre de poète........................ 289

TABLE DES MATIÈRES

Chapitre II. — La Tragédie. — 1º Racine : sa vie, son œuvre. — 2º Les petits tragiques. — 3º La tragédie lyrique : Quinault..........	313
Chapitre III. — La Comédie : Molière. — 1º La comédie en France avant Molière. — 2º Molière, sa vie, son œuvre................	332
Chapitre IV. — La poésie narrative. — 1º La Fontaine, sa vie, son œuvre. — 2º Revue des petits poètes.....................	356
Chapitre V. — Prosateurs mondains. — La Lettre et le Roman............	371

LIVRE CINQUIÈME

L'œuvre littéraire du Clergé sous Louis XIV (1662-1715).

Chapitre I. — 1º Tendances et action du clergé. — 2º Bossuet : l'homme, l'écrivain.....................................	383
Chapitre II. — L'Éloquence de la chaire sous Louis XIV. — 1º La chaire avant Bossuet : Lingendes et Sénault. — 2º Bossuet : Sermons et Oraisons funèbres. — 3º Revue rapide des prédicateurs de second ordre. — 4º Les maîtres de l'oraison funèbre après Bossuet : Mascaron et Fléchier. — 5º Les maîtres du sermon après Bossuet : Bourdaloue et Massillon. — 6º Sermonnaires protestants : Saurin.................	407
Chapitre III. — Les autres manifestations de l'activité littéraire du clergé. — 1º La philosophie : Malebranche. — 2º L'érudition et l'histoire. — 3º La philologie et les humanités. — 4º La pédagogie..	445
Chapitre IV. — Fénelon.....................................	471

LIVRE SIXIÈME

Les lettres mondaines de la Révocation à la mort de Louis XIV (1685-1715).

Chapitre I. — La Révocation coïncide avec l'entrée en scène de Mme de Maintenon. — Influence de cette femme célèbre sur Louis XIV : sa vie et ses ouvrages. — État de la littérature dans la dernière partie du règne...................	493
Chapitre II. — Querelle des Anciens et des Modernes. — 1º L'Académie : ses travaux, son démêlé avec Furetière. — 2º Première phase de la querelle des Anciens et des Modernes : Boileau et Perrault. — 3º Deuxième phase de la querelle : Lamotte et Mme Dacier. — 4º Intervention du public dans la querelle : salons et cafés............................	504
Chapitre III. — La Poésie. — 1º La Tragédie. — 2º La Comédie. — 3º La poésie proprement dite............................	535
Chapitre IV. — Les Philosophes. — 1º Fontenelle. — 2º Bayle. — 3º Les compagnons d'exil de Bayle : les différents Refuges..........	561
Chapitre V. — Peintres et analystes soit de l'homme en général soit des français de la fin du siècle. — 1º La morale proprement dite : La Bruyère. — 2º Le roman : Lesage. — 3º Les Mémoires : Saint-Simon..............................	583
Chapitre VI. — Littérature judiciaire et politique : avocats et publicistes.....	618
Table analytique..	635
Table des matières.....................................	639

Le Puy-en-Velay. — MARCHESSOU fils, imprimeurs, boulevard Saint-Laurent, 23.

www.ingramcontent.com/pod-product-compliance
Lightning Source LLC
Chambersburg PA
CBHW050324240426
43673CB00042B/1522